U0875225

中国社会科学年鉴

郭沫若研究年鉴 2018

YEARBOOK OF GUO MORUO STUDIES

赵笑洁 主编

中国社会科学出版社

图书在版编目（CIP）数据

郭沫若研究年鉴．2018/赵笑洁主编．—北京：中国社会科学出版社，2020.8
ISBN 978－7－5203－6687－8

Ⅰ.①郭… Ⅱ.①赵… Ⅲ.①郭沫若(1892－1978)—人物研究—2018—年鉴 Ⅳ.①K825.6－54

中国版本图书馆 CIP 数据核字(2020)第 102812 号

出 版 人 赵剑英
责任编辑 王鸣迪
责任校对 林福国
责任印制 张雪娇

出　　版 中国社会科学出版社
社　　址 北京鼓楼西大街甲 158 号
邮　　编 100720
网　　址 http://www.csspw.cn
发 行 部 010－84083685
门 市 部 010－84029450
经　　销 新华书店及其他书店

印刷装订 三河市东方印刷有限公司
版　　次 2020 年 8 月第 1 版
印　　次 2020 年 8 月第 1 次印刷

开　　本 787×1092 1/16
印　　张 40.5
插　　页 2
字　　数 861 千字
定　　价 338.00 元

凡购买中国社会科学出版社图书，如有质量问题请与本社营销中心联系调换
电话：010－84083683
版权所有 侵权必究

《郭沫若研究年鉴2018》编委会

编委会主任　张　江

编委会委员　（按姓氏笔画排序）

王世民　王锦厚　冯　时　艾克拜尔·米吉提
李　怡　李　斌　周海波　杨胜宽　张　江
张　勇　张　越　赵笑洁　谢保成　彭邦本
蔡　震　廖久明　魏　建

《郭沫若研究年鉴2018》编辑部

主　　编　赵笑洁

副 主 编　张　勇（常务）

编辑部主任　王　静

编　　辑　梁雪松　张　宇　彭冠龙　陈　瑜

目　录

第一篇　研究综述

第二篇　特别推介

第三篇　专题研讨

第四篇　新刊佚文

第五篇 史料辑佚

第六篇 论文选刊

第七篇 学术争鸣

第八篇 观点摘编

第九篇 年度访谈

第十篇 学人回忆

第十一篇 学术会议

第十二篇 海外研究中心

第十三篇 新书推介

第十四篇 硕博论文

第十五篇　展览活动

第十六篇　郭沫若纪念馆馆藏资料

第一篇

研究综述

近十年来走向世界的郭沫若研究

魏　建

学术研究的国际化程度是衡量一个学科或研究对象学术水准的重要标尺。作为具有世界影响的中国文化巨人，郭沫若虽出自中国，但郭沫若研究不应局限于中国境内，而应是属于世界的。最近十年，在中外学者的共同努力下，郭沫若研究的国际化程度不断推进和扩展，不仅提升了自身的学术水平，而且带动了相关研究领域的国际化步伐。

上篇　国外风景

2008 年以来，郭沫若和郭沫若研究在国外的境遇与国内对待郭沫若的态度出现了很大的反差，国外郭沫若研究的热度远超出国内学人的想象。首先，外国学者发起、在国外名校注册成立了国际郭沫若学会（英文缩写“IGMA”）；其次，在国外频繁地举行郭沫若研究的国际学术研讨会或高端学术论坛；最后，郭沫若研究的国际化不断扩大：从亚洲到北美、欧洲、澳洲、再到非洲，这十年来一次次在国外举行的国际学术会议，成为郭沫若研究国际化不断扩展的一个个重要标志。

一　“福冈会议”：一个重要的起点

2008 年 8 月 31 日至 9 月 2 日，日本郭沫若研究会与日本九州大学共同举办了“郭沫若与日本”国际学术研讨会。会议在福冈日本九州大学举行。应邀参加学术研讨会的有日本、中国、韩国的郭沫若专家近 40 人。在会上发言或书面发言的 33 人，其中做学术报告者 29 人①。中国社会科学院郭沫若纪念馆的蔡震在会上作了题为“‘郭沫若与日本’在郭沫若研究中”的“基调讲演”，认真梳理了这一课题所取得的研究成绩和存在的不足，并提出了如何深化的具体意见。这次会议虽然叫国际学术会议，其实更像是双边的学术对话。对话主要是在中日两国的学者之间进行的。双方发言的人数几乎对等，会议的工作语言两种：日语和汉语。日本郭沫若研究会会长岩佐昌暲教授的发言，主要论述了 20 世纪初期日本文坛的未来派文艺思潮如何通过获

① ［日］岩佐昌暲等：《郭沫若的世界》，日本花书院 2010 年版，第 265—266 页。

原朔太郎影响了郭沫若的思想和创作。中国乐山师范学院税海模教授对郭沫若留学日本的三个方面的人生意义做出了较为充分的论证。会上讨论最集中、最深入的话题是，福冈与《女神》的关系。澳门大学教授朱寿桐对郭沫若创作的空域背景的研究，上海财经大学教授武继平对博多湾赋予《女神》两种性格的探索，日本学者小崎太一对《女神》与游泳的分析和岸田宪也对郭沫若眼中“千代松原”的考察，共同深化了对郭沫若留日时期特定空间因素与其早期新诗创作的思考。日本学者横打理奈和中国学者陈俐对郭沫若与医学关系的研究，日本学者大高顺雄和中国学者魏建对郭沫若与外来文学/文化关系的研究等，都引起与会者的重视。此外，以藤田梨那为代表的一些日本学者和以黄曼君为代表的一些中国学者的研究成果，都不同程度地推进了郭沫若研究的深化。这次会议的论文集《郭沫若的世界》① 2010 年在日本正式出版发行。

福冈会议的意义有两点值得总结：首先，这是郭沫若研究中、日两国前沿学者的一次深层次学术对话。日本学者擅长的史料考证和中国学者擅长的义理阐释，在这次会议上相互补充，相互促进，相得益彰。其次，正是在这次福冈会议上，日、中、韩三国学者的代表酝酿组建一个真正国际性的郭沫若研究的学术组织，并发起筹办一次真正国际化的郭沫若学术研讨会。

二 “华盛顿会议”：IGMA 的诞生

2009 年 8 月底，第一次国际郭沫若学术研讨会在美国约翰·霍普金斯大学华盛顿特区学区召开。来自美国、中国、日本、韩国、中国台湾、中国澳门的 30 位专家出席了这次会议。出席这次会议的学者被后人戏称为国际郭沫若学会的“一大”代表。这次会议具有多方面的重要成果意义。成果之一，诞生了国际性的郭沫若研究组织——国际郭沫若学会（IGMA）。该学会在美国注册，学会办公地点设在位于华盛顿特区的约翰·霍普金斯大学。该学会至今每 1—2 年举办一次国际学术会议。成果之二，这次会议的中心议题是国际化的——“世界文学与文化视野下的郭沫若”。成果之三，多国（地区）学者在会议中心议题之下，分别就“国际郭沫若研究活动”“郭沫若与文学研究”“郭沫若与中国文化和中国文字研究”“郭沫若诗词研究”“郭沫若生涯与国际关系和文学”“郭沫若与历史和医学”等专题进行了各自的学术探讨。中国郭沫若研究会会长蔡震、日本郭沫若研究会会长岩佐昌暲、韩国外国语大学朴宰雨分别介绍了所在国郭沫若研究的情况。除获奖论文外，日本学者藤田梨那、大高顺雄、河内利治等，美国学者陈小明、周海林等，韩国学者李琮敏、赵洪善、林大根等人的论文和发言都给与会者留下了深刻的印象。日本学者藤田梨那根据论文内容分别运用日语、英语和汉语的学术发言，充分展示了国际化学者的多语交流能力。这

① ［日］岩佐昌暲等：《郭沫若的世界》，日本花书院 2010 年版。

次会议设立了“IGMA 优秀研究论文奖”和“IGMA 优秀青年论文奖”。中国山东师范大学魏建论文《郭沫若文学佚作的报告》、中国澳门大学朱寿桐论文“On the Area Background Guo Moruo's Writings”（《论郭沫若创作的空域背景》）、韩国东国大学金良守论文《凝视“关东大地震”的三个视线：郭沫若·李萁永·中岛敦》、中国北京师范大学李怡论文《欲望的生成与焦虑的克服》、中国台湾修平技术学院副教授金尚浩论文《论郭沫若浪漫爱情诗的思维意象》荣获“IGMA2009 优秀研究论文奖”。日本九州大学岸田宪也论文《试论日本九州大学所藏郭沫若相关文物》、中国华北科技学院钱晓宇论文《并非矛盾之选》荣获“IGMA2009 优秀青年论文奖”（以上均按公布和颁奖顺序排列）。国际郭沫若学会创会会员来自 13 国（地区）50 多人①。出席这次会议的会员代表选举藤田梨那为国际郭沫若学会会长、魏建为执行会长，选举藤田梨那（日本）、魏启明（美国）、张宽（美国）、魏建（中国）、朱寿桐（中国澳门）、李怡（中国）、金良守（韩国）、许福吉（新加坡）为首届理事会理事。以这次会议为标志，郭沫若研究迈开了真正国际化的步履。

三　“圣彼得堡会议”：空前的国际化

2012 年 6 月底，第五届远东文学研究论坛暨纪念郭沫若诞辰 120 周年学术研讨会在俄罗斯圣彼得堡举行。主办方是圣彼得堡大学、国际郭沫若学会、中国社科院郭沫若纪念馆，承办方是圣彼得堡大学东方系及孔子学院。这也是国际郭沫若学会主办的第三次学术研讨会（第二次学术研讨会 2010 年在中国举行）。本届论坛共有五个议题，第一个议题是“纪念中国现代文豪郭沫若先生诞辰 120 周年及其对人类文明的贡献”。在这个中心议题之下，还设立了四个分议题：一是郭沫若与 20 世纪国际文化交流——郭沫若与俄罗斯文学、欧美文学及远东文学；二是郭沫若的多元学术成果——史学、考古学、文字学、书法等；三是郭沫若研究的国际性空间；四是郭沫若的海外传播。论坛邀请两人做主旨报告，一位是俄罗斯科学院院士 B. C. 米亚斯尼科夫教授，一位是中国山东师范大学魏建教授。

在推动郭沫若研究的国际化方面，这次会议“亮点”颇多。首先，这是第一次在欧洲举行的郭沫若国际学术研讨会；其次，与会国家大大增加，来自俄罗斯、中国、美国、日本、澳大利亚、斯洛伐克、保加利亚、奥地利、乌克兰、韩国、瑞士等 11 国的 30 多位专家在会上做了关于郭沫若研究的学术发言；最后，外国学者提交的论文对郭沫若的世界意义做了多方位的阐发，其中，俄罗斯学者表现突出。他们多是从人类文明的视野来考察郭沫若。

---

① 以上论文内容详见 *PROCEEDING OF INTERNATIONAL GUO MORUO ACADEMY*（*First World Congress The International Guo Moruo Academy*），Johos Hopkins University Washington DC，USA August，2009；会议信息参见钱晓宇《第一届世界郭沫若研究学会（IGMA）学术研讨会纪要》，《郭沫若学刊》2009 年第 4 期。

会议更大的“亮点”，来自俄语世界的中国文化光彩。俄罗斯汉学家以良好的汉语基础和中国文化功底，投入到这次郭沫若研究的盛会。前四届远东文学论坛的工作语言都是俄语和英语。山东师范大学魏建接到作主旨报告的邀请后，要求论坛的工作语言加上汉语。从此以后，历届远东文学论坛将汉语作为工作语言成为定例。这次论坛期间，俄罗斯汉学家们的中文水平之高，对中国文化理解之深，明显高于其他国家的非华裔学者。这次论坛的 logo 就是俄罗斯人设计的：一幅惟妙惟肖的郭沫若剪纸头像，其中色块和较粗的线条由 120 枚郭沫若印章组成。据说，这些印章都是设计者亲自篆刻的。印章形状大小不一；印文有阳文、阴文，不仅安排得匀称妥帖、疏密统一，而且讲究章法和意趣，显示了极高的中国文化造诣。主持分论坛的俄罗斯学者还适时地用汉语插科打诨。本届论坛提交的学术论文数量多，论文集编为三大卷，于会前出版①。

四 “维也纳会议”：单向深入的突破

2014 年 9 月 11 日至 14 日，国际郭沫若学会第四次学术研讨会在奥地利维也纳大学举行。会议主题是：“医学 · 文学 · 身体”。会议由该校东亚研究所和孔子学院承办。与会学者来自中国、日本、法国、德国、马来西亚、奥地利、斯洛伐克等国家。此次会议的所在地是著名学者弗洛伊德曾经工作过的地方。会议主题与这样一个具有特殊意义的地点有着密切的关联。

这次会议有很强的专题性，在国际郭沫若学会历史上是学术研究“单向深入”的成功范例。会上宣读的多篇论文受到与会者的关注并引发进一步的学术思考：法国巴黎第七大学 Victor Vuilleumier 的论文《身体的再现、医学与解剖：20 与 30 年代郭沫若小说里的一种含混的态度》，分析了郭沫若小说如何把他对于身体的再现以及对于身体的叙述进行医学化的观测，进而创造出对于身体的一种新再现。并且，医学与身体作为符号或隐喻来运作，承载可能的意义的双重方向：个体或民族，主体性或客观化。山东师范大学魏建的论文《郭沫若“弃医从文”考辨》在会上交流后引发热议。该文以大量的史料考证否定了郭沫若“弃医从文”的学界定论，尽力复原被“弃医从文”说所简化的丰富内涵，并揭示出郭沫若人生选择的复杂性和多种可能性。中国社会科学院郭沫若纪念馆李斌的论文认为：学医受挫，给郭沫若带来了“推理的真”的匮乏，这一匮乏亟须新的科学理论弥补。通过翻译《社会组织与社会革命》，接受马克思主义理论使这一匮乏得到满足，并成为他此后精神生活的重要一维。日本国士馆大学藤田梨那的论文以《残春》为例，分析结核病作为隐喻在郭沫若小说叙事中发挥的作用，并且发掘出这种小说叙事与这个时期郭沫若尝试心理描

---

① 《郭沫若研究年鉴》（2012 年卷），人民出版社 2013 年版，第 385—388 页；会议论文集由圣彼得堡大学出版社 2012 年出版。

写、告白，重视自由恋爱、张扬个性的深层关系。中国社会科学院郭沫若纪念馆张勇的论文在梳理郭沫若留日期间医学专业的学习与早期翻译活动有关史料的基础上，考证郭沫若从事白话文学活动的最初时间，进而回答郭沫若最初文艺选择的方向和创作手法以及早期中国知识分子文化方向抉择等方面的问题。另外，奥地利维也纳大学的冯铁、德国海德堡大学的萧瑟、中国南京大学的沈卫威、日本法政大学王敏、马来西亚拉曼大学许文荣以及日本学者川崎馨子等人的论文和发言也都具有较高的学术水平①，不同程度地深化了对会议主题的思考。

五　“东京会议”：新的希望

2016 年 8 月下旬，百年来越境的现代中国文学——纪念郭沫若田汉留日一百周年国际学术研讨会暨国际郭沫若学会第五次学术研讨会，在日本东京法政大学召开。会议主要研讨了六大议题：郭沫若留学与异文化认识，郭沫若及田汉留学时期的文学创作，《女神》研究，郭沫若文学对中国古典文学、西方文学、日本文学的接纳与发挥，创造社的文学活动，日本留学生与现代中国文学的关系等。来自日本、中国、美国、法国、韩国等国的 40 多位学术同人，围绕上述议题发表各自的研究成果并展开了交流和讨论。山东师范大学魏建应邀作了重识《女神》的“基调演讲”，主要是通过重返历史现场，还原被遮蔽或扭曲的《女神》，从而重新认识《女神》对中国诗歌的特殊贡献。青岛大学周海波对郭沫若《我国思想史上的澎湃城》作了细致缜密的考论。日本郭沫若学会会长岩佐昌暲《关于 1920 年 3 月田汉博多访问》一文综合日本气象记录等资料，来考辨郭沫若、田汉等人记忆的偏差，显示了日本郭沫若研究界重视史料考辨的学术传统和扎实严谨的优良学风。同样，中国乐山师范学院廖久明《〈我的丈夫郭沫若〉相关问题梳考》、南京大学沈卫威《郭沫若是如何当选院士的》、华南师范大学咸立强《田汉参加和脱离创造社时间问题的考辨》等文也都是文献史料研究的佳作。中国社会科学院郭沫若纪念馆李斌、河北师范大学熊权及美国维拉诺瓦大学周海林围绕郭沫若与河上肇关系展开的讨论给人印象深刻。虽然三位学者观点各异，但扎实的功底、执着的态度和坦荡胸襟展现了优良的研究实力和学术品格。法国巴黎第七大学 Victor Vuilleumier 论文《郭沫若 20 年代〈分类白话诗选〉里的歌德译诗：论翻译与陌异性，新诗与跨文化的现代性》从翻译的角度，揭示郭沫若译诗的独特性——在地道的德语分析和诗歌拆解之后，郭沫若在汉语现代改造上的种种尝试被呈现出来。美国布兰代斯大学王璞从翻译与语言的角度考察郭沫若早期新诗，在文学与文化的比较中，用细致的文本分析和语言拆解，还原了诗中“呼语”

① 以上论文内容详见 *PROCEEDING OF INTERNATIONAL GUO MORUO ACADEMY*（*4nd World Congress The International Guo Moruo Academy*），University Wien，September，2014；会议信息参见张勇《“医学・文学・身体”第四届郭沫若国际学会双年会议纪实》，《郭沫若研究年鉴》（2014 年卷），中国社会科学出版社 2016 年版，第 425—427 页。

所代表的“时代精神”。日本国士馆大学藤田梨那的《郭沫若的汉诗创作》，以日本体验为视角比较了郭沫若留学日本前后的古体诗歌的变化，分析了其接受西方文学的影响和在此影响下重新审视古典诗歌后在旧体诗与新诗、古典与现代精神上的尝试与突破。中国郭沫若研究会会长蔡震关注到郭沫若在留日期间文学创作的一个特殊现象——古代文学经典的现代改编，通过细致的文本比读，对郭沫若戏剧创作的源头和契机提出了全新的观点。这次会议最可喜的现象是国际郭沫若学会增添了大量年轻新锐，平均年龄比八年前的“福冈会议”下降了十岁还要多，昭示郭沫若研究及其国际化具有的希望与活力。

六 “埃及会议”：走进非洲

2018 年 4 月 23—25 日，“郭沫若与世界文化”高端学术论坛在埃及伊斯梅利亚举行，本次高端论坛由中国社会科学院郭沫若纪念馆、埃及苏伊士运河大学共同主办，由苏伊士运河大学孔子学院承办。来自中国和埃及的 30 余位学者参加了论坛，就郭沫若与世界文化以及中埃文化交流等问题进行了学术交流。中国社会科学院文学研究所刘跃进、埃及爱兹哈尔大学中文系阿卜杜·阿齐兹、山东师范大学魏建、埃及本哈大学中文系迪娜·图哈米作了主旨报告。主旨报告之后，有 10 余位学者进行了大会学术发言，题目涵盖郭沫若研究的诸多领域，所有学者参加了研讨和交流，这也是埃及的郭沫若研究者首次齐聚一堂。其中，中国社会科学院郭沫若纪念馆赵笑洁的发言概述了郭沫若与埃及的渊源，中国社会科学院文学研究所程凯的发言考察了“和平签名运动”在中国的脉络与郭沫若的作用，中国社会科学院郭沫若纪念馆张勇的发言分析了“一带一路”倡议下如何进行郭沫若文化的海外传播，中国社会科学院文学研究所孙少华的发言论述了郭沫若《十批判书》与“新时代”诸子研究。埃及学者的发言集中在郭沫若文学创作方面，例如哈桑·拉加布谈了“郭沫若诗歌创作的新收获”，哈桑·优素福论述了“埃及人民眼中的郭沫若诗歌价值”，艾哈迈德·阿布·瓦法对郭沫若诗歌《女神》进行了分析，拉沙·卡玛尔论述了郭沫若的短篇小说，夏依玛·卡玛尔谈到郭沫若翻译作品研究的若干问题。论坛上的讨论十分热烈，学者们纷纷表示，此次高端论坛为埃及的中国学研究，特别是对以郭沫若为代表的现当代文化名人的研究，以及中埃学术和文化的沟通与合作提供了一个重要的平台。苏伊士运河大学语言学院院长哈桑·拉加布在闭幕式上希望将高端论坛继续举办下去，使中埃学术交流更上一层楼。同时，他还提出在埃及设立“郭沫若研究学会”，愿意与中国学者共同推进郭沫若研究的国际化。与此前国内外举办的郭沫若国际学术研讨会相比，这次论坛的学术水平并不高，取得的成果也并不理想，然而，这次论坛有其特殊的意义：标志着郭沫若研究走进非洲的开始。

近十年来郭沫若研究在国外“火”起来了，并不限于以上列举的六次会议，只是这几次会议特别重要而已。这期间国外举办有关郭沫若研究的国际会议还有很多，如2010年6月的日本冈山会议①、2016年4月的加拿大温哥华会议等。十年前，国外的郭沫若研究者主要集中在日本、俄罗斯等少数国家，不仅人数少，而且缺乏联系，呈散兵游勇状态。近十年，随着国际郭沫若学会频繁的学术活动，这些国外的郭沫若研究专家逐渐形成合力，发挥了合作攻关的优势。郭沫若研究获得了越来越广泛的国际关注和更开阔的国际视野。

下篇 国内的推动

上篇简单梳理了近十年来国外郭沫若研究的概况，主要展示的是国际郭沫若学会与其合作单位组织的学术活动。然而，在如此频繁而且方兴未艾的国外郭沫若研究景观背后，有许多来自国内的重要推手。一些中国境内的有关机构、高校和学者做了大量工作，不断推动郭沫若研究的国际化。

一 中国社会科学院郭沫若纪念馆和中国郭沫若研究会的“组合拳”

在推动郭沫若研究的国际化方面，中国社科院郭沫若纪念馆和中国郭沫若研究会贡献最大，近年来的成绩尤为显著，主要表现在以下几个方面：

一是通过在国外举办展览会和学术讲座，推动郭沫若和郭沫若研究“走出去”。近十年来，中国社科院郭沫若纪念馆联合北京8家名人故居在国外频繁地举办“中华名人展”，向国外观众宣传包括郭沫若在内的中国现代文化名人。其中，中国社科院郭沫若纪念馆不仅发挥了重要的纽带作用，而且特别注重加强与当地文化机构、学术机构和高等学校的交流，如2012年法国展期间与法国巴黎中国文化中心的交流②、2013年巴基斯坦展期间与巴基斯坦旁遮普大学的交流③、2014年土耳其展期间与土耳其DOGUS大学的交流④、2015年的肯尼亚展期间与肯尼亚内罗毕大学的交流⑤、2016年加拿大展期间与加拿大英属哥伦比亚大学的交流、2016年埃及展期间与埃及苏伊士运河大学的交流等。这些交流活动不同程度地促进了中国郭沫若研究会与这些国外机构的学术交流，甚至成为此后重要学术会议的铺垫。在此基础上，中国社会科学院郭沫若纪念馆与中国郭沫若研究会联手，在国外举办展览会期间同时举办有关郭沫若的学术讲座，借以扩大和推进郭沫若研究的海外影响和国际学术交流，如2015年4月中旬中国社会科学院郭沫若纪念馆的研究人员与中国郭沫若研究会的专家应邀

① 《郭沫若研究年鉴》(2010年卷)，人民出版社2011年版，第320—323页。

② 《郭沫若研究年鉴》(2012年卷)，人民出版社2013年版，第410页。

③ 《郭沫若研究年鉴》(2013年卷)，中国社会科学出版社2015年版，第536页。

④ 《郭沫若研究年鉴》(2014年卷)，中国社会科学出版社2016年版，第518—519页。

⑤ 《郭沫若研究年鉴》(2015年卷)，中国社会科学出版社2017年版，第448—449页。

出访新西兰举办“郭沫若与路易·艾黎文化展”并举办学术讲座[①]；在2016年加拿大展期间也请中国郭沫若研究会的专家在加拿大英属哥伦比亚大学做了“中国现代文化与郭沫若”的学术演讲。最成功的是，中国社科院郭沫若纪念馆在埃及建立了“郭沫若中国海外研究中心”[②]，在埃及苏伊士运河大学孔子学院设立了永久性的“郭沫若生平展”和郭沫若雕像，还与埃及金字塔集团达成协议出版郭沫若作品和郭沫若研究成果的阿拉伯文版。

二是与国内外学术单位合作，举办郭沫若研究的国际学术研讨会。以往中国郭沫若研究会主要是在中国境内举办学术研讨会和相关学术活动。从2010年起，中国郭沫若研究会、中国社会科学院郭沫若纪念馆先后与山东师范大学[③]、西华师范大学[④]、四川郭沫若研究中心以及四川省有关单位[⑤]、俄罗斯圣彼得堡大学[⑥]、加拿大英属哥伦比亚大学等单位联合举办国际学术研讨会，而且多是在国外举办。2014年6月中国郭沫若研究会在贵阳举行学术研讨会，会议主题就是“走向世界的郭沫若和郭沫若研究”[⑦]。

三是利用郭沫若研究的连续出版物发表和转载国外的前沿学术成果。从2011年起，中国郭沫若研究会、中国社会科学院郭沫若纪念馆先后与山东师范大学、西华师范大学、四川郭沫若研究中心等单位合作，共同编辑《郭沫若研究年鉴》，每年出一册。《郭沫若研究年鉴》不仅深受郭沫若研究界的欢迎，而且越发受到相关学科学者的高度重视。该年鉴及时转载郭沫若研究的最新成果和最新信息，其中包括最前沿的国外郭沫若研究成果，及时报道郭沫若研究的国际化进展。2017年，中国郭沫若研究会和中国社会科学院郭沫若纪念馆又恢复了中断多年的《郭沫若研究》辑刊，其中特辟“海外研究”专栏，大量发表国外最新学术论文。

四是以北京郭沫若纪念馆为基地，不断扩大与国外郭沫若研究专家的交流。中国郭沫若研究会和中国社会科学院郭沫若纪念馆以北京郭沫若纪念馆为基地，每年接待大量中外学者与中国学者进行学术交流，几乎所有著名的国外郭沫若研究专家都到该纪念馆做过学术访问。北京郭沫若纪念馆还与许多国外的学术组织一同举办学术交流活动，如2010年与国际芥川龙之介学会的交流活动[⑧]、2012年与国际博物馆协会文学专业委员会合作举办《女神》克罗地亚文首发式[⑨]等。另外，北京郭沫若纪念馆已

---

① 《郭沫若研究年鉴》（2015年卷），中国社会科学出版社2017年版，第445—446页。
② 张勇：《“郭沫若海外研究中心”成立》，《中国社会科学报》2016年8月19日。
③ 《郭沫若研究年鉴》（2010年卷），人民出版社2011年版，第309页。
④ 《郭沫若研究年鉴》（2011年卷），人民出版社2012年版，第345页。
⑤ 《郭沫若研究年鉴》（2012年卷），人民出版社2013年版，第389页。
⑥ 同上书，第385页。
⑦ 《郭沫若研究年鉴》（2014年卷），中国社会科学出版社2016年版，第419—423页。
⑧ 《郭沫若研究年鉴》（2011年卷），人民出版社2012年版，第360—361页。
⑨ 《郭沫若研究年鉴》（2012年卷），人民出版社2013年版，第410页。

经成为多所国外大学的教学基地。这些国际学术交流活动逐年增多，交流程度不断加深。

二 郭沫若的故乡：认真做推手

郭沫若故乡四川从来就是郭沫若研究的重镇。近十年来，四川郭沫若研究界对郭沫若研究国际化贡献最大的是四川省郭沫若研究中心。该中心 2005 年在乐山师范学院成立并被批准为四川省教育厅人文社会科学重点研究基地，2007 年升格为四川省人文社科重点研究基地。该中心贯彻机构开放的原则，联合省内外、国内外的郭沫若研究工作者一起，组织重大科研攻关，完成了多项重大成果，如《郭沫若研究文献汇要》《郭沫若研究数据库》《郭沫若在日本的史料搜集及研究》等。《郭沫若在日本的史料搜集及研究》由日本学者申报，并作为四川郭沫若研究中心重点项目立项资助。该课题获准立项后，日本郭沫若研究会高度重视，组织了实力强大的科研团队参与其事，日本郭沫若研究会会长岩佐昌暲和副会长藤田梨那亲自主持这一课题的研究。他们充分利用日本图书馆的丰富藏书，广泛搜集郭沫若在日本的资料并进行分类整理。该课题已于 2010 年结题。这些资料对掌握日本郭沫若研究现状、对深化郭沫若研究提供了有力的支撑。

四川省郭沫若研究中心和四川省高校多次举办国际学术会议助推郭沫若研究，其中近十年影响最大的是“郭沫若与文化中国——纪念郭沫若诞辰 120 周年国际学术研讨会”。这次研讨会于 2012 年 11 月 15—17 日在郭沫若诞生地四川乐山隆重召开。会议由四川省、乐山市及四川有关高校和科研机构与中国郭沫若研究会等九家单位共同举办，四川郭沫若研究中心等五家单位承办。来自中国、斯洛伐克、克罗地亚、韩国等国的近 150 名专家学者参加了此次研讨会，共提交会议论文 110 余篇①。

四川省郭沫若研究会主办的《郭沫若学刊》近十年不断开辟有关栏目，如“郭沫若与外国文学”“郭沫若与日本”“郭沫若作品在国外”“郭沫若翻译研究”“日本人眼中的郭沫若”“中外文化交流”等，定期发表有关国外郭沫若研究的论文和相关信息。四川郭沫若研究中心每年设立一批研究项目，其中总有郭沫若翻译、郭沫若与外国文学、郭沫若与世界文化、郭沫若的海外传播等推动郭沫若研究国际化研究课题立项。其中，影响最大的是杨玉英主持的《英语世界的郭沫若研究》②，该书出版后产生了很大的影响，对于推动郭沫若研究的国际化发挥了很大的作用。

三 山东学人的贡献

早在 20 世纪 80 年代初，山东省就成立了郭沫若研究会。这是除郭沫若故乡四川

① 《郭沫若研究年鉴》（2012 年卷），人民出版社 2013 年版，第 389—393 页。

② 杨玉英：《英语世界的郭沫若研究》，复旦大学出版社 2011 年版。

以外唯一的省级郭沫若研究学术团体。进入20世纪90年代以后，郭沫若研究愈发冷寂，难得山东的郭沫若研究学者执着坚守。进入21世纪以来，以山东师范大学为代表的郭沫若研究成绩较为突出。2007年山东师范大学中国现当代文学学科被评为国家重点学科以后，郭沫若研究被打造成一个在国内外影响较大的学术高地。第一个郭沫若研究的国家社科基金一般项目和第一个国家社科基金重点项目都在该学科点获得立项。在这里，郭沫若研究著作的出版、高层次刊物上发表的郭沫若研究论文和高层次获奖，密度极高。平均两年就有一篇郭沫若研究的博士学位论文在该学科点通过论文答辩。

在郭沫若研究的国际化方面，该学科点贡献更大。其中影响最大的是2010年8月举行的郭沫若文献史料国际学术研讨会暨国际郭沫若学会第二次学术研讨会。此次会议，由中国郭沫若研究会、中国社科院郭沫若纪念馆、国际郭沫若学会和山东师范大学联合主办，由山东师范大学文学院中国现当代文学国家重点学科承办。会议主要围绕郭沫若研究的文献史料问题展开了探索、交流与争鸣。较之以往，这次会议的国际化程度有了大幅度提高。标志之一是与会学者来自多国，包括中国、美国、日本、韩国、斯洛伐克、新加坡、奥地利等7国的学者出席了这次会议；标志之二是海外著名学者多，如欧洲著名汉学家斯洛伐克科学院院士高力克，日本郭沫若研究名家岩佐昌暲、藤田梨那，新加坡著名学者吴耀宗等。标志之三是提交会议的论文代表了国际化水平，例如欧洲著名汉学家斯洛伐克学者高利克的论文，从歌德作品的德文原版入手，对照郭沫若的译本，探究郭沫若在最初翻译《浮士德》这一时期所经历的思想变化如何成为他译介这部作品的重要动因；再如美国纽约大学王璞的论文，打通了郭沫若的文学实践和史学实践，勾勒出郭沫若古代社会想象中的一个特殊谱系——“公”与“私”的变奏，揭示出这种历史想象力所具有的文化政治的能动性；还有新加坡学者吴耀宗的论文，通过分析郭沫若20世纪20年代多篇小说中的父母杀死亲生子嗣的情节，论述郭沫若这种开拓性艺术经营为中国小说所建构的前所未有的现代性；另外，美国学者周海林对在美郭沫若文学研究的考察，韩国学者林大根通过报刊所挖掘出的郭沫若在韩国的接受情况等，对与会学者都有很大的启示。会议期间，国际郭沫若学会再次举行“IGMA优秀青年论文奖”评奖和颁奖活动。①

近十年来山东师范大学中国现当代文学学科点在郭沫若研究领域的成绩得到国内外学术界的普遍肯定，学者应邀出国作郭沫若专题讲座和出席国外郭沫若国际学术研讨会逐渐增多：2011年3月，1人应邀专程到新加坡国立大学中文系作《郭沫若的贡献与局限》的学术讲座；2012年6月，2人应邀出席在俄罗斯圣彼得堡举行的第五届远东文学研究论坛暨纪念郭沫若诞辰120周年学术研讨会；2013年11月，1人应邀到比利时鲁汶大学做有关郭沫若的学术讲座；2014年9月，1人应邀到维也纳出席国

① 《郭沫若研究年鉴》（2010年卷），人民出版社2011年版，第309—319页。

际郭沫若学会第四次学术年会；2015 年 4 月，1 人应邀到新西兰路易·艾黎学院访问并做有关学术讲座；2016 年 8 月，2 人应邀出席在日本东京举行的国际郭沫若学会第五次学术年会；2017 年 4 月，1 人应邀出席在加拿大英属哥伦比亚大学举行的国际学术研讨会，还为该校亚洲学院的师生做了有关郭沫若的学术演讲。2016—2017 年魏建的论文被日本郭沫若研究会会长岩佐昌暲译成日语，在日本《郭沫若研究会报》上连载发表。

国际化不仅要“走出去”，还要“请进来”。在“请进来”方面，该学科点做了大量工作。该学科点两次邀请欧洲著名汉学家德国波恩大学沃尔夫冈·顾彬到该校访问；邀请日本郭沫若研究会会长岩佐昌暲于 2010 年 8 月来到该学科点做学术演讲；邀请国际郭沫若学会会长、日本国士馆大学藤田梨那分别于 2010 年和 2015 年来到该学科点做专题学术讲座；2016 年 9 月邀请法国巴黎第七大学汉学研究中心主任宇乐文来该学科点做了专题学术讲座。以上这些人都是国外研究郭沫若的一流学者。另外，该学科点连续编辑出版了国际郭沫若学会国际学术研讨会论文集，如 2010 年的国际学术研讨会论文集《郭沫若文献史料研究与国际视野》于 2011 年出版发行；2014 年的国际郭沫若学会第四次学术年会论文集《医学·文学·身体》中文版于 2015 年出版发行。

近十年来，郭沫若研究在国际化方面取得了显著的成绩，但也存在不少问题，值得总结。例如，由于郭沫若研究的国际化发展得太快，多数中国大陆学者明显跟不上，在外语水平、国际交流经验等方面大都落后于外国学者；对于研究对象的国际化潜质，无论中国学者还是外国学者都远没有挖掘出来；中国大陆学者尚未实现与国际通用的学术范式、学术理念、研究方法、研究手段等方面的全面对接；如何解决国际化与本土化的关系，多数中国学者在理论上并未弄清楚；一些国际学术会议论文集的中文版至今未能出版，等等。

同时，我们不应该为“国际化”而“国际化”。推动“国际化”，既是为了“人类学术共同体”，更是为了解决中国学术当下的问题。增强我们与外国学者的学术对话固然重要，推动郭沫若与国内学者的学术对话更加重要，因为国内学人普遍对郭沫若的偏见太深，隔膜太厚。近十年来，郭沫若研究国际化步伐的加快，受益于国内郭沫若研究的推动，而国外郭沫若研究对国内学术研究的大力助推，才是郭沫若研究界以及相关学科专家们更为期待的。

[原载《山东师范大学学报（人文社会科学版）》2018 年第 4 期]

十年来的日本郭沫若研究

——以介绍研究成果为中心

赵从胜　吴　辰

前　言

郭沫若一生之中有二十年的时间生活在日本，与日本有着千丝万缕的联系。日本学界对郭沫若的著作及其人生经历都表现出极大的研究兴趣，从20世纪50年代至今已经积累了大量的郭沫若研究成果。及时了解国外郭沫若研究的动态对国内郭沫若研究的发展不无裨益，但是由于从整体上把握国内外郭沫若研究的状况还有一定的困难，因而，本文以介绍日本的郭沫若研究论文为重点，以期对国内各位专家同行有所帮助。

关于介绍日本的郭沫若研究的论文，已有胡媛媛《郭沫若在日本：译介与研究》（《新西部》2014年第26期）、岩佐昌暲《日本的郭沫若介绍、研究90年》等文发表。胡媛媛的论文从郭沫若与日本的关联、日本对郭沫若译介研究及日本国内的郭沫若研究等三个方面进行了细致深刻的分析，从中发现了郭沫若在近现代日本研究的发展特点及规律。该论文最后指出，1972年中日邦交正常化后，郭沫若作为最有影响力的中国现代文学家，在日本的中国文学研究者中地位很高，此时，对郭沫若的研究达到高峰；进入90年代后，有关郭沫若研究的论文在数量上虽有减少但质量有所提高，出现了像藤田梨那、岩佐昌暲、武继平这样的研究者；2002年日本郭沫若研究会成立后，日本的郭沫若研究进入崭新的阶段。此论文从整体上把握了日本的郭沫若研究的主要发展趋势和历史脉络，对了解国外郭沫若研究有极大的帮助。

日本学者岩佐昌暲于2010年以"日本的郭沫若介绍、研究90年"为题，撰文概括了日本郭沫若研究的历史发展分期和特点。这篇文章曾在2009年8月于美国霍普金斯大学召开的"国际郭沫若研究会年会"上宣读，其详细内容在此就不再赘言，只针对2000年以后的郭沫若研究作简单的介绍。岩佐指出2000—2010年间郭沫若研究的特点可归纳为四点：第一，对郭沫若的个人作品或他的理论作实证性的研究增多，考察对象扩大，出现书籍之集大成者；第二，郭沫若研究的研究团队诞生；第三，在中国留学生中不断涌现出郭沫若研究的专家；第四，作为郭沫若研究者的组织，“日本郭沫若研究会”诞生，开始了中日两国研究者之间有组织性的交流。岩佐昌暲认为，日本的具有学术性质的郭沫若研究在他去世后才真正开始，日本学界从此开始关心作为“文学家”“政治家”的郭沫若的真面目；除了研究他个人以外，还开始客观地看待郭沫若的文学，虽然研究人数不多，但研究质量却有提高，郭沫若研究逐渐实证性地展开，并细分化、精致化。

本文从微观的角度，翻译日本最新的郭沫若研究题目，以帮助国内学者了解日本郭沫若研究的动向为目的，分析其研究方向和主要观点，以供国内学者参考。

一　日本郭沫若研究论文汇总

笔者在日本版“知网”CINII 论文数据库中，以“郭沫若”为关键字检索得出 245 条结果，除郭沫若本人撰写的文章、译文和重复文章，日本学者的研究论文及主要杂志刊登的郭沫若相关文章达 182 篇。由于数量较多，笔者仅列举最近十年的郭沫若研究成果，按年从新到旧排序，由于该数据库在不断更新，其中必有疏漏。另外，为方便读者理解附上中文翻译，仅供参考。

（番号）	著者名：《论文名》（中译），《发表刊物》卷（号），发表年，页码
（1）	松宫贵之：《郭沫若の大躍進政策期に於ける書法様式の類型とその背景について：「漢詩」の分析を中心とした政治性及び建築と書法との照合》（“大跃进”时期郭沫若书法样式的类型及其背景：以“汉诗”分析为中心的政治性及建筑、书法的对照），《京都语文》（25），2017 年，第 270—279 页。
（2）	松宫贵之：《郭沫若の書、所謂「郭体」の規定と成立過程及びその時期を巡って》（郭沫若的书法，所谓“郭体”的形式、形成过程及其时期），《书法汉学研究》（21），2017 年，第 39—51 页。
（3）	横打理奈：《世界を見つめる眼差し：W. ホイットマン・児玉花外・郭沫若》（注视世界的目光：惠特曼・儿玉花外・郭沫若），《「エコ・フィロソフィ」研究》（11），2017 年，第 67—82 页。
（4）	松宫贵之：《抗日勝利から中華人民共和国建国期、百花斉放時に至る郭沫若の書様式の整理：日中戦争終結から一九五〇年代後期の様式変遷と所謂「郭体」の確立時期を巡って》（抗日胜利至中华人民共和国成立及“百花时代”郭沫若书法的整理：以中日战争终结至一九五〇年代后期的书法变迁及所谓“郭体”的确立时期为中心），仏教大学国语国文学会《京都语文》（23），2016 年，第 299—315 页。

续表

(5)	山寺三知:《林謙三と郭沫若:『隋唐燕楽調研究』誕生秘話》(林谦三与郭沫若:《隋唐燕乐调研究》诞生秘话),国学院大学総合企划部《国学院杂志》117(11)(特集 中国学の眺望),2016年,第331—356页。
(6)	藤田梨那:《郭沫若の漢詩素養と創作》(郭沫若的汉诗素养和创作),国士馆大学文学部人文学会《国士馆人文学》(48),2016年,第93—117页。
(7)	横打理奈:《精神疾患と創作行為:郭沫若の『女神』をめぐって(自然観探求ユニット)》(精神疾患与创作行为:围绕郭沫若《女神》展开〈自然观探求组〉),东洋大学 Transdisciplinary Initiative Eco-Philosophy《「エコ・フィロソフィ」研究》(10),2016年,第75—95页。
(8)	顾文、岩佐昌暲(译):《『三葉集』田漢・宗白華・郭沫若著(その1—3)郭沫若より田漢への手紙(原題:「郭沫若致田漢」)》(《三叶集》中〈与田汉书〉之移译〈其1—3〉〈原题:郭沫若致田汉〉),《东海大学経営学部纪要》(4),2016年,第16—28页。
(9)	齐藤孝治:《知られざる郭沫若の諸事について(3)重慶(上)》(郭沫若不为人知的诸事(3)重庆〈上〉),《中日文化研究所论文集》(4),2016年,第79—109页。
(10)	大高顺雄、于亚:《郭沫若の旧詩六篇と〈愚者辨〉》(郭沫若的旧体诗六篇与《愚者辨》),《大手前大学论集》(17),2016年,第201—220页。
(11)	松宫贵之:《郭沫若に於ける孔子観と儒教道徳の継承問題について:五・四運動期から反蒋運動に至るまで》(郭沫若的孔子观及儒教道德继承问题:从五四运动至反蒋运动),佛教大学中国言语文化研究会《中国言语文化研究》(15),2015年,第31—64页。
(12)	藤田梨那:《医学・文学・身体:郭沫若文学における結核病の描写をめぐって》(医学・文学・身体:郭沫若文学中的结核病描写),日本闻一多学会事务局《神話と詩:日本闻一多学会报》(13),2015年,第78—69页。
(13)	横打理奈:《郭沫若『女神』における自然:生命主義と汎神論(TIEPh 第1ユニット自然観探究ユニット)》(郭沫若《女神》的自然:生命主义和泛神论〈TIEPh 第一组:自然观探究〉),东洋大学 Transdisciplinary Initiative Eco-Philosophy(TIEPh 机构)《「エコ・フィロソフィ」研究》(9),2015年,第119—136页。
(14)	顾文、岩佐昌暲译:《『三葉集』田漢・宗白華・郭沫若著(その4—2)「郭沫若より宗白華への手紙」(翻訳・訳注と解説)原題:「郭沫若致宗白華」》(《三叶集》中〈与宗白华书〉之移译〈其4—2〉〈翻译、译注与解说〉原题:〈郭沫若致宗白华〉)东海大学经营学部《东海大学経営学部纪要》(3),2015年,第58—79页。

续表

（15）	涂鸿、秋吉收：《论中国现代诗人郭沫若1949年后诗作中的“红色”思想变迁》，九州大学大学院言语文化研究院言语研究会《言语科学》（50），2015年，第25—38页。
（16）	高久由美：《郭沫若『石鼓文研究』と日本伝存の北宋安国拓本について》（郭沫若《石鼓文研究》与日本传存的北宋安国拓本），国际地域研究学会《国际地域研究论集》（6），2015年，第97—106页。
（17）	大高顺雄：《郭沫若による『里見弴作 雪の夜話』および鲁迅による『芥川龍之介作羅生門』の中国語訳の語法》（郭沫若翻译里见弴著《雪之夜话》与鲁迅翻译芥川龙之介著《罗生门》的中文语法），大手前大学《大手前大学论集》（16），2015年，第153—195页。
（18）	刘建云：《第一高等学校特設予科時代の郭沫若：「五校特約」下の東京留学生活》（第一高等学校特设预科时代的郭沫若：“五校特约”下的东京留学生活），神奈川大学人文学研究所《人文学研究所报》（52），2014年，第159—174页。
（19）	成家徹郎：《アジア・アフリカ図書館“郭沫若文庫”新装オープン》（亚非图书馆“郭沫若文库”新装开放）东方《东方书店》（398），2014年，第9—16页。
（20）	藤田梨那：《郭沫若新体詩創作の歴史的意義：“風景”の発見と口語詩の試み》（郭沫若新诗创作的历史意义：“风景”的发现与口语诗的尝试）》，国士馆大学文学部人文学会《国士馆人文学》（4），2014年，第87—107页。
（21）	顾文、岩佐昌暲译：《『三葉集』田漢・宗白華・郭沫若著（その4—1）「郭沫若より宗白華への手紙」（翻訳・訳注と解説）原題：「郭沫若致宗白華」》（《三叶集》中〈与宗白华书〉之移译〈其4—1〉〈翻译、译注与解说〉〈原题：郭沫若致宗白华〉），东海大学经营学部《东海大学経営学部纪要》（2），2014年，第33—43页。
（22）	田中千绘：《郭沫若「行路難」と佐賀熊の川温泉》（郭沫若的《行路难》和佐贺熊之川温泉）九州大学中国文学会《中国文学论集》（竹村则行教授 退职纪念号）（43），2014年，第215—223页。
（23）	顾文、岩佐昌暲：《『三葉集』田漢・宗白華、郭沫若著（その2，その，3）郭沫若より宗白華への手紙（原題：郭沫若致宗白華）》（《三叶集》中〈与宗白华书〉之移译〈其2，其3〉〈原题：郭沫若致宗白华〉），东海大学经营学部《东海大学経営学部纪要》（1），2013年，第113—120页。
（24）	大高顺雄：《郭沫若の中国語訳における‘着’の用法》（郭沫若中文译文中“着”字的用法探析），大手前大学・大手前短期大学《大手前大学论集》（14），2013年，第287—318页。

续表

（25）	岩佐昌暲：《日本における郭沫若『女神』の研究》（日本的郭沫若《女神》之研究）熊本学园大学附属海外事情研究所《海外事情研究》39（2），2012 年 3 月，第 139—152 页。
（26）	顾文，岩佐昌暲：《『三葉集』田漢・宗白華、郭沫若著（その1）郭沫若より宗白華への手紙（原题：郭沫若致宗白華）》（《三叶集》中〈与宗白华书〉之移译〈其 1〉〈原题：郭沫若致宗白华〉），东海大学经营学部《东海大学経営学部纪要》（5），2012 年，第 49—60 页。
（27）	横打理奈：《中国近代文学における自然観の変容——郭沫若の新詩誕生をめぐって》（中国近代文学的自然观嬗变——围绕郭沫若的新诗诞生），东洋大学 Transdisciplinary Initiative Eco-Philosophy（TIEPh）事务局《「エコ・フィロソフィ」研究》（5），2011 年 3 月，第 27—41 页。
（28）	岩佐昌暲：《日本における郭沫若の紹介・研究九十年》（日本的郭沫若介绍、研究九十年），日本闻一多学会事务局《神話と詩》（9），2010 年 12 月，第 145—154 页。
（29）	成家徹郎：《郭沫若と文求堂田中慶太郎——交流の軌跡》（郭沫若与文求堂田中庆太郎——交流的轨迹），大东文化大学人文科学研究所《人文科学》（15），2010 年 3 月，第 211—259 页。
（30）	裴亮：《「雲遊詩人」徐志摩の目に見る日本——郭沫若の「留別日本」と比較して》（“云游诗人”徐志摩眼中的日本——与郭沫若的“留别日本”的比较研究），九州大学中国文学会《中国文学论集》（39），2010 年，第 118—132 页。
（31）	成家徹郎：《日中友好の断層——郭沫若と文求堂田中慶太郎（上）》（日中友好之断层——郭沫若与文求堂田中庆太郎〈上〉），东方书店《东方》（344），2009 年 10 月，第 8—11 页。
（32）	中裕史：《郭沫若におけるキリスト教の受容——小説『落葉』からみえるもの》（郭沫若的基督教接受——以小说《落叶》为中心），中国文学会《中国文学报》（78），2009 年 10 月，第 118—135 页。
（33）	成家徹郎：《日中友好の断層——郭沫若と文求堂田中慶太郎（上）》（日中友好之断层——郭沫若与文求堂田中庆太郎〈上〉），东方书店《东方》（343），2009 年 9 月，第 16—21 页。
（34）	崔淑芬：《日本における郭沫若の遺跡の一考察》（日本的郭沫若遗迹之一考察），筑紫女学园大学・短期大学部人间文化研究所《筑紫女学园大学・短期大学部人间文化研究所年报》（20），2009 年 8 月，第 165—176 页。

续表

（35）	郭平英：《郭沫若とゆかりの地》（郭沫若与因缘之地），人民中国杂志社《人民中国》（671）2009 年 5 月，第 34—39 页。
（36）	坂井洋史：《遺脱の彼方、啓蒙の行く末—初期郭沫若の小説を巡って》（遗脱的彼方、启蒙的未来——以郭沫若的早期小说为中心），《九叶読书会》（4），2009 年
（37）	刘建云：《岡山時代の郭沫若—地元市民とのふれあいをたどりながら》（冈山时代的郭沫若——追寻与当地市民交流的足迹一）《人民中国》（671），2009 年
（38）	岸田宪也：《九州大学所蔵の郭沫若「盈盈灘水碧羅」詩軸について—「舟游陽朔二首」其二の解釈と関連させて》（九州大学收藏的郭沫若《盈盈滩水碧罗纨》诗轴——与〈舟游阳朔二首〉其二之解释的关系研究），九州大学中国文学会《中国文学论集》（38），2009 年，第 122—136 页。
（39）	岸田宪也：《郭沫若の訪日と福岡、九州大学》（郭沫若的访日与福冈、九州大学），九州中国学会《九州中国学会报》（47），2009 年，第 61—75 页。
（40）	牧角悦子：《郭沫若の古代研究——近代学術におけるその位置づけ》（郭沫若的古代研究及其在近代学术上的定位），日本闻一多学会事务局《神話と詩》（7），2008 年 12 月，第 13—22 页。
（41）	铃木义昭：《聞一多と郭沫若——聞一多の郭沫若『女神』評価を巡って》（闻一多和郭沫若——以闻一多对郭沫若《女神》的评价为中心），日本闻一多学会事务局《神話と詩》（7），2008 年 12 月，第 1—12 页。
（42）	岸田宪也：《九州帝国大学留学生の郭沫若が見た「千代の松原」》（九州帝国大学留学生郭沫若眼中的“千代松原”），九州大学中国文学会《中国文学论集》（37），2008 年，第 106—120 页。
（43）	横打理奈：《『女神』における詩的表現としての科学用語——「波」のイメージを中心に》（《女神》诗性表现的科学用语——以“波动”映像为中心）《神話と詩》（7），2008 年，第 23—47 页。
（44）	郭平英著、刘建云译：《郭沫若家信集『桜花書簡』への訂正と補遺》（郭沫若家信集《樱花书简》的订正与补遗），岛根县立大学东北亚地域研究中心《北東アジア研究》（13），2007 年 3 月，第 49—70 页。
（45）	陈正醍：《瞿秋白《多余的話》の周辺：「郭沫若あての手紙」を中心に》（瞿秋白《多余的话》的周边：以〈致郭沫若的信〉为中心），中央大学《纪要・言语・文学・文化》（99），2007 年 3 月，第 179—208 页。

通过最近十年（2007—2017 年）的研究成果可看出，活跃在日本郭沫若研究界的主要包括在中国学界耳熟能详的藤田梨那、横打理奈、岩佐昌暲等著名学者，以及日本闻一多学会、九州中国学会、九州大学中国文学会等学术团体。在日中国人发挥语言优势研究郭沫若者亦不在少数，继武继平之后，又出现了如刘建云、顾文、裴亮等活跃在日本各大学的学者或留学生。总之，最近十年日本的郭沫若研究硕果累累，研究方向更加多样化，主要集中在“郭沫若作品研究”“郭沫若与其他人物关系研究”“郭沫若本人及其思想研究”“郭沫若的书法、译注研究”“郭沫若与日本关系研究”“译介郭沫若中文作品”等。

需提及一点的是涉及作为历史学家的郭沫若的研究却并不多见，其主要原因可能是由“文革”时期郭沫若的自我批判引发的学术界对其人格的不良反应，这导致了从历史角度研究郭沫若问题的不多，甚至对郭沫若的历史定位也难以客观公正。正如上表所示，这种现象在日本也表现得尤为突出。

接下来就根据笔者的不完全统计结果及并非完全合理的归类方式，简介日本郭沫若研究的大体内容和研究方向。

二　日本郭沫若研究论文概要

（一）郭沫若作品研究

郭沫若文学作品研究一直以来都是学术界相关领域研究的热点，在最近十年的研究成果中占较大比重，主要有上表中 13 篇论文。

在文学作品研究中，成果最丰富的是横打理奈，除表中 4 篇论文外，在 2007 年以前还有数篇相关文章。论文（7）从郭沫若的第一诗集《女神》的创作过程探讨他的精神疾患和创作行为，认为郭沫若从小就神经过敏，身边的家人亲戚中神经过敏者也有多位，另外，郭沫若本人也曾经有过宗教性的体验，这些都是他创作的源泉。论文（13）将郭沫若《岸上》的主题与《女神》的主题“太阳”紧密相连，通过歌颂自然反映他的“自然观”和“泛神论”等思想，并认为这种思想可定位于日本大正时期生命主义浪潮之中。论文（27）则是通过分析收录《女神》作品最多的《时事新报》副刊《学灯》的构成，探索其性质；以郭沫若作品为基础，揭示新诗发表的过程，以及考察其作品中在传统世界与西洋思想、文学与科学知识的双重混杂之下的表现方式。论文（43）则针对《女神》中“波动”的诗性表现展开了论述，认为《女神》积极使用外来语等新的词汇，是郭沫若浪漫主义的体现。

另一位成果丰富的学者藤田梨那在论文（20）中认为郭沫若文学中“医学、文学、身体”是重要的论题，小说《残春》以明治时代的社会病“结核”作为其文学作品的重要因素发挥了巨大影响，关于对结核真实的描写和隐喻的表现，体现了他浪漫的作风。其他文学作品研究还有论文（16）（36）（38），在此不再一一叙述。

在古代研究中，论文（40）针对郭沫若的古代研究的特征，探索其在近代学术的定位，认为："其古代研究之甲骨学、金文学、中国古代社会研究、中国古代思想研究中，至今还未失去学术价值的是解读甲骨、金文的《卜辞通纂》《两周金文辞大系》等。关于古代社会及思想研究，其总论和各论皆有创见，具有启蒙作用，但其偏激的批判和对方法论的绝对信仰，有时却歪曲了对古典的解释，与各研究领域在展示其喜好相异的同时，最终以克己主义保护学术研究的界限不同，郭沫若的研究，比起学术，作为社会批判发挥着最终作用的意图更为明显。"论文（16）结合了20世纪前半期的社会状况，考察了学术界最关注的新资料——安国旧藏北宋拓本公开的经过及传到日本的郭沫若代表作之一《石鼓文研究》的成书过程，认为这些成为学术史节点（转变学术观点）的资料在20世纪前期传到日本直至现在，对于从事文字学的学者具有极其深刻的意义。

在综述性研究中，论文（25）是岩佐昌暲将2011年在西华大学召开的"郭沫若研究青年论坛"上发表的原稿加以修正增补的文章。该文章首先讨论了《女神》在文学史上的地位和郭沫若何时成为学术研究的对象，接着将日本的郭沫若《女神》研究分为"初期研究""70年代研究""中国人研究者的研究""作品研究""翻译、其他"等，最后综述了日本《女神》研究的成果和不足。该文是2011年以前郭沫若研究的汇总之一，值得参考。

（二）郭沫若与其他人物关系研究

论文（3）作者横打理奈将共同关注世界目光的沃尔特·惠特曼、儿玉花外、郭沫若三人的诗相比较，通过考察其共同点和差异重新审视郭沫若作品的特征，认为郭沫若继承了惠特曼（生命讴歌）的形式，具体而言是儿玉花外没有具备的泛神论思想，在此处能看到郭沫若作品对万物怀有敬畏之念。

论文（5）是研究郭沫若和在中国音乐学界亦非常著名的东洋音乐研究者林谦三如何相逢，如何交流为后世留下名著的论文。该文详细地描述了郭沫若翻译、出版林谦三著《隋唐燕乐调研究》的经纬，认为该作品是以学问和艺术联结起来的友情结晶，试图从中国文学研究以外的视点阐明在亡命日本期间郭沫若的另一个侧面。

论文（30）作者裴亮以徐志摩和郭沫若的同名诗作《留别日本》的比较为线索，以徐志摩的一连串以日本为主题的纪行诗文为焦点，尝试考察和解释"云游诗人"徐志摩的"日本像"，试图揭示中国近代作家的"日本像"的多样性。最后的结论是：与其他长期生活在日本的作家的"日本像"复杂且变化多端相比，徐志摩诗作中的"日本像"片面且单纯。

论文（41）则通过《女神》评论讨论了中国现代诗人的双璧闻一多和郭沫若的

关联，认为曾属于同一阵营的二人在1920年前期分别走向右倾和左倾道路，20年后又作为学者、文化人走向了相同步调，反映了中国知识分子人生道路的复杂性。

论文（29）（31）（33）作者成家徹郎阐述郭沫若在亡命日本期间撰写《中国古代社会研究》一书的背后，有不可忽视的支持力量，即得到了文求堂田中庆太郎的援助。该论文根据郭沫若书简、第三者记述，认为郭氏和文求堂田中氏之间交往非常密切，但郭氏在其自传中却将其关系描述成一般客人的关系，记述较少，描写简单，成家徹郎认为这是郭沫若有意而为之。另外论文（19）叙述了“郭沫若文库”成立的经过及菊地三郎、小仓正恒在背后助力的情况。

论文（45）一方面关注了1979年后被“解禁”的中国研究的进展，一方面简单地确认了瞿秋白从被逮捕至去世之间的状况，在此基础上把握考察写给郭沫若信件的传送、保管、发表的经过及信件的内容，吟味从中得到的知识对考察《多余的话》的可能性。该论文认为瞿秋白可能是为了在国民党势力下生存而写的《多余的话》被国民党作为“反共宣传”加以利用，甚至在共产党内的政治斗争中被利用，引起了关于其“真伪”的纠纷，瞿秋白为了“保险”起见写给郭沫若的信件以一种讽刺的形式达到了预期的效果。

（三）郭沫若本人及其思想研究

论文（9）作为《知られざる郭沫若の諸事について（2）》［郭沫若不为人知的诸事（2）］的续篇，描述了抗战前夕重庆和日本的关联，并未涉及郭沫若事迹。

论文（11）考察了郭沫若从日本留学期间、回国期间至亡命日本期间儒教观的变迁，认为在日本留学期间他与五四运动潮流划清界限，站在肯定儒教文化、道德的立场上；1923年在摒弃宋儒思想的同时，将《大学》《中庸》视为圣典，展开了作为政治家独自的“内圣外王”论；1927年后受蒋介石“反共”军事政变影响，彻底批判唯心论哲学，专心致力于唯物论历史研究。

论文（15）以中文形式发表于日本，鉴于中国知网未收录此文，在此作一简单介绍。该文关注的是郭沫若1949年以后的诗歌写作中“红色”思想变化的过程，并由此认识其心理历程，从而反观历史与时代的本质。该文认为，1949—1978年郭沫若的“红色”思想与社会氛围、个人理想和情感相融，他的内心与当时的政治氛围产生出了一系列的变化，经历了从真心地接受到外界压迫而无法表达其内心的真实所感的心理变化。

论文（32）以小说《落叶》为基础分析郭沫若如何接受基督教，又如何反映在其作品中，论文通过考察五四时期文化、思想界对基督教表现出何种态度，对郭沫若的带有基督教色彩的小说应有的定位问题进行了阐释，以期揭示五四时期知识分子对基督教的接受状况。

论文（18）着眼于“五校特约”下郭沫若留学的时代和背景，解读、检证《樱花书简——一九一三至一九二三年家信选》《第一高等学校六十年史》等一手史料，再加上作者的实地调查，努力探明以一高特设预科为中心的东京时期郭沫若的学习和生活实际情况。该文认为东京时代的郭沫若为应对考试竞争、适应新环境，为完成第一次外国的正统教育课程殚精竭虑，即使已接触泰戈尔作品并被其吸引，这个时候他还没有挑战新诗创作的闲心和能力。

（四）郭沫若书法、译注研究

从事郭沫若书法研究的松宫贵之论文（1）（2）（4）改变以往研究的“印象论”解释，基于史实从文学、思想、言语等观点出发阐述了抗战胜利至中华人民共和国成立初期、百花齐放期、“大跃进”时期郭沫若书法样式即“郭体”出现的背景、类型、确立及变迁等情况。

大高顺雄主要针对郭沫若的翻译手法展开论述，论文（17）通过“着、著、了、啦、把、将”的用法揭示郭沫若译的里见弴作《雪之夜话》与鲁迅译的芥川龙之介作《罗生门》的中文特征，认为里见弴的原文频出俚言用法给郭沫若的翻译带来困难，而芥川龙之介的原文简洁明了且有理论性，减少了鲁迅在文字翻译上的困惑。论文（24）则揭示了日语译成中文时郭沫若是如何运用“着”字的。

论文（10），根据郭沫若著，郭平英、秦川编注《敝帚集与游学家书》，为年轻时的郭沫若撰写的六首诗和《愚者辨》作注并译成日文，以图真实地把握郭沫若年少时如何学习古典、如何作诗、如何思考等问题。

（五）郭沫若与日本关系研究

论文（22）阐述了郭沫若因在经济和事业上遭受困境，而滞留佐贺县熊川温泉，在此期间，其创作了小说《行路难》。该作品中“川”的因素尤为重要，此“川”为流经熊川温泉的川上川（河流名称）。该文讨论了郭沫若从川上川得到何种灵感来构想作品，最后认为如果他没有邂逅川上川就不会出现作品末尾对未来热情洋溢的抱负，熊川朴素的田园生活促使他的文学思想发生变化，即对向马克思一边倒的理论产生怀疑，对旧文学表示容忍。

论文（34）针对郭沫若代表性的遗迹：后乐园诗碑、佐贺县熊川“郭沫若先生纪念碑”、金印公园“永不重操室内戈”诗碑、郭沫若旧居和“别须和田”诗碑，重新回顾了郭沫若的人生，并预感中日交流新时代的到来。

论文（35）（37）是在郭沫若留日95周年之际，发表在《人民中国》杂志上的两篇报道，详细地阐述了郭沫若的生平以及冈山时代郭沫若与当地市民之间的交流情况。

论文（39）叙述郭沫若访日在各地留下的众多诗文，虽然有提及当时政治关系的研究，但关注其内容的研究却不多，因此，作者尝试重新解释访日时郭沫若在九州大学留下的相关诗文。文章最后认为，郭沫若留在九州大学的旧诗二首既有歌颂中日友好之意，也包含了以批判美帝国主义和追随其后的日本政治为内容的较为辛辣的政治批判。

论文（42）将旧诗（象征郭沫若青春时代的《千代松原》）的主题与新诗相比较，以考察曾为留学生的郭沫若眼中福冈都市的变迁，认为1920年至1955年三十多年间“千代松原”等大学周边环境变化较大；郭沫若所见之松原可分为“生活者所见之松原”和“旅行者所见之松原”；留学中的诗是作为诗人的创作，表现了自己内在的部分，即使其中包含社会批判，那也仅是个人程度的批判。

（六）译介郭沫若中文作品

译介、解说田汉、宗白华、郭沫若著《三叶集》主要是由顾文和岩佐昌暲共同完成，从2013年至2016年主要有论文（8）（14）（21）（23）（26），岩佐昌暲叙述翻译、译注、解说《三叶集》的主要目的是：对于郭沫若研究来说它是具有重大价值的资料，但是遗憾的是日本对该资料的使用还不充分，希望这能成为《女神》研究中重新认识《三叶集》价值的契机。此外，还有顾文译、岩佐昌暲解题《郭沫若・私の詩作の経緯（原题：《我的作诗的经过》《郭沫若全集》文学编第16卷）》；《东海大学経営学部纪要》（4），2011年，第89—100页。

此外还有郭沫若家信集《樱花书简》订正与补遗，主要包括12封书信日期的推定、家信补遗及郭沫若离京赴日时期的相关考证、郭翊昌和郭沫若年轻时代的文献资料。

以上六方面的归纳分类基本囊括了日本郭沫若研究的基本方向，其中郭沫若作品研究依然是最热门的话题，对郭沫若本人及其与周边人物关系的研究也比较受重视，尤为突出的是郭沫若的翻译方法研究及书法研究，成为最近几年拓展的新方向，为全面认识作为政治家、文学家的郭沫若提供了新的视点。另外，郭沫若作品翻译成日文的工作也在日本学者中逐步展开，为日本学者研究郭沫若及近现代中国文学提供了重要的素材，值得注意。

三　日本郭沫若研究著作

除上述收录在CINII的论文外，在最近十年间还有不少关于郭沫若研究的著作或论文集，由于篇幅有限，在此仅列举标题目录，不叙述其内容。根据日本郭沫若研究会会报编辑部编《2000年以降日本における郭沫若研究文献目録稿（初稿）》（2000年以后日本的郭沫若研究文献目录稿）及CINII数据库显示，主要著作、论文集有：

①山田敬三先生古稀记念论集刊行会编《南腔北調論集：中国文化の伝統と現

代：山田敬三先生古稀記念論集》（南腔北调论集：中国文化的传统和现代：山田敬三先生古稀纪念论集）（东方书店，2007年）收录松冈纯子《郭沫若〈鄭成功〉について》（关于郭沫若的《郑成功》）

②岩佐昌暲、藤田梨那、武继平编著《郭沫若の世界》（郭沫若的世界）（福冈：花书院，2010年7月），这也是日本郭沫若研究会主办“郭沫若九大留学90周年纪念国际学术研究集会”报告论文集，其中日本人的报告论文有：

斉藤孝志《郭沫若がしたためた聂耳墓誌銘の削除問題について》（郭沫若书写聂耳墓志铭的删除问题）

小谷一郎《郭沫若の佚文〈雁来紅〉をめぐって》（关于郭沫若的佚文《雁来红》）

岸田宪也《郭沫若眼中的“千代松原”》

岩佐昌暲《五言旧詩〈題延光四年磚〉をめぐって一〈民族詩壇〉との関わりその他一》（关于五言旧诗《题延光四年砖》与《民族诗坛》的关系及其他）

大高顺雄《郭沫若の英詩訳》（郭沫若的英文诗翻译）

横打理奈《郭沫若と宮沢賢治：詩人と科学》（郭沫若与宫泽贤治：诗人与科学）

铃木义昭《闻一多与郭沫若——以闻一多对郭沫若作品〈女神〉的评价为中心》

武继平《狂暴与柔情——博多湾赋予〈女神〉的两种性格》

小崎太一《〈女神〉与游泳》

濑户宏《郭沫若历史剧和焦菊隐：以〈蔡文姬〉为主》

牧下（竹下）悦子《郭沫若的古代研究——在近代学术里的定位》

成家彻郎《郭沫若の古文字研究一文求堂田中慶太郎の援助と協力》（郭沫若的古文字研究：文求堂田中庆太郎的援助和协力）

藤田梨那《郭沫若的万宝常研究之动机与意义》。

③中岛みどり《顷筐集：中国文学論集》（朋友书店，2011年2月）收录《郭沫若の初期文学论》《郭沫若の小说》《郭沫若史剧论》《叛逆する女たち〈蔡文姬〉论》等论文。

④岩佐昌暲、藤田梨那、岸田宪也、郭伟编《日本郭沫若研究资料总目录》，明德出版社，2011年4月。

⑤郭沫若著，藤田梨那译《女神：全訳》（女神：全译），明德出版社，2011年4月。

⑥笕久美子《詩仙とその妻たち：李白の実像を求めて》（诗仙及其妻子们：追求李白的真相）（研文出版，2012年11月，研文选书116）收录〈书评郭沫若《李白与杜甫》〉。

⑦坂井洋史《逸脱と啓示一中国現代作家研究》（逸脱与启示：中国现代作家研

究）（汲古书院，2012 年）收录第 3 章《逸脱の彼方へ—初期郭沫若の小説を巡って》（迈向逸脱的彼方：围绕初期郭沫若的小说）。

⑧岩佐昌暲《中国现代诗史研究》（汲古书院，2013 年）收录第 1 部第 3 章《郭沫若女神の一面》（郭沫若《女神》的一面）。

⑨小谷一郎《創造社研究：創造社と日本》（汲古书院，2013 年）收录第 1 章《第一期創造社同人の出会いと創造社の成立》（第一期创造社同人的相遇与创造社的成立）、第 6 章《郭沫若と一九二〇年代中国の国家主義〈孤軍〉派》（郭沫若和一九二〇年代中国国家主义《孤军》派）。

⑩法政大学国际日本学研究所《“日本一色”の根底を探る：日本留学と東アジア的“知”の大循環》（探究“日本一色”的根底：日本留学与东亚“知识”大循环）（国际日本学研究丛书 19，2014 年）收录藤田梨那《郭沫若の日本体験と詩歌創作》（郭沫若的日本体验与诗歌创作）。

⑪日本郭沫若研究会、日本现代中国学会、九州大学语言文化研究院编辑《“清末民初期赴日中国留学生与中国现代文学”日中学术研讨会论文集》2015 年 3 月。

⑫长谷部刚、山寺三知编译《林謙三『隋唐燕楽調研究』とその周辺》（林谦三《隋唐燕乐调研究》及其周边），关西大学出版部，2017 年 3 月。

⑬藤田梨那著《詩人郭沫若と日本》（诗人郭沫若和日本）武蔵野书院，2017 年 9 月。

根据以上 13 条目录，可看出郭沫若研究的集大成时期在 2010 年以后，相继出版了包括著作和论文集在内的汇总性研究。虽然其中部分论文与 CINII 收录论文的名称或内容相同，但这完全不影响日本郭沫若研究成果之丰富。而且，在众多著作中，单纯研究郭沫若者较少，大多数都将郭沫若作品放在中国当代文学的范畴讨论，或将郭沫若与日本其他大家相提并论共同研究，这既能让我们对郭沫若研究有更为宏观的认识，也能更清楚地了解郭沫若研究在中国文学研究中的定位。

三 小结

日本学者岩佐昌暲曾经概观了以往 90 年（1920—2010 年）日本郭沫若研究的历史发展分期、特点和展望。本文在此基础上，尝试归纳总结最近十年（2007—2017 年）日本郭沫若研究的现状和特征。近十年日本的郭沫若研究可谓硕果累累，研究方向更加多样化，老一辈研究者仍然奋斗在研究一线拓展研究深度的同时，新一代研究者也在不断涌现，新老两代人试图从新的角度、新的视野拓宽研究领域，使郭沫若研究不断焕发新的生机，展现新的面貌。尤其在 2010 年以后，日本的郭沫若研究领域还出现了几部郭沫若研究集大成的著作，是以往几年甚至几十年研究成果的汇总，奠定了郭沫若研究在日本中国当代文学研究中的地位。这当然也是中国郭沫若研究学会、日本郭沫若研究会及相关学会共同努力的结果，是中日学者长期学术交流、相互切磋的结果。中日郭沫若研究取得如此辉煌的成果必将成为中日学术界交流的典范。

（原载《郭沫若研究》第14辑）

德语世界的郭沫若译介与研究

何　俊

时下，顺应“中国文化走出去”的国家宏观战略，探究中国现当代文学在国外的传播也成为一个热门的研究话题。作为中国现代文学的代表人物，郭沫若与现代文学存在着“窥一斑而知全豹”的紧密联系。随着郭沫若研究的不断推进，不少研究者也开始把眼光投向海外世界，关注国际视阈下的郭沫若其人其作及其与中国现代文学的关系。郭沫若的另外一个重要身份就是译著等身的翻译家，而且提出了“风韵译”等翻译美学建构理论，精通德语的他也翻译了不少德语文学著作，这也对其文学创作产生了不可忽视的影响。值得注意的是，郭沫若与德语文学和文化之间的关系并非单轨而是双向的，早从20世纪50年代开始，德语世界就有学者致力于郭沫若的研究。本文试图梳理郭沫若其人其作在德语世界的传播轨迹，勾勒和刻画德语区的郭沫若形象。

一　何谓“德语世界”

首先有必要厘清“德语世界”这一概念：这里所说的“德语世界”，包括所有用德语书写的语言文化空间。之所以不用“德国”这个区域概念，主要是因为作为汉学重镇的德语界不仅包括德国，同属德语世界的奥地利和瑞士德语区的汉学成就也不容忽视，在后两个国家或区域也产生了一批造诣颇深的汉学家。另外，行政区甚至国界的划分不能阻挡语言传播的力量：某位汉学家出生在奥地利或瑞士，但他的主要学术生涯都在德国展开，这样一来就无法准确将其国别归类；同样地，一部中文德译作品可能同时在德语区属于不同国家的多个城市发行，这样也无需按国别区分对待。[①] 同时，作为曾是可与英语比肩的国际学术语言的德语，虽早已丧失了昔日地位，但在人文科学领域仍占有一席之地，尤其是东中欧的语言学家仍有用德语发表研究成果的习惯和传统，因此，德语世界可以扩大到同为汉学重镇的捷克、斯洛伐克等国家。

当然，时下越来越多的非英语（尤其是母语人数较少的）人文科学学者倾向于

① 詹春花：《中国古代文学德译纲要与书目》，中国文史出版社2011年版，第80页。

用现代学术界通用的语言即英语发表研究成果，其个中缘由自是不言而喻。而母语人数不少的德语国家人文学者则面临着一个语言抉择的问题，甚至陷入一个两难境地：是使用国际通用的学术语言英语，还是选择本国语言德语？如果使用英语，其研究成果可以在国际更大范围内得到传播，但对本国精神文化生活的影响就较为有限；倘若选择德语，其研究成果就能在国内产生较大影响，但无法得到国际社会的广泛关注。值得注意的是，谈及来自异域的作家作品在一个国家的接受，不仅指学术界对其人其作的学术交流和探讨，同时更意味着该作家或者作品在一定程度上融入该国的地缘文化生活，这直接关系到作家作品在此国的接受和影响的广度、深度乃至质量①。因此，德语国家汉学界用英语撰写的相关郭沫若译介和研究成果，就不在本文探讨之列。在全球化的今天，学术研究的国际化并不意味着出版语言一刀切的“英语化”，探索德语区和德语学人眼中的郭沫若及其作品，正是本文目的所在。

二　郭沫若作品的德译

（一）郭沫若诗歌的德译

郭沫若首先是个诗人，他初入文坛即是凭借他那些极富浪漫主义色彩和充盈着泛神论思想的“自我表现”的诗歌。德国汉学家顾彬（Wolfgang Kubin）翻译并主编了第一部中国现代诗歌翻译选集，其中即收录了郭沫若的《序诗》《天狗》《浴海》《我是个偶像崇拜者》《沙上的脚印》《火葬场》《新生》《海舟中望日出》八首诗歌②，形式上采取汉德对照的方式。1985 年，为配合在西柏林举行的第三次“地平线”世界文化节活动，联邦德国大型文艺杂志《时序》1985 年第 2 期开设中国文学专栏，其中收入德国汉学家谢飞（Ingo Schäfer）翻译的《天狗》和《笔立山头展望》③，外加顾彬翻译的《凤凰涅槃》中的《凤歌》《凰歌》和《光海》④。除此之外，还选录了一首没有标注译者的《满江红·领袖颂》⑤，这首诗切合着整本刊物对当时中国文学的认识旨趣和审美偏好——刊物封面赫然印刷着“牛鬼蛇神”四个大字。

德语世界的第二部中国现代诗歌翻译选集收入了几十位诗人的作品，其中就有郭沫若的。在译诗之前先对郭沫若的生平及其作品做了介绍，接下来又专门花篇幅对郭

① 张芸：《鲁迅在德语区》，《鲁迅研究月刊》2007 年第 1 期。

② Kubin, Wolfgang (Übers.). Guo Moruo. In: *Nachrichten von der Hauptstadt der Sonne. Moderne chinesische Lyrik* 1919－1984, Frankfurt: Suhrkamp 1985, S. 33－42.

③ Schäfer, Ingo (Übers.). Guo Moruo: Zwei Gedichte. In: *die horen* 1985 30 (2), S. 41－43.

④ Kubin, Wolfgang (Übers.). Guo Moruo: Drei Gedichte. In: *die horen* 1985 30 (2), S. 55－58.

⑤ Anonym (Übers.). Guo Moruo: Preislied auf den Führer der Revolution. In: *die horen* 1985 30 (2), S. 161.

沫若诗作做出了评价。文章认为，尽管郭沫若的后期诗作因其人格和思想的分裂而显得质量平平，无法与前期诗歌相提并论，但总而言之“他的诗艺是真正中国的”[①]，同时还提到了同时代诗人闻一多和艾青对其诗歌的赞赏。把郭沫若的“诗艺”评价为“颇具中国风”，自是不错，但似乎也忽视了外国诗人比如泰戈尔、惠特曼、歌德、海涅等对他诗风的重要影响。文章接着又说海外评论家对郭沫若诗作的褒奖却显得要保守得多，列举了美国旧金山州立大学许芥煜、柳无忌、夏志清等人的评价。另外值得一提的是，文章还罗列了几本郭沫若的诗集和散文著作及其他研究性论著，比如《中国古代社会研究》《甲骨文辞研究》《卜辞研究》等，可让感兴趣的读者全方位地了解郭沫若的著述情况。接下来，共翻译出郭沫若诗歌八首，分别为《死的诱惑》《天狗》《司健康的女神》《我是个偶像崇拜者》《诗的宣言》《演奏会上》《新生》《打倒四人帮》，其中《司健康的女神》《演奏会上》和《新生》为汉德对照版。值得注意的是这首《演奏会上》，陈子善考证出这是中国新文学首次提及德国作曲家瓦格纳（Richard Wagner）[②]，这首同样收于《女神》诗集的小诗没有引起国内学界的研究兴趣，但德语区的第二部中国新诗选译本却收录了它，其原因恐怕是其咏叹对象跟德语区的文化名人存在直接关联。此外，顾彬主编的德国汉学期刊《袖珍汉学》2004 年第 1 期也发表了谢飞翻译的四首郭沫若诗歌，分别为《澡室狂吟》《死的诱惑》《霁月（一）（二）》《三潭印月（一）（二）》。[③]

（二）郭沫若其他体裁作品的德译

郭沫若首先是个诗人，是中国新诗的开路先锋和传声筒似的重要代表，出于这个原因，德语世界翻译的郭沫若作品大部分都是诗歌。然而，其他体裁的作品也引起了德语区译者的注意。英籍奥地利裔汉学家卡尔默（Joseph Kalmer）在中国现代文学外译（德语和英语）方面做出过杰出贡献，早在 20 世纪 50 年代就用德语译出了郭沫若的小说《月光下》，发表在《意义与形式》这一文学期刊上[④]。1973 年出版的《上个十年的中国小说家》选译了老舍等多位名家较有代表性的短篇小说，其中收录了郭沫若的《双簧》[⑤]，但整本小说集并非直接由汉语译出，而是转译自英语。到了 80 年代，谢飞翻译出郭沫若的“自传三部曲”中的《我的童年》和《青年时代》，不仅在德国引起较大反响，而且这一消息也传到了中国，1987 年《郭沫若研究》第 3

---

① Feifel, Eugen. Moderne chinesische Poesie. Von 1919 bis 1982. Ein Überblick. Hildesheim/Zürich/New York: Olms. 1988, S. 26.

② 陈子善：《新文学巨匠笔下的瓦格纳》，《北京青年报》2014 年 9 月 14 日，第 A15 版。

③ Schäfer, Ingo (übers.). Mein Gewand wiegt ein wenig schwerer. Vier Gedichte von Guo Moruo. In: *minima sinica* 2004 (1), S. 138 – 141.

④ Kalmer, Joseph. Zeitgenössische chinesische Prosa. Im Mondlicht. In: *Sinn und Form* 1950 (6), S. 47 – 53.

⑤ Hoevel, Rita (Übers.). Doppeltes Spiel. In: Jenner, William J. F. (Hrsg.) *Chinesische Erzähler der letzten Jahrzehnte*. Köln: Hegner, 1973, S. 88 – 94.

辑随即登载了这一翻译书讯。这两部德文译著于1981和1985年先后由法兰克福岛屿出版社出版，内容包括《我的童年》《反正前后》《黑猫》《初出夔门》，这是德国迄今第一部较大的郭沫若著作德译本。此外，谢飞还翻译了郭沫若的《学生时代》，同样刊载于上文提到的德意志联邦共和国文艺杂志《时序》1985年第2期[①]。几年前，德国青年汉学家泽希提西（Alexander Saechtig，中文名大春）翻译并出版了一本《二十世纪中国小说佳作选——从郭沫若到张洁》，其中收录了郭沫若具有意识流风格的短篇小说《残春》[②]。

此外，郭沫若的历史题材小说成了德国翻译家的首选。施密特（Erich Schmitt）翻译过历史小说《柱下史入关》（又名《函谷关》）[③]，原小说郭沫若以《史记》中老子出关的故事为蓝本和原型，借助历史榜样反思自己生活中的现实问题：老子在沙漠中布道失败与老子自己的反思是小说中极为精彩的情节，反映郭沫若对自己凤泊鸾漂的羁旅人生的思考，同时给那些找不到人生出路的知识分子以精神鼓舞。对该篇小说的翻译切合着德语国家汉学界以及社会民众对老子学说的热衷，在一定程度上折射出当时流行于整个欧洲的“道家热”。另外，《孟夫子出妻》[④]《漆园史游梁》[⑤]《马克斯进文庙》[⑥]也都被译成了德文，尤其是《漆园史游梁》一文充满着对道家思想的批判性论证，这种批判意识与德国文化中的怀疑精神和审视意识如出一辙。

另外，收录于《三叶集》中的郭沫若写过两位友人的某些书信也被翻译成了德语，《袖珍汉学》2007年第2期刊有郭沫若致成仿吾的两封书信（1924年4月18日和1924年8月9日）以及致宗白华的一封信（1924年1月8日，其后还附有宗白华致郭沫若的两封书信的德译文以及宗白华致田汉的一封信的译文）。而就国外的郭沫若翻译而言，翻译成各国语言文字最多的作品无疑是戏剧《屈原》，该剧本也有德译本，1980年由梅德（Markus Mäder）翻译、外文出版社发行[⑦]。

---

① Schäfer, Ingo (Übers.). Guo Moruo: Schulzeit. In: *die horen* 1985 30 (2), S. 44 – 53.

② Saechtig, Alexander (Übers.). Die letzten Frühlingstage. In: Saechtig, Alexander (Hrsg.) *Meisterwerke chinesischer Erzählkunst des* 20. *Jahrhunderts. Von Guo Moruo bis Zhang Jie.* Jena: Weimarer-Schiller-Presse, S. 22 – 40.

③ Schmitt, Erich. Der Han-Gu-Paß. In: Donath, Andreas (Hrsg.): *China erzählt. Acht Erzählungen.* Frankfurt a. M.: Fischer, 1964, S. 21 – 28.

④ Kessler, Wolfgang (Übers.). Meister Meng lässt sich scheiden. In: Klöpsch, Volker/Ptak, Roderich (Hrsg.) *Hoffnung auf Frühling. Moderne chinesische Erzählungen. Erster Band*, 1919 – 1949. Frankfurt a. M.: Suhrkamp, 1980, S. 56 – 64.

⑤ Klöpsch, Volker (Übers.). Zhuangzi wandert nach Liang. In: Klöpsch, Volker/Ptak, Roderich (Hrsg.) *Hoffnung auf Frühling. Moderne chinesische Erzählungen. Erster Band*, 1919 – 1949. Frankfurt a. M.: Suhrkamp, 1980, S. 65 – 75.

⑥ Kuo Mo-jo: Ein Gespräch zwischen Marx und Konfuzius. In: Schickel, Joachim (Hrsg.). *Konfuzius. Materialien zu einer Jahrhundert-Debatte.* Frankfurt a. M.: Insel, 1976, S. 108 – 122.

⑦ Mäder, Marcus. *Qu Yuan. Ein Schauspiel in fünf Akten.* Beijing: Verlag für fremdsprachige Literatur. 1980.

三 德语世界对郭沫若其人其作的评介和研究

（一）德语区文学史书系中的郭沫若

迄今为止，德语世界一共出版过几本系统性的中国文学史，其中有几本涵盖中国现代文学史，并且均提及郭沫若。这当然从一方面证明了郭沫若其人其作在现代文学史上的重要意义和价值，但另一方面也表明德语世界对郭沫若的译介和考察通常都是置于现代文学史这个宏大视阈之中进行的。施寒微（Helwig Schmidt-Glintzer）的《中国文学史》、艾默力（Reinhard Emmerich）的《中国文学史》和顾彬的《二十世纪中国文学史》皆是此类书系的代表之作。而顾彬之作则专辟一个章节“自我救赎的文学：郭沫若（1892—1978）和《女神》”来集中探究郭沫若及其第一部新诗集《女神》，在其后的章节“文学和自怜的激情：郁达夫（1896—1945）”中，也比照“偏爱电光”的郭沫若来阐述“偏爱自然的黑暗”的郁达夫，并声称二者分别在对“电光”和“黑暗”的强调中“实现了一个范式转换”。[①]

尤其是顾彬还出版过一本《中国现代文学》，其中收录了欧美各国多位汉学家有关现代中国作家的论述，其中大部分论文都用英语撰写，但无一例外都译成了德语。这里面颇值一提的是李欧梵的《郭沫若：诗人身份的英雄》，该文直接以郭沫若为论述对象，分为《郭沫若：反叛的少年》《泛神主义》《诗人身份的英雄》《皈依马克思主义》几个部分。

比之日语和英语世界的郭沫若研究，德语世界明显滞后，具体表现是：其一，对郭沫若研究较为关注的德语国家汉学家并不多见；其二，就有限的研究而言，也存在20世纪90年代以前较热、其后就逐渐遇冷的境况。在为数不多的从事郭沫若研究的德语世界的汉学家群体中，除了谢飞，另一个不得不提的名字就是顾彬。除了翻译郭沫若的诗歌作品，他在多篇论文中提及郭沫若的翻译与中国文学现代性之间的紧密联系。对于郭沫若的自传，顾彬作了如是评价：“由于他极具现代性的传记，郭沫若大概是第一个创造现代性的中国人”[②]，又说他的传记“语言美丽，思想深邃，富于幽默”，“在整个20世纪的中国甚至德国恐怕没有第二本传记能与之媲美”[③]。对于《天狗》和《女神》两部作品，顾彬也给予了较高的评价。在他看来，“《天狗》是现代性最重要的文本”，其中出现了38个“我是”——这是郭沫若给中国创造发明的一个新的自我。[④] 根据高利克（Marián Gálik）的考证，这里的“我是”的可能源于

① ［德］顾彬：《二十世纪中国文学史》，范劲等译，华东师范大学出版社2008年版，第52页。

② ［德］顾彬：《郭沫若与翻译的现代性》，《中国图书评论》2008年第1期。

③ 同上。

④ 同上。

《圣经·旧约》[①]，尽管这些“自我”可以说完全是空穴来风。顾彬甚至认为，从《天狗》可以窥见中国同欧洲的德国、法国的现代性一模一样，是一个以分裂为主流的现代性：现代性和传统没有什么关系，应该超越所有的传统[②]。对于郭沫若的第一部新诗集《女神》，顾彬更是用夸赞乃至溢美的言辞高度褒奖，认为它“完全能够代表20世纪所有的中国文学，还能够代表20世纪所有德国和欧洲的文学，具有世界代表性”[③]。顾彬也首肯了郭沫若对中国翻译文学史和世界文学的巨大贡献，凸显了郭沫若“翻译家”的身份和地位。在他看来，郭沫若跟其他五四时期的中国作家一样，都是在通过翻译来寻找自己的语言和话语[④]，这就凸显了中国早期启蒙知识分子著译并举的双重身份，彰显了那个时期翻译与创作之间一衣带水、相得益彰的紧密互动联系，而这二者对中国语言的现代性建设比如从文言到浅近文言再到白话的过程也产生了重大影响。顾彬认为，“郭沫若不一定是最好的歌德翻译家，却是歌德翻译的先驱者”，“如果没有郭沫若的歌德翻译，中国的现代文学可能走的是另外一条道路，因为五四运动以后，不少作品都受到郭沫若翻译的影响”[⑤]。另外，顾彬还提及了郭沫若思想及其人生经历的研究意义和价值，认为“从某一个角度来看，郭沫若是思想家”，并把郭沫若定义为“跟跟派”[⑥]，亦即紧跟时代和社会潮流和政治局势的一类人。针对今天国内外学界对郭沫若或多或少不太公正的批评，顾彬如是认为：

> 郭沫若是一个非常矛盾的人，我们今天可以对他进行批评或者批判，但也可能是非常不公平的。郭沫若不但能代表中国的20世纪，而且还能代表德国和欧洲的20世纪，因为他的知识和经验跟欧洲的知识分子一模一样。[⑦]

当然，论文中也不乏一分为二的辩证观点：在顾彬看来，研究郭沫若其人其作都应该采取一种客观而公允的态度，既不能盲目崇拜，也不能全盘否定，甚至主张在研究时采取一种所谓“世界主义”，“因为只有从世界历史来看郭沫若，才能明白他为什么是如此重要的作家、翻译家和举足轻重的人物”。[⑧]

除此之外，较有代表性的研究论文出自德国汉学家谢飞的笔下，他在一篇论文中将郭沫若的《笔立山头展望》与美国诗人桑德伯格（Carl Sandburg）的《芝加哥》

---

① ［斯洛伐克］马立安·高利克：《中西文学关系的里程碑》，伍晓明、张文定等译，北京大学出版社2008年版，第42页。

② ［德］顾彬：《郭沫若与翻译的现代性》，《中国图书评论》2008年第1期。

③ 同上。

④ 同上。

⑤ 同上。

⑥ 同上。

⑦ 同上。

⑧ 同上。

一诗做了比较研究[①]，其中涉猎郭沫若诗歌中一个探究较少的主题——城市诗或者说诗中的城市意象，这是那个时代中国新诗很少探讨的一个主题，因为当时中国尚未发生大的社会变革。另外他还写过一篇探究郭沫若、田汉、宗白华三人通信集《三叶集》的论文，其中突出了真诚情感与创作之间的关系[②]，此外还有一篇论文从比较文学视阈探究了歌德对郭沫若的《女神》创作的影响[③]。

（二）德语区对翻译家郭沫若的关注

德语国家汉学界的郭沫若研究呈现出一个较为鲜明的特征，那就是对作为翻译家的郭沫若的关注，以及对郭沫若翻译作品尤其是德语译作比如《少年维特之烦恼》《茵梦湖》《浮士德》等的探究，个中原因不言而喻。郭沫若称得上是中国直接从德语移译德语文学著作的先行者和领路人，其德语译著影响深远，甚至波及德语国家汉学界。诸多德语研究论文从比较文学和译介学视阈出发，探究郭沫若对德国作家作品的译介问题，并且扩展到当时中国文坛对这些翻译作品的接受及作品产生的广泛和深远影响。这里既有欧洲汉学家的学术贡献，也有中国德语学人的研究功劳。早在1958年，捷克汉学家米列娜（Milena Doleželová-Velingerová）就在捷克汉学门户期刊《东方档案》上发表了一篇长达70页的论文，在梳理郭沫若德语文学翻译贡献的同时，以内容上的恰当传递、语言上的准确表达和形式上的美感呈现为三重标准，集中探究了郭译歌德经典名著《少年维特之烦恼》的成就。论文认为：郭沫若的这部译著在绝大多数情况下忠实地体现了歌德原著的风貌，少数不确之处则要归结于欧洲文化与中国文化之间的巨大差异[④]；就翻译所用语言来说，郭沫若使用的是当时的白话文，考虑到当时发展得如火如荼的废除文言文、引入白话文的语言变革运动，可以说郭沫若的译作丰富了当时的中国白话文文学[⑤]，因为郭沫若本人就是一个语言和文字感觉精妙的艺术家和诗人，至于他语言上偶尔出现的谬误，则要归结到当时他还只是初涉译坛、经验不足[⑥]；他保留了原文的精妙之处并以一种中式风格来移译，因此中

---

① Schäfer，Ingo. Rhythmen der Städte：Guo Moruos Gedicht “Ausblick vom Fudetateyama” im Vergleich mit Carl Sandburgs “Chicago”. In：Raimund Th. Kolb/Martina Siebert（Hrsg.）：*Über Himmel und Erde*：*Festschrift für Erling von Mende*. Wiesbaden：Harrassowitz，2006，S. 345 – 64.

② Schäfer，Ingo. Das dichterische Schaffen und die Veredelung der Gefühle：Über Guo Moruos Beitrag zur literarischen Korrespondenz *Sanyeji*. In：Werner，Diem/Abdoldjavad，Falaturi（Hrsg.）：*XXIV. Deutscher Orientalistentag*：*Ausgewählte Vorträge*. Stuttgart：Steiner，1990：S. 516 – 526.

③ Schäfer，Ingo. Über das Interesse eines chinesischen Dichterhelden an einem deutschen Dichterfürsten-Anmerkungen zur Bedeutung Goethes für Guo Moruos Zyklus Göttinnen. In：*Zeitschrift für Kulturaustausch* 1986 36（3），S. 382 – 386.

④ Velingerová，Milena. Kuo Mo-jos Übersetzungen von Goethes Werken. In：*Archiv Orientalni* 1958（26），S. 427 – 497，hier S. 486.

⑤ Velingerová，1958，S. 487.

⑥ Velingerová，1958，S. 487.

国读者从其译文获得的印象跟德国读者从歌德原文那里获得的并无二致[①]。总之，在米列娜看来，郭译《少年维特之烦恼》可以进入中国翻译文学最成功的范例之列[②]。

奥地利汉学家安柏丽（Barbara Arsch）在她1986年的博士论文中深入探讨了郭译《少年维特之烦恼》和《茵梦湖》两部在当时好评如潮的名著，指出这两部作品在中国既被文学专业人士青睐又在大众间广为流传，在德语文学名著中实在是为数寥寥，而这两部作品在中国的接受和传播都离不开郭沫若这个名字，可谓“功莫大焉”；另有一篇相关论文《维特和茵梦湖在中国》[③] 发表在1986年的《文化交流杂志》上。当然，吸引学界最多关注目光的还是郭沫若翻译的《浮士德》，本身即是诗人的郭沫若是歌德这部旷世诗剧之汉译第一人。正因如此，只要谈及《浮士德》在中国的译介、接受和影响，郭沫若绝对是一个绕不开的掷地有声的名字。就研究者群体而言，既有中国的德语文学翻译家譬如后来重译《浮士德》译者的董问樵和杨武能，也有国外的研究者，其中包括一些非德语国家人士用德语写就的论文，如斯洛伐克汉学家高利克、加籍华裔日耳曼学家夏瑞春（Adrian Hsia）等。这些研究论文集中体现在两部有关《浮士德》在东亚或者中国的接受的国际论文合集中，分别为《歌德与中国——中国与歌德》和《〈浮士德〉在东亚的接受》。西方汉学家用德语撰写的郭沫若翻译研究论文已经引起了国内德语语言文学研究者的注意，比如杨武能就曾提及高利克和安柏丽的相关研究[④]，在此中德郭沫若研究的双向交流关系可见一斑。

另外国际歌德研究的门户刊物《歌德年鉴》上也有不少涉及郭译《浮士德》的论文，自身亦为《浮士德》重要汉译者的董问樵[⑤]和杨武能[⑥]在《歌德年鉴》上发表的论文都不可规避地提及郭译《浮士德》。以上这些研究论文大多首肯了郭沫若翻译《浮士德》的贡献，对其翻译水平和成就虽有批评之声，但大多数仍认为身为诗人的郭沫若能出神入化地运用白话文来翻译，且译文中融入了诗的元素。值得注意的是，郭沫若在翻译此书时曾借鉴森鸥外的日语译本，因此也有论文对其二人的译本展开比评性研究[⑦]。在谈及其他德国作家比如尼采、席勒等在中国接受和影响史的德语论文中也经常提及郭沫若，因为尼采的《苏鲁支语录》和席勒的《华伦斯太》也是郭沫若德语文学翻译名著的代表作，其影响力虽不及《浮士德》和《少年维特之烦恼》，

---

① Velingerová，1958，S. 488.

② Velingerová，1958，S. 488.

③ Arsch，Babara. Werther und Immensee in China. *Zeitschrift für Kulturaustausch* 1986（3），S. 368－372.

④ 杨武能：《筚路蓝缕 功不可没——郭沫若与德国文学在中国的译介和接受》，《郭沫若学刊》2000年第1期。

⑤ Dong，Wenqiao. Goethe und der Kulturaustausch zwischen dem chinesischen und dem deutschen Volk. In：*Goethe-Jahrbuch* 1989（106），S. 314－326.

⑥ Yang，Wuneng. Goethe in China. Das Goethe-Jahr 1932 und die neuerliche Goethe-Verehrung. In：*Goethe-Jahrbuch* 1998（115），S. 199－210；Yang，Wuneng：Die chinesische Tradition des literarischen Übersetzens und mein Weg als Goethe-Übersetzer. In：*Goethe-Jahrbuch* 2000（117），S. 234－241.

⑦ Bartels，Nora. Goethes Faust bei Mori Rintarō und Guo Moruo. Vorstudien zum Verständnis ihrer Übersetzungen. In：*Japonica Humboldtiana* 2012（15），S. 77－150.

但也不可忽视。较有代表性的论著为中国学人在德国用德语撰写的博士论文，比如殷克琪①和虞龙发②有关尼采在中国的接受和影响研究的论文都提及了郭沫若翻译的《查拉图斯屈拉钞》。

（三）德语学界对郭沫若的其他研究

德语世界对郭沫若的个人经历也生发了不小兴趣。继谢飞翻译出郭沫若的自传体三部曲，1986 年 3 月 21 日的《时代报》发表了巴克（Egbert Baqué）先生的文章，题为《一个旧中国的年轻人：水电报——作家郭沫若和他的自传》③，该文介绍了郭沫若的生平经历尤其是其人生的几个重要转折时期，也提及了谢飞先生翻译的三部郭沫若自传。文中可见一些较为客观公正的评价，比如“郭沫若是个御用文人？也可以这样说。然而，随着他 1978 年过世，本世纪文学运动的领路人之一也离去了”，以及“他应该是想成为一个诗人领袖。还有呢？他精通中国历史，他的考古学建议大受欢迎。他还写了诸多重要的文学史论文，作为翻译家其贡献也不容置疑。在文学大争论的时代，他也起到了推波助澜的作用”。郭沫若的历史小说系列一直颇受德语区汉学界的关注，除了翻译，另有专门探究《漆园史游梁》的研究论文问世④。此外还有对郭沫若文论这一体裁的研究，1991 年斯基巴（Dirk Skiba）的硕士论文探究了郭沫若 1925 年出版的有关文学和艺术文章全集中的“重生”主题⑤。郭沫若备受争议的 1949 年后的作品《李白与杜甫》也引起了德国汉学家的注意。莫芝宜佳在专著《〈管锥编〉与杜甫新解》中采用独特新颖的视角重新解读了《管锥编》。为了佐证其独到观点，她选择杜甫诗歌作为个案展开分析。其中一个实例就是《早秋苦热堆案相仍》一诗，她在比较朱瀚、王嗣奭、仇兆鳌、胡适、郭沫若等的看法后，认为郭沫若的见解“其实杜甫不是政治家，只是一个诗人而已”倒能提供最中肯的评价⑥。

---

① 参见中译本殷克琪《尼采与中国现代文学》，洪天富译，南京大学出版社 2000 年版。

② Yu，Longfa. *Begegnungen mit Nietzsche. Ein Beitrag zu Nietzsche-Rezeptionstendenzen im chinesischen Leben und Denken von* 1919 *bis heute*. Dissertation der Bergischen Universität-Gesamthochschule Wuppertal，2000.

③ Egbert，Baqué. Wassertelegramme. Der chinesische Schriftsteller Guo Moruo und seine Autobiographie. In：*DIE ZEIT*，Nr. 13 – 21. März 1986.

④ Kassoukhina，Elena. *Der Prosaschriftsteller Guo Moruo und seine Erzählung* “*Zhuangzi wandert nach Liang*”. München/Ravensburg：GRIN，2015.

⑤ Skiba，Dirk. *Das Motiv Wiedergeburt in Guo Moruos* 1925 *erschienenen gesammelten Aufsätzen zur Literatur und Kunst*. Unveröffentlichte Magisterarbeit der Freien Universität Berlin，1991.

⑥ 参见中译本［德］莫芝宜佳《〈管锥编〉与杜甫新解》，马树德译，河北教育出版社 1998 年版，第 241 页。

四 结语

综上所述，德语区的郭沫若译介和研究状况可以说是反应平平。就译介来说，郭沫若的绝大部分作品都还未被译成德语；对郭沫若的研究则集中在一小部分学者身上，其中关注力度最大、用力最勤而成果最多的当属顾彬和谢飞二人。这与英语世界的郭沫若译介和研究状况无法相提并论，与日语世界的情形相比更是无法望其项背。当然，这里也有诸多客观因素不容忽视，比如语言区划范围与受众大小、郭沫若的生活轨迹以及文化传承等因素都发挥着重要作用。但是，与德语区的鲁迅译介和研究相对火热的情形相比，郭沫若的相关状况同样显得滞后和遇冷。鲁迅作品的德文选译本迄今在德国已经推出两个系列，国内外文出版社也曾发行过一套，而郭沫若的作品集除了两部自传作品，仅有零星分散、不成体系的译作问世，而且诸多作品尤其是学术类作品无人问津；就研究而言，德语区甚至召开过专门的鲁迅研究国际学术会议，出版过相关的论文集①，甚至有中国学者在德国用德语撰写鲁迅研究的博士论文②；而德语区的郭沫若研究则无法达到这样的高度、深度和广度，这似乎也符合长期以来国内学界“扬鲁抑郭”的研究态势。但是，比之近年来国内郭沫若研究的再度勃兴，德语区的郭沫若研究似乎并未走出寒流，其相对来说较为蓬勃的发展态势仍要回溯至20世纪80年代，相比之下，其后尤其是21世纪以来的相关研究则乏善可陈、成果寥寥。

另一方面，如果考虑到郭沫若的留日经历及其对日本资源的借鉴、而当时的日本在明治维新以来又在很大程度上效仿德国，以及郭沫若大量而且不失水准的德语文学翻译及其对德国文化的推崇——比如《论中德文化书》《三叶集》中就充盈着对德国文化的推崇之辞，探究德语世界的郭沫若及其与德国文化场域的双向互动关系可以说是题中应有之义。当时的日本之所以在军事、政治和司法体制等方面大力学习德国，根本原因也在于当时欧洲的崛起。而晚清民国时期中国仁人志士中涌现的向日本学习的留日热潮，归根结底也是向德国学习。由此观之，郭沫若与德国文化之间不可分割的紧密联系不难窥见。尽管郭沫若研究在德语区相对来说并不火热，但其发展态势对当下国内的郭沫若研究态势仍有一定的启示意义。鉴于国内郭沫若研究对其海外研究的辐射作用和影响，如果国内的研究能走出“以鲁视郭”的褊狭和阴影并打开新局面，那么势必会对海外郭沫若研究产生积极效应，从而推动全球范围内的郭沫若研究，并可构建全方位、多维度和广视角的世界“郭沫若学”。

（原载《郭沫若研究》第14辑）

① Kubin, Wolfgang. *Aus dem Garten der Wildnis: Studien zu Lu Xun* (1881 – 1936). Bonn: Bouvier, 1989.

② 参见中译本张芸《别求新声于异邦——鲁迅与西方文化》，中国社会科学出版社2004年版。

郭沫若稷下黄老学派研究述论

杨胜宽

郭沫若上世纪30—40年代对先秦诸子的研究成果，主要汇集在《十批判书》《青铜时代》两部史学研究著作里。其中涉及稷下学术及黄老学派的研究，反映在以下三篇论文中，即收入《十批判书》的《稷下黄老学派的批判》和收入《青铜时代》的《老聃、关尹、环渊》《宋钘尹文遗著考》，写成的时间是1934年12月至1945年2月。依照成文先后排列，则是《老聃、关尹、环渊》（1934年12月）、《宋钘尹文遗著考》（1944年8月）、《稷下黄老学派的批判》（1944年9月）。我们注意到，郭沫若写《青铜时代·后记》的时间为1944年2月，表明那时所收录的《青铜时代》一书中，并没有《宋钘尹文遗著考》和《老聃、关尹、环渊》两文。[①] 因此，郭沫若在次年所作的《后记——我怎样写〈青铜时代〉和〈十批判书〉》里，要特意再开列一次两书所收录的论文名单，故现在见到的《青铜时代》论文目录中，就已经包括了上述两文。[②] 显然，《宋钘尹文遗著考》是为其研究论述稷下学术，尤其是黄老学派的学术思想及其传承演变状况做基础性准备的，我们不难看出，郭沫若在《稷下黄老学派的批判》中，不仅重复使用了部分《宋钘尹文遗著考》中的重要资料，而且其中的一些基本观点，就是建立在前文考察分析基础之上的。而《老聃、关尹、环渊》之收录，郭沫若在该文的《追记》中说得很清楚，文章于1935年公开发表以后，自己手中已无保存，是友人李可染从《古史辨》第六册中抄录寄给郭沫若，才得以编入的。[③] 该文认为，老聃在历史上确有其人，传世的《道德经》经过道家学派传人将老子的一些思想加以增润发挥，最终由环渊综合而成，一些学者因为《道德经》所反映的思想与老聃的时代不尽吻合进而质疑其人的历史存在，是把老聃其人和《道德经》其书混为一谈的结果。这一见解在《稷下黄老学派的批判》仍然得以坚持。由此可见，郭沫若对稷下学术及其流派的关注，是其长期研究老子思想及其学术传承所延伸触及的一个课题，而通过对稷下学术及各学派思想发展演变的清理，使郭沫若对道家学术思想及其传承变化，获得了更为系统全面与科学客观的

---

① 郭沫若：《青铜时代·后记》，《郭沫若全集》历史编第1卷，人民出版社1982年版，第618页。

② 郭沫若：《十批判书·后记》，《郭沫若全集》历史编第2卷，人民出版社1982年版，第486—487页。

③ 郭沫若：《青铜时代·老聃、关尹、环渊·追记》，《郭沫若全集》历史编第1卷，人民出版社1982年版，第545—546页。

认识。

一 稷下学宫与稷下学派

对于战国时期齐国稷下学宫的记载，以司马迁《史记》所述为最翔实。《史记·田敬仲完世家》云："（齐）宣王喜文学游说之士，自如邹衍、淳于髡、田骈、接予、慎到、环渊之徒七十六人，皆赐列第，为上大夫，不治而议论。是以齐稷下学士复盛，且数百千人。"① 齐宣王是田齐的第三位君主，其在位时间约为战国中后期。司马迁谓"是以齐稷下学士复盛"，则齐国重视学术，对游说之士给予丰厚的物质待遇，让这些人专门从事著书立说，彼此开展自由论辩的学术活动，以吸引各国好学之人聚集于齐国都城，这一政策方针并不始于齐宣王，而是具有更悠久的历史。从史籍记载看，这种风气或者政策导向可以追溯到春秋时期的齐国名相管仲、晏婴，晏婴就曾说过："君子居必择邻，游必就士，择居所以求士，求士所以避患也。婴闻汩常移质，习俗成性，不可不慎也。"② 虽然讲的是士人居处交往之道，但他由此认识到习俗风尚影响人与社会的重要性，所以在其执政期间，特别礼贤下士。知越石父贤，先以左骖赎之于缧绁，又延之为上客。其车御听从妻子的劝告，为人由意气扬扬改为谦逊自抑，晏子特别欣赏，荐之以为大夫。③ 齐宣王不仅继承了晏婴礼贤下士、重视人才的优秀传统，成就齐都稷下学宫一时之盛，而且风气所及，出现了当时及后来名声更大的孟尝君田文广集天下各类人才、宾客达到三千人的盛况，这些人中既有纵横天下、游说四方的冯驩一类学者型人才，也有擅长特殊技能的"鸡鸣狗盗"之徒，为其相齐治薛乃至争雄天下发挥了不同的重要作用。④ 故郭沫若提出："齐国在威宣时代，还承继着春秋末年养士的风习，曾成为一时学者荟萃的中心，周秦诸子的盛况是在这儿形成了一个高峰的。"⑤

郭沫若在《稷下黄老学派的批判》中还特别考察了稷下学宫正式建立的历史。文中援引徐幹《中论》述及齐桓公设立稷下学宫的史实："齐桓公立稷下之官（案：郭沫若以为当为'宫'），设大夫之号，招致贤人而尊宠之，自孟轲之徒皆游于齐。"文见《中论·亡国》篇。⑥ 郭沫若认为，这位齐桓公，就是齐威王的父亲陈侯午。⑦

① 司马迁：《史记》（卷四十六），中华书局 1982 年版，第 1985 页。

② 《二十二子·晏子春秋·内篇上》，上海古籍出版社 1986 年版，第 574 页。

③ 司马迁：《史记·管晏世家》，中华书局 1982 年版，第 2135 页。

④ 司马迁：《史记·孟尝君列传》，中华书局 1982 年版，第 2351—2362 页。

⑤ 郭沫若：《十批判书·稷下黄老学派的批判》，《郭沫若全集》历史编第 2 卷，人民出版社 1982 年版，第 156 页。

⑥ 徐幹：《中论（卷下）》，《诸子百家丛书》，上海古籍出版社 1990 年版，第 44 页。

⑦ 郭沫若：《十批判书·稷下黄老学派的批判》，《郭沫若全集》历史编第 2 卷，人民出版社 1982 年版，第 156 页。

齐桓公公元前374—357年在位，齐威王公元前356—320年在位，齐宣王公元前319—301年在位。也就是说，至少在齐宣王执政的50年前，稷下学宫的机制和形态就已经形成。由于条件优越，吸引了包括孟轲在内的诸侯各国著名学者到此游学、参加学术活动或者在此著书立说。关于孟子游学于齐之事，见于《史记·孟子荀卿列传》的叙述是："孟轲，邹人也。受业子思之门人。道既通，游事齐宣王，宣王不能用。……天下方务合从（同'纵'）连横，以攻伐为贤。而孟轲乃述唐虞三代之德，是以所入者不合。退而与万章之徒，续《诗》《书》，述仲尼之意，作《孟子》七篇。"① 孟子虽然没有以他所学的唐虞三代道德学说打动齐宣王，但据桓宽《盐铁论》记载，他被封享上大夫之禄②，受到很高的政治礼遇，享受很好的物质条件，为其安心从事学术活动提供了极大方便。其退而与弟子万章之徒阐述儒家思想学说、并由弟子们结撰而成的《孟子》七篇，虽然不一定全是在稷下与诸子论辩而形成的学术成果，但其中显然包括了他游学稷下从事广泛学术活动所保留下来的部分内容。《孟子荀卿列传》有云："自邹衍与齐之稷下先生，如淳于髡、慎到、环渊、接子、田骈、邹奭之徒，各著书言治乱之事，以干世主，岂可胜道哉！"又云："于是齐王嘉之，自如淳于髡以下，皆命曰列大夫，为开第康庄之衢，高门大屋尊宠之。览天下诸侯宾客，言齐能致天下贤士也。荀卿，赵人，年五十始游学于齐。……田骈之属皆已死，齐襄王时，而荀卿最为老师。齐尚修列大夫之缺，而荀卿三为祭酒焉。"③ 司马迁在这里列举了几位最有代表性的学者，其他无法胜举；即使如此，聚于稷下学宫的人才，就包括了名、法、儒、道、阴阳等诸多学派的学者，各派思想主张不同，都想以本派的学说游说世主，故辩难争鸣必不可免，由此而形成了百花齐放、百家争鸣的学术发展昌盛局面。孟子的学生公都子曾专门请教老师孟子："外人皆称夫子好辩，敢问何也？"孟子对此作了耐心详细解释，认为尧舜以后，天下道衰，学术思想不归杨（朱），则归墨（翟），无父无君，与禽兽无异，他要弘扬尧舜、孔子之道，正人心、息邪说，不得已必须与他们展开论辩。④ 荀子在稷下学宫三为祭酒，继续孟子的未竟事业，"嫉浊世之政，亡国乱君相属，不遂大道而营于巫祝……如庄周又猾稽乱俗，于是推儒、墨、道德之行事兴坏序列，著数万言而卒。"⑤ 齐襄王公元前283—265年在位，此时稷下学宫依然兴旺，荀子多次被任命为主盟学宫的祭酒之职。以此计算，齐国稷下学宫的存在，应该有百年左右的历史。

郭沫若对于司马迁《史记》所提到的稷下学宫学者之派别时指出：

---

① 司马迁：《史记》（卷七十四），中华书局1982年版，第2343页。

② 桓宽：《盐铁论·论儒》，《诸子百家丛书》，上海古籍出版社1990年版，第40页。

③ 司马迁：《史记》（卷七十四），中华书局1982年版，第2346页。

④ 朱熹：《四书章句集注·孟子集注·滕文公下》，中华书局1983年版，第271—273页。

⑤ 司马迁：《史记》（卷七十四），中华书局1982年版，第2348页。

> 孟、荀是儒家，邹衍、邹奭是阴阳家，田骈、慎到、环渊、接子，还有宋钘、尹文，都是道家，淳于髡‘其学无所宗主’是一位无所谓派，此外有确实可考的如儿说是倡导“白马非马”的人，田巴服徂丘，议稷下，离坚白、合同异，当然是名家者流。派别可以说很复杂，或者也就是很自由，然而这里面没有墨家，而道家是占大多数的。①

这段资料和结论存在一些问题，需要逐一加以辨析。

第一，田巴、服徂丘为两人，被《鲁连子》并称为“齐之辩士”，其学说即为“离坚白、合同异”，郭沫若论述时未用顿号点开，容易造成读者理解上的困难。兒说也是稷下先生之一，其学术与田巴、服徂丘相近，将其并列为名家，是比较恰当的。

第二，说“田骈、慎到、环渊、接子，还有宋钘、尹文，都是道家”，这样的立论显得不够严谨。因为郭沫若在相关论述中，其观点并不能与此完全吻合。他在《宋钘尹文遗著考》里论述宋钘的学术思想有言：“主张见侮不辱，禁攻寝兵，因而也颇为接近墨子，故荀子以‘墨翟、宋钘’为类。也谈名理，但不主张苛察，而且反对苛察，虽然与惠施、公孙龙异撰，但因谈名理，故亦被归为名家。孟子、荀子都尊敬宋钘，而且受了他的影响，可见与儒家的关系也并不坏。”② 又引《韩非子·外储说左上》：“‘言有纤察微难而非务也，故季、惠、宋、墨，皆画策也。’这可见宋子也有名家的倾向。”③ 表明郭沫若自己都认为宋钘的思想不纯粹是道家，而是包含了名家在内的多家思想成分。《尹文子》在班固《汉书·艺文志》中被列为名家④，郭沫若引《庄子》关于“白心”的一段论述，认为宋钘、尹文一派的学术主张，大要就是“不累、不饰、不苟、不忮”等“别囿”理论，看起来跟名家多相近处。慎到虽然早年曾学过黄老道德之术，但《汉书·艺文志》列《慎子》四十二篇于法家类，且谓其“先申、韩，申、韩称之。”⑤ 从书中《威德》《因循》《民杂》《德立》《君人》《知忠》《君臣》这些篇目看，他的学术主张的确更多具有早期法家的思想倾向，郭沫若自己也说：“慎到、田骈的一派是把道家的理论向法理一方面发展了的。严格地说，只有这一派或者慎到一人才真正是法家。”⑥ 故现在学界均将其列为

---

① 郭沫若：《十批判书·稷下黄老学派的批判》，《郭沫若全集》历史编第2卷，人民出版社1982年版，第157页。

② 郭沫若：《青铜时代·宋钘尹文遗著考》，《郭沫若全集》历史编第1卷，人民出版社1982年版，第551页。

③ 桓宽：《盐铁论·论儒》，《诸子百家丛书》，上海古籍出版社1990年版，第550—551页。

④ 班固：《汉书》（卷三十），中华书局1983年版，第1737页。

⑤ 同上书，第1735页。

⑥ 郭沫若：《十批判书·稷下黄老学派的批判》，《郭沫若全集》历史编第2卷，人民出版社1982年版，第167页。

法家代表人物之一。

第三，郭沫若说淳于髡“‘其学无所宗主’是一位无所谓派”，用语表述欠妥。“其学无所宗主”，意味其学术不主一家一派，可能跟稷下学宫的不少学者一样，由于彼此思想交流广泛，互相吸纳影响，故呈现出多家思想成分。但称之为“无所谓派”，显然不够严谨稳妥。按照《史记·滑稽列传》对淳于髡身世经历的叙述看，他不仅是稷下学宫的元老之一，而且在齐国的政坛及诸侯列国间具有重大影响，称得上风云一时的历史人物。他擅长用“隐语”规劝君王，言辞滑稽诙谐，但用意巧妙深刻，能够达到很好的讽喻效果。像流传至今的“不鸣则已，一鸣惊人”典故，“酒极则乱，乐极则悲”的哲理之言①，足以让淳于髡在数千年之后留下他学识渊博、能言善辩的智者形象。从各种历史资料看，淳于髡游说诸侯的成功颇与纵横家相似，而规劝君主勤政节俭颇与儒家相似，其注重法制规则，又与法家的主张相似。因此，淳于髡虽然没有著述流传下来，但把他称为“无所谓派”，无论所下定义还是对照实际，都不相符合。

第四，郭沫若把列出名字的稷下学者大多数归入“道家”，并不太科学。从以上的论述已经可以看出，稷下学宫的不少学者都曾受到过黄老思想的影响，后来有的成为法家，有的成为儒家，有的成为名家、阴阳家等，以老子思想为主传播于春秋战国时代的所谓黄老思想学说，在此后发生了很大分化，不宜简单把后来学术定型而名家的稷下学者都归为道家。

第五，关于稷下学宫中“没有墨家”的判断，似乎也缺乏说服力。郭沫若在文中引述“荀子以‘墨翟、宋钘’为类”的话，见于《荀子·非十二子》：“不知壹天下建国之构称，上功用、大俭约而僈差等，曾不足以容辨异、县君臣，然而持之有故，其言之成理，足以欺瞒愚众。是墨翟、宋钘也。”② 荀子在稷下学宫三为祭酒，其对于学宫里的学派思想差别及派别区分的认识应该是很有依据和权威性的，而郭沫若在文中对此并未作出否定性论述就下断言，是不够审慎的。何况同在学宫参与学术论辩的孟子就明确批评，当时学者不归杨则归墨，表明墨家的势力与影响都很大，何以就能断言其中完全没有墨家学者呢？当代学者于孔宝就认为稷下学宫存在墨家一派，宋钘就是其代表人物。③ 其观点未尝没有一定道理。

郭沫若对齐国稷下学宫设置的意义和价值，作了以下评价：“这稷下学宫的设置，在中国文化史上实在是有划时代的意义，它似乎是一种研究院的性质，和一般的庠序学校不同。发展到能够以学术思想为自由研究的对象，这是社会的进步，不用说也就促进了学术思想的进步。”④ 这个判断，在今天看来仍然是比较恰当的。

---

① 司马迁：《史记·滑稽列传》，中华书局 1982 年版，第 3197—3199 页。

② 梁启雄：《荀子简释·非十二子》，中华书局 1983 年版，第 61 页。

③ 于孔宝：《简论稷下诸子学派》，《燕山大学学报》2002 年第 4 期。

④ 郭沫若：《十批判书·稷下黄老学派的批判》，《郭沫若全集》历史编第 2 卷，人民出版社 1982 年版，第 157 页。

二　道家学术思想形成的历史背景

郭沫若指出："黄老学派，汉时学者称为道家。道家的名称虽不古，但其思想却很有渊源，相传是祖述黄帝、老子的。"且谓"黄帝"之名，始见于《陈侯粢因敦》的铭文"高祖黄帝、迩嗣桓文"，他据此认为："黄帝的存在已经为齐国的统治者所信史化了。"郭沫若还特别表明，"黄老之术，值得我们注意的，事实上是培育于齐，发育于齐，而昌盛于齐的。"①

那么，黄老之术（也许更准确应该称之为"老聃学派"）何以在战国时代的齐国土壤上得以培育和昌盛？郭沫若试图从两个方面做出解释。

首先是"社会史"的根源。郭沫若认为，从社会发展历史看，到春秋末年，一部分有产者逐渐形成一个新兴阶层——"士"，他们达到了饱食暖衣的生活水平，物质生活基本满足之后，便有了追求精神生活的需要和条件，由此产生了他们对一些关于形而上问题的思索，以及如何"全生葆真"以延长生命的欲望。而春秋时代的诸侯国统治者，意识到这一新兴阶层可以利用的价值，加以特别重视与扶持，为其成长壮大提供了有力的政策支持。在这一方面做得最早最好的，恰恰是齐国。郭沫若在《古代研究的自我批判》一文中，对此进行了专门分析："后来的所谓士，大率可以追溯到春秋时代齐桓公的时候。""管仲相齐桓公，'制国（都城）以为二十一乡，工商之乡六，士乡十五。'农人则居于野，这是他的'四民者勿使杂处'的政策。他说：'昔圣王之处士也，使就闲燕；处工就官府；处商就市井；处农就田野。'虽然是假托之于古先圣王，但看他所说的士的内容和古代的情形已经是大有不同了。"②管仲把齐国的都城区分为二十一乡，用来供士、工、商三类人居住，而其中士的居所占到十五乡，远远超过工、商两类人所居的总和。单从这个数字看，就可以推测出在齐桓公时代的齐国都城，士这一阶层的规模已经相当庞大，并且受到不与其他阶层人员杂处的特殊政策保护。而按照管仲的想法，处士之道，就是要使之"闲燕"，使之"群萃而州处"。《国语·齐语》引述管仲的话说："今夫士，群萃而州处，闲燕则父与父言义，子与子言孝，其事君言敬，其幼者言弟。少而习焉，其心安焉，不见异物而思迁焉。"（类似的话也见于《管子·小匡篇》③）三国时的韦昭释"闲燕"为"清净"，释"州"为"聚"。且谓："士，讲学道艺者。"④依照韦昭的训释，管仲把士

---

① 郭沫若：《十批判书·稷下黄老学派的批判》，《郭沫若全集》历史编第2卷，人民出版社1982年版，第155—156页。

② 郭沫若：《十批判书·古代研究的自我批判》，《郭沫若全集》历史编第2卷，人民出版社1982年版，第65页。

③ 郭沫若：《管子集校（一）·小匡篇第二十》，《郭沫若全集》历史编第5卷，人民出版社1984年版，第513—514页。

④《国语·齐语》，上海古籍出版社1982年版，第226页。

们聚居在一处，便于他们清净地讲道学艺，一起研习，互相探讨，使之少而习焉，其心安焉，他们所讲论的，都是与孝、敬、义、弟相关的社会伦理议题，如果把这些君臣、父子人伦之道处理好了，国家治理的目的也就得以实现了。统治者养士有其特定政治目的，士人阶层受到政策优惠，也乐于享受，并因此形成了他们的宇宙观、人生观。故郭沫若分析指出：

> 那是在春秋末年，一部分的有产者有了饱食暖衣的机会，但不愿案牍劳形，或苦于寿命有限，不够满足，而想长生久视，故尔采取一种避世的办法以"全生葆真"；而他们的宇宙万物一体观和所谓"卫生之经"等便是替这种生活态度找理论根据的。①

并且到了战国时代齐威王、齐宣王在位期间，由于稷下制度的培植，老聃学派更加昌盛了起来，"转瞬之间便弄到'天下之言，不归杨则归墨'"了。②

其次是文化政策的作用。郭沫若分析认为，自从齐威王沿袭田氏的遗烈，窃取了齐国的政权之后，在当时"窃钩者诛，窃国者为诸侯"的争于气力社会形势下，必须预防在自己的肘翼之下孵化出新的"窃国者"造成对政权的威胁，所以制定了一套高级文化政策，用优惠的物质条件招徕大批文学游说之士，利用他们所宣传的思想主张，来化除人民的"异志"。故郭沫若特别强调："在这个目标上，杨、老学说是最为适用的武器。"③ 照此说来，齐桓公立稷下学宫，齐宣王喜文学游说之士，本意并非真正为了重视人才，繁荣学术，推动思想自由，而是用这种文化政策达到特定政治目的。郭沫若的说法并非空穴来风，历史上早就有人对齐桓公建立稷下学宫的动机和作用提出质疑。前述徐幹《中论·亡国篇》谈论齐桓公设立稷下学宫的举动，是其用以证明"贤不用"的观点被举到的典型事例之一。徐幹云："乃有远求而不用之者。昔齐桓公（略）。春申君亦好宾客，敬待豪杰，四方并集，食客盈馆。且聘荀卿置诸兰陵。然齐不加强，黄歇遇难，不用故也。"④ 很明显，徐幹为了论证不用贤人会亡国的观点，是把齐桓公创立稷下学宫作为"远求（贤人）而不用之者"的反面典型进行评价的。不知郭沫若是否从此受到启发，认为田氏篡齐以后，因执政合法性的深刻焦虑，而想利用特殊文化政策来实现自己的政治需要，才是其政治盘算的真正动机："养者与受养者两得其所，于是乎道家思想也就蓬蓬勃勃地兴盛起来了。"⑤ 郭

---

① 郭沫若：《十批判书·稷下黄老学派的批判》，《郭沫若全集》历史编第2卷，人民出版社1982年版，第161—162页。

② 同上书，第162页。

③ 同上。

④ 徐幹：《中论》（卷下），《诸子百家丛书》，上海古籍出版社1990年版，第44页。

⑤ 郭沫若：《十批判书·稷下黄老学派的批判》，《郭沫若全集》历史编第2卷，人民出版社1982年版，第163页。

沫若在《古代研究的自我批判》中的观点也与此相互呼应，他分析了春秋末年老聃、杨朱学派形而上思想的产生背景及发展过程，得出如下结论：

> 但这思想，由于是脱离现实或超现实的东西，没有群众的基础，所以它不能像儒墨那样，在春秋、战国之交及早形成为一种有力的潮流。它的发展而为家派，要到齐国的威王、宣王时代，新兴的地主政权已经获得初步的稳定的时候，在一种高等的文化政策保护之下，才被培育了起来的。当时的稷下先生们里面，一大半是道家，如宋钘、尹文、田骈、慎到、接予、环渊之流，在稷下是执掌着牛耳的。①

三 稷下道家三派的思想分野

在上述道家中，郭沫若依据《庄子·天下篇》的论述，把他们分为三大流派，分别是宋钘、尹文派，田骈、慎到派，环渊、老聃派。其实，无论是《庄子·天下篇》还是《荀子·非十二子》，都旨在辨析各家学术思想，评判各自得失短长，并没有把三大流派皆划归道家之意。郭沫若将他们统归道家的依据，大略有两个，一是这三家学者皆曾游学稷下；二是三家的基本思想比较接近，其源皆出自老聃。

关于宋钘、尹文一派，郭沫若认为他们都是杨朱的直系，主要继承了杨朱的基本思想主张。郭沫若援引《韩非子·显学篇》有所谓“今有人于此，义不入危城，不处军旅，不以天下大利易其胫一毛”之说，认为乃是暗指杨朱。如果我们参考《孟子·尽心上》“杨子取为我，拔一毛而利天下不为也”的说法②，则显指杨朱无疑。郭沫若说，杨朱思想中最重要的成分是“无我精神”，也就是他的“为我主义”。他指出：“道家的无我是认为为我的最好手段，所谓‘无用乃为大用’，泯却了小我乃正保全了大我。以前的人根据孟子的一骂，误解了杨朱，认为是一位绝端利己的‘禽兽’。”③ 其实，孟子只是把杨朱的“利己”，与墨翟的“利天下”对举而言，表示都不赞成，主张执中用权，不走极端。对于杨朱的“为我”主张，韩非就不认为是极端的利己主义，反而有“世主必从而礼之，贵其智而高其行，以为轻物重生之士”的称述，看成是充满智慧、行为高尚之人。④ 或许，郭沫若把杨朱的“为我主义”理解为“无我精神”，就是从这里得到了某种启发。他由此拿宋钘的“举天下而

---

① 郭沫若：《十批判书·古代研究的自我批判》，《郭沫若全集》历史编第2卷，人民出版社1982年版，第70—71页。

② 朱熹：《四书章句集注·孟子集注·尽心上》，中华书局1983年版，第357页。

③ 郭沫若：《十批判书·稷下黄老学派的批判》，《郭沫若全集》历史编第2卷，人民出版社1982年版，第164页。

④ 梁启雄：《韩子浅释》（下册），中华书局1982年版．第496页。

誉之而不加劝”的观点，与杨朱“不以天下大利易其胫一毛”相比较，认为两者的观念是完全一致的。考察郭沫若所引宋钘的观点，见于《庄子·逍遥游》，其言云：“故夫知效一官，行比一乡，德合一君，而徵一国者，其自视也亦若此矣。而宋荣子犹然笑之。且举世而誉之而不加劝，举世而非之而不加沮，定乎内外之分，辩乎荣辱之境，斯已矣。”唐人成玄英对于“举世”二句的解释是：“荣子率性遣怀，謷然超俗，假令世皆誉赞，亦不增其劝奖，率土并毁，亦不加其沮丧，审自得也。”[①] 意在称赞宋钘内外双遣，物我两忘，达到了“自得”“逍遥”的精神境界。依照这样的解释，宋钘主张超越物我的分际，不必纠缠于流俗的利害得失烦恼，由此才能获得我与万物为一的绝对精神自由。故韩非子称赞这种人生态度充满智慧、是德行高洁之人。郭沫若认为杨朱、宋钘“泯却了小我乃正保全了大我”，也是从这个意义上得出的结论。

宋钘一派除了具有独特的人生观之外，他们还忠实继承了道家“总老师”老聃那一套形而上的宇宙本体观。郭沫若指出：

> 它承认着宇宙的本体是“道”，这是“虚而无形”的东西，“其大无外”，“动不见其形，施不见其德”。俨然就像无，它“无根无茎，无叶无荣”，然而却是“万物以生，万物以成”。这分明是超越时间、空间和一切感官认识的本体，由它演变而为万物。[②]

郭沫若通过历史考证认为，杨朱是老聃的弟子。“（老聃）是形而上的本体观的倡导者，孔子曾经向他请过教。杨朱是他的弟子，大抵略少于孔子而略长于墨子”。[③] 郭沫若据此推论：“道家诸派均以‘道’为宇宙万物的本体，这个新的观念必然有他的倡导者，诸派中如上述以宋钘年事为较长”，认为他与彭蒙应该是老聃的嫡传或者再传弟子，故能够忠实继承发扬老聃的宇宙本体思想。在郭沫若看来，宋钘的宇宙观是直接为其人生观服务的。“道”虽然“无根无茎，无叶无荣”，是“虚而无形”的无，但他又无所不在，无所不能，可以“生”“成”万物。人既然是万物之一，当然就应该体认“道”生、成万物的根本要义来认识世界、安顿内心。故郭沫若说：“要使得心就像明镜止水一样，物来则生出反映，不增加一分，不减少一分，就像‘影之像形，响之应声’，完全泯却主观，采取纯客观的态度——这被称为‘静因之道’，‘舍己而以物为

---

① 郭庆藩：《庄子集释》（卷一），中华书局1982年版，第16—17页。

② 郭沫若：《十批判书·稷下黄老学派的批判》，《郭沫若全集》历史编第2卷，人民出版社1982年版，第164—165页。

③ 同上书，第160页。

法'。"① 具备了这种宇宙观与人生观的人，就能够做到"见利不诱，见害不惧，宽恕而仁，独乐其身"，其"全生葆真"、长生久视的"为我"目的就达到了。

在分析了宋钘、尹文一派的宇宙观、人生观之后，郭沫若还考察了其思想观念与诸子百家思想的关系，指出："宋钘、尹文这一派，在学术史上的连锁作用，是值得注意的，因为它是以调和儒、墨的态度而出现。"认为他们的"救攻寝兵"，与墨子的"非攻"接近；他们的"情欲寡浅""食无求饱"，与墨子的"节用"接近。而他们注重"礼乐仁义"的主张，又与儒家声息相通。像《管子·心术上》所谓"礼者因人之情，缘义之理，而为之节文也"；《内业》所谓"是故止怒莫若诗，去忧莫若乐，节乐莫若礼，守礼莫若敬，守敬莫若静"，跟儒家思想别无二致。故郭沫若认为："在这儿我们可以了解，为什么孟子要尊称宋子为'先生'，而荀子更尊之为'子宋子'的缘故。孟、荀虽然都在反对宋子，但都受了他很深刻的影响。"②

关于慎到、田骈一派，郭沫若认为他们"把道家的理论向法理一方面发展了"，"严格地说，只有这一派或慎到一人才真正是法家。"③ 慎到一派是怎样将道家的理论向法理论方面发展，郭沫若引述了《庄子·天下篇》的大段论述作为依据，其言云："公而不党（原作'当'），易而忘私，法（原作'绝'）然无主，趣物而不两，不顾于虑，不谋于知，于物无择，与之俱往。古之道术有在于是者，彭蒙、田骈、慎到闻其风而悦之。齐万物以为首，曰：'天能覆之而不能载之，地能载之而不能覆之，大道能包之而不能辩之。'知万物皆有所可，有所不可。故曰：'选则不遍，教则不至，道则无遗者矣。'是故慎到弃知去己，而缘不得已，聆法（原作'泠汰'）于物，以为道理。"成玄英解"是故"句云："息虑弃知，忘身去己，机不得已，感而后应，拣鍊是非，据法断决。慎到守此，用为道理。"④ 人们从这段解释中，似乎可以看出慎到思想主张源于道家而向尚法方面发展的变化轨迹了。

在对道家此派的分析论述中，郭沫若把重点放在了对慎到法理论的深入探讨上。《荀子·非十二子》评论慎到的理论主张云："尚法而无法，下修而上作，上则听取于上，下则取从于俗，终日言成文典，反紃察之，则倜然无所归宿，不可以经国定分。"梁启雄注引伯兄云："尚法，谓以法为上；下修，谓以修为修治为下。"⑤ 郭沫若根据这些材料，首先考察了存世《慎子》遗篇中的部分"尚法"言论，如《威德》云"法虽不善犹愈于无法，所以一人心也"；《君臣》云"官不私亲，法不遗

---

① 郭沫若：《十批判书·稷下黄老学派的批判》，《郭沫若全集》历史编第2卷，人民出版社1982年版，第165页。

② 同上书，第166—167页。

③ 同上书，第167页。

④ 郭庆藩：《庄子集释》（卷一），中华书局1982年版，第1086页。

⑤ 司马迁：《史记·滑稽列传》，中华书局1982年版，第61—62页。

爱，上下无事，唯法所在”；还有所谓“治国无法则乱，守法而不变则衰，有法而行私谓之不法。以力役法者百姓也，以死守法者有司也，以道变法者君长也”等佚文的说法。这些既表明了慎到反复强调法在规范人的行为、有司履行职责的方式、人君治理国家的准则等方面的根本性作用与效应；同时还认为在法面前人人平等，贵为君主也不能例外：“立天子以为天下，非立天下以为天子也。立国君以为国，非立国以为君也。立官长以为官，非立官以为长也。”慎到还主张法要随着时代发展变化而不断改变，“以道变法”是君长的职责所在。郭沫若就此评论说：“他生在这过渡时代要想建立新法，立法的根据自然是只好‘从俗’，‘从上’，采取当时在上在下所行的一些不成文法而使它成文化。因而这法也一定是方兴的封建制下的法，而不会再是奴隶制下的法。”郭沫若肯定“这见解是很进步的。”并从社会发展和思想潮流变化的角度做出判断：“法家在慎到这个阶段是还适应着社会变革的上行期，还在替人民设想，而没有专替新起的统治者设想——韩非便和这相反——是还富有进步性的东西。”①

其次，郭沫若特别注意了慎到思想观念中的君臣关系及其对国家治乱的直接影响。《慎子·知忠》有云：“亡国之君非一人之罪也，治国之君非一人之力也。将治乱，在乎贤使任职，而不在于忠也。故智盈天下，泽及其君；忠盈天下，害及其国。”又说“忠臣不生圣君之下”。其中包含的道理就在于，如果人君专制独裁，刚愎自用，人臣不得尽其才智，甚至忠言逆耳遭遇杀戮，像历史上的比干、伍子胥那样，这样的忠臣愈多，国家就愈受其害。反过来，如果人君能够做到依法去私，选贤任能，使得人人尽其智力，当然就不会出现比干、伍子胥的悲剧，天下太平，人君自然也就从中受福了。郭沫若由此评论道：“据此可知慎到并不是根本否认贤圣，而只是反对独裁。荀子说他‘蔽于法而不知贤’，可见荀子本身倒有所蔽，没有虚心地把别人的学说体会到适如其量。”②

再次，郭沫若试图考察慎到法理论产生的历史背景与过程。他依据慎到《威德》所言：“今也国无常道，官无常法，是以国家日谬。教虽成，官不足；官不足则道理匮，道理匮则慕贤智，慕贤智则国家之政要在一人之心矣。”认为“这正是战国年间社会大变革时青黄不接的过渡情形。旧的礼法崩溃了，新的还没有立起来。”在这种社会形势下，需要建立一套对君臣及社会治理有效的礼仪和规范，故而礼法应运而生。前述荀子批评慎到“上则听取于上，下则取从于俗”的话，正好被郭沫若拿来当作其尚法理论形成的根本依据：“俗间的习惯便是礼，礼加上强制力便是法。假使

① 郭沫若：《十批判书·稷下黄老学派的批判》，《郭沫若全集》历史编第2卷，人民出版社1982年版，第171—172页。

② 同上书，第170页。

习俗一变了，礼就要改变，法也要跟着改变的。”① 这样看待慎到法理论产生的社会背景及其形成过程，基本符合历史唯物主义的原理，也恰当定位了慎到学术思想的合理价值。

关于关尹、老聃一派，郭沫若首先注意到庄子把他们奉为道家的正统，故“备极赞美而毫无微辞”。这其实并不奇怪，因为在战国时代的诸子百家中，庄子是最得老子思想精髓的道家传人，后世以老庄代指道家，即以此故。

由于稷下学宫道家各派的思想均源于老子，所以郭沫若在对于关尹、老聃一派学术思想的论述方面没有花太多笔墨，而把重点放在了对老子其人其书的有无真伪，以及关尹就是战国时代游于稷下的楚人环渊等问题的考证辨析上。在1934年底所作的《老聃、关尹、环渊》一文里，郭沫若首先辨析了司马迁《史记·老庄申韩列传》中关于老子与关令尹喜的关系，认为司马迁根据传说编造了老子出关，为关令尹喜作《上下篇》五千言（后被汉代人称为《道德经》）的故事，得出的结论是关尹就是环渊的声转音变，而环渊是老子的二传或者三传弟子，根本不存在老子出关为之著书的事实。关于这一派的学术思想，郭沫若援用了《庄子·天下篇》的叙述：“以本为精，以物为粗，以有积为不足，淡然独与神明居。古之道术有在于是者，关尹、老聃闻其风而悦之。建之以常无有，主之以太一，以濡弱谦下为表，以空虚不毁万物为实。……关尹、老聃，古之博大真人哉！”② 郭沫若在两篇文章中都引述了这段材料，但并无一语加以评述阐发，而是以之作为论证老子是历史真实存在以及关尹就是环渊的证据使用。

也许在郭沫若看来，老子是道家的“总老师”，稷下学宫道家各派的思想均取源于他，故此派的学术思想是不证自明之事。唯其在论证老子思想学说是怎样被几代弟子所传承和发挥，进而成为今天世人看到的《老子》数千言的模样方面，下了一番功夫。其基本观点及推论逻辑是，生于春秋中叶的老子，不可能自己写成后来称之为《道德经》的专著，即使像稍晚于他的孔子，为普及教育广收门徒，号称弟子三千，他与弟子们的对话也是由众弟子记录下来并汇集成语录体《论语》的，由此反证老子没有自己著书立说的可能性。但老子的学术思想的确流传很早，连孔子都曾多次向其请教，历史上传承道家思想者不乏其人，其中就包括为《老子》其书成型做了大量汇集与润色工作的环渊，其功劳最大。郭沫若根据《史记·孟子荀卿列传》有“环渊，楚人，学黄老道德之术，因发明其旨意，著《上下篇》”的记载，认为环渊所著之《上下篇》就是后世所传的《道德经》上下篇。他指出：“‘关令尹’就是《庄子·天下篇》和《吕氏·不二》的关尹。关尹即环渊，关环尹渊均一声之

① 郭沫若：《十批判书·稷下黄老学派的批判》，《郭沫若全集》历史编第2卷，人民出版社1982年版，第170页。

② 郭庆藩：《庄子集释》（卷一），中华书局1982年版，第1093—1098页。

转。……故环渊著《上下篇》是史实，而老子为关尹著《上下篇》之说是讹传，但讹传亦多少有其根据，所根据者即是环渊著《上下篇》这个史实。现在老子《道德经》是环渊所著录，由史实与讹传两方面算得到了它的证明。”① 他还比较了《道德经》与《论语》《墨经》在语言风格上又有明显不同，通篇颇具文采，很多地方甚至具有押韵的风格差异。郭沫若对此的解释是：

> 环渊是文学的趣味太浓厚的楚人，他纂集老子遗说的态度却没有孔门弟子那样的质实，他充分地把老子的遗说文学化了，加了些润色和修饰，遂使《道德经》一书饱和了他自己的时代色彩。②

文章结论部分得出总结性意见：“《老子上下篇》乃环渊所录老聃遗训，唯文经润色，多失真之处。”③ 或许因为环渊是稷下学宫的游学者，他又在老子学术思想的基础上有所发挥润色，故将其列为道家三派之一。

在上述道家三派中，郭沫若既说宋钘、尹文一派是继承道家思想的嫡系，又说环渊是遵从了老子的遗训，《老子》一书保存了其“主要思想”，只是在某些地方有所润色发挥，那么，这两派的学术思想差异究竟在哪里，把他们分成两派的标准是什么？此外，何以既把尹文作为真实历史人物与宋钘并列为稷下道家之一派，又在论证尹文、老聃一派时就认定尹文乃环渊的一声之转，变成了另一个人？这些问题在今天看来，郭沫若的研究结论依然是不能完全令人信服的。

四　稷下道家思想对后世学术与政治的影响

郭沫若对稷下学宫道家思想所产生的社会影响，从继承此前学术思想、繁荣当时学术思想、影响后世学术思想三个层面，进行了分析评价，既有充分肯定，也有尖锐批评，基本态度大致体现了一分为二的辩证思维方法。

首先，关于稷下道家继承此前学术思想，郭沫若指出：

> 道家的兴起，在学术史上也自有它的意义和贡献，我们是不好一概抹杀的。尽管它本是儒、墨两家的先辈，但因脱离现实，陈义过高，在老聃、杨朱以至杨朱弟子的时代都还不曾蔚成为一个学术界的潮流。但到了稷下先生时代，道家三

① 郭沫若：《青铜时代·老聃、关尹、环渊》，《郭沫若全集》历史编第1卷，人民出版社1982年版，第541—542页。

② 同上书，第538—539页。

③ 同上书，第545页。

派略有先后地并驾齐驱，不仅使先秦思想更加多样化，而且也更加深邃化了。[①]

这就是说，稷下道家对原始道家思想的继承，并不是照单全收或依样画符，而是根据当时社会形势需要，进行了广泛的丰富发挥，使之有了新内涵新发展，形成了顺应时代要求、追求现实实用价值的当代思想学说。其中最典型的就像慎到、田骈一派，虽然其思想学说导源于黄老，但其重心却朝着法理论方面发展了。究其原因，这跟战国时代群雄争霸、要求富国强兵的政治军事形势直接相关。而环渊之所以要对老子遗说进行润色，强化其文学色彩，是因为老子的学说深奥玄乎，一般人阅读理解很困难，所以需要增强其通俗性和可读性，便于让更多读者能够了解接受。但无论道家三派后来的学术发展成什么模样，却都能从其思想观念中寻找到原始道家思想的影子，看得见他们之间的渊源所自与演变脉络。

其次，关于繁荣当时的学术思想，稷下学宫在诸侯各国中以学者荟萃和学术氛围浓郁著称，道家三派应该说起到了最重要的支撑作用。他们本身对黄老思想的阐释、拓展和发挥，对于学术思想的发展和学术思维的活跃就是一种积极促进，何况道家各派又充分利用了诸子百家在稷下学宫著书立说、自由争鸣的有利条件，从别的学者和学派的学术思想中汲取营养，启迪并不断丰富完善自身的学术思想，为建立其学术思想体系服务。郭沫若谈到稷下道家三派并驾齐驱、形成诸子思想多样化与本身思想深邃化问题时，特别指出："儒家、墨家都受了他们的影响而发生质变，阴阳、名、法诸家更是在他们的直接感召之下派生了出来的。"[②] 单就这两方面看，稷下道家的功劳与贡献就已经很了不起。比如儒家，从孔子问道于老聃开始，此派的形成与发展就一直没有脱离道家思想的影响。郭沫若在早年所作的《中国文化之传统精神》里似乎就认识到这一点，他说："他（孔子）晚年好易，又曾受教于老子。他把三代思想的人格神之观念改造一下，使泛神的宇宙观复活了。他与老子一样，认形而上的实在为'道'，而使与'易'之观念相等了。"[③] 还说儒家的思想在稷下道家思想的影响下发生了"质变"，可见其影响之深之巨了。而阴阳、名、法诸家，则是在道家思想的触发之下派生出来的，郭沫若举到慎到的例子，就是最具说服力的，上面已有论述，此不赘言。

再次，关于影响后世学术思想，郭沫若重点指出了两大方面：一是道家的"诈术"思想与"愚民政策"。《老子》第三十六章云："将欲歙之，必固张之；将欲弱之，必固强之；将欲废之，必固兴之；将欲夺之，必固与之。是谓微明。柔弱胜刚

① 郭沫若：《十批判书·稷下黄老学派的批判》，《郭沫若全集》历史编第2卷，人民出版社1982年版，第163页。

② 同上。

③ 郭沫若：《中国文化之传统精神》，《郭沫若全集》历史编第3卷，人民出版社1984年版，第258页。

强，鱼不可脱于渊，国之利器不可以示人。”[①]《韩非子·喻老》对“鱼不可脱于渊，国之利器不可以示人”两句作阐发云：“势重者，人君之渊也。君人者势重于人臣之间，失则不可复得也。简公失之于田成，晋公失之于六卿，而邦亡身死。故曰：‘鱼不可脱于渊’。赏罚者，邦之利器也。在君则制臣，在臣则胜君。君见赏，臣则损之以为德；君见罚，臣则益之以为威。用其势，人君见罚而人臣乘其威。故曰：‘国之利器不可以示人’。”[②] 老子讲的，就是所谓“君人南面之术”，中间有权谋，有技巧，当然也有伪装，让人臣摸不清底细，探不出深浅，这样就可以树立君主的威势，维护其集权地位了。韩非的解释，结合历史上的兴衰成败案例，对此进行印证。《老子》第六十五章更言：“古之善为道者，非以明民，将以愚之；民之难治，以其知多。”[③] 郭沫若尖锐批评说：“因为它根本是站在个人主义的立场的。……为要保全自己或使自己所得之利更大些，当然要把自己立于不败之地，而以权术待人了。故老聃的理论一转而为申、韩，那真是逻辑的必然。”“这种为政的态度，简直在把人民当成玩具。……不以人民为本位的个人主义，必然要发展成为这样的。”[④]

二是道家的道术权谋思想对中国封建政治的长期影响。郭沫若在文章的总结部分评论说：

> （稷下道家三派思想）尤其重大的是影响到秦汉以后的政治。秦与汉的政治实为一贯。世人皆知汉初崇尚黄老，导源于齐，而忽略了秦始皇之崇尚神仙方士，亦导源于齐。秦与汉自略有不同，其不同处在秦尚法而汉尚术，如此而已。魏晋以后更得到印度思想的支援，于是乎道家思想可以说垄断了二千年来的中国学术界。[⑤]

人们知道，印度佛教传入中国，为了主动融入中国传统文化之中，开始了佛教思想中国本土化的发展进程，与之相生相伴的，就是儒、佛、道三大思想逐步趋向融合的不间断过程，到唐代得以完成。就中国整个封建政治史而言，道家的道术权谋方法，一再被历代统治者所使用以不断强化其专制集权，倒是一个不争的历史事实。

（原载《郭沫若学刊》2018 年第 4 期）

---

① 《二十二子·老子》，上海古籍出版社 1986 年版，第 4 页。

② 梁启雄：《韩子浅释》（上册），中华书局 1982 年版，第 170—171 页。

③ 《二十二子·老子》，上海古籍出版社 1986 年版，第 7 页。

④ 郭沫若：《十批判书·稷下黄老学派的批判》，《郭沫若全集》历史编第 2 卷，人民出版社 1982 年版，第 184—185 页。

⑤ 同上书，第 185 页。

《凤凰涅槃》研究四十年（1978—2018 年）

侯君伟

2018 年是《凤凰涅槃》发表的第 98 个年头，也是郭沫若逝世四十周年。近百年前，对于当时作为青年留洋学生的郭沫若，《凤凰涅槃》的出世还要算其新诗创作的初期。之前虽偶有诗作，但一是新旧诗歌参半，没有明确的文学创作目的和书写意愿专门写白话诗，二是诗人还未唤醒《女神》般的时代感应和艺术识别力，多有稚嫩俗套之作。真正激发了作者创作热情和创造天赋，把这个“五四”的局外人推上中国现代诗坛，并产生巨大震荡的作品，应该属《凤凰涅槃》了。1920 年 1 月 30、31 日，《时事新报·学灯》连续刊载了郭沫若的《凤凰涅槃》。当时，郭沫若、宗白华、田汉三人初识，正值《凤凰涅槃》创作前后。那年年初三个月的时间里，郭沫若写了大量有关自我苦闷、人生追求、诗歌创作、文艺理念、外国名著翻译的书信。《凤凰涅槃》既有静观对峙下宇宙样貌的描摹，又饱含个人精神的强力觉醒，勾画了传统文化与科学视野融合的前所未有的新图景，古诗词的审美意境则过渡至现代诗歌动态式的写实展出，追溯远古的原始思维的同时超越了传统文化限定的审美瓶颈。细数《女神》中的诗歌，《凤凰涅槃》《天狗》《匪徒颂》等篇均从中国古代传说、寓言取意。比对作于 1920 年之前的诗歌，“凤凰”无愧是诗人精神喷涌的火山口，很大程度上代表了郭沫若诗歌创作生涯初期的审美观念和艺术追求，在新诗创作方式上具有开拓性质。①

---

① 当然，描写自然、抒发自我情绪的诗歌之于郭沫若有较大的随机性。《蜜桑索洛普之夜歌》便是情绪与理智、冲动与沉淀调和的理想状态，而没有运用“适当的文字”表达直觉、情绪和想象的作品，受到的批评不在少数。还须指出，相对《蜜桑索洛普之夜歌》《天上的街市》等象征意味占上风，偏向暗色调的篇目，类似《凤凰涅槃》《天狗》狂飙突进、情绪喷涌，凸显亮色调的作品更受到大众的关注。但实际上，郭沫若诗歌的晦涩程度同样值得考量。以《凤凰涅槃》为例，“凤凰涅槃”“火”“创造与毁灭”“更生”意象的来源与流变，其意义的更替与变型，诗歌词语与哲学用语交织下的语义定位等都是具有相当难度的文学研究视点。另外，平白与纯熟，精密与粗糙的言语表达均可造成语言清晰或晦涩的效果。本文认为，郭沫若的诗歌语言介于平白与精密之间，这是由于其艺术观念来源的多元背景和“为我所用”的个人风格造成的。当郭沫若抓取了如“创造”“力”“火”“破”等所指范畴较大的科学用语，尤其融会诗性泛神思维描摹生死、明暗交替的“否定之否定”的凤凰更生，我们就不能武断地判断“平白”之下的情绪与思想已明白晓畅。一方面，诗人创作风格对接受角度具有一定的导向。另一方面，常见用语在特定语境中出现，使语言潜在地赋有了欺骗性，从而忽略诗歌审美实际上是一条歧义、多彩的路径。

一 四十年来《凤凰涅槃》研究概况

然而，指向《凤凰涅槃》诗歌与哲学要义的问题，并没有随着中国新诗的诞生，新诗批评理论由萌芽期转向成熟期的过渡得以确立、丰富。相反，学界对《凤凰涅槃》研究所持的方法论显示出了各时期的不稳定性，大体可分为三个阶段：

第一个阶段，1920—1949 年，郭沫若诗歌创作的旺盛期。由朱自清、闻一多、宗白华、冯至等人给予的初步评价阶段。此时期评述的字数虽不多，但不乏抓取诗歌本体特征的关键词，为之后的研究做出了奠基性的导引工作，也在评论《凤凰涅槃》的观点上逐渐形成了较为统一的口径。第二个阶段，1949—1978 年，新中国成立至郭沫若逝世。这一时期的文艺理论服从于政治建设，郭沫若更是主动地创作一些标语口号式的诗歌：大众话语高于精英话语，国家意志高于现代意识，革命大于审美。因此，新中国成立后相当一段时间，人们理解《凤凰涅槃》，大多是从爱国情感、民族觉醒的角度切入考察。值得注意的是，《凤凰涅槃》的文学经典地位也恰恰是在这一时期得以巩固的。也就是说，新中国成立至郭沫若逝世的这三十年间，研究工作的进度部分集中于文本是否体现了泛神论思想，寻找它的诗性泛神的实例根据，浪漫主义情调对于主题影响的考证。而研究层次上相对于学理性要求较高的泛神论的探索，更被推崇的是民族国家旋律的认同。第三个阶段，1978 年至今，改革开放以来的“后人评说”。随着我国八十年代方法论热潮以及文学批评理论体系的日益健全，视点聚焦在了思想内容与思维特征、艺术风格与审美评价、文化研究、源流考证及影响探究、互文性等角度，其中包含对典型意象、泛神论、内在律等研究热点的承继，也有从原始思维、原型批评、荆楚文化与文本创作关系、中外哲学概念辨析、受外国文学文化影响等诸多单项课题的观照。就此，1978—2018 年这四十年间，《凤凰涅槃》研究步入了一个全新的阶段，在多方面取得了具有示范性和建设性的成就：

第一，关于诗歌意象、象征、各篇章结构的立体式扫描。从影响创作活动的因素、凤凰形象、词语概念、文本含义等角度对诗歌进行了基础性的研究。努力依托文本解释诗歌创作的深层原因，给出批评诗歌应遵循的原则。探索诗歌与其他文献资料的关联，把握郭沫若对《凤凰涅槃》的创作意图。同时，使文本独立于作者的美学价值和思想脉络逐渐明晰。但因为各历史阶段对《凤凰涅槃》的理解程度和阐释方式存在较大偏差，加之郭沫若诗歌创作观念变更的事实，干扰了文本的批评模式和审美眼光，致使《凤凰涅槃》在相当长的时间内遭到误读、误释。由此看来，一些学者对《凤凰涅槃》校释、细读的工作起到了纠谬并引导重新评估诗歌本体的作用。如，桑逢康的《祖国更生的赞歌》和杨芝明的《在革命烈火中永生——〈凤凰涅槃〉细读》，以灌注生命情绪的书写格调论述各篇章，对全文做出观照。杨胜宽的《太阳大海女神——〈女神〉文学意象分析》，将诗中的“光明”归入太阳意象，天、地、人三维结构与太阳、大海、女神等意象群进行了对应研究。蒋道文的《火中凤凰 永放光芒——郭沫若〈凤凰涅槃〉的形象分析》，勾勒凤凰形象所代表的整体性概念和普遍意义。黄曼君的《丰富的辩证哲理 不朽的艺术形象——读〈凤凰涅槃〉》，面向内部结构，强调文本的超时代内涵和凤凰形象、社会历史性状之间的美学张力。彭建华的《论郭沫若〈凤凰涅槃〉的修订及其释义》，追溯"凤凰""菲尼克斯""涅槃"等词的文献源头。然而，该文对于诗歌修改的各方原因缺乏理据陈述，考量角度和征引文献受制于复述，具有理论批评的密度小于关照范围的倾向。黄泽佩的《重读〈凤凰涅槃〉札记》，由闻一多批评《女神》"地方色彩"的说法入手为郭沫若辩护，区分凤凰与菲尼克斯的差异，确认凤凰和群鸟形象的来源与象征。杨玉英的《〈凤凰涅槃〉的三个译本》，辨析不同翻译版本的状况并根据中文原版对其做出分析评价。周裕锴的《凤凰涅槃：一个"夺胎换骨"的现代隐喻——略谈〈女神〉与中国古代文学之关系》，作为学科外具有中国古代文学素养的学者关联《女神》《凤凰涅槃》与古典诗词、宗教教义，亦罗列出郭诗对中国文化故土的意象、修辞、行文逻辑、审美方式的承接事实，指出郭诗在自我作品和跨时空比较等方面的互文效应。与此同时，显现了疲于实证的一面。部分举隅限于表层内容的相似对照，回避了中国现代诗歌与古典诗歌在审美意境与鉴赏习惯的差异。吴廷美的《心弦的共鸣——试比较〈凤凰涅槃〉与〈浮士德〉》，从时代背景的照射、艺术观念的比对等方面揭示《浮士德》与《凤凰涅槃》文学内部的结构性关联。注意到两者哲学思想的共性，刻画人类精神由低至高的螺旋发展线路，肯定了彼此之间的差异，不致消除各自主观个性的表达力度。

在论述过程中，有的研究者对诗歌全篇进行了划分，专注于某一问题填补空白性质的回答，就某一争论点、混淆点详细辨识。如陈永志的《〈凤凰涅槃〉校释》，汇集整理《凤凰涅槃》各版本出入和改动的情况，注释中总结了一些前人研究涉及的基本问题，并注明个别词语概念的文献出处。筛选、采纳当前比较公认的说法，为《凤凰涅槃》的研究做出了奠基性的贡献。舒建军的《〈凤凰涅槃〉：多重误植的背景》，针对一些诗歌创作背景和影响鉴赏批评的因素予以警示。沈光明将《凤凰涅槃》视为郭沫若表达太阳崇拜心理的典型，开启了一系列有关太阳意象的专项研究，如《〈女神〉与太阳崇拜》《太阳意象的契合与悖逆——郭沫若与屈原之比较》《太阳意象：过去经验的回忆——〈女神〉研究之一》《论郭沫若、艾青诗中的太阳意象》。张起的《〈凤凰涅槃〉的"凤凰"族源与民间祭祀模式翻述》，则以《凤凰涅槃》中的鸟意象和太阳意象关联，比对郭沫若与屈原、艾青的太阳意象书写，释疑突出太阳意象的原因。调查古典文献、地理环境、家族浸染等方面，审视商周文化、巴蜀文化、楚文化的共性，阐述太阳和凤凰崇拜的深层心理起因。萧浩乐的《觉悟·解脱·超越——试析〈凤凰涅槃〉中的"涅槃"与全诗的佛教意蕴》，如作者所说，着重诠释佛学内涵，哀鸣、自焚、更生对应佛教教义的觉悟、解脱、超越三境界，一定程度上可看作具备创造性思维的评论文章。遗憾的是，全文虽然交代了"更生"与"涅槃"词义的微妙差异，但作者认为用更生、重生、再生等词完全可以代替“涅槃”，忽略了凤凰涅槃其中的矛盾、波折的过程，没有延伸考察凤凰之涅槃与佛教之涅槃的不同，淡化文本环境对词语语义生成的关键影响因子，多少给人有自圆其说的嫌疑。此外，李铁秀的《重估〈女神〉审美超越价值——从〈凤凰涅槃〉象征谈起》，围绕“一切的一，一的一切”，探寻诗中超越个人、国家的超时代的审美意蕴和哲理思想。江锡铨的《一部气势磅礴的新诗交响乐——郭沫若〈凤凰涅槃〉音乐美赏析》，简短介绍诗歌的修辞、韵律、情绪的关系，为认识“内在律”做出了理论的补充。作者察觉到整篇诗歌，尤其是“群鸟歌”部分，体现了西方古典音乐的处理方法。虽然只抓取“节奏”和“力度”两个关注点论述这一隐含的音乐特征，未涉及旋律的分解和复调类型的研究，依然为《凤凰涅槃》内在律方面的探索打下了基调。

上世纪80年代末至今，对于《凤凰涅槃》的解读兴起了一股西方文艺理论的风暴。以人类文化学为主的应用神话原型批评、宗教仪式、精神心理分析、原始思维等学说进行文本解构，使原本处于学术讨论阻滞状态的《凤凰涅槃》研究取得了整体性推进。近三十年，不乏切入角度新颖、问题意识敏锐的论文面世，也不乏诞出一些先锋性质的研究模式和认知思维，推动诗歌解读的持续跟进。有特色和独特个性的文本细读促使人们对诗歌重新审视，也为《凤凰涅槃》的文学批评史翻开了新篇章，使研究的链条得以延续，展现了当今学者寄予郭沫若诗歌研究的热爱和把握经典文本的能力。具有代表性的论文有：肖兵的《“凤凰涅槃”故事的来源》，从考古、民俗、古典文献、哲学著作等方面入手，追溯凤凰涅槃传说的来源。其中，对出土文物的文献搜集比对、图画的考证工作，具有启发意义。冯奇的《神话与郭沫若》，依据有关郭沫若谈论神话和人类文化的文献史料，论证各地区神话传说和原始思维的同一性，着重分析太阳、凤凰及《凤凰涅槃》的神话寓意，经神话意识递进至原始精神的话题，展示郭沫若所热爱商周之前的社会情景。龚盖雄的《中国新诗“鸟意象”的原型革命——论郭沫若〈凤凰涅槃〉的神性写作开端》，说明中西生死观和哲学思维的差异和郭沫若的神话写作缘由。仲立新的《中国新诗“火”意象流变考略》，立足于中国现代诗歌“火”意象的开拓者，以《凤凰涅槃》为发端、“火”为主题，简要地剖析了《女神》中“火”的几种形态，为研究该诗“火”元素的课题做了初步勾勒。张建宏的《〈凤凰涅槃〉新论》，以神话原型批评的视角梳理凤凰形象的来源及演变过程。提出并分析《凤凰涅槃》具有原始仪式、巫术祭祀的气息，是歌、舞、剧、画等艺术类型的混合体，诗歌是诗人用现代汉语“翻译”的原始歌舞的观点。刘悦坦的《仪式：郭沫若的〈精神基因〉》《郭沫若“泛神”的艺术思维方式与其前期新诗创作中的“返祖”意识》《郭沫若文学创作与史学研究的“关键词”——重新解读〈凤凰涅槃〉》，由宗教仪式、原始思维、互渗律等方面探索郭沫若的文艺精神世界。学科跨度较大，体现了论证的规模和专注度。不足的是，刘悦坦的多篇文章均回避了解释、恢复凤凰形象的象征意义这一重要问题，使思维的分析与诗歌的内容没有从文学肌质与理论架构上实现多维度的对接融通。推导逻辑也偏于急进、陈列，欠缺理论的说服性。[①] 相比以上问题，《郭沫若文学创作与史学研究的“关键词”——重新解读〈凤凰涅槃〉》一文，最后一段将郭沫若艺术实践的生命历程和作为创造者特有的发展轨迹比作凤凰涅槃，启发后续研究关注郭沫若精神心理的个性特征，构筑一个属于球形天才的研究眼光，这一点对《凤凰涅槃》研究的意义可能比其他观点更值得思索。

第三，众多学术成果虽然较深入地钩沉一个或几个方面的轮廓，其间各环节的联结程度却相对薄弱，对郭沫若球形天才的特质不免陷入单维的解读视野，从而缺乏面向诗歌本体、文本本身的透视。因此，给予文本整体的把握就十分难得，此类综合性的论文虽不多，水平也参差不齐，但就是这为数不多的几篇论文初步构成了一个兼具综合与分析眼光讨论《凤凰涅槃》的研究范式。如孙绍振的《论〈女神〉的时代精神》，鲜明提出，凤歌和凰歌不止于性别差异，还有思想范畴的差别。强调诗歌集中表现了郭沫若的“否定”思维，《女神》其他诗歌始终贯穿了此类观念，凸显《凤凰涅槃》之于《女神》的思想贯穿性及其重要地位。该文以诗学的泛神与哲学的泛神、激进的民主主义与热烈的马克思主义的区别为例，说明郭沫若思想转向后的创作活动仍然保有“内在律”的痕迹，即诗人按内心潜在或已有的认知原则接触并改造外界事物。待商榷的是作者根据郭沫若对《凤凰涅槃》的创作意向，专注《凤凰涅槃》的西方泛神论色彩并推论《女神》的时代精神，回避了诗歌本体表现出的客观指向，具有一定的局限和遮蔽。另有孙绍振的《“凤凰涅槃”：一个经典话语丰富内涵的建构历程》，把诗歌视为细胞形态予以剖析。阐释其话语生成的发生学意义，试图厘清凤凰意象确立的话语谱系，查找构成诗歌艺术魅力的各项元素，沟通真实详细的历史面貌和当代文学批评的独特视角。作者突破性地提出，《凤凰涅槃》的创作并不能依据郭沫若本人的回忆而认定为“灵感”的功用，实际上是经过多次的否定之否定的情绪、灵感的定型，从新到旧的融合蜕变，前后历经四年之久。[②] 这一观点涉及“精

---

① 另外，“我”的消融的观点也有待商榷。该文作者分析了郭沫若在《凤凰涅槃》一诗中情绪消涨和自我与自然的吻合程度，遵循讨论原始思维和神话原型批评的线索，得出从“小我”到“大我”“无我”的发展趋势。与之相对，王富仁的《他开辟了一个新的审美境界——论郭沫若的诗歌创作》一文主张“小我”至“大我”的发展线索。回顾文本，关键在于人对自然的平视乃至超越的理解。凤凰更生歌明显表现凤凰超脱旧我、出离宇宙物质带来的苦恼的“欢唱”状态，播撒这种精神的同时保有了作为凤凰翱翔、鸣叫的特征，如“一切的一，一的一切”“我便是你，你便是我”。亟待明确的问题是，我还是我，凤凰还是凤凰吗？或者换一种说法，“我”是否以独立个体存在，如果存在，怎样保持个体与一般、普遍的关系？总之，上述疑问不仅针对着凤凰形象、精神动向的解答，更牵扯到郭沫若诗歌创作观念变更的缘起问题。郭沫若对人与自然的关系和诗性泛神论在不同时间段提供了相异的态度，怎样理解文本中凤凰更生后的形象及动的精神？考虑到篇幅问题，将另撰文章予以分析，本文不再赘述。

② 以上结论与陈永志的《关于郭沫若的创造精神随想》所论述青年郭沫若理解的中国古代思想及考证凤凰象征意义的说法吻合，也与郭沫若致张资平的信件中明确说明《我国思想史上之澎湃城》的观点在“前五六年”就有了的说法相对应。参考《郭沫若致张资平》，《学艺》2卷10期，1921年4月1日。

神现象学”的科学实践方式，结尾处更是抛出了两个值得我们思考的问题：其一，“自 90 年代以降，鲜有如凤凰涅槃之个人化意象化为全民语言乃至日常口语者。”其二，“如果说个人胚胎的发育，为人类进化的缩影，那么凤凰涅槃的建构过程是不是也具有新诗话语的发育的胚胎学意义呢?”由此，本文认为孙绍振围绕凤凰涅槃发表的两篇文章已经开始形成从基础性的文本解读工作向更新方法论的建构性目标的转移。不仅考察了文学内涵和美学价值，还感知到《凤凰涅槃》作为文学作品指导文本批评思维的力道。尽管其观念和应用理论的专业程度还处于初创阶段，存在大量的学术空白区域，却为《凤凰涅槃》的专项研究乃至《女神》研究树立了运用一个全新的方法理论的路标。

另有陈俐的两篇论文做出了贡献。《生命盛典的沉醉狂欢——〈凤凰涅槃〉综论》，肯定宇宙生命意识的同时强调诗歌形式上祭祀歌舞的地位，力主人类文化学的论证方法解释“火”“群鸟观葬”等意象。根据史料回顾《凤凰涅槃》的创作过程，强调东方哲学思想对其创作的影响。逐级讨论了诗歌由个体性的人和区域性的国家民族乃至人类整体性和世界普遍性的精神。另一篇《郭沫若研究中的文学人类学视野》，由文学人类学为观察视角对郭沫若研究进行总结。[①] 在此基础上，呼吁还原文本现场交流的情绪氛围，复现诗歌吟咏和表演的艺术方式。

引起本文关注的还有方长安和仲雷的《〈凤凰涅槃〉在民国选本和共和国选本中的沉浮》一文。它通过不同历史阶段文学选本收录《凤凰涅槃》的情况，考证其诗歌经典化的生成机制，最终得出经典身份值得怀疑的结论。在数据统计、史料调查等方面做了翔实的工作。但也透露了一些问题，如“新诗经典”的衡量标准模糊不清；论述目光专注于诗歌入选选本情况的同时，淡化、扁平化处理批评者对其经典地位确立所发挥的力度；以“选”的结果覆盖“评”的事实。应该明确，文学经典的确立受多极因素共同影响，我们不能也不可能仅由一个影响因子得出结论。另外，导致《凤凰涅槃》缺席新中国成立前多个诗集、诗选的原因也各不相同，其中就有部分编者认为《凤凰涅槃》是剧而不是诗。这是体裁的限制，而非“成色”的困扰。更为关键的是，从数据统计到得出结论，提及了大量的非文学影响因素而对文学本身少有观摩。[②] 当然，该文提倡重新评估“新诗经典”的说法确实刺激了《凤凰涅槃》再评价的必要性思考：即考察文本的文学与非文学因素，并取得二者之间互为作用的动力。四十年来，我们对文本本体意义及价值的挖掘还远远不够。

---

① 先后提及了刘悦坦、萧兵、沈光明、蔡震、吴翔宇等侧重神话原型批评、宗教民俗调查、原始思维、文化背景考证等理论方法分析郭沫若诗歌的研究者，以上六人均以《凤凰涅槃》为主题发表过相关文章。

② 实际上，接触诗歌之前我们已熟悉“凤凰涅槃，浴火重生”的说法。诗歌顺应历史文化底蕴和民众用语的积习，凭着一股新奇的想象和艺术直觉，第一次完成了该词的命名。多年来，它没有因白话文的演变更迭遭到淘汰，反而免疫了其他词语对其拼接、另成新枝的可能。恰恰是《凤凰涅槃》本身的文学特质助推了其经典诗歌地位的建立和巩固。

二 回顾与凝视：近四十年研究遭遇的瓶颈

（一）依赖作者主体研究的局限

多层级获知与狭窄生产

回顾中国现代诗歌研究，《凤凰涅槃》的研究规模与深度反映出了失衡的一面。关于它的讨论可以说是郭沫若诗歌研究中发起最早、历时最长、论文最多、存疑最大的。相关批评可追溯到作为发端的闻一多的两篇论文——《〈女神〉之时代特征》和《〈女神〉之地方色彩》。与率先发声的“时代特征”相比，“地方色彩”的批评态度严苛得多，却也点明了《女神》美学层面的要害。我国20世纪20年代初期的诗歌评论尽管大体上局限为主观印象式的批判、直白感悟式的短评，但不可否认，闻一多、朱自清等人对《女神》及《凤凰涅槃》文本分析的贡献至今鲜有超越。今人所做工作不同之处在于延伸、拓展性质的研究，少见立足诗歌审美蕴涵和精神质量等方面思辨的阐释。以结合文学及其他学科理论解读诗歌的学术成果看，确实是史料占有更充分、论述篇幅更翔实、牵涉理论更专业、切入视角更新颖，却也暴露了立论视野狭窄，机械照搬方法论的嫌疑，常以借用者的心态从系统的学说中截取有利自我论述的段落。批评者的文学素质和当代意识持续地提高，批评模式已从对客体文本内容、技艺的概观，向对作者的传记式批评和基于创作心理的考察分散。以《凤凰涅槃》研究为调查对象，本文发现依靠史料去贴合作品，依据某一文艺或哲学理论，生硬阐释作品的做法不在少数。更重要的是，批评者的理论数据库可能随时间推移，扩充积累到一定时期后，已经因复杂的流派支脉和过重的话语模式包袱，压得批评者疲于筛选适宜的理论条目。其他学科的研究方法移植过来可以用，其他文本的观察视角嫁接《凤凰涅槃》同样说得通，一千个研究者有一千个《凤凰涅槃》。近四十年，《凤凰涅槃》乃至新体诗的解读视野日益开阔，也就是在这种开阔和繁多的“富裕”状态下，研究显得愈来愈黯淡、单薄，愈来愈营养不良起来。仅就《凤凰涅槃》的研究状况，我们的确比前人知晓的多，实践批评的能力却可能生锈已久了。

作者遮蔽文本

节选郭沫若具有代表性的一段话用于论述的方式是存在隐患的。“聪明”和“大胆”，使郭沫若的现代诗歌创作符合历史发展的时代趋势。然而，郭沫若没有将自己的诗学观念耐心地编著为系统的理论著作，大多是按实时的感受零散地付诸往来的书信。其思想涉及范畴之广博，言论来源关系之庞杂，研究者往往要耗费相当的精力完善考证、搜集工作。郭诗以适当的情绪和文字表达呈现时，就能成为众人瞩目的天才之作。相反，当他过度冲动、情感泛滥，丧失历史感的觉察，又显得粗糙、单调，诗性全无了。而《凤凰涅槃》属于典型的理智与感性达到均衡状态的诗歌。研究者若缺乏对诗歌意象及语境的贯穿理解，就易造成断章取义的结论，引起佐证的例句相互矛盾：有时是对郭沫若的文学观念和创作理念不断改弦、更替状况认识不清导致的，有时就是论者主观预设，嵌入文本的结果。郭沫若评说自我的言论过多，随意性较大，作者本人还多次删改、记错。因此，翻看郭沫若本人的信件、传记、回忆性文章等文献资料，不应唯郭沫若论，忽略诗人即兴发挥、改动、记错的事实。依据作者的经验和观点分析文本，一直是学界坚定的研究方式，当然值得充分肯定，但也存在致使文本内涵与创作意图脱节的风险。我们试图将作者与文本一一对照时，总有文本的艺术成就与创作意图不对等的可能。①

诗性与哲学的对立、和解

《凤凰涅槃》的泛神论特征是很明显的，《女神》研究及郭沫若诗歌研究，分析泛神论思想时也大多以《凤凰涅槃》为例。但令人困惑的是，论说到该诗的泛神论特征，往往惯性地根据郭沫若的几段有关泛神论的言论，指出其诗性泛神的渊源及其历史功用和思想局限便点到为止，随之产生了概念的混淆：郭沫若对泛神论的吸收利用是一次“为我所用”的变型。学界已认识到了它们的差异，却有相当的论文仍以告知诗性泛神与哲学泛神存在区别为“底线”，似乎踏出这个边界，便不是文学研究，不是诗歌研究，可以不再讨论了，甚至有意地规避与其正面交锋。由此，研究者对哲学泛神的解释脱离了哲学史和哲学原理的考察。譬如，“火”“一切的一”，若是尽量简化言语内涵与外延的关涉面，使之贴近诗性的泛神思维，宣传爱国主义、民族精神的批评模式，此类“就文学论文学”“就文学看文学”的做法使诗歌评论的合理合法性褪色不少。其实，泛神论的复苏、发展史便是欧洲中世纪之后，歌颂人性、反对宗教愚昧、思想启蒙的蹊径。在爱国与宗教、信仰与启蒙、作为社会人与作为自然人的情绪释放等方面，是存在微妙差距的。无论是诗学的、哲学的，我们都应该尽量把诗歌与哲学“二元对立”的关系凸显，或在“批评的空间”内彼此交流，亮出自己的底色，或形成交叉的反应，通过不同“棱镜”折射出前人未曾涉足的光谱，开掘潜在于诗歌内部的哲理的原貌。

综上，创作主体的研究要求以生命感知的方式还原作者本初的精神面貌，要求从碎片化的文献资料之中发见、联结、修正、巩固有效的信息，更要求明晰研究的功用为何？《凤凰涅槃》的科研成果既有借鉴价值，也有误读、误释的个例。把握研究的动向与基调的同时，保持客观独立的批判距离，作凤凰而不作群鸟，应该是我们鉴赏诗歌的本心和保证批评水准的必由之径吧。

---

① 以郭沫若谈《凤凰涅槃》创作经过的几段话被反复引用为例，多强调灵感爆发的征兆和诗歌象征的含义。研究者就有可能根据郭沫若对《凤凰涅槃》创作意向的解释固化定型，选择淡化、忽略甚至无视诗歌本体表现的动态精神。忽视就文本论文本的途径，得出的结论自然缺乏说服力。

（二）出离文学本体研究的困境

量大于质的现状

80 年代开始，关注重心由爱国主义、民族精神的诠释位移到诗歌本体与西方方兴未艾的文艺理论结合，形成了评价标准和审美趣味偏斜的现象。人们更关心诗歌是否牵涉某种原理思想的渊源，是否可以运用某种方法论予以全新的解构。关键词语与意象的重新释读，《凤凰涅槃》与《女神》其他诗歌的异同及其在诗集中的地位评估，郭沫若文学观的变更、美学成就滑坡施加给各修改版本的影响等课题，在研究成果中则比较罕见①。一方面，说明单篇的诗歌分析难以形成综合思考的文学评论，它需要投入相当的精力去发掘、收集、考证，以建构微观文本的框架。它是出力不讨好的做法：把握文本的难度、知识面的广度、思想的深度、方法的适度等，应该说，已经不局限于理论与文本的结合，而是从文本中生成、发展理论，理论间促进文本创作、批评的互为关系了。《凤凰涅槃》不仅演绎生命、精神的更生，还囊括了对创作与批评的更迭的象征性寓意，这一特质将批评的起始点抬高。另一方面，表达了相关研究不具备从文学之外的学科领域观察诗歌的习惯和能力。一些研究者将诗歌限定在感性的审美视域，附加中西方的理论，试图催发新意。从根本上说，少有美学意识关照诗歌本体的批评，依据“套用”的方式铺排解读诗歌的地基，其必定是不牢靠、不务实的。我们可以看到，《凤凰涅槃》作为一首诗歌拥有如此数量的专题研究是相当丰富甚至烦冗的，但真正令人印象深刻或具有参考意义的文章并不多。以数量的广度看，《凤凰涅槃》的相关研究在单个文本的范围里是相当乐观的，但从批评的深度、理论的厚度、透视的长度、学科视野的宽度、历史眼光的高度、思想辩证的韧度等方面审核，就要持谨慎的态度了。长期工作于文学研究一线的学者确实培养了专业问题意识和解决学术困惑的范式，但尤其面对学界已形成一定共识的《凤凰涅槃》之类的文本，人们的目光先验地集中在固定的几个方向和坐标之上。即便响应填补空白、视野交叉、集成创新的呼声，由于意识里缺乏综合辨识的实际操作方案，理论执行力不够，错失了发见学术重点的契机，致使诗歌认知进度缓慢，解析方向模糊，概

---

① 参考孙玉石《十五年来新诗研究的回顾与瞻望》，《中国现代文学研究丛刊》1995 年第 1 期。“现实主义主潮的新诗在某种程度上受到冷漠。一些诗人由于时代和个人生活以及美学观念的变迁，诗歌艺术创作的审美品质有所下降，这种所谓‘×××现象’的话题（例如关于‘郭沫若现象’‘何其芳现象’等等），成为一些人认同的思维公式。诗人离开社会主要矛盾和漩涡的中心，与时代保持一定的‘距离’，似乎变为诗人艺术成就高的根源。这种认识是对于过去那种文艺‘政治工具论’的理论的正常的反拨。但是，打破了一种不平衡观之后又出现了另一种新的不平衡观。这里涉及新诗艺术本体与新诗承担的社会责任之间出现的不平衡性的价值判断的分歧，也涉及对于一些创作方法的理论探讨的取向研究历史不能没有一点历史感和历史责任感，充满苦难与血泪斗争的中国近百年历史的特征，决定了中国新诗的发展同整个民族命运不可分割的联系，诗人的社会良知与对于社会民族的承担精神，这正是中国现代诗人的最宝贵的精神品格。历史的研究要有现代社会的当代意识和美学选择，但历史的研究同时也必须尊重历史自身的历史性质。”

念关系混淆，堆积出一个量大于质的繁荣景象。另外，《凤凰涅槃》研究的跟进程度有波动状况，一些时段，相关论文井喷式地集中刊发，另一些时段则少有问津甚至冷却达数年之久。这其中既有研究趋于饱和、理论遭遇瓶颈的因素，也不排除为了迎合特定时期对作家作品宣传纪念而开展再讨论的心理。

外围作战与各自为战的反思

虽然仍是以意象、象征、泛神思想等主题为切入点，以语言修辞、神话学、原始思维等角度入手，但延续前人研究的例证并不多。即使与前人论述手段相似，也要凭陌生或冷僻的引用材料实行“创新”。而且对有关凤凰的一手文献搜集整理工作还不够，更多地让位给了考古学和民俗学。“凤凰涅槃”之凤凰形象、属性与古典文献所记迥异，“匆忙一瞥”不只是审美的损失，甚至是学术不严谨的问题了。其次，以自然哲学、精神哲学为理论支撑和批评导向在当下也不多见。一些论者或局限前人研究的二手资料，僵化参考理论、参考样本的范畴，对所用理论的渊源、演进、理论缺陷等问题少有系统的考究，研究成果重复，错讹堆垒，批评力度难以深化，审美视域固定，降低了学术研究的时代特性和说服力度。再次，涉猎面虽广，特定方向的纵深却显示出了薄弱。《凤凰涅槃》研究的热点集中于创作背景及影响研究，包括原始思维、神话学、泛神论等问题的讨论，保持在理论范畴的探索，但缺失以感性生命的“动的精神”灌溉文本批评的局面：一是个人论说不成系统，少有持续专注的专章论述；二是研究成果间少有对话，新近的论文或与前人研究重合，或规避了对他人观点的评述另起炉灶，或追求角度新颖、学科交叉，而研究目的与实践途径脱节，所答非所问，题目与方法不一致、不统一。讨论文本时应该总结前人研究，在建立各方面的联系的基础上突出自我观点，但一些研究者既不肯定他人的研究成果，也不评述前人的观点，陷入自我言说的孤岛，造成了《凤凰涅槃》研究因忽略回归文学文本的外围作战和各自为战的局面，致使诗歌本体研究的进度在一段时期内迟滞不前。① 今后

① 除专项研究《凤凰涅槃》的论文，有诸多研究成果可供参考，它们直接或间接地与《凤凰涅槃》研究产生了交集。如：陈永志的《论〈女神〉的人生哲学》《郭沫若前期思想发展研究中的几个问题》《郭沫若的泛神论思想》《多侧面的统一，〈女神〉阅读与研究方法举隅》《从不喜欢〈女神〉谈起》《〈三叶集〉：新文学浪漫主义的第一面旗帜》《〈女神〉表现主义，还是浪漫主义?》《“〈女神〉的持久魅力究竟在哪里?”》，孙玉石的《十五年来新诗研究的回顾与瞻望》《美的获得与失落的综合体——关于〈女神〉审美价值的再认识》《郭沫若浪漫主义新诗本体观探论》《郭沫若关于艺术与自然关系的思考》，王富仁的《他开辟了一个新的审美境界——论郭沫若的诗歌创作》《审美追求的瞀乱与失措——二论郭沫若的诗歌创作》，吕家乡的《内在律：新诗艺术成就的核心》，朱德发的《重探郭沫若诗集〈女神〉的人类性审美特征》，黄曼君的《论郭沫若前期强调精神主体的文化观和泛神论思想》，李保均的《郭沫若泛神论思想探源》，张琢的《郭沫若“五四”时期的“泛神论”思想简论》，魏建的《郭沫若文学研究十五年》《阐释的智慧——以郭沫若对孔子的评论为例》《论郭沫若“五四”时期对孔子的“曲解”》。另有民俗、考古类的论文与凤凰意象相关，如：鞠玲英的《中国凤凰意象的诗意流播之研究》，孙作云的《洛阳西汉卜千秋墓壁画考释》，冯玉涛的《凤凰崇拜之谜》，闫德亮的《神话中的龙凤文化》，李含生的《中国龙凤文化比较研究》，李翠的《荆楚龙凤图形纹饰的基本形式及其演变规律》，李金坤的《〈诗经〉〈楚辞〉龙凤文化审美》，郭墨兰的《中华龙凤文化缘起东方考略》，龚维英的《我国上古“卵生文化”探索》，刘俊男的《龙凤文化源于南方的鹫雉崇拜——华夏夷狄同源论》，肖兵的《马王堆〈帛画〉与〈楚辞〉》《羽人·相乌·观风鸟——〈马王堆帛画与楚辞〉一则》，陈勤建的《太阳鸟信仰的成因及文化意蕴》，陈勤建的《中国鸟信仰的形成、发展与衍化》，李虎子的《唐诗中凤凰意象的世俗化和唯美化》，程欣的《〈山海经〉与中国先民的神鸟意识》。

亟待培养理论与文本相互生成、彼此推演的能力，才不致陷入理论“借用”的单向循环。

只见树木，不见森林的弊端

认识《凤凰涅槃》须实现对球形天才这一特质的整合，注意互文性的研究：第一，诗歌之间互文。统观《女神》时期收录和未录入的诗歌，协调文本之间意象和写作手法的关联。第二，诗歌与戏剧、小说、传记、信件的对照。以《三叶集》为例，1919 年 1 月 18 日郭沫若致信宗白华，诗人自己改写李白的《日出入行》与同一封信创作《凤凰涅槃》动机的语句就可作互为参照。第三，诗歌与哲学，诗性思维与哲学思想的对比研究，涉及具体概念的溯源及其流变历史的考察。第四，不同学科的协同研究。经典文本的诠释是一个渐进的过程，在保证完善史料，明确研究单元，避免盲目的学术生产和功利过重的研究心态覆盖良性的学术批评、学术交流为前提，“综合”与“分析”才成为突破既定研究模式的关键词。不是说搁置“整合”的期望和要求，而是应首先整理并巩固已完成的“分析”工作，检验所提供方法的实践可行性与理论应用的合法性。譬如，部分综述类论文，本身的考察对象、批评角度、所得结论，就暴露了全面性、深刻性、创新性的匮乏。第五，作者、读者、批评者之间纠谬补足，整合创作的历史、接受的历史、批评的历史，明晰作者的创作意图、已诠释的思想内容、未开掘的审美区域。① 综述，不仅是“述”和“评”的谐和，还是前人研究和来者导向的价值平衡，它需要多元化、多层级、多纵深的比较与甄别、整合与重构。一定意义上说，写综述对于学术能力和素养的要求高于专业具体的科学研究。郭沫若诗歌语言的平白、粗糙和思想内涵的丰富、灵动，促使我们应该努力从整体上把握它，努力深入思想的肌底，认识文本的本质。② 因此，围绕《凤凰涅槃》的文学研究始终要以文学本体为中心，以理论为导引，开拓文学意义的解释途径的同时确保符合文本事实，有理论根据。这要求研究者遵循诗歌与哲学的更为完整的动态视域中观察、反馈相对静态的格局。根据相关概念和相应方法的逐步拓展、蔓延，一

---

① 任何突出主观意见，显露个体理论偏好，照搬前人研究壮大声势，个人见解匮乏的综述都是起误导作用的。不仅造成重复性论文的沉积和学术研究方法导向的混乱，也加剧今后步入专业工作的学者不以综述为了解研究状况参考的趋势。表面上学界“百花齐放、百家争鸣”，实则各自为战，自给自足。不止于此，它的危害使潜在的有活力的研究者因投入兴趣和信心不足而远离某些学术点，青年学者梯次受困于研究局面僵化、缺乏创新性的理论应用、论文对话意识的缺席，相对中、老年学者，青年学者没有展现出独特的思维创造力和识别问题的眼光，大多因循师长从事的领域和研究方法，鉴于一种现当代文学特有的“史”的印记，致力复现历史的当下和创造未来的当下，即统摄历史上的今天和即将面临的今天的两个坐标极端，以审视此刻的研究形态。

② 由于郭沫若创作该诗前后，一方面在五四浪潮中赞扬孔子是进化论者、泛神论者，称其为个性自由的典范，以自我的理解阐释王阳明的“存天理，灭人欲”；另一方面，《创造十年》中郭沫若自己声明“我的那篇《凤凰涅槃》便是象征着中国的再生。”［参考郭沫若《沫若文集》（第七卷），人民出版社 1961 年版，第 64—65 页。］一方面，思想来源复杂的“为我所用”的诗性思维与直白明确的诗歌语言表达，使部分诗歌的意义具备了相当的张力，语言的单调、粗浅、平白、晦涩等效应并存；另一方面，限定于作者的创作说明和批评者对历史文献的实证范式，这种以唯郭沫若论郭沫若的弊病长期压抑着《凤凰涅槃》本身具有的超时代的精神内涵。

个个未知的形状清晰后组合为一个震颤、更迭的精神王国。

（三）研究之研究的交锋与统合

最需明确的是我们面对着一些什么样的问题，反复讨论的观点是否真的勾勒出了“凤凰”的原本面目。关于《凤凰涅槃》，凤凰来源与演变的研究是耗费精力也是有必要的一项环节，而凤凰来源与演变的史料考证是诗歌鉴赏、文学批评的基底。就认识作者看，再探凤凰形象，比较凤凰与菲尼克斯之异同，以进一步了解作者创作时的精神原点和积淀的想象力。就理解文本说，还原凤凰形象象征的真实历史形态及“凤凰涅槃”语义生成迸发的思想创造力。它要求准确的史料考证，要求辨别文本描绘的凤凰与历史上凤凰形象的差异，要求论说郭沫若所创作凤凰的艺术魅力何在。关键在于，将凤凰形象的考证同诗歌思想融合之后，怎样在前人研究的基础上突破已有的论述思维和理论架构，清扫学界长期未关注的薄弱地带，实现继作者活性的创作后再次赋有创造力的诗歌评论，使诗歌评论与原作形成呼应的比照阅读。

怎样理解多次修订？

有些评论考察数个《凤凰涅槃》的版本，将诗中单调繁复的语句视为“内在律”和回环调加以称赞，以郭沫若主张绝对的自由和内在律吕的律动佐证他们的观点。纵观《凤凰涅槃》历经的6个版本，多次修订的原因在于：首先，诗人对一些当时朦胧、狂喜地感受到的事物逐渐趋于成熟、冷凝的认知，重新调整了看待事物的心态。其次，“直觉”“想象”“情绪”与“适当的文字”的关系得以更好地把握。有些词语初创时没有完全、精准地表达诗歌意图和情感取向，经过修订、增补之后，使词语更好地适应情绪的释放。“凤凰歌”删改的10小节，精练了篇幅且意象集中于火山喷发式欢唱的气氛，更匹配凤凰更生跃动丰富的精神动态。再次，艺术表达较现实生活总是省略、抽象的，“内在律”推动的书写节奏由热烈转向节制，删改不代表凤凰的晦暗枯萎的文辞，反而是郭沫若长期的理智思考为艺术的表达找到了更贴切的抽象形式。①

意象群体与群体意向的对话

“创造与毁灭的辩证关系”，“黑暗与光明的转变”，“悲哀、寂寥、烦恼、衰败”与“翱翔、欢唱”的反差，“火”与“一切的一，一的一切”的含义，“我就是你，你就是我”的解读等问题仍有完善的空间。关于凤凰形象、凤凰的属性特征、凤凰与菲尼克斯的差异与同一、凤凰与群鸟的辩证关系等基本问题有待考究。此外，针对《女神》内部各篇的太阳大海意象的互补、比较是有待加强的部分。之前的关注点是个别诗歌与《凤凰涅槃》的关联比对，抛却其他作家作品与本诗的关联不论，仅就《女神》之内篇章的联合研究，是否有价值？譬如，《女神之再生》反复歌咏疲倦的、

① 这一点与音乐表现事物属性和情绪起伏的手法相似。

等待再造的新生的太阳，是否存在与《凤凰涅槃》形成主题脉络的呼应，又如何解释？统计高频的诗歌意象、完善美学意义的考察，统筹《凤凰涅槃》的精神力量、时代特征、文化色彩，更新评估《凤凰涅槃》所取得文学成就的标尺。如此，才能从基于单篇的创作背景、文本内涵、版本流变的分析开启全体、综合的多维认知。[①]

从“有”与“无”到显见与潜在的讨论

《凤凰涅槃》的精神动向与同期的其他诗歌的不同之处在于，从总体来看，相比《天狗》《浴海》《地球，我的母亲》，《凤凰涅槃》以牺牲与和解，取代了扩张与吞食的意向。表现为“我”起先受制于自然，最终与自然达成和谐的状态。有些学者认为凤凰最终步入了自我的消无。但达到物我同一便是消融的“无”吗？“有”或“存在”，提供两种状态：其一，主体认识到自我存在的事实并主动调和主客观世界的关系，建立自我认知、自我反馈、自我重建的阶段，非单纯的意识作为主体的“物”与作为客体的“物”之间直觉感官方面的不相等，涉及世界的现象与本质，将主客观现象同一地处理，集成对于了解诗歌意义的资料库。其二，即郭沫若式的“超绝时空，而等齐生死”观。“我”以物化为世界的一部分作发端，逐渐融混世界与我的关系，拉近乃至消除现实与艺术的此岸与彼岸的距离，个体的独特个性呈显—隐—显的波动态势。不难发现，郭沫若成功的作品都逃脱不了这个规律，直到提出标语口号的创作主张和对无产阶级体力劳动的狂热称颂才呈现了个体个性无限淡化、群体意识至上的情境。《女神》是作为个体的“我”显—隐—显最为清晰的一部诗集，作者自身先天的审美直觉与天才的艺术创造力构成回归神话传说、历史寓言而重新显见新奇激昂的篇章。又或写太阳与大海等景物，作者的情感与物体的存在样式产生情绪上的同调，在这里，不是“我”侵吞“物”，也不是“物”消弭了“我”，而是物我合一。恰如此，郭沫若的天人合一将“物”打上“我”的印迹，提出人是万物的中心，我即是神，神即是我，歌颂自然的伟大便是颂扬人的灵力，围绕人的自然而非自然的人这一思想观点。[②] 以上两点都是“有”的状态，前者是理性精神确立的“有”，后者是感性知觉塑造的“有”。后者追求有与无的无差别同一，却始终没有抛弃以主体的“有”为出发原点，是一种充满艺术创造性的“无中生有”，绝不是我与世界的互相抵消，两相绝灭。正因此，《凤凰涅槃》的基调始终是欲扬先抑地超越了佛教教义的涅槃，完成了一次惊人的语义生成。

---

① 凤凰象征着什么？说法各异。本文认为，凤凰正是郭沫若理想化的中国封建社会之前自由平等的风尚，是他所理解的孔子、庄子、屈原等人的思想化身，这种理想的精神与自由科学信仰的板块碰撞、强力挤压出来的新思想、新观念、新世界——从凤凰歌中寻找答案——主客体的对立统一——世界、凤凰、群鸟分别象征无情的历史浪潮与客观的现实时空、衰败却仍有活力内核与创造潜力的动态精神、一切平庸烦琐的阴暗事物与内心欲望的具象写生。因此，《凤凰涅槃》或隐或显地宣告了郭沫若的诗歌创作理论和美学观念，属于一首集形象、象征、文化、概念于一体的诗歌。

② 此类观念并不在每首诗歌均得以显示，但郭沫若加入无产阶级诗人队列之后大量创作标语口号诗歌的文学史轨迹，其萌芽不能不说于《女神》时期便已初露。

要综合还是要分析？

学界普遍关注郭沫若文艺思想的复杂性及其实践应用的多元化反映在《凤凰涅槃》的研究，相当部分是解读时所持原理和学科眼光造成的分歧，欠缺辨识、梳理、整合，类似密集的支流在特定水域短暂地汇集便开始了分流。这种“力”的分散，看似在说明一个文本的问题，实则是逆反过来，用各自擅长的理论分解一个文本，根本上并没有形成多少争鸣，也没有展示推导过程之间的逻辑思维。与其说这类讨论是计算一个未知的结果，毋宁看作人们对已知答案借助不同方法的验算。找到了一些问题，也尽力地解决了，但整体性的《凤凰涅槃》研究仍遗留着种种困惑和模糊点。再比如，《凤凰涅槃》广阔深邃的思想内涵和解构途径的纷繁，给人们提供了相当的发挥空间，但研究者或受限于自身水平，或陷于思考规模、深度，仅剖析了某一方面的问题，往往零敲碎打，难以撼动长期未曾触及的趋于复杂化的学术难点。而一些论述多个问题的论文又经常表现为或所引材料，或所论观点，或所持理论，或审美品位的力有不逮、循环重复。①

学界在解读《凤凰涅槃》时采用较多的是分析与综合的方法。若把分析个别问题比作记录个体形状的共时性的照片，综合研究就可看作面向整体的动态的视频展出。分析工作比起综合研究，象征性的可表述为：静态的照片并未形成动态的光影效果，始终是各部分瞬间状态的记录。也就是说，今后讨论《凤凰涅槃》更需要综合的把握，包括以下两个方面：（一）对于学术瓶颈的统计和了解。实行比较、增补、识别、修正的研究方法，审视相关的研究史，总结前人的贡献和经验，认清各自的局限和不足，重新评估文本价值，为人们提供接近文本的全面、立体的视域。（二）直面具体的学术问题。不仅要求对于《凤凰涅槃》及其史料文献的整体掌握，还需要了解诗人的诗学和美学观念。在前人逐步确立的学术框架和研究视角的基础上应具备一定哲学和诗歌理论的支撑，才能厘清纷繁的学术问题，敢于挑战学术难点，做出有理论依据、史料功底的集成创新。而不是等到学术热点冷却时才被迫转向其他领域。更为重要的是，大幅度开启“综合”的前提是夯实了怎样专业的“分析”，把握的概念、对象、论述方向、研讨范围、意义价值等都需要不断的反省、明晰，才能规避今后有关《凤凰涅槃》研究目的、意义和学术规范流散、混乱的现象。

总之，《凤凰涅槃》的当代性解读，既要避免因循守旧，也要承接学术研究的记忆。归根到底，尊重《凤凰涅槃》过去、现在、未来的研究的各自属性，还原创作者的艺术追求，突破解读的审美惯习，历史的、艺术的、哲学的课题在各自微观分解的基础上建立起综合批评的机制，才能把握住凤凰精神所孕育的历时性的生命体征，

① 另外，相关问题还包括：（1）凤凰歌表露的苦恼意识；（2）泛神论与诗性的泛神思维对“火”元素和“一切的一，一的一切”的不同理解；（3）《凤凰涅槃》诗歌魅力的源头与衰竭的分析；（4）读者接受诗歌的反馈（写了什么、怎么写的、为什么这么写、还能怎么写）；（5）郭沫若诗歌创作的瓶颈对《凤凰涅槃》批评研究的影响，导致误读、误释的危险；（6）“涅槃”的语义辨析等。在此不一一阐述。

避免各时代自说自话的局面，使各部分研究成果的合力大于整体的效用。这无疑是一次当代性的审美抉择，但也是重构《凤凰涅槃》认知图景的机遇与挑战。

三 研究传统的坚守与瞻望下的趋向

近四十年取得了可喜的成就，但是正如1979—2019年的研究特质不同于之前的两个阶段，今后终将步入“第四个时代”。在接下来的时间里，《凤凰涅槃》的研究空间仍待开发，更是之于《女神》、郭沫若研究乃至中国现代诗歌研究的重要一环。仅从方法论和解读模式的更新进化来看，方法嫁接、理论移植的思维已不能跟进文本专项的深层挖掘、清理工作。本文注意到，近二十年的解析工作已由理论的照搬与多学科交叉视野向特定的理论创造过渡，研究者对于文学及相关理论的掌握范畴和深度得到增益，批评者对于理论经典的研磨也逐渐地以“补课”的形式完善。在中西文论兼容并包的发展浪潮下，《凤凰涅槃》研究不仅局限于“借”理论呈现具体实践批评的“客观对应物”，还进阶为理论的自我生成：从诗学内部寻求适宜自身的理论环境，从整个人文社会科学的脉络中对接看似遥远的信号。这一双构架的要求预示了我们不再满足于史料纷繁翔实的统计辨识，不再浮沉于中国现代文学突出史学主题的知识考古，不再迷信西方文艺理论为至上真理，而是由历史复述、知识记忆向“创造”能力的转移。《凤凰涅槃》研究正经历一场从“拿来”到“变异”的革新。新一时期，《凤凰涅槃》潜在的精神内容对作者、读者、批评者提出了“多彩”解读的要求。建立一种色彩的作、读、评的有效机制，符合凤凰涅槃不断更新、循环演变的特质，才能恢复诗歌意义和色彩图景的整体样貌。[①]

（一）理论迷宫与精神导航

受阅读经验和20世纪20年代现代白话诗创作风格的影响，解读者本着“回归历史”“回归文学”的主旨参与文本的鉴赏批评工作，铸成了一种偏差、失误[②]：首先，解读者的理论素养愈强就愈陷入自我的理论体系无法自拔。文化环境与学科规范干预读者与作品更深层次的交流。相当长的一段时期内，二元对立思维应用于文学批评，愈是抽丝剥茧寻找对立双方的“主力军”，愈使解读工作依赖一派文学理论、一派哲

---

① 文字符号涵盖的概念表露了超出作者个人经验和想象范畴的现象，因为艺术作品是集聚生命情感、现实世界、历史记忆和理念智慧的统一体，除作者外的读者、批评者的接受途径中将不再是个人自我精神的宣言，也是烙印个体个性的专属品，而是一种形式上依靠的理性推理的逻辑排列，还是情绪上非理性的感受经验的刺激信号。

② 本文认为，回归文学确是着重的要务，对于《凤凰涅槃》的再认识也不得不复归历史、复归传统。我们务必理清《女神》时期郭沫若所作新诗与古体诗的区别是什么，与同时期的白话诗的区别又在哪里。从古诗到新诗，由新诗面向郭沫若的《女神》，再甄别《凤凰涅槃》，如此推演才能尽量不失公正地评价《凤凰涅槃》一诗的语体特征与精神动向。当然，《凤凰涅槃》研究模式的整体性跨越需要我们反复的尝试、实验。

学体系解剖文本。其次，所谓的二元对立思维本身就值得警惕。比如对于“浪漫”和“古典”，人们可以给出截然相反的定义。而诗歌中的凤凰形象显然与传统文献记载的凤凰特征相悖，浴火重生经历了衰亡到更生，烦恼到欢唱，毁灭与创造的过程，似一颗先天孕育着死亡结局的生机勃勃的种子。《凤凰涅槃》演绎的是精神与物质的抗争史，是意识的自我超越，为什么强行将凤凰衰落与崛起的状态一分为二看待？类似辩证法或思辨哲学的精髓，在于从否定之中发现它的背面，窥见否定之中蕴藏着肯定。《凤凰涅槃》，就是一首有高潮也有低谷，有疑惑、彷徨也有昂扬、激越的生命之歌，在这里，我们需要的不是“对立”，恰恰是“对等”，不是强力意志克服了对死亡的畏惧，而是从阴暗、苦闷、迷茫获得了走向“一切的一，一的一切”“我就是你，你就是我”的和解、统一的动力。再次，以凤凰与群鸟为例，研究一般抓取凤凰正义、崇高和群鸟狭隘、鄙俗的象征意味。几乎没有意识到，凤凰与群鸟代表着个体与群体、特殊与一般、一与多等其他的对立关系。乌合之众的群鸟集体与形单影只的凤凰对比，也正是凤凰（个体）的独立性与群鸟（集体）的同一性的冲突。群鸟既作为一个庞大的集群，实际上各自孤立、缺乏协同的目标和凝聚的意愿，它们与凤凰最大的不同不是境况的差异，而是精神境界的天壤之别。嘲笑他者的同时，每一只鸟对于“群鸟”都以一个丑陋的他者身份被嘲笑。关于群鸟意象的形象分析、象征含义、美学蕴涵、创意来源已有相关研究涉及，然而，凭一组二元对立关系俯视固化的焦点，始终蒙蔽对其余关联的讨论。《凤凰涅槃》是一首明显有着动态精神的大诗，对此自闻一多、朱自清以来已成共识。但动态精神是什么，这种精神怎样持存，它又如何能确切地找到更生的出口，实现浴火重生？倘若把握不住精神的动向，那么囫囵的解剖将折磨甚至杀死凤凰内里的活体基因，“凤凰涅槃”的传说将不得不归于沉寂，消逝在经典诗歌的名单上。应该明确，证据只能逐个土层仔细、耐心地发掘，无法预先选定了标准答案，按图索骥地对照着“找”出来。规范的作用在于使我们少犯低级错误而不是抛弃求索的意志和敢于承担的勇气。

（二）本心与艺术修养

《凤凰涅槃》创作的时代旋律与个人情绪之间是存在差异的。早期现代白话诗描写日常生活专注某一事物做简明的勾勒、抒情，尝试加速语言变革，诗歌与民众情感更为接近。而郭沫若的诗歌创作则贴近原始思维，好古气息浓重，一些诗歌主题直接从传说、寓言入手，推陈出新。相对他那些“新”诗，古今融会的作品倒是成就较高，如《凤凰涅槃》《天狗》《女神之再生》等。与其他诗人不同，《女神》时期的郭沫若是怀着青春冲动，经受了新观念冲击后惊觉的澎湃情绪投入写作的。《女神》的成就离不开郭沫若诗歌创作的时代内需与个人的过滤调和，判断他是主动或被动地完成了《女神》诗集都可能陷入二元对立的思维陷阱，正如诗人叙述自己创作《凤凰涅槃》的经历一般，他不是用“为人生”的艺术观念去创作，也不是被动地顺应历史潮流强迫自己喊出什么时代的口号，而是一种身处海外、若即若离的状态下的“第三极写作”。在新文化运动与五四文学的主潮下诗歌创作大多步调一致，郭沫若却独立自主地发挥创造天赋，以人格挣脱格式，情绪带动节奏，为白话新诗做出别样的贡献。倘若研究循规蹈矩，缺乏诗情、才情、人情，面临作者如此惊奇、壮丽的联想与想象，该多么遗憾！①

由于郭沫若思想渊源的多元、烦冗和极具创造力的想象，分析《凤凰涅槃》的精神内涵和艺术成就成了一项庞杂的学术工作，要求研究者具备文本批评的跨学科视野。部分研究略过理性精神的讨论，依照郭沫若特指的诗性思维进行阐释，将哲思与直觉、理智与灵感、精神与诗性分割，造成批评的歧路与审美的失落。步入《凤凰涅槃》的世界，需要调节主体精神的感性与理性，寻求直觉与理智的平衡。理性的前站是感性，感性的累积构成理性的基础材质。没有天才的感性，一定没有卓绝的理性。没有敏感准确的感性，一定没有缜密精深的理性。因此，《凤凰涅槃》的研究应建立金字塔式的批评模型，史料引证、理论应用、文本解读、美学发掘、思想诠释等平面在拉开层次的同时逐级蓄力。培养学术视野和学术记忆，助长《凤凰涅槃》由面向格律形式、意象类型到想象构思、精神动态、审美境界的观摩。②《女神》中那一切不断向善、向上、向前的人生哲学所具有的普遍性品格，才真正是这部杰出诗集不朽意义的核心。试想，缺乏主体精神的诠释，对其零敲碎打的不规则翻新，一首与生命、精神、圆满性、崇高性等概念关联的诗歌长久地脱离孕育它生长的理论土壤和诗性营养，《凤凰涅槃》将无法避免被误读、误解、误释甚至淡忘的运命。

（三）基础与创新

文学批评指导审美活动，实践鉴赏修正文学评价。如此，好的文学评论才与文本彼此参照，相得益彰。统计四十年来《凤凰涅槃》的研究成果，在两个研究类别上保有承继与发展的潜力。第一类，为基础性研究。以陈永志的《〈凤凰涅槃〉校释》为代表，始终遵守着学术传统规范和个人情操的吁求，扎实的史料考证，直面问题的

---

① 1920年1月26日，郭沫若致宗白华的信中如是说：“崩奴（Benu）明明是太阳底征象。埃及本在天方国底西方，太阳东出，自埃及人眼中看来，当然是象从亚剌比亚地方飞上的一般。（写到此处，我想我国底‘禽鸟’上来。日中有三足鸟。《淮南子》天文训云：‘火气之精者为日。’凤凰为火精。是则凤凰此鸟，在古时原为日之征象，原即所谓‘金鸟’，到了后世渐渐分化了的，也未可知）日没时如火如荼，延烧天壁，故想象到‘集香木自焚’上来。日没后，翌日复东出，故想象到‘自死灰中更生’上来。这简直是个绝妙的symbolicalness。”参考黄淳浩编《郭沫若书信集》（上册），中国社会科学出版社1992年版，第95—96页。

② 陈永志曾指出：“面对《女神》那不断向善、向上、向前的人生哲学，人们感受到什么呢？是感受到‘五四’时期进步知识分子反帝反封建的战斗精神呢，还是感受到它鼓舞人们自强不息、前行不止的巨大力量呢？……定会感到这些写在本（上）世纪初期的诗句，至今仍然有蓬勃的力量，仍然在催人奋进。引起人们共鸣的，主要已不是它反帝反封建的具体内容，而是体现于其中的不断进取的人生哲学。在更加远离‘五四’的未来的日子里，人们再来欣赏这些诗句，其特定的历史内容将会更加淡化，而其人生的教诲必定光芒不减！”参考陈永志《〈论女神〉的人生哲学》，《长勤集》，黑龙江人民出版社2008年版，第172—191页。

学术态度。纵观陈永志对于郭沫若诗歌的研究轨迹，从字、词、句的创作来源、概念辨析，到思想特征、美学蕴涵的求索，体现了一个学者由基本做起，实事求是的学术原则。它有一个渐进的过程，如同“凤凰涅槃”般逐层递升，围绕文本给出疑惑及释疑，出自学术地基的踏实搭建，避免诗歌解读犹如空中楼阁。[①] 基础研究当然包括基本学术问题，譬如：《女神》的艺术持久魅力何在？为什么当今的中学教育不欣赏《女神》？类似的，《凤凰涅槃》的审美价值何在？误读《凤凰涅槃》带来的是幸福的烦恼吗？诸多问题，仍待澄清，或者说，学界仍未给出令人满意的反馈。历来学界关心的是“纯学术”课题，然而长期干扰我们对《凤凰涅槃》审美接受的源头之一是一些看似大而无当的疑问根本没有得到正视。专业研究与学校教育之于《凤凰涅槃》的解读，出现了一条浅隐而剧痛的裂缝，二者对文本的理解甚至堪比两首完全不同的诗歌，双方互生歧义，心照不宣。

第二类，为创新性研究。1979 年孙绍振的《论〈女神〉的时代精神》至 2014 年的《“凤凰涅槃”：一个经典话语丰富内涵的建构历程》[②]，可视为从“革命精神”“历史发展”“个性解放”向识见“细胞形态”“精神胚胎”的理论素养的生长。与《凤凰涅槃》的创作技艺、个人呼声、时代色彩平行的是放眼人类社会的宏观视角、持续制动的实业精神、深邃广阔的哲学内容，它是一首高度象征的诗歌，描摹生活表象、个体生死的经历，如歌德笔下的浮士德一般通过讽刺书斋苦闷乏味的道学生涯揭露追寻真理的艰辛路径，通过粗鄙庸俗的话语显示崇高的精神。同样的，《凤凰涅槃》的研究历程相当文本内部生命发生发展、兴盛衰亡的动态曲线，孙绍振从中识别诗歌本体建构经典话语的成长史，从精神现象的领域细致钩沉“凤凰涅槃”诞生、命名的历史环节，延伸整个现代新诗话语的发育问题，虽然只是一次“精神现象”的胎动，却对《凤凰涅槃》打破研究死角、突破学术门径，赋有深远的启发意义。

（作者系山东师范大学文学院硕士研究生）

① 在此例举陈永志的部分郭沫若研究成果：《郭沫若的泛神论思想》，《文学评论丛刊》第二辑，中国社会科学出版社 1979 年版。《郭沫若前期思想发展研究中的几个问题》，《上海师范大学学报（哲学社会科学版）》，1979 年第 1 期。《艺术的魅力从何而来？艺术的光彩为什么会暗淡？——郭沫若诗歌艺术得失谈》，《郭沫若百年诞辰纪念文集》，1992 年 11 月。《〈三叶集〉：新文学浪漫主义的第一面旗帜》，《郭沫若学刊》2002 年第 1 期。《〈凤凰涅槃〉校释》，《长勤集》，黑龙江人民出版社 2008 年版，第 77—99 页。《〈女神〉的持久魅力究竟在哪里?》，《长勤集》，黑龙江人民出版社 2008 年版，第 191—202 页。《从不喜欢〈女神〉谈起》，《郭沫若学刊》2013 年第3 期。

② 孙绍振：《论〈女神〉的时代精神》，《福建师大学报（哲学社会科学版）》1979 年第 1 期。《“凤凰涅槃”：一个经典话语丰富内涵的建构历程》，《中国现代文学研究丛刊》2014 年第 5 期。

郭沫若研究的春天

——2018 年郭沫若研究综述

吴　辰

早在 2017 年，就有研究者曾经预言“郭沫若研究的春天已经到来”，① 而事实也证明了这一点：2018 年的郭沫若研究处处呈现出了一种“春天”的态势，显示了蓬勃的生机与活力。

一　史料发掘与历史还原

对郭沫若研究而言，注重史料和证据是其一直以来的优良传统，近年来，这个传统进一步被发扬光大，许多郭沫若生平中的问题和疑点都通过对史料的考释而变得明晰。2018 年，随着一大批新的史料被发掘，郭沫若生平中的更多细节也展示在世人面前。

郭沫若享寿八十六载，一生不仅未曾停止创作，其对旧作也是时常有所修改。许多研究者注意到了郭沫若创作中的版本修改问题，并由此生发出许多耐人寻味的话题。王阳在《郭沫若〈蔡文姬〉的版本变迁》（《扬子江评论》2018 年第 5 期）中通过对历史剧《蔡文姬》的版本进行梳理，发掘了郭沫若在对其作品进行修改时的隐秘心态，作者采取校勘的方法，不但注意到了不同版本在文本上的区别，还对各版本的装帧、印刷等细节方面做了大量有意义的比对。郑艳明的《郭沫若〈女神〉的版本学研究》（《郭沫若学刊》2018 年第 1 期）则以版本学的视角重新审视了《女神》诗集的修改，作者的问题意识主要集中于《女神》版本演变的原因上，她不但注意到了郭沫若思想的演变对其文本修改的巨大影响，还从语言发展及普及等角度细致地分析了郭沫若一再对《女神》进行修订的原因。杨玉霞、魏建的《郭沫若〈重到晋祠〉考辨》（《东岳论丛》2018 年第 10 期）则从同一首诗在两种传播媒介下的不同命运入手，深入体察郭沫若在“文革”前的内心世界，阐释了郭沫若在对这首诗进

① 魏建：《郭沫若研究的春天已经到来——在第三届郭沫若青年论坛开幕式上的致辞》，《郭沫若学刊》2018 年第 1 期。

行取舍时的复杂心理。版本考释作为郭沫若研究中的一项重要内容，长期以来一直受到研究者们的热切关注，以上述三篇为代表版本考释研究呈现出了以小见大的特点，作者通过对不同版本的考释，将目光投向文本变迁背后作者的精神状态和当时社会的文化生产机制。

郭沫若一生著作甚丰，虽然已经出版了多达 38 卷的《郭沫若全集》，但是仍有佚文被研究者们不断地发掘出来，鉴于此，从 2014 年开始，郭沫若纪念馆启动了《郭沫若全集》补编工程。截止到 2018 年底，由赵笑洁、张勇主持的《郭沫若全集·补编·翻译编》已经顺利结项，进入出版程序，这对郭沫若研究而言是一件举足轻重的大事。此外，另有研究者们对郭沫若所创作的各类文本进行源源不断地发掘。金传胜的《郭沫若佚文辑述》（《新文学史料》2018 年第 3 期）、彭程的《日本新发现郭沫若与创造社同仁等书信一组》（《新文学史料》2018 年第 3 期）、邹佳良的《北伐时期郭沫若给孙伏园的一封信》（《新文学史料》2018 年第 3 期）、孟文博的《谈郭沫若首部长篇小说的“序幕”：〈未央〉的佚文部分》（《现代中文学刊》2018 年第 2 期）、冯锡刚的《郭沫若的集外书信六封》（《郭沫若学刊》2018 年第 1 期）、《郭沫若的五篇集外序跋》（《郭沫若学刊》2018 年第 4 期）、贺宏亮的《郭沫若新见文献四题》（《郭沫若学刊》2018 年第 2 期）等文对包括通信在内的多种题材的郭沫若佚文进行了发掘和整理，为研究郭沫若的创作、交游等活动提供了新的证据。何玉的《1970 年代美国耶鲁大学保钓会与郭沫若的书信往来》（《新文学史料》2018 年第 3 期）更是展现了郭沫若生平中一段鲜有人知的经历，不但如此，其中关于保钓等具体问题的论点至今仍有很强的现实意义。李红薇、崎川隆的《新见日藏郭沫若手批〈两周金文辞大系考释〉辑录》（《文史》2018 年第 4 辑）则整理了日本亚飞图书馆所藏书籍中郭沫若的批注和校勘订补，并由此梳理其史学观点演变的脉络。近年来，演讲作为一种文学类型越来越受到研究者们的重视，作为一名有着丰富社会活动经历的文化名人，郭沫若的演讲中所蕴含着的信息是巨大的。凌孟华的《郭沫若集外演讲记录稿〈写作经验谈〉叙论》（《郭沫若学刊》2018 年第 1 期）和金传胜、薛婧妍的《郭沫若演讲史料考辨》（《郭沫若学刊》2018 年第 3 期）都对郭沫若的演讲进行了进一步地发掘，不但丰富了郭沫若文化活动的记录，还为其思想研究提供了新的佐证材料，研究者们还针对“演讲”这一特殊的文学样态进行深入的研究，显示出了这种文体在郭沫若创作中的重要意义。

在有关郭沫若的史料当中，对其生平的考释也是极其重要的一个部分。郭沫若的一生与 20 世纪中国是紧密联系在一起的，对郭沫若生平的考释中本身就蕴含着研究者对 20 世纪中国的观察和思索。2018 年，一部年谱和一本传记的出版成了郭沫若生平研究中具有地标意义的大事。一部年谱指的是林甘泉、蔡震主编的五卷本《郭沫若年谱长编（1892—1978）》（中国社会科学出版社），这部年谱的出现为郭沫若研究提供了大量翔实可靠的史料线索。一本传记指的是李斌的《女神之光：郭沫若传》

（作家出版社），这本传记致力于在整体上还原郭沫若的形象，以“人民本位”串联起郭沫若的各种社会身份，用史料还原一个真实的文化巨人。传记出版后，即广受好评，也引起了学术界的热烈讨论。有关郭沫若生平研究的论文也是成果丰硕。陈俐的《寻找原乡：郭沫若祖籍地、家族世系探疑》（《新文学史料》2018 年第 3 期）通过田野调查、实地走访、钩沉传说、翻阅资料等方式，坐实了郭沫若的祖籍在福建宁化，为研究郭沫若的生平及其家族提供了大量宝贵的资料。吴辰的《留学日本期间郭沫若的国家意识及其转变——以〈牧羊哀话〉为中心》（《新文学史料》2018 年第 3 期）、《双重“无产”的体验：论 1923—1925 年间郭沫若的文化选择》（《现代中国文化与文学》2018 年第 1 期）则着力于开掘郭沫若留日期间生活经历和经济状况对其文学创作和思想发展的影响。咸立强的《知识分子、城市与公共领域：郭沫若的广州体验及其思想转向》（《现代中国文化与文学》2018 年第 1 期）则聚焦于 1920 年代城与人之间的关系，从都市体验入手为郭沫若此后的思想发展找寻脉络。刘卫国的《苏雪林的两篇郭沫若评论》（《现代中文学刊》2018 年第 2 期）则从同时代人的视野入手，对郭沫若在 1930 年代评论界的影响进行了梳理。抗战爆发后，从日本回国的郭沫若积极参与各种文化活动当中，对这段历史的探索一直以来都是郭沫若生平研究的重点。付冬生的《郭沫若与孩子剧团》（《郭沫若学刊》2018 年第 2 期）、龚明德的《郭沫若史实考五题》（《郭沫若学刊》2018 年第 3 期）、钟海波的《抗战时期郭沫若和茅盾的文化活动》（《郭沫若学刊》2018 年第 4 期）、谭徐锋的《政治寿？文化寿？——郭沫若五十寿辰暨创作生活二十五周年纪念活动本末》（《人文杂志》2018 年第 11 期）等文通过对抗战时期郭沫若所参与的具体活动进行考释，展现了郭沫若所参与文化活动的丰富及其爱国热忱。研究 20 世纪中国，苏联的影响是不能被忽视的，李斌的《郭沫若 1945 年对苏联的观察和思考》（《文艺理论与批评》2018 年第 4 期）通过《苏联纪行》一文详细地分析了作为中国左翼知识分子的郭沫若面对战后苏联所进行的思考，展现了共产主义运动中的曲折与复杂。冯超的《郭沫若的中科大情结——以其为该校题颂的几首诗词为中心》（《新文学评论》2018 年第 2 期）则注意到了郭沫若为中国科技大学所题的几首诗词，并对其进行细致的分析，展示了同时蕴含在作为政治人物的郭沫若与文化人物的郭沫若的“中科大情结”。

史料的使用最重要的就是真实，如何甄别史料则成了史料运用的第一步。事实上，许多回忆性质的史料由于受到许多因素的影响，与历史的真实还是有着很大区别的。在 2018 年第 12 期的《东岳论丛》上，蔡震（《如何深入郭沫若研究》）、李斌（《作为镜像和资源的郭沫若》）、王璞（《郭沫若研究中的多重困境以及突破的必要》）、刘奎（《郭沫若的简单与复杂》）等四人就郭沫若研究的回顾与展望问题进行了笔谈，其中所涉及的重点就是在史料的运用上。对史料的运用尤其需要谨慎和仔细甄别，蔡震在《回忆郭沫若史料的真实性辨析》（《当代文坛》2018 年第 1 期）一文中指出："在回忆史料中阅读了解一件史事，打开一个全景的视界是非常重要的。"①而李斌的《建立在伪史料基础上的"晚年郭沫若"研究》（《当代文坛》。2018 年第 1 期）、《陈明远与层累的"郭沫若现象"》［《首都师范大学学报（社会科学版）》2018 年第 3 期］等一系列文章则将批判的锋芒指向了郭沫若研究中的史料造假现象，不但对存在于"晚年郭沫若"研究中的种种乱象进行拆穿和指谬，还深入揭示了"郭沫若污名化"背后所隐含着的种种叵测的用心。金星的《于佛堂中言庙堂事——郭沫若佚文续考兼及民国报刊文献的数据化问题》［《阜阳师范学院学报（社会科学版）》2018 年第 3 期］从郭沫若一篇佚文被三次"重考"或"误考"的现象着手，提出了一个在数字化时代史料该如何考证的问题。

对史料的注重显示出了郭沫若研究长期以来的严谨和信实，而对史料的甄别则意味着郭沫若研究在史料运用方面已经进入了一个具有自觉意识的新阶段。

二　多学科共同协作的郭沫若研究

郭沫若是一位"球形天才"，他不仅是一位诗人，还是一位历史学家、政治家、社会活动家，故而，郭沫若研究的深化必须建立在多学科共同协作的基础之上。2018 年，郭沫若研究不但在各学科内部得到了长足的发展，而且不同学科之间的协作也越来越多，各学科在共同进步的大趋势下，以不同的角度构建着这位文化巨人。

在文学领域，诗集《女神》是郭沫若研究长期以来的重点之一。朱德发的《重探郭沫若诗集〈女神〉的人类性审美特征》［《山东师范大学学报（人文社会科学版）》2018 年第 2 期］试图在《女神》与当下社会语境之间建立一座桥梁，在新时代语境下寻找《女神》的价值和意义。侯桂新在《青年郭沫若的女性想象与女性书写》（《郭沫若学刊》2018 年第 3 期）中则从"女性"这一关键词入手，深入揭示了青年郭沫若有关女性在理性与感性之间的矛盾。李斌的《郭沫若〈女神〉的创作过程》（《励耘文学学刊》2018 年第 1 期）则将《女神》中的诗歌划分为泰戈尔式、惠特曼式、《浮士德》式，在中外文学的比较视野中全面地审视了《女神》之于中国现代文学史的意义。陈俐的《复数的女神：郭沫若的"人民"观探源》（《郭沫若学刊》2018 年第 4 期）则通过对历史神话的钩沉、现实地理的考证找寻出了郭沫若诗剧《女神之再生》中"个"与"群"之间的关系，进而勾勒出一条从女神到人民的思想发展路线。钱韧韧的《现代汉语虚词与郭沫若〈女神〉的审美效应》［《华中师范大学学报（人文社会科学版）》2018 年第 2 期］则从《女神》诗集中的语法现象入手，细致阐释了现代汉语虚词入诗与诗人"情绪的解放"之间的关系，从语言的角度阐释了郭沫若作为开一代诗风的诗人并非偶然。

① 蔡震：《回忆郭沫若史料的真实性辨析》，《当代文坛》2018 年第 1 期。

郑怡的《危机与创造：郭沫若的“狂飙”诗意》(《现代中国文化与文学》2018 年第 3 期)则关注了郭沫若在面对历史危机时刻所展现出的诗性夸张，细致阐释了郭沫若《女神》中的“狂飙”精神。

郭沫若文学创作和其革命实践之间的关系是研究者们的另一个关注热点。邹佳良的《论“恢复党权运动”与〈请看今日之蒋介石〉的写作》(《中国现代文学研究丛刊》2018 年第 3 期)将郭沫若的写作放置进了更为宏大的历史视野中，在国民党左派“恢复党权运动”的言说体系下呈现出郭沫若之于中国革命的重要性。韩诚、赵洁的《郭沫若与〈请看今日之蒋介石〉》(《中国现代文学研究丛刊》2018 年第 5 期)也注意到了《请看今日之蒋介石》这篇文章，作者详细比对了这篇文章的八个不同版本，通过考察郭沫若在不同历史时期对蒋介石评价的变化体现出政治文化语境的变迁对中国现代作家的影响。

对于郭沫若的其他诗作，研究成果也颇为丰富。蔡震的《郭沫若集外旧体诗词的整理》(《新文学史料》2018 年第 3 期)一文聚焦于郭沫若所创作的旧体诗词，而这一重要的文学样式在以往的郭沫若研究中显然受重视的程度还远远不够。张勇的《复调与对位——郭沫若早期十四行诗创作掠影》[《贵州师范大学学报(社会科学版)》2018 年第 2 期]注意到了在此前郭沫若研究中较少被关注的十四行诗，并由此论述了郭沫若诗歌中特有的复调模式。梁波的《没有“形式”的诗——新诗建构中的郭沫若诗论》(《郭沫若学刊》2018 年第 1 期)认为在郭沫若的诗歌创作中，“节奏”在很大程度上代替了“形式”，这对中国新诗的发展是有着重要意义的。

郭沫若的剧作也同样引起了研究者们的高度关注。陈夫龙的《侠义爱国的悲壮之音——郭沫若抗战史剧新论》(《中国现代文学论丛》2018 年第 1 期)以侠文化为视角，在郭沫若抗战史剧的创作中寻找其对传统意义上侠文化的借用和改造，进而在古今对照的视角下探寻郭沫若的文化立场对当下社会的建构性意义。李成坚、黄伊柔的《郭沫若对辛格戏剧翻译的始源考据研究》(《外国语文》2018 年第 6 期)一文细致梳理了郭沫若对爱尔兰戏剧作家辛格的接受史，并认为郭沫若在对辛格戏剧的译介过程中秉持了“为我所用”的文化理念，这和此后郭沫若历史剧创作中的逻辑理路是一脉相承的。

研究者们对郭沫若小说等其他文体创作的研究也同样深入。颜同林的《家庭叙事与郭沫若早期小说研究》[《贵州师范大学学报(社会科学版)》2018 年第 2 期]在郭沫若留日时期的小说创作中发现了既与中国传统小说的叙事、内涵模式迥然不同，又与“五四”前后新小说的格调与思想差异甚大的中国古典小说现代转型的轨迹与征候。马文美的《诗意葱茏的故事，引人入魔的“物哀”——论郭沫若的情感小说与“物哀”》(《郭沫若学刊》2018 年第 4 期)也同样聚焦于郭沫若留日期间的文学创作，并着力开掘日本传统审美文化中的“物哀”对郭沫若小说创作的影响。

郑绩的《并非耽美：郭沫若在新文学视域下的性/别意识》（《现代中文学刊》2018年第2期）则将郭沫若的小说、自传等问题加以综合分析，提取其中有关同性亲密交往的有关内容和史料，认为郭沫若在性/别上的自我认识与新文化和新文学的发生有着不可分割的内在联系。孟文博的《在被遮蔽的历史地表之下——郭沫若“民间文艺”观历史演变考论》（《中国现代文学研究丛刊》2018年第11期）一文则系统地梳理了郭沫若“民间文艺”的美学主张，并将其看作是一个与时俱进的动态过程，在郭沫若的“常”与“变”之间找寻到一条明晰的逻辑理路。彭松的《郭沫若与现代中国大海精神的创造》（《郭沫若学刊》2018年第4期）则沟通了郭沫若、“五四”精神、海洋、世界想象等关键词，在海洋精神的观照下发掘郭沫若对中国现代文学的独特贡献。胡非玄的《1921年郭沫若改写本〈西厢〉四论》（《现代中文学刊》2018年第2期）则通过郭沫若对《西厢》的改写阐释了“民国旧体文学”的意义，同时也显示了郭沫若创作的丰富和复杂。

在史学界，有关郭沫若的研究也有着引人注目的成果。李勇的《王国维和米海里司共同影响郭沫若的中国古史研究》［《云南大学学报（社会科学版）》2018年第3期］一文从郭沫若古史研究的思想来源入手，细致分析了米海里司对其古史研究观念性的影响和王国维对其古史研究方法性的影响，认为郭沫若的古史研究是中西方史学传统共同影响的结果。徐国利的《郭沫若的“人民本位”史观及儒家民本思想意蕴》（《河北学刊》2018年第5期）在传统与现代之间找寻“人民本位”史观的线索，在马克思主义与儒家民本思想之间找到一种本质性的联系。张少恩则将“人民本位”的史观具体运用到郭沫若的孟子学研究领域，在其《郭沫若孟子学研究初探》（《中华文化论坛》2018年第12期）一文中，作者看到了在“反孔”浪潮中郭沫若坚持对儒家正面作用提倡背后的“人民本位”立场，彰显了郭沫若在史学方面的成就。朱春龙的《论郭沫若在史学界“文化尖兵”角色的演变（1949—1959）》（《晋阳学刊》2018年第5期）则将郭沫若史学界“文化尖兵”的角色看作是一个发展的过程，通过对建国十年间郭沫若文化尖兵角色的勘察，勾勒出了中国马克思主义史家群体的整体面貌。而廖久明在《郭沫若研究及研究方法之我见——兼谈成为良史的五种素质及治史的底线》（《郭沫若学刊》2018年第3期）中借由对郭沫若研究提出了“人民本位”的马克思主义史学家应具有的五种基本品德，即“史德”“史实”“史才”“史学”“史胆”，并提出了“宁可睁着眼睛不说，绝不闭着眼睛瞎说”的治史底线。

包括语言学、文字学在内的其他学科于2018年在郭沫若研究领域也有丰硕的成果产出。罗业恺的《试论郭沫若海外十年甲骨文献整理研究的特点》（《成都工业学院学报》2018年第1期）与《从文献整理的角度谈郭沫若的石鼓文研究》（《郭沫若学刊》2018年第1期）将郭沫若的甲骨文研究和石鼓文研究做了史学化的归纳和整理。邓帮云的《郭沫若古文字学贡献及影响研究》（《郭沫若学刊》2018年第4期）

从回忆者的角度研究了郭沫若在古文字学领域的影响及贡献。语言学方面，则有山东师范大学于秀秀的硕士学位论文《基于语料库的郭沫若〈生命之科学〉译者风格研究》，这篇论文为研究郭沫若的翻译提供了一种新的视野。此外还有石英的《沈尹默与郭沫若书学之异同》（《中国书法》2018 年第 7 期）、廖其发的《论胡适、郭沫若十二三周岁前所学课程及启示》（《教育与教学研究》2018 年第 3 期）等论文分别从书学、教育学等不同的角度对郭沫若进行了研究和阐释，显示出郭沫若研究的巨大空间和学术潜力。

2018 年，在各学科不同的领域里，郭沫若研究都有着长足的进展，更难能可贵的是，不同学科研究者们都能紧扣郭沫若“人民本位”的思想内核，进而在学科之间形成了一种互相促进的研究态势。

三 文化自信与走向世界

郭沫若是一位具有世界影响力的文化巨人，长期以来，郭沫若与日本、美国、德国在文化上的渊源与影响也是研究者们所重点关注的问题之一。2018 年，郭沫若研究呈现出了“走向世界”的特点，在这一年，郭沫若研究两次走出国门：4 月，“郭沫若与世界文化高端论坛”在埃及苏伊士运河大学举办；11 月，“第六届国际郭沫若学会学术研讨会暨巴黎史料展”在法国巴黎举办，与会学者来自于不同文化背景的多个国家。这两次会议为郭沫若研究走向世界打开了新的窗户，也吸引了大批海外学者关注郭沫若研究。

有关郭沫若研究的国际化，魏建的《近十年来走向世界的郭沫若研究》［《山东师范大学学报（人文社会科学版）》2018 年第 4 期］是一份有着总结和展望性质的文献，在总结郭沫若研究国际化成就的同时，他也提出了包括中、西研究方法、学术理念差异在内的诸多问题。而更多有关郭沫若与海外文化的研究则集中在文学译介和文化传播领域。易彬的《域外文化传播与中国作家研究空间的拓展——从“郭沫若与荷兰”相关文献说起》（《求索》2018 年第 4 期）重新考证了有关“郭沫若与荷兰”之间关系的史料，并由此拓展出“中国现当代作家在荷兰”这一研究主题，启发研究者们关注中国现当代作家在与其非直接关联的小语种国家间的文化影响。何俊的《异域和他者眼中的郭沫若：〈郭沫若在英语世界的传播与接收研究〉引起的思考》（《现代中文学刊》2018 年第 2 期）则提出了探索德语世界的郭沫若、研究郭沫若与德国文化场域的双向互动这一命题。彭建华的《郭沫若对海涅的翻译与接受》［《盐城师范学院学报（人文社会科学版）》2018 年第 6 期］也注意到了郭沫若与德语世界的关系，并以德国诗人海涅为代表对郭沫若的翻译版本做了细致的校读，从郭沫若对海涅诗歌的翻译与修改中体察郭沫若在译介德语作品时的良苦用心。胡娴的《译与介：米歇尔·鲁阿〈郭沫若诗选〉法译本分析》（《现代中文学刊》2018 年第

2 期）则从郭沫若诗歌的法文译本出发，将译介郭沫若与法国 1960 年代的文化语境结合起来，将郭沫若视作是法国此时正迫切需要并足以代表红色中国的“文化他者”。王舒琳的《郭沫若与日本汉学界之学术关联考述——以〈中国古代社会研究〉为中心》［《中南大学学报（社会科学版）》2018 年第 5 期］则考述了郭沫若与日本京都学派的当代交往，论证了郭沫若与日本汉学界的密切学术关联。另有董晓博、晁雪婷的《郭沫若早期研究中的巴比伦情结》（《郭沫若学刊》2018 年第 1 期）等文聚焦于其他海外文化对郭沫若研究和创作的影响，也为研究界打开了新的视野。此外，黄勤、谢攀的《翻译场域中的资本较量对郭沫若翻译活动的影响》（《外语教学》2018 年第 5 期）则注意到了资本运作对郭沫若翻译活动的巨大影响，虽然这一话题尚待展开，但却为郭沫若研究提供了一重新的视野。

走向世界的同时，文化自信是不可缺少的。郭沫若“人民本位”的价值观及其建立在马克思主义思想之上的唯物主义史学观念正是其在异质性文化面前能够保持独立主体性的基础。故而，对郭沫若上述思想的研究和探讨是十分必要的。2018 年，研究者们沿着郭沫若“人民本位”和唯物史观的脚步，对其思想进行了广泛而深入的研究，致力于在学理性与时代性之间搭建桥梁。许多研究者以郭沫若的学术研究为切入点，对其思想进行分析。蔡震的《郭沫若民族复兴思想形成的文化背景》［《贵州师范大学学报（社会科学版）》2018 年第 2 期］认为郭沫若以学术思考的方式表达了他对中华民族复兴的理想，这与新文化阵营非儒反孔的主潮是有所差别的，郭沫若的民族复兴思想也正是其选择“人民本位”的基础。杨胜宽的《郭沫若论“易”的观点变化及其时代关联性》（《郭沫若学刊》2018 年第 2 期）、《郭沫若稷下黄老学派研究综论》（《郭沫若学刊》2018 年第 4 期）则通过对郭沫若的古代思想史研究进行线索性的整理，展现其从感性直观到科学辨证评价的路径及其运用马克思主义研究方法日臻成熟的过程。王启发的《郭沫若在思想史研究上的成就和贡献》（《晋阳学刊》2018 年第 5 期）集中梳理了郭沫若在中国思想史研究上的研究成果之后，重点论述了郭沫若在接受了马克思主义之后，自觉地运用唯物史观所做出的学术贡献。刘奎的《有经有权：郭沫若与毛泽东文艺体系的传播与建立》（《东岳论丛》2018 年第 1 期）则以郭沫若对《在延安文艺座谈会上的讲话》“有经有权”的回应入手，研究了郭沫若的思想言论与毛泽东文艺体系之间的双向建构关系及其良性互动的过程。此外，还有张军的《胡适、郭沫若、周作人的新文学史叙事策略及话语权之争》（《中国现代文学研究丛刊》2018 年第 1 期），此文从文学史书写的角度论述了郭沫若的人民本位价值观和马克思主义文艺思想对文学史的建构作用。

在整体上，2018 年的郭沫若研究呈现出了以下三个特点。首先是热烈：在 2018 年，郭沫若研究越来越受到学界的关注，越来越多的研究者加入了郭沫若研究的队伍，大量优秀成果被各类刊物发表或转载，一系列兼具学术价值和战斗精神的成果的出现更是引起了广泛的讨论。第二是青春：在 2018 年，越来越多的新鲜血液注入了郭沫若研究之中，这其中有全国各地高校的青年教师、在读博士，甚至还有一些硕士，在他们身上显示出了郭沫若研究的巨大吸引力和无限可能性。第三是广阔：在2018年，郭沫若研究在各个领域都有着长足的发展，呈现出了百花齐放的面貌；同时，郭沫若研究也越来越国际化，越来越多的国际友人持续关注这一领域，为郭沫若研究提供了新的思路和视角。

（作者系海南师范大学文学院副教授）

第二篇

特别推介

重探郭沫若诗集《女神》的人类性审美特征

朱德发

在现代中国文学史上，从理论上较早提出“世界文学”的美学范畴，并对“世界文学”应具有的人类性审美特征予以概述的，是文学研究会的理论旗手茅盾；但在文学创作上自觉地赋予诗性文本以充盈人类性审美特征的，却不是文学研究会的诗人作家们，乃是创造社的诗坛巨擘郭沫若的诗集《女神》①。考察近百年的现代中国文学研究及其文学史书写，对《女神》解读与评述的论著不胜枚举，若是给以系统的梳理和检视，却不易发现从人类性的视野与角度对《女神》的审美内涵进行勘探的论著；即使有的论述对其有所触及，也未对《女神》人类性审美内涵的揭示达到应有的深度和高度。

一

对于文学的人类性审美特征，笔者曾在《“民族的文学”与“世界的文学”》②一文中这样写道：

> 早在19世纪20年代，歌德就站在全人类立场上首先发出了“世界文学”的呼唤，提出了“民族文学”与“世界文学”两个相对的美学范畴，并对它们相互沟通的紧密关系做了解说；到19世纪40年代，马克思、恩格斯深刻洞察了全球各民族之间关系在市场经济推动下所发生的巨变而带来的世界文学的新趋向，明确指出：“民族的片面性和局限性日益成为不可能，于是由许多民族的和地方的文学形成了一种世界的文学。”③ 从此，文学世界化的自觉时代真正开始了。

① 《郭沫若全集》文学编第1卷，人民文学出版社1982年版。

② 朱德发：《“民族的文学”与“世界的文学”》，《吉林大学社会科学学报》2015年第2期。

③ 《马克思恩格斯选集》（第1卷），人民出版社1995年版，第276页。

逮及20世纪初，从晚清至“五四”，连续发生两次文学变革运动。文化先驱们虽然大多以域外文学为参照并联系我国文学实情，提出大同小异的文学变革主张，形成了差异互见的现代文学观念，但是能够自觉地立足于人类文化的立场来洞见世界文学发展的总趋向，最早在五四文学革命中提出并确立“民族的文学”与“世界的文学”两个互通互动文学观念的却是文学研究会的理论旗手茅盾。他说：“这样的文学家所负荷的使命，就他本国而言，便是发展本国的国民文学，民族的文学；就世界而言，便是要连合促进世界的文学。在我们中国现在呢，文学家的大责任便是创造并确立中国的国民文学。”① 只有文学家在中国创造了国民文学、人的文学，方可联合其他国家或民族“促进世界的文学”。因为世界文学必须具有这样的人类审美特征：“无非欲使文学更能表现当代全体人类的生活，更能宣泄当代全体人类的感情，更能声诉当代全体人类的苦痛与期望，更能代替全体人类向不可知的运命作奋抗与呼吁。”② 茅盾虽然没有对何谓“世界文学”的深邃美学内涵给出具体说明，不过从四个“更”字的修辞中却能体悟出他对“世界文学”的纲领式构想，而这个构想比当年歌德、马克思和恩格斯提出的“世界文学”概念则具有了在创作实践中能够遵循的图谱。

茅盾在中国文学发生现代转型的激变期，给“民族的文学”和“世界的文学”在理论上所提出的人类性美学功能特征，于文学研究会诸作家如冰心、王统照、朱自清等的创作实践中有不同程度的呈现，即人类性的审美因素或功能特征是有所存在的；不过相比较而言，唯有创造社首领郭沫若对于为人类创造文学方具有高度自觉性，唯有其诗集《女神》所蕴含的人类审美意识方达到空前的深广度和丰盈度。

郭沫若登上五四新文学舞台时，国语文学运动即白话取代文言已高奏凯歌，并取得决定性胜利；他所显示出的文化姿态和美学取向，既不同于胡适的以白话文学为旨归，又不同于鲁迅抱着启蒙主义文学不放，而是比同时代任何致力于新文学建构的诗人作家，更能自觉地鲜明地高举起为“全人类”创作文学的旗帜。文艺为什么人的问题是文艺的根本问题和原则问题，郭沫若新诗创作肇始便力图解决这个问题。他明确提出：“我们既同为人类之一员，则毕生中种种行为目的对于全人类社会文化演进道途上总得有密切之关系才行。进而言之，便是于全人类文化演进上当有积极的贡献。创作和研究正是完成这种目的的最合适的手段。”③ 文学创作或文学研究，不仅是为全人类文化演进做贡献的重要手段，而且包括新诗在内的文学创作也是以替全人类服务为目的和宗旨的。郭沫若为全人类创作文学的理性自觉充分体现于1921年初版的《女神》诗集中。《女神·序诗》开宗明义地宣告新诗创作之所以要为全人类服

① 沈雁冰（茅盾）：《文学和人的关系及中国古来对于文学者身分的误认》，《小说月报》1921年1月10日第12卷第1号。

② 朗损（茅盾）：《新文学研究者的责任与努力》，《小说月报》1921年2月10日第12卷第2号。

③ 郭沫若：《致李石岑》，《时事新报》副刊《学灯》1921年1月15日。

务，是因为“我是个无产阶级者”，“我愿意成为共产主义者”。当时的郭沫若虽然并非严格政治意义上的名副其实的“无产阶级者”和“共产主义者”，但是从这种诗化语言的表白中却或隐或显地透露出这样的信息：即十月革命送来的马克思主义思潮的影响，使极度敏感、善于逐潮的郭沫若已朦胧地意识到无产阶级只有解放全人类方能解放自己，只有洋溢着自由博爱人道主义精神的共产主义才是人类所憧憬的理想社会。这些朦胧的诗性意识是情绪化的，并未上升到理性认知的层次。正是基于这种诗意化的朦胧意识，诗人不只把《女神》公开地奉献给全人类，而且热切期待地“去寻那与我的振动数相同的人”，“去寻那与我的燃烧点相同的人”；“去在我可爱的青年的兄弟姊妹胸中，把他们的心弦拨动，把他们的智光点燃”。这进一步表明郭沫若为全人类的兄弟姊妹们创造诗性文本的美好动机；同时亦展示出，自觉地有意地为人类奉献出的诗集《女神》，必然充盈着独特的人类性审美特征。

人类性审美特征之一，总是在宇宙视野下，塑造顶天立地或扭转乾坤的人类英雄，弘扬人类浴火重生的革命精神，揭示“凤凰涅槃”的历史规律，唱响人类理想的交响曲。《女神》如同一座诗意葱郁的象征森林，也好像一首含义丰赡的人类寓言，其人类性的审美特征无不蕴含于或显露于其中。《女神之再生》是人类创世补天的寓言，我们不能把女神仅仅理解为中华民族的象征或世间任何一个族群的象征，因为诗人的视野并未局限于某个族群，而是放眼于宇宙，将宇宙下的整个人类的女神作为创世补天的英雄来塑造来颂扬。女神们“自从炼就五色彩石/曾把天孔补全”，“在这优美的世界当中，吹奏起无声的音乐雝融”；然而，“我们今天的音调，为什么总是不能和谐？怕在这宇宙之中，有什么浩劫要再!”的确人类世界发生了一场灾难深重的浩劫，而造成这场浩劫的罪魁祸首则是古时共工与颛顼的争帝大战；为争夺“统治天下”的王权，他们不顾芸芸众生的死活而打得“天在飞砂走石，地在震摇，山在爆”。若联系当时国内外的大势，诗人是以共工与颛顼争帝之战来影射国内的军阀混战，来象征国外第一次世界大战；不论军阀混战还是世界大战都给无辜的民众带来了无尽的灾殃，不只把“北方的天柱碰坏”，也将朗朗的天空变成漆黑一片。面对着天倾地陷、国破山碎的危机局面，女神英雄们“不能再在这壁龛中做甚神像”，而是以顶天立地、重造乾坤的大无畏精神，投入再补天、换新天，“去创造个新鲜的太阳”的人类壮举，“待我们新造的太阳出来，要照彻天内的世界，天外的世界”[①]的崇高美好的人类理想，转化为改地换天的巨大物质力量；若女神走下神龛成了现实中的英雄女神，那就能在当年的救亡图存的爱国行动中发挥力挽狂澜的作用，即使在第一次世界大战中也能拯救人类于水火，至少能为多灾多难的人类命运赋予黎明的曙光。《女神》所体现的这种人类性的审美取向，怎能不具有不朽的艺术魅力？

诗剧《棠棣之花》既是为民族争自由的寓言，又是为人类谋解放的寓言。“战争

① 本文《女神》均选自《郭沫若全集》文学编第1卷，人民文学出版社1982年版。

不熄”的故事虽然发生于“今日合纵，明日连衡”的战国时代；但是战国时的齐楚燕赵韩魏秦的七国纷争“无义战”，“今日征燕，明日伐楚，争城者杀人盈城，争地者杀人盈野”，因之致使“这目前的世界成为了乌鸦与乱草底世界”，连树上归鸦的逆耳聒噪也“好像在嘲弄我们人类底运命”。正是这种无义之战造成生灵涂炭的悲惨故事，既是当时国内军阀连年混战的象征又是对世界大战的影射。以此为背景，诗人精心勾勒出聂政与聂嫈姐弟的既是民族英雄又是人类英雄的形象。聂政“不愿久偷生，但愿轰烈死。愿将一己命，救彼苍生起！”为拯救人类苍生所表现出的不怕牺牲的无私无畏精神感人至深令人敬仰；其姐聂嫈尽管不能与弟弟为救苍生一起慷慨赴死，然而她亦有一颗救人类苍生于水深火热之中的赤诚之心与英雄胸怀。作为姐姐的她“愿化月魂，幽光永照弟”，并以唱歌为弟弟壮行色，殷切期待弟弟：“莫辜负你磊落心怀，莫辜负姐满腔勗望，莫辜负天下苍生，莫辜负严仲子知遇，你努力前去吧！”“我望你鲜红的血液，迸发成自由之花，开遍中华！”姐姐的炽烈嘱托和赤诚期望，不仅激发起聂政“烈火一样的雄心”，而且诗意所产生的悲壮之美至今仍震撼人心，尤其聂政鲜血“迸发成自由之花，开遍中华”的崇高理想依然是可望而不可即的。

长诗《凤凰涅槃》更集中更强烈地体现出《女神》的人类性审美意识。如果说《棠棣之花》是借助历史上的真人真事，坚持古为今用、推陈出新的美学原则，勾勒出聂政与聂嫈姐弟为救彼人类苍生甘愿自我牺牲的英雄形象，表现出希望“自由之花，开遍中华”的既是民族又是人类的美好理想；那么《凤凰涅槃》则是借助神话传说和拟人手法，以象征意象，塑造出比《棠棣之花》更充实更丰满的人类英雄形象，展示出富有浓郁诗意的人类本身及其世界革故更新的客观规律、动力机制以及人类更生后无限欢畅、无限和美的幸福感和获得感。郭沫若这首新诗刚问世，田汉立即表述了这样的阅读感受：“你的《凤凰涅槃》的长诗，我读过了。你说你现在很想能如凤凰一般，把你现有的形骸烧毁了去，唱着哀哀切切的挽歌，烧毁了去，从冷净的灰里，再生出个‘你’来吗？好极了，这决不会是幻想。因为无论何人，只要他发了一个‘更生’自己的宏愿，造物是不能不答应他的。”① 诚然，这种阅读感受是切实可信的，但是对于《凤凰涅槃》的深广丰富的人类性审美价值却远远没有体验到位和发掘出来；因为长诗的象征意蕴极为深邃盈实，值得反复地探幽发微的体会与感悟。从表层形体结构看，《凤凰涅槃》由序曲、凤歌和凰歌、群鸟歌、凤凰更生歌四部分组成，它借凤凰“集香木自焚，复从死灰中更生”的故事，表现出一种五四新文化运动与文学革命激变期既是中华民族的又是宇宙人类的破坏一切、创造一切的火山爆发的激情和狂飙突进的精神。若是从深层结构的象征意蕴考之，《凤凰涅槃》是由象征意象构成，只有破译了大多数象征意象或象征意境的密码，方有可能把长诗的

① 田汉：《致郭沫若》，魏建：《青春与感伤》，人民出版社2013年版，第20页。

人类性审美意识勘探出来，将其人类性美学特征把握住。有的著述认为，“凤凰”是“中华民族”的象征；[①] 若从长诗的文本构造来体会，凤凰已拟人化了，她们象征的并非古老的中华民族，也不是整个人类。因为在拟人化的禽鸟中还有“群鸟”，它们是与凤凰的人格气质相对的，他们是人类消极性的象征；所以凤凰是人类中英雄们或精英们的象征。唯有人类中的英雄们或精英们既敢于又善于浴火重生，通过火的洗礼在创造人类新世界的同时也重塑自我，这是一种彻底革命精神和脱胎换骨意志的体现。凤凰“集香木自焚，复从死灰中更生，鲜美异常，不再死”，形象地描绘了凤凰浴火更生的涅槃的过程，既是人类不断通过革命来进行更新的象征，又是人类生存发展的机制或规律的哲理象征。作为人类群体中的英雄或精英的凤凰，不是被动地盲目地“集香木自焚”，而是自觉地有选择地集香木，既不集朽木又不集枯木更不集臭木，因而所“集香木”具有深刻的象征意义，香木燃成的火充满了芳香，凤凰浴火重生能使“腐朽化为神奇”。况且，她们是从香木变成的“死灰中更生”，意味着“灰”中的香木“灰”既是凤凰新生的灵与肉结合的生命体不可或缺的构成因素，又是在浴火中检验其“旧皮囊”中是否仍有助力凤凰新生的活性基因；若是后者全部彻底干净地付之以炬，那么凤凰新生的躯体结构就缺乏原生结构的仍有生命活力的“基因团”，其肯定是不会形成的。发生结构主义早已揭示了新旧结构转换的内在机制，“集香木自焚，复从死灰中更生”的象征意蕴中也显示出这一真理；特别是凤凰“集香木自焚”有个由量变到质变的过程，而且是一个悲壮的蜕变过程：“凤啄香木，一星星的火点迸飞。凰煽火星，一缕缕的香烟上腾。”这“一星星”“一缕缕”正象征着凤凰更生的先是由量的积累而发生了渐变，待到星星火点已成熊熊之势则成了量变到质变的临界点，凤凰方从“死灰”中发生了质的飞跃，获得了涅槃更生，因而从整体上变得“鲜美异常”。而这个质的飞跃却是极为痛苦的，故“哀哀的凤凰”，“凤起舞，低昂！凰唱歌，悲壮”。由于凤凰是人类群体中的英雄们或精英们的象征，所以标志人类通过浴火自焚亦发生了脱胎换骨的新生。“一切的一更生了。一切的一切，更生了。我们便是他，他们便是我。我中也有你，你中也有我。我便是你。你便是我。”这象征着人类中的英雄们或精英们经过革命烈火的洗礼在彻底更新、彻底解放自己的同时，更要彻底地更新和解放全人类，使自我个体与人类群体完全地打成一片、融为一体。既然个体的或群体的人都通过凤凰涅槃获得了新生与解放，那就强烈要求改造更换与人类生存发展极不协调极不适应的客观世界与生态环境；而这个客观世界或生态环境，诗人主体的视野与描绘并未仅仅着眼于当时的中华民族，在营造的诗境诗意中根本上没有出现“中国”两个字，当然不出现并不意味着诗人的胸怀没有揣着生于斯长于斯的祖国。在我看来，诗人是站在全人类的立场上，以宇宙视野来揭露、抨击、诅咒、破坏“生在这样一个阴秽世界”，旧中国仅是包括在这个“阴秽

① 钱理群等：《中国现代文学三十年》，上海文艺出版社 1987 年版，第 139 页。

世界”之内而不是取而代之；否则，要是狭义地体认与理解，那就极大地削弱了诗作的人类性审美价值。请听凤歌的义愤填膺的控诉吧：

茫茫的宇宙，冷酷如铁！
茫茫的宇宙，黑暗如漆！
茫茫的宇宙，腥秽如血！
……
宇宙呀，宇宙，
我要努力地把你诅咒：
你脓血污秽着的屠场呀！
你悲哀充塞着的囚牢呀！
你群鬼叫号着的坟墓呀！
你群魔跳梁着的地狱呀！

而这样的“屠场”“囚牢”“坟墓”“地狱”，不论世界的“西方”“东方”或“南方”“北方”都存在着；所以不能把它们只理解为中华民族的灾难社会，乃是宇宙下全人类的祸殃现实。凤凰代表全人类的意志与壮举要颠覆它、破坏它、控诉它、抨击它，这不仅体现出一种爱国主义英雄精神，更体现出为人类争自由谋福祉的无畏而博大的英雄胸怀。“凤凰更生歌”并非象征着通过“凤凰涅槃”就已创造出人类理想的崭新世界，也没有表现出明晰的人类理想；若说它体现出人类理想社会的憧憬，那也是极其朦胧的。至于“凤凰和鸣”而纵情歌唱，所洋溢的新鲜、净朗、芬芳、热诚、和谐、欢乐、自由、雄浑的气氛，应是“凤凰涅槃”浴火重生后从心内迸发出的极度狂欢的炽烈情绪的爆发式宣泄；而不是对欲创造的人类理想王国的理性表达与抒写。总之，可以毫不夸张地说，《凤凰涅槃》是人类解放更生的伟大寓言，它构组的“象征森林”蕴含的人类性审美意识博大精深，不愧为《女神》诗集的最经典的代表作，笔者对它的感悟与解读只能算浮光掠影、浅尝辄止。

人类性审美特征之二，总是在宇宙视野下，探索全人类的理想社会，赞美为人类文明社会进步作出独特贡献的伟人，颂扬全人类的褓母农民与工人，肯定工农是实现人类理想的主体。如果说《凤凰涅槃》透过凤凰更生后狂欢式的反复咏唱，只是象征性地表达了人类对理想社会的朦胧憧憬；那么《女神之再生》的女神英雄们在补天与换天而出现的新世界，不仅要为其“创造些新的光明”“创造出个新鲜的太阳”，而且要满怀激情地“唱起歌来欢迎新造的太阳”。这里新的太阳是象征着女神们在人类世界中要创造个光明的社会，驱除了“乌烟瘴气的黑暗世界”；以新创造的“太阳”作为光明理想的人类社会的象征。虽然它比起《凤凰涅槃》在狂欢的放歌中所表现出的朦胧人类理想有了亲切可感的清晰度，并给人以温暖的热切期待与盼望；但是以“新太阳”为人类理想社会的象征毕竟是诗意化的笼统的，是可望可盼而不可即不可触的。唯有在《巨炮之教训》一诗中所提示的“至高理想”最接近人类历史上的科学理想的共产主义，它既是列宁领导的十月革命欲在苏联国土上实践的人类理想，又是马克思主义学说已雄辩论证过的人类理想；诗人对共产主义理想在当时虽然缺乏理性自觉和行动自觉，但是郭沫若在非理性的感觉层次上已感受到了，在情感层次上已体验到了共产主义人类理想，只是尚未把这种朦胧的感受、体验升华到认知或认同的理性层次而转化为共产主义的坚定信仰。请听初版本《巨炮之教训》中列宁发出的“酣叫”：

为自由而战哟！
为人道而战哟！
为正义而战哟！
最终的胜利总在吾曹！
至高的理想只在农劳！

修改后《巨炮之教训》把三个为什么而战改成了阶级斗争观点，乃是将“为自由而战”变成“为阶级消灭而战”、将“为人道而战”变成“为民族解放而战”、将“为正义而战”变成“为社会改造而战”。这并不是高明的修改，因为它没有提高诗歌的思想境界，相反的是削弱了原诗思想境界的深度和广度，减少了《女神》整体思想应有的真实性。因为诗人主体意识所创造的《女神》并没有达到马克思主义阶级论的高度，对科学共产主义更缺乏清晰的理性认识。所以，通过修改企图拔高诗歌的思想性，其结果反而弄巧成拙。即使承认这种修改是必要的，也会导致原诗的概念化，丧失其诗意诗美的普适价值。因为列宁是立足于超越党派、阶级、国家、民族的全人类立场上，发出为自由、人道、正义而战的号召，这不仅反映了人类普泛人文主义的文化和政治诉求，也表现了共产主义是人类自由联合体和博爱人道主义的社会理想，归根结底人类性审美意识与共产主义精神的人道主义是相沟通相衔接的。“艺术之所以能感动人，就在于它体现了这种彻底的人道主义，或者说从人道主义的高度来揭示了人生。最打动人的莫过于人的命运和遭遇；最令人神往的莫过于人的自由和全面发展；最费人思索的莫过于人的本质和价值。当人透过现实意识、现实关系的迷雾，用审美意识的人道之火来照这一切时，我们便步入自由的领域，体验到了人的价值和共产主义社会才会有的人类之爱。马克思给燕妮的信中说，他对燕妮的爱不是抽象的人类之爱，甚至也不是无产阶级之爱，而是具体的、活生生的对她的爱，这只能理解作带有审美意义的真正人类之爱。”①

---

① 杨春时：《系统美学》，中国文联出版社 1987 年版，第 161 页。

若说科学共产主义是宇宙人类社会史的终极理想，那么在人类社会进化嬗变的每个历史阶段也会出现“和而不同”、差异互见的社会理想；有的是构建理想政治、理想经济、理想文化、理想道德甚至理想文明的理性设计。而这些有利于人类生存发展或者有利于人类社会进步或有利于人类文明文化建设的理想预设，往往出自于先贤圣人、文化巨人或革命先驱之手。他们不只是各种人类理想的设计者，而且也是埋头苦干的躬身实践者，将理想设计通过强大的物质力量和实践效能转化为璀璨的物质或精神的硕果，为“全人类文化演进”和社会进步以及文明建设而实实在在地作出贡献。因此，对于人类历史上涌现出的圣贤、巨人和先驱，郭沫若在五四文化与文学革命的高潮期，极尽赞美之能事。正当人们掀起“打倒孔家店”热潮而对孔子及其学说给予狂轰滥炸时，郭沫若作为新文化先驱却反其道而行之，他给孔子以极高的评价：人类“天才底发展有两种 Typus：一种是直线形的发展，一种是球形的发展”；而球形这类天才在全世界的历史上只有两个：“一个便是我国底孔子，一个便是德国底歌德。”且不说歌德，郭沫若对我国2500 年前的孔子这位球形天才便从多维面以赞美的笔调作了描述：“孔子这位大天才要说他是政治家，他也有他的‘大同’底主义；要说他是哲学家，他也有他 Pantheism 底思想；要说他是教育家，他也有他的‘有教无类’，‘因材施教’底 kinetisch 的教育原则；要说他是科学家，他本是个博物学者，数理底通人；要说他是艺术家，他本是精通音乐的；要说他是文学家，他也有他简切精透的文学。”① 这里对孔子的赞美有根有据，因而亦是真实可信的，既恢复了孔子在人类史、中华史上的本来面目，又对当时“打倒孔家店”的批孔运动做了有力拨正。诗歌《匪徒颂》是站在人类的立场上，不是以阶级论为标准而是以平等博爱的人道主义为价值准绳，“将古今中外的真正匪徒们（即革命者，笔者注）来赞美一番”：既赞美了“一切政治革命的匪徒们”，又赞美了“一切社会革命的匪徒们”；既赞美了“一切宗教革命的匪徒们”，又赞美了“一切教育革命的匪徒们”。对这诸多的革命者的赞美，以今天的价值眼光来审视，不可能准确无误；然而在彼时的历史语境下，能对这些古今中外的“匪徒”及其功绩作出肯定的评价与热情的赞美是难能可贵的。这是何等宽容博爱的诗人胸怀啊！特别是对列宁的赞美已折射出郭沫若心中有了关爱共产主义领袖的深情，否则他不会在《匪徒颂》中赞美列宁又在《巨炮之教训》中赞美“列宁先生”，这反复的赞美正是对列宁爱之深的体现。

诚然，对于人类历史上那些圣贤、伟人、先驱来说，值得赞美；而对以工农为主体的广大人民来说，他们是历史的真正创造者，更值得纵情的赞美和歌颂。因而，郭沫若在《女神》中对工农大众的赞颂是发自内心的由衷的，是令人感动至深的。这不仅由于他意识到为争取人类自由、人道、正义之战的胜利乃至实现共产主义的“至高的理想只在农劳！最终的胜利总在吾曹”，也因为他认识到“劳动创造世界”

① 郭沫若：《致宗白华》，上海《时事新报》副刊《学灯》1920 年2 月1 日。

的真理，标志着郭氏对劳动工农大众的认知已接近马克思主义历史唯物论的水平。马克思不仅说过“人的本质是劳动”，而且也说过“一个种的全部特性、种的类特性就在于生命活动的性质，而人的类特征恰恰就是自由的自觉活动”①，“劳动是自由生命的表现”②。若将这些认识内化为诗人的灵魂或情感而物化为诗性文本，那无疑会洋溢出对劳动工农大众的赞颂之情。诗作《三个泛神论者》尽管没有突破泛神论思想的局限，然而诗人却把他们作为依靠劳动吃饭的人来赞美，赞美劳动就是赞美自由的生命，尊重劳动就是尊重自由的生命。

《西湖纪游》里诗人满怀深情地歌颂一位在农田锄地的老人，并心甘情愿地跪下“把他脚上的黄泥舐个干净”。一个心气傲慢且高高居上的先知先觉的现代知识分子，能自觉地放下架子跪在老农面前不怕脏不惧辱，这是对劳农及其所致力的“自由自觉的活动”和“种的全部特性、种的类特性”的无限尊敬。《地球，我的母亲!》一诗，既歌颂了全人类的褓母——田地里的农人，又赞美了全人类的普罗米修斯——炭坑里的工人，从而肯定了工人农民为人类生存辛勤创造物质财富的崇高地位。《辍了课的第一点钟里》把工人作为解放自己的“恩人”来赞颂，表明诗人对工人的理解有所加深、情感有所加浓。

“五四”前后，由于马克思主义的传播和“劳工神圣”思潮的影响，固然有些作家创作的诗性文本中出现工农劳动民众的影像及其歌颂“劳工神圣”的情感，如胡适、鲁迅、沈尹默等笔下的人力车夫的形象就是作为正面人物被肯定被称颂的。然而，在五四文学里表现最多的却是被污辱被损害的劳工劳农的悲苦形象，尤其是鲁迅刻画最成功的农民形象不是麻木愚昧的闰土、华老栓、祥林嫂就是具有“精神胜利法”劣根性的阿Q。相形之下，《女神》诗作出现的劳工劳农形象既神圣又崇高，浑身闪烁出真善美人性的光辉，诗人对工农大众的赞美颂扬之情是真挚而强烈的、是深沉而浓重的；而且诗人把他们视为地球上“我的母亲”和“全人类的褓母”，这就把诗作对审美对象的审美感情发射到全地球全人类。特别值得提及的是，五四文学革命提倡的“平民文学”并不主张“记英雄豪杰的事业”和“颂扬英雄豪杰”③；所以，“新青年派”“新潮派”和文学研究会诸作家在文学作品里几乎见不到对“英雄豪杰”形象的刻画，也见不到对“英雄豪杰”丰功伟绩的颂扬。若说五四时代涌现出不少文化巨人和文学主将，那么在胡适、鲁迅、周作人等文化巨人或文学主将的艺术王国或文艺园地理应塑造出这样的文化巨人或文学主将的光辉形象，但是我们却从中难以找到。唯独在“异军突起”的郭沫若诗集《女神》里，不仅为古今中外的“英雄豪杰”塑造形象，也为他们的丰功伟绩放声歌唱，即使五四时代产生的文化巨人

① 《马克思恩格斯全集》（第42卷），人民出版社1982年版，第96页。

② 同上书，第38页。

③ 周作人：《平民文学》，《每周评论》1919年1月19日第5号。

或文学主将在《女神》中尚未从正面活生生地刻画出来，也能够从《女神》中抒情主人公身上或隐或显地影射出“文化巨人”或“文学主将”的面相。《女神》独特的人类性审美特征，处处都能显示出来。

二

人类性审美特征之三，总是在宇宙视野下，弘扬个性主义的无限力量，开发大自然与人相融合的巨大能量，敞开博爱人道主义的宏大胸怀，创建至真至善至美和谐统一的生命文学。在郭沫若看来，不论人类世界或中国社会的破坏与创造，还是个体生命与群体生命的“凤凰涅槃”或人类至高理想的实现，必须调动和焕发人类“自我”或“大我”的无限潜在的精神力量乃至宇宙的巨大能量；因此，其《女神》所表现的个性主义精神与泛神论思想结合起来，将个性解放与中华民族的解放直至全人类的解放贯通起来。这就导致《女神》中蕴含的“自我形象”同泛神论思想或天人合一哲学相融合，变成了顶天立地、高大无比的宇宙巨人。《天狗》一诗通过拟人化手段所塑造的力大无比、气吞日月的“自我形象”，唱出了五四文学个性解放主调的最高音，表现出的大无畏的气吞山河的个性主义精神力量，比起胡适所鼓吹的易卜生主义和周作人所提倡的以个人为本位的个性主义，要强大得多，要猛烈得多，要激进得多，要宏伟得多：

> 我是一条天狗呀！
> 我把月来吞了，
> 我把日来吞了，
> 我把一切的星球来吞了，
> 我把全宇宙来吞了，
> 我便是我了。

这个“自我形象”挣断摆脱了宇宙人类社会的一切形形色色的枷锁，无比自由狂欢地朝着人类彻底解放的道路迅跑，焕发出勇猛雄伟的力量：“我是月底光，我是日底光，我是一切星球底光，我是X光线底光，我是全宇宙底Energy底总量！”不过，这个“自我形象”在充分肯定自我价值、挥发自我能量的同时并没有导致自我的无限膨胀，而是关注自我改造、自我更新：“我剥我的皮，我食我的肉，我吸我的血，我啮我的心肝……我的我要爆了！”誓死在自我的爆破中创造出一个“新我”；而这种敢于彻里彻外地解剖自我、解放自我的无私无畏的个性主义精神在“五四”人的解放运动中，也是罕见的弥足珍贵的。这个“自我”的巨人形象不仅能摧毁一切罗网，也能踏倒一切偶像。“我”既“崇拜炸弹，崇拜悲哀，崇拜破坏”，又“崇拜偶像破坏者，崇拜我！我又是个偶像破坏者哟”（《我是个偶像崇拜者》）。也就是说，“我”崇拜一切破坏的力量，崇拜一切破坏的精神，而自我也要成为破坏的力量和体现破坏的精神。这表明“我”的个性解放思想所产生的破坏力量已同一切破坏力量相融会，形成无坚不摧、无攻不克的破坏“自我”和人类一切“旧皮囊”而重获新生的巨大破坏力量。

这种自我有控制的自我扩张的力量是建立于泛神论思想和天人合一哲学之上，即“我赞美我自己！我赞美这自我表现的全宇宙的本体”，把“自我”和“宇宙的本体”结合起来，导致个性解放思想相当程度上放大了个人的力量。“我效法造化底精神，我自由创造，自由地表现我自己。我创造尊严的山岳、宏伟的海洋，我创造日月星辰，我驰骋风云雷雨，我萃之虽仅限我一身，放之则可泛滥乎宇宙。”（《湘累》）这个扩张的自我力量，既是个性解放思想的表现又是泛神论的“自然即神”“我即神”的表现，也是天人合一浑厚思想力量的折射。《女神》由于把泛神论和个性解放思想相融合，同时将天人合一思想与歌颂大自然的无限生命力和创造力相结合；因此在不少诗篇里，诗人极力赞美大自然的雄奇和伟大，极大开掘人与大自然和谐相处所迸发出的巨大能量。《太阳礼赞》热烈歌颂一切生命的源泉和光明的化身“太阳”；《浴海》表现了诗人的“血和海浪同潮”“心和日火同烧”；《站在地球边上放号》以急骤的旋律和昂扬的情调，歌颂了大自然自强不息的力量，“无限的太平洋提起他全身的力量来要把地球推倒”，这是“力的绘画，力的舞蹈，力的音乐，力的诗歌，力的律吕”，由衷地赞美大自然的无穷能量和创造的美。这种狂飙突进的精神和无限能量的思想源泉，不能不说是得力于泛神论思想与天人合一哲学。正如郭沫若自己所说，“诗人底宇宙观以 Pantheism（泛神论）为最适宜”①。

在五四新文化运动与文学革命的解放潮流中，并非每个热衷于个性主义思想的诗人作家都具有宽厚博大的仁爱情怀；唯有将个性的解放与“大我”的解放、民族的解放乃至全人类解放自觉结合起来的文学创造主体，方能坚持平等博爱的人道主义美学原则。鲁迅说：“创作总根于爱。”② 这揭示了文学创作的普遍规律，无论小说创作、诗歌创作或散文抒写、戏剧创构，都是以不同性质或不同形态的爱作为源头活水，作为审美感染力和艺术魅力生成的根基；然而必须承认不同创作主体赋予审美文本爱的强度力度是有差异的，在五四前后的诗人中没有哪个人在诗作中能像《女神》那样具有火山爆发式的爱的强度和狂飙突进式的爱的力度。特别是诗人赋予《女神》的爱是没有等差的而是相当平等的、是没有厚此薄彼的而是完全博爱的。或对神话传说中女神的爱，或对历史故事中屈原、聂政、聂嫈的爱，或对古今中外各种革命者的爱，或对拟人化的动物的爱，或对人化自然的山河海洋花草树木的爱，或对劳工劳农

① 郭沫若：《致宗白华》，上海《时事新报》副刊《学灯》1920 年 2 月 1 日。

② 《鲁迅全集》（第 3 卷），人民文学出版社 1981 年版，第 532 页。

大众的爱，或对英雄豪杰先贤圣人的爱，都是平等的博爱。《晨安》一诗集中体现了郭沫若仁义博爱平等的人道主义胸怀，他不仅诚挚地为“大海”“旭光”“白云”“丝雨”“海山”“晨风”“祖国”“同胞”“扬子江”“黄河”祝福问安，而且也为俄罗斯、先驱者、泰戈尔、惠特曼、华盛顿、林肯的墓、帕米尔、喜马拉雅、恒河、印度洋、尼罗河、比利时、爱尔兰、大西洋、太平洋甚至扶桑施爱问安，这种平等博爱的人道主义已达到全人类乃至全宇宙之爱的高度！

郭沫若之所以如此地敬畏人类生命及一切生命，如此地护佑和博爱所有的生命，在于其清醒地认识到“一切物质皆有生命”。即使“无机物也有生命”，况且“一切生命都是 Energy（能量）底交流”，“宇宙全体只是个 Energy 底交流”，而“生命是文学底本质”，“文学是生命底反映，离了生命，没有文学”。因此从这特定意义上说，“宇宙全体只是一部伟大的诗篇”，而且是“一部未完成的、常在创造的、伟大诗篇”，实质上这样“生命底文学是必真、必善、必美的文学”①。郭沫若精心创造的诗集《女神》则是真善美和谐统一的人类生命文学的范本。诗人当时明明通晓“文艺是苦闷的象征，无论他是反射的或创造的，都是血与泪的文学”；而且“个人的苦闷，社会的苦闷，全人类的苦闷，都是血泪的源泉，三者可以说是一根直线的三个分段，由个人的苦闷可以反射出社会的苦闷来，可以反射出全人类的苦闷来，不必定要精赤裸裸地描写社会的文字，然后才能算是满纸的血泪”②。然而，他创造的《女神》却以乐观进取的态度、昂扬明朗的基调、散发着正能量，谱写成必真必善必美的鲜活生动、情感充沛、欢快向上的生命文学；这是对五四新文学的独特的美学贡献，开创了现代中国文学以歌颂为主调的审美传统。且不说郭沫若笔下的古今中外的神女豪杰、先贤圣人甚至各类革命者都是人类真善美的化身，连大自然的生命也涂上真善美的色彩。这里着重谈两点：一是《女神》刻画的工农劳动者形象是普通民众的形象，所追求的真善美既是“人的一般本性”也是马克思所说的“人的本质”的深层次的人性。而“人的本质”则是人性的最集中的表现，是人的追求真善美的生命活动的本质特质；他们“以形上之爱”的自由精神去追求真善美，“是在人们满足了吃喝住穿的物质生活需求的前提下形成和发展起来的，但其根源却深深地在人的物质生活资料的生产劳动中”③。这说明人对真善美追求的本质特征是体现于劳动中，即人在劳动中通过与自然打交道可以越来越认识自然的本质和规律，获取真知卓识，故而这是一种追求“真”的活动；人在劳动中既能使自然界合乎人的目的和需求，创造日益增多的福利以实现“善”的价值目的，又可以通过劳动产生许多美德致使劳动成为追求“善”的广义活动；人在劳动中既是按照美的规律创造事物又是通过自己的创

① 郭沫若：《生命底文学》，上海《时事新报》副刊《学灯》1920 年 2 月 23 日。
② 郭沫若：《论国内的评坛及我对于创作上的态度》，上海《时事新报》副刊《学灯》1922 年 8 月 4 日。
③ 许苏民：《人文精神论》，湖北人民出版社 2000 年版，第 549 页。

造物直观自己的本质力量，可见劳动也是一种追求“美”的活动。因而，“劳动创造的真善美，不仅体现在外在的自然，体现在他的创造物，而且更体现在人的心灵之中”①。由于工农大众通过劳动彻里彻外地创造了真善美，郭沫若在不少诗篇中以劳工劳农的生命为主体营造出必真必善必美的生命文学文本。二是人类进入工业时代，人创造的无机生命如飞机、轮船等造成的污染能破坏生态美，使人类与大自然的和谐相处严重失衡。因此，在一般人的心目中，对于工业现代化所带来的破坏人类生态美的负面效应是持批判否定态度的；然而，诗人郭沫若总是把无机物的生命体作为真善美的化身来歌颂。《笔立山头展望》一诗赞道：“黑沉沉的海湾，停泊着的轮船，进行着的轮船，数不尽的轮船，一枝枝的烟筒都开着了朵朵黑色的牡丹呀！哦哦，二十世纪的名花！近代文明的严母呀！”以奇异的联想和比喻，赞美了人类的科学创造和现代物质文明，也赞美了轮船作为无机生命体的真善美集于一身，是人类生命文学应该描绘的审美对象。这是因为工业文明的产生与人类自然美的破坏之间没有客观必然性，大多是人为造成的，如果能把工业文明与大自然的关系处理得好，协调得好，那么会收到相得益彰的两全其美的良好效果。所以，不能无端地指斥郭沫若这是在美化“资本主义文明”。

人类性审美特征之四，总是在宇宙视野下，营造“艺术派”的经典文本，坚持浪漫主义创作方法的独立结构，确立主情主义为诗作的本质规定，诗人成为人类代表的抒情者。郭沫若作为创造社“艺术派”的统帅，营造的诗性文本是《女神》，它已成为该派在审美创作上的经典。若从理论形态上看，“艺术派”选择和坚持的浪漫主义创作方法是比较完整的，形成一个有层次性的独立结构。精神实质和基本艺术表现方法是形成创作方法核心的两大层次，它们规定着创作方法的本质特征，也规定着“艺术派”的基本美学倾向。如果说茅盾为代表的“人生派”的现实主义创作方法的精神实质在于“按照生活的本来样子、固有逻辑来反映生活”的话，那么以郭沫若为统帅“艺术派”所选择的浪漫主义创作方法的精神实质在于真实地表现自我内心世界的“自然感情”，而主情主义则是它的本质规定性，这在诗集《女神》中得到最强烈最集中的体现。

朗松的《法国文学史》曾为浪漫主义下过这样的定义：“浪漫主义是一种以抒情为主导的文学。”然而，他并不满足这个从“一些浪漫主义作品共同表面的特征”所概括出的定义，又从“抒情是什么”这个角度作了具体分析，明确地指出“伟大而有力的抒情并不是那一种使诗人与众不同的抒情，而是使他成为人类代表（笔者加的着重号）的一种抒情”，亦即能够抓住我们的抒情是那种始终流露着的普通性抒情：“它发掘个人的忧愁和希望，它通过自然的纷纭复杂的形式来观察，它到处提出并追究生存和运命的问题。”这说明“浪漫主义（而这正是它的伟大所在）周身遍布

① 许苏民：《人文精神论》，湖北人民出版社2000年版，第550页。

形而上学的寒栗：由此就产生它抒情的杰出的特点，它在感情的迸发和诗情画意的图景中，向我们推荐对于宇宙万物和不可知事物的沉思和喻解”①。这里所强调的不是一般的抒情而是个人主义抒情，但这种个人抒情又必须具有普遍性，并蕴含着形而上的意味；唯有这样的情感性才是浪漫主义文学的基本特征。郭沫若的诗集《女神》便具有这样的抒情特点。不过，抒情性或情感性并非浪漫主义文学所独有，它是一切文学艺术所必具的特征。这里明显的区别在于，唯有浪漫主义才把情感在文学世界构成要素中的地位强调到其他文学难以企及的高度，并把内在情感作为浪漫主义美学的出发点和根本点。若说古典主义是理性主义，那么浪漫主义则是主情主义；若说现实主义把客观真实性视为命根子，情感性只是从属于真实性，那么浪漫主义美学则是将情感性作为生命线，情感性具有至高无上的地位，诗集《女神》无疑是情感主义的艺术结晶。

郭沫若深晓浪漫主义美学的精髓，对浪漫主义创作方法的本质深有理解，故而他在致宗白华的信中说：“我想我们的诗只要是我们心中的诗意诗境底纯真的表现，命泉中流出来的 Strain，心弦上弹出来的 Melody，生底颤动，灵底喊叫；那便是真诗，好诗，便是我们人类底欢乐底源泉，陶醉底美酿，慰安底天国。”② 显然，郭沫若的浪漫主义美学观直接受到西方歌德、雪莱、华兹华斯等诗人的影响，确定了浪漫主义创作方法的精神是以感情为本，“诗人把他心中歌天地泣鬼神的情感，创造为歌天地泣鬼神的诗歌”③。不过，这种感情是发自诗人自我内心的感情，并非抒他人之情，所以“表现自我”和“自我表现”这种建立在以个人为本位的利己又利他、爱己又爱他的人道主义思想基础上的文学主张，则成了郭沫若浪漫主义美学思想及其创作方法的核心。但是，诗人所强调的“表现自我”或“主观情调”，既不是极端利己主义者的“自我”也不是同人民的感情完全对立的“主观情调”，这个“自我”是能气吞日月的宇宙万物的化身，是个“开辟鸿荒的大我”④。而这个“大我”形象的内在主观情调已注入了为全人类争取美好社会而斗争的理想主义因素，“把自身的小己推广成人类的大我”，将自我的个性解放与人类“大我”的解放结合起来，这是郭沫若所坚持的浪漫主义的特异之处。虽然世界观或哲学观居于创作方法的深层，但是它并没有跨进创作方法的核心结构中，仅属于外在层次，这是因为世界观与创作方法之间并不是一对一的机械对应关系，两者之间的关系极为复杂，有的是对应的，有的是错位的，有的是既对应又错位的。若说“发现自我”的个性主义人生观与郭沫若的浪漫主义创作方法的核心结构有直接的对应关系，前者是后者的深层思想基础；那么泛

① 中国社会科学院外国文学研究所外国文学研究资料丛刊编辑委员会：《欧美古典作家论现实主义和浪漫主义》（二），中国社会科学出版社 1981 年版，第 240 页。

② 郭沫若：《致宗白华》，上海《时事新报》副刊《学灯》1920 年 2 月 1 日。

③ 田汉：《诗人与劳动问题》，《少年中国》1919 年 7 月 1 日第 1 卷第 8—9 期。

④ 郭沫若：《创造者》，《创造季刊》1920 年 5 月第 1 卷第 1 号。

神论思想就是直接作用于郭氏浪漫主义创作方法核心结构的哲学观或宇宙观。在郭沫若的视野中和内心里，泛神论的“神”是无始无终“先天地而浑然存在”，如同中国传统的“天人合一”学说，整个宇宙万物一体化和生命化，“一切自然只是神底表现，我也是神底表现，我即是神，一切自然都是我的表现”①。这种浑然一体的宇宙观，不仅否定了至高无上的神的权威，而且包括人在内的万物都赋予神的权力。这既提高了人主宰一切的地位，又增强了“自我”的巨大能量；特别是这种一体化的宇宙观对于郭沫若这位浪漫主义诗人来说，出色地用于诗集《女神》的创造，开启了艺术视野，活跃了艺术思维，发挥了想象力，把宇宙万物拟人化和诗化，以作为抒情的审美对象。

既然郭沫若把主观情感性作为浪漫主义创作方法的结构核心，视感情为文学艺术的本源，把主情主义作为诗性文本的本质规定，那么必然地格外重视艺术想象力。如同文学的情感性一样，想象并非浪漫主义文学所独有。无论古典主义或现实主义美学都给想象一定的地位，只是浪漫主义创作方法将想象提高到与情感同等重要的地位；因而想象也成了浪漫主义文学的本质特征。由于想象与感情在浪漫主义美学及其创作方法中具有相辅相成的重要地位与结构功能，所以郭沫若在《女神》创造中有了感情的源头活水方使其想象展开五彩缤纷的羽翼，自由自在地遨游。有了想象翅膀的翱翔，方使其内在感想转化为物化的艺术形象。在创造实践中，郭沫若把浪漫主义美学的情感特征给以显豁的凸显，将其创作方法的想象特殊功能加以卓有成效的运用。而在理论上，深受雪莱浪漫主义诗学影响的郭沫若，则把诗的构成归结为“诗 = （直觉 + 情调 + 想象） + （适当的文字）”②。这样一个公式，突出了“想象”与“情调”具有同等重要的地位。因为浪漫主义美学及其创作方法的情感和想象功能特征具有难以规范和控制的扩张力，不仅要求其创作方法的表现功能和抒情功能可以充分发挥，而且也决定着与创作方法核心结构相关的浮于表层的具体艺术手法和创作技巧等可以自由选择，显示出极大的开放性和灵活性。从表现主观情感或丰富想象出发，郭沫若的浪漫主义对夸张、拟人、象征、隐喻、寓言等艺术表现手法以及各种非理性主义、直觉主义、神秘主义、表现主义等审美方式或表现技艺并不排斥，表现出一定的认同性和接纳性。特别是为了表现自我内心世界的复杂性或个体生命意识的奥秘性，诗人对弗洛伊德的精神分析学说及其与之相关的意识流表现艺术显得异常重视，即使对现实主义创作方法的如实描写的技巧也是感兴趣的。可以说，这是各种美学思潮和创作方法共同汇聚在“五四”这个时空中相互渗透相互补充的结果，也是现实主义美学、浪漫主义和现代主义美学之间过渡性的内在承传机制和认同机制的必然趋势。

---

① 郭沫若：《少年维特之烦恼序引》，《〈创造〉季刊》1922 年 5 月第 1 卷第 1 期。

② 郭沫若：《致宗白华》，上海《时事新报》副刊《学灯》1920 年 2 月 1 日。

通过上述对诗集《女神》人类性审美特征或审美意识的剖析，足见郭沫若的新诗文本是浪漫主义美学的艺术结晶。《女神》作为经典，不仅是我国浪漫主义文学的一座丰碑，而且也是新文学格局中浪漫主义诗歌的高峰，至今仍具有空前的文学地位，如同鲁迅当时的现实主义小说一样并未被后起者所超越。将郭沫若的浪漫主义抒情诗《女神》同以郁达夫为代表的“自我表现”的浪漫主义抒情小说《沉沦》加以简略比较便可以发现，郭沫若诗歌最突出的浪漫主义美学特点至少有：一是“火山爆发式的内发情感”和“最够味”的“生命感”。郭沫若说“在一九一九年与一九二〇年之交的几个月间，我几乎每天都在诗的陶醉里。每每有诗的发作袭来就好像生了热病一样，使我作寒作冷，使我提起笔来战颤着有时候写不成字”①。只有这种创作激情袭来时，才能写出自己的生命体验和感受“最够味的东西”。《地球，我的母亲》《凤凰涅槃》就是在内在激情迸发时写出来的“最够味”的“生命感”。二是直接创造抒情主人公的“自我”与“大我”的形象。郁达夫的抒情小说《沉沦》也注重“表现自我”，往往“自我”与主人公成了统一的结合体，不过这个“自我形象”多是患有时代忧郁症的知识分子，是些带有委顿颓废色彩的生命体。相形之下，郭沫若《女神》抒情诗塑造的自我形象却充满了阳刚之气和吞食日月的魄力，焕发着青春的生命活力。这既是抒情主人公自我意识的尽情弘扬，又是“大我”宇宙意识的充分体现。如果说《女神》有些诗的自我形象所抒的“小我”之情，既有幻美的追求、异乡的情趣、怀古的幽思，也有缠绵悱恻的情爱，那么“大我”形象所抒之情则既有爱国之情、革命之情又有人类之情、宇宙之情。三是同中有异的浪漫主义审美趋向。郭沫若创造诗集《女神》和郁达夫创作小说集《沉沦》，都坚持浪漫主义美学原则及其创作方法，这是他们的趋同性，但也呈现出同中有异的审美取向的差别性。前者选择的是超然性地环绕着宇宙翱翔的浪漫主义，后者采取的是贴近地面飞旋的浪漫主义；前者塑造的形象多是乐观进取的英雄豪杰巨人圣贤，即使劳工劳农的普通民众形象也是生气勃勃光彩夺目，而后者勾勒的形象多是悲伤者、零余者甚至颓废者、自杀者。虽然郭、郁两人在浪漫主义道路上出现了不同走向，然而从整体上给予观照，我们不能不承认前期创造社所形成的“艺术派”在美学倾向上是20世纪中国文学史上最完整的浪漫主义文学流派，特别是郭沫若的诗集《女神》几乎蕴含着东西方浪漫主义美学的所有因素，也可以说它是东西方浪漫主义文学人类性审美特征的集大成者。其中，有些诗篇以其丰盈奇伟的想象力穿越了历史、哲学、神话、现实四大空间，打通了古今中外的广阔时空，纵横驰骋，任意采撷，织成诗的锦缎，不论在广度还是力度上所体现的浪漫主义的人类性美学精神都为后人之作所难以超越。《女神》不仅体现了五四时期浪漫主义文学所达到的时代水准，而且标志着中华民族的个性意识和审美意识所达到的解放程度，尤其是它所蕴含的丰赡的人类性审美意识及

① 郭沫若：《沫若文集》第7卷，人民文学出版社1959年版，第59页。

其呈现出的人类审美特征，所构成的具有中国特色的人类性审美传统，足可与全球的“世界文学”人类性审美特征及其美学传统相对接相沟通。

三

值得令人深长思之的问题是，“五四”高潮期浪漫主义思潮蔚为大观，形成一个以郭沫若为首的典型的浪漫主义文学流派以及以《女神》为代表的经典诗集，其声势与影响并不亚于以“新青年派”、文学研究会为代表的写实主义文学流派。然而，“五卅”以后则出现了戏剧性的变化，浪漫主义一蹶不振，急剧滑坡，尽管也有几度复苏，但终究再没有形成大气候，也没有再出现过比前期创造社完整且生机勃勃的浪漫主义文学流派，更罕见像《女神》这样洋溢着人类性审美意识和呈现着人类性审美特征的浪漫主义诗歌的经典之作。郭沫若及其《女神》为代表的浪漫主义美学思潮没有得到健全完整的流传，《女神》所开创的人类性审美传统没有得以播扬，其原因考察起来极为复杂，这里只能择其要者略论之。

其一，文学革命先驱们深受进化论人类文学史观的影响，并不热心倡导浪漫主义。尽管个性解放和人的发现大潮急切需要浪漫主义艺术思维和创作方法来表现，然而陈独秀等新文学首领却对我国文学进化的历程作出了错误的估量，认为我国古代文学已在古典主义理想主义（即浪漫主义）时代，这岂不把经典现实主义《红楼梦》《儒林外史》等也算作浪漫主义作品了？这种误认便导致新文学先驱者心目中形成了“浪漫主义已过时，唯有现实主义才是新文学发展方向”的观念。其实20世纪初叶的西方文坛上，现实主义思潮早已过时，先驱们的认知和判断并不准确。他们之所以在中国仍坚持倡导现实主义而执迷不悟，除了因为把文学变革引进政治革命领域并视文学为人生改良和改造国民劣点的利器外，主要因为先驱们坚信欧洲文学依次进化可以作为参照系来给五四文学定向定位。但是，茅盾却认为“恭维写实文学到极点的话，写实文学实在不敢当；而轻蔑浪漫文学到极点的话，浪漫文学实也太委屈”。故他对当时文坛流行的这种抬此贬彼的论调作了批评：“一年以来，浪漫文学为国人唾弃到地，写实文学为国人高抬到天，这都不是能懂得文学进化的道理的人说的话。”[①]文学革命先驱以欧洲文学“进化路线”生硬地来套中国文学发展阶段，既不利于浪漫主义文学的健全发展，也无益于中国新文学朝着多样化的方向前行。若说“五四”高潮期文学革命先驱这种进化文学史观只提倡现实主义而轻视浪漫主义并不适应争取个性解放和人的发现的时代主潮需要，那么随着社会解放和民族解放运动的日益深入，到了“五卅”以后现实主义则成了时代的宠儿。

其二，以个人“自我构成了浪漫宇宙的核心与中轴”的浪漫主义在现代中国特

① 茅盾：《文学上的古典主义浪漫主义和写实主义》，《学生杂志》1920年8月第2卷第9期。

定历史语境下没有得到健全发展。因为20世纪的中国不是被帝国主义列强瓜分，就是被日寇惨无人道侵犯，因此救亡图存、民族复兴、社会解放、政治革命始终是社会的中心课题和人生的头等大事。在这种特定历史条件下，以郭沫若为首在理论上倡导的浪漫主义美学、诗集《女神》蕴含的以个人为本位以人类为本体以宇宙为视野的浪漫主义文学怎能得到健全发展，怎能成为新文学主潮？特别是“五四”新文化运动后所建立的以马克思主义与中国具体情况相结合为基本特征的无产阶级意识形态，它以历史唯物主义和辩证唯物主义为哲学基础，以共产主义的集体主义作为思想灵魂，以解放全人类然后解放无产阶级自己作为奋斗目标。因此，以这种无产阶级意识形态生成的人类崇高理想的浪漫主义美学因素得到了肯定与颂扬，而那种以个性主义或自我意识为轴心的浪漫主义思想则是被批判被否定的。特别在以阶级斗争为纲的历史时代，《女神》所蕴含的浪漫主义精神被批得体无完肤。

其三，传统文化对郭沫若及其《女神》所代表的浪漫主义文学的健全发展也产生负作用。西方浪漫主义美学在某些层面或某些因素可以认同、改造和承续中国传统文学或文化，如中国文学的抒情传统，自屈原以来的浪漫精神传统以及古代的“天人合一”思想等，在郭沫若《女神》的浪漫主义美学精神中都留下了或深或浅的痕迹。但也必须看到，中国传统文化对郭沫若所代表的浪漫主义文学的健全发展也能产生负面作用。中国传统文化的儒学重实践理性，它不仅与《女神》浪漫主义精神所带有的超然性和神秘性的想象发生抵牾，而且对创造社“艺术派”的非现实非功利的为艺术而艺术的功能观也不感兴趣，尤其对郭沫若浪漫主义那种放纵情感不加节制的极情主义更反感。所以，“五四”高潮过后随着传统文化思潮的回归和对五四新文学的反思，不仅浪漫主义文学与现实主义文学发生一次次论战，连浪漫主义美学的积极倡导者和诗集《女神》创造者也彻底否定了自己的过去并在新的层次上认同了中国传统的“文以载道”的功利主义文学观。似乎浪漫主义文学在20世纪30年代四面受敌，由内到外、由外到内地遭到了“围剿”。它的这种厄运并不能单单归因于“生不逢时”或传统回归的“反攻倒算”或不同文学形态的“党同伐异”等客观原因，也必须从郭沫若浪漫主义文学自身寻找内因。例如，艺术思维的极端化易于造成创作实践的偏激或失误，为了纠正偏向或失误往往又出现“矫枉过正”，从这个极端走向另一个极端，前期创造社到后期创造社就是遵循这样的思维路线作了一次生动而有意味的表演。可见，缺乏辩证艺术思维，也可导致浪漫主义文学不能健全发展。

人类社会推进到21世纪的当今，中国已跨进新时代；而新时代为重探郭沫若诗集《女神》人类性审美特征，弘扬其开创的人类性美学传统提供了良好的时代条件。这不仅因为新时代构建人类命运共同体的宏伟理想的光芒既照彻神州大地又照彻全球寰宇，大得国民之心也大得人类之心，通过中国倡导的“一带一路”的建设规划的伟大实践，人类命运共同体的宏伟理想将逐步变成光辉的现实；而且也因为《女神》的“凤凰涅槃”已成为新时代的主流话语，它所蕴含的“浴火重生”或破旧创新精神注入了时代的主旋律，既能开启中国人改革再出发的雄心壮志，又能激发中国人的“敢教日月换新天”的英雄情怀。况且，新时代坚持以宪治国，宪法不仅赋予人们思想自由权与言论自由权，而且也赋予人们探索自由权与创作自由权。在这种时代背景与政治生态下，重新阅读、感受、体认《女神》的美学内涵，不仅会发现它的浪漫主义诗情诗意与新时代精神有相当多的契合点，尤其它所呈现出的人类性审美特征是当下的文学创作应该光大的，它所凝成的人类性美学传统是今天的文学创作应该传承的。既然“20 世纪初，在五四新文化运动中，发端于文艺领域的创新风潮对社会变革产生了重大影响，成为全民族思想解放运动的重要引擎”①，那么作为“五四”创新风潮的审美产物《女神》在当下不该受到冷落和贬抑，它在新时代定会重放光彩，“女神”也会再生！

[原载《山东师范大学学报（人文社会科学版）》2018 年第 2 期
《中国人民大学复印资料·中国现、当代文学研究》2018 年第 8 期全文转载]

① 中共中央宣传部：《习近平总书记在文艺工作座谈会上的重要讲话学习读本》，学习出版社 2015 年版，第 6 页。

第三篇

专题研讨

郭沫若与中国马克思主义史学

［编者按］

郭沫若是中国马克思主义历史学的创始人之一，他运用马克思主义史学方法研究中国古代社会的学术成果，以及新中国成立后在史学界发挥的领军作用，为中国马克思主义史学做出了卓越的贡献。研究郭沫若的学术成就，必定以此为出发点。近年来，研究郭沫若与中国马克思主义史学的学术作品，数量与质量都呈逐年增长的态势，《郭沫若研究年鉴》每年收录的文章中，即有其中的精品。此次本卷编辑了"郭沫若与中国马克思主义史学"研究成果存目（2013—2018），并选入了此前未收入的三篇文章，作为对新中国成立70周年，以及中国马克思主义史学诞生近一个世纪的庆祝。

郭沫若对中国马克思主义史学的创造性贡献

吴建良

中国马克思主义史学，即以马克思主义为理论指导的中国历史学，它产生于上世纪20年代。李大钊、蔡和森、郭沫若、吕振羽、侯外庐、范文澜及翦伯赞等历史学家都为其发展、创新作出了卓越的贡献。在这些历史学家中，郭沫若堪称中国马克思主义史学最重要的奠基人之一。在革命形势风起云涌的年代，为了寻求社会变革的正确道路，为中国革命寻求科学的理论根据，郭沫若自觉地运用马克思主义的理论方法对中国历史进行了深入的研究，并取得了卓著的成就。仅在1927—1937年间，他便先后出版了《中国古代社会研究》《甲骨文字研究》《殷周青铜器铭文研究》《两周金文辞大系考释》《古代铭刻汇考》《金文丛考》等重要著作。郭沫若的史学研究不仅丰富了中国史学的研究方法和思想内容，并且在诸多方面都具有开创性的历史意义。

一　率先利用考古资料论证中国古代的社会性质

20世纪30年代，一些中国知识分子为了找到正确的革命策略，曾进行过激烈的"社会史论战"。虽然参与论战的各派都相信马克思主义是分析社会历史性质的有效工具，并运用了一些历史唯物主义的基本概念和方法对中国的社会性质进行分析，但是绝大多数论战者所使用的论证材料往往仅限于一般的、常见的文献资料。而"郭沫若则是第一个在论战中使用晚近发掘的考古资料作为论证根据的研究者"①。其著述的独特价值，正在于他对于甲骨文和青铜铭文的解读。比如他曾运用考古资料来批驳传统经典文献《尚书·禹贡》中所记载的"井田制"和"五等五服制"的真实性。他指出：首先，尽管周代金文中多次提及土地的授予，但从未使用"井田"一词；其次，尽管铭文曾提及高贵族的名号，但它并没有显示出周代初期具有像孟子所说的一整套理性化的政治等级系统②。因此，在他看来，人们并没有足够的证据能确

① 马伯乐：《评郭沫若近著两种》，《文学年报》，燕京大学1936年版，第61页。

② 郭沫若：《中国古代社会研究》，人民出版社1954年版，第299页。

认封建制度在周代初期就已经存在。郭沫若非常重视对于考古材料的研究，到了30年代中期，他已经成为中国最重要的甲骨文和金文的研究学者之一。他始终坚持一种原则："只要经典文献与考古所获材料有所冲突，那么无论如何它们都无甚价值了。"[①] 很明显，郭沫若的这一观点实际上是坚持了一种科学的方法论原则。

二　最早对"封建"概念进行词源学的考察与辨析

在郭沫若之前，中国知识界对于中国究竟在什么时期属于封建社会这一问题，进行了旷日持久的争论。比如，李立三、朱佩我等认为中国的封建社会持续了近3000年之久[②]；陶希圣等则认为封建社会在中国存在的时期非常短暂，晚周之后中国已经不再属于封建社会，而是进入了大一统的帝国时期[③]；有的学者甚至认为中国历史上根本就不存在封建社会，只存在专制主义社会。此外，就20世纪初期中国的社会性质而言，有的学者认为当时中国属于封建或半封建社会；有的学者认为封建制度已经不存在，封建势力尚存在着；有的学者认为中国是商人阶级社会或商业资本社会，或封建势力支配下的初期资本主义社会；有的学者则认为当时的中国属于亚细亚社会[④]。针对这些分歧和争论，郭沫若表明了自己独到的见解。他认为，西周封建论之所以长期存在，主要是由于用中文的"封建制度"一词来同时描述盛行于欧洲中世纪的社会形式和周代社会所产生的混淆。并指出，这种混淆最初源于儒家对"封建"一词的曲解。这一词的两个成分（"封"与"建"）在周代初期都存在。然而，"封"和"建"具体的本义和后世儒家将它们合在一起使用所赋予它们的意义并不相同。"封"最初是指种树以划定土地的界限或就是指筑土，"建"就是指"建立社稷"。这两个字合用最初是指植树以划定疆域，或是指一种将统治者祖先祭坛上的一块土移植到受封的子孙的疆土上，以确认其对土地的所有权的一种宗教仪式[⑤]。但晚周时期的儒家学者试图在周初找到他们心目中的理想社会时，"封建"一词原本意义却被屏除了。封建本来所指的宗教仪式，变成了一套精致的政治等级系统以及与之相应的一套根据等级制进行土地分配的制度。正是根据这一传统，封建一词在儒家史学中就被用于描绘周初的一整套社会政治制度。而中国人后来对欧洲中世纪封建制度的发现，使得以上对于封建本义的扭曲进一步复杂化了。西周制度与欧洲中世纪制度外在的相似导致外国人用"封建"一词指称西欧的封建制度；另一方面，"封建"一词又在这种关联中获得了新的含义。郭沫若认为，大多数学者都忽视了"封建"一词意义的

---

① 郭沫若：《论古代社会》，《沫若文集》第12卷，人民文学出版社1959年版，第276页。

② 朱佩我：《关于中国社会之封建性的讨论》，《读书杂志》（第1卷），神州国光社1931年版，第14页。

③ 陶希圣：《中国封建社会史》，上海南强书局1929年版，第20页。

④ 陶希圣：《中国问题之回顾与展望》，上海新生命书局1930年版，第2页。

⑤ 郭沫若：《中国古代社会研究》，人民出版社1954年版，第310页。

演化，结果将周代初期的社会制度和欧洲中世纪的封建制度混为一谈。在郭沫若看来，中国周代的社会制度与现代意义上的“封建制度”所描述的特征相去甚远，中国周代并不存在“封建制度”，他认为上起商代中期（约公元前14世纪），下至春秋甚至战国时期，中国都属于奴隶制社会。直到秦代开始中国才进入了以租佃为主要生产关系特征的封建社会①。

三　首位以“技术变革”为标志确定中国的历史分期

历史分期问题在很长一段时间里都是中国马克思主义史学家们讨论的中心问题之一。在郭沫若之前，历史学家陶希圣、朱佩我都对中国的历史分期问题提出了各自不同的看法，并主张以不同的标准划分中国的历史阶段。陶希圣主张根据经济与政治权力的分配情况划分历史阶段。他认为经济与政治权力集中在社会的同一集团手中的社会就是封建社会；经济与政治权力相分离的社会则应该被视为后封建社会或封建主义向资本主义过渡的社会②。朱佩我则主张根据经济形式和剥削方式的不同来划分不同的历史阶段。在他看来，自然经济和“超经济剥削”（依靠特权、等级进行的剥削）构成了封建制度的本质特征；而发达的商品经济和“经济剥削”（依靠生产资料进行的剥削）则构成了资本主义的本质特征③。郭沫若与陶朱二人不同，他提出了一种更加科学的划分社会发展阶段的标准：普遍的生产方式和最主要的社会关系，并认为技术变革是社会发展的决定性力量。郭沫若指出：“人类经济的发展是以工具的发展为前提的。”④ 他把石器和原始共产主义（或亚细亚生产方式）联系在一起，对应于中国周代之前的时期。而金属的发现（以铁为转折点）导致了奴隶社会的出现，大约是在周代商的时期。正是冶铁技术的进步促进了奴隶制向封建制的发展⑤。并认为，不同的技术决定了不同的生产关系。在原始共产主义时期，生产是建立在石器以及稍后的铜器的使用的基础之上的，最基本的生产方式是渔猎和一些家畜饲养。原始社会向奴隶社会转变的标志是铁的发现，后者也标志着在奴隶劳动的基础上的全面的农业经济的开始。农业经济及贸易往来的增长使得劳动分工成为必需，它导致了阶级、私有财产和国家的出现。“新观念下的封建制是建设在地主和农奴的关系上的，农奴和奴隶之别在于前者有身体上的自由而后者无身体上的自由，前者有半个人格而后者纯粹是生产工具，前者是后者解放出来的。”⑥ 农奴只是掌握了生产工具和享有一定程

① 郭沫若：《中国古代社会研究》，人民出版社1954年版，第313页。
② 陶希圣：《中国封建社会史》，上海南强书局1929年版，第16页。
③ 朱其华：《中国社会的经济结构》，上海新生命书局1932年版，第277页。
④ 郭沫若：《中国古代社会研究》，人民出版社1954年版，第176页。
⑤ 同上书，第6页。
⑥ 郭沫若：《沫若文集》第11卷，人民文学出版社1959年版，第5页。

度自由的奴隶。在封建社会，从整体上，宗法关系不再塑造和决定社会关系，部族随着血亲纽带的松弛而逐渐消失。在社会经济组织方面，乡村的庄园和城市的行会取代了氏族的重要性。政治上，所有的权力都在封建地主手中。

最后，蒸汽机的发明使得向资本主义的过渡成为可能。郭沫若以“技术变革”为标志确定中国的历史分期，虽然与马克思以“生产方式的变革”为标志来进行历史分期的理论还存在一定的差异，但是相对于同时代的其他中国学者而言，郭沫若的历史分期标准与马克思的历史分期标准最为接近。

四　最先考察了家庭结构的演化与中国社会变革的关系

虽然摩尔根和恩格斯分别在《古代社会》和《家庭、私有制和国家的起源》中考察过家庭结构的演化问题，但是在中国马克思主义历史学家中，郭沫若堪称是对家庭结构的演化和中国社会变革之间的关系进行了深入考察的第一人。家庭结构在郭沫若的理论中占有非常重要的地位。郭沫若相信家庭内部包含着一种作为历史变革的自发源泉的发展动力。郭沫若认为中国古代社会的家庭发展先后经历了五个阶段：血婚制家庭、亚血族群婚制家庭、偶婚制家庭、父权制家庭和一夫一妻制家庭。其中，血婚制家庭对应于前商时期，即原始社会蒙昧时期；亚血族群婚制家庭对应于商代氏族社会。亚血族群婚制必然导致母系氏族社会的出现，因为子女的父亲往往不能准确确定，世系只能通过女系追溯。郭沫若把甲骨文中的“多母”“多父”和“兄终弟及”的王位继承制的长期存在作为商代亚血族群婚制家庭存在的证据。并且，由“先妣特祭”“帝王称‘毓’”和“兄终弟及”的继承制推断，母系一直居于氏族关系的中心地位①。到了周代初期，虽然母系氏族制度依然有所残存，但是偶婚制和一夫一妻制家庭已经出现。偶婚制和一夫一妻制的出现导致家庭权力向父系转移，而家庭内部女性对于男性的从属是与经济和政治上的阶级压迫联系在一起的。在郭沫若看来，紧接着原始共产主义氏族制的必然是奴隶社会，不平等现象的出现无可避免地指向社会向奴隶制生产方式的转变。一夫一妻制家庭的出现（尽管是以偶婚制家庭的原始形式）为国家的出现准备了条件，随着氏族制的崩溃，社会的氏族组织从属于政治组织。到了周代初期，政治权力和经济权力都转移到了统治者和贵族手中，周初的国家已经掌管了行政、战争和赏罚的职能②。正是因为对中国古代社会家庭结构的演化和社会变革的关系进行了卓有成效的考察研究，郭沫若曾被史学界誉为“中国的恩格斯”。

总而言之，郭沫若对于中国马克思主义史学的贡献是多方面的。他不仅丰富了中

---

① 郭沫若：《中国古代社会研究》，人民出版社1954年版，第273页。

② 同上书，第45页。

国马克思主义史学研究的方法和思想内容，厘清了诸多重大而富有争论的历史问题，而且他对于马克思主义理论的翻译和介绍也作出了突出的贡献。他在 1921 年就将马克思的《政治经济学批判》译介到中国，并在 1924 年完成了对日本马克思主义理论家河上肇的《社会组织与社会革命》的翻译。关于郭沫若的史学成就，著名历史学家顾颉刚在评价郭沫若的《中国古代社会研究》一书时曾说过这样一句话："中国古代社会的真相，自有此书之后，我们才摸着一些边际。"① 美国学者阿里夫·德里克则认为："在整个 30 年代，郭沫若的理论激起了关于中国古代历史的长期的辩论。在郭沫若的积极参与下，他当时提出的一些问题直至今日仍在为当今中国史学注入活力。"② 相对于那些质疑，模糊，甚至诋毁郭沫若先生的史学成就的人而言，这两位史学大家对于郭沫若先生的评价客观、公允而引人深思。

（原载《兰台世界》2015 年 9 月上旬第 25 期）

① 顾颉刚：《当代中国史学》，上海古籍出版社 2006 年版，第 100 页。

② ［美］阿里夫·德里克：《革命与历史：中国马克思主义历史学的起源》，翁贺凯译，江苏人民出版社 2010 年版，第118 页。

郭沫若和中国马克思主义史学的成就与不足

何晓明

在中国马克思主义史学发展史上，郭沫若是毫无疑义的开山式人物和人格化代表。中国马克思主义史学的辉煌成就与不足，在他的研究过程与研究成果中，都有典型的体现。

第一，郭沫若是第一位主动、自觉运用唯物史观系统研究中国历史的学人，是中国马克思主义史学的创立者。

一般中国马克思主义史学发展史，都是从李大钊的《史学要论》讲起。如果说李大钊的《史学要论》在中国史坛率先高扬起马克思主义的理论旗帜，那么郭沫若的《中国古代社会研究》则是运用马克思主义理论具体指导中国历史研究的开山之作。在老一辈马克思主义史学家中，郭沫若是最早提倡唯物史观指导地位的学者。1917 年，俄国十月革命成功。对此大事件，郭沫若“虽然没有见到太阳，但对太阳的热与光已经感受到了”，并且“对于这新社会生出了作进一步了解的要求”。[①] 1919 年，在诗歌《匪徒颂》中，他热烈赞颂包括列宁在内的“古今中外的真正的匪徒们”，为一切“政治革命”“社会革命”“学说革命”的“匪徒们”三呼“万岁”。1921 年，在《女神》序诗中，郭沫若称“我是个无产阶级者”，愿意把“私有”的《女神》“公开”，去唤起“可爱的兄弟姐妹”。1922 年 10 月，他明确表示：“唯物史观的见解，我相信是解决世局的唯一的道路。”[②] 1923 年 4 月，在诗歌《上海的清晨》里，郭沫若表示厌恶“富儿们”，愿与“男女工人们”相亲，相信“就在这静安寺路的马路中央，终会有剧烈的火山爆发”。5 月，在给宗白华的信中，郭沫若认定“马克思与列宁终竟是我辈青年所当钦崇的杰士”。1924 年 1 月 21 日，列宁逝世。25 日，郭沫若作诗歌《太阳没了》以示悼念，表示要“秉着赤诚的炬火，前走”。5 月，翻译完河上肇的《社会组织与社会革命》，他自认为从此“初步转向马克思主义方面来”[③]，“成

---

① 《郭沫若同志答青年问》，《文学知识》1959 年 6 月号。

② 郭沫若：《太戈尔来华的我见》，《沫若文集》第 10 卷，人民文学出版社 1959 年版，第 145 页。

③ 《郭沫若同志答青年问》，《文学知识》1959 年 6 月号。

了个彻底的马克思主义的信徒了！”① 1925 年底，郭沫若即以小说的形式宣传马克思主义。他在《马克斯进文庙》里，通过马克思与孔子的对话，表达了自己的马克思主义观：“我的思想对于这个世界和人生是彻底肯定的，就是说我不和一般宗教家一样把宇宙人生看成虚无，看成罪恶的。我们既生存在这个世界里面，我们应当探求的，便是我们的生存要怎样才能够得到最高的幸福，我们的世界要怎样能够适合于我们的生存”。“我们的主义已经传到你们中国，我希望在你们中国能够实现。”“我的理想不是虚构出来的，也并不是一步可以跳到的”。郭沫若分析了马克思主义与孔子思想的异同，“我不想在两千年前，在远远的东方，已经有了你这样的一个老同志！你我的见解完全是一致的，怎么有人曾说我的思想和你的不合，和你们中国的国情不合，不能施行于中国呢？”② 1927 年 8 月，郭沫若参加中国共产党领导发动的“南昌起义”，被委任为革命委员会委员兼主席团成员、总政治部主任。8 月 17 日，在江西广昌，由周恩来、李一氓介绍，郭沫若与贺龙一同加入中国共产党，最终从思想上和组织上完成了由民主主义者向马克思主义者的转变。

大革命失败后，在党组织的安排下，郭沫若再次东渡日本，专事学术研究。1930 年，《中国古代社会研究》横空出世，是为中国马克思主义史学的奠基之作。随后几年间，《甲骨文字研究》《殷周青铜器铭文研究》《两周金文辞大系》《卜辞通纂》等相继问世。郭沫若凭借一己之力，极大地振奋了中国马克思主义史学的声威。

第二，马克思主义史学的基本内涵是以唯物史观为思想指导，以社会形态研究为理论纲领，以人民本位为根本立场，以自我批判和自我超越为活力机制。在这些方面，郭沫若都是史学工作者的楷模。

20 世纪 30 年代，针对非马克思主义学者对新生的马克思主义史学的偏见，郭沫若凛然回应：“你们除饱读戴东原、王念孙、章学诚之外，也应该知道还有马克思、恩格斯的著作，没有辩证唯物论的观念，连‘国故’都不好让你们轻谈。”③ 坚定的理论自信和明确的锋芒所向，是马克思主义史学科学原则立场的痛快表白。他公开声明，自己的《中国古代社会研究》“可以说就是恩格斯的《家庭、私有制和国家的起源》的续篇”，“研究的方法便是以他为向导，而于他所知道了的美洲的印地安人、欧洲的古代希腊、罗马之外，提供出来了他未曾提及的中国的古代”。④ 他特别强调，研究历史，“掌握正确的科学的历史观点非常重要，这是先决问题”⑤。“辩证唯物论给了我精神上的启蒙，我从学习着使用这个钥匙，才认真把人生和学问上的无门关参

① 郭沫若：《孤鸿——致仿吾的一封信》，《沫若文集》第 10 卷，人民文学出版社 1959 年版，第 288 页。

② 郭沫若：《马克斯进文庙》，《郭沫若全集》文学编第 10 卷，人民文学出版社 1985 年版，第 161—170 页。

③ 郭沫若：《中国古代社会研究·自序》，《郭沫若全集》历史编第 1 卷，人民出版社 1982 年版，第9 页。

④ 同上。

⑤ 郭沫若：《中国古代社会研究》，《沫若文集》第 14 卷，人民文学出版社 1963 年版，第 4 页。

破了。我才认真明白了做人和做学问的意义。”[①]

在中国马克思主义史学的经典著作中，《中国古代社会研究》第一次将中国历史划分为原始公社制、奴隶制、封建制、资本制四种社会形态。其后几十年间，中国马克思主义史学的发展几经曲折坎坷，无论具体的学术观点之间有何争论辨析，但是坚持运用社会形态理论来研究中国历史，是始终未曾改变的核心理论和基本构架。时至今日，马克思主义的社会形态理论，依然有着强大的生命力，依然是宏观历史研究、特别是人类社会发展演化规律研究的理论利器，不可须臾离弃。

历史研究从来就不是“纯客观”的。其价值评判的标准，取决于研究者基于事实之上的根本立场。郭沫若说：“我的好恶的标准是什么呢？一句话归宗：人民本位！我就在这人民本位的标准下边从事研究，也从事创作。”[②] 他对“人民本位”的理解是：“人民本位是为最大多数人谋最大幸福。它的反面是一切变相的帝王本位，牺牲大多数人的幸福以谋少数人的尊荣。”[③] 根据这一标准，郭沫若认为孔子的思想体系“大体他是站在代表人民利益方面的，他很想积极地利用文化的力量来增进人民的幸福”。[④]“仁者爱人”的“人”，即人民大众。孔子的“仁道”，“实在是为大众的行为”。[⑤] 同样根据这一标准，郭沫若比较了同处明末清初的李岩和顾炎武、王船山，认为李岩出身于地主阶级，但参加了农民革命，“一定是一位怀抱人民思想的人”。而“顾炎武在前是被视为承先启后的一大鸿儒，特别被人尊重的是他有民族思想，他不受清廷的羁縻，而且还有组织地下运动的传说。但他对于李自成是反对的，可以证明他只有民族思想而无人民思想”。王船山“在思想史上的重要性近来是够被强调着，骎骎乎驾诸顾炎武之上了。他的民族思想也异常强烈”，“然而在我看来，他也只富于民族气节而贫于人民思想”。郭沫若认为，李岩是“人民思想的体验者、实践者”，“虽然关于他的资料已经遭了湮灭，在思想史上也应该有他的卓越的地位的”。[⑥] 这些人物评价方面的具体结论当然可以商榷，但是郭沫若坚持的“人民本位”价值立场，今天依然是马克思主义史学的理论基石。

身为中国马克思主义史学的开山者，郭沫若不断自我批判，自我超越。他的名著《十批判书》，头一篇就是《古代研究的自我批判》，“谴责自己”的“太草率，太性急”，“其中有好些未成熟的或甚至错误的判断”。[⑦] 郭沫若不仅多次严格反省、修正自己的学术观点，例如奴隶社会上下限及封建社会开端的认定，检讨以往著作“轻

① 郭沫若：《十批判书·后记》，《郭沫若全集》历史编第2卷，人民出版社1982年版，第465页。

② 郭沫若：《历史人物·序》，《郭沫若全集》历史编第4卷，人民出版社1982年版，第3页。

③ 郭沫若：《答教育之问》，《郭沫若全集》文学编第19卷，人民文学出版社1992年版，第453页。

④ 郭沫若：《十批判书》，《郭沫若全集》历史编第2卷，人民出版社1982年版，第87页。

⑤ 同上书，第89页。

⑥ 郭沫若：《历史人物·序》，《郭沫若全集》历史编第4卷，人民出版社1982年版，第6页。

⑦ 郭沫若：《十批判书》，《郭沫若全集》历史编第2卷，人民出版社1982年版，第3页。

率地提出了好些错误的结论。这些本质上的错误，二十几年来我在逐步地加以清算”,[①] 而且真诚地希望后来者“彻底清算干净”自己曾经的谬误，促成马克思主义史学的创新发展。对此，曾有论者不无讥讽地称为“反反覆覆”，“令人生不可信赖之心”，“学术闹剧”,[②] 这不仅是对郭沫若个人的不够厚道，更是对马克思主义史学的科学意义的明显误读，应当予以批判，予以澄清。

第三，中国马克思主义史学的最重要成就，是它基于事实的基础之上，科学地研究并解剖中国的历史发展脉络，从而使我们更能了解中国社会的历史和现实，尤其是为中国共产党领导的革命和中华民族复兴大业提供了学理方面的坚强支撑。郭沫若无疑是其中最具影响力的学人。

1927 年大革命失败后，中国革命道路的方向何在，中国现阶段革命的性质、任务、路径是什么，成为中国共产党人面临的根本问题。而正确回答这些问题的先决条件，是正确认识历史的和现实的中国国情。反动势力也千方百计在国情问题上大做文章，以图证明马克思主义“不合中国国情”，以此遏制马克思主义在中国的传播和发展，否定中国共产党领导人民革命斗争的历史合理性和必然性。

中国社会性质问题的大论战应运而生。毫无疑问，郭沫若是论战中马克思主义史学阵营的主将。他自觉认识到：“对于未来社会的待望逼迫着我们不能不生出清算过往社会的要求。古人说‘前事不忘，后事之师’。认清楚过往的来程，也正好决定我们未来的去向。”[③] 他的历史研究成果，“把中国实际的社会清算出来，把中国的文化，中国的思想，加以严密的批判，让你们看看中国的国情，中国的传统，究竟是否两样”，从而有力批驳了“中国国情特殊论”，论证了唯物史观是普遍真理，论证了马克思主义的革命理论是指导中国革命的科学指南，为危难困境中的中国共产党人提供了坚强的斗争理论支撑。特别是他用科学方法对甲骨卜辞和青铜器铭文的精湛研究，震动了整个学界，大大振奋了新生的马克思主义史学的声威。“郭沫若史学研究之所以被誉为划时代的、破天荒的贡献，关键就在于以马克思主义唯物史观为指引，不但对中国古代历史与社会加以重新阐释，开辟了中国史学研究的新格局，而且在史学这一现代学术领域证明了马克思主义唯物史观的真理性，也为现实政治斗争提供了合法性与合理性的理论来源，实现了学术与政治的高度融合。”[④] 在抗日战争即将取得胜利的 1944 年，郭沫若又写作了史论名篇《甲申三百年祭》，分析了李自成农民起义军失败的惨痛教训，为中国共产党人及时敲响警钟。毛泽东心领神会，特别呼应道：“你的《甲申三百年祭》，我们把它当作整风文件看待。小胜即骄傲，大胜更骄

① 郭沫若：《中国古代社会研究·1954 年新版引言》，《郭沫若全集》历史编第 1 卷，人民出版社 1982 年版，第 3 页。

② 许冠三：《新史学九十年》，岳麓书社 2003 年版，第 388、407 页。

③ 郭沫若：《中国古代社会研究·自序》，《郭沫若全集》历史编第 1 卷，人民出版社 1982 年版，第 6 页。

④ 贾振勇：《意识形态想象与郭沫若史学研究》，《郭沫若学刊》2004 年第 2 期。

傲，一次又一次吃亏，如何避免此种毛病，实在值得注意”，“你的史论、史剧，大有益于中国人民，只嫌其少，不嫌其多。”[①]

第四，中国马克思主义史学曾经的失误，是对历史唯物主义的机械、片面和绝对化理解，从而导致削足适履式的对历史的教条主义解读。这也是郭沫若历史研究有过偏差的深刻教训所在。在数十年的发展历程中，中国马克思主义史学取得了辉煌的成就，也曾经出现过令人遗憾的失误。从学理上分析，其根本原因是对历史唯物主义的机械、片面和绝对化理解，从而导致削足适履式的对历史的教条主义解读。毋庸讳言，这也正是郭沫若的历史研究有过偏差的深刻教训所在。郭沫若生前对自己历史研究中的缺憾有过多方面的反省，其中既有资料考订方面的，也有概念辨析方面的，甚至有研究态度方面的，这恰恰体现出郭沫若实事求是的科学精神和立场。郭沫若是中国史学研究更是马克思主义史学研究的一代大师，大师有时也难免失误，这其中有个人原因，更有时代局限。我们不能苛求前贤先哲，而应站在巨人的肩上，推陈出新，再攀高峰。

第五，作为史学家的郭沫若，与中国马克思主义史学同甘苦，共命运。其研究成果可继承，可超越，可质疑，可批判，但不可被漠视，被遗忘，被歪曲，被糟践。

“郭沫若同志不仅是革命的科学家和文学家，而且是革命的思想家、政治家和著名社会活动家。”[②] 仅就史学家的身份而言，他始终与中国马克思主义史学同甘苦，共命运。在风雨如磐的革命年代，他用手中的如椽史笔，支撑起马克思主义思想理论的学术骨架；在新中国建立之后马克思主义史学蓬勃发展的浪潮中，他是学术争鸣的积极倡导者和参与者；[③] 在“文化大革命”的浩劫中，他的成果遭否定，灵魂受冲击，精神被摧残；而在“文化大革命”以后“科学的春天”来临之际，他出席全国科学大会，在书面发言中热情呼唤着包括马克思主义史学在内的科学事业的新的腾飞，“让我们在无穷的宇宙长河中去探索无穷的真理吧！”郭沫若逝世已近四十年，中国马克思主义史学取得了长足的进展。无论如何，郭沫若等老一辈史学家的心血结晶、研究成果，可继承，可超越，可质疑，可批判，但不可被漠视，被遗忘，被歪曲，被糟践。在郭沫若等老一辈史学家开辟的学术道路上继往开来，推陈出新，是新一代马克思主义史学工作者的光荣与梦想。

（原载《史学理论研究》2017年第3期）

---

① 《毛泽东同志给郭沫若同志的信》（1944年11月21日），《人民日报》1979年1月1日。

② 《郭沫若同志追悼大会上邓小平所致悼词》，《人民日报》1978年6月19日。

③ 郭沫若发起的关于为曹操、武则天翻案的讨论，关于《再生缘》的校正及作者考证以及《兰亭序》原作者是否为王羲之的讨论，都形成了当时的学术热点，成为史学繁荣的表征。

郭沫若与中国马克思主义史学的诞生与发展

邹兆辰

一

“草径已经开辟在这儿，我希望更有伟大的工程师，出来建筑铁路。”① 这是郭沫若在1930年出版的《中国古代社会研究》一书的终篇里所写的话。这意味着在他看来，他筚路蓝缕、艰辛奋斗所踏出的路，只是一个“草径”，他期待着将来会有“伟大的工程师”沿着这条路来“建筑铁路”。时光已经过去了近九十年，在他踏出的“草径”上，已经修建好一条宽敞、坚固的铁路，这就是中国马克思主义史学所走过的路。这条路尽管有曲折、有艰辛，但它毕竟成为一个队伍强大、学科齐全、成果丰厚的社会科学基础学科，与当年郭沫若著书时的境况不可同日而语。抚今追昔，回顾几十年的历程，我们不能忘记这位中国马克思主义史学的开拓者、新史学的一代宗师。同时我们也应该看到，郭沫若不仅是中国马克思主义史学之路的开创者，之后的几十年他也是在这条“草径”上建筑铁路的“伟大的工程师”之一。他对中国马克思主义史学不仅有开创之功，也有促进发展之功。

从《中国古代社会研究》发表到新中国成立前，郭沫若为中国马克思主义史学派的建立做出了开创性的贡献。

在郭沫若之前，李大钊于1924年写出了《史学要论》，提倡史学研究要以马克思的理论为指导，把史学研究上升到科学的层次。郭沫若在1930年把自己几年来运用唯物史观研究中国历史的实践之作《中国古代社会研究》推向社会、推向学界。一方面，他要通过熟练地应用马克思主义的这种方法，而使它“中国化”；另一方面，他想就中国的思想、中国的社会、中国的历史，来考验辩证唯物论的“适应度”。这在当时非常复杂的中国史学界、思想界，无异于举起了一面旗帜。他继承了中国古代优秀的思想文化遗产，运用新的理论研究中国古代社会历史，为中国的古史

① 郭沫若：《中国古代社会研究》，《郭沫若全集》历史编第1卷，人民出版社1982年版，第270页。

研究开辟了一个新纪元。在他的《中国古代社会研究》《青铜时代》《十批判书》等著作中，以《易经》《书经》《诗经》和甲骨文字、金石文字等史料，来追寻中国历史的开端和历史的发展，他解开了一个通往古代世界的神秘的谜。尽管当时他的著作还包括一些缺点甚至错误，但是站在当今的时代高度来看，他为马克思主义史学所设计的格局和开创的章法，在中国史学发展史上的重要意义和深远影响大大超过了他的作品本身。

《中国古代社会研究》出版后，正逢20世纪30年代的社会史大论战，郭沫若的著作成为反对者集中攻击的目标，他的理论和观点掀起一场轩然大波。反对者认为他的理论"铸成了大错""极缺乏世界历史的概念""方法极不健全""独断主义的论断""穿凿附会"等。然而一些信仰马克思主义的历史学家纷纷响应，积极行动，尽管在具体观点上可能有所不同，但对郭沫若提出的路径是赞同的。

吕振羽也是最早运用马克思主义研究历史的史学家之一。他认为，在当时的史学斗争中郭沫若是起了一定程度的旗手作用，他是最先应用历史唯物论来系统研究殷周社会的，其他人都是后起者，追随他上去的。1934年吕振羽在他发表的《中国经济之史的发展阶段》《史前期中国社会研究》中，依据马克思主义关于人类社会发展的普遍原理，对中国社会发展的历史划分出具体的阶段。同时，他还以唯物史观为指导，运用考古资料，结合神话传说，全面揭示了中国原始社会的发展规律，论述了从原始社会向奴隶社会的变革。他在1936年出版的《殷周时代的中国社会》中，支持郭沫若关于中国历史上存在奴隶社会的论断，但在殷周两代的社会性质问题上，又提出了与郭沫若不同的观点，认为殷代是奴隶制，西周是封建制，首创了西周封建论的见解。

范文澜也是继郭沫若之后应用马克思主义研究中国历史并取得巨大成就的马克思主义史学大家。他认为，郭沫若是世界著名的考证家和历史学家，他用唯物史观的方法来研究中国古代历史，其功甚伟，其影响亦甚大。他从1940年起在延安撰写《中国通史简编》，他自称其编撰的立意与《中国古代社会研究》是一脉相承的，并且在此基础上有所前进和发展。

翦伯赞1938年撰写的《历史哲学教程》对郭沫若关于殷代社会性质的判断等错误提出了批评，认为会"给予中国古代史研究以不正确的影响"。但他认为郭沫若是用马克思主义研究中国古代历史发展的一位大家。他指出："首先把中国历史的研究冲破'历史怀疑主义'的迷魂阵的是郭沫若的《中国古代社会研究》。郭沫若对中国古代社会的研究，除了根据胡适认为可信的《诗经》以外，还大胆地应用了胡适认为'无哲学史料可说'的'卜筮之书'，'没有信史价值'的《尚书》以及胡适无力应用的甲骨金石文字。他把中国历史研究提前到殷代，并承认中国也有一个奴隶制度的历史时代存在。”①

马克思主义史学大家侯外庐说，他1930年从国外回来不久就读到郭沫若的新著《中国古代社会研究》，受到郭沫若的影响而开始转向史学研究。虽然它在某些方面还不够成熟，甚至还有明显的缺点错误，“然而毕竟是它首先成为马克思主义史学的拓荒之作，开辟了‘科学的中国历史学的前途’”，“从三十年代初开始，我已经把郭沫若同志看作是指引我学习和研究中国历史的老师”。② 侯外庐在1934年出版了《中国古代社会与老子》，1943年和1944年，又出版了《中国古典社会史论》和《中国古代思想学说史》，随后又出版了多卷本的《中国思想通史》。

从1930年郭沫若《中国古代社会研究》的出版，到40年代末吕振羽、范文澜、翦伯赞、侯外庐等史学家的史学新著的出版，标志着在新中国成立之前，已经形成了一个代表中国史学发展方向和拥有未来的马克思主义史学家群体，形成了中国的马克思主义史学学派。这个群体，不仅仅限于上述五位史学家，但郭沫若正是引领这个史学潮流的开拓者。

二

新中国成立以后，大批史学工作者学习和运用马克思主义指导研究历史，而郭沫若继续以“一家之言”，促“百家争鸣”，极大推进了中国马克思主义史学的发展。

1949年以后，马克思主义史学有了健康发展的新条件，在史学领域内成为占主导地位的学术发展取向，而郭沫若本人与马克思主义史学的发展总是息息相关的。新中国成立后，郭沫若担任的行政职务和学术职务直接影响到中国马克思主义史学的发展。1951年，中国史学会成立，郭沫若担任第一届史学会主席。1953年，中央决定成立中国科学院历史研究所，第一所的所长由身为中国科学院院长的郭沫若兼任。由于毛泽东向郭沫若提议编写中国通史，1956年成立了中国历史教科书编辑委员会，郭沫若担任召集人。1957年开始分工，1958年列入国家计划编写《中国史稿》，由郭沫若负责。1959年，“中国历史提纲草案”座谈会举行，讨论了《中国史稿》的编写问题，在奴隶社会和封建社会的分期问题上，决定采用郭沫若的观点。郭沫若主编的《中国史稿》第一册1962年由人民出版社内部出版发行，1976年正式出版。

新中国成立后，郭沫若的学术观点继续在史学界产生巨大影响力。1950年3月19日，郭宝钧在《光明日报》上发表《记殷周殉人之史实》一文，文中列举了商代大规模人殉的史实，但没有涉及与人殉相关的社会性质问题。两天后，郭沫若在《光明日报》发表《读了〈记殷周殉人之史实〉》一文，文章根据殷墟发现的大规模

① 翦伯赞：《历史哲学教程》，北京大学出版社1990年版，第153页。
② 侯外庐：《韧的追求》，生活·读书·新知三联书店1985年版，第223—224页。

人殉的史实，提出殷、周都是奴隶社会的观点。1952 年，郭沫若修订再版的《奴隶制时代》系统地阐述了他的战国封建说，在史学界引起了一场关于中国古史分期问题的讨论。赞同此说的有杨宽、吴大琨、白寿彝、田昌五等。1954 年，范文澜发表《关于中国历史上的一些问题》一文，阐述了对于西周社会性质的看法，认为周初的大分封是封建的生产关系，西周时代的生产者已经有了自己的生产工具和独立的经济生活，其性质是农奴。1955 年，作者将此文作为再版的《中国通史简编》的“绪言”，此文成为古史分期问题中西周封建论的代表作。古史分期问题的讨论由此展开。与范文澜观点相似的还有翦伯赞、吕振羽、徐中舒、吴泽、束世澂、王玉哲等。西周封建论与战国封建论各有一批支持者，相互争鸣，发表自己的意见。就在西周封建论与战国封建论争论的同时，李亚农等提出了春秋封建说，侯外庐提出了西汉封建说，周谷城提出了东汉封建说。影响较大的是魏晋封建论，20 世纪 30 年代就有这种观点，1955 年尚钺的《中国历史纲要》再次提出这种观点：“百家争鸣”方针的提出更鼓舞了持这一观点学者的勇气，王仲荦、何兹全，以及后来的王思治、日知等学者也支持这种观点。于是，郭沫若首先提出的关于中国古代社会分期问题的讨论在史学界引起了热烈的争鸣。一些马克思主义史学家和实证派的史学家都参加了讨论。讨论一直持续到六十年代。古史分期问题成为新中国成立以来中国史学界争鸣中的一个核心问题，据统计，发表的有关论文有 300 余篇，并出版了几本论文集。郭沫若关于古史研究的著作和他提出的中国古代历史分期等问题的观点，从发表之后，就引起了史学界的强烈关注和讨论。他的观点有人赞成，有人反对，于是使参加中国古史分期问题讨论的其他各派应运而生、发展壮大，从而繁荣了中国史学。总结过这场讨论的田居俭先生指出：“一言以蔽之：立说，争鸣，再立说，再争鸣，螺旋上升，相互促进，推动中国古代史分期问题讨论的深入开展，进而推动中国的马克思主义史学的发展。”①

此外，郭沫若 1959 年 1 月 25 日在《光明日报》发表《谈蔡文姬的〈胡笳十八拍〉》，3 月 23 日在《人民日报》发表《替曹操翻案》；1960 年春推出历史话剧《武则天》，1962 年 7 月 8 日在《光明日报》发表《我怎样写〈武则天〉》；1972 年再版《甲申三百年祭》（1944 年 3 月起曾在延安《新华日报》连载）等，在史学界都引起了很大反响，对于运用马克思主义观点正确评价历史人物问题产生了积极影响。

1978 年 6 月 12 日，郭沫若逝世。同年 12 月，党的十一届三中全会召开，中国历史进入改革开放的新时期。郭沫若等老一辈马克思主义史学家所开辟的史学道路得到继续发展，并获得更大成果。在 20 世纪五六十年代曾热烈开展过的古史分期问题的讨论，在七八十年代还在继续。1978 年 10 月，在长春举行了中国古代史分期问题学

① 田居俭：《〈奴隶制时代〉在中国史学发展中的作用》，《郭沫若史学研究》，成都出版社 1990 年版，第 255—256 页。

术讨论会，引起了史学界关于这个问题的第二次大讨论，此后学者们撰写了一系列关于中国古史分期问题的论著。同时，与历史分期有关的一些问题的研讨也在进行，如有关原始社会的研究、有关中国奴隶社会的研究、有关中国封建社会的研究。在这些讨论的促进下，中国古代经济史、中国近代经济史、中国古代社会史等领域的研究也逐步开展起来，并获得很多成果。以社会经济形态理论为指导的中国通史著作大量出版，郭沫若主编的《中国史稿》、范文澜主编的《中国通史》、翦伯赞主编的《中国史纲要》、白寿彝主编的《中国历史纲要》等通史著作陆续出版，影响巨大。

这些通史著作尽管在奴隶社会和封建社会的分期问题上观点不一，但研究问题的基本路线是一致的。正如白寿彝先生所说："史学界的同志们，无论是否同意郭老的观点，无论是否有独到的创获，但没有例外，都是随着郭老开辟的道路，随着郭老首先在史学领域里举起的马克思主义旗帜前进。"① 白寿彝主编的 12 卷 22 册的《中国通史》1989 年出版"导论卷"，1999 年全部出齐，是继郭沫若主编的《中国史稿》、范文澜主编的《中国通史》以后，用马克思主义的基本理论撰写中国通史的一项巨大工程。白寿彝指出："自有文字记载以后，中原地区已进入上古时代，即奴隶制时代。到了春秋战国，是上古时代向中古时代的过渡，即奴隶制在中原地区向封建制过渡时期。公元前二二一年秦始皇统一六国，可以说是封建制在全国占支配地位的标志。"② 在这部书中，白寿彝还提出在同一个历史时期，多种生产关系并存的观点，提出要注意封建社会内部历史阶段的划分，注意从中原地区之外的全国范围来研究社会性质问题的观点。白寿彝主编的巨著和他的新观点，是在郭沫若等老一辈马克思主义史学家所开辟的史学道路上的新创获，意义十分重大。

三

在改革开放以来的新时期，郭沫若等老一辈马克思主义史学家为中国马克思主义史学的创建和发展所做出的贡献，是中国马克思主义史学继续发展的基础。今天史学工作者所以要学习郭沫若，是因为他以马克思主义为指导研究中国历史的正确方向和首创精神，不论人们是否赞同郭沫若有关具体问题的论述，但是都要充分重视郭沫若所开辟的道路是毫无疑问的。刘大年同志说："由于他是我国马克思主义历史学科的创始人，引导者，过去我们总是学习他。现在纪念他，表达我们的追怀和崇敬，最重要的还是学习他。"③

最近一个时期，史学界关于理论问题探讨的热情有所减退，史学领域中缺少 20

① 白寿彝：《深切悼念开辟新史学的伟大旗手》，《光明日报》1978 年 6 月 29 日。

② 白寿彝主编：《中国通史・导论》，上海人民出版社 1989 年版，第 81 页。

③ 刘大年：《学习郭沫若》，《刘大年史学论文选集》，人民出版社 1987 年版，第 569 页。

世纪五六十年代和80年代初人们所共同关注的理论问题，关于古史分期等问题的讨论自然也就沉寂下来。出现这种情况的原因是多方面的。

一方面，从史学发展自身情况看，世纪之交的史学发展出现了新的趋势，史学研究本身的领域在扩大，史学工作者的关注点也大大扩展，以前研究薄弱的世界史学科有了迅猛发展。此外，众多新学科、新领域、新方法和对新资料的探索引起史学工作者的兴趣并投入很大力量。一些在史学领域中长期讨论的问题，经过几十年的研讨，很难再突破。而且新一代的史学工作者往往不具备老一辈史学家那样的学养，无论是在理论方面还是在古文献的驾驭方面，所以他们宁愿选择新的研究课题。这样就使得一些老问题被冷落，尽管这些问题还需要进一步研讨。

另一方面，在学术的舆论环境上也有些不利的因素。曾经有人认为："在讨论中国历史到底经历了哪几种'社会形态'以及这些'社会形态'的各自特征时，看来必须跳出那种久已形成的既定历史话语系统，甚至必须以从根本上质疑和反省这种话语系统本身为起点。"还有论者认为：长期以来我们所使用的一系列概念工具，以及与这些术语相关联的许多社会历史理念、若干带有全局性的重大假设，都有问题，譬如与"中国社会形态"密切相关的所谓"五朵金花"就是如此，假如"奴隶制"与"封建制"只是西欧历史上的经验事实，那么原先轰轰烈烈讨论过的"古史分期问题"就会化为乌有，"因此，当话语体系一转换，许多原来的命题就可能顿时失去了存在的前提和根据，从而不攻自倒"。[①] 这种"假问题"的观点影响很大。如果讨论这些问题的意义得不到确认，学者们是不愿意为此投入精力的。特别是当前如果我们放弃那些"既定历史话语系统"，而又没有一个大家可以接受的新的话语系统可以使用，那些传统的话题就很难被提到讨论的日程上来。

史学界一些老同志对这种状况很担忧，他们希望史学研究能够改变这种状况，重新热络起来。最近我采访了85岁的老一辈史学家林甘泉先生，他是著名的秦汉史学者，曾经参与过《中国史稿》的撰写，总结过古史分期问题讨论五十年，主编过《郭沫若与中国史学》一书。他谈起一个时期以来史学界比较沉寂，没有大家都很关心的问题，很是忧虑。他说："关于史学方面有些深入一点的问题，不应该出现一点争论，就不去研究了。有些问题要讲清楚，是需要深入展开讨论的。"说到社会经济形态问题，他说："关于社会经济形态问题，即中国历史上有没有奴隶社会、封建社会的问题，以及中国历史为什么没有进入资本主义社会的问题，是可以也是应该讨论的，但是不要停留在字面上、概念上，要深入一些、实际一些。"他认为，中国的历史学应该很好地总结一下。用马克思主义研究历史到今天已经九十多年了。史学的成绩在哪？大家共同的认识都有哪些？不要一会儿这样，一会儿又那样。中国历史学在

① 王学典：《"假问题"与"真学术"：中国社会形态问题讨论的一点思考》，《20世纪中国史学评论》，山东人民出版社2002年版，第315—316页。

世界历史上应该有它一定的地位。不能一切肯定，也不能一切否定。实际上，用某一种意见、观点来一统天下是不可能的。毛泽东主张历史学要“百家争鸣”，所以我们要认真地讨论。他呼吁：“现在，我们应该考虑中国的历史学应该如何发展的问题。像现在这样冷清，不正常。”他认为，老问题还是可以讨论的。马克思主义史学哪些是值得肯定的，也可以讨论。有的研究不一定能得出大家都同意的结论，但是大家共同来建设，共同来研讨，是有好处的。① 林甘泉先生讲的对我们很有启发。我个人理解，“马克思主义史学哪些是值得肯定的，也可以讨论”，这就是一种辩证地看待中国马克思主义史学的态度，这就意味包括郭沫若在内的老一辈史学家的学术观点也是可以讨论、可以总结的。

今天，我们研讨郭沫若，不仅仅是要公正地确认他在中国马克思主义史学发展史上的地位，同时也是总结中国马克思主义史学的一个很好的机会。结合具体的史学家来总结中国马克思主义史学比空泛的研究更能深入，对推进中国特色的马克思主义史学的建设更有实效。中国马克思主义史学要应对来自各方面的挑战，同时也要在自我反思的过程中不断前进。

（原载《史学理论研究》2017 年第 3 期）

① 参见林甘泉《让史学研究热络起来》，《中国史研究动态》2016 年第 5 期。

“郭沫若与中国马克思主义史学”研究成果存目（2013—2018）

王　静　整理

2013

罗鹏、李海振，《浅析郭沫若对日本马克思主义经典〈社会组织与社会革命〉的译介》，《科教文汇》2013 年第 11 期。

2014

周书灿，《社会史论战背景下学术界对〈中国古代社会研究〉的辩难》，《河南社会科学》2014 年第 2 期。

乔治忠，《20 世纪 30 年代中国社会史论战问题探实》，《天津社会科学》2014 年第 5 期。

2015

邱少明，《关于郭沫若的马克思主义经典著作翻译》，《郭沫若学刊》2015 年第 2 期。

吴建良，《郭沫若对中国马克思主义史学的创造性贡献》，《兰台世界》2015 年 9 月上旬第 25 期。

2016

张越，《郭沫若给中国马克思主义史学带来了什么？——以民国时期对郭沫若史学的评价为中心》，《郭沫若学刊》2016 年第 1 期。（《郭沫若研究年鉴 2016》转载）

郭士礼，《马克思主义史家与中国古典文学研究新范式的建立》，《中华文化论坛》2016 年第 2 期。（《郭沫若研究年鉴 2016》转载）

李斌，《论郭沫若学医受挫与接受马克思主义之关系》，《鲁迅研究月刊》2016年第6期。

何刚，《郭沫若史学在“文革”中的跌宕遭际》，《博览群书》2016年第4期。

2017

张越，《“例示研究古史的一条大道”——再论郭沫若〈中国古代社会研究〉》，《中共党史研究》2017年第5期。(《郭沫若研究年鉴2017》转载)

周书灿，《改革开放初期学术界对郭沫若古史分期理论的论辩》，《史学理论研究》2017年第1期。(《郭沫若研究年鉴2017》转载)

孙寿涛、周德丰，《郭沫若早期文史研究中的唯物史观新探》，《理论与现代化》2017年第4期。(《郭沫若研究年鉴2017》转载)

李勇，《郭沫若唯物史观接受史》，《史学理论研究》2017年第3期。(《郭沫若研究年鉴2017》转载)

黄益飞、刘春强，《唯物史观指导下的甲骨学研究——以郭沫若早年甲骨文研究为例》，《郭沫若研究》2017年第1辑。(《郭沫若研究年鉴2017》转载)

熊权，《郭沫若对河上肇的接受和修改》，《中国现代文学研究丛刊》2017年第1期。(《郭沫若研究年鉴2017》转载)

李斌，《河上肇早期学说、苏俄道路与郭沫若的思想转变》，《文学评论》2017年第6期。(《郭沫若研究年鉴2017》转载)

邹兆辰，《郭沫若与中国马克思主义史学的诞生与发展》，《史学理论研究》2017年第3期。

何晓明，《郭沫若和中国马克思主义史学的成就与不足》，《史学理论研究》2017年第3期。

朱春龙，《述论新中国成立初期史坛中的郭沫若（1949—1957）》，《史学理论研究》2017年第3期。

戴波，《郭沫若对马克思主义中国化的贡献》，《赤峰学院学报（汉文哲学社会科学版）》2017年第6期。

戴波，《郭沫若的马克思主义哲学思想研究综述》，《赤峰学院学报（汉文哲学社会科学版）》2017年第9期。(《郭沫若研究年鉴2017》转载)

2018

朱春龙，《论郭沫若在史学界“文化尖兵”角色的演变（1949—1959）》，《晋阳学刊》2018年第5期。

李玉莉，《中国马克思主义史学与传统经学》，《史学理论与史学史学刊》2018年第1期。

戴波，《郭沫若的马克思主义哲学思想研究——基于“人民本位”思想》，《湖北函授大学学报》2018年2月（下）。

第四篇

新刊佚文

和龚自珍《杂诗》三首*

郭沫若

一

孟轲读倦说荆轲，
《三颂》① 吟酸咏《九歌》。
记得先生尊鲁叟，
圣贤任侠哪边多？

二

先生毕竟是诗豪，
一赋《闲情》韵致高。
夸父女娃②同拜倒，
征知满腹有牢骚。

三

少陵心血较陶温，
应向田家说报恩。
五十终逾百步走，
能言朝叩富儿门。

---

* 本篇作于1970年1月9日，根据作者手稿整理，未曾发表过。手稿现藏郭沫若纪念馆。——编者注

龚自珍（1792—1841），号定庵，仁和（今浙江杭州）人，清代思想家、文学家。《杂诗》，即《己亥杂诗》。作者所和龚自珍三首诗，为其“舟中读陶潜”作。其一：“陶潜诗喜说荆轲，想见停云发浩歌。吟到恩仇心事涌，江湖侠骨恐无多。”其二：“陶潜酷似卧龙豪，万古浔阳松菊高。莫信诗人竟平淡，二分梁甫一分骚。”其三：“陶潜磊落性情温，冥报因他一饭恩。颇觉少陵诗吻薄，但言朝叩富儿门。”

① 《诗经》中有《周颂》《鲁颂》《商颂》，称《三颂》。

② 神话传说中炎帝的小女儿，后化作精卫。

预祝《屈原》第四次演出胜利*

郭沫若

银河创就星云灿，
始信人间别有天。
橘颂歌声弥玉宇，
会教萧艾化芝兰。

中日复交伊始，河原崎长十郎先生及列列友人将进行《屈原》第四次演出，偶成，预祝胜利。适蒙藤山爱一郎先生来访，拜托转致。

---

* 本篇作于1972年10月20日，原无题，根据作者手稿整理，未曾发表过。手稿现藏郭沫若纪念馆。——编者注

贺《屈原》在日本第五次演出成功*

郭沫若

三间橘颂又成功，
遥贺扶桑诸弟兄。
萧艾铲除香草茂，
倚天长剑划长虹。

《屈原》史剧在日本第五次演出成功，书此致贺。

---

* 本篇作于1973年7月18日，原无题，根据作者手稿整理，未曾发表过。手稿现藏郭沫若纪念馆。由河原崎长十郎主演的《屈原》，7月16日在日本茨城县水户市文化中心举行第五次公演。作者赋此诗，并书赠河原崎长十郎。——编者注

纪念“双七节”*

——抗战建国的发端日

郭沫若

日寇的铁蹄自从去年七月七日卢沟桥事变起，就踏进了我们的土地，至今已有一周年了，在这一周年期间，虽然我们失掉了许许多多土地，阵亡了许许多多奋勇杀敌的将士，但是并不曾减轻了我们抗战的力量，显然地，在前方作战的将士以血肉的牺牲换来了，无数宝贵经验，增加了许许多多抗战必胜的信力。虽然日寇杖用它的飞机对我无设防的区域、无辜的老百姓，各处的文化机构肆意地轰炸；掳掠、奸淫、屠杀、焚烧等等无所不为。然而这只是对我们物资上的损失。并不曾为了这而伤及了我们抗战的精神，否，我们抗战的精神反因此更加振发了，一切抗战的设备不断地产生，抗战的力量时时刻刻充实着。

据说敌人现在又在作梦了，它一方面正集中兵力来进攻我们，另一方面又用政略来诱惑我们。它又在散布媾和空气的毒瓦斯了。日寇的这种举止的产生，不消说就是我们抗战了十二个月的成绩；主要的，因为我们在一周年抗战的期间中，我们最大的表现就是全国各党各派的团结日渐澈底、广泛、巩固了起来，而抗敌的意志及行动方面，从老年者至最幼年的儿童无一不是坚决而整齐化了。其次因为敌人愈深入，我方于它愈为不利；并且在十二个月的抗战过程中，我们所给与敌人的消耗把敌人准备用以侵略我们的一切物质的条件及筋力均已超过了。目前的战局更是使它极难应付的一个阶段，同时又是到了敌人业已非常疲劳的时候，所以它又鼓动起媾和空气期以涣散我们的团结，使战事早得一结束。然而这空气只是敌人所散布的毒气，是无待言的。

愚蠢的敌人它也不回顾一下我们过去十二个月的抗战究竟为的是什么？我相信是凡人皆知，我们是为了国家民族的生存，为了全世界的正义和平的存在，为了保卫全人类的文化。我们的牺牲在全世界上是空前的壮烈，牺牲的意义也是空前的神圣。我们的牺牲已经得到了无数的代价。国际方面对于我们精神上的帮助，物质上的帮助，以及一切公正的舆论等等，也就是我们的血肉所换来的收获了。我们的牺牲也是很明显的对于日寇所采纳的“以华制华”“速战速决”的答案。

---

* 本文作于 1938 年 7 月，据郭沫若纪念馆馆藏手稿编入。

但敌人是政略与军略同时并进的。敌人这次的内阁的改组，简单说，就是加强它们的军事统制。因为我们长期英勇的抗战，震撼了整个日本帝国主义者侵略我们的基础计划，因此使它的少壮派愈见焦躁，老成派也就愈见失掉控制的力量。内阁之重新改组，便少壮派的前进一步，以期充分增加其军部支配权力，增强其侵略我们的力量。然此不过是作最后的挣扎而已。敌人在其最后挣扎的表现上，现在是决计作孤注一掷之举来冲破武汉。我们自当急须从速准备一切，而与以激烈的打击；我们必须在政治上作更实际的改善，对于民众组织与训练方面更须迅速澈底的解决。在第三期抗战业已开始的现在，我们要认清敌人狰狞丑恶的真态，用我们钢铁般的抗日统一阵线来粉碎敌人。

今年今天我们大家在武汉纪念“双七节”，同时我们还要准备明年的“七七”纪念日，要在天津、在北平、在卢沟桥纪念“七七”，并且我们还要到东北四省去纪念“七七”。我们要求永久的纪念“双七节”是我国复兴民族的起源日，“双七节”是我们抗战建国的发端日。我们为了纪念灿烂光辉的“双七节”，只有把日本鬼子打倒！

防空洞里的人*

郭沫若

一

重庆的防空洞，毫无疑问，是中国第一。数量恐怕在一千座以上，都是石工的一槌一钻，从铁样顽固的磐磐岩石里打出来的。尤其是那座几乎贯通全市的大隧道，里面据说可以容纳三万人左右。外国的记者有人曾经赞扬过这个大隧道的工程，以为中国人一面在进行消极防空，而另一面也在为将来作地下车道的准备。这或许就是所谓不虞之誉吧。说起这座大隧道，关于一九四二年六月六日的大惨事，凡是在重庆住过的人，应该都是记得的。晚间日寇以三架飞机做侦查式的空袭，警报长期不解除，竟在那洞里闷死了一万多人。中国人死多死少，在有些人看来，本市无关痛痒的事情，但你借这个死人的数目，总可以想象得出那隧道之大吧。这都是全靠工人一槌一钻打出来的。其它的防空洞虽然没有这大隧道这样大，但是数目很多。大者可容千数百人，小者数十人，真是到处都是。这重庆的防空洞，似乎可以和秦始皇的万里长城、隋炀帝的运河，鼎足而三，成为中国人的三大手工工程。

八年的战争居然胜利地结束，防空洞自然也就被冷落了。被人预言为将来的地下车道的大隧道被关闭在那儿做着未来的梦。但也有的是被利用了的。当街的有的成为商店，有的成为仓库或者汽车间，再普通一点的便是自由主义的厕所了。偶尔也有些无家可归或复不了原的人把一些庙洞作为了栖息的地方。

人至沦落到以废弃了的防空洞为家好像是很悲惨的事情。但其实住房空洞倒并不是那么可悲惨的，防空洞冬暖夏凉，凡曾经躲过空袭警报的人，都会发生过这样的感触。无怪乎古时候在深山老洞中修道学仙的人要自称其所住的岩窟为“洞天福地”呵。洞里的愉快，凡是在延安过过窑洞生活的人应该也可以得到证明。然而人至沦落到复原不得，竟非住防空洞不可，这事件本身依然是悲惨的，悲惨超过了防空洞的温凉。

从通远门走下南纪门的有一条路上，在那半途光景的坡道下面，有一个小防空

---

* 本文作于 1946 年，据郭沫若纪念馆馆藏手稿编入。

洞，洞口是由路的两旁凿下去，再向岩层中凿入，夹道，形为一个凹字形。洞的进度并不深，洞口的距离也太近，因此在战争期间早就被防空司令部禁止使用的。这本是附近的一个小机关的所有物，遇空袭时只抱些次要的公物搬进洞去，人是躲在别的洞里去了。但街头的贫苦居民，很多并无别的洞子可进，虽然犯着禁令，也就只好把这儿当成唯一的“福地”了。

胜利到来之后，这个防空洞成了废物，所有者的那机关也被裁撤了。洞口原有的四扇很厚重的格子门不知几时早被附近的居民搬去，大概是劈来当成柴烧了。幸好附近有一座公共厕所，使这可怜的“福地”免掉了沦陷于过分不洁的运命。

有一天清早在人们的呼吸可以喷成白雾的时候，这洞子的一边口子也冒出了炊烟。洞子是复活了，有人在里面居住。

是一对中年夫妇，男的差不多整天整日睡在洞里，只靠女的一个人在外面活动。有时在夜深人静的时候，女的偶尔扶着丈夫出来走走。有人看见过他，那是灰黑而极其瘦削的一个人，两只眼睛放着骇人的黑光。左边的腿是整个断了的，靠着一付义足和他的夫人扶持，很勉强地可以行动。他毫无疑问，在跛足之外是还有别的深沉的痼病的。

他的夫人也并不健康，惨白瘦削的一副脸蛋，带着深刻的悲愤，差不多谁也没有看见过她带着笑容。头上时常戴着一顶黑色的绒线帽，头发似乎很稀少。她有一只针线篮子，每逢晴天的时候，便坐在洞外的路边上替过路的人贴补衣袜，这就是她唯一的职业。

谁也不知道他们姓谁名谁，问她，她也不肯说。他们是没有户籍的。临近的人很多把他们看成为寻常的叫花子，没有谁理会他们。少数有眼识的人颇怀疑他们是有些来历的人，但也没有多管闲事。因此他们住在无主的洞里倒也安然，地保没有干涉他们，警察也没有过问。

除夕这一天的清早，重庆的太阳从雾里面钻出来了。这是很难得的日子。但尤其难得的防空洞里的独脚人，被他的太太搀扶着，也从那黑黢黢的洞里钻出来了。

一顶旧土耳其帽罩着头上的长发，倒也并不显得那么乱。嘴上蓄着山羊式的胡子，大概由于他的夫人随时在替他剪削，倒也并不那么蓬茸。只是脸色铁惨得可怕，骨骼嶙峋得可怕，眼睛深陷而浓黑的可怕。一件青咔叽面的老羊皮袄，面子上已经打了不少的补绽了。

因为好久没有在太阳光里过生活，走出洞来起初都不免眼眩，停停也就渐渐习惯了。他被太太扶着在街道旁的一家裁缝铺面前的街沿边上坐下。那儿是东南向，正正受着一身的阳光。

二

重庆的朋友给了我一封信，告诉了我一个本在意中而又出乎意外的消息：

"……那位防空洞里的人终竟死了，而且死得出奇。前两天我去访问S君——他现在就住在你以前住过的破楼上，你怕还不知道吧？就是S君告诉我的。"

你说他怎么死得出奇呢？据说他们好久没有看报了。有一次他的太太在外边买了烧红苕回去，包的半张旧报纸上载着日酋冈村宁次在南京做着联络官，不幸被她先生看见了。他从床上一下翻起身来，在自己仅剩着的一只右腿上打了一拳头，这样叫了一声：

——什么？冈村宁次还在做官！

眼睛一翻，突然就像木头一样，又倒回床上，死了。

你说，这可不出奇吗？这位畸零的愤世者！

他的太太呢？曾经把她先生突然死去的消息报告了邻居和S他们，但等他们帮着她把死者收殓了之后他却失踪了。大家估计，她怕寻了短见，不然，在重庆的街头或附近的乡镇，怕又添上了一位来历不明疯妇吧。……

这封信实在感动了我，但与其说是这信感动了我，无宁是那位愤世者的身世感动了我。不知道他的身世，或许会认为他是死得出奇，但知道了他的身世，他的那样的死法倒是十分正常的。

他的事，我早就想把它写出来，甚至有时想写成小说。可没有写。原因是我目前没有那样的耐心，而且我怕写出了之后，难免要传到他的眼里，那会激动他，使他的夫人更加难堪的。现在他竟愤死了。他的夫人，我相信发狂的可能性比较大，照她所遭的情形看来，那是不容许她不发狂的。

先生是有名有姓的人物，我现在还不想公布他的姓名。他是甘肃人，是信仰默罕默德教的。年青的时候到德国去留学，学的是生物学。回国以后在一个机关里服务，但不是使用了他的生物学，而是使用了他的德文。他的夫人是南京人，在前当过小学教师。他们是在南京结婚的，不消说是由恋爱即成功的新式结合。他们的生活是幸福过来的。当国府播迁的时候，他们也随着机关到了重庆。

重庆这座山城，好多外边去的人都不十分喜欢它。要作为近代都市，在资格上它自然欠缺得很多。街道，在抗战初期，只有单独的一条马路，一离开这马路便是爬坡上坎的形势，走起来实在是累人的。尤其使人厌恶的是那长期的雾季，九十月以后，差不多有半年光景不能够见太阳。这雾季在后来是不那么使人厌恶，甚至可以说是受人欢迎了，因为在那时可以免掉飞机的空袭，雾是自然的消极防空。但在初期，敌机还没有开始轰炸重庆的时候，雾的这层好处是被人抹杀了的。

他们到了重庆，住在和国府路接近的学田湾的一栋小洋房里。生活是甜蜜的，结婚后还不到两年啦。重庆在他们也并不那么不好。广柑不比上海的花旗桔子更大更甜吗？而且一块洋钱便可以买一百多个。梁山柚子可赛过台湾的文旦，更何况重庆也有沙田柚。他们爱到七星岗去吃成都味的鸡肉担担面和嘉定的怪味鸡，那些应该是世界无双的最可口的小吃。虽然没有到过成都和嘉定，去领略那儿的道地风味，但已经十分满足，无须乎再到成都和嘉定了。雾，为什么不好？雾里看四周的山，看四山之中合抱两条江水，看两江之间楔入的有高低变化的城市，这些不是更美的画吗？尤其到晚来，那嘉陵江北岸的山头灯火，比香港还要神秘。倒是雾季一过之后的太阳，委实有些可怕。要说重庆有什么不好，就是那太阳热得太厉害了一点。重庆差不多是没有春天的。

但无论怎样不满意于重庆的人，所不满足的会只限于城市，对于四郊恐怕是谁也不吝惜赞美吧？那儿东西南北都有温泉。东西温泉稍远而且偏僻，不大为人所赏识，可不用说它。但南泉和北泉，差不多是谁也去游历过的。北泉在嘉陵江的三峡里面，你要走水路有的是轮船，你要是走陆路有的是公路汽车。汽车两三个钟头，轮船也是要大半天工夫。初去的人谁个不惊讶，在那样偏僻的地方，而北泉公园竟有那样相当近代式的设备呢？山小的本身已够新奇，庭院的布置虽是西式而却很能脱俗。电灯虽然不甚明亮但到了这儿谁还感觉着有做夜工的必要呢？这儿差不多专一是供他们周末旅行的地方了。星期六的午后去，第二天回来，汽车虽然颠簸得一点，但也颠簸不掉那郊游的新鲜。

南泉的花溪里面也偶尔看见他们弄船，尤其是在桃李花开放的时候。南泉的公园虽然没有北泉那样幽静、整洁，但温泉的水更温泉的水更温，在那家族室里，一对青春的夫妇共池浴沐，谁能否认这是人生中的最甜蜜的乐事呢？

《十批判书》再版跋*

郭沫若

《十批判书》的初版，在重庆只印了两千份，很快的便销售干净了，好些朋友都还没有看见这部书，现在在上海印行再版，我趁这个机会想说几句话。

这部书可以说是我二十年来的关于古代研究的总结论，从殷周的生产方式，社会机构，以及周秦之际的社会史上划时代的变革，即由奴隶制转向封建制的变革与同这个变革在意识形态上的反映，我作了一个通盘的检讨。自己认为这是相当费了一些心血，可以作为一个菲薄的礼物，奉献于读者的一部东西。我虽然不敢说这就是最后的结论，但在目前我还没有发觉着它有怎样严重的错误。听说曾经有人对于本书中的某些篇，特别是关于《孔墨的批判》有所驳斥，可惜住在后方，还没有得到拜读的机会，因此我在这儿也就没有可能来一一奉答。

批评我是异常欢迎的，假如有新的资料的提供，我尤其欢迎。资料可以决定一切。我对于殷周史料费了十几年的蒐集功夫，所有可能接近的资料我都尽力接近了，假使有新的资料发现足以证明殷周不是奴隶社会而是真实意义的封建社会，那我这全盘的研究便可以推翻，因为我对于周秦诸子的批判是完全建设在社会批判的基础上的。我虽然相信，这样的资料或许不会有出现的一天，但假如真的出现时，我不惜毁弃我全部的研究。

我的研究，虽然分写成了十篇的论文，但在意识上是一贯的东西。我极端欢迎批评，极端愿意拜听不同的见解，但我有一个或许是不应该有的希望，便是由社会基础以至意识形态的整个的批评。例如我的对于儒家（认真说这样的名称我已经嫌其笼统）的看法，它和整个的认识是不可分的，甚至和我做人的态度是不可分的。我所希望的批评是不要把它孤离开来。假使孤离开来，犹如一草一木脱离了土地的一样，那是会失掉它的生命的。

---

* 据郭沫若纪念馆馆藏手稿编入。

第五篇

史料辑佚

郭沫若的五篇集外序跋

冯锡刚辑

一 序《何香凝画集》

何香凝先生对中国革命之贡献，人所共知。先生工国画，气韵生动，魄力浑厚，画材无所囿，翎毛、花卉、山水、动物，无适而不可。然先生不以此弋名，亦不以此侔利，其作画，善以效法自然，陶写性情而推动革命者也。国有大役或康荒，先生恒出所画醵金以事资助。国蒙其利，民受其福。革命乃高度之艺术，先生之革命事业与艺术活动，合而为一，非偶然也。后之俊秀，于此取法焉。

一九五四年三月一日　郭沫若

刊本据手迹，载《何香凝画集》（人民美术出版社1954年9月出版）。作为集文学家、学术家、革命家于一身的郭沫若，与美术界的徐悲鸿、傅抱石、李可染、关良等诸多大家颇多交往，多以切磋艺术为要，唯此则题词的对象亦为革命家兼艺术家，故虽有“气韵生动，魄力浑厚，画材无所囿”，“善以效法自然，陶写性情”等行家语，然重点则在“推动革命”，“国蒙其利，民受其福”，至于服膺“革命乃高度之艺术”，则其来有自，早年在《艺术家与革命家》一文中即加鼓吹：“一切真正的革命运动都是艺术运动，一切热诚的实行家是纯真的艺术家，一切志在改革社会的热诚的艺术家也便是纯真的革命家。”鼎革之际，郭沫若得与何香凝直接交往，并多次为其画作题诗。1949年8月，为牡丹图题富有新时代气息的七言：“谓我富贵谓我王，此乃妄人之主张。今日普天同朱紫，长为民众吐芬芳。”1972年9月，何香凝去世后，郭沫若在其1960年代所作墨梅图上，“用董必武代主席韵”题七绝一首：“突破寒流与岁新，梅花万朵见精神。香如洋海枝如铁，亘古长留一片真。”

二 序《傅抱石画集》

抱石作画别具风格，人物善能传神，山水独开生面。盖于旧法基础之上摄取新法，而能脱出窠臼，体现自然。

吾尝言：我国画界南北有二石。北石即齐白石，南石则抱石。今北石已老，尚望南石经历风霜，更臻岗然。

一九五七年五月十日 郭沫若题

刊本据手迹，载《傅抱石画集》（人民美术出版社 1958 年出版）。郭沫若与美术界人士有广泛交往，其中关系最为密切，堪称知己的，首推傅抱石。自 1930 年代在东京结识，三十余年间，过从亲密，时相切磋。郭沫若为之写下诸多诗文，收入《郭沫若全集》的长篇散文《题画记》不失为生动写照，而为其画展所作《勖抱石》则寄托殷切的期勉；傅抱石的艺术随笔《俗到家时自入神》是两位大师的谈艺录。1965 年 9 月，傅抱石猝然去世，郭沫若睹画思人，赋《七律·题傅抱石遗作〈千山云起〉》："抱石突于四十日前去世。但逝者仅其遗蜕耳，铁臂固长在东风中挥舞也。千山云起郁葱葱，大块文章锦绣胸。翻倒沧溟遗斧凿，抗衡造化决雌雄。兴来斗酒奚辞醉，踏遍神州苦用功。谁道骑鲸人已去，长看铁臂舞东风。"

三 序《寰宇贞石图》

鲁迅先生有《寰宇贞石图》之作，久所知悉，今始得见其稿本，大快私意。稿本乃据杨守敬印本剪贴，为数实二百卅二种，第四卷末有刘智墓志一种，有图无目，致未计入。又总目之次另有图目廿五种，有目无图，不知何故。

鲁迅见杨氏印本，云在"乙卯春"，乙卯乃一九一五年，又云"入冬无事，即尽（就）所有，略加次第，帖为五册"，可见此书之成即在一九一五年之冬。所谓"略加次第"，实一至繁重之工作，以一人一手之烈，短期之内，得观其成，编者之毅力殊足惊人。

全书系依年代先后编定，井井有条。研究历史者可作史料之参考，研究书法者可瞻文字之演变，裨益后人，实非浅鲜。书中资料，鲁迅已有所评骘："审碑额、阴、侧，往往不具，又时杂翻刻本，殊不足凭信"。然此固无大碍，不具者可别求具本以见其全，翻刻者可另寻良拓以见其真。有此总龟，已不难按图索骥，要在好学深思者能作进一步努力耳。

一九六二年五月十四日穷一日之力，将原书检阅一遍后题此。

郭沫若

刊本据手迹，载《寰宇贞石图》（上海书画出版社 1986 年出版）。《寰宇贞石图》，清末杨守敬所辑石刻拓片集，原书六卷，共收二百三十余种，以中国先秦至唐宋的碑刻墓志为主，兼收日本、朝鲜碑刻数种。鲁迅整理本五册，此前未印行。杨守敬，清末学者，曾在驻日使馆任职。郭沫若所疑"有图无目"，其中若干图片已分别列入第一、二册。

四 序《凡将斋丛稿》

马衡先生是中国近代考古学的前驱。他继承了清代乾嘉学派的朴学传统，而又锐意采用科学的方法，使中国金石博古之学趋于近代化。他在这一方面的成就，是有目共睹的。

马衡先生同时还是一位有力的文物保护者。中国古代文物，不仅多因他而得到阐明，也多因他而得到保护。

前日本帝国主义发动大规模侵华战争时期，马先生担任故宫博物院院长之职，故宫所藏古物，即蒙多方将护，运往西南地区保存。即以秦刻石鼓十具而论，其装运之艰剧是可以想见的。但马先生从不曾以此自矜功伐。

马先生为人公正，治学谨严，学如其人，人如其名；真可谓既衡且平了。

马先生复能诗，善书，工篆刻。一九三九年同寓重庆，曾以青田石为我治印一枚，边款刻“无咎”二字。今以钤于文末，以见一斑。

凡德业足以益人者，人不能忘之。马先生虽颇自谦，然其所成就，已应归于不朽。

一九六三年八月廿五日 郭沫若

刊本据手迹，载《凡将斋丛稿》（中华书局 1977 年 10 月出版）。1930 年代，郭沫若为撰著与出版《石鼓文研究》，与马衡开始交往。1940 年春，为发掘重庆近郊之汉墓，两人有过合作。在郭沫若 50 岁时，马衡赋诗，以“事业百年刚及半，天涯宝藏待君开”祝祷；郭沫若则步原韵回报：“茫茫尘劫余知己，落落乾坤一散才。”马衡于 1955 年去世，序文作于 1963 年 8 月下旬，“九评”即将发表，“反修”进入高潮，郭沫若尚能不随时尚，作这样的持平之论，诚为不易。《凡将斋丛稿》直至劫难过后的 1977 年方获出版，此不仅得以告慰马衡及其后人，亦当令隔年离世的郭沫若为撰写于 15 年前的序文感觉欣幸。

五 序《唐抄本·郑氏注论语集成》

唐景龙四年当公元七一〇年，距今已一千二百六十二年。于时，卜天寿仅十二岁。所抄《论语郑氏注》虽然错落字不少，但在古文献学上，是具有高度的价值。

但我所特别注意的，是卷末杂抄的诗词和杂录。所抄六首五绝中，至少左列一首，应该是卜天寿自己做的。

“今日写书了，先生莫嫌迟。

明朝是假日，早放学生归。”

“嫌迟”误为“醎池”，“假”误为“贾”。写得很天真，的确是少年儿童的口吻。

杂录中有《千字文》一行，五句二十字。字颇工整，无一错误。足见平常练之有素。卜天寿所在义塾，设在“开觉寺”内，显然是佛寺，但义塾的教材是《论语》和《千字文》。卜天寿是私学生，显然不是豪门子弟，然而以十二岁的髫龄便能抄写长篇《论语》，赋诗述怀，这是值得惊异的。

综上所述，可以得出一个断案：即八世纪初叶，西域的文化程度已与内地了无区别。

有人说：“中国的疆域，北部不曾越过万里长城，西部不曾越过四川、甘肃。”十二岁的卜天寿如有知，会捧腹大笑了。

一九七二年一月十日　郭沫若

刊本据手迹，载《唐抄本·郑氏注论语集成》（日本学者金谷治编，东京平凡社1978年5月出版）。这也是一篇异于常规的颇为别致的序言。试读全文，对《唐抄本·郑氏注论语集成》仅以“在古文献学上，是具有高度的价值”一笔带过，似有“文不对题”之嫌。这位中国学术界泰斗级的人物，何以“特别注意的，是卷末杂抄的诗词和杂录”，还当从先于《弁言》一个月前写出的《卜天寿〈论语〉抄本后的诗词杂录》说起。《杂录》全篇约三千余字（不妨说，《弁言》是它的简缩版），分为三节。第一节简要介绍文物的出土情况，以及卷本的面貌。第二节为主体，缕述抄本后的杂录（包括全部六首五言诗及《千字文》句录）。第三节是结论，全文不长，逐录如下：

卜天寿是西域人，年仅十二岁。十二岁的孩子便能以比较正规的书法抄写《论语》，又能基本上平仄合辙地赋诗述怀，而且他是在义学里读书的私学生，并不是豪门子弟，这可充分证明：当时西域的文化程度是十分深入而普及的，和内地没有什么两样。

苏修社会帝国主义的官僚和学者（所谓“汉学专家”）不久前曾经大胆狂妄地放言：“中国的北界是万里长城，西界从未超出过甘肃和四川。”一千二百六十一年前的卜天寿会以渊默的雷声来教训他们：

“老沙皇的子孙们，你们看看，我所写的《论语郑氏注》和我所做的五言绝诗吧！”

两相比较，《弁言》的最末两段文字，一是用上“断案”一词，并标以重点号，这与其说是表明作者的学术自信，毋宁视为对结论重要性的强调；二是不点名地嘲讽论敌，以“捧腹大笑”取代“以渊默的雷声来教训”，显然是为了顾及域外读者的阅读感受。

卜天寿的抄本于1969年出土于新疆吐鲁番的一座唐墓。郭沫若对抄本在文献学上的价值当了然于胸。只是作者的注意力与旨趣在通过《杂录》的论证，驳斥苏联学者关于中国历史疆域的谬论。《弁言》一以贯之，显示出政治活动家的本色。能以自己的学术研究成果直接服务于现实的政治需要，这对事功意识向来十分强烈的郭沫若而言，自然是最大的慰勉。在郭沫若看来，这较之古文献学具有更为宝贵的价值。

郭沫若写出《弁言》的当年9月，中日两国恢复了邦交。然而金谷治编辑的《唐抄本·郑氏注论语集成》却迟迟未获出版。个中原委，殊难猜度。（在写作《弁言》的同一天，郭沫若致信中岛健藏：“卜天寿《论语抄本》资料两份，谨奉上，请查收。文物出版社一件，系王冶秋同志所交来。”）好事多磨，直至1978年5月，东京平凡社以大十六开精装本出版，内中除收有中国科学院考古研究所编写的《〈论语郑氏注〉残卷说明》和《校勘记》，还收有郭沫若的《卜天寿〈论语〉抄本后的诗词杂录》等研究性文字，《弁言》更以手迹影印。金谷治在《后记》中忆昔抚今，有这样一段文字：“当时（二十世纪初——引者注）被发现的《论语》的资料大部分被拆散移送到国外，留在中国的被整理的只有非常小的一部分。但是这次完全不同，这次才是完全由中国人进行整理，并能很骄傲地在全世界人民面前公开发表。……这份资料在当时的中国不被允许发表，真是胸中所痛，作为日本人的我们，必须进行深刻反省。现在更加要祝福在新时代中不断发现的中国。”这年6月12日，久已衰病的郭沫若以86岁高龄与世长辞。这应该是郭沫若生前出版的载有其文字的最后一部出版物了。这真是一个有纪念意义的象征。郭沫若在其青年和中年时期，两次东渡，先是负笈求学，再是政治流亡，前后计近二十年，故对日本怀有很深的感情，一再深切表示，日本是其“第二故乡”。日本学者金谷治为编辑出版《唐抄本·郑氏注论语集成》而多年不辍，耄耋之年的郭沫若挥毫为之撰写《弁言》，这为中日文化交流增添了佳话。

（原载《郭沫若学刊》2018年第4期）

郭沫若新见文献四题

贺宏亮

近日新见郭沫若研究文献数种，现予整理披露，并略作考释和申说，以助郭沫若生平研究。

一　关于马叙伦著作出版事宜的信函和批示

1956 年 12 月 12 日，马叙伦拜访郭沫若，将其所著《庄子天下篇疏义》一卷面呈郭沫若审阅。马叙伦在 12 月 16 日致郭沫若函（图 1）云：

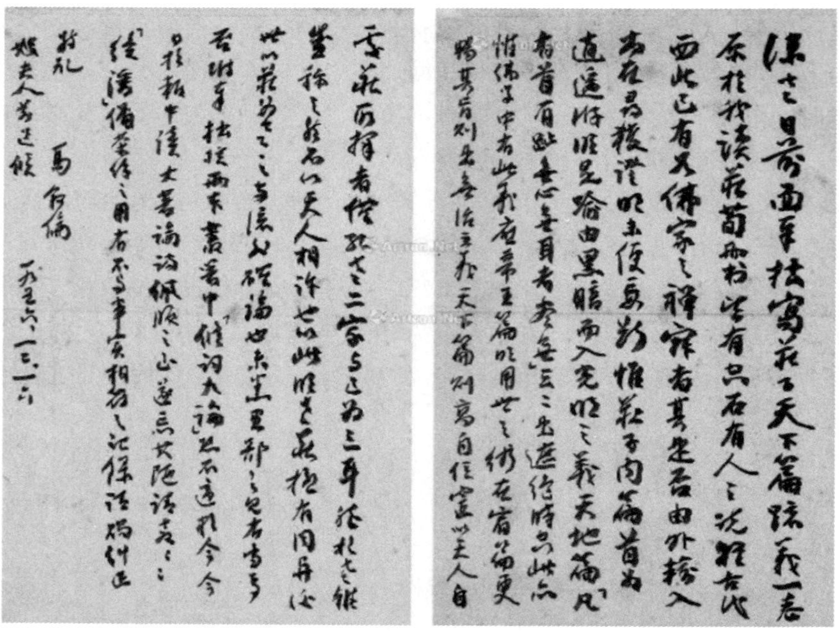

图 1　马叙伦 1956 年 12 月 16 日致郭沫若函

沫老：

日前面奉拙写《庄子天下篇疏义》一卷，原于我读庄荀两书皆有“空石有人”之说，疑古代西北已有如佛家之禅寂者。其是否由外输入，尚在寻获证明，未便妄断。惟庄子《内篇》首为《逍遥游》，明是喻由黑暗而入光明之义。《天地篇》“凡有首有趾无心无耳者尽无”云云，是遮绝时空，此亦惟佛学中有此义。《应帝王篇》明用世之术，《在宥篇》更畅其旨，则出无治主义，《天下篇》则高自位置，以天人自处。庄所择者，仅孔、老二家，与己为三耳。然于老，虽盛称之，然不以天人相许也。以此明老庄极有同异，后世以庄为老之支流，非确论也。未悉愚鄙之见，有当焉否？附奉拙撰两本。丛著中《修词九论》，恐不适于今。今日于报中读大著论诗，佩服之至，遂忘其陋，请教请教。《续沺》备茶余之用。有不与事实相符之记录，请赐纠正。敬礼。嫂夫人前道候。

马叙伦 一九五六、一二、一六

郭沫若在12日收到此稿后，于次日致函潘梓年（时任中国科学院哲学社会科学部副主任兼哲学研究所所长）、刘导生，请他们找人审读（图2）。

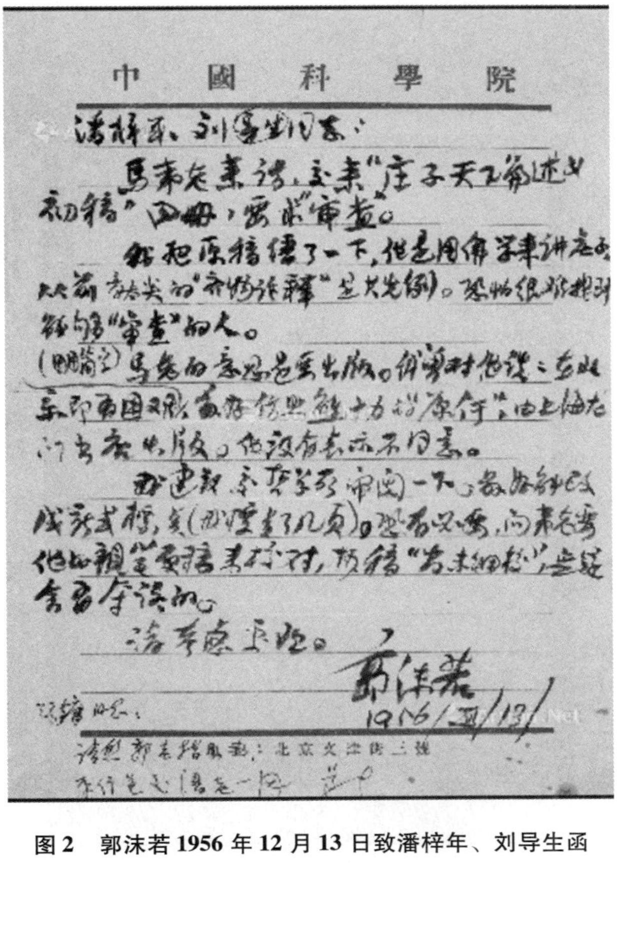
中國科學院

图2　郭沫若1956年12月13日致潘梓年、刘导生函

潘梓年、刘导生同志：

马夷老来访，交来《庄子天下篇述义初稿》四册要求“审查”。

我把原稿翻了一下，他是用佛学来讲庄子。从前章太炎的《齐物论释》是其先例。恐怕很难找到能够“审查”的人。

马老的意思是要出版，我曾对他说：在北京印有困难（因用简字）。最好仿照熊十力的《原儒》，由上海龙门书店出版。他没有表示不同意。

我建议交哲学所审阅一下。最好能改成新式标点（我标点了几页）。恐有必要向夷老要他的亲笔原稿来校对。抄稿“尚未细校”，无疑会有夺误的。请考虑处理。

郭沫若 1956. 12. 13

此信最下有刘导生批语：

张镛同志，请照郭老指示办。原信送交潘老一阅。导生。

近两个月后，1957 年 2 月 5 日，潘梓年复函郭沫若（图 3）：

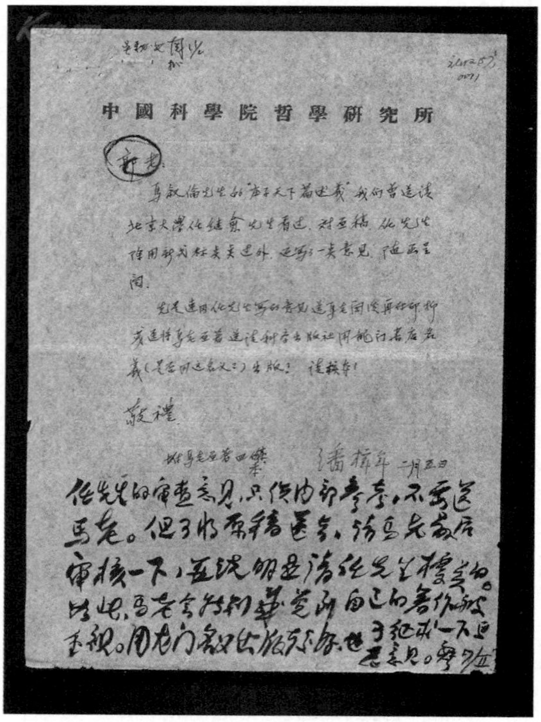
中國科學院哲學研究所

图 3　潘梓年 1957 年 2 月 5 日致郭沫若函及郭沫若 2 月 7 日批示

郭老：

马叙伦先生的“庄子天下篇述义”我们曾送请北京大学任继愈先生看过，对原稿，任先生除用新式标点点过外，还写了一点意见，随函呈阅。

先是速同任先生写的意见送马老阅后再付印，抑或径将马老原著送请科学出版社用龙门书局名义（是否用这名义?）出版？请核夺！

敬礼

附马老原著四本

潘梓年　二月五日

郭沫若在此件的下方空白处批示：

任先生的审查意见，只供内部参考，不要送马老。但可将原稿送去，请马老最后审核一下，并说明是请任先生标点的。对此，马老会特别感觉到自己的著作被重视。用龙门名义出版较好，也可征求一下马老意见。郭沫若 7/2

接下来，潘梓年按照郭沫若指示将马叙伦原著四册璧还。马叙伦在2月25日致函潘梓年，请示书稿中是否可以引用胡适的有关论说，潘梓年初步意见是表示同意，并于当日转呈郭沫若指示。郭沫若于2月27日批示（图4）：

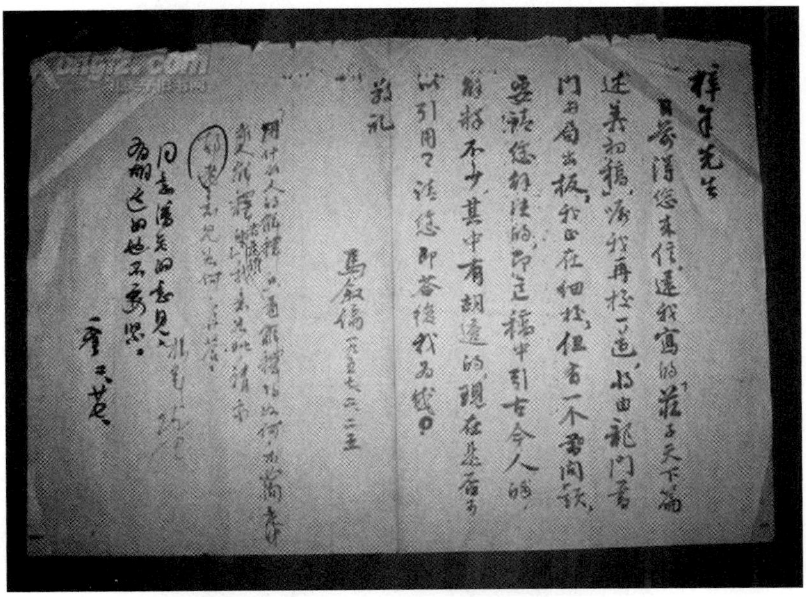

图4　马叙伦1957年2月25日致潘梓年函及潘梓年、郭沫若批语

同意潘老的意见，有胡适的也不要紧。郭沫若 二、廿七

马叙伦2月25日致潘梓年函、潘梓年当日转呈郭沫若的批注和郭沫若2月27日批示，已由陈福康先生撰文在《郭沫若学刊》2009年第1期披露。这几种往来函件合在一起，正好记录了郭沫若帮助马叙伦出版著作的整个过程。

《庄子天下篇述义（附庄子年表)》于1958年6月由上海龙门联合书局出版。马叙伦在1956年12月5日为该书所写“序言之一”中认为：《庄子》“杂篇”中只有“天下篇”是庄子自己的作品，这篇“大手笔”可以看作《庄子》整部书的自序，其思想“完全和佛家相同”。

二　商务印书馆1959年2月23日关于出版陈直著作的请示和郭沫若的批示

商务印书馆在1959年2月5日致函郭沫若（<59>商四编第65号），请示是否出版陈直的《盐铁论解要》。全信如下（图5）：

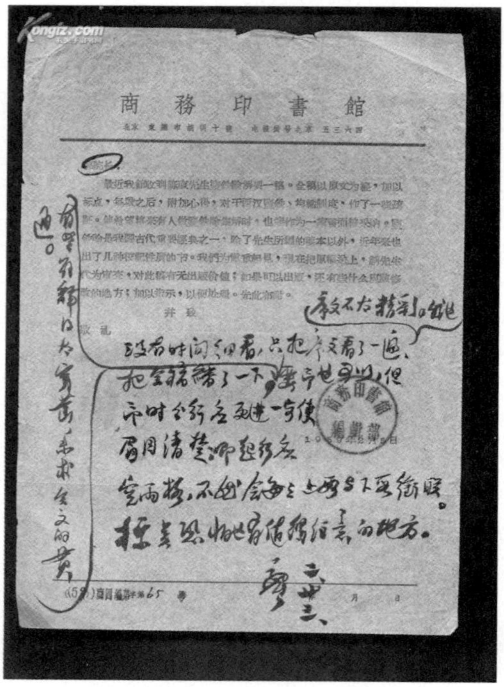

商務印書館

并致

敬礼

（59）商四編第65号

图5　商务印书馆1959年2月5日关于出版陈直著作的请示和郭沫若2月23日批示

郭院长：

最近我馆收到陈直先生盐铁论解要一稿。全稿以原文为经，加以标点，每段之后，附加心得，对于西汉盐铁、均输制度，作了一些疏解。他希望将来有人做盐铁论集解时，也能作为一家书而被采纳。盐铁论是我国古代重要经典之一，除了先生所编的读本以外，近年来也出了几种校记性质的书。我们为慎重起见，现在把原稿送上，请先生代为审查，对此稿有无出版济之；如果可以出版，还有什么应该修改的地方；加以指示，以便处理。先此布谢。

并致

敬礼

商务印书馆编辑部（章）

1959 年 2 月 5 日

郭沫若的批示如下：

没有时间细看，只把序文看了一遍，序文不太精彩。我也把全稿翻了一下，有些解释得太穿凿，未求全文的贯通。要印也可以，但印时分行应更进一步眉目清楚：即起行应空两格，不然会每每上段与下段衔联。标点恐怕也有值得注意的地方。

郭沫若 二、廿三

陈直的《盐铁论解要》当年未出版，直到 1981 年才作为《摹庐丛著七种》之一，由齐鲁书社出版。

三　中华书局关于出版《再生缘》的请示和李一氓批示

郭沫若校订《再生缘》和陈寅恪《论〈再生缘〉》的出版事宜，是郭沫若研究和陈寅恪研究中的重要事件，先后有谢保成、穆欣、黎之、徐庆全、徐俊、李斌等学者对此问题披露材料，发表意见。随着研究材料的逐步公开，整个事件的经过越来越清晰。笔者最近见到一份 1982 年 5 月 11 日中华书局关于出版《再生缘》的请示和李一氓的批示，可以为此事提供更多的细节。

中华书局关于出版《再生缘》的请示［（82）中华办字第 140 号］全文如下（图 6）：

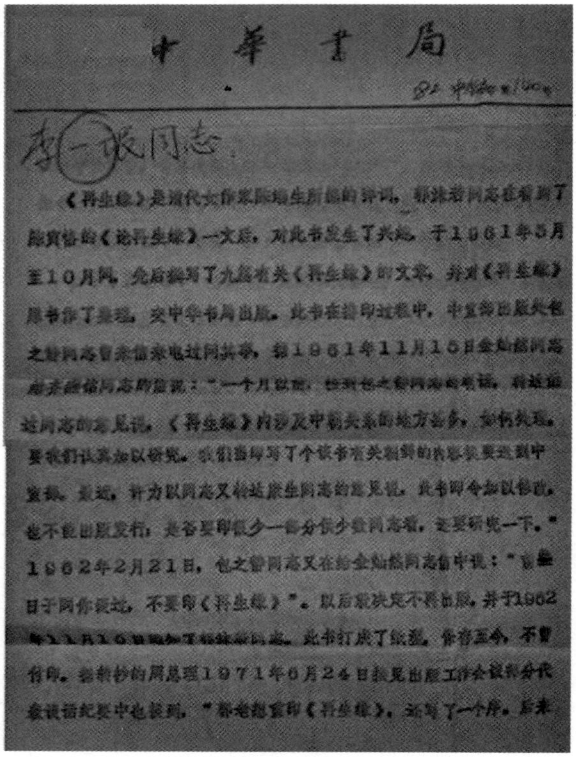
中华书局

李一氓同志：

《再生缘》是清代女作家陈端生所编的弹词，郭沫若同志在看到了陈寅恪的《论再生缘》一文后，对此书发生了兴趣，于1961年5月至10月间，先后撰写了九篇有关《再生缘》的文章，并对《再生缘》原书作了整理，交中华书局出版。此书在排印过程中，中宣部出版处包之静同志曾来信来电过问其事，据1961年11月15日金灿然同志给齐燕铭同志的信说："一个月以前，接到包之静同志的电话，转达伯达同志的意见说，《再生缘》内容涉及中朝关系的地方甚多，如何处理，要我们认真加以研究。我们当即写了个该书有关朝鲜的内容提要送到中宣部。最近，许力以同志又转达康生同志的意见说，此书即令加以修改，也不能出版发行；是否要印很少一部分供少数同志看，还要研究一下。"1962年2月21日，包之静同志又在给金灿然同志信中说："前些日子同你谈过，不要印《再生缘》"。以后就决定不再出版，并于1962年11月10日通知了郭沫若同志。此书打成纸型，保存至今，不曾付印。据转抄的周总理1971年6月24日接见出版工作会议部分代表谈话纪要中也谈到，"郭老想重印《再生缘》，还写了一个序。后来

图6—1　中华书局关于出版《再生缘》的请示和李一氓批示第一页

李一氓同志：

《再生缘》是清代女作家陈端生所编的弹词，郭沫若同志在看到了陈寅恪的《论〈再生缘〉》一文后，对此书发生了兴趣，于1961年5月至10月间，先后撰写了九篇有关《再生缘》的文章，并对《再生缘》原书作了整理，交中华书局出版。此书在排印过程中，中宣部出版处包之静同志曾来信来电过问其事，据1961年11月15日金灿然同志给齐燕铭同志的信说："一个月以前，接到包之静同志的电话，转达伯达同志的意见说，《再生缘》内容涉及中朝关系的地方甚多，如何处理，要我们认真加以研究。我们当即写了个该书有关朝鲜的内容提要送到中宣部。最近，许力以同志又转达康生同志的意见说，此书即令加以修改，也不能出版发行；是否要很少印一部分供少数同志看，还要研究一下。"1962年2月21日，包之静同志又在给金灿然同志信中说："前些日子同你谈过，不要印《再生缘》"。以后就决定不再出版，并于1962年11月10日通知了郭沫若同志。此书打成纸型，保存至今，不曾付印。据转抄的周总理1971年6月21日接见出

版工作会议部分代表谈话纪要中也提到，“郭老想重印《再生缘》，还写了一个序。后来劝他不要印了。书里有的地方对朝鲜也不大好”。所说有关朝鲜问题，指《再生缘》原书中有皇甫少华率兵与朝鲜交战的情节，现在郭沫若同志已在书中改成了“东夷”，其他地方也曾作了一些文字修改。

由于《再生缘》一书具有一定的社会影响，读者仍有需要，近闻曲艺出版社已出版了《孟丽君》评弹脚本（未见书）。上海古籍出版社、河南中州书社都已把《再生缘》列入了出版计划。因此在古籍整理出版规划中也列入了这个项目。考虑到《再生缘》纯系杜撰的一部弹词小说，书中情节全出虚构，有关朝鲜的文字已经修改，是否可以将郭沫若同志的整理本出版公开发行，请批示。

中华书局（章）

1982 年 5 月 11 日

李一氓批示为：

郭编委：清样、纸型均在香港，拿回后应你委统一研究处理。中华不单独出版。

李一氓　五月十三日

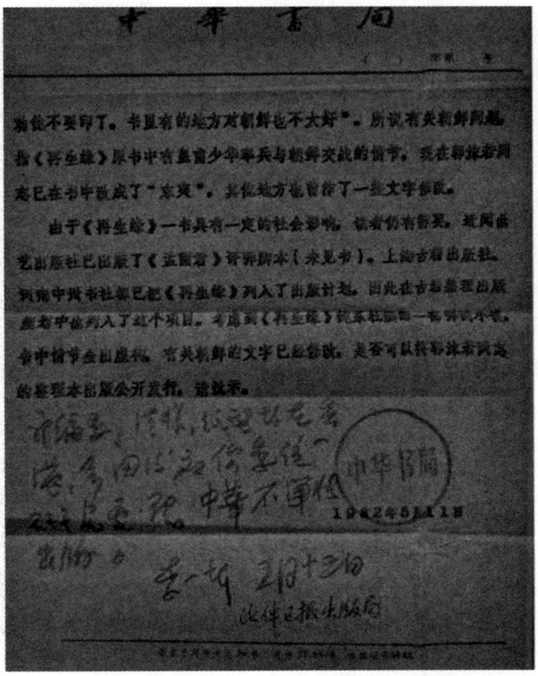

中华书局

劝他不要印了。书里有的地方对朝鲜也不大好”。所说有关朝鲜问题，指《再生缘》原书中有皇甫少华率兵与朝鲜交战的情节，现在郭沫若同志已在书中改成了“东夷”，其他地方也曾作了一些文字修改。

由于《再生缘》一书具有一定的社会影响，读者仍有需要，近闻曲艺出版社已出版了《孟丽君》评弹脚本（未见书）。上海古籍出版社、河南中州书社都已把《再生缘》列入了出版计划。因此在古籍整理出版规划中也列入了这个项目。考虑到《再生缘》纯系杜撰的一部弹词小说，书中情节全出虚构，有关朝鲜的文字已经修改，是否可以将郭沫若同志的整理本出版公开发行，请批示。

中华书局

图 6—2　中华书局关于出版《再生缘》的请示和李一氓批示第二页

在这件请示中，除了已有研究中所知的康生等人，还涉及周恩来、陈伯达、包之静等在《再生缘》出版过程中的意见和作用，可为此事件研究提供更多的细节供参考。

四 关于《全集》支付稿酬给郭安娜事的函件和批示

1982 年 11 月，上海市委统战部致函，主送中央统战部，并抄送刘澜涛、夏衍同志［沪委统发（82）254 号］，请示关于《全集》支付稿酬给郭安娜事，全文如下（图 7）：

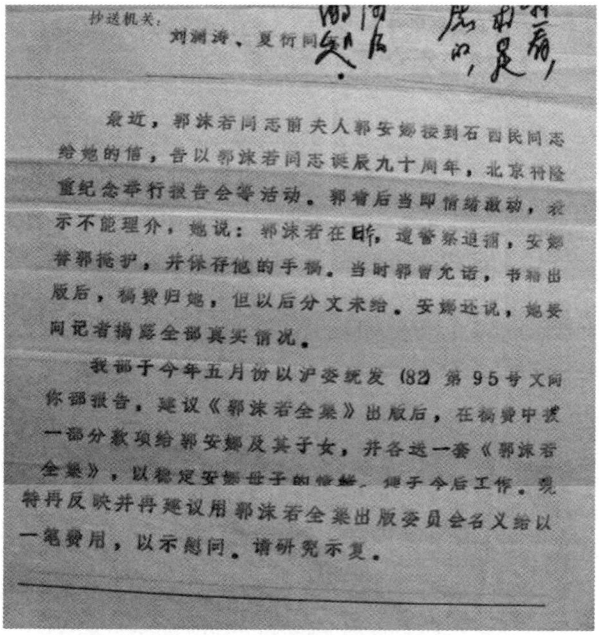
抄送机关：

刘澜涛、夏衍同志。

最近，郭沫若同志前夫人郭安娜接到石西民同志给她的信，告以郭沫若同志诞辰九十周年，北京将隆重纪念举行报告会等活动。郭看后当即情绪激动，表示不能理解，她说：郭沫若在日本，遭警察追捕，安娜替郭掩护，并保存他的手稿。当时郭曾允诺，书籍出版后，稿费归她，但以后分文未给。安娜还说，她要向记者揭露全部真实情况。

我部于今年五月份以沪委统发（82）第 95 号文向你部报告，建议《郭沫若全集》出版后，在稿费中拨一部分款项给郭安娜及其子女，并各送一套《郭沫若全集》，以稳定安娜母子的情绪，便于今后工作。现特再反映并再建议用郭沫若全集出版委员会名义给以一笔费用，以示慰问。请研究示复。

图 7　上海市委统战部关于由《全集》编委会支付稿酬给郭安娜的函件

最近，郭沫若同志前夫人郭安娜接到石西民同志给她的信，告以郭沫若同志诞辰九十周年，北京将隆重纪念举行报告会等活动。郭看后当即情绪激动，表示不能理解，她说，郭沫若在日本，遭警察追捕，安娜替郭掩护，并保存他的手稿。当时郭曾允诺，书籍出版后，稿费归她，但以后分文未给。安娜还说，她要向记者揭露全部真实情况。

我部于今年五月份以沪委统发（82）第 95 号文向你部报告，建议《郭沫若全集》出版后，在稿费中拨一部分款项给郭安娜及其子女，并各送一套《郭沫若全集》，以安稳安娜母子的情绪，便于以后工作。现特再反映并再建议用郭沫若全集出版委员会名义给以一笔费用，以示慰问。请研究示复。

夏衍在此件上批示（无日期）：

周扬同志：我看，安娜的要求是应该考虑的，请您与乔木、澜涛及西民同志酌处。

周扬于11月15日批示：

请西民同志阅后提出意见，即送乔木、力群同志。

周扬　十一月十五日

此件随后即转给了石西民。12月6日，石西民签署的郭沫若著作编辑出版委员会致中国社会科学院党组函：

中国社会科学院党组：

上海市委统战部反映郭安娜（佐藤富子）要求的报告一件由周扬同志处转来，附有夏衍、周扬同志批语，现送上请审阅。我们建议请院部领导出面，或由院领导商请中央统战部共同出面，约集中宣部有关同志和郭沫若著作编委会负责人一起，共同商定一个解决办法，以便统一口径，做好工作。我们认为有关郭安娜的事情，已经到了需要解决的时候了。是否妥当，请示。

郭沫若著作编辑出版委员会（章）

石西民（签名）

一九八二年十二月六日

1982年12月7日，中国社会科学院党组书记梅益批示：

我看不必约请有关同志开会。可由石西民同志提出意见，分别送乔木、周扬、夏衍和刘澜涛同志，征求意见作出决定后，复统战部。（夏衍同志意见应考虑。是否将郭老在日本撰写的著作的版税一部分或全部归安娜，其余的版税归郭老子女，如她不同意认为这一意见可行，还应同郭老子女说清楚。这只是我的意见，供西民同志参考。）请马洪同志阅。梅7/12

马洪在十二月十日批示：

同意梅益同志意见。马洪　十二月十日

在收到院党组意见后，石西民于十二月十二日批示：

请闵洁同志在问清楚稿费及出版社支付稿费的办法之后，写一书面报告给周、夏、梅、马，告诉他们处理意见。不另外写请示报告。我认为送书与分一部分稿费，完全合理。

石西民　12/12

抄报周扬、夏衍同志。

查《石西民年表》，“1982 年，7 月，专程去大连，拜访郭沫若同志的日裔夫人郭安娜（佐藤富子）。返京后，向中央书面汇报，提出了有关建议。”［载赵国璋主编《文教资料》，1988 年第 6 期（总第 180 期），第 39 页］这件事情的最后具体落实情况，尚待新材料的出现。从《安娜老人谈郭沫若、成仿吾——拜访全国政协委员郭安娜》（朱长滨文，载《老人天地》1985 年第 3 期）、《与郭沫若日籍夫人安娜相处的日子》（吴月丽文，《档案春秋》2008 年第 8—12 期分五期连载）等材料来看，此事获得了妥善的处理。

2018 年 5 月 4 日于成都

（原载《郭沫若学刊》2018 年第 2 期）

忆郭老鼓励中国科大学子攀登科学高峰

方黑虎

1958 年 9 月，中国科学技术大学在北京成立，郭沫若担任首任校长。中国科大的办学目标清晰，就是要为我国发展以“两弹一星”工程为代表的尖端科学和高新技术储备人才。但在进入中国科大的莘莘学子之中，也有极少数同学热衷于文学艺术，在科学与艺术的道路上交替前进。他们当中有人天赋过人，如 1959 级生物物理系学生曲信先上学期间就写出了剧本，郭沫若校长因材施教，推荐他转学到上海戏剧学院学习，并最终成为一名剧作家。有些同学虽然喜欢文学艺术，但没有展现出异于一般的才华，郭沫若校长则鼓励他们在学一点文学艺术的同时要以攀登科学技术的高峰作为自己的人生目标，为国家的科学技术事业做出自己的贡献。

1960 年 11 月，中国科学技术大学力学和力学工程系二年级学生刘凌霄给校长郭沫若写信并附上自己创作的一首长诗，请郭沫若校长指正。据刘凌霄回忆，他长诗的最后四句是：“肯信高原出劲草，坚韧喜我风格好，跨箭神游期不远，云飞沫舞向星昂”。

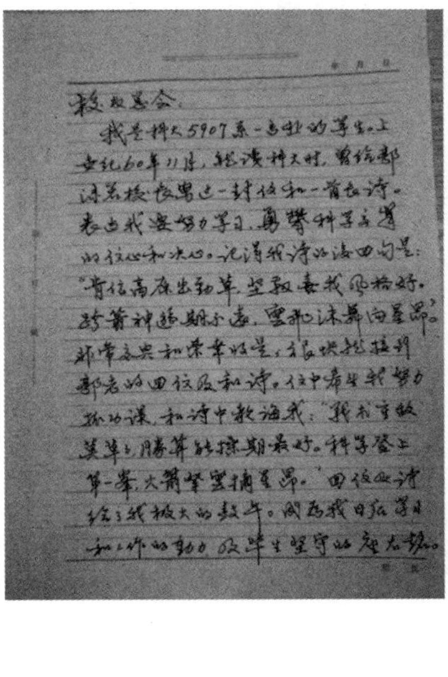
校友总会：
我是科大5907系一届的学生。上世纪60年11月，我读科大时，曾给郭沫若校长写过一封信和一首长诗。表达我要努力学习、勇攀科学高峰的信心和决心。记得我诗的后四句是：“肯信高原出劲草，坚韧喜我风格好。跨箭神游期不远，云飞沫舞向星昂。”非常意外和荣幸的是，很快就接到郭老的回信及和诗。信中希望我努力把功课学好，和诗中教诲我：“我亦重钦芙草好，腾箭神游期最好。科学登上第一峰，大胆攀登摘星昂。”回信和诗给了我极大的鼓舞。成为我日后学习和工作的动力及毕生坚守的座右铭。

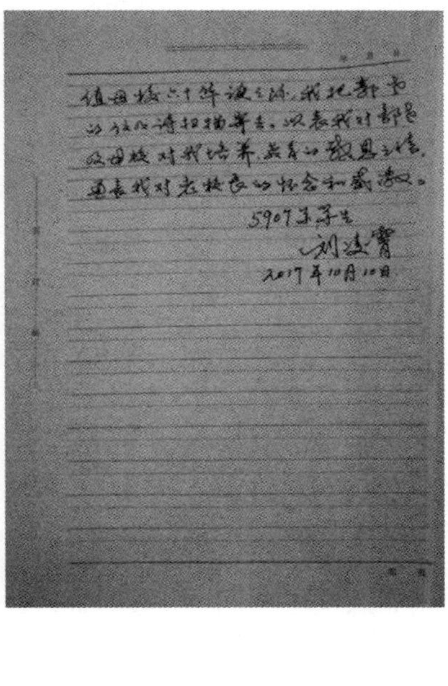
值母校六十华诞之际，我把郭老的信和诗扫描寄去，以表我对郭老及母校对我培养、教育的感恩之情，更表我对老校长的怀念和感激。

5907系学生
刘凌霄
2017年10月10日

时过不久，郭沫若校长就回信了，并和长诗《美帝篇》。以下为信及长诗全文：

刘凌霄同志：

你的诗和信，我都读了。我叠韵一首，写寄给你，可以标题为《美帝篇》。但我希望你努力抓功课，不要多费时间搞旧诗。

美帝而今已腐朽，寿命焉能望长久？滚滚黄金往外流，美元氢弹复何有！艾克①糊涂一老将，挽回颓势已绝望。过河小卒肯尼迪②，别无可取唯少壮。经济危机卷大波，行看竭蹶倒银河。绞绳自套死不悟，犹思耀武弄干戈。漏卮如亿例已开，军费年年筑债台。不从根本施救济，只图转嫁省涓埃。国外基地遍九陔，百年十万人湛杯。生活糜烂天荒破，万方憎恨正发醅。铜像游街事可哀，曼德列斯③成死灰。试问东瀛岸信介④，往日威风安在哉？连锁反应相继起，根除战祸知所以。亚非拉美赋同仇，不焚纸虎誓不还。战术重敌莫草草，胜算能操期最好。科学登上第一峰，火箭挐云摘星昴。

郭沫若

一九六〇年十一月廿一日

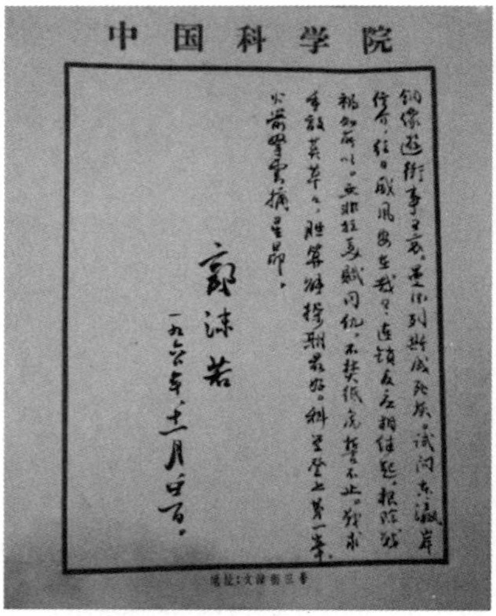

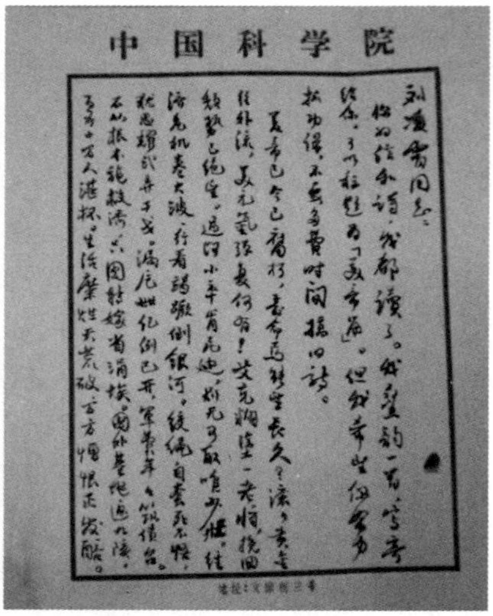

① 马尔科姆·艾克斯（1925—1965），美国黑人领袖，主张通过暴力革命方式获取黑人权利。

② 约翰·肯尼迪（1917—1963），美国第三十五任总统，1960 年 11 月赢得美国总统大选。

③ 曼德列斯（1899—1960），土耳其政治家，1950—1960 年任土耳其第四任总理。

④ 岸信介（1896—1987），日本政治家，第二次世界大战的甲级战犯之一，1957—1960 年任日本内阁总理大臣。

从信和诗的字里行间，我们可以看出郭沫若校长对中国科大学子的深深关爱之情。郭校长从刘凌霄同学的信和诗中，应该看出他并非从事文学艺术的高才，但也不忍否定他学习文学艺术的积极性，只是劝告他不要多费时间搞旧诗，要努力抓功课，并和长诗一首鼓励刘凌霄同学。郭沫若校长以开阔的视野为自己的学生分析了美国以及全球大势，最后鼓励他“科学登上第一峰，火箭擎云摘星昴”，实现自己的人生价值。刘凌霄同学深受鼓舞，郭沫若校长的嘱咐成为他日后学习和工作的座右铭，最终成长为一名优秀的科技工作者。

（原载《郭沫若学刊》2018 年第 2 期）

新见日藏郭沫若手批《两周金文辞大系考释》辑录

李红薇　崎川隆

日本东京都三鹰市亚非图书馆（アジア・アフリカ图书馆）“沫若文库”，藏有郭沫若手批《两周金文辞大系考释》（以下或简称“手批本”）①。该批本以1935年文求堂书店出版的《大系考释》为底本，作者于卷内天头夹行处多作批注，或广引群书加以补充修正，或校勘文字加以订补，或用勾删符号削删字句②。批注以蓝色、红色钢笔为主，间有毛笔、铅笔。笔墨不同，或为不同时段所注。批注当作于1935年8月至1937年7月之间③，应是为日后增订再版时所作的准备。1957年《两周金文辞大系图录考释》在国内出版时，作者又重新作了一些增补修订，然而手批本中的绝大多数意见几乎都未得到体现④。这些批语从未公布，相关的学术观点也不见于作者的其他论著，几十年来鲜为人知，其文献价值与学术价值自不待言。有鉴于此，我们将手批本中的批注逐条整理分类并加以研究⑤。首先标出页码、所涉器物、行数及相关正文，其次交代批注位置、字迹颜色，移录批注原文，作者原分行则以“/”标示，最后加以我们的按语。

一　学术观点的变动

【1】131叶（矢人盘）⑥

---

① 图书馆书号：“史部96－596/222.033.K.M”。藏书印：“财团法人アジア・アフリカ图书馆藏书之印”。入藏印：“1958年1月10日”。

② 1932年1月10日郭沫若著《两周金文辞大系——周代金文辞之历史系统与地方分类》由日本文求堂书店出版。1935年3月5日《两周金文辞大系图录》、同年8月20日再版的《两周金文辞大系考释》亦由文求堂书店出版。1957年科学出版社将《两周金文辞大系考释》《两周金文辞大系图录》增订合印为《两周金文辞大系图录考释》，“作了一些必要的修改和补充，抽换了并增加了一部分新材料”。2002年收入《郭沫若全集·考古编》第7、8卷。为行文简洁计，以上四版《大系》下文分别简称“32版《大系》”；“35版《大系图录》、35版《大系考释》”；“57版《大系》”；“02版《大系》”。

③ 1935年8月20日《大系考释》出版，1937年7月25日为郭沫若离开日本回国的时间。

④ 仅有几处文字校勘在增订本中得到了修正，详见后文。

⑤ 2017年5月30日笔者（崎川隆）前往日本东京亚非图书馆（アジア・アフリカ图书馆）进行调查。

⑥ 此条批注，详见文末附图。另为排版方便，我们移录作者原批注时，均改为横排。

上栏外天头眉批：

毛笔　前六.42.8//同43.1. 亦有此/字，辞缺，在/于字下。

毛笔　契文疑斟字假为沈/盘文从网以此为/声，盖①

蓝色钢笔　当是罔/阘字，读为参也。/淮南说山．“越人/学远射，参天”/注．参犹望也。

按：《大系》正文“羃殆含即、就、参、诣之意”，仅据铭文辞例推测了“羃”字的含义，并未作出考释。眉批系联甲骨相关形体，怀疑“”、“”② 是“斟”字，读为“沈”。进而考释盘铭“羃”乃从网从“斟”声，表示罔阘（罟）一类的字，读为“参”，并引《淮南子》，解释“参”字含义。这一观点后来未演绎成文，仅见于此条批注。

【2】93 叶（守宫尊）

上栏外天头眉批：

红色钢笔　㘣即西，/当是古文/簟。

按：《大系》正文释尊铭“”为醭，即幕之异文，“㘣”乃古文席。显然并不正确，《说文》“席”之古文作，从石省声，眉批认为“㘣”即西，当是古文簟。这一改释观点在《大系》增订本未体现③。

【3】113 叶里④（南季鼎）3 行“黹屯衮、絲旂”

上栏外天头眉批：

蓝色钢笔　以×号删除第 3 行第 3 字（即“衮”字），并在上栏外天头眉批“纯”。⑤

按：作者意将“衮”订正为“纯”，57 版未改，02 版已挖改订正⑥。值得注意的是，1932 年《大系》初版时相关释文作“黹屯”，同年所撰《金文丛考·周官质疑》、《金文馀释之馀·释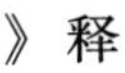》亦径释作“黹屯”。35 版《大系》释“黹屯衮”，严格隶写作“屯”，并读为“衮”，观点易动，手批本又改回为“纯”。

【4】180 叶里（郑虢句父鼎）倒 1 行至次叶首行字“确”

倒 2 行“羃虢戎句父”

---

① 原文“盖”字用毛笔书写，并用蓝色钢笔画圈。

② 字形分别采自罗振玉《殷墟书契前编》卷六四十二（合集 15827 正）、同书卷六四十三（合集 8253）。

③ 我们怀疑这条批注系郭沫若据唐兰《古文字学导论》（下编五十八页）的观点，勘记于此。《古文字学导论》1935 年出版后，唐兰寄赠了一套给郭沫若，“沫若文库”藏该书，书前记“沫若我兄先生正之唐兰”。

④ “里”指一叶纸的背面，本文采用 35 版《大系考释》后附《考释勘误》中郭氏的用语。

⑤ 本条批注仅有一些圈点符号及零星文字，为方便读者理解，我们用文字将作者原意表述出来，并非批注原文。下【4】、【6】、【15】、【16】、【17】、【18】、【19】、【20】、【21】、【22】、【23】同。

⑥ 径称 57 版、02 版时即指 57 版《大系考释》、02 版《大系考释》。

毛笔 竖線删除倒 1 行至次叶首行字“确”

蓝色钢笔 以○号标出倒 2 行第 3 字（即“戎”字），右侧写上“勇”字。

上栏外天头眉批：

蓝色钢笔 说文：勇之变，一又作戜。

按：墨笔竖線删除原文“戜盖戎字之异，从戈用声，句父之氏也。旧释为勇，不确”一句，57 版、02 版未删。1932 年作者撰《金文馀释之馀 · 释须句》一文时曾提及该鼎，名“奠勇句父鼎”，35 版《大系》正文所谓“旧释为勇”盖指此说。35 版《大系》改释为“戎”。眉批引《说文》勇之或体，并于“戎”字右侧，再改回“勇”字，《大系》后来的版本并未吸收这一改释意见①。

【5】191 叶里（邾公釛钟）

上栏外天头眉批：

蓝色钢笔 庄子杂篇外物/“螴蜳不得成”/陆德明云“司马曰/螴蜳读曰忡融”。蜳即此䵻，则此陆䵻寔也。

按：1930 年作者赞成王国维释“陆䵻”为陆终的意见②，1932 年 8 月认为“䵻”字从蚰𦎫声，求之声类当以融字为近，疑陆终即祝融③。35 版《大系》正文详引王国维说法，与 32 版同，未作其他说明，后眉批又改回“陆䵻寔为祝融”的观点，57 版、02 版未吸收手批本意见。关于“陆䵻”的释读，作者意见前后变动过三次。

【6】216 叶里（陈侯午錞）倒 5 行 10 字至倒 1 行首字“欲求与攈古所录……故不免有铎字夺画也”

红色钢笔 竖線删除倒 5 行第 10 字至倒 1 行首字，夹注补改为“其后剔除者”。

按：35 版《大系考释》后所附《考释勘误》④ 记“二一六叶里八至十二行‘闻是藏家’下七十六字删去，改为‘其后剔出者’。”手批本与之意见相同。

略有不同的是，57 版《大系》较《考释勘误》、手批本多删除了“闻是藏家”四字，即将倒 5 行 6 字至倒 1 行首字（“闻是藏家欲求与攈古所录……故不免有铎字夺画也”）的文字首尾加［ ］符号，表示删除，并于这段文字上方增加一条批注：

① 需要注意的是，此器最早著录于 35 版《大系图录》，目录表谓“新出”，57 版、02 版则增言“此器疑伪”。

② 先后见于《大丰簋韵读》（作于 1930 年 7 月 7 日），收入《殷周青铜器铭文研究》上册，大东书局，1931 年，第 20—36 页。初版《大系》（1932 年 1 月 10 日出版），第 228—229 页。

③ 《金文丛考 · 金文所无考》（1932 年 8 月 1 日出版）。另《金文馀释之馀 · 释𢀛氏》（1932 年 11 月 6 日出版），刘节给郭沫若的信中言“邾公釛钟不可靠，邾氏三钟隹轻钟非伪”，郭沫若谓“邾公釛钟是否伪器尚未敢必”。

④ 35 版《大系考释》后所附《考释勘误》，大概写于 1935 年 7 月 17 日前后，参 1935 年 7 月 17 日、1935 年 7 月 20 日郭沫若致田中庆太郎信函。马良春、伊藤虎丸编《郭沫若致文求堂书简》，文物出版社，1997 年，第 311 页。

“容庚云周氏得之吴氏，经余目击。豈下文字及母字乃其后剔出者。”57 版《大系图录》陈侯午錞拓本旁，新增批注“今案容庚云前周季木藏器即得之吴式棻，‘豈母’二字乃其后剔出者。”

二　增补书证

【7】38 叶（小盂鼎）

上栏外天头眉批：

浓蓝钢笔　盗跖篇“驱人牛/马，取人妇女”。

红色钢笔　淮南本经训“大国出/攻，小国城守，驱人之/牛马，傒人之子女，/毁人之宗庙，迁人之/重器”①

按：驱，同敺。眉批增补《庄子》、《淮南子》以佐证“敺亦犹俘也”。

【8】75 叶里（牧簋）

上栏外天头眉批：

蓝色钢笔　国·鲁语·闵马/父说“周恭王/能庇昭穆之阙/而为恭”。②

按：《逸周书·谥法解》“既过能改曰恭”，牧簋铭“昔先王既令女汝乍嗣士。今余唯或又”，作者释“”为“廄改”，言王更改先王对牧的任命。作者从“改”字展开，并于眉批称引典籍书证，进一步论证了将牧簋断为恭王的意见。

【9】86 叶里（同簋）

上栏外天头眉批：

红色钢笔　周语/司民协孤终/司商协民姓/司徒协旅/司寇协奸/牧协职/工协革/场协入/廩协出

按：眉批援引《国语·周语》阐明铭文“嗣昜场林吴虞牧”中“场”、“牧”的含义。

【10】144 叶里（召伯虎簋其二）

上栏外天头眉批：

红色钢笔　周语“晋既克楚于/鄢，使郤至告庆于周。”

按：眉批援据《国语·周语》，补充“告庆”一词的用法。

【11】146 叶（师寰簋）

上栏外天头眉批：

① 《淮南子》原文作“迁人之宝器”。

② 《国语·鲁语·闵马》原文“父说”后有很长一段文字。

红色钢笔 周语“郤至告庆于周，未将事。”注“将，行也，未行高庆之事”①。

按：《大系》正文读簋铭“牆”为“将”，作者认为与《论语·宪问》“阙党童子将命”之“将”同义，眉批所引书证进一步阐发铭文中“牆（将）”的含义。

【12】205 叶（叔夷钟）

上栏外天头眉批：

蓝色钢笔 左．昭七年/人有十等/王臣公/公臣大夫/大夫臣士/士臣皁/皁臣舆/舆臣隶/隶臣僚/僚臣仆/仆臣台马有圉牛有牧

按：眉批称引《左传》阐释钟铭“釐仆三百又五十家”之“仆”的等级地位。

【13】236 叶里（鳳芍钟）

上栏外天头第 2 行眉批：

蓝色钢笔 卫灵公时有司空狗。（见韩非难四）

按：批注征引典籍中古人名字用例，补充《大系》正文“唯狗字在古并无恶意”“释鳳芍即读为鳳狗，亦无不可也”的例证。

【14】补录 1 叶里（越王钟）

上栏外天头眉批：

蓝色钢笔 越人三世杀其君，王子搜/患之（淮南子云越王翳也）/逃乎丹穴。越国无君，求/王子搜而不得，从之丹穴。王/子搜不肯出，越人薰之以艾，/乘之以王舆。（仲春·贵生）

“越王授有子四人。越王之弟曰豫，欲尽杀之，/而为之后。恶其三人而/杀之矣，国人不说，大/非上。又恶其一人而欲/杀之，越王未之听。其/子恐必死，因国人之欲/逐豫，围王宫。越王曰/余不听豫之言，以罹/此难也。”②

右见吕·季秋纪·审己/注云越王授勾践五世之孙，未知孰当。

按：称引《吕氏春秋》、《淮南子》，补充典籍中其他有关越王世系的记载。

以上 8 条眉批，在 57 版、02 版《大系》中皆未增补。

三　校勘误字、衍字、脱字

【15】81 叶里（格伯簋）倒 1 行“与文意推之当是”

蓝色钢笔 以 × 号删除倒 1 行倒 7 字（即“与”字），并在上栏外天头眉批“以”。

---

① 韦昭原注作“将行也，未行高庆之礼”。

② 《吕氏春秋》原文作“越王太息曰‘余不听豫之言，以罹此难也’”。

按："与"订改为"以"。57版、02版未订正。

【16】88叶里（大鼎）4行"犅为特牛，则䮾当牡马"

蓝色钢笔 在"当"字下标"Z"号，并在上栏外补"是"字。

按："当"后补脱字"是"。57版、02版未订补。

【17】96叶（效父簋）6–7行"葡字典籍多作箙，又多省作箙"

铅笔 以○号标出"箙"字，并在上栏外将其订正为"服"字。

按：原文第二个"箙"字涉上而误，批注改为"服"。57版未订改，02版挖改勘正。

【18】133叶里（番生簋）4行"'鞹䩙'见番生簋"

蓝色钢笔 以○号标出"番生"二字，并于右侧订正为"叔向父"。

按："番生簋"订改为"叔向父簋"。57版延续了这一错误，02版已订正。

【19】193叶（郑太宰簠）倒3行"从田从土用意"

上栏外：

蓝色钢笔 "同"

按：原文"用"乃"同"之形近讹字。57版未订改，02版已勘正。

【20】196叶里（仲姬俞簋）倒4行"上二器同为仲姬俞所作之媵器"

蓝色钢笔 "为仲"两字右侧以"＜々"号表示脱字，并在上栏外补上"为"字。

按：《大系》正文脱一"为"字，批注于"为"后补重文号，即"上二器同为为仲姬俞所作之媵器"。两"为"字读音有别，前者读平声，后者读去声。57版、02版均未订补。

【21】228叶（杕氏壶）4行"疑此杕氏盖自狄人"

蓝色钢笔 以"×"号删除"自"字，并在栏上订正为"是"字。

按："自"订改为"是"。57版、02版均未改正。

【22】203叶（叔夷钟）倒4行"女汝戒戎攸作"

蓝色钢笔 "女汝"字下标出"{"号，并在栏外补上"台（以）"两字。

按："汝"后补入脱文"台（以）"。57版、02版已订正。

【23】104叶（虢季子白盘）首行"经䌈经四方"

蓝色钢笔 以"○"号标出"经"字，右侧将其订正为"维"字。

按：原文第二个"经"字订正为"维"。早在35版《大系》后所附的《考释勘误》中即有订正，记作"一〇四叶一行'经䌈经四方'小注经×字乃维字之误。"57版挖改了误字，02版同。

【24】113 叶（克钟）3 行“在古表朴之”

蓝色钢笔　“表”字右侧标“×”号，并在上栏外将其订正为“素”字。

按：“表”订正为“素”。57 版、02 版已勘正。

【25】130 叶里（矢人盘）2—3 行“堆下必须有有某种标识物”

蓝色钢笔　以“○”号标出“有”字，并在上栏外标“×”号。

按：原文第二个“有”字用圆圈出，并标“×”，以示删除衍字。57 版用正方形黑钉涂掉第一个“有”字，02 版挖补后“须”字占较大空间，仅存一个“有”字。

本文辑录郭沫若批注凡 25 条，关涉铜器 25 件、甲骨 2 片。其中仅【23】、【24】、【25】三条有关校勘的内容在《大系》增订本中得以刊正，而绝大多数批注的观点并未体现于作者后来的论著中。今年适逢郭老辞世四十周年，谨以此文纪念这位杰出的古文字学家。

附记：感谢日本亚非图书馆慨允资料公布。调查时承蒙亚非图书馆篠原昭雄馆长、佐藤万矢子女士的帮助，在此一并表示感谢。

附图：

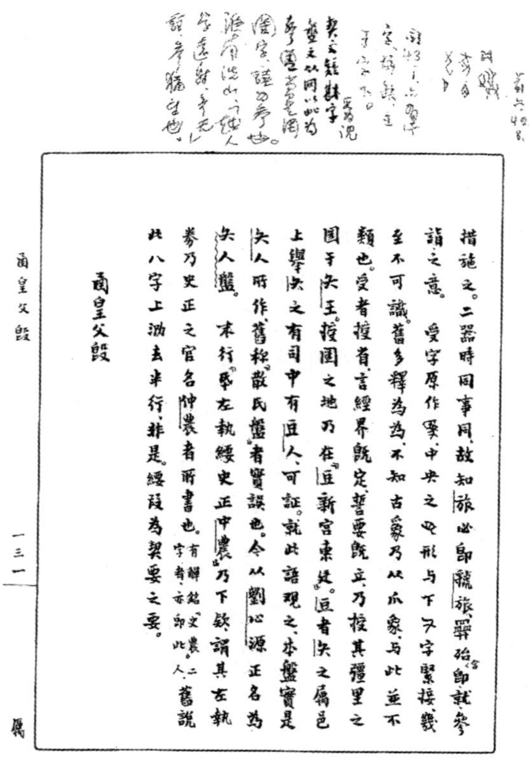
措詭之。二器時同事同，故知旅必即䞣旅，罪殆即就，參詢之意。受字原作𤔲，中央之毌形与下又字緊接，幾至不可識。舊多釋為為，不知古象乃从爪象，与此並不類也。受者授者，言經界既定，誓要既立，乃授其疆里之圖于矢王。授圖之地乃在「豆新宮東廷」。豆者矢之屬邑，上舉矢之有司中有豆人，可證。就此語觀之，本盤實是矢人所作，舊稱「散氏盤」者實誤也。今从劉心源正名為矢人盤。　末行「𢦏左執綏史正中農」乃下款，謂其左執券乃史正之官名仲農者所書也。有辯銘「史農」二字者，亦即此人。舊說此八字上泐去半行，非是。綏殳為契要之要。

函皇父毁

函皇父毁　一三一

（原载《文史》2018 年第 4 辑）

第六篇

论文选刊

日本新发现郭沫若与创造社同仁等书信一组*

彭　程

香港三联书店在出版郭沫若回忆录时评论道：“如众所周知，郭老在南昌起义前后及东渡日本期间，都是他一生最传奇、最周折的部分。”而在这次旅日期间发生的一件大事就是郭沫若不仅被日本警察逮捕和讯问，住宅还遭到搜查。他对此回忆道，“……我清清楚楚地记得是八月一号。……来人的一位说，他们是东京警视厅派来的，有事情要请我到东京去谈话……我知道他们是要搜查我的住宅的”①。

在回忆录中，郭沫若详细地叙述了日本警察对他的讯问及逮捕和释放经过，但日本警察搜查其住宅，到底搜走了什么，则并未提及。只是后来在回忆讯问经过时提到了成仿吾寄来的一封信，着墨甚多。

“他又问到了成仿吾，我揣想到仿吾给我的一封信，是被他们搜查了去的。那是一封很长的信，怕有三四千字，仿吾由敦贺港渡过海参崴，经由西伯利亚铁路，一直经过莫斯科，到了柏林。他从柏林把他沿途的所见所闻，都详细地写给了我。那时苏联的革命成功才仅仅十年，旧俄时代的一些不好的风俗习惯，还多分地保留着，仿吾也就很不客气地加以一些批评。这信落在了他们的手里，是一件很可惜的事，然而对于我的现状却是很有利的。日本人所高兴的就和今天的美国人一样，是你肯批评苏联，只要你肯批评苏联，那你就好像减少了危险性了。我因而也把成仿吾的详细的情形告诉了。”②

日本警察为什么要提到这封信？是因为翻译的问题。

“……支那通提到了仿吾给我的那封长信来，那信果然被他们检查了去，他为翻译那封长信，弄得两晚上没有睡觉。我到这时又算弄明白了一件事，就是这家伙的中

---

* 因原文年代久远，又是手写体，因此极难辨认，仍有个别地方无法准确翻译。在此特别感谢神户大学国际文化学研究科博士生矢野凉子的辨认与校正。

① 郭沫若：《沫若自传》第三卷《革命春秋》，香港三联书店 1978 年版，第 313—314、326—327、308 页。

② 同上。

文程度太蹩脚，使我在拘留所里多住了一天一夜。”[①]

“支那通从他的提包里面把信拿了出来，红笔蓝笔勾涂满纸，但有好些地方他依然不懂。他要我讲解，我给他讲解了……那封信，支那通说：他们要留下来做参考，希望我送给他们。这分明是强盗的仁义，我也慷慨地答应了。我想，假使东京的警视厅没有被炸毁，那封信或许到今天，都还被保存在他们的档案里的吧？”[②]

那么这封信到底有没有在他们的档案里被保存了下来呢？迄今为止都没有被发现。笔者在日本查找档案时，虽然没有找到其原件，但找到了这位“支那通”的翻译件。

此外，郭沫若回忆录中还写到，“在市川住定之后，我和国内的朋友通起了书信”[③]。日本警察在搜查时不仅将成仿吾的这封信收走了，还将其他人的信件也一并收走了，包括与张资平、李一氓、钱亦石的通信。而这些信件，郭沫若在回忆录中并未提及，同时各相关者后来在回忆时也未提及。

这四封信均被译成日语，作为日本警视厅有关郭沫若专题报告的附件而被收录在一起。该报告是警视总监发给内务大臣、外务大臣、千叶县知事、驻上海内务事务官等人的。为何发给这几个人呢？因为郭沫若是共产主义者，而当时日本国内的共产主义运动由内务大臣负责。郭沫若是中国人，因此外务大臣不能遗漏。郭沫若住在千叶县，所以发给了千叶县知事。此外，创造社及相关人员主要的活动区域是上海，因此也发给了日本驻上海总领事馆内务事务官。

这其中，与成仿吾、张资平、李一氓的通信中郭沫若是收信人，而与钱亦石的通信则是写信人，即这封信郭沫若刚写好还没来得及寄出就被没收了。信件的时期大约在1928年5月初到7月末。有关这四封信的内容日本警察都进行了很好地概括，主要是创造社的内部事务，包括人事关系、刊物发行情况和经济情况等，以及成仿吾去巴黎途中的游记、郭沫若对自己旅日情况的介绍等。

这四封信以及日本警视厅所做的报告，对我们研究创造社、郭沫若、成仿吾、张资平、李一氓、钱亦石，以及文中出现的张闻天等提供了非常珍贵的一手资料。而且郭沫若在旅居日本这一段时间除了其本人的回忆录，其他的旁证材料很少，该报告很好地补充了这一点。笔者特此将其翻译成中文，以供相关研究者参考。

外秘第2007号，1928年8月20日，警视总监宫田光雄致内务大臣望月圭介、外务大臣男爵田中义一、指定厅县长官、千叶县知事、驻上海赤木内务事务官。

关于中国共产党党员郭沫若的报告

本籍：中国四川省乐山县沙湾

---

① 郭沫若著：《沫若自传》第三卷《革命春秋》，香港三联书店1978年版，第313—314、326—327、308页。

② 同上。

③ 同上。

住所：千叶县市川町字市川一三四号

共产主义者、自称自由撰稿人郭开贞（字郭沫若、笔名麦克昂），现37岁。

关于此人的信息在本月16日收到的外秘第1978号电报中已经有所提及[1]。又经查，此人于大正十二年（1923年）3月归国，当时与其友田汉、郁文、成仿吾等人一起在上海大戏院前创办了名为“创造社”的杂志社，此人是该社的主要负责人，后一直经营该社。这次来日本后由张资平（熊本五高毕业，东大理科毕业）取而代之，负责该社的经营。我们从张资平寄给郭沫若的报告书（见下文一）中可以了解该社的经济及出版情况。希望驻上海内务事务官对该报告书的内容进行核实，即创造社社员及出版部部员之间生活费的分配是否属实，以及与共产主义宣传经费是否有关，并期待事务官的回信。我们从他人与郭沫若的信件中得知以下情况。

1. 郭的一位朋友，即广东中山大学文科教授成仿吾，化名石厚生，于今年6月上旬从上海来到神户，并从神户转去东京，住在郭家。同月16日从敦贺出发，经浦盐[2]前往巴黎（当时通报给福井县了）。后来成仿吾好像又给郭沫若写过信（见下文二），主要内容是游记，关于在莫斯科中山大学及到达法国之后的情况。

2. 创造社社员李一氓给郭寄来一信（见下文三），叙述了该社的情况。

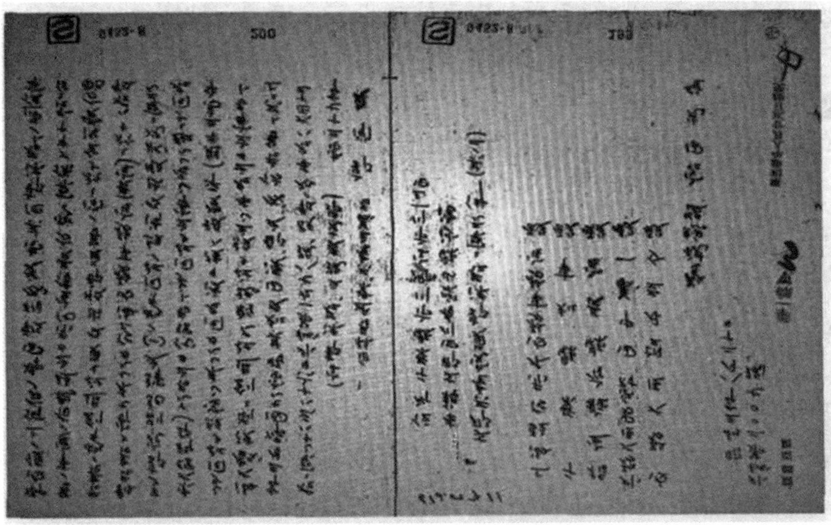

昭和三年（1928年）8月20日，日本警视厅关于郭沫若的报告

3. 郭向其朋友，东亚预备校学生钱亦石（目前已经回国）写了一封信（见下文

① 笔者在日本没有找到这份电报。

② 即浦盐斯德，位于千岛群岛南部，是该群岛重要的港口，当时属于日本，今属俄罗斯。

四）。

信中所说的“郑、童二兄”是指上次报告中共产主义宣传员郑汉光、童长荣。3月12日在辖区内青山会馆由南京派国民党员主办的孙中山逝世三周年追悼会上，这两人为了扰乱会场，在馆内散发宣传共产主义的印刷物。之后行踪不明（这在3月12日外秘第471号及3月27日外秘第558号电报中已经报告过了）。

从留在上海的创造社社员李一氓的来信可以看出郭与郑、童二人一直有联系，并说郭来到日本后（4月上旬）曾到府下大冈山拜访过郑、童二人，但两人不在，因此没有见到。

以上郑、童二人目前已身在上海，希望驻上海的内务事务官能秘密查清两人的行踪，并通报给我方。

（一）张资平致郭沫若的信（原文为中文）[①]

爱牟、仿吾：

□兄无□[②]，并无特别事故，只营业上有些影响。绍宗在信中说，在梅县方面本社的三种刊行物都不能读了。最近在杭州，月刊、文化、流沙[③]都被查禁，但因为其中有《桌子的跳舞》这篇文章，现在上海还卖出了一些，不过难以为继。又据绍宗说，《流沙》最不好卖，只能用单行本来弥缝。想再出版一种像流沙一样的东西，但用单行本不能填补。现在广州、汕梅、湖南、南京、杭州都禁止《流沙》的发行，所以改名为《火星》周刊发行，但第二卷怎么都出不来。如果我们的出版部被查封的话，我们该采取什么方法？

致仿吾兄：从前在经济方面每个月大概要四五千元，而四月消费了六千余元，故个人的生活费都很高。因为单行本不好，所以有些担心。

分配给个人的预备费如下，敬请参考（括号内的内容是郭沫若记入的）[④]。

社员（元）：

麦（克昂）：150；张（资平）：100；郑（伯奇）：100；

王（独清）80；初梨（李初梨）：40；小李（李铁声）：50；

彭（康）：40；朱（磐）：50；冯（乃超）：50；

□□（明）：45；（李）一氓：45；平时：50；

□□：50。

出版部部员：

（成）绍宗：45；邱（韵铎）：45；梁（预仁）：35；

---

① 括号内的话为日本警视厅所加。

② 原文无法辨认，下同。

③ “流沙”有时有书名号，有时没有书名号，原档如此。

④ 括号内的话为日本警视厅所加。

(□) □：35；鹫（不明）：25；戴（不明）：25；
米（不明）：25；黄（邮送）：25；林（不明）：25；
□（不明）：30；葛（不明）：30。

以上不包括在外餐费、房租、电灯费、印刷费。

最近《水平线下》的发行也被禁止了。你们在广东时《革命战士》时常能出版，但总是骂爱牟、木天、仿吾诸兄。广东的学生利用××宣传部对它展开攻击，给我们的营业带来不少障碍。

希望你们能从以上的报告中想到什么方法。

五月八日 资平

（二）成仿吾致郭沫若的信（原文为中文）[①]

克昂兄：

六月十六日下午从敦贺出发，十八日早晨到达海参崴，途中没有想到去哪里。此处中国的苦力很多，让我想起了黄浦江沿岸，那样的舢板，那样的贫穷生活，历历在目。

有一家日本旅馆，但我不想住在这里。在日本旅馆门口拉客的是个山东人，他背着我的行李把我带到一、两家中国旅馆才放下来，但他们好像已经不做旅馆的生意了。我进入一家俄国旅馆，有中国的服务员，账场的工作没有丝毫不便。那里还有一个俄国门卫，操一口夹杂方言的英语，带我去了半天市内。我出发的时候他来停车场送我，支付了他十五卢布。那天晚上十点二十分出发，二十二日早晨到达齐塔[②]。二十三日看了贝加尔湖，二十八日早晨到达莫斯科。沿途各站都停车三十分钟，火车一直往前开，各车站都能看到买东西、卖报的人，使旅途增添了一丝乐趣。

这样长的旅行都是坐卧铺，俄国的客车都有装了弹簧的卧铺和板床，价钱也差不多。一车有数室，一室有四个卧铺，在左右两侧，上下两层，好像通行在扬子江上的轮船。此外，有一种万国卧铺公司（就是这次去巴黎经营欧亚铁路卧铺的公司）的卧铺车，叫做 Wagon-lito，一室有两个卧铺，非常舒服。要另外交钱，必须给一等、二等的车费。我用二等车票一直坐到莫斯科，车费是一百零二卢布，Wagon-lito 一百六十六卢布，特快车费几个卢布，一共花了二百七十卢布。一般的俄国人大抵乘坐普通卧铺车，Wagon-lito 上只有我、两个外国人和三个俄国人，乘客都很和气，两天之后就成了朋友。这里有一个原因，Wagon-lito 放了一个小桌子，很奢侈。

在莫斯科下车八个小时，在中山大学拜访张闻天。但当天用孙中山的名义把

① 括号内的话为日本警视厅所加。

② 即现在的赤塔。

Kommunistische 大学部[①]和东方大学的中国部合并了，因此召开了大会，闻天君正在会场做翻译。跟一个和郭君[②]同样是广东大学的朝鲜学生（我与他在民国十三年相识，清党后他离开广东来到上海时又见过一次）谈了几个小时。那时，来了很多不认识的朋友，都来问我。深入地谈论了我们出版的《流沙》，并约定今后送很多本给他们。

他们这些新朋友现在正在从事翻译工作，但都还没有付梓，我让他们出版后陆续寄到上海来。

我们的努力是他们最重视的事情，他们对我们非常关注。

此大学，据我几个小时的观察，以及从和他们学生的交谈中来看，可以说并没有取得什么成绩。为何？（一）人才的问题；（二）如果他们不非常努力，就不能适应新生活，但没有一种训练能适应环境；（三）在大学的礼堂听了课，发现他们学习能力还不够。因为俄国现今集中力量在搞“文化革命”，在经济革命中没有取得什么成就。俄国人一般在思想上都不成熟，他们的懒惰、无知、迷信对各种建设都是很大的障碍。

反映在上个世纪文学中的这种懒惰四处弥漫，成为很多问题的根本，似乎也没有人来解决人民的无知。文化的培养很重要。

然总之，毫无疑问，俄国这三年来的进步是世界的一大奇迹。

七月一日早晨抵达巴黎，决定四天后搬到租的房子里。巴黎的生活水平非常低，一般学生一个月五百元（法郎），约合四十五圆[③]。因为是第一次来，所以房租和膳食费都非常花钱，估计从下个月开始可以降到一百圆以下。房客一般都在外面的餐厅吃饭，很多学生定在某一家。巴黎的葡萄酒非常便宜，三十二法郎就可以买一大瓶。巴黎的气候甚好，现在十度左右。男人们穿得都不少，我们也穿不了夏装。这次从西伯利亚来的就我一个人比较奇怪，还戴着帽子。咖啡店很多，从上午十点到凌晨两点左右都很热闹。出版界较为落寞，社会科学的书籍非常少，马克思、恩格斯重要著作的译本也非常少。新的只有几种列宁全集。

国家主义派有周报《先声》，已经办了大概五年了。我现在整天在外溜达。我的通信地址如下。

Mr. Hansen Shih,

To Mr. Kin yu yu

Mainson mentlec L 1 Hue de Valette, Paris.

一九二八年七月十三日　折

① 即莫斯科中山大学。

② 这里指郭沫若。

③ 成仿吾在信中用“元”来表示法郎，用“圆”来表示中国的货币。

（三）上海李一氓致郭沫若的信（原中文）①

贞兄（指郭沫若）②：

很早之前就给你写过两封信，但好像没有收到。本来想再写一封详细的信，但因为各种事情一直迁延至今。我们的同志关系都非常好，除了资平之外（子东就像我跟大家说过的那样，社会关系很多），独清、伯奇、彭康诸兄都对我们怀有诚意，经常来讨论。几天前我们以超□、富春的名义招待了他们（资平不在，理由同前），消除了过去的隔阂，并制定了运动的计划。我相信这能产生相当的效果。现在经济上进行大的整理，慎重处理各类事务。出新书时，努力干出版部的事务。只要没有意外的打击，事务的前途就会逐渐得到发展。在一般事务上，三理事之一的吴谋求集体，我认为没有人能够垄断，也没有人能够懒惰。从现在的事情来看，资平具有上述倾向，独清、伯奇感觉也有不少困难，因此我们才打扰你，让你用信件向他们三人给予充分的暗示，让他们平均负责，和衷共济，采取集体行动。经济、印刷及其他一般事务都由大家来做，已收真正委员制之效。如果互相接受意见，互相纠正错误，就不会再酿成以前的弊害了。这绝不是对资平的不满。而且，我们都奉兄为精神上的指导者（我们只是政治上的）。在他们之间，从独清、预仁都对兄怀有好感，非常信赖，因此如果能对他们进行鼓励和指导的话就甚为有效。中兄怀有必须复刊被查禁刊物的意见。而且同修兄认为这些问题不必着急，等出版部整理，得到理事会的谅解之后也不迟。而且，同修兄大体对兄的文章《国事》有同感。只是他（一）据说兄的意见没有集中，散轶了；（二）责备杏村的《批评的建设》误记为《批评与建设》（其实意思都差不多）；（三）升华译的《奥列弗》不正确，译为“扬”字而没有译为“弃”字。

我因为在翻译 Stalin Manx and Engels，所以不知道出版社的出版情况。孩子们都回到汉口内人的娘家去了，预定滞留一个月。我认为我的前途在国外。如果顺利的话今秋回一趟国。我想从现在开始翻译《工资劳动与资本》。还有很多话想说，但只能到这里了。代我向温君向好。

（四）郭沫若致钱亦石的信

亦石兄：

1，我搬到市川来了，住所和姓名③如下：

千叶县东葛饰郡市川町字市川一三四，佐藤恪。

---

① 括号内的话为日本警视厅所加。

② 括号内的话为日本警视厅所加。

③ 这里指房东姓名。

2，这里离东京不远，来时从大冈山出上野站再转乘电车过来。转车坐到押上（十四钱），从押上过来乘坐千叶方向或成田方向的电车，车费十八钱二十分。在押上买到市川的车票，从押上出发七八站。

3，我有些耳背，除了读书和翻译之外什么活动都不行，废物一般。

4，郑（汉光），童（长荣）现在如何？

5，贤江①、伯垂到了吗？

（原载《新文学史料》2018 年第 3 期）

① 郭沫若在这一段的回忆录中提到了钱亦石与杨贤江。“我有时而往东京去。我会见过钱介磐和杨贤江，他们也都是到日本来亡命的，都改换了姓名。”（《革命春秋》，第 308 页）

郭沫若集外旧体诗词的整理

蔡 震

郭沫若少年时代在家塾读书时即开始写作旧体诗词，直至晚年不曾辍笔，只是在上个世纪 20 年代期间的旧体诗词作品较少，这应该与他是时主要创作自由体诗歌的经历相关。最早能见到的郭沫若旧体诗作在 1904 年，最晚所见的旧体诗写于 1978 年 3 月，这距其辞世仅不足三个月。前后延续了七十余年的旧体诗词写作，在郭沫若的文学生涯中，是哪一种文体形式的写作活动都无法相比的。作为诗人，郭沫若旧体诗词的创作与作品，占据了他诗歌活动的半壁江山，甚至更多。有这样一些数字：

《郭沫若全集》文学编诗歌卷（1—5 卷）总计收录（古诗今译、楹联、挽联、题词不记）自由体新诗约 410 余篇 450 余首，旧体诗词约 470 余篇 770 余首（旧体诗词多有在同一篇题下收录若干首，甚至十余首三十余首者）。《郭沫若全集》之外散佚的诗歌作品，不完全统计有自由体新诗约 150 余篇，旧体诗词约 580 余篇 710 余首。两者合计，自由体诗歌约 550 余篇 600 余首，旧体诗词约 1040 余篇、近 1500 余首①。仅就数量而言，郭沫若的旧体诗词创作即远远多于其自由体新诗的创作。

当然，旧体诗词创作之于郭沫若的意义，远不只是作品数量的多少，它们在成为郭沫若文学作品库的重要内容的同时，包含着大量有关郭沫若生平各个方面活动的历史文化信息。这能让我们更全面、完整地阅读郭沫若的一生，也能更深入地开掘、思考郭沫若研究。

譬如，一首郭沫若流亡日本期间撰写的佚诗《休心亭即吟》：“幽阁围高木，薰风吹我衣，奇珍供玩赏，谈笑暂忘机。”② 这是他为日本一位金石篆刻家长曾我部木人题写的诗。从诗中我们不但真切地读出郭沫若是时生活中的一种心境，更重要的

---

① 关于郭沫若旧体诗词的数量，两种主要的郭沫若旧体诗词集中有这样的数字：《郭沫若旧体诗词系年注释》（黑龙江人民出版社 1982 年版）称“已经收集到旧体诗词一千四百余首”（包括后来收入《郭沫若全集》的篇目），实际上该书所收约为 1200 篇（数十幅联语不计）。《〈郭沫若全集〉集外散佚诗词考释》（浙江大学出版社 2014 年 8 月）谓：“据笔者统计，《全集》文学编收录旧体诗词约 1100 首。却仍有近 700 首没有入集。”其实，收入《郭沫若全集》的全部诗歌作品（新、旧体）约 880 余篇 1200 余首。其中（包括文学编、考古编）收录的旧体诗词（即使包括古诗今译、联语等）远没有 1100 首。该书所言收录的未入集作品，除去数十首已收入《郭沫若全集》的作品，以及联语、题词等，实际不足 600 首。

② 据原诗手迹。诗写于 1932 年夏，收入长曾我部木人所藏《休心帖》的书画帖中。《休心帖》是多位与长曾我部木人交往的书画家、篆刻家们，在其寓所的休心亭挥洒文墨后，经长曾我部木人整理而成。

是，这首诗的创作，让我们触摸到此前从不知晓的郭沫若与日本篆刻书法家们交往的史事、史迹。《题昭觉寺》是郭沫若1955年4月在成都参访昭觉寺后写下的一首诗："一别蓉城卌二年，今来昭觉学逃禅。丈雪破山人已渺，几行遗墨见薪传。"① 丈雪、破山是明末清初两位蜀中禅宗大师，在禅学上颇有造诣，且擅书法。丈雪曾在毁于明末的昭觉寺遗址禅居，后来慢慢重建起昭觉寺，晚年作不入市井之誓。郭沫若于1912年深秋从成都起程走出四川，开始了留学东瀛的人生之旅。四十二年后重回故地，他已经经历了人生的诸多精彩，也有遗憾，自然感慨良多。他借访昭觉寺，在诗中抒发了一种阅尽千帆后的人生感悟。这显然与人们一直以来所认知的五十年代初期的郭沫若——那个似乎正值春风得意、英气勃发的郭沫若——不尽相同。我们是不是看到了另一种人生语境中的郭沫若?

所以，了解诗人郭沫若，不可不阅读其旧体诗词作品，了解郭沫若的生平活动，也不可不知他的旧体诗词创作。而要阅读、研究郭沫若的旧体诗词，首先有一个收集整理的问题。收入《郭沫若全集》的旧体诗词作品是经过作者生前整理订定的，不必再动，但集外的作品大多处于遗散状态，钩沉、考订、整理起来自然颇费心力。

《郭沫若全集》之外散佚旧体诗词的收集整理，还不同于佚文的整理，后者收集整理的基本上都是已刊文，即曾发表出来的作品。而散佚的旧体诗词，有相当数量属于未刊文，不曾正式发表，或隐于文献史料中，或以书录、题赠的方式藏之于世。收集起来本就不易，篇题、文本、写作时间等基本信息多有缺失更成为整理的难点。尽管如此，仍有学人做了不少收集、整理、勘定的工作。不过，分散的收集整理，标准不一，也没有与《郭沫若全集》联系起来考虑，使得这一工作缺少应有的规范、原则、体例，自然也影响到作品勘定的准确性。梳理一下，大致有这样几个方面的问题：

一 集外旧体诗词篇目的订定

郭沫若集外旧体诗词篇目的整理，有几种情况需要仔细斟酌：

其一，未刊文部分的旧体诗词，有些是没有作者手迹、手稿的，篇目的订定只是根据他人抄录的文字，或见之于他人的文章著述中。这样就存在一个需要辨析真伪的问题，可以借《〈郭沫若全集〉集外散佚诗词考释》一书（以下简称《集外散佚诗词考释》）② 所收录的几首诗为例说明。

《书赠黄自明》系该书依据他人回忆文章所记收录的一首诗，诗文据文章中抄录

---

① 据原诗手迹，见《中国书画》1979年第1期。

② 丁茂远编著《〈郭沫若全集〉集外散佚诗词考释》，由浙江大学出版社2014年出版，可称几十年来郭沫若旧体诗词整理、考订工作的集大成者。故本文将多以该书收录的诗词为例，来说明所述及的问题，同时，亦有对于其中疏误（仅限于作为文中所用例证者）予以订正之意。

的文字。这是郭沫若姻兄之子的一篇回忆文章[①]，专门记述1940年郭沫若以一首作于流亡日本期间的诗，书赠其父一幅单条之事，但声称原件已经遗失，诗文是根据记忆写下的。事实上，所谓《书赠黄自明》一诗，非郭沫若所作，而是王国维的一首诗，为其二首嘲杜鹃绝句之一首，应该是郭沫若以王国维诗书赠其姻兄的。文章中抄录的诗文还有一字识读有误，即将“千年”误作“十年”[②]。

《赠胡伯雄》一诗出自一篇题作《郭沫若题词选辑》的文章[③]。文章断定“本篇系郭老1942年为民生公司胡伯雄所题”，但并没有道出依据。《集外散佚诗词考释》的编者收录了该诗，并谓胡伯雄系合川水电厂厂长。郭沫若1942年6月往合川住合川水电厂宿舍，应胡伯雄索求题写该诗赠予他，亦无手迹可以对照诗文。实则该诗并不是为胡伯雄而作，系郭沫若为李仙根观历史剧《屈原》所作一首诗写的和诗。而且该诗也非佚诗，已以“和李仙根观《屈原》演出一首”为题收入《郭沫若全集》文学编第2卷。

《春雷》其二，是《集外散佚诗词考释》收录的两首作于1974年的同篇题诗作中的一首。两首诗均出自一篇文章[④]，而文章中既无手迹图片亦无诗文出处。该诗其实是胡绳的一首题为《偶感》的诗作，作于1972年[⑤]。

这种没有手迹、手稿可以印证的未刊佚诗词，还是有一定数量的，而且还会不断有新文献资料的发掘。所以如何判定篇目，应该有一个原则来规范。如果以有无作者手迹、手稿作为佚诗词篇目判定的依据，当然最保险，也易操作，但这样一来就会把一定数量的作品排除在外，大概是不合适的。我以为是不是可以用“外篇”或“附篇”的形式，将无作者手迹、手稿印证、比对的那一部分未刊作品，在“正篇”之外另行辑录。因为除了在订定篇目上的考虑，无手迹、手稿参阅的诗词作品，其文本的准确性也是需要考虑的。郭沫若手迹的识读，对于绝大多数人来说很难做到完整、准确，识读中出现错误，是常常出现的问题。同时，诗文在迭次抄录的过程中，也增加了出现错误的可能性。所以，还是有必要在有无手迹之间做个区分。

其二，见之于郭沫若散文、书信、小说、论文等作品著述中的旧体诗词，是否以及如何认定为单独的诗词作品，也是整理集外郭沫若旧体诗词篇目需要解决的问题。

既是集外作品的整理，必然要与《郭沫若全集》相关联。《郭沫若全集》收录的旧体诗词中有一些篇目，是作者从其散文、书信、小说、论文等其他文体形式的作品著述中摘录出来的，于是，在郭沫若集外诗词的整理中，也出现有许多篇（至少有

---

① 黄廷弼：《犹自朝朝劝客归——介绍郭老的一首佚诗》，《郭沫若学刊》1996年第3期。

② 关于该诗和郭沫若步王国维韵所作的两首绝句，我在《郭沫若流亡日本若干旧体佚诗考》（载《新文学史料》2011年第3期）一文中有详尽的考订。

③ 杨华、龚坚：《郭沫若题词选辑》，《郭沫若研究学会会刊》1984年总第4集。

④ 见冯锡刚《诗人郭沫若在“文革”后期》，《传记文学》1992年第3期。

⑤ 见《胡绳诗存》，中国社会科学出版社1996年版。

数十首之多）整理者从郭沫若各种文体形式的作品著述中摘录出来的诗词作品篇目。当然，问题也就随之而来。

一是摘录的篇目见仁见智，二是摘录出来的篇目造成作品之于《郭沫若全集》而言的重复辑录。

郭沫若作品著述及书信的文本中有随文诗词的情况非常之多，作者生前摘录了不少篇目，编入其各种作品集中，《郭沫若全集》即以这些作品集的形式将它们辑录。作者生前摘录这些诗词单独成篇，自有其考虑的原因，但已无从知晓，我们依据什么样的标准来摘录成篇呢？显然不能单凭一己之见。

编辑《郭沫若全集》有一个最基本的原则，即全集收录的文章作品均以作者生前编订的各个集子为依据和底本，所以，我们应该可以这样确定一个标准：凡由辑入《郭沫若全集》的文章作品中经作者自己摘录出来单独成篇，且已收入全集的诗词作品之外，不要再从这些文章作品中另外摘录单独成篇的诗词作品。因为撇开见仁见智的选择不说，它们作为文本内容已经不是集外之作了。《集外散佚诗词考释》从《广寒宫》（收入《郭沫若全集》文学编第1卷）中摘录所谓的《笙歌漾天宇》《牛郎织女歌》《张果老歌》等，从《聂嫈》（收入《郭沫若全集》文学编第6卷）中摘录所谓《春桃》《依冷如春冰》《依本枝头露》等，从《蔡文姬》（收入《郭沫若全集》文学编第8卷）中摘录所谓《屯田歌》《重睹芳华》，从《读随园诗话札记》（收入《郭沫若全集》文学编第16卷）中摘录出12首诗等，均单独成篇予以辑录，实是大不妥的。

郭沫若集外佚文部分是否也可以循作者生前所作之例，摘录其中的旧体诗词单独成篇呢？我认为应该可以，因为这些随文的旧体诗词，大多是郭沫若旧体诗词写作很重要的内容。譬如：《自然底追怀》中收录有郭沫若留学日本初期的11首旧体诗作，这几乎就是他那一时期旧体诗词创作的全部了。《郭沫若致文求堂书简》的若干信函中有多首郭沫若抄录给受信人的旧体诗，它们真实地记述了作者海外流亡的生存状态。《续〈狐狸篇〉》是以三组诗为文，来“质诸”万古江的《狐狸篇》。这些随文的诗作，如果不能以诗词形式单独成篇，无论从阅读还是研究的角度而言，它们实际上都会被淹没在文中。事实上，在郭沫若一些随文有旧体诗作的信函、文章中，信或文不过是一个壳、一个载体，作者本就为的是抄示、披露诗作。譬如：郭沫若一封致巨赞法师的信函，就只为“书奉新作《满江红·纪念鉴真上人》”；郭沫若致田中庆太郎的几封信函也是这种情况；《续〈狐狸篇〉》的文章主体是16首诗，文则是诗的注释。

不过，从佚文中选择摘录可单独成篇的旧体诗词，会有一个见仁见智的问题。这当然不好用一个硬性的标准去规范，但应该有一个基本的原则。郭沫若曾以文中的一些诗作书赠他人，这可以视同发表了该诗作，自然应单独成篇。在此之外，凡具有完整、独立审美意象、审美表达和审美价值的诗词，可以摘录出来单独成篇。如果只是为文中特定情节的发展、为文中人物形象的塑造，而以诗词形式、诗词语言所作的描写、叙述、咏叹等等，则不宜摘录出来单独成篇。例如，从《抗战回忆录》摘录所谓《沙场征战苦》，从《访问朝鲜》摘录同名诗《访问朝鲜》，从《纪念番薯传入中国三百七十周年》摘录一首《满江红》词（均见《集外散佚诗词考释》）等。

其三，郭沫若有些诗作异题同篇，这样的情况需仔细甄别，以免作为集外佚诗所收录的篇目，实际上已另题收入《郭沫若全集》。前举《赠胡伯雄》一篇即为一例。其实该诗还曾有另一个篇题《和韵》，发表于 1942 年 4 月 16 日重庆《时事新报》。《集外散佚诗词考释》收录的《题道纲先生画》一诗虽曾发表于《时事新报》，实为收入《潮汐集·汐集》（现收《郭沫若全集》文学编第 2 卷）之《题人物画二首》中的一首《仿刘松年群仙图》。与此关联，该书对于此诗所题之画的推断，也就不准确了。该书中《题敦煌画展》一诗，亦已收入《潮汐集·汐集》（现收《郭沫若全集》文学编第 2 卷），诗作于 1943 年 1 月 17 日，而书中注作于 1945 年间。因重复收录造成的作品创作基本信息的错乱，大概是不可避免的。

以上所言集外诗词篇目的订定，是关联到《郭沫若全集》，尽量避免作品的重复收录。若单独考虑辑录郭沫若旧体佚诗词作品集，订定篇目的标准则可以宽泛一些。

其四，从一首（或两首）诗改作为另一首诗，是郭沫若旧体诗创作中的又一种情况。整理者对于如何判定改作是否成一篇新的诗作，标准不一。譬如，《集外散佚诗词考释》所收录的《题赠陈叔谅先生》（该书误作“陈叔亮”），实为作者“录旧作”《夜会散后》书赠①。两者比对，虽然文句的改动比较多，但《夜会散后》已经收入《潮汐集·汐集》（现收《郭沫若全集》文学编第 2 卷），前者不好再作为另一首佚诗吧。该书还收录《咏兰》一首，系郭沫若 1945 年 3 月 7 日（该书署时间有误）所作五首题画梅画兰诗中之一首②。五首中题画梅三首分别以“题画梅二首”“咏梅”为题，题画兰二首合为一首五律，以“咏兰”为题，收入《潮汐集·汐集》。《集外散佚诗词考释》将原作两首题画兰诗收录一首，弃置一首，是取何标准呢?

所谓的改作，其实包含了两种需要区分的情况：一是改动文字、诗句，一是诗体的改动，如从绝句改作律诗。同时，判定是否改作为另一首诗作，还要考虑作者是否已经确认了定本。这样，我们是不是就可以有一个判定的标准了：凡是部分文字、诗句的改动，应视为该诗作的另一种文本。只有诗体的改动，方可视为另外一篇诗作。譬如：郭沫若在 1946 年为茅盾夫妇赴苏联访问送行，曾写过一首七绝，后因感“仓猝得句，意不甚恰”，改作为七律《送茅盾赴苏联》。后者已收入《蜩螗集》，七绝一首则仍可作为一首佚诗。1961 年，郭沫若访大理时应邀赋七言诗《蝴蝶泉》，后改作

① 参见原作手迹。《郭沫若书法集》，四川辞书出版社 1999 年版。

② 参见原作手迹。《郭沫若书法集》，四川辞书出版社 1999 年版。

为一同名叙事长诗（十九节）收入《东风集》，前者当然可视为一首佚诗。

对于有不同文本的佚诗，文字、诗句的易动，我们可用校勘的方式整理。而对于作者已经将修改文句后的诗收入集子中（也即收入了《郭沫若全集》），我们应该视其为作者确认的定本。即使文词的改动比较大，像《夜会散后》之于《题赠陈书谅先生》，也不应视为两篇诗作。事实上，郭沫若在将旧作编入《潮汐集》的时候，有不少篇是作了修改的。这正是相当于从初刊稿到定稿的一个创作过程。

二　集外旧体诗词篇题的订定

集外旧体诗词作品多有无题者，虽然“无题”亦可为题（郭沫若有些诗作就是以此为篇题），但集中整理并辑录成卷出版，这些无题之作太多了，不好均作“无题”，除非作者已冠之以“无题”。我们还是需要为这些无题之作订定一个篇题。从目前已经出版的几种郭沫若旧体诗词的集子来看，编选者对于这些无题的诗作，多冠以自己拟订的篇题。这样处理虽不能说不妥，但有一些情况应该尽量避免，因为一个拟定不当的篇题，可能会造成对诗文的错误解读。

郭沫若有一些未刊的集外旧体诗是以题赠、书赠他人的形式见之于世的，这些诗作一般没有篇题，整理者则会以“赠××”“题赠××”的方式为之订定篇题。这是想当然地以为“赠”“题赠”的含义就是赋诗以赠或题赠。其实“赠”“题赠”是可以有两种含义的：赋诗是其一，书赠是其二。郭沫若擅书法，他以“书”的方式将诗文题写了赠予朋友或他人是常有的事。书写的诗文可以是己作，也会是古人之作，可以是专为书赠对象所作，也可能是自己的旧作。

有一篇被订定诗题作《赠陈铭德邓季惺夫妇》的佚诗，原本无题，因诗是依据一幅郭沫若书赠陈铭德邓季惺的手迹整理，便为整理者定为此题。同时，另外有回忆文章记到郭沫若赠诗陈铭德邓季惺之事：1936 年，陈铭德、邓季惺二人为《新民报》有更大的发展，赴日本考察、购置先进的印刷机械。他们在东京拜访了郭沫若，并向郭沫若约稿，得到郭沫若题赠此诗。几种郭沫若旧体诗词整理本，均如此订定了该诗篇题。于是，“呢喃剪新谱，青翠滴清音。对此欣欣意，如窥造化心”的诗文，也被解读为喻《新民报》事业的发展欣欣向荣。

但另有一幅郭沫若手迹（现藏日本东京亚非学院图书馆“沫若文库”）可以证实，在此前几年，郭沫若为东洋文库主任石田干之助题写过该诗。虽然还不能完全排除该诗有更早文本的可能性，但根据现有相关的资料判断，该诗应是作者特意为石田干之助而作并题赠的。1928 年初，郭沫若被迫流亡日本。在这里他难以进行文学创作，因而转入历史学研究、古文字研究的学术领域。正是得到了石田干之助的大力帮助，他得以查阅东洋文库所藏全部金文甲骨文资料，很快便在古文字研究、中国古代史研究方面取得了丰硕的成果（《中国古代社会研究》1930 年出版、《甲骨文字研究》1931 年出版、《殷周青铜器铭文研究》1931 年出版）。该诗应该是郭沫若为向石田干之助表达感谢之意所作，诗文应该也是由自己人生道路上发生的这种变化所触发的感兴。《赠陈铭德邓季惺夫妇》的篇题显然不可取，它还导致了对于诗文的误读。

《集外散佚诗词考释》辑录有一首题作《题赠绿川英子》的佚诗，注写作时间为 1941 年 11 月。诗是他人根据一幅郭沫若题诗的手迹（原件现藏佳木斯文化馆）整理。这幅为绿川英子题诗的手迹不假，诗却不是郭沫若特为绿川英子所作，而是他在是时一组题为《读酬罗灯下率成三绝寄孝威》的诗中之第三首。香港《天文台》半月刊主编陈孝威当时致书、献诗美国总统罗斯福，呼吁支持中国抗战。作者应陈孝威索和诗作此三首绝句。所以，以“题赠绿川英子”为该首诗篇题是不妥的。

事实上，那些从郭沫若“题赠”“书赠”手迹整理而来的无篇题佚诗，除非可以考订确系郭沫若特为受赠人所作，应该规避使用“赠 × ×”“题赠 × ×”的方式为之订定诗题。

《春节纪实》是上世纪 80 年代就被整理出来的郭沫若一首佚诗，原无题，摘录自郭沫若 1919 年 1 月 2 日写的家书，篇题为整理者订定（见《郭沫若旧体诗词系年注释》，黑龙江人民出版社 1982 年 8 月）。《集外散佚诗词考释》仍沿用了这一诗题。整理者之所以拟定了这样一个诗题，显然是因为诗中所咏系作者在日本过年的事情。事实上，郭沫若所写的过年，是公历纪年的“新年”，也就是元旦。因为日本在明治维新后改用公历纪年，过年即为新年，与农历的春节无关，所以郭沫若在信中也写有这样的话：“家中想必还是过旧历年”。这首诗的篇题应予订正。

《题傅抱石画“苍山渊深”赠吴履逊》是郭沫若在傅抱石一幅画作上题写的一首诗，诗是赠吴履逊的。诗原无题，篇题由《郭沫若题画诗存》编者拟定。这个篇题似也没有什么不妥，只是将傅抱石画称作“苍山渊深”（图）唐突了一些，但大概也是因为诗中有句“独对苍山看不厌，渊深默默走惊雷”，故以“苍山渊深”名之。然而，后来情况发生了变化。该诗的另一种文本被披露出来，作者改动，或者说有异文的词句，恰恰是“独对苍山看不厌”句。该句改作“独对寒山转苍翠，渊深默默走惊雷”。“寒山转苍翠”乃王维诗的成句，作者这一改动显系有意为之①。那么据此文本，傅抱石画就不能名之曰“苍山渊深”，或者叫“寒山图”（也能贴合画面、画意）更恰当。显然这首诗的篇题也需予以订正。其实，如果就以《题傅抱石画赠吴履逊》作为篇题即可。郭沫若为傅抱石画题诗不少，但以其画题诗赠吴履逊，却只此一首。

以上所述几种，是为郭沫若无题佚诗订定篇题所出现的失当或错误等情况，不可能一一列举。这里只是为提示郭沫若旧体诗词整理过程中，对于原无题诗之篇题的订定，不应太随意、随机。虽然我们不可能规定一个标准来为无题诗作订定篇题，但还

① 参见蔡震《郭沫若流亡日本期间若干旧体佚诗考》，《新文学史料》2011 年第 3 期。

是应该有一些遵循的基本路数（因为整理之事非一人之事）。譬如，依题诗对象、依诗句、依诗意等等。不过无论依据什么来订定篇题，首先还是要厘清作者写作某一无题诗的基本信息：因何而作，作于何时，有无其他文本等等。

此外，还有一点需要注意，即凡由整理编辑者为无题诗作拟定的篇题，整理者应该对篇题作注释予以说明，不能混同于郭沫若原有篇题的作品。这是目前可见的若干种辑录或注释郭沫若旧体诗词的书中普遍存在的问题。

三 集外旧体诗词文本的考订

在集外旧体诗词的整理中，诗词文本的勘定是最重要的事情，这方面也存在一些问题需要厘清。

有一种情况是整理者没有看到原诗（原文或手迹），致使文本的整理出现错漏。以下几例可见一斑：

《登衡山》一诗中有“戏从杂卦征休咎，聊倚残飧润肺肠”句，《集外散佚诗词考释》收录该诗（以《铁佛寺小卧》为篇题）误作“戏从爻卦征休咎，聊以残飧润肺肠”。其实编者知道该诗手迹现存乐山文管所，但文本的录入却是依据一篇文章中的抄录稿。

《题迎潮图》一诗，发表于重庆《经纬副刊》1944 年第 1 卷第 2 期。整理者未见该刊所发表的全诗文本，只根据他人摘录的文字收入《集外散佚诗词考释》，结果成了一首有头无尾，中间缺失的残缺文本。

《戏步田汉题于伶〈升官图〉诗原韵》一诗的文本作：“一边大打一边谈，满地峰烟北至南。已是山残兼水剩，居然暮四又朝三。惊呼黄浦鱼登陆，漫道殷时女变男。不信人民终可侮，盘肠一战我犹堪。”《集外散佚诗词考释》收该诗（题作《赠于伶》）仅录四句：“一边大打一边谈，内战峰烟北至南。莫谓人民真可侮，盘肠一战我犹堪。”且不论个别字词的不同，一首七律变身为七绝，差之甚远。

《十载一来复》摘录自发表于 1948 年的一篇散文《十载一来复》：“十载一来复，于今又毁家。毁家何为者？为建新中华。”诗写于 1947 年 11 月。《集外散佚诗词考释》收录该篇的文本，在四句之后还有四句“革新须革己，革己要牺牲。多少英雄血，激荡石头城。”这是一首五律的文本，其实是郭沫若于 1948 年书赠舒国华的，可算另一首诗。整理者既未见散文《十载一来复》，亦未见作者书赠舒国华的手迹，将两者混为一谈且张冠李戴了。

《蝴蝶泉》一诗有两句诗文应作“四月中旬逢一度”，“我来今已届中秋”。《集外散佚诗词考释》收录该诗这两句则为“四月中旬来一度”，“我今来已届中秋”。因为整理者未见手迹，是根据一篇文章录入文本的，显然传抄有误。

《贺〈屈原〉在日本第五次演出成功》的诗文，据手迹作：“三闾橘颂又成功，遥贺扶桑诸弟兄。萧艾铲除香草茂，倚天长剑划长虹。”《集外散佚诗词考释》根据一篇文章收录的诗文，将前两句颠倒了顺序，将“三闾”误作“三板”，“遥贺”作“遂贺”，“香草茂”作“香草芳”，“倚天”作“依天”。“三闾”乃“三闾大夫”，指屈原，“三板”则不知所云。在中国祝贺在日本演出成功，当然是“遥贺”，“遂贺”是何意？萧艾铲除自然香草繁茂，香草芳香与铲除萧艾并无逻辑关系。这后一间接得到的文本委实不靠谱。

另一种情况是识读手迹有误。郭沫若的集外旧体诗词多有出自手迹、手稿者（当然多见于原件图片），误识的情况并不鲜见。

《题沈迈士画鱼（二首）》有两句诗“要问鱼为何”，“呼童且烹煮”，手迹中“煮”用了异体字。整理者将这两句分别识读作“要问鱼如何”，“呼童且烹鬻”①。“为何”与“如何”的意思自然不同，而“鬻”乃“卖”之意，与“煮”风马牛不相及。

《闻河上肇著作将出版书寄日本友人》一诗是由日本友人著文披露出来的，并附有手迹图片。但该文将诗中“遗香犹自透尘埃”句的“尘埃”识读为“尘怀”②。《集外散佚诗词考释》以此文本收录该诗，并注释“尘怀”为“世人的胸怀”。但汉语中似无“尘怀”一词。也有人曾以“遗香犹自透尘怀”作文章的标题。一字之误，意思大相径庭。

《题郭开运为张可源画〈菊葵图〉》是作者为郭开运一幅画作的题画诗，画面是一枝菊花、一枝秋葵，诗中有句“我非陶渊明，两能作欣赏”。陶渊明喜菊，“采菊东篱下”，作者非陶潜，欣赏菊花亦欣赏秋葵。《集外散佚诗词考释》据一整理者的释读文本（其实该诗手迹另有刊出）收录该诗③，将“两能”识作“安能”，错识一字，意思截然相反，“安能作欣赏”岂非成了对于所题诗之画的贬损。

《书赠黎光》是《集外散佚诗词考释》订定篇题收录的一首诗。事实上，该诗无题，整理者根据郭沫若题诗手迹的落款“黎夫同志一九六三年秋”字样，订定了篇题，但是将“夫”字错识为“光”，以为“黎光”乃一人名，且注释称其生平事迹等“待查”。实则黎夫，系王黎夫，曾供职国民政府军事委员会政治部，生平事迹可考。

还有一种情况是如何选择、确定诗词底本的问题被整理者忽略，或不曾考虑。

整理郭沫若的集外旧体诗词与整理其集外文或书信的文本，会有一个不同之处，或者说难点：底本的选择和确认。集外文和书信（即使未刊出）只有一个文本（除极个别的情况），一部分旧体诗词则有两个，乃至两个以上的文本。

---

① 见龚明德《1937年11月上旬三日记事》，《郭沫若学刊》2012年第2期。

② 见白石凡《郭沫若先生と河上肇博士》，日本雄浑社《郭沫若选集·郭沫若诗集》。

③ 见毛西旁《郭沫若八图题诗及其背景材料》，《沙湾文史》1987年第4期。

写作旧体诗词，是郭沫若以文交友的重要方式，再加以他书家的身份和偏好，他常常将自己的某一诗作先后书赠不同的人，在这一过程中会有文字的易动。于是，一首诗实际上就有了两个或两个以上的文本。在大多数情况下，这种文字上的易动，并非作者有意对文本的修改，只是书写过程中随兴之所至个别字词的变动。不过，确实也有作者在将一首诗书赠他人的过程中对文本刻意做了某些改动的情况存在。而更为棘手的是，这种有不同文本的诗作，有些并不能直接判断其各个文本书写时间的先后次序，所以诗文底本的选择和确定，就成了一个颇费心思的事情，给整理校勘带来很大困难。

郭沫若留学时期创作的几首旧体诗：《镜浦》（一）、《镜浦》（三）、《吊朱舜水墓》、《登操山》、《游太宰府》，作为集外佚诗，早已被整理并辑录，从《郭沫若旧体诗词系年注释》（1982 年出版）到《〈郭沫若全集〉集外散佚诗词考释》（2014 年出版），均辑录以相同的文本。但整理者不曾考虑，或从未意识到这几首诗存在有几个文本的问题，所以两书辑录的这几首诗文都存在文本上的疏误。

几首诗均出自郭沫若一篇回忆散文（也是佚文）。该文作于 1933 年，以日文本最初发表于日本改造社《文艺》1934 年 2 月号，题作《自然への追怀》。后陆续有三个中文本刊出：《自然底追怀》，刊载于 1934 年 3 月 4 日上海《时事新报·星期学灯》第 70 期；《自然之追怀》（济民译），刊载于上海《现代》月刊 1934 年 4 月第 4 卷第 6 期；《我在日本生活》，刊载于汉口《西北风》半月刊 1936 年 10 月第 10 期①。

整理者虽然在篇注中说到这些诗曾录入散文《自然底追怀》，但显然并未见该篇文字，也不知道该文有几个文本，因为其录入的诗文文本实际上出自（且是间接的）《我在日本生活》一篇②。《自然への追怀》是最初发表的文本，虽为日文本，所录 11 首诗均用中文，《自然底追怀》中诗文的文本与其相同。如果以此为底本，对照《自然への追怀》与《郭沫若旧体诗词系年注释》、《集外散佚诗词考释》两书所录这几首诗的文本，有多达十余字的异文。其中：

《镜浦》（一）中“镜浦平如镜”作“镜浦真如镜”，“遥将一壶酒，载到岛头倾”作“遥将一樽酒，载向岛前倾”。

《镜浦》（三）的“相对富峰高”句作“相对扇峰高”。

《吊朱舜水墓》中“七日空哭秦”句作“空效哭秦人”。

《登操山》中“浩气荡肝腑”句作“浩气荡肺腑”，“舞罢迫下山”句作“舞罢

① 该期《西北风》为“日本特辑”，所刊文章均写与日本相关之人与事，郭沫若应是得该刊约稿，故将《自然底追怀》的文题改作适合该“特辑”之《我在日本生活》，并于文末写有“附言”予以说明。

② 事实上，两书的整理者还不是直接参阅《我在日本生活》一文，而是间接从海英的文章《郭沫若留学日本初期的诗》（载《中国现代文艺资料丛刊》第 3 辑，1963 年 11 月版）中抄录了这几首诗。海英在文章中录入（以自己作中文译本的方式）《我在日本生活》时，删改了包括标题在内的多处文字，其文的不实、不端之处，我已有文论及（参见《郭沫若生平文献史料考辨·在日本期间日文著述考》，社会科学文献出版社 2014 年版）。

道下山”。

《游太宰府》的“艳说菅公不世才”作“艳说菅原不世才”，“犹有清凉秋思催”作“犹有清凉秋意催”。

但这还不是这几首诗的文本的全部，在郭沫若纪念馆藏有郭沫若抄录《自然底追怀》中11首诗的一份手稿，其中多首诗（包括这几首）亦有异文存在，应视为诗文的另一文本。这份手稿没有确切的书写时间，可以推断（根据相关史料）是写在作《自然底追怀》的前后。当然，如书写在作文之前，应系为撰文做的资料准备，则其中有异文处，可视为发表文本作了修改，是为定本。而如果抄录在作文之后，则可能是作者又有了改文之意。但无论如何，这一抄录稿也应该是订定这几首诗的文本所需要勘校的文本。

因为对文本问题的轻忽，致使这几首诗一直未能勘定准确的文字。其实在几十年间，整理者但凡查找一下《自然底追怀》的任何一个刊出文本，就不会将错就错了，而由人民文学出版社2008年6月出版的《〈女神〉及佚诗》也已经收录了这几首诗准确的文本。

《集外散佚诗词考释》中收录有《苏子楼》一诗，出自张肩重（曾在三厅工作）一篇回忆文章所抄录的该诗文字（没有附原诗手迹）①。事实上，该诗有手迹存世，也曾在1940年1月28日的《新蜀报·蜀道》上刊出。郭沫若且多次以其题赠他人：于立群、常任侠、商承祚、张肩重等，给于立群就至少题写过两次。该诗从诗题到正文再到序跋，有多个文本，如何确定底本，如何勘校文字，委实难以定夺。时间最早的是书录与于立群“保之”和刊登在《新蜀报·蜀道》第28期的两个文本，同在1940年1月28日。前篇题作《四用寺字韵》，后篇题作《六用寺字韵题嘉定苏子楼》。两篇诗文无异，均无序跋等副文本。另一幅书与于立群的该诗，写于1944年12月13日，无题，但有一段跋语。诗中“蛟鼍出没不可驯”句与前两个文本有异，前者作“蛟鼍出殁势难驯”。题赠张肩重的该诗有一段题记，诗文有多处异文。其中“蛟鼍出没不可驯”句“不可驯”与最早的两个文本有异，与1944年书与于立群的文本相同。“一别重来三十载”句，前列几种文本均作“一别重过三十载”；“感化人工并化工，蔚然苏子才如海”句，前列几种文本均作“感此人工并化工，蔚成苏子才如海”；“不遇蔡京与惠卿”句，前列几种文本均作“不遇蔡章与惠卿”；“赢得千古万载名”句，前列几种文本均作“赢得千秋万岁名”。

张肩重文章所录文本出现这样多处异文会有两个原因：一为识读有误（譬如，将“感此”，识作“感化”显然系误识，后者文义不通）；一是手迹确为异文（譬如，“蛟鼍出没不可驯”句。这在郭沫若为他人题写同一诗作时常有出现），但因为没有见到原题诗手迹，我们不能确定哪处异文如此。可见，《集外散佚诗词考释》选

① 见张肩重《在郭老周围的日子里》，《四川大学学报丛刊》1980年第8辑。

录的文本未必适合。此外，怎样据几个不同文本来最终酌定该诗的篇题、诗文底本、序跋等，还是需要仔细斟酌的。

四 与旧体诗词相关的序、跋、款识等文字，应与诗词文本视为一体予以收录

在郭沫若的旧体诗词作品中有相当数量为人题诗、题画的写作，它们往往会有与诗文相关的序、跋、款识等文字（当然不仅仅是这两类诗作），或可称为副文本。这些文字涉及作者写诗的缘起、为谁而作、写作的时间等等相关信息，构成该诗作不可分割的部分。譬如，根据作者手迹整理的这首诗："善将妙手谱清音，海外曾听一曲琴。今日悲秋甚寥落，哪堪儿女化商参。"诗文后有跋语："国瑗今夏曾东渡，访余于须和田之寓庐，就四女淑子钢琴抚奏一曲，及今思之，殊有难言之隐痛。"诗文很直白，但诗无题，如果不看跋语，不要说不知诗文所云，就连该诗写作的基本信息也无从入手考订。《集外散佚诗词考释》将所收录诗词的序、跋、款识等文字均以注释的方式处理（与诗文分割开来），是不妥的。

上文说到的《四用寺字韵》一诗（暂用此题），郭沫若书录的一个文本中有一段跋语："吾乡嘉州凌云山上有苏东坡读书楼，幼年肄业小学时常往登临。民二出蜀迄抗战军兴，于廿八年归省，始得重游。相别廿有六年矣。建筑多就颓废，壁上题字亦多风化，方知岁月流逝之可惊。然东坡精神固长留于天地间也。"这段文字包含了许多与诗的撰写及诗文内容紧密相关的历史信息。显然，它们与诗的本文一起，才让该诗的构成更完整。

当然，如果落款仅为作者署名，不妨在文本录入中略去。

钩沉整理郭沫若集外旧体诗词，可能还会有其他的一些问题，这或者还需要做专门的研究。但有了这样的学术准备，我们才能整理辑录出一个相对完全和准确的作品集。这也才能为郭沫若旧体诗词研究，提供完备的文献资料。

（原载《新文学史料》2018 年第 3 期）

郭沫若史实考五题

龚明德

一　郭沫若和茅盾在广州出席“文艺座谈会”

海峡文艺出版社一九八五年六月印行了一百多万字的两卷本《蒲风选集》，其中编入了幸存下来的蒲风一九三一年、一九三七年和一九三八年的日记二十多万字，几乎全是当年的文学现场记录，十分珍贵。但很可惜，这些史实细节有不少至今未被相关研究者发现，更谈不上开发出来充分利用，如下述事涉郭沫若和茅盾的相关记载便是。

蒲风一九三七年十二月二十七日这天的日记载曰：“文艺座谈会昨天在知用中学礼堂举行，到卅余人，很热闹。这已是第四次了。”往前查阅了几个星期蒲风写下的日记，知道了身为中华文艺抗敌协会广州分会负责人之一的蒲风等人所说的“文艺座谈会”，也就是这个月中旬之初才发起的，一般是逢周日举办。

“第一次‘文艺座谈会’开幕”是一九三七年十二月十二日，上午九点开始的，“一直支持到下午一点”，“有二三十人来到”，蒲风在日记里继续写道：“我们简直不知道什么是疲倦，是饥饿，这种开会精神倒是前所未见哩（在广州言）。”

第二、第三次的“文艺座谈会”，似乎是十二月十九日这个星期天一天内举行的，上午和下午各一次；这天的蒲风日记中，有“座谈会方面，今天倒有两个”的记载。上午九点开始的，以诗歌等为内容的座谈。

就在蒲风等人于广州举办的这四次“文艺座谈会”期间，凑巧郭沫若和茅盾也先后差不多同时来到了广州，并且两人都分别出席了一次并都作了讲演，蒲风日记均有或详或略的记载。但是，不知什么原因，迟至一九九二年十二月由天津人民出版社出版的三卷本《郭沫若年谱》和一九九六年六月由山西高校联合出版社出版的两卷本《茅盾年谱》都没有《蒲风日记》准确载录的郭沫若和茅盾出席蒲风等人于广州举办的“文艺座谈会”的内容，今后就可以据此补入。

郭沫若参加的一次是十二月十九日上午的“文艺座谈会”，蒲风日记写道：“连郭先生也曾来了一段演讲。可惜的是他没有参加讨论，……”查阅《郭沫若年谱》，郭沫若是一九三七年十二月六日自香港来到广州的，陪同者有林林、于立群等。一到广州，郭沫若就与蒲风有了来往，但从十日到十九日均无事迹载录。有了蒲风日记上这一则事涉郭沫若的现场记录，在一九三七年十二月的十九日的这一天上午就可以补入：“出席蒲风等人组织的第二次‘文艺座谈会’，为参与座谈会的三十人演讲，讲毕即离去。”这一时段，是四十六七岁的郭沫若与刚满二十岁的于立群进入恋爱的初期，此次演讲，郭沫若至少携带了于立群，但蒲风日记上未写。

茅盾参加的“文艺座谈会”，不是星期日，而是星期四即一九三八年一月六日，蒲风日记没有明确地写明是上午还是下午。反复阅读次日的蒲风日记所追记的前一天的事，有些像是上午九点至中午的时段。

蒲风一九三八年一月七日的日记中写着：“茅盾来此了。昨日我们文艺座谈会开了欢迎会，请他前来演讲，于是第一次见面过了。（虽然，在人山人海中，我没有上去打招呼，那时。）”“他的演词，对于我们新的写作者，一定很有帮助。他每一句话，都是侧重青年人的创作热力及婉劝大家写出来后则不能不要虚心修改或请人改正，集团批判诸方面的。”——这是一月七日上午茅盾讲演的载录，文句有些芜杂，但意思是清楚的。

接下来的蒲风日记写他一月七日晚八点前往茅盾住所访问的情形。晚九点，蒲风才等到携其夫人自外面回住所的茅盾，同来访问的还有中山大学教授尚仲衣。蒲风日记写下的，茅盾谈话内容为“文艺之重要性及目前的建立文化堡垒的需要性”，并答允为蒲风等编的《中国诗坛》“写点文章”。

蒲风日记载录得稍嫌拉杂，但写及郭沫若和茅盾的行踪确可补入各自的年谱了。

二　何其芳不满郭诗郭译

何其芳有过一本近七万字的诗论集《关于写诗和读诗》，一九五六年十一月由作家出版社印行，该书最末一文《写诗的经过》是出书九个月前初稿、半年前修改完毕的，有七八千字，分六个部分。文章最末概括地写道：“‘五四’以来，新诗的发展的历史还很短，它所走的道路又是曲折的，还带有摸索的性质，然而也产生了一些优秀的作品。像郭沫若的《女神》，闻一多的《死水》，艾青的《大堰河》《北方》和《向太阳》，这些诗集中的不少作品以及其他有成就的诗人的某些作品，都是成功的，都是使人喜爱的。”

注意，何其芳在上引这一段话中，是加了不少限制语的，如“某些作品”。再往下读，作者的用意就更明显了，他说：“常常有这样一些作品，它们由于这种或那种原因出了名，有时甚至是负有盛名，然而除了研究文学史的人而外，一般读者却实在并不喜欢去读它们。”此处就不再是泛泛而论了，可以坐实何其芳所指。

一九四五年一月七日何其芳在他的论文和散文集《星火集》的《后记》中公布：“还有两篇删去了的文章也应该提一下。一篇是《怎样研究文学》。这篇文章并不能帮助初学写作者解决问题。……这篇文章的主要精神和其他许多观点都是不妥当的，……”谁都知道，此时的何其芳已是延安特派到重庆的中共文艺政策传达贯彻者了。鲁迅去世之后，中共中央内定郭沫若是又一面文艺旗帜，何其芳删去的《怎样研究文学》正是含有与中共“扬郭”政策内容有异的文章。

还好，在一九四二年九月由学习出版社编辑发行的八人文章合集《文艺阅读与写作》的第二篇就是被何其芳后来删去的这篇《怎样研究文学》，在该文第五节开头，就是两个段落直接论说郭沫若的，照录如下。

> 当我开始对新文学，尤其是对诗歌发生了爱好，一个朋友给我一本郭沫若的《女神》，我读了一遍，还他，我说没有一篇诗是我所喜欢的，‘你再读一遍罢！’他说。我再读了一遍，我的结论还没有改变。那时创造社的作者们对青年人有很大的吸引力和影响，然而他们不能征服我的幼小的心灵。我也翻阅了那些几乎每个爱好文艺的青年的书桌上都有的创造社的刊物、集子，但我只有一些喜欢《创造季刊》上的一个诗人冯至。而他的作风和气息实在是和创造社的作家们很不相同的。
>
> 《少年维特之烦恼》也不能获得我这样一个读者的倾心，直到现在一个德国的大诗人歌德和我还是无缘，我最近才下决心读完了他的《浮士德》上部。也许部分地，由于中译者太损伤了原作的文体罢，它不能使我喜欢，也不能使我佩服。

看看，这写于一九四〇年春的文章中，何其芳不仅对郭沫若《女神》不喜欢，连对郭沫若为领袖的文学集团创造社也不喜欢，甚至说郭沫若的名译《浮士德》“太损伤了原作的文体”，也就是从创作和翻译的具体成品上彻底否定了郭沫若的文学地位。但从中共文艺政策贯彻者特派员这个身份出发，何其芳又必须与自己所属的政治领域最高领导集团内定的政策保持一致，所以只好声明相关文章“都是不妥当的”，一删了之。

读过何其芳代表作《画梦录》的，只要稍有文学修养和阅读训练的人，都不得不认为这是一部上乘的散文诗集，几乎篇篇精品。《画梦录》也一直被列入中国现代文学名著之一，至今仍然是大学和初高中学生的文科必读名著。但二十世纪四十年代在延安转变立场后的作者即何其芳本人，当年就公开宣布《画梦录》是应该彻底告别、完全抛弃的旧情调，何况删去一篇含有诋毁郭沫若诗歌和翻译的文章呢。

三　郭沫若一九四六年一月十五日活动考

浙江大学出版社二〇一四年八月印行的丁茂远编著《〈郭沫若全集〉集外散佚诗

词考释》，其中收录了《贺徐悲鸿廖静文婚礼》七绝一首：

> 嘉陵江水碧于茶，松竹青青胜似花。别是一番新气象，磐溪风月画人家。

丁茂远编著《〈郭沫若全集〉集外散佚诗词考释》在引录该七绝后有三个注释，主要根据一九八二年第四期《收获》杂志发表的廖静文《往事依依——忆徐悲鸿》。因为所据的文章并非可信史料，编者丁茂远只能把徐悲鸿与廖静文的结婚时间大致框定在一九四五年秋，郭沫若这首贺诗自然也就只能仍然是被判为“写于”这个时段。

其实，回忆尤其是几十年后的回忆，哪怕是当事者本人的回忆，好多时候也是不太可靠的，弄“考释”的人一定要设法找到当年当时的文献记录，方能得出与史实相符合的结论。查《华商报》，在一九四六年一月二十八日《热风》副刊第十五号还真找出了徐悲鸿和廖静文婚礼的现场报道，题目就是郭沫若贺诗的后两行：《别是一番新气象　磐溪风月画人家》，全文如下。

> 名画家徐悲鸿氏于一月十五日中午假中苏文化协会与廖静文女士举行婚礼，廖女士湘籍，三年前与戌时在桂林相识，证婚人为沈钧儒郭沫若两氏。到各界亲友百余人。郭沫若有贺诗一首云：“嘉陵江水碧于茶，松竹青青胜似花；别是一番新气象，磐溪风月画人家。”按磐溪即中国美术学院所在地。

当年报道所引的郭沫若诗第二行后为分号，当以句号为佳。依书法规范，郭沫若该诗的手迹应该是没有标点符号的。还有“磐溪即中国美术学院所在地”的“按”，也补充了丁茂远所写的又一个注文“磐溪，在重庆嘉陵江北岸，徐悲鸿当时在此居住”，事实上是徐悲鸿当时工作的中国美术学院。因此，“风月画人家”，理解为“培养造就绘画人才的地方”要更贴切一些。

以上所说的事情，是郭沫若这天自中午开始的活动记录。按照常情常理可以推知，应该是这顿午餐为徐悲鸿和廖静文这对新人为客人们特设的婚宴，包括郭沫若在内的“各界亲友百余人”当然都一并聚餐。

那么，这天上午郭沫若在干什么呢？一查，也查到了。

重庆出版社一九八四年八月印行的《大后方青年运动参考资料——重庆社会大学》一书收有周西平《社会大学的历程简介》，周西平的文章中明确地写道：一九四六年一月十五日，吴玉章、郭沫若、张友渔、章汉夫和何其芳等人共同出席了重庆社会大学的开学典礼。

有了《华商报》关于郭沫若一九四六年一月十五日中午出席徐悲鸿和廖静文婚礼的报道，就可以推定重庆社会大学的开学典礼是上午举行的。检读郭沫若年谱类著述，即使较详尽者，在一九四六年一月十五日这一天也是空白。

综上所述，郭沫若年谱一九四六年一月十五日的记事可以不再是空白的了。

四 郭沫若题诗的社大“聚餐会”

四川人民出版社一九八五年十二月印行的《党史研究资料6》编入了李公朴一百八十九天的日记，起于一九四六年元旦、止于该年七月八日。在这日记的三月九日，李公朴写道：“十二时赶到学校做主人，客人已来了十余人，一时开饭，董事到者有冯、饶（刘太太）（国谟）、周、徐、史等，教授、客人有邓、翦及夫人、何、艾芜、芝岗、方、力扬、铭勋、田汉、沫若、努生、颖超、立群、安娥、代远、希夷、承志、友渔、李任公，饭后始来思聪、陈波儿等，三时始散。”

编者加了两个注文，即“赶到学校做主人”注为“指社会大学校董、教授、社大之友聚餐会”、“李任公”注为“即李济深”。即使有了这两个注文，要完全读明白这则日记，对于不熟悉那个时段史实的非专业人士也不是一件容易的事。

刚巧发现一幅李公朴日记所载的这次“聚餐会”签到手迹图片，仔细辨认，可与李公朴日记互为补充。

图片上有两处明确的时间，与李公朴日记及其相关注文完全一致，即“一九四六年三月九日中午”。参加的人员都有签名，分别为：“校董”冯玉祥、史良、周宗琼、李公朴、饶国模、徐淡庐，“教授”张友渔、郭沫若、华岗、翦伯赞、艾芜、何其芳、孙铭勋、许涤新、方与严、邓初民、黄芝岗、潘菽、宣谛之、力扬，来宾李济深、滕代远、廖承志、陈波儿、于立群、田汉、安娥、阳翰笙、罗隆基、舒模、葛启林、马思聪、黎国荃、赵叔宛、孙起孟，工作人员全秀堤、翁维章、曹序、周西平。

返回去再读李公朴的日记，大体可以把出席聚餐会的人对上号了。比如，加了注文的“李任公”即时任陪都中华民国国民政府军事参议院院长李济深，字任潮，因年已六十一岁，在李公朴这一拨人中享有尊敬，故称为“李任公”。再比如，没有加注释的“努生”即罗隆基，“努生”是罗隆基的字，罗隆基时任《民主周刊》杂志社的社长。除了工作人员外，其他聚餐会签到人员都不可小视，全是青史留名的人物，当然也都全是在政治上倾向中国共产党的，当年中共和近六七十年的舆论多以“进步人士”冠呼这些人物。

这幅社会大学聚餐会签到手迹图片最为惹眼的，除了几乎全是大有名头的历史人物亲书的大名外，就是图片左上方有一首郭沫若题写的打油诗，全诗为：“大学名社会，社会即大学。校董如不懂，请向社会学。教授何所授，请向社会求。若问求什么，战斗要到头。郭沫若题　一九四六年三月九日。”

郭沫若亲自出席这么多重要人物聚餐的活动，且有一首完整“创作”诗歌手迹留存下来，在记载郭沫若生平事迹的多种年谱类著述上却一律空缺，这首“郭诗”自然就成了郭沫若集外作品。其实，陶行知和李公朴等共同创办的重庆这所仅仅存在一年多的“社会大学”，郭沫若跟它真还有不少直接来往。有一篇题为《学习不怕耳朵聋》的文章，就是在一九四六年四月二十九日晚八时至午夜一点举行的社会大学“第一届放学礼”上的即兴发言。上述李公朴日记一百八十九天中，记下了不少郭沫若的行踪，可惜大都被“郭沫若研究专家”忽略了。

见到有人回忆，说这次重庆“社会大学聚餐会”其实是欢迎两方面的重要人士而设的，一方面是欢迎刚从国民政府监狱出狱的叶挺和廖承志，另一方面是欢迎从延安来重庆的邓颖超和滕代远。然而，“聚餐会”签到史料上没有这方面的内容，仅从郭沫若诗中的“战斗要到头”来推测，也还需要更有力的当年史实文献才敢相信。查滕代远行踪，他这一次并非从延安来，而是自北平坐飞机来渝的。更何况，李公朴的私人日记没有写到这一层极为重要的内容，莫非他真可预料到日后发生的一切？

需要略加说明的是，办在重庆国民政府陪都眼皮子底下的这所“社会大学”是夜大学，每天黄昏六点半开始上课，四节课后的夜十一点半放学。一九四六年一月十五日在没有向国民政府办理任何手续的情况下社会大学开学，次年三月被国民政府查封。不少当事人几十年后回忆说的“社大”虽被查封，但他们一直在从事“地下”革命活动，意思是说“社会大学”一直在延续着秘密地办下去，也可以供我们参考。

五 “鲁郭茅，巴老曹”的出处

不仅近六七十年高等院校的中文系学生，也不仅文科教学和研究工作者，只要让举出五四以后的几个大作家，人们准会“鲁郭茅，巴老曹”地脱口而出。但要是追究这个流传面极其广泛的经典的姓氏略简并称是怎么来的，估计不少人就会一时语塞了。

这个“鲁郭茅，巴老曹”的经典并称，直接与周扬和郭小川有关联。

一九五六年二月二十七日至三月六日，“中国作家协会第二次理事会会议（扩大）”在北京召开，二月二十七日上午周扬在理事会开始的时候用半天时间作了《建设社会主义文学的任务》的报告，长达两万五千字，在这个报告第三部分结尾时，周扬说：

> 鲁迅的创作开创了整个新文学的历史，他留给我们的遗产是一切文学遗产中对我们最亲切的，也是最宝贵的和最有价值的，我们必须首先认真地加以研究。郭沫若的《女神》开辟了一个新诗的时代。作家茅盾、老舍、巴金、曹禺、赵树理都是当代语言艺术的大师。

自此，为了好念和顺口调整了周扬报告中的“老舍、巴金”顺序，“鲁郭茅，巴老曹”这“六位当代语言艺术的大师”以姓氏略简的并称定位就流传开了。一九八〇年后的几年间，有人又在这六位“当代语言艺术的大师”姓氏略简并称后补加“艾丁赵”即“艾青、丁玲、赵树理”，拟定位中国现代文学大家的前九位，但没有被接受。

两万五千字的周扬报告《建设社会主义文学的任务》经由郭小川起草、改定，见郭小川日记所写。收在一九五六年六月人民文学出版社印行的《中国作家协会第二次理事会会议（扩大）报告、发言集》中，在茅盾的《开幕词》之后，为第二篇，占去正三十二开整整三十五页。上录一段见该书第三十五页。从郭小川日记中得知，周扬这报告在二月二十四日上午由中宣部召开“部长办公会议”予以“讨论”定稿，郭小川出席。

现将郭小川日记中写及周扬《建设社会主义文学的任务》报告起草、讨论等相关文字摘抄如下，以供查考。

一九五六年二月十日下午：“先给周扬同志打电话，谈报告的准备问题。”

一九五六年二月十一日：“早饭也没吃，为周扬同志写意见，一直写到十一时。”

一九五六年二月二十二日：“夜，在周扬同志处谈至十二时。”

一九五六年二月二十四日：“上午在中宣部开部长办公会议，讨论周扬同志报告。决定成立书记处。到一时半，在中南海吃饭。”

一九五六年二月二十七日：“理事会开幕。八时即骑车去会场。……周扬报告，效果尚好。”

郭小川这五天日记中的相关文字，虽都是简单至极的随笔记录，但却完整体现了周扬《建设社会主义文学的任务》这一诞生了“鲁郭茅，巴老曹”并称的重要报告的孕育、成形和发布的全过程。这仅仅是一个特定时代的特定现象，如果现今谁再想也来这么弄出一个比如中国当代文学的头六名“大家”的名单出来让各相关单位和个人都遵循照着称呼，那就只可能是一桩闹剧。

五四以后三十年间的中国现代文学，是真正的百花齐放即流派各自纷呈和个性竞相展现，也是真正的大家辈出和名家涌现，可惜眼下人们已没有十足的耐性去细细品味和清理这三十年间的辉煌……

（原载《郭沫若学刊》2018 年第 3 期）

苏雪林的两篇郭沫若评论

刘卫国

笔者在从事中国现代文学学科史研究过程中，发现了苏雪林 1934 年由武汉大学印行的讲义《新文学研究》中对郭沫若的两章评论，后来坊间各种“郭沫若研究资料”均未收录这两篇评论①，特辑录如下②，并对之进行初步解读。

一 《郭沫若与其同派诗人》

郭沫若这名字自五四后一二年一直到于今，还是热辣辣地挂在青年的口边。女学生所熟悉的是冰心女士，男学生所熟悉的可以说是鲁迅与郭沫若了。在出版事业不大发达的中国，他人用了全副精神的著作，往往不会受人欢迎；郭氏粗率地写出的什么《我的幼年》《创造十年》，一个中学生也写得来，竟动辄销行数万册，他人在翻译上偶有不经意的错误，或创作上技巧不甚成熟，便会引起许多冷嘲热骂，把名望葬送了；郭氏即使把西洋名著如高尔斯华绥（J. Golsworthy）的《银匣》（The Silaer Box），史托邦（Theodor torm）的《茵梦湖》（Jmmensee）译错得连篇累牍或在自作诗歌上留下许多瑕疵，一样有人要读。考古学者辨别古书的真伪，比较材料的异同，孳孳屹屹，整月穷年才敢发表数篇心得，郭氏写了一部证据不大充分的《中国古代社会研究》，居然想把胡适顾颉刚都打倒，读者亦真誉为杰构。文学界犹之政治界原有许多幸运儿，郭氏便是这些幸运者中间的一个，所以我们对于郭氏的作品不得不详细研究研究。

郭氏本是日本医生出身。一九一九年在上海学灯栏发表长篇新诗《凤凰涅槃》《天狗》《晨安》《地球我的母亲》，等等，在南方文坛上露了头角。以后回国与郁达夫张资平等办创作季刊（应为创造季刊），一九二三年出版《女神》，遂一跃而为诗界明星之一了。

---

① 如王训昭、邵华、肖斌如、林明华合编的《郭沫若研究资料》（中国社会科学出版社 1986 年版），王锦厚、秦川、唐明中、萧斌如合编的《百家论郭沫若》（成都出版社 1992 年版），杨胜宽、蔡震等编的《郭沫若研究文献汇要（1920—2008）》（上海书店出版社 2012 年版），均未收录苏雪林这两篇文章。

② 苏雪林这两篇文章在提到郭沫若及他人作品时均未使用书名号，笔者在辑录时添加了书名号，其余则保持原状，对错别字也未作修改，但在括号中予以说明。

虽然是幸运儿，成功也有相当的条件，郭氏《女神》之惹起诗坛注意，实有以下的原因。

一则他的诗直抒情感握住了文艺的真生命，而且表示原始的粗野精神，合乎青年人的脾胃。日本厨川白村说情绪主观是文学的“最初与终结”（Alpha and omega）。这句话是极有道理的。当时北方诗人如胡适、刘复、沈尹默、周作人等欲以诗为宣传人道主义的工具，胡的《人力车夫》，沈的《耕牛》，刘的《学徒苦》《车毯》《游香山纪事诗》《卖萝葡人》《隔着一个窗子》，周的《两个扫雪的人》，沈玄庐的《荐头店》，都是从汉乐府和杜甫白居易新乐府变化出来，音节既不逮古人，内容也不能别开生面，有过读“三别”、“三吏”、《兵车行》、《折臂翁》、《卖炭翁》的经验的人，读他们作品，不见得有什么兴感的。而且这种婆婆妈妈的言语也不是带着野蛮天性的青年所乐听的吧。冰心女士的小诗可以说文艺的了，但首首都是哲学思想的化身，那冰冷的况味是青年所不愿多尝的了。那伴随着复杂理智作用的情操，虽然在诗的女神的弦上弹出许多要眇幽远的妙音，青年是不愿更领略的了。青年所渴望的是发表单纯情绪的作品，像白热似的恋爱，大红色的喜欢，深黑色的悲哀，熔崖喷薄似的愤怒，使人浑身神经震颤断了的恐怖，狂风暴雨袭来时似的破坏之快感。一切热烈的，奔放的，自由的，一切足以发皇耳目的，摇撼心灵的，才为他们所接受。郭氏与宗白华通信时曾说“诗的专职是抒情”，又说“诗要出于无心的自然流露”，“诗是我们心中诗意诗境，纯真的表现，命泉中流出来的 stream，心琴上弹出来的 melody，生的颤动，灵的叫喊。”《女神》全部作品，都是大气磅礴，生机洋溢的，纵笔所之，不受一点拘束的，如“我飞奔，我狂叫，我燃烧。我如烈火一样的燃烧，我如大海一样地狂叫！我如电气一样地飞跑！”（《天狗》）“无限的太平洋鼓奏着男性的音调！”（《浴海》）“无限的太平洋提起他全身力量来要把地球推倒……啊啊！不断的毁坏，不断的创造，不断的努力哟！”（《立在地球边上放号》）这种鲁莽的“男性音调”，在当时果然是久困于女性文学中的青年一种喜悦。

次则他的诗歌颇包含哲理。正如宗白华称赞他道“你的诗是以哲理做骨子，所以意味浓深。不像现在有许多新诗一读过后便索然无味了”。诗不是发表哲学思想的工具，但诗而不蕴藏几分哲理，就像没有脑筋的美人，虽然眉目姣好，肌理曼泽，也就无甚意味。郭氏在东洋留学时颇喜研究泛神论。《三叶集》答宗白华书云“我想诗人与哲学家共通点，是在同以宇宙全体为对象，以透视万事万物核心为天职。只是诗人底利器只有纯粹的直观，哲学家的利器更多一种精密的推理。诗人是感情的宠儿，哲学家是理智的干家子。诗人是美的化身，哲学家是真的具体。可是我想哲学中的 pantheism 确是以理智为父，以感情为母的宁馨儿，不满足那 Upholsterer 所镶逗出的死的宇宙观的哲学家，他自然会趋向到 Pantheism 去，他自会要把宇宙全体从新看作个有生命有活动性的有机体。”他又说“诗人的宇宙观以 Pantheism 为最适合。”又常说李白的“吾将囊括大块，浩然与溟滓同科”与“我与天地并生，与万物为一”或

“本体即神，神即万汇”相似。郭氏以前最服膺歌德，因为歌德是个泛神论者，又赞美庄子，荷兰的Spinzo，印度的Kabir（《三个泛神论者》）因为既爱他们的Pantheism，又爱他们是靠自己劳力吃饭的人。

《凤凰涅槃》高唱着“我们更生了！我们更生了！一切的一，一的一切，更生了！我们便是他，他们便是我！我中也有你，你中也有我！我便是你！你便是我！火便是凰，凰便是火！……”《天狗》云“我是月底光，我是日底光，我是一切星球的光，我是X光线底光，我是全宇宙底Energy底总量!”，都是泛神论者思想之表现。

三则他的诗带着浓厚的西洋色彩，使人获着一种新鲜的感觉。形式方面则打破旧诗起承转合的章法，也不学新诗之分段，纵横排奡不主故常。如《晨安》《我是个偶像崇拜者》章法均极特别。又多用西洋典故。闻一多说“《女神》中底西洋的事物名词处处都是，数也不知从那里数起。凤凰涅槃底凤凰，是天方国底非尼克司，并非中华的凤凰，诗人观画观的是millet底Sheherbess，赞像赞的是Beethouen。他所羡慕的工人是炭坑里的工人，不是人力车夫。他听到难声，不想着笙簧底律吕而想着Orchestra底音乐。地球自转公转，在他看来‘就好像一个跳舞着的女郎’，太阳又‘同那月桂冠儿一样’，他的心思分驰时，他又‘好像个受着磔刑的耶稣’”（《女神之地方色彩》），这是闻一多所极端反对的。但郭氏作诗时虽然把“此地”忘记了，而正以这些投合好新奇的青年的心理。又，郭氏极善制题，如《凤凰涅槃》《晨安》《电火光中》《地球我的母亲》《光海》《我是个偶像崇拜者》《太阳礼赞》《匪徒颂》《胜利的死》《巨炮之教训》《死的诱惑》《春之胎动》《日暮之婚筵》到今日还觉得它新鲜，别说十年前了。精神方面则表示二十世纪动的精神，反抗的精神，科学的精神，大同精神，……闻氏在《女神之时代精神》一文中论之已详，我亦同意。不更赘述。

但郭氏作品艺术不甚讲究，久有定评。今更试为申论之：

（A）布局的缺点

（一）用笔太直率无含蓄不尽之致。宗白华与郭氏通信时便说过：“……不过我觉得你的诗，意境都无可议，就是形式方面还要注意。你诗形式的美同康白情正相反，他有些诗，形式构造方面嫌过复杂，使人读了有点麻烦，你的诗又嫌简单固定了点。还欠流动曲折……你的诗意诗境偏于雄放直率方面，宜于做雄浑的大诗。……但你小诗的意境也都不坏，只是构造方面还要曲折优美一点，同作词中少（原文如此，少应为小）令一样，要意简而曲，词少而工。……”宗氏这批评极中肯綮，郭氏不但初作诗时有直率之病，便是后来发表《星空》《瓶》《前茅》也还是如此。袁枚说“诗有直无曲是漏卮也”，又说“凡作人贵直，而作诗文贵曲。孔子曰情欲信，词欲巧。孟子曰智譬则巧，圣譬则力”，又说“天上有文曲星，无文直星”。凡诗文过于直致，将应说之话一齐说尽，不使人有吟咏玩味之乐，不算是有价值的作品。而且不但小诗贵含蓄，长诗亦何尝不贵含蓄。譬如泰岱华岳蟠根数百里，拔地参天，巍峨无比，气象宏伟极了，而人入其中则层峦叠嶂回环起伏，苍松翠柏，互相掩映，虽作数月之游，尚不能尽穷其胜，这便可以当“名山”二字了。中国长诗如屈原《离骚》，白居易《长恨歌》，魄力雄厚而其中有无穷曲折，探之弥深，绎之愈出，宗氏谓长诗不必曲折实非知言。

（二）结构太单调，不知变化。长篇之诗须有复杂的结构，如阿房之宫，建章之殿，十阁五亭，千门万户，望之始有参差错落，云蒸霞蔚之致。长篇作品章法最贵变化，如枚乘《七发》设为楚太子与吴客问答列举声色饮食，校猎游览之乐以启发太子。但章法或长或短，或复或单，七章并不一致，尤奇者对于广陵观涛一段恣意形容洋洋千言，而于最后极重要之一章（即全文之主要点）反轻描淡写，以数语了之。结构甚为奇特。

郭氏作长诗皆用单纯的铺排，又不知变化为何事。如《凤凰涅槃》，凤唱了之后凰唱，凰唱之后凤又唱，百鸟如岩鹰、孔雀、鸱枭、家鸽、白鹤都来唱，唱来唱去，总是那一个调子。而凤凰更生之后，唱“我们更生了”又将光明、新鲜、华美、芬芳、和谐、欢乐、热诚、雄浑、生动、自由、恍惚、神秘、悠久，各唱一遍，唱着都是同样调子。世间最单调的诗歌莫过于此了。陈西滢说：“……可是他那时的力量还不足，因此常常像一座空旷的花园，只有面积，没有亭台池沼的点缀。他许多诗的单调的结构，句的重复，行的重复，章的重复，在后面又没有石破天惊的收束，都可以表示郭先生的气魄与力量不相称。”这批评是很对的。

（B）造句用字的缺点

郭氏诗的句法字法每不修饰，常有笨拙、粗疏，甚至文理不通之处。这或是旧诗词根抵【原文如此，应为根柢】太坏之故。他的旧诗我读到者甚少。仅在《三叶集》致宗白华的信发现了三首。然而这三首里面错误可就多了。如《寻死》之“画虎今不成，刍狗天地间”系用“画狗不成反类狗”的成语，但刍狗两字用在此处，实为不通。老子“天地不仁，以万物为刍狗”王弼的注解，说“他不为兽生刍，而兽食刍，不为人生狗，而人食狗。无为于万物，而万物各适其用”。“仁”有“仁爱”及“人”两种解释，据王弼解则作天地不是人，打破“拟人说”（Anthropomorphsm）的旧观念。郭氏用此典，实为勉强之至。况刍代表可食的植物，狗代表可食的动物，明明是两件东西，狗可承虎，刍则不可以承虎。若改为“画虎今不成，累累道路间”，用孔子家语故事，暗示自己一身之漂泊无归则远胜了。

又“归来入门首，吾爱泣汛澜”。门首普通作“大门口”解，既曰“入”则不能又在“大门口”了。虽说日本法屋【原文如此，疑为房屋】的结构与中国的不同，有所谓“玄关”也者，是前后两道门的进口中间的一个过道。郭氏所言，或即指此。但译为“门首”意义总欠准确。即勉强用之，也宜加以引号，表示它是个特殊名词才对。

《夜哭》之“万恨摧肺肝，泪流达宵晓”，宵晓二字用在“达”字下，意义也难明白。

《春寒》之“儿病依怀抱，咿咿未能谈”，小儿初学语曰咿哑，或曰咿唔，语尚未成，则何有于“谈”？即说那时他的和儿已四岁，“谈”字也勉强可用了。但“咿咿未能谈”五字总觉读之不顺。

《棠棣之花》“依欲均贫富，依欲茹强权，愿为施瘟使，除彼害群遍”，按汤显祖《牡丹亭》曲文“我是散布相思的五瘟使”，梁启超《新罗马传奇》学它道：“我是散播自由的五瘟使，我是点明独立的北辰星”。汤语之所以为俊，以“五瘟使”上忽着【原文如此】“散布相思”四字，梁之拟作亦然。郭单用“施瘟使”便不可通，试问瘟神怎能除害群者呢？再，茹强权之茹字虽由“吐刚茹柔”而来，但如此用之，实有语病。当改为“摧”字。

《别离》之“残月黄金梳，我欲掇之赠彼姝，彼姝不可见，桥下流泉声如泫”，按泫露光也。《诗》“白露泫泫”流涕貌，《礼》“孔子泫然流涕”沸貌，扬雄文“冀州糜沸，泫沄如汤”又水深广貌，郭璞贼【原文如此，贼应为赋】“困泫”。均见辞源。可见古人从来没有把“泫”字当作声音解。则“声如泫”三字可议。

其用旧体诗译西洋诗亦多笑柄。如译 Dobroliuboff 诗，有“死殇不是伤我神”之句，按《礼》，未成人而死曰“殇”，楚辞《九歌》之“国殇”乃一特别名词，不可乱学。中文明明有“死亾”二字音节颇谐，不知郭氏何以不用，而偏造此硬语？又原诗“偏有人来挥泪眼”泪可挥，眼则不可挥，眼而可挥，则比他译的雪莱《云雀歌》的“倾泻汝胸膈”更为难通了！

新诗这种例子比较少些，但也有许多可以商酌之处。

《凤凰涅槃》“五百年来的眼泪倾泻如瀑，五百年来的眼泪淋漓如烛”。唐人诗“蜡烛有心如惜别，替人垂泪到天明”千古名句，盖蜡烛本是无感觉无性情的东西，但被火融化而滴滴下流时实像人之流泪，所以诗人使他活了（To animate）而其妙实在“如惜别”三字。所谓触景生情，天机凑辐，并无一丝勉强存乎其间，否则便是“矫揉造作”了。

但以泪比烛是天才，以烛比泪则结果成为柏格森（H. Bergson）笑（Le Lire）之“变体滑稽诗”。况且谓眼泪淋漓如烛泪尚可，单曰“如烛”则好像说眼睛里流出一条大红蜡烛来，这情形岂不可怕吗！

《大鹫》“西比利亚的大鹫，你大比肥鹅而瘦”（《星空》）既曰瘦则不应又言肥。黄山谷赠妓“娉娉嫋嫋恰近十三余”王若虚论之曰“近则未及，余则已过，无乃相室乎？”与郭氏此诗可谓无独有偶。

《南风》“南风自海上吹来，松林中斜标出几株烟霭。三五白帕蒙头的青衣女人，殷勤地在焚扫针骸”。“针骸”或指枯死之松针，但中文中从无此语。作者为求押“来”“霭”韵，勉强造出此种不美的名词，与挂脚韵何别？

至于译诗无论旧新体将西洋名著译得死板生硬，毫无生气，不啻尘羹土饭。刻画无盐，唐突西子，郭氏于此实造孽不浅。我也不多举例了。

郭氏所有作品以诗为最佳，小说戏曲大半更不堪一读，当于后文论之。或谓如裴仑《哀希腊歌》，其在英国得名反不如各国之译本。但其豪迈之气势，哀婉之深情，足以涵盖行文之粗率而有余。又如俄国黄金时代三大文豪之一的 Dostoevsky，作品亦不甚修饰，可见艺术虽偶有瑕疵，并不足妨碍作品之伟大，我们对于郭氏何独苛求呢？但有裴仑之绝代英才，有杜氏之悲天悯人的胸襟，我们可加以原谅，否则还是把艺术弄精细了再说。

郭氏同派诗人为王独清、成仿吾、钱杏邨等。

王独清有《圣母像前》《死前》二集，又有《独清诗选》。王氏之模仿郭诗如《圣母像前》即可见之。郭氏有《电火光中》以三首联络而成，而意则一贯。第一首曰《怀古》，独行市中忽然想到贝加尔湖畔牧羊之苏武，第二首曰《观画》，因怀想苏武便入街头画店而见到 Millet 的牧羊少女。又联想而及苏武之胡妇。第三首《赞像》，则在群画中，发现悲多汶像，而赞美一番，把苏武胡妇又完全抛撇开了。王氏《圣母像前》亦说在一古老之陈列所中见马利亚像而联想及于叔梁纥与颜氏女野合而生孔子事。在圣母像中诗人恍惚看见早秋的尼丘，一个散发长跪而祈祷着的女郎，又恍惚听见女郎口中诉出一番失身的悔恨，忽然又看见峨冠博袖、颜色愁苦的老人在颜女身后出现，那就是叔梁纥。后来一切幻象都消失了，诗人于是对着圣母像前说道："你两个是东与西的悲哀之母哟！你们两个是东与西的智慧之母哟！……现在我醒了，醒了，智慧是由悲哀造成，悲哀是永远不死！哦！智慧的寻求者！哦！我！我要先寻求悲哀去！我要以悲哀的寻求，为我人生底开始！"此诗不但结构全仿郭作，即语气亦肖。

王诗形式虽极力模仿郭氏，而精神则相反，郭有进取奋斗之气概，创造新生之志愿，王则充满颓废的情调，失恋呀，悲哀呀，死呀，时时见于字里行间，这或者与他在法国留学时浪漫生活有些关系吧。

王诗之病一曰太冗长，如《失望的哀歌》，共分五大节，长至千数百字，而所叙不过一个对于女人之回忆而已。《最后的礼拜日》《我漂泊在巴黎市上》《动身归国的时候》亦犯同样毛病。二曰喜用"钩句"。钩句中国古诗亦有之，偶以为游戏尚无不可，千篇一律便觉讨厌。王诗《死前》一集，用"钩句"最多，

这园中，这园中是洒遍了濛濛的，濛濛的细雨。——《Sonnets》
这园中，这园中好像是全被这细雨和落花掩埋。——《Sonnets》
这都是因为你，因为你，我才改了行期。——《因为你》
我死了时，你，你须得一个人，一个人去，去叩，叩我的墓门，约定明日我，我就启程。我们要像，要像今日这样谈心，同你总是不肯，不肯多出声

音。——《别了》。①

普罗文学家蒋光慈有《光慈诗选》，其社会革命的精神是从郭沫若反抗精神发展的，笔之直率也似郭作，不过有他自己豪迈不羁之气。他的《血祭》《在黑夜里》《我要到上海去》，都是阶级争斗的战歌。《鸭绿江上》的自席诗说道："我曾忆起幼时爱读游侠的事迹，那时我的小心灵中早种下不平的种子。"他平生所最钦佩的是那仗义扶助希腊独立的裴仑，无怪他热心阶级革命从事于解放劳苦民众了。

成仿吾是创造社的柱石之一，以批评著名。诗有《流浪》一集。大部分沿袭旧诗词的声律，——一般懒青年作此办法者很多。如石民的《良夜与恶梦》，林憾的《影儿集》都是——小部分模仿郭沫若。《序诗二篇》《长沙寄沫若》，更可以看出他们相互间的关系。

更有钱杏邨为崇拜郭氏者之一人。所作有《饿人与饥鹰》《暴风雨的前夜》。

二 《几个以古事为题材的剧作家》

五四后不多时，郭沫若以古代有名女子王昭君、卓文君、聂嫈为题材写了几篇散文剧，自称为历史剧（Historical Play）。其实这种借历史人物来表现自己主观和见解或借以传布某种思想的东西，如其名之为历史剧倒不如名之为教训剧（Didactic Play）或理想剧。有人嘲突这三个剧本说是一篇"妇女解放的宣言书"，或者我们因它采取古事为题材像施蛰存的小说一样就喊它为古事剧吧。《三个女性》所表现的究竟是什么呢？钱杏邨《郭沫若及其创作》论到这三篇剧本时说道："这三篇戏剧里所表现的思想只是一个思想，女性的反抗，反抗历史因袭的妇女旧道德——三从主义！……《卓文君》他是有意做的翻案文章，但他要写出她的最后的反抗，所以在收束处有极反抗的道白。《王昭君》大部分是出于他的想像，因为要表现反抗，他终于写出她反抗元帝的高傲，澈底的去反抗王权。《聂嫈》本来的精神开展开了，当然是一个反抗的女英雄。归结起来，《三个叛逆的女性》，是一部具有狂暴精神的反抗作。"好了。这几句话可以概括三剧命意了。

其实，这种教训剧或理想剧，真正残薄得可怜，而且许多地方是太远于实际情形的。毛延寿的女儿出首其父贪贿，因而被元帝所斩，这种教训未免太超越时代了，太矫揉造作不近人情了。至于王昭君痛骂元帝竟有以下一段道白："啊！你深居高拱的人，你也知道人到穷荒极北是可以受苦的吗？你深居高拱的人，你为满足你的淫欲，

① 此诗有误。诗名应为《约定》，不是《别了》。诗句应为："我死了时，你，你须得一个人/一个人去，去叩，叩我的墓门……/明日我，我就起程，我就启程！/我们要像，像今日这样谈心/恐怕今生，今生是再也不能。"

你可以强索天下的良家女子来恣你的奸淫。你为保全你的宗室，你可以逼迫天下的良家子弟去填豺狼的欲壑。于今男子不够填，要用到我们女子了，要用我们不足供你淫弄的女子了。你也知道穷荒极北是受苦的地域吗？……你究竟何所异于人，你独能恣肆威虐于万众之上呢？你丑，你也应该知丑！豺狼没有你丑，你居住的宫廷比豺狼的巢穴腥臭啊！……”这就是钱杏邨所说的抵抗“王权”大议论。议论之通不通——保全你的宗室云云实费解——暂不去管它，但问在帝皇威权高于一切，帝皇神圣几于宗教化的中国，一个宫女是否能有这样思想？是否能说出这样话？

又《聂嫈》酒家少女的王权反抗论更概念化得厉害。“你们还不晓得国王和宰相的罪恶吗？……你们假如晓得如今的天下年年都在战乱，就是因为有了国王，你们假如晓得韩国人穷得只能吃豆饭藿羹，就是为了国王，那你们就晓得他为什么要杀你们的国王和宰相了。生下地来同是一个人，做苦工的永远做着苦工，不做苦工的偏有些人在我们头上深居高拱。我们的血汗成了他们的钱财，我们的生命成了他们的玩具，他们杀死我们整千整万的人不成个什么事体，我们杀死了他们一两个人便要闹得天翻地覆。”

郭氏曾在《西厢序文》上说“反抗精神，革命，无论如何，是一切艺术之母”，有人替郭氏做传也说“郭沫若的一贯精神是反抗”。无怪乎他在他的作品里，不论是诗是剧，总要勉强唱几句“反抗”调子了。不过文学艺术究竟不是主义宣传品，他这些剧本与标语口号的文学有什么分别？就退一万步说文艺是宣传品，至少也要使它具体化。像这样浮泛空洞放在谁的口里都可以说的抽象话，我觉得实不能叫作文艺。

除了思想浅薄而外，说白的粗鄙也令人难耐。《湘累》里屈原同女嬃说道：“我所以从早起来，我的脑袋便成了一个灶头；我的眼耳口鼻就好像一些烟囱出口，都在冒起烟雾，飞起火星，我的耳朵里还烘烘地只听着火在叫；灶下挂着的一个土瓶——我的心脏——里面的血水沸腾着好像干了的一般，只迸得我的土瓶不住地跳跳跳!”想不到一个滋兰九畹，树蕙百亩，高冠岌岌，长剑陆离，极端芳洁极端爱美的诗人竟有这样一副烟雾胜天“竈下养”的口吻。有人说郭沫若的作品“好还好，只是烟火气太重”，果然。又《卓文君》一剧卓王孙瞧不起司马相如，谓这班文人弹琴赋诗打人秋风，和乞丐之沿门卖唱，高不了多少。他儿子问他说，那么又何必延请相如来家筵宴呢？他答：“哈哈，哇哇儿，你还年轻呢。不过我也告诉你罢。你要晓得屎屎是很龌龊的东西，但是假如是皇帝的屎尿的时候，那我们是不敢这种大逆的思想，说是龌龊的了。假如皇帝教我们吃它的御尿御屎，我们也当得受宠若惊，如像吞食龙肝凤胆一样，司马相如他虽是穷文人，虽是等于卖唱的乞丐，但是他是王县令的朋友，所以我们请他，并不是请的穷文人，我们请的是县令的朋友，就像我们蒙皇帝御赐排泄物的光荣，并不是吞食的尿屎，是吞食的龙肝凤胆呀。哈……”夫趋承势利之譬喻亦多矣，何必以吞食皇帝的尿屎为比？而且譬喻以切为贵，这种譬喻试问它切不切？诗人的工作在将宇宙间一切事物加以美化，即丑恶之物亦可使之美化。然郭沫若则专使之丑恶化，甚至美丽之物亦使变为丑恶，对于艺术实可谓侮辱之至。还有《王昭君》一剧毛延寿被杀时毁骂汉元帝一段，其粗俗秽恶，真令人作呕，不便再去引它。孔子曰："出辞气，斯远鄙倍矣。"[①] 无论文言白话，说话总以温雅为主要。如此鄙倍出之伧夫之口则可，出之文学家之口则不可。再者，郭氏对于戏剧本来毫无研究，读了几本西洋剧便胡乱抄袭。像汉元帝捧毛延寿之首与之亲吻，想沾其美人芗泽，则抄袭王尔德之《莎乐美》之亲施洗约翰首。《王昭君》之秦二为红萧自杀，则抄袭《莎乐美》中叙利亚少士卫士之自杀。《聂嫈》之卫士甲乙丙争斗，也抄的《莎乐美》。卓文君离家出走时对其父卓王孙及其舅翁一段演说，则抄袭易卜生的《娜拉》。模仿西洋名著未常是不可允许的事，但如此生吞活剥，则我未免要代西洋名剧喊冤了。

郭氏《三个叛逆的女性》在五四后虽盛传一时，今日已无一读之价值，但恐世尚有嗜痂逐臭之夫，震于其昔日之虚名，误以珷玞为美玉，贻误后学为害匪浅，故特一为论及。

王独清戏曲有《杨贵妃之死》及《貂蝉》，亦自命为历史剧。《杨贵妃》发表于一九二七年。所取材料仅马嵬坡六军不发贵妃被缢一段。系独幕剧，中分六场。王氏自他发现杨贵妃之爱恋安禄山有两种原因：一则爱其强健的体格，因为史书上说安禄山身裁魁梧；二则爱他之身为异族。因为这有一种"异国情调"。所以他写贵妃得到由吐蕃传来安禄山的信时说道：

> 哦，哦，安禄山我看见你了，我看见你了！我看见你正是全身的武装骑在马上，正指挥着你周围成千上万的战士……哦，哦，你真英武！我知道你那狂热的血液中正流着爱情的温柔生命……哦，哦，我爱你，爱你那雄伟的身裁，你那强健有力的气魄，使人一见就感着愉快与渴慕……我也知道你不是同种的人，但是，我总觉得中国底人都没有你那样能使我感着愉快，感着渴慕的，我总觉得你不是同种的人呢，总更觉得可爱！唉，爱情！祖国，我被你们两个苦闷到不能解决了！你们两个在世界上就是这样的冲突，难道你们就永远不能调和，永远要牺牲着无数的人类！

按《唐书·安禄山传》谓禄山体重三百斤，腹垂至膝，着衣系带皆非人帮忙不行，似患有脂肪过多之病，如此痴肥臃肿之人，体格原说不上"雄伟""强健"。至于因其为异国人便觉得他更可爱，那他没有什么理由的。作者所自引为得意的发现，其实只是他的幼稚浅薄的空想。

但这还不可笑，最可笑的是他想把杨贵妃伟大化而将他【原文为他，应为她】的死写成了服从民众的命令。他在剧本序文里写道："我起初要做这个剧本的立意只

---

① 此话为曾子所说，非孔子所说。

有一点，就是想提高女性。我总以为我们女性特别是本国的，大半不免有自私的根性，我只希望我们的女性能把这种根性除掉，我是在用杨贵妃作了我一个女性的模范的。这儿的杨贵妃完全不是历史上的杨贵妃了。我在这儿把杨贵妃变成了一个甘为民族甘为自由牺牲的人物。这儿底杨贵妃坦然地把生命献给了民众，不但没有自私的行为而且还是一个为自由为人格奋斗的表率。”所以他写第四场马嵬佛寺中众难民在墙外喧呼处死杨氏全族死刑而杨贵妃出现于佛寺外时难民竟为他（应为她）高贵的仪型慈祥的容色所感化而向她下跪。第六场杨贵妃死后陈元礼率领六军和难民向尸瞻拜，又由元礼口中发表了一大段演说：

> 兵士们，国民们！现在这个中国第一的美人，当今皇帝底爱宠，我们一向认为罪深恶极的魁首杨贵妃已经死了。她临死时服从了民众的公意，这真是我们没有料得到的。这是我们民众的胜利，这是我们民众奋斗的胜利！我们从此便可知道民众力量的伟大，我们须要继续地努力继续地努力！……但是她，她能为民众这样牺牲，也确不是一个寻常的女性，我们应该感谢，并且也应该崇拜——跪下罢，兵士们国民们，跪下瞻礼这曾具有不朽的灵魂的神圣的尸体。跪下，跪下！（全体跪下）哦，只有我们长安出来的女性，才有这样不朽的灵魂，也只有我们长安的民众，才有这样反抗的精神！哦，虽然现在我们中国是正在危难的时候，我们的长安也已经败坏，但我们既有这样的人物，既能有这样的民气，还愁不能恢复我们民族的自由？还愁不能使可景仰的时代新生？

我们暂丢开这些“牺牲”“女性”“服从”“自由”“新生”“民众的公意”“民众的奋斗”“反抗的精神”“不朽的灵魂”等等现代语和外国名词的问题不管——因为这是现代剧作家不容易避免的毛病——但一个勾引异族情人来倾覆本朝社稷残害本国黎庶的妇人忽然又肯为民众牺牲，岂非性格上的矛盾？陈元礼既指挥军士难民将杨贵妃逼死，于她死后又这样感谢，这样崇拜，甚至尊之为“具有不朽灵魂的神圣的尸体”又岂非滑天下之大稽？总之，作者也像郭沫若一样是抱着“观念论”写文章的。自己脑筋里先抱好一种固定的观念，然后硬叫剧中人物表现出来，情节切不切，环境合不合，人物个性宜不宜，则一概不管的了。

《貂蝉》是一个六幕剧，出版于一九二九年。剧之大意谓貂蝉为王允舞女，王允爱她美丽但貂蝉却落落无情。一日貂蝉在街上走，被董卓女婿李儒看见了，打听她的身世便想得她到手。有一天王允请吕布李儒来家喝酒。李儒强王允唤出貂蝉，吕布大为倾倒。貂蝉也爱吕布之少年英俊，两人在筵上四目相视，脉脉含情，惹得李儒醋意勃发，吵闹一场了事。吕布自此以后每日至王允家纠缠，要求给以貂蝉。王允无法可处，便献蝉于董卓，并拜卓为义父，想借董卓的势力来抵抗吕布。谁知董卓一见貂蝉眩惑不能自主也就不管什么义父女名分，居然收之后房了。王允大恨，转与吕布联络唆布杀卓，一面又预备毒杯一个，将于卓之生辰日进酒酖之。吕布一日见貂蝉于凤仪亭请蝉偕逃，蝉不肯，要求布杀董卓为民除害然后以身相许。董卓诞日大宴宾客，见布怏怏之状，以语抚慰他，吕布被他软化，蝉屡激之不起，便改变策略取王允毒杯进酒于卓，卓强她先尝，遂死。

作者序言曰："我给予貂蝉些什么？我给了她一个沉思与殉教的情形，我给了她一个不安定和一个渴喊自由的心境。然后我便给了她一个转变的勇气。在这些中间我更用了许多忧郁的诗意，许多悲惨的色彩，把她衬托了出来，一直到她底最后的时间，才用了火的势力夺去她银灰色月光下的生命：她在我们眼前竟然变了一个为自由争斗的勇士，竟然变成了一个为自由牺牲的圣者。"这不问可知，又是一套不折不扣的观念论了。不过平心而论，《貂蝉》一剧比之《杨贵妃》篇幅较长，情节较复杂，貂蝉人格也比较统一。艺术总算有点进步。

《X光线里的西施》，林卜琳遗著，名曰"历史歌剧"。蒲伯英为之审定，并为之作序，于"历史""歌剧"二端言之甚详，其言曰："中国戏剧，历史色彩甚为浓厚，凡家庭男女侠盗诸剧，自有其社会的历史或写真价值，但编者演者均苦不自知，动辄攀附朝代的历史为宋代名剧，明朝历史汉代名人之类，适足以贻非驴非马之诮，欲为真正的历史树一模范，不但旧史大半附会，即纲目式的纪载，正统式的批评，贞操式的写状之所谓正经历史亦不足为凭。必须先将历史的纪载，勘入底层。从新甄别，另为确认，然后以戏剧的艺术编制而表现之。唐甫（林字）此作于主角西施及其余重要之人物之身世，个性，史迹之遗留，图书之参证，搜罢审察，极费心力。有此基本工作，方可谈到历史剧。而此种工作不但旧剧本所无，即新的编剧家，仅泛泛然依照旧书，完成形式又何尝梦见。即谓为改正历史剧观念之新纪元亦奚不可。此可重视者一。中国戏剧有'歌剧'之目。鄙意中剧虽不全用歌而歌实为表现情绪之要素。惜所谓歌者昆腔虽整饬而太拘太板，早成死物。皮黄较为活动，又苦于音调太少，未能敷用。故新歌剧之创作成为改进上重要之问题，亦是难得完善的答案之问题，又苦于空论太多，实际工作者少，群言庞杂，而未有发明。唐甫此作，将所有歌调采集众长，不论是高雅，是俚俗，是山歌，是法曲，均无禁忌，按剧中人之情况身份而一一支配之。其魄力气象足以打破一切雅俗京【原文如此，京疑为中】外之陋见，而放光明，此可重视者二。"按此剧"历史的"三字虽然比郭沫若王独清注重，但仍含"教训的"意味，不能算是严格的历史剧。其歌辞采用曲谱有昆腔、西皮摇板、二黄原板、二六板、小上坟调、小放牛调、琵琶调、四平调、梨花大鼓、吹腔等，镕金银铜铁于一炉，而不问其品质似病杂糅，而且也不是我们创作新式歌剧的原来目的。惟剧中服装均照三礼书、诗经传说图、汉书舆服志而不用京剧之服装，则颇足供我们之欲写古装剧者之参考。

顾一樵著有《岳飞》及其他。包括《岳飞》《荆轲》《项羽》《苏武》四剧。《项羽》取材《史记·项羽本纪》，《荆轲》取材《史记·刺客列传》，《苏武》取材

《李陵答苏武书》，所有人物对话均直抄原文少有增饰。《岳飞》则取材于钱采《精忠岳传》，尤为草率。总之这四篇剧的题材原是很好的。可惜作者对于每一剧，没有给它血肉更没有给它灵魂，仅仅给了一个骨架而已。又有林文铮著有《西施》《易水别》等，与顾一樵的历史剧价值差不多，不过艺术却比较精美些。

三 细读苏雪林的郭沫若评论

苏雪林是中国现代女作家、批评家和学者。她原籍安徽省太平县，1897 年生于浙江省瑞安县，1917 年毕业于安徽第一女子师范学校，1919 年考入北京女子高等师范学校国文系。1921 年秋赴法留学，1925 年回国。曾在东吴大学、沪江大学、安徽大学等校教书，1931 年至 1949 年任教于武汉大学，1949 年后，苏雪林赴台湾，曾任教于台湾师范大学、成功大学，1999 年去世。

在武汉大学执教期间，苏雪林主要讲授中国文学史、基本国文和新文学研究课程。在讲授新文学研究课程时，撰写了讲义《新文学研究》，1934 年由武汉大学印刷发行。不过，此书不能算是正式出版，因为主要面向校内学生，市面上很难见到。

《新文学研究》一书有两处论及郭沫若，一是在第一编“论新诗”第五章“郭沫若与其同派诗人”，二是在第四编“论戏剧”第二章“以古事为题材的剧作家”。《新文学研究》一书，不少章节曾在刊物发表，但论郭沫若的两节未正式发表。

1979 年，苏雪林在台湾广东出版社出版《二三十年代作家与作品》，此书实际上是《新文学研究》一书的修订本，1983 年，苏雪林将前书更名为《中国二三十年代作家》，交由台湾纯文学出版社出版。这两本书均未在内地出版。1996 年，安徽文艺出版社出版了《苏雪林文集》，该书共 4 卷，其中第 3 卷收录了苏雪林《新文学研究》一书中的多数章节，但未收入苏雪林评论郭沫若的这两篇文章。

苏雪林的这两篇文章，有自己的特色。

在《郭沫若与其同派诗人》一文中，苏雪林用“幸运儿”一词来形容郭沫若。这是一个新鲜的提法，但暗含贬义。苏雪林认为，郭沫若之所以是幸运儿，是因为郭沫若学识并不过关，但无论郭沫若写什么，无论作品质量如何，都有人拜读、有人赞誉、有人推崇，极受读者欢迎，而许多比郭沫若学识更好的人，却无郭沫若如此运气及名气。对郭沫若暴得大名，苏雪林显然很不服气。不过，苏雪林尚能恪守学者的本分，客观分析郭沫若受欢迎的原因。苏雪林举《女神》为例，归纳出郭沫若成功的三条原因。不过这三条原因，并不是苏雪林自己的独到发现，多引自他人的意见，苏雪林只是做了一番汇总。

在分析完郭沫若《女神》成功原因之后，苏雪林还是忍不住要为郭沫若的诗歌挑刺，她挑了两方面的缺点。一是郭沫若诗歌的布局缺点。在这一点，苏雪林陈述的也并非她自己的见解，而是引用了宗白华、陈西滢的观点，只是做了一些例证和解释。二是郭沫若诗歌在用字造句上的缺点，这一点，则全是苏雪林的独创之见。苏雪林也洋洋洒洒地写了十二段，其中举了郭沫若新诗中三个用字造句不通的例子，举了郭沫若所写旧体诗九个用字造句不通的例子。

苏雪林有一定的古典文学修养，她批评郭沫若在诗歌创作中炼字造句不过关，确实有理有据，击中要害。这样尖锐的、内行的艺术批评，在郭沫若诗歌研究中是比较罕见的，因此有一定文献价值。在嘲笑郭沫若用字造句的错误时，苏雪林总算发泄了一下不满和不服气的情绪，回应了前面提出的郭沫若学识不过关的观点。

但同时也应该指出，苏雪林对郭沫若诗歌的艺术批评并不完全客观。这里不妨以朱湘为例。朱湘曾写过评论郭沫若的文章《郭君沫若的诗》①，他认为："郭君在一般的时候，对于艺术是很忽略的，诚然免不了粗字之讥。但有时候他的诗在形式上、音节上、都极其完美。就是用全副精神在艺术上的人，也不过能作到这种程度。"朱湘特别指出，《密桑索罗普之夜歌》《炉中煤》《地球，我的母亲》《夜别》等作品，"在艺术上都是无懈可击的"。相对而言，苏雪林完全忽略了郭沫若的成功诗作，看她的评论文章，会以为郭沫若的诗作都是垃圾。尽管苏雪林并未明确这样说，但她对郭沫若诗歌艺术缺点的过度渲染，无疑会给读者留下这种印象。

在《以古事为题材的剧作家》一文中，苏雪林又论及郭沫若的历史剧。

如果说，对于郭沫若的诗歌，苏雪林的分数还是五五开，即一半肯定，一半否定，思想上肯定艺术上否定，那么，对于郭沫若的历史剧，苏雪林则是全盘否定，可以说给的是零分。

应该说，郭沫若历史剧确实有苏雪林所批评的"超时代"和"概念化"的细节出现。但实际上，郭沫若不过是借古人之口说自己的话，不能完全当作历史正剧来读。作为教训剧或理想剧来说，郭沫若的这些剧作还是有一定的思想宣传意义的。

批评家在从事文学批评的时候，最容易出现的弊病是双重标准，用通俗的话说，就是不能一碗水端平。苏雪林在《郭沫若及其同派诗人》一文中，肯定郭沫若诗歌在抒发情感及迎合与解放青年思想方面的意义，但在评论郭沫若的历史剧时，苏雪林却不谈论、不肯定其在抒发情感及迎合与解放青年思想方面的意义。另外还可拿来作比较的是，苏雪林在《新文学研究》中，评论徐志摩《爱的灵感》一诗，认为这首诗是"为一个单相思着胡适的女郎作的"。引用诗句后，苏雪林评论道："我们万不能相信一个乡下不识之无的女郎能有这样的高深的思想，能说出这样富有文学意味的话。作者不过在借他人酒杯浇自己垒块吧。"但苏雪林是在"真诗人人格的表现"这一标题上谈论此诗的，显然对徐志摩此诗是抱持肯定、赞扬态度的。徐志摩写诗时，借他人酒杯浇自己块垒，得到苏雪林赞扬，但郭沫若在历史剧创作中借他人酒杯浇自己块垒，却遭到苏雪林一顿痛斥，这也是双重标准的表现。

---

① 收入朱湘《中书集》，上海生活书店 1934 年版。

讲授新文学课程，一般要按照历史的顺序来讲，并挑选出青史留名的作家作品。因此，《新文学研究》客观上也在建构历史。该书第一编先后挑选并评论了“胡适的《尝试集》”“《尝试集》稍后的几个青年诗人”“五四前后几个半路出家的诗人”“冰心女士的小诗”“郭沫若与其同派诗人”“徐志摩的诗”“闻一多的诗”“朱湘和其他诗刊派诗人”“邵洵美和李金发的诗”。第四编“论戏剧”中，先后挑选并评论了“所谓爱美剧提倡者与熊佛西”“几个以古事为题材的剧作家”“田汉的戏剧”“袁昌英的孔雀东南飞及其他”“丁西林和另外几个剧作家”“洪深的戏曲”。在文学史写作中，有一个通行的规则，即专章论述的作家比多人合章论述的作家文学史地位更高。从章节的名称和安排看，苏雪林给予郭沫若的位置并不高。在新诗一编，胡适、冰心、徐志摩、闻一多均专章论述，郭沫若则和王独清、成仿吾、钱杏邨共享一章。在戏剧一编，田汉、洪深也专章论述，郭沫若则和王独清、林卜琳、顾一樵、林文铮共享一章。

一般来说，批评家笔法与史家笔法是有所不同的。批评家笔法追求尖锐、犀利，嬉笑怒骂皆可，但史家笔法要藏锋，要稳妥、客观、平实。应该说，苏雪林是一个有特色的批评家，却不是一个很好的史家。虽然《新文学研究》客观上也在建构历史，但该书实际上以论见长。苏雪林个性爱憎分明，喜欢发议论，议论又颇喜走极端，往往流于嬉笑怒骂。比如她这样谈论郭沫若历史剧的影响与价值：“郭氏《三个叛逆的女性》在五四后虽盛传一时，今日已无一读之价值，但恐世尚有嗜痂逐臭之夫，震于其昔日之虚名，误以珷玞为美玉，贻误后学为害匪浅，故特一为论及。”这段话就说得过于刻薄，也无风度，史家不会这样说话。

在新文学批评中，批评家几乎都有圈子，都有派别立场。鲁迅曾设问：“我们曾经在文艺批评史上见过没有一定圈子的批评家吗？都有的，或者是美的圈，或者是真实的圈，或者是前进的圈。没有一定圈子的批评家，那才是怪汉子呢。”① 苏雪林也是有圈子和派别的。苏雪林认同西方自由主义思想，她非常崇拜胡适，但并没有机缘加入胡适所创立的新月社、现代评论社、独立评论社等社团，1930 年代，苏雪林又在武汉任教，远离京派圈子。因此，苏雪林只能算是自由派的外围成员。

但外围成员往往比核心成员表现还要积极。比如胡适虽然内心对鲁迅有些看法，但很少口出恶言。而苏雪林则在致胡适的信中大骂鲁迅：“鲁迅的心理完全病态，人格的卑污，尤出人意料之外，简直连起码的‘人’的资格还够不着。但他的羽党和左派文人竟将他夸张成为空前绝后的圣人，好像孔子、释迦、基督都比他不上。青年信以为真，读其书而慕其人，受他病态心理的陶冶，卑污人格的感化，个个都变成鲁迅，那还了得？”② 苏雪林还将此信公开发表。胡适也不大喜欢郭沫若，1921 年 8 月

① 鲁迅：《批评家的批评家》，《申报·自由谈》1934 年 1 月 11 日。

② 胡适、苏雪林：《关于当前文化动态的讨论》，《奔涛》半月刊创刊号，1937 年 3 月 1 日。

10 日，胡适在自己的日记中曾这样谈论郭沫若："他的新诗颇有才气，但思想不大清楚，工力也不好。"① 苏雪林则比胡适更进一步，她直接举例揭露郭沫若学识如何不行，工力如何不好。虽然苏雪林这两篇评论文章并未公开发表，但她在课堂上如此讲解郭沫若，也等于公开传播了自己的观点。可以说，在反鲁及反郭上，苏雪林比任一自由派批评家都积极。

自由派批评家大都有一种道德立场，他们对作家的道德人格非常敏感，往往看"人"说话，即如果作家的人格比较高尚纯净，得到的评价就会好，反之，即差。苏雪林在评论张资平时，曾同时抨击张资平、郭沫若、郁达夫三人，认为他们"说话本粗鄙直率，毫无蕴藉之致，骂人时更如村妇骂街，令人胸中作三日恶"，苏雪林还揣测说："这几个创造社巨头似乎都带有岛国人的器小、凶横、犷野、蠢俗、自私、自大的气质，难道习俗果足以移人么?"② 苏雪林并未与郭沫若直接接触过，但她以文观人，对郭沫若的道德人格下了粗鄙、器小、凶横、犷野、蠢俗、自私、自大等评语，不喜欢其人，自然不喜欢其文。但在对比王独清与郭沫若时，苏雪林肯定郭沫若有进取奋斗之气概，创造新生之志愿，否定王独清的颓废情调。在这里，苏雪林对郭沫若的积极健康的精神气质又是赞赏的。说到底，苏雪林对郭沫若的道德人格其实缺乏深入了解，仅仅以文观人，难免如雾里看花，看不真切。

一个作家有人喜欢，也有人不喜欢，这很正常，作家的高下也不是一个批评家能决定的，因为批评家的评论，有洞见也有不见，表达的只是一家之言，一孔之见。但是，听多家之言，从多孔窥人，我们也许能了解到这个作家更多的侧面，进而对这个作家形成更为整体与全面的认识。笔者辑录苏雪林这两篇郭沫若评论，相信能帮助人们从更多的侧面了解郭沫若，不仅能了解郭沫若自身的创作特色，而且能了解郭沫若在当时评论界中的影响。

（原载《现代中文学刊》2018 年第 2 期）

① 胡适：《胡适日记全编》第 3 册，安徽教育出版社 2001 年版，第 425 页。

② 苏雪林：《多角恋爱小说家张资平》，《青年界》6 卷 2 号，1934 年 6 月。

家庭叙事与郭沫若早期小说研究

颜同林

作家如何积累、经营和利用可以创作的现实生活原材料，既关系到其写作的传承资源、价值取向和写作模式，也与作家特定的人际圈、生存实感、特定心境等密切相关。“五四”时期以及后续数年之间，以留学生涯为背景或素材的一批相当数量的现代早期小说（具体文本引自《郭沫若全集》文学编第9卷，人民文学出版社，1985年版），便暗暗吻合这样的写作格局。其中，留学日本多年、最早学医后来改为从文并有跨国涉外婚姻之实的郭沫若，便是其中典型的一位代表；独特的家庭叙事与他的早期小说彼此依存，成为我们解读其创作与精神的一个最佳切入口。

来自四川乐山殷实大家庭的郭沫若是20世纪初期留日学生大军中的一员，虽然在出国之前，他在国内已由父母包办婚姻和一个乡下普通女子成婚，但是郭沫若并不满意。为了摆脱这段不如人意的婚姻，郭沫若借口出川求学的理由而决然出走，随后跨越浩淼的大洋，东渡扶桑留学竟至十年。在日留学期间，郭沫若主要在日本南部地区九州、福冈，度过了自身留学生涯的黄金时期，其中包括另组跨国涉外新式家庭。搁置家乡原配妻室，他在日本与日籍看护妇佐藤富子（即安娜）自由恋爱，相继由同居而结婚生子，组合出一个当时既流行又时尚的涉外新家庭。与这种新式家庭生活相伴随的是这样一种情形：郭沫若与医学正业渐行渐远，走上了卖稿从文、养家糊口的艰难道路，其家庭生活与文学创作也就有了丰富而复杂的内在关联。

与中国传统的旧式家庭婚姻生活相比，这种焕然一新的跨国涉外家庭为新文学作家郭沫若提供了什么样新颖而独特的灵感与素材呢？郭沫若以自身家庭婚姻生活为原型所创作出的自叙传小说，又给当时的中国新文坛提供了什么样的新形态与可能呢？基于以上问题考虑，本文便从以下几个方面一一进行论述：一、跨国涉外家庭的新形态如何形成，它在郭沫若人生道路与文学创作上的地位与价值如何评估。二、关注于家庭琐碎与日常图景，其现实材料又是如何进入小说创作领域，换言之，在纪实与虚构之间，现实生活与小说叙事如何建构张力。三、家庭叙事与郭沫若早期小说在社会学与文艺领域两个方面的轻重之辨。

一

郭沫若正儿八经的文学创作生涯，正式起步于留学福地——日本，先是东京，后是冈山，再是福冈。“郭沫若在九州帝大留学期间，就是他从一个普通的医学专业学生朝着文学家的道路迈进，并在九州这块异国土地上逐渐变成一个知名文学家的极为重要的时期。”① 在职业转换过程中，郭沫若先是创作新诗，后来则有小说、戏剧、评论等各文类的尝试与收获。与他凤凰涅槃、天马行空式的《女神》式新诗相比，其早期小说倒是充满人间烟火味。拘泥于现实，以真实性见长的小说写作理念，提供了贴近郭沫若留学生活的再现式审美场域，其社会学意义不容忽视。

众所周知，郭沫若的早期小说，最为明显的是带有个人传记的特点。涉及这一领域的许多研究者早就有此共识，比如在其创造社友人郑伯奇看来，“他的小说可以分作两类：一类是寄托古人或异域的事情来发抒自己的情感的，可称寄托小说；一类是自己身边的随笔式的小说，就是身边小说。在后一类中也有用第三人称而比较客观化的，像《落叶》《万引》《叶罗提之墓》等，但依然是抒情的色彩很浓厚。”“其中的情趣尚有令人难以割舍的地方”以及“可以看出作者发展的足踪”。② “郭沫若的身边小说，大都带有自叙传的色彩。有的径直以‘我’作主人公，有的以第三人称，……但他们都包含了作者的生活经历、性格气质和情感特征，实际上就是作者的化身。”③ 在郭沫若早期小说20余篇中，“取材于郭沫若的在日留学生活的至少有15篇”，可称之为“身边小说家或私小说家”。④ 这些说法都颇具说服力。既然如此，我们不妨接着梳理清楚郭沫若当时的人生经历与婚姻生活：一方面，我们需要对郭沫若真实的家庭生活与细节进行深入的了解与还原，另一方面，我们又需要对反映真实生活的家庭叙事型小说进行全面把握，在纪实与虚构之间反复出入、自由穿梭，才能在家庭叙事与郭沫若早期小说之间建立一座合理而稳固的桥梁。

郭沫若1892年11月出生于四川乐山一中等地主家庭，1912年正月元宵，虚岁20的郭沫若奉父母之命与旧式女子张琼华草率结婚成家，当时郭沫若还是四川省高等分设中学堂（后来合并到成都府中学）的新式学生。也许是命运的无情捉弄，心高气傲的郭沫若心里默想能娶到像三嫂一样的新妇，但娶回来的并不是心仪的女子，“隔着麻布口袋买猫子，交订要白的，拿回家去才是黑的。”⑤ 面对如此既成事实，可能有人会选择妥协，委曲求全，可能也有人会拼命抵抗，打破时势。显然，叛逆性格的郭沫若选择了后者，他十分不满意此桩婚姻，婚后几天就义无反顾地从乐山速返成都校园，留给新妇张琼华的是数天匆匆相聚，年年冷炕旧室。郭沫若与原配张琼华几乎没有多少感情可言，虽然因顾及父母不愿提及离婚，但事实上是遗弃张氏在家数十

---

① ［日］岩佐昌暲编著：《中国现代文学与九州》，李传坤译，南京师范大学出版社2010年版，第22页。

② 郑伯奇：《中国新文学大系·小说三集·导言》，《中国新文学大系·小说三集》，上海良友图书印刷公司1935年版。

③ 卜庆华：《论郭沫若小说创作的认识价值与审美价值》，《湖南师范大学社会科学学报》1998年第1期。

④ 武继平：《郭沫若留日十年（1914—1924）》，重庆出版社2000年版，第267—268页。

⑤ 郭沫若：《少年时代》，《郭沫若全集》文学编第11卷，人民文学出版社1992年版，第279页。

载，直至生命的尽头。离家数年之间，郭沫若顶着已有妻室的名号，开始了近至天津、北京，远至日本留学的漫长生涯，直至在异域自由恋爱结婚，重组跨国涉外新式小家庭。

因为家庭生活之于郭沫若早期小说关系重大，这里还需对重组之新家详加梳理。1914 年 1 月，郭沫若汇入当时留日大军五六千乃至一万左右的巨大潮流①，抵达东京；1916 年 7 月，在日本福冈医科大学留学的郭沫若，前往东京圣路加病院看望患肺病的朋友陈龙骥，并陪他转到养生院医治，次月陈氏病逝。郭沫若帮忙料理后事，曾去圣路加病院索取陈氏的遗物，与病院看护妇佐藤富子无意相遇，两人相识便很快“相与认作兄妹”。佐藤富子时年 22 岁，相貌端庄，眉宇之间有洁光，在兄弟姐妹八人中年龄居首。其父是一位笃信基督的牧师，本人在美国人的 Mission School（即传道事业学校）毕业之后，也笃信基督，志愿从事慈善事业，独立生活能力强。富子性格乐观开朗，处事果断，因家庭重男轻女导致从小被疏离而敢于反抗，具有叛逆、善良、坚忍、执著的性格；平时乐于助人，还喜欢文学。② 可以说，在性格方面富子与郭沫若可谓平分秋色、惺惺相惜。据郭沫若回忆文字，自此之后两人便是书信频仍，并于同年年底正式同居，对邻居先是以兄妹相称，不久因佐藤富子怀孕而致她中断刚开始的医护学业，两人共组新式涉外家庭。1917 年 12 月，两人的长子和生出生；1920 年 3 月，次子博生出生；1923 年 1 月，三子佛生出生。后来郭沫若与佐藤富子还育有第四女与第五子，只是这些与郭沫若早期小说没有多大关系，这里只重点涉及五口之家的郭沫若与佐藤富子新家庭，以及由此不断生发的此类家庭叙事。特别值得补充的是，郭沫若与安娜的结合，均没有得到社会的认可，外有中日两个不同国家的对峙与歧视，内有双方父母的反对与破门处分，形象地说，倒成了一对“弃儿”组合。虽然郭家后来因孙子的出生而宽恕了他们，但坚持以妾来称呼安娜，称其子女为庶出。

站在中国传统家庭文化的历史流变来看，后来成为文坛巨擘的郭沫若，与日籍女子佐藤富子恋爱、成家、生儿育女，并非中国传统社会普遍的现象，尤其是清末甲午战争以后，日本人普遍歧视中国人，以与中国人结婚为耻。因此，尽管在留日青年中，也有一些跨国婚恋的事实，但毕竟十分罕见，反映在文学创作中，则有了创新的内容与形式。不得不令人称道的是，郭沫若与佐藤富子的婚姻经历与生活诸侧面，均被郭沫若的巨笔所捕捉，事无巨细、毫不隐讳地被处理成为小说的材料。郭沫若早期小说中的框架结构、人物形象、故事情节、人物心理，都对应这段跨国婚姻所形成的异域经历与体验。另有一层意思也不得不提及，从 1917 年到 1923 年之间，这一家庭

---

① ［日］实藤惠秀著：《中国人留学日本史》（修订译本），谭汝谦、林启彦译，北京大学出版社 2012 年版，第 71—72 页。

② 参见桑逢康《郭沫若与他的三位夫人》，湖北人民出版社 2009 年版，第 27—52 页。

不断增添家庭人口，经济负荷越来越大，差不多是郭沫若择业就业、赚钱养家的艰难时刻，也是郭沫若弃医从文转型的关键时期，包括创办创造社刊物，出版新文学作品集。在郭沫若一手奋力开创文坛新局面的背后，则是佐藤富子作为主妇节衣缩食、怀孕生育、鼓励丈夫写作等操持家务的艰辛画面。与国内传统读书人的家庭相比，或者和“五四”前后因自由恋爱结合的新式家庭相比，郭沫若与佐藤富子组合而成的跨国涉外家庭，陡然增添了不少新鲜的时代内容与主题：比如这样的新式家庭之中，既存在不同语言与文化的隔膜，也有“异质文化”的差异与碰撞，经常处于互为“他者”的镜像之中；新家庭组合既没有双方长辈帮忙照料家务之便，也失去了村邻友朋的帮衬与扶持，几乎都需两人亲力亲为。摊开一下家庭开支这本经济账，一家之中的经济重担几乎落在两人肩上，尤其是郭沫若的身上，先是每月三四十元的官费入不敷出成为常态，后是卖稿换钱经常接济不上，压得两人喘不过气来。由此导致的家庭冲突、矛盾此起彼伏，几乎也是两人独自承受或暗自释放，缺乏外部的缓冲与迂回之可能。作为一对中日“弃儿”组合的跨国家庭，在郭沫若与佐藤富子面临的家庭生活中，往往还一不小心便与时代、民族、国家沾上边来。它像一口不断被参观的水井，哪怕只投下一粒小石子，也会晃荡出莫大的圈圈涟漪来。

就小说本身而论，因为郭沫若的早期小说宗法日本的“私小说”，作家本人也是一个主观性、情绪性极强的写手，所以在家庭生活与小说文本之间几乎可以相互参照，在其小说中没有掺杂多少想象与虚构的成分，成为一种散文式的纪录性文字档案。跨国涉外新家庭的男女主人公，以及三个儿子（因出生早晚，有时是一个儿子，有时是两个儿子），成为小说家庭叙事的基本成分，家庭生活的琐屑、困顿，家庭成员的喜怒哀乐也详细地记录在册。比如，男主人公“我”或“爱牟”之类，自述是从早年家庭包办婚姻中逃出来的，可怜“住在我父母家中的和我做过一次结婚儿戏的女人”（《漂流三部曲·十字架》），《漂流三部曲·歧路》《月蚀》《湖心亭》诸篇也有类似披露；以日本人松野为主人公偷书为情节的《万引》，以沪上青年王凯云担忧吃饭问题的《阳春别》，以哈君夫妇因诸儿之死而骗取国内夫家钱财的《曼陀罗华》之类，都是借物借人借事来言说自己，可谓借别人酒杯，浇自己胸口块垒。——即使是写中国留学生洪师武与日本姑娘菊子的爱情悲剧，由此衍生成篇的《落叶》，其主体内容是菊子的情书，“确实是以安娜给我的信为底本的。安娜为我作出了最大的牺牲”。① 以“爱牟”为固定男主人公的小说，则他的身份是弃医卖文的留日学生，都有类似身份与经历；另一端对应的是其日本妻子“晓芙”，如《残春》《漂流三部曲》《行路难》《红瓜》小说中均统一为爱牟的女人“晓芙”；《月蚀》《人力以上》小说中以“我的女人”出现；在《万引》中是松野的妻子，《鼠灾》中则是方平甫的妻子。她们虽然换了身份，但性格、个性与“晓芙”相似。又比如，

① 引自黄淳浩编《郭沫若书信集》（下），中国社会科学出版社 1992 年版，第 111 页。

涉及几个儿子的小说，则有《鼠灾》《残春》《未央》《月蚀》《圣者》《漂流三部曲》《行路难》《三诗人之死》《红瓜》等，其叙事性偏于实录，三个儿子分别是和生、博生、佛生，或是“和儿”“博儿”“佛儿”等名号相称。以家庭原有人员为小说人物，以家庭内部的日常琐屑和凡俗事物为中心，成为郭沫若早期小说家庭叙事的绝对主体。一件被老鼠咬坏的衣服，小孩的一次顽劣之举，或者言及租贷生涯的一次次搬家，夫妇之间的一次口角、争执，屡屡想到自杀或他杀的情绪，诸如此类，都会成为主要情节衍生的缘起或骨干成分。在这一批小说中，日常叙事可以连成种种片断，建立一个有时间与空间的生存实感的照相式画面。时间维度上，比较典型的是家庭组合的过程，儿子不断出生的烦恼，离家与相聚的悲欢；在空间上，则涉及日本的福冈、东京，以及因参与文学事宜往返日本、上海等地的私生活经历。

清楚以上背景之后，我们再来回看男女主人公的性格、气质，以及处理家庭事务、矛盾的诸种方式。结合人物评传，以及小说文本，大体可以看出两人的性格诸方面的特征。与郭沫若在《女神》书写中不食人间烟火不同，其早期小说中频繁地反映出在家庭内部不稳定情绪的爆发，歇斯底里式的发作十分显豁，虽然从其主要方面来说，家庭大体是和睦而平静的。这种对峙性的“歇斯底里”性格，从《残春》《鼠灾》开始，一直到《漂流三部曲》《水平线下》各集，都有或深或浅的痕迹。在《鼠灾》小说中，方平甫的日籍妻子性格是 semihysteria，即“半歇斯底里”，她会为一些小事冒火，闹得一房间的空气如像炭坑里的火气一样。一系列小说的男主人公“爱牟”，也是处于易烦躁、易冲动、易置气的性格之中。“这是他的一种怪癖。他每逢在外面受着不愉快的感情回来的时候，他狂乱的怒火总要把自己的妻子当成仇人，自己磨牙吮血地在他们身上凌虐。但待到骨肉狼藉了，他的报仇的欲望稍稍得了满足时，他的脑筋会渐渐清醒过来，而他在这时候每每要现出一个极端的飞跃：便是他要从极端的憎恨一跃而为极端的爱怜。”（《行路难·上篇》）在夫妇两人封闭式的矛盾冲突最为厉害的时候，会出现更为极端的情绪，是两种“歇斯底里”性格的碰撞与交锋。当然，情绪“软着陆”的时候居多，一旦男主人公处于歇斯底里的冲动之时，爱牟妻子反而退让的占多数。夫妻两人的此类性格并不时时发作，也并不在同一时间迸发而处于失控状态，所以即使对妻子进行虐待、苛责，甚至不惜贴上“女工兼娼妓”毒骂的标签，爱牟的日籍妻子以柔韧、温和相应对，缓冲了家庭内部情绪的爆发与升级。妻子性格刚烈，果断、有软有硬，经典地报之以“等于零的人”“零小数点以下的人”进行斥责。就这样，跨外婚恋组合的夫妇，尽管都是歇斯底里或半歇斯底里的性格，但相生相克，既维持了家庭的大体稳定，也推动了像生活流一样的故事情节的发生与起伏。“‘歇斯迭里’这种病，在从前以为是女子的专病，但在欧战当时发生了所谓‘战壕病’，是对于战争的恐怖使人的精神生出异状，才知道男子也有得这种病的可能。……文人，在我看来，多少是有些‘歇斯迭里’的患者。古人爱说‘文人相称’或‘文人无行’，或甚至说‘一为文人便不足观’。这对于文人虽然不免作了过低的评价，但事实上多少也有些那样的情形。尤其在整个民族受着高压的时候，文人的较为敏锐的神经是要加倍感觉着痛苦的。许多不愉快的事情遏在心里说不了来，就像一个烟囱塞满了烟煤，满肚皮氧化不化的残火在那儿薰蒸，当然是要弄得彼此都不愉快的。"① "抓住了'歇斯迭里'，也就找到了进入郭沫若'五四'前后文学创作的窗口。"歇斯迭里"究其病理学的原始意义而言，却不过是对一种躁动性格的描述，它多发生于具有敏锐的感受能力之人，又与外部世界的压力有关。……值得注意的是，刚刚独立踏上人生、学过医又选择了文学的郭沫若就是对这样的性格气质产生了高度的认同。"② 不论是作者自评，还是学者的归纳，都很准确到位。

二

在郭沫若早期小说中男女主人公"歇斯底里"的性格，夫妻之间容易置气"冒烟"、对抗的情绪，有没有受哺于新式家庭的诱发和管控呢？无疑，答案是肯定的。

郭沫若早期小说以自己的跨国婚姻组合与现状为材料，拟构了"爱牟"夫妇家庭，这种书写新式小家庭婚恋自由、个性解放的家庭叙事，实在是有别于传统家庭的全新另类"小家体验"。在中国传统小说发展史上，"才子佳人"小说虽然也涉及建立家庭婚姻的叙事，但结局落在世宦书香家庭之内。小说作者将主人公，特别是女主人公的出身家庭设计得显赫而体面，写这些家庭中的儿女私情，离不开家庭的庇护。"才子佳人"小说的思想没有超过封建礼教所圈定的范围，男女主人公私订终身，仅仅是对"父母之命、媒妁之言"包办婚姻制度的有限反抗而已；此类小说也写家庭生活，但扣准的是爱情婚姻的喜剧色彩，琐碎婚姻生活无暇顾及。传统小说史上另有一支则是封建大家族叙事，成为明清小说发展史上一种新的形态。比如《金瓶梅》，便是以一个市侩家庭为中心全方位展开世俗生活描写；《红楼梦》则以一个贵族家庭为主，涉及家庭生活的方方面面，其中也有较多的爱情书写，但因寄生在腐朽的封建宗法社会内部，青年男女离不开大家庭的滋养，其矛盾冲突在大家族内部流转、消化，婚姻生活中的个体，其生存意志得不到充分生长，也缺乏相应的社会环境。在清末民初，由近代小说而现代小说，小说发展得到了长远的进步，小说的题材、艺术手法不断刷新，创新的风气越来越浓郁。以家庭叙事内容而言，批判旧式婚姻制度，追求个性解放与婚姻自由颇为流行，家族叙事开始由传统大家族向新式小家庭转变。冰心、凌叔华等女性作家的新式家庭叙事小说，堪称代表；留学国外的作家中，郁达夫的小说专注于知识青年在婚恋问题上的内心苦闷，举起了浪漫抒情小说的旗帜。总体

---

① 郭沫若：《创造十年》，《郭沫若全集》文学编第12卷，人民文学出版社1992年版，第191—192页。

② 李怡：《"歇斯迭里"的文学史意义——郭沫若的自我定位与我们对郭沫若的定位》，《郑州大学学报（哲学社会科学版）》2008年第3期。

而言，这批新式小说家，也涉笔于家庭、留学生婚恋，但聚焦于跨国婚恋家庭书写的部分十分薄弱，也不具有鲜明的特色。在这样的小说流变中，我们认为郭沫若在自身婚恋事实基础上所进行的小说创作，特别具有创新的意义和价值。

郭沫若与日籍妻子安娜的婚恋事实，构成了民国之初崭新的一种家庭形态，是一种簇新而炫目的社会存在。他们离弃了中日两个成员众多的传统大家庭的支撑，经跨国涉外婚恋而组织的小家庭，便没有了坚实的后援，主内与主外都完全依赖男女双方两人的经营与管控。首先，一旦发生家庭内部的冲突、矛盾，便容易到达顶峰，没有外在的缓冲空间。家庭内部矛盾寻不到可以发泄、突围的外部渠道，不会朝外释放对峙的情绪，主要在家庭内部特别是在男女主人公心身上回流、分散。因此，双方迁怒于对方时，只有一方开始妥协，或者保持沉默，或者搁置争议，才能保持在可控状态。其次，因为家庭的经济支柱是爱牟一人独揽，经济压力几乎系在爱牟身上，因而他的歇斯底里发作频繁得多。在小说中男主人公迁怒于妻儿十分常见，尤其是对儿子的发泄显得不通人情，比如视之为累赘、枷锁，幻想借妻子的手杀掉或同归于尽之类。再次，如果在家庭内部恶劣情绪得不到有效释放，便会幻想出现第三者，从中帮助主人公得以解脱，这一角色在小说中主要由青年异性来承担。这三种方式，或者是单独进行，或者是交叉进行，均有可供辨析的纹理。

首先来描述第一种类型，即迁怒于妻子方面的叙事。在《鼠灾》一文中，男女主人公是方平甫夫妻，方平甫为中国留学生，妻是日本牧师的女儿，四年前自由结婚，带来的后果是“平甫的家族朋友们弃了平甫，他女人的家族朋友们也弃了他女人”。平甫妻子是“男性的，大陆的，女丈夫的”，不会太软弱。平甫的迁怒，便没有挂在嘴边而是移置到内心深处，憎恨、鄙夷、虐杀妻子的心理活动甚多。《残春》《万引》《喀尔美萝姑娘》等小说中女主人公的性格，与平甫女人相仿。另一方面，因为爱牟性格是欺硬不欺软，如果妻子妥协、退让，便会消泯掉爱牟歇斯底里的冲动。当然，爱牟也会卑己自牧，哪怕是有意或无意地中伤妻子，伤了家庭的和睦和安宁，也会在短暂的沉默或暴怒出走之后得到释放。《月蚀》《漂流三部曲》小说中还有一个背景情节，即有四川家乡 C 城的医院以重金相聘，爱牟既出于保全年迈父母的考虑，也重点顾及与日籍妻子家室的安全，不得不予以放弃，写出了一种孝心与责任。所以，尽管爱牟爱生脾气，歇斯底里比较显著，但家庭的稳定与平衡仍然是雨后见彩虹。

其次，家庭叙事牵涉到小孩。爱牟夫妇小孩多，没有帮手帮衬，影响自己卖文糊口的营生，没有心思和精力做小说、搞创作，有时便有消极的思想，不但自己想自杀，也想与家人一起自没于人世，少却人间的大小烦恼。比如两个小儿出生的烦躁与压力，婴儿啼饥，主妇营养不良，搞得自己身心俱疲，如坠黑暗的深渊。“天天如是，晚晚如是，有时又要听他小的一个婴儿啼饥的声音，本来便是神经变了质的爱牟，因为睡眠不足，弄得头更昏，眼更花，耳更鸣起来。”（《未央》）“你们使我在上海受死了气，又来日本受气！我没有你们，不是东倒西歪随处都可以过活的吗？我便饿死冻死也不会跑到日本来！啊啊！你们这些脚镣手铐！你们这些脚镣手铐！你们足足把我锁死了！”（《行路难·上篇》）“譬如背着小儿烧着火，叫你一面去写小说，你除非是遍体有孙悟空的毫毛，恐怕怎么也不能把身子分掉罢？你哪有感兴会来？哪有思想会磅礴呢？”（《行路难·下篇》）……在家庭叙事中对儿子的情绪发泄，便是高兴起来便高兴，不高兴起来便视之为累赘、枷锁，有几处想借妻子的手把儿子们杀了，或者自己杀了三个儿子后，夫妻抱着跳进博多湾自尽。按人伦之常而言，几个儿子均是爱牟夫妇爱情的结晶，也是维持二人的重要纽带，以这样极端的话来表述，显然是性格缺陷造成的。在小说《残春》中，作者淡化情节，着重于人物微妙的心理活动：它主要叙述爱牟和白羊君去病院探望老同学贺君，在医院与看护妇 S 姑娘相遇，暗生爱意。爱牟夜里做了一个与 S 姑娘私会的一个美梦，即在笔立山头相会，准备叩诊 S 姑娘裸露胸部的肺尖。正在缠绵之际，白羊君奔来说他的儿子被妻杀害了，爱牟狂奔回家，果然两个儿子倒在血泊中，妻子已呈疯癫状态，爱牟也几乎如此，后来狂怒之下也一并倒在妻子投来的血淋淋的短刀之下。这一小说一方面说明夫妇平时居家有此话题，另一方面说明妻儿已成为阻力，以潜意识的方式暗示爱牟的弃重心思。

再次，作为自由恋爱组合的新式家庭，仍然掩蔽不了对第三者的追求，“残春体验”仍然存在。在家庭叙事中，从女主人公而言，除了妻子这一个家庭主妇之外，若干篇什中总有情人形象的出现。小说中爱牟妻子“晓芙”并不太晓风情，衣食的劳累，孩子的照管，使她无暇分心，这样使爱牟生出一种寻找替代物的“残春”心理，即对家庭主妇的不满之余，需要借助第三者插足来缓解，这种“出轨”叙述，如《残春》中护士 S 姑娘，《喀尔美萝姑娘》里没有名字的卖糖食的美丽姑娘便是。

以上三个方面的背后，都脱离不了以经济叙事作为总的核心环节，经济困窘、捉襟见肘的举动不绝于缕，油盐柴米之不易，让人格外唏嘘不已。《万引》《漂流三部曲》《人力以上》《红瓜》《未央》《后悔》中的经济因素之细节最为典型。如一家三口官费入不敷出，一件当家衣服被老鼠咬破，差不多酿成夫妻生疏之灾（《鼠灾》）；蛰居上海卖文为生的艰难，一家五口如居监狱，全家去一次公园都是奢望，本计划一家乘船出吴淞口到海边去看月蚀，因无力支付船票改为去公园（《月蚀》）；在上海大都市年节时分，爱牟买二角钱的花炮供家人自娱，却招来给小儿伤身之祸，妻儿生活十分简陋，简直在乞丐以下，连自杀也不知想过多少回了（《圣者》）；在日本得到大学文凭后回上海的青年王凯云，举目无亲，找不到工作，每晚在沪宁车站过夜，导致吃铜板五枚的阳春面都吃不起了（《阳春别》）。比较典型的还有《矛盾的统一》，小说写的是这样一个故事：上海牙医奇贵，妻子一口虫牙，因没钱医治，不得不独自强忍着。正月初三蛰居上海时，妻子害牙痛病躺在破烂的阁楼上。破烂之家室，来一个外人都没有坐的空间，本不想有人来访，偏偏有朋友 T 君和 G 君两家人来，“我”极不想他们看到这惨不忍睹的一幕，幸亏从美国才来的G君的夫人因不想脱鞋而作罢（日本的风俗是上楼要脱高跟鞋，而按照西洋风俗脱鞋是有伤风雅的），这样我也保全了颜面。“万一她们果然上了楼，看见了我那和猪狗窝一样的楼房，和叫化子一样的妻子，她们假使要动怜悯，那是伤了我的尊严；假使不动怜悯，那不是伤了她们的尊严吗?”

郭沫若早期小说的价值，最大的一点在于真实与坦诚。由于卖文为生的不易，与穷困、艰辛、歧视、潦倒结下了长期的不解之缘，作者为了一家人起码的温饱，不得不拼命写作。文思不通之时，往往也是家庭矛盾冲突之时。每日记挂在心头的，不是东挪西借，便是不停地变换住处，不停地乞食。虽然有时能得到一笔小小的稿费收入，但因为收入不固定，仅仅只是一时一地的穷开心而已。——这样的经济状态与人生性格，相互扭结在一起，造就并放大了涉外小家庭生活的矛盾与冲突诸方面，也就最为自然与可以理解的了。

三

跨国涉外家庭因为“跨国”“涉外”，自然并不全部在家庭内部儿女私情、个人悲苦方面下笔，而是跨越了不同的国度，其中既有民族情绪的发酵，也有国家意识、种族意识层面道义防守的关键问题。可以反思的是，郭沫若早期小说，如果只是一味地叙述一己之私，就没有多少可供咀嚼的文学史价值。之所以这批早期小说能不断让后人研究与重视，是因为除了郭沫若这个标签之外，小说本身具有这一可供精神提升的宏大叙事之可能。

众所周知，留学生最早源自赴美、赴欧，东渡日本留学则是戊戌变法前后之事。在新文学的开端，留学日本的中国青年，作为弱国子民在强敌面前所遭受的刺激与屈辱，带有意味深长的特殊性质。比如民族压迫、歧视，像在日本称中国留学生为“支那人”一样，除了可以作为满肚子的不满与牢骚之理由外，还可以依附在民族、国家的外壳上，充满无限的附加值。留学青年异国生活的背后，是作为中国人的先觉者在异国他乡特殊的体验与生存，掺杂着现代知识分子的民族觉醒与爱国个性。譬如民族意识的萌发，个性意识的萌发，现代意识的滋长便是。后来的新文学史书写，在反帝反封建的母题下加以提纯，便是这一思想的合法性延伸。举一个例子，郭沫若在小说《行路难》中，爱牟与晓芙夫妇带着孩子经常搬家，经常因拖欠房租等被房东驱赶，其中有一个细节，即他去唐津海岸上租房，大受个人之外的刺激：

> 男子走近玄关来了，主妇便介绍了一番。男子的比猎犬还要狞猛的眼睛，把他身上打量了一遍。
>
> ——“唔，贵国呢？是上海？还是朝鲜?”

——“哦，这位豪杰把我看穿了。丢脸大吉！丢脸大吉！好！”爱牟在心里懊恼着。

——“我是中国留学生。”

——“哦，支那人吗？”主妇的口中平地发出了一声惊雷。

…………

“支那人哟，支那人哟，飘泊着的支那人哟，你在四处找房子住吗？这儿你是找不出的！在这样的暑热的天气你找甚么房子呢？我们都到海边上避暑来了，我们的房子是狗在替我们守着呢！”

…………

“日本人哟！日本人哟！你忘恩负义的日本人哟！我们中国究竟何负于你们，你们要这样把我们轻视？你们单是在说这‘支那人’三个字的时候便已经表示尽了你们极端的恶意。你们说‘支’字的时候故意要把鼻头皱起来，你们说‘那’字的时候要把鼻音拉作一个长顿。”

民族屈辱这样经常被提及、唤醒了异国学子的民族抗争，自然成为那一代人挥之不去的民族情结。这种民族情感并不总是外在的，有时也需要在家庭内部进行回旋与调节，因为它来自跨国婚恋这一新式家庭。在《未央》中，写到了一个情节，即爱牟的儿子“一出门去便要受邻近儿童的欺侮，骂他是‘中国佬’，要拿棍棒或石块来打他”，使他幼小的心灵受到伤害。在《三诗人之死》中，“孩子们没有伙伴，出外去的时候，因为国度不同，每每受到邻近渔家的儿童们欺侮。坐在家里，时常听见他们在外面的哭声，或则流泪回来”。事隔多年，郭沫若在回忆录《创造十年》中，这种难以释怀的委屈之感仍历历在目：“原来在那一九一八年的五月，日本留学界为反对‘中日军事协约’，曾经闹过一次很剧烈的全体罢课的风潮。在那次风潮中还有一个副产物，便是有一部分极热心爱国的人组织了一个诛汉奸会。凡是有日本老婆的人都被认为汉奸，先给他们一个警告，叫他们立地离婚，不然便要用武力对待。这个运动在当时异常猛烈，住在东京的有日本老婆的人因而离了婚的很不少。不幸我那时和安娜已经同居了一年有半，我们的第一个儿子和夫产后已经五个月了。更不幸我生来本没有做英雄的资格，没有吴起那样杀妻求将的本领，我不消说也就被归在‘汉奸’之列了。”① 与“我们在日本留学，读的是西洋书，受的是东洋气”② 不同，具体到郭沫若这个跨国涉外小家庭之中，还增添了这个特殊家庭的遭遇：小到家里小孩所受到的身心伤害，大到夫妻两人在日本所受的屈辱与不平，全都与国籍、民族、种族有或深或浅的联系。

---

① 郭沫若：《创造十年》，《郭沫若全集》文学编第12卷，人民文学出版社1992年版，第39—40页。

② 郭沫若：《三叶集》，《郭沫若全集》文学编第15卷，人民文学出版社1990年版，第140页。

结　语

郭沫若早期小说，低于新诗的成就，主要是从艺术性上进行评价。权威的意见是整体上比较粗疏，写得比较随意，结构散漫，“由于没有条件进行从容的艺术构思，郭沫若常常抓住一时的感受，就铺衍成篇。他缺乏对原始材料的精心剪裁，作品中可删削的东西不少。他的文思粗疏浮躁，作品中令人回味的余地不多。”①

可以追问的是，尽管郭沫若早期小说艺术很粗疏，但是为什么还有一种魔力牵引读者去阅读呢？在我们看来，其社会学意义的凸显，可以掩蔽艺术构思的短处，至于跨国婚恋家庭生活中苦乐参半的“情趣”，当年郑伯奇没有点明说透，则到了大力加以补充与阐释的时候！

［原载《贵州师范大学学报（社会科学版）》2018 年第 2 期］

① 刘纳：《谈郭沫若的小说创作》，《中国现代文学研究丛刊》1983 年第 4 期。

有经有权：郭沫若与毛泽东文艺体系的传播与建立

刘 奎

苏联的革命理论、斗争经验和建设成就，为郭沫若提供了社会主义的乌托邦远景，并为他的历史选择提供了参照；相对而言，本土的革命实践则以更为直接的形式决定了他的历史命运。不过郭沫若作为国统区的“无党派人士”，他与延安的关系也决非单方面的被影响这么简单，而是基于不同时代问题的相互倚重。本文试图从郭沫若与毛泽东文艺体系建立的关系这一历史角度，考察郭沫若与延安之间的复杂关系。问题既在进一步追问他与政党政治间的密切联系，也为探讨他与新的国家文艺体系之间互为借镜的关系。

据胡乔木回忆，在“座谈会讲话正式发表不久”，毛泽东对他说，“郭沫若和茅盾发表意见了，郭说‘凡事有经有权’”[①]。胡乔木强调说：“这话是毛主席直接跟我讲的，他对‘有经有权’的说法很欣赏，觉得得到了知音。郭沫若的意思是说文艺本身‘有经有权’，当然可以引申一下，说讲话本身也是有经常的道理和权宜之计的。比如毛主席讲普及与提高的关系问题时，说作家艺术家要收集老百姓写的什么黑板报、什么歌谣、画的简单的画，帮助修改，音乐也是要帮，这样的事是不可能经常做的”[②]。从经权的角度分析毛泽东的《在延安文艺座谈会上的讲话》（后文简称《讲话》，引文照录），学界已所在多有，问题意识大多是“讲话”在当代的适用性问题，胡乔木此说实际上也是在新时期思想解放的视野下，强调“讲话”的权宜性，但对毛泽东为何如此重视郭沫若与茅盾的意见，以及郭沫若是在何种语境下谈论这个问题的，学界关注不多。因此，本文将从郭沫若的视角出发，探讨他在毛泽东文艺体系的确立、传播，以及毛泽东文艺制度的建设过程中所扮演的角色，以及郭沫若“经权”论生成的语境和历史意义。

一 “先去看郭老”

毛泽东的文艺思想主要体现在《讲话》中。《讲话》是毛泽东于1942年5月在

① 胡乔木：《胡乔木回忆毛泽东》，人民出版社1994年版，第60页。

② 同上。

延安文艺座谈会上的两次发言稿，翌年10月19日（鲁迅逝世七周年纪念日），正式发表于《解放日报》。从共产党的角度看，这是毛泽东在确立其政治领导权之后，进一步确立其意识形态领导权的方式，是整风运动的一环。因此，《讲话》甫一发表，中共中央总学委就发出通知，指出“讲话”“是中国共产党在思想建设理论建设的事业上最重要的文献之一，是毛泽东同志用通俗语言所写成的马列主义中国化的教科书”，并进而提升到世界观与认识论的高度，指出“此文件决不是单纯的文艺理论问题，而是马列主义普遍真理的具体化，是每个共产党员对待任何事物应具有的阶级立场，与解决任何问题应具有的辩证唯物主义历史唯物主义思想的典型示范”①。因此，“各地党收到这一文章后，必须当作整风必读的文件，找出适当的时间，在干部和党员中进行深刻的学习和研究，规定为今后干部学校与在职干部必修的一课，并尽量印成小册子发送到广大的学生群众和文化界知识界的党外人士中去”②。相距不到一月，中宣部也下发文件，要求党员以“讲话”精神为指导改造小资产阶级习性，“无论是在前方后方，也无论已否参加实际工作，都应该找适当和充分的时间，召集一定的会议，讨论毛泽东同志的指示，联系各地区各个人的实际，展开严格的批评与自我批评”③。《讲话》的传达过程，并不仅仅关乎文艺问题，而是中共此时大规模展开的整风运动的深化。那么，郭沫若这个“党外人士”在其中扮演着什么角色呢？

从郭沫若所处国统区对《讲话》的接受来看，在《解放日报》（1943年10月19日）正式发表以后，《新华日报》并未及时跟进，直到1944年1月1日才以“概述”的方式发表。据《新华日报》的工作人员回忆，他们在接到《讲话》以后，“副刊编辑室立即开会研究如何才能发表出去”，但鉴于“当时检查‘行情’”，“如果照原文把《讲话》抄送检查，不仅不能过关，而且完全可能把稿子扣押不还，作为他们检查的资料”，因此，他们“决定采用‘化整为零’的战术”，“由副刊编辑室的三位同志把全文‘化’作三篇文章，采取能摘取原文尽量摘取原文，否则就用概述的办法来‘化’”④。这便是以《毛泽东同志对文艺问题的意见》为总标题的三篇文章——《文艺上的为群众和如何为群众的问题》《文艺的普及和提高》与《文艺和政治》⑤。较为完整地传达了《讲话》的工农兵文艺、文艺的大众化、文艺从属于政治以及知识分子改造等核心问题。此外，当时重庆也有《讲话》的单行本，这是一本题为《文艺问题》的小册子，实际上就是《讲话》⑥。当《讲话》在重庆传播开了之后，由郭沫若所主持的文化工作委员会曾两度组织学习。据胡风后来在《三十万言

① 《中央总学委通知——一九四三年十月二十日》，《解放日报》1943年10月22日，第1版。

② 同上。

③ 《中央宣传部关于执行党的文艺政策的决定》，《解放日报》1943年11月8日。

④ 郑之东：《回忆〈新华副刊〉》，《新华日报的回忆》，四川人民出版社1979年版，第219—220页。

⑤ 《文艺上的为群众和如何为群众的问题》《文艺的普及和提高》《文艺和政治》，均载《新华日报》1944年1月1日，第6版。

⑥ 徐迟：《重庆回忆》，载重庆出版社编《作家在重庆》，重庆出版社1983年版，第26页。

书》中所述：

> 一九四四年三月十八日十九日，郭沫若先生主持的“文化工作委员会”里的一部分同仁在乡下开过两次座谈会，讨论《在延安文艺座谈会上的讲话》。冯乃超同志主持。第一次要我报告，我就当时国统区的环境作了一些分析，说明当时当地的任务要从与民主斗争相配合的文化斗争的角度去看，不能从文化建设的角度去看，我们应该从“环境与任务的区别”去体会并运用《讲话》的精神。在第二次会的讨论中，因为我提到过当时的主要任务还不是培养工农作家，但在写着《辩证唯物论的美学》的蔡仪同志不同意，说应该是培养工农作家。他举了一个例子证明：文化工作委员会有一个当勤务兵的李平同志已经被提升为少尉副官了。我觉得这样讨论起来很困难，没有再说什么。座谈会也没有续开第三次。①

胡风与蔡仪此时都在郭沫若主持的“文工委”工作，郭沫若虽未参加，但“文工委”的座谈会至少是经他同意的。不过这次学习并未达成一致，胡风看重的是毛泽东关于国统区与解放区的“区别”论。在《讲话》中，毛泽东不仅指出边区的工作对象与国统区不同，而且指出了“根据地的文艺工作者和大后方的文艺工作者的环境和任务的区别”②。胡风学习《讲话》的态度，以及他与蔡仪等人的分歧，也被他自己和部分学者解释为其“冤案”的源头之一，可见如何对待《讲话》关系重大。

与《讲话》发表相配合的，是延安对《新华日报》《群众》以及《中原》等报刊的批评。《新华日报》最初是中共长江局的党报。由王明和周恩来主持的长江局，在抗战初期一度扮演着第二中央的角色，《新华日报》也发挥着中共党报的功能。毛在掌握了延安的媒体资源后，便开始了对国统区的整顿，不仅南方局的领导纷纷返回延安参加整风，国统区的刊物也面临被整顿的命运。在《讲话》发表前后，中央便开始了对《新华日报》的整顿。1943 年 11 月 22 日，中宣部下发文件，指出《新华日报》大捧蒋介石及国民政府的政策，“是失掉立场的”③；对乔冠华、陈家康等“才子集团”，以及胡风、舒芜等人的“主观论”都提出了批评。这次整风与郭沫若也多少有些关联，对他不利的是，乔冠华等人的文章，有的就发表在他所主编的《中原》上，因而南方局在检讨时也作了点名批评；有利的一面是，南

---

① 胡风：《胡风全集》，第 6 卷，湖北人民出版社 1999 年版，第 311 页。

② 毛泽东：《在延安文艺座谈会上的讲话》，《解放日报》1943 年 10 月 19 日。

③ 《中共中央宣传部有关〈新华〉〈群众〉杂志的意见（节录）》，《南方局领导下的重庆抗战文艺运动》，重庆出版社 1989 年版，第 55 页。

方局的这次小整风，及时制止了陈家康与胡风等人策划的对郭沫若的批判①。不过这次整风并不激烈，据时在《新华日报》的夏衍回忆，“受批评的有章汉夫、陈家康、乔冠华”等人和他自己。章汉夫是总编，失误是国民政府主席林森去世那天，报纸不仅全文登载了中央社的消息和照片，“并围了一个很大的黑框”，因而被批判为失掉立场。在他看来，“这次小整风批评是坦率、尖锐的，但并没有什么‘残酷的斗争’”②。作为《讲话》传播的整体背景——整风运动，其开展的状况，一定程度上决定了《讲话》在国统区的传播力度。而无论是整风，还是《讲话》的发表，虽与郭沫若多少有关，但他参与的程度并不深。这种状况到1944年中期有所改观。

为了加强大后方学习《讲话》的力度，1944年4月中共派何其芳、刘白羽前往重庆，专门传达《讲话》精神。选此二人的原因大概是，刘白羽率先在《解放日报》发表了学习《讲话》的长篇心得③，何其芳则除了学习讲话的心得以外，在国统区还有很多旧友。在出发之前，时在延安参加整风运动的周恩来，曾专门召见二人传达工作指示：“你们两个人去了，先做的，就是介绍延安文艺座谈会讲话，介绍延安整风，同时也要听取多方意见，这也是一次调查研究。”④ 至于如何展开工作，周恩来也有具体的安排，他建议刘白羽、何其芳到重庆后，要先去找郭沫若。据刘白羽回忆：

> 周副主席分配任务，从来不是简单决定，而是仔细叮咛，他告诉我：“你们去了，先去看郭老（郭沫若），先把你们的任务向他汇报，然后听从他的安排，进行工作，接触的人面要广些、要多些……要善于同不同意见的人交谈，思想工作是十分细致的事情，你们不能急于求成……”⑤

“先去看郭老”，这既由郭沫若在国统区的地位决定，同时，也与郭沫若当时在延安的影响力有关。1944年是延安频频向郭沫若示好的一年：该年一月九日，毛泽东发去电报，感谢郭沫若所赠剧本《虎符》，对他所做的“许多十分有益的革命的文化工作”“表示庆贺”⑥；同一天，毛泽东在致杨绍萱、齐燕铭的信中，再次提及

① 参考拙文《想象的分歧：郭沫若与左翼墨学论争》，《郭沫若学刊》2016年第2期。

② 夏衍：《懒寻旧梦录》，生活·读书·新知三联书店1985年版，第505、506页。

③ 刘白羽：《读毛泽东同志〈在延安文艺座谈会上的讲话〉笔记》，《解放日报》1943年12月26日，第4版。

④ 刘白羽：《心路的历程》（中），《刘白羽文集》，第9卷，华艺出版社1995年版，第403页。

⑤ 同上。

⑥ 龚继民、方仁念：《郭沫若年谱》（中），天津人民出版社1992年版，第565页。

"郭沫若在历史话剧方面做了很好的工作"[①]；三月郭沫若发表了《甲申三百年祭》，继而受到国民党《中央日报》社论的批判，毛泽东却在《学习与时局》一文中对郭文予以高度肯定，《解放日报》全文转载了《甲申三百年祭》，党中央随即将其确定为整风文件；七月二十七日，郭沫若归国六周年纪念，林伯渠、王若飞和徐冰三位中共元老亲往道贺；八月郭沫若收到延安印行的《屈原》和《甲申三百年祭》单行本，致信毛泽东等人表示感谢；十一月二十一日毛泽东复信，不仅再次肯定了他的研究和创作，而且回忆了二人共同经历的国民大革命，结语是"我们大家都想和你见面，不知有此机会否"[②]，尊重中透着亲切。此时，周恩来在延安参加整风运动，毛泽东开始亲自与国统区的文化人建立联系。在这种统战局面下，周恩来指示刘白羽等先拜访郭沫若，首先看重的是郭沫若的这种特殊的地位：他既是延安甚至是毛泽东信任的人物，同时，郭的"党外人士"身份，也一定程度上缓和了《讲话》的政治色彩。

刘白羽到重庆后，确实如周恩来所示，先去拜访郭沫若，用了"整个下午"向郭沫若介绍延安的整风情况。根据阳翰笙日记，可大致还原刘白羽、何其芳在重庆的活动与郭沫若交叉的轨迹：

> 1944年5月27日　文化界的友人们今日欢迎何、刘两兄于郭老家。何、刘对大家畅谈西北文运至久，大家也都听得很兴奋。[③]
>
> 7月11日　何、刘两兄来乡，至欣慰。[④]
>
> 7月12日　与成湘兄请何、刘两兄晚餐。陪客仅郭老、乃超、泽民，谈至夜十时许客人始去。[⑤]
>
> 7月13日　晨，会中同人开一座谈会迎何、刘两兄。由刘、何先后报告他们那儿文化活动状况后，大家提了许多问题来问他们。彼此都谈得很热烈。[⑥]

所谓的"乡"，指"文工委"在重庆郊区赖家桥的办公地，郭沫若每年暑期都搬到此处避暑。何、刘二人除抵达重庆之初，郭沫若与文工委同仁尚在市内天官府，但不久他们便移到乡下办公，何、刘在市区拜会文化名流之后，又特到赖家桥，可见他们对郭沫若的倚重。同时，郭沫若所主持的"文工委"也为他们传达《讲话》提供了便利，如专门召开座谈会等。

---

① 毛泽东：《给杨绍萱、齐燕铭的信（一九四四年一月九日）》，《毛泽东文集》，第3卷，人民出版社1996年版，第88页。

② 毛泽东：《给郭沫若的信（一九四四年十一月二十一日）》，《毛泽东文集》，第3卷，人民出版社1996年版，第227页。

③ 阳翰笙：《阳翰笙日记选》，四川文艺出版社1985年版，第270页。

④ 同上书，第283页。

⑤ 同上。

⑥ 同上书，第283—284页。

此外，时在文工委的胡风，又以全国文艺界抗敌协会的名义为他们召开了座谈会。在“文协”组织的座谈会上，《讲话》受到了更多的质疑。据胡风回忆，何其芳以“现身说法”的方式报告了整风运动的情况，但“由于何其芳同志的自信的态度和简单的理解”，以致“会后印象很不好”，“会后就有人说：好快，他已经改造好了，就跑来改造我们”，“连冯雪峰同志后来都气愤地说：他妈的！我们革命的时候他在哪里？”①

但何其芳与刘白羽的任务，并不仅仅是“传达”《讲话》精神，他们还有两个任务：一是澄清国统区关于整风运动的“传说”和“谣言”，这是何其芳要起到的作用。事实上“文工委”诸人的问题，并不是关于《讲话》，而是关于丁玲、萧军、艾青等人在整风中的处境问题②。另一个任务就是收集大后方文化人对《讲话》的意见，这由何其芳整理，并带回延安向毛泽东汇报。胡乔木所说的，郭沫若“有经有权”的意见，可能就是此时所作、由何其芳转达的。但大后方整体上对《讲话》的抵制，也给何其芳留下了负面印象，据说，他回去后便建议应在大后方进一步开展整风运动，但周恩来则以时机尚不成熟而劝止③；而新中国成立后批判胡风的主将就是何其芳，看来也并非偶然。不过，毛泽东此时收集大后方文化人对《讲话》的意见，倒并非是深谋远虑，刚开始构建自己文艺话语的他，这样做更多的是为了检验自己理论的可行性，此时郭沫若、茅盾等作家尚掌握着现代文艺的美学批判标准，这是为何毛泽东如此看重郭沫若、茅盾等名家意见的原因所在。

二 “有经有权”

郭沫若的意见既然被毛泽东引为“知音”，那么，郭沫若所谓的“有经有权”又该如何理解，他为何要从经权的角度来评价毛泽东的文艺思想？因何其芳的报告尚不可考，有关郭沫若的资料中也无此记载，仅从胡乔木的回忆来看，要探讨这个问题无疑有一定的难度。不过，胡乔木的说法也不是孤证，郭沫若早在1940年就曾以经权思想论述文艺、评价毛泽东的文艺观。

目前学界对毛泽东文艺思想的研究，着眼点主要在《讲话》的生成过程，及其对解放区文艺的影响，相对忽略了毛泽东此前对国统区文艺界的影响。从国统区来看，抗战时期毛泽东对国统区文艺影响最大的，并不是《讲话》，而是他1938年所提出的“民族形式”问题。1938年10月12日至14日，在中共六中全会扩大会议上，毛泽东作了以《论新阶段》为主题的报告，全面阐释了国共合作、建立统一战

① 胡风：《胡风全集》第6卷，湖北人民出版社1999年版，第312页。

② 刘白羽：《心路的历程》（中），《刘白羽文集》第9卷，华艺出版社1995年版，第423页。

③ 周恩来：《关于大后方文化人整风问题的意见》，见《周恩来选集》（上卷），人民出版社1980年版，第188—189页。

线的路线方针，并且分析了“中国共产党在民族战争中的地位”。而对共产党如何学习马克思主义理论的方法问题，他批评了马克思理论的教条化，提出要将理论与中国的现实问题结合起来，除了学习“洋理论”以外，还要“学习我们的历史遗产”，“用马克思主义的方法给予批判的总结”，并且认为“继承遗产，转过来就变为方法，对于指导当前的伟大运动，是有着重要的帮助的。”其方法论含义是：

> 共产党员是国际主义的马克思主义者，但马克思主义必须通过民族形式才能实现。没有抽象的马克思主义，只有具体的马克思主义。所谓具体的马克思主义，就是把马克思主义应用到中国具体环境的具体斗争中去，而不是抽象地应用它。①

在马克思主义中国化、民族化的问题视野下，毛泽东进而提出了“中国作风与中国气派”的“民族形式”：

> 洋八股必须废止，空洞抽象的调头必须少唱，教条主义必须休息，而代替之以新鲜活泼的、为中国老百姓所喜闻乐见的中国作风与中国气派。把国际主义的内容与民族形式分离起来，是一点也不懂国际主义的人们的干法，我们则要把二者紧密地结合起来。②

马克思主义的中国化这一提法，对于中共党史的意义在于，它使此前唯共产国际马首是瞻的中共，开始确立其民族独立性和主体性。同时，这一说法又超出了政党领域，而广泛地辐射到了文艺领域，引起了民族形式讨论及民族形式中心源泉问题的论争，几乎可以说，在接下来的两年间，大多数重要作家和批评家都对此问题发表了意见。这首先是延安的文艺工作者，如柯仲平的《谈“中国气派”》、陈伯达的《关于文艺的民族形式问题杂记》、艾思奇的《旧形式运用的基本原则》、萧三的《论诗歌的民族形式》、何其芳的《论文学上的民族形式》、周扬的《对旧形式利用在文学上的一个看法》等是其中的代表，他们将“民族形式”作为此前文坛所探讨的问题——利用旧形式、接受民族遗产与文艺大众化等关联起来，并将其发挥为此后的文艺方针。如陈伯达就将民族形式具体化为“抗战的内容与民族的形式”，认为这是“今日文艺运动的主流”③。

“民族形式”的提法，呼应了抗战初期的民族主义思潮，因而很快得到了大后方

① 毛泽东：《论新阶段》，《解放》1938年第57期。

② 同上。

③ 陈伯达：《关于文艺的民族形式问题杂记》，《文艺战线》第3期，1939年4月16日。

作家的响应。如巴人就撰文指出，“在文艺领域里，我以为同样需要提出中国的气派与中国作风”①，并认为鲁迅的《阿Q正传》就是民族形式的典型；此外，巴人还以此作为提倡新启蒙运动的契机。新启蒙运动是1936年兴起的一种思潮，主要提倡者是张申府和陈伯达②，但从巴人的说法来看，新启蒙的范围可能要更广一些。此后，沙汀、黄药眠、胡绳、冯雪峰、潘梓年、葛一虹、力扬等国统区的作家和批评家都相继发表文章，阐释“民族形式”问题，其出发点都是毛泽东所提出的中国化问题，“中国作风与中国气派”之类的说法也常见于这些讨论文章中。使知识分子对这一问题的争论，变得更为激烈的是向林冰所提出的民族形式的“中心源泉”问题。

1940年3月，通俗文艺编刊社的向林冰，在《大公报》发表了《论“民族形式”的中心源泉》。在他看来，“民族形式的提出，是中国社会变革动力的发现在文艺上的反映。由于肯定了变革动力在人民大众，所以赋予民族形式以‘中国老百姓所喜闻乐见的中国作风与中国气派’的界说。从这更进一步的分析下来，便知民族形式的中心源泉，实在于中国老百姓所习见常闻的自己作风与自己气派的民间形式之中”③，而“五四”新文学传统，则只是小布尔乔亚的形式，故在创造民族形式中只能处于次要地位。向林冰对新文学传统的否定，遭到了后方大多数新文学家的反对，如葛一虹、胡风、黄芝岗、光未然等都撰文予以批判，而向林冰又连续发表了五篇文章，以进一步澄清自己的观点。这就将民族形式问题，从左翼知识分子对毛泽东话语的理论演绎，转化为了具有创新性的理论探讨和论争。

正是在这种论争局面下，郭沫若撰写了长文《“民族形式”商兑》，发表了他对民族形式问题的意见。他先追溯了“民族形式”的理论来源，认为是“由苏联方面得到的示唆”，尤其是斯大林“社会主义的内容，民族的形式”这一说法的影响。在郭沫若看来，民族形式问题“不外是‘中国化’或‘大众化’的同义语，目的是要反映民族的特殊性以推进内容的普遍性”，毛泽东所提倡的马克思主义的中国化便是出于这个目的，所谓“中国作风与中国气派”，便为“民族形式”“加了很详细的注脚”④。和毛泽东一样，他也将“民族形式”作为一种方法来对待：“无论是思想，学术，文艺或其他，在中国目前固须充分吸收外来的营养，但必须经过自己的良好的消化，使它成为自己的血、肉、生命，而从新创造出一种新的事物来，就如吃了桑柘的蚕所吐出的丝，虽然同是纤维，而是经过一道创化过程的”⑤。郭沫若与毛泽东的一致处在于，他们所看到的问题的核心，都在接受者的主体性及其对外来理论的转化

① 巴人：《中国气派与中国作风》，《文艺阵地》第3卷第10期，1939年9月1日。

② 参考［美］施瓦支（舒衡哲）《中国的启蒙运动——知识分子与五四运动》第五章“走向新启蒙”，李国英等译，山西人民出版社1989年版，第275—283页。

③ 向林冰：《论“民族形式”的中心源泉》，《大公报》1940年3月24日。

④ 郭沫若：《“民族形式”商兑》，《大公报》1940年6月9日，第2版。

⑤ 同上。

能力，而非接受对象的选择问题，这是郭沫若与其他理论家的不同处。

通过对外来影响的肯定，郭沫若批判了向林冰的“民间形式”源泉论，捍卫了新文化的传统。在他看来，“封建的社会经济产生了各种的民间形式，同时也就注定了各种的民间形式必随封建制度之消逝而消逝”①，从而否定了向林冰以民间形式为民族形式中心源泉的论点。但为了抗战的需要，他认为民间形式的通俗化是可以借鉴的。但仅限于教育问题：“民间形式的利用，始终是教育问题，宣传问题，那和文艺创造的本身是另外一回事。”② 这就将教育、宣传和动员，与文艺创作之间的关系作了二元的处理。他认为“文艺的本道”“只应该朝着前进的一条路上走”，而“通俗课本、民众读物之类，本来是教育家或政治工作人员的业务，不过我们的文艺家在本格的文艺创作之外，要来从事教育宣传，我们是极端欢迎的”。对这种审美与教育的二元论，郭沫若也并不否认：“有些人嫌这样的看法是二元论，但他们本来就是二元，何劳你定要去把它们搓成一个！”③ 从政治宣传与文学创作的二元论，回望他对“文艺如何动员民众”这一问题的思考，就不难理解他从政治工作者角度出发，其观点所具有的时代权变性了。这种审美与教育（政治）的二元论，是理解他评价《讲话》“有经有权”的关键；也就是说，文学在郭沫若这里本来就有二途，一为严肃的文学创作，一为服务于政治的宣传。也正是在这篇文章中，郭沫若开始从经与权的角度解释文学的价值与功能，并回应了毛泽东所提的民族形式问题：

> 凡事有经有权，我们不好杂糅起来，使自己的思路混乱。譬如我们要建军，经常的大道自然要整备我们的陆海空的立体国防，在陆上，尤其要多多建立些精锐的机械化部队，但这是有种种条件限制着的，这样的理想一时不易达到。尤其在目前我们在和强敌作殊死战，争国族的生死存亡关头，我们不能说要等待理想的国防军建好了，然后才能抗战。我们在这时就必须通权达变，凡是可以杀敌的武器，无论是旧式的蛇矛，牛角叉，青龙偃月刀，乃至是镰刀，菜刀，剪刀，都可使用。前年台儿庄之役，菜刀剪刀是发挥过相当的威力的。而且在必要的时候，就是我们的牙齿，手爪，拳头，脚头，都是必要的武器。以量来讲，这些原始的，旧式的武器，在目前比我们精锐的武器更多，但我们不能够说将来的新武器形式是以这些旧武器形式为中心源泉。
>
> 一切生产事业我们在理想上是需要机械化、电力化的，但在目前这样的理想还不能达到……只要多少能够供给国民的需要，任何原始的作业都可以搬出来。例如在抗战前差不多绝迹了的手摇纺线机，自抗战以来在四处复活了。这也就是

① 郭沫若：《“民族形式”商兑》，《大公报》1940 年 6 月 9 日，第 3 版。
② 同上。
③ 同上。

权。这种一时的现象，在抗战胜利以后，是注定仍归消灭的。我们当然不能说，将来的新纺织工业形式会从这手摇纺织机再出发。

文艺又何尝不是这样。中国的新文艺，因为历史尚短，又因为中国的教育根本不普及，更加以国家的文艺政策有时还对于新文艺发挥掣动机的力量，一时未能尽夺旧文艺之席而代之，以贡献其应有的教育机能。这是事实。在目前我们要动员大众，教育大众，为方便计，我们当然是任何旧有形式都可以利用之。不仅民间形式当利用，就是非民间的士大夫形式也当利用。用鼓词、弹词、民歌、章回体小说来写抗日的内容固好，用五言、七言、长短句、四六体来写抗日的内容，亦未尝不可。例如张一麐老先生的许多关于抗战的绝诗，卢骥野先生的《中兴鼓吹集》里面的好些抗战词，我们读了同样的发生钦佩而受鼓舞。但为鼓舞大多数人起见，我们不得不把更多的使用价值，放在民间形式上面。这也是一时的权变，并不是把新文艺的历史和价值完全抹煞了，也并不是认定民族形式应由民间形式再出发，而以之为中心源泉——这是不必要，而且也不可能。[①]

按郭沫若的说法，经就是“经常的大道”，权则是“一时的权变”。经与权这两个概念，主要来自儒家，孔子有“可与立，未可与权”的说法；孟子的说法更为形象：

淳于髡曰：“男女授受不亲，礼欤？”

孟子曰：“礼也。”

曰：“嫂溺，则援之以手乎？”

曰：“嫂溺不援，是豺狼也。男女授受不亲，礼也；嫂溺，授之以手者，权也。”[②]

宋儒对经权有两种看法，程颐认为权即是经，但朱熹认为经与权不同，他对孔孟经权的解释为：

经自经，权自权。但经有不可行处，而至于用权，此权所以合经也，如汤、武事，伊、周事，嫂溺则援事。常如风和日暖，固好，变如迅雷烈风。若无迅雷烈风，则都旱了，不可以为常。[③]

经者，道之常也；权者，道之变也。[④]

朱熹的经权不同论，是从本体上而言，从伦理的角度看，二者还是一致的，即权

① 郭沫若：《“民族形式”商兑》，《大公报》1940年6月9日，第2版。

② 孟子：《孟子·离娄上》，载《四书章句集注》，中华书局1983年版，第284页。

③ 黎靖德编：《朱子语类》第3卷，中华书局1986年版，第987页。

④ 同上书，第989页。

须不悖于道，“权而不离乎经”①：

> 经，是常行道理。权，则是那常理行不得处，不得已而有所通变底道理。权得其中，固是与经不异，毕竟权则可暂而不可常。②

郭沫若独好儒家，他很大程度上就是从“经常道理”与“权变通达”的角度来用这对概念的，他把权看作“一时的现象”，“是注定仍归消灭的”。从文艺的角度来看，为了抗战宣传和动员需要，文艺要通俗化、大众化，这都是“一时的权变”，创造新文艺和文学经典才是经。抗战时期对文艺价值与功能作这种二元处理的现象并不鲜见，除郭沫若的经权思想外，还有闻一多的价值与效率说。闻一多在《诗与批评》一文中指出，诗歌的“价值论者”，是对侧重诗歌的“宣传效果”，重视诗歌的社会价值的人而言；而“诗的效率论者”，则“只吟味于词句的安排，惊喜于韵律的美妙：完全折服于文字与技巧中”③。在闻一多看来，“诗是与时代同其呼吸的，所以，我们时代不单要用效率论来批评诗，而更重要的是以价值论诗了”，诗歌“要对社会负责”④。郭沫若与闻一多都是从战时的时代精神出发，强调文学的社会功能。从这个逻辑来看，郭沫若对《讲话》有经有权的评价，也是将毛的文艺观看作一种价值论，属于他所说的文学的“教育机能”，是为了战争的宣传、动员、组织等现实需要。但与闻一多注重价值论者不同，郭沫若视之为一种权宜之计，新文学的历史价值及文学自身的规律，才是经常的道理。

或许是鉴于“民族形式”问题也引起了左翼知识分子内部的论争，如黄芝岗与潘梓年之间也就语言问题产生了争论。因此，在郭沫若的文章出来以后，潘梓年等人有借此弥合左派内部分歧的意思。后来，《“民族形式”商兑》又被延安的《中国文化》全文转载，郭沫若“有经有权”的观点，基本上便被作为民族形式论争的结论确定下来。

三　以权为经

尽管郭沫若的观点得到了延安的关注乃至认可，但他“有经有权”的说法还是遭到了向林冰的批判，并再度引起批评家的连锁反应。回溯这个问题有助于我们进一步探讨郭沫若经权论的理论特点，及其文艺观与政治思想之间的关系。在看到郭沫若的文章后，向林冰撰长文“敬质郭沫若先生”，尤其批评了他的经与权的思想。在他

① 黎靖德编：《朱子语类》第3卷，中华书局1986年版，第994页。
② 同上书，第990页。
③ 闻一多：《诗与批评》，载《火之源》文艺丛刊，第2、3辑合刊，1944年9月1日。
④ 同上。

看来，郭沫若将民间形式直接与封建主义作对接的方式，否认了形式本身转化的可能，是“不理解‘经’与‘权’的辩证法关系”，“以致将运用民间形式的通俗文艺运用排斥在文艺领域以外”[①]。在他看来，郭沫若的经权论完全是一种实用主义：“他在‘权’的概念之下所许可乃至欢迎的事物，都和‘经’是‘另外一回事’而且无关联。例如用青龙偃月刀杀敌和建立立体国防的无关，用手摇纺织机生产和建立新纺织工业的‘经常大道’无关，运用民间形式和文艺创造的‘经常大道’无关等等。然而这些和‘经常大道’无关的‘权’，却在应急利用的观点上取得了郭先生的‘合理的存在’的权力。在这里，便意味着无原则的顺应屈服的实用主义思想。”[②] 他还以苏联为例，指出苏联的新经济政策是权，但它并未脱离社会主义革命的经，也就是说，权这种应急方式，应该是在革命的总体原则之内的权变，是“把理想放在了现实的地基上，根据具体的革命环境，在主客观统一的发展形势下面以争取理想的实现。”[③] 向林冰的批判不无道理，他所针对的正是郭沫若的二元论，这种二元论使郭沫若将“经”与“权”作了分离的处理。而在向林冰看来，经与权在本质上是相关的，“权”应该是“经”的权：“所谓‘经’即是必然，而所谓‘权’则是偶然；由于必然通过了偶然而实现，所以‘经’常常通过了‘权’而完成自身的发展。”[④] 也就是说，革命的手段不能完全背离革命目的，这正是宋儒所强调的，权而不悖乎道的题中之意。

郭沫若并未直接回应向林冰的批评，但延安的林默涵则率先发文，表示认同郭沫若的观点[⑤]，此外，胡风、王实味和陈伯达等人对这一问题的回应，也都涉及郭沫若。胡风不仅要捍卫“五四”传统，同时，他也将“民族形式”理解为重提“民族革命战争的大众文学”这一口号的时机，因为“民族形式”既强调“民族”，又与大众化和战争相关。因此，他几乎对所有参与这一论争的人都有所批评。如他认为，郭沫若的民族形式是传统士大夫形式与民间形式统一这一说法，是“阉割了它底革命的见解”[⑥]。这与向林冰的指责一样，都是批评郭沫若的权变，割裂了民族形式与革命理想的内在关联。但胡风主要针对的，还是向林冰的形式辩证法。他引用卢卡契《叙事与描写》的相关理论，证实新风格、新方法的发生除与旧形式相关以外，更为重要的是“有社会的历史的必然性”，“是从生活里面出来的”[⑦]。以此作为反驳向林

① 向林冰：《关于民族形式问题敬质郭沫若先生（六）》，《大公报》，1940年8月20日，第4版。

② 向林冰：《关于民族形式问题敬质郭沫若先生（三）》，《大公报》，1940年8月9日，第4版。

③ 向林冰：《关于民族形式问题敬质郭沫若先生（四）》，《大公报》，1940年8月16日，第4版。

④ 同上。

⑤ 默涵：《“习见常闻”与“喜闻乐见”》，《中国文化》，第2卷第3期，1940年10月25日。

⑥ 胡风：《论民族形式问题底提出和争点——对于若干反现实主义倾向的批判提要，并以纪念鲁迅先生逝世底四周年》，《中苏文化》第7卷第5期，1940年10月25日。

⑦ 卢卡契：《叙事与描写》，此引文见胡风《论民族形式问题底提出和争点——对于若干反现实主义倾向的批判提要，并以纪念鲁迅先生逝世底四周年》，《中苏文化》第7卷第5期，1940年10月25日。

冰纯粹着眼新旧形式演变的观点。这种社会历史或生活决定论，其实是唯物辩证法的文学翻版，这也正是郭沫若的理论依据，他在否定了向林冰以民间形式为“民族形式”的中心源泉之后，提出的观点，正是以“现实生活”为民族形式的中心源泉，他呼吁的也是“深入现实吧，从这儿吸取出创作的源泉来”[①]。

胡风从唯物辩证法的立场对向林冰的形式辩证法的批评，恰与郭沫若殊途同归。胡风也认为旧形式正是旧的社会结构在意识形态领域的“惰性和延长”，而“新的文艺要求和先它存在的形式截然异质的突起的‘飞跃’，这并不‘完全是纯主观性的腾云驾雾的文艺发展中的空想主义路线’；也要求从社会基础相类似的其他民族移入形式（以及方法）”[②]。胡风与郭沫若的一致处，表明郭沫若并非如向林冰所说的，不懂经与权的辩证法，而是说他与向林冰有着根本不同的辩证法。如果说向林冰的辩证法，是着眼于文学新旧形式的演变与传承，郭沫若则跳出了文学的范围，着眼于文学与现实、文学与时代的辩证关系。

可以说郭沫若“有经有权”的特殊处，即在于经与权是二元的，与形式之“权”对应的并不是文学之“经”，而是现实需要与时代精神。由于时代精神的不断变化，郭沫若实际上是以权为经，因应时代精神而变才是经。反观他对“民族形式”的意见，也正是如此。他之所以反对民间形式，其理由是，“万类是进化的，历史是不重复的。一个时代有一个时代的形式，凡是过去时代的形式即使是永不磨灭的典型也无法再兴。因为产生它的那个时代的一切条件是消失了”[③]。“一个时代有一个时代的形式”，可以看到晚清以来文学史观的影响，这里也表明文学没有固定的或者说本质化意义上的经，只有顺应时代变化的经，只有因应时代而变、显现为不同形态的具体的文学形式，也就是说，不同时代的具体的文学形式，既是权，也是经，或者说永远只有“权”，而没有本质化的“经”，具有普遍性意义的经也内涵在各时代的权变之中。从认识论或方法论的角度而言，这与毛泽东所思考的马克思主义的中国化是内在一致的，即经典的马克思主义要具体化为中国现实语境中的马克思主义，针对中国的时代问题和现实问题不断丰富自身的理论内涵，这样才具有历史的有效性，否则就是洋八股。以权为经，或者说是经与权的辩证，这才是毛泽东引郭沫若为知音的根源。而《讲话》的生成，本身也是基于中国现代作家的实践，包括国统区左翼知识分子的创作经验和理论成果，在这个基础上生成的[④]，因而，即便《讲话》是经，它也是从不同的权变中发展出来的，可见郭与毛的内在契合也并非无源之水。

---

① 郭沫若：《“民族形式”商兑》，《大公报》1940年6月10日，第3版。

② 胡风：《论民族形式问题底提出和争点——对于若干反现实主义倾向的批判提要，并以纪念鲁迅先生逝世底四周年》，《中苏文化》第7卷第5期，1940年10月25日。

③ 郭沫若：《“民族形式”商兑》，《大公报》1940年6月9日，第2版。

④ 参考李杨《“经”与“权”：〈讲话〉的辩证法与“幽灵政治学”》，《中国现代文学研究丛刊》2013年第1期。

不过，胡风与郭沫若的不同在于，他虽然批评了向林冰的形式辩证法，但他的经与权还是一元的。这个一元是革命精神，因此他才会批判郭沫若对革命理想的阉割。胡风对革命的坚持，又被延安的王实味引为知音。王实味在看到胡风的文章后，发现自己的两篇未刊稿竟"有不少地方意外地与他巧合"，以至于"如照原样发表，即令不是掠美，也颇有附骥之嫌"，"因而把两文合并删节，另加对胡先生新偏向的批评"，写成新文《文艺民族形式问题上的旧错误与新偏向》[①]。所谓"旧错误"是指陈伯达、艾思奇二人对民族形式问题的意见。在王实味看来，陈伯达的错误在于"脱离社会革命运动孤立地看文艺革命运动"，他所提倡的"旧形式新内容"也"不合科学法则"；艾思奇的错误，则是走向了郭沫若的反面，郭沫若的二元论"固不甚正确"，但艾思奇将旧形式作为民族形式的必经之路"也断然是错误的"；新偏向则是指胡风在实践意义部分有过左的偏向[②]。王实味与胡风一样，是将"民族形式"的创造，置于无产阶级的革命事业这个大的框架来论述的。因此，在他们看来，民族形式是革命事业的具体化，是形式之权与革命之经的辩证。

陈伯达再次对民族形式问题发言，是1942年7月发表的《写在实味同志〈文艺的民族形式短论〉之后》。该文起着一石二鸟的作用，一是向林冰在批评郭沫若时，曾经引用他抗战前对郭沫若的批评文字作为支援，陈伯达借此予以撇清；二是中共此时已开始批判王实味，陈氏此文正好借民族形式问题，对王实味展开批评。因而该文先反驳向林冰，将"民族形式"的目的重新确定为"创造新艺术"，从而与郭沫若等人的观念保持一致；其次是将"唤起民众"作为民族形式的出发点，并借此批判王实味。在陈伯达看来，"利用旧形式"和"文艺的民族形式"这个问题的提出，是基于抗战"唤起民众"的现实需要，如果忽略抗战的前提，"那就容易歪曲了提出问题的意义，至少使得问题提出变成没有多大意义"[③]。而"在唤起民众这个问题上"，他与王实味则有着本质的差别：

> 实味同志说："无产阶级革命，依靠的，是有阶级觉悟并接受马克思主义的无产阶级，如果依靠未觉悟的自在的无产阶级，那就作了群众的尾巴。文化之更高度更迅速的发展进步，无疑的也得依靠民众，但要依靠掌握了文化以后的民众，不是今天被统治者所压迫奴役的民众。统治者如果重视民众，首先应该给民众以自由，给民众以文化。"第一、要注意，今天的革命，并不是什么"无产阶级革命"，而是民族抗日战争！第二、任何革命，就使是"无产阶级革命"，也决不能只是依靠"有阶级觉悟并接受马克思主义的无产阶级"。……第三、所谓

① 王实味：《文艺民族形式问题上的旧错误与新偏向》，《中国文化》第2卷第6期，1941年5月20日。
② 同上。
③ 陈伯达：《写在实味同志〈文艺的民族形式短论〉之后》，《解放日报》1942年7月4日。

> “文化更高度更迅速的发展进步，也得依靠民众，但要依靠掌握了文化以后的民众，不是今天被统治者所压迫奴役的民众”，这也不对。应该把话倒转过来，这样说：文化之更高度更迅速的普遍发展进步，要依靠革命民众掌握了权力以后；而且，今天被统治者所压迫奴役的民众，依靠自己的实际斗争，必然会不断创造出自己的文化。①

陈伯达的逐条批驳，正好展示了二人之间的分歧。这不仅是关于民族形式的，更是关于革命理想与道路的经权问题。在王实味看来，革命的前提，是先要无产阶级具有阶级觉悟，而非“依靠未觉悟的自在的无产阶级”，这与卢卡奇所强调的“阶级意识”是一脉相承的，卢卡奇认为：“革命的命运（以及与此相关联的是人类的命运）要取决于无产阶级在意识形态上的成熟程度，即取决于它的阶级意识”②，因为无产阶级能从总体上把握社会的结构，“自己就构成了推动力量的本质”③，而所谓的阶级意识，便是该阶级对自己所处阶级地位与历史角色的自觉，成为一个“自为”的阶级④。这种革命道路在二十年代末期的革命文学论争中，曾经由日本的福本主义，为创造社的李初梨等人所接受，但在与郭沫若等人的本土经验交锋时逐渐被放弃⑤；王实味抗战时期曾任职于延安中央研究院，翻译了大量的马克思主义理论，他很可能是由此直接接触到了卢卡奇的理论，因为此时卢卡奇在莫斯科的马恩研究院。正是基于这种理论，在王实味看来，是否具有阶级意识，成了革命的前提；但从陈伯达对此的逐条反驳，可以发现他更倾向于依靠革命政党，通过政党对民众的动员，让民众以自发的方式参与，这也就是他所说的“起义”的路线，这是一种列宁式的、视无产阶级为“革命先锋队”的道路。这种分歧，让我们看到了王实味事件的另一面，也让我们看到了郭沫若的革命道路与延安的内在契合处，他的情感政治学正是一种动员式的革命方式；而他的《甲申三百年祭》对农民起义的表彰，也确实是“为匪张目”，因而得到延安接纳，成为整风文件。

陈伯达与王实味的论争，显示了经与权的复杂性。陈伯达一再强调“民族形式”问题的提出是基于“抗战的现实”，在批判王实味时也主要依据于此，而在抗战现实的需求下，革命问题可以暂时搁置，正如他所说的“今天的革命，并不是什么‘无产阶级革命’，而是民族抗日战争！”这正是经、权二元的方法，基于抗战的权，“无产阶级革命”的经可以暂时搁置一边。这也正是向林冰和胡风所批判的郭沫若的经

---

① 陈伯达：《写在实味同志〈文艺的民族形式短论〉之后》，《解放日报》1942年7月4日。

② 卢卡奇：《历史与阶级意识》，杜章智等译，商务印书馆2012年版，第134页。

③ 同上书，第132页。

④ 同上书，第141—142页。

⑤ 参考艾晓明《中国左翼文学思潮探源》，北京大学出版社2007年版，第73—93页；程凯《当还是不当“留声机”？——后期创造社“意识斗争”的多重指向与革命路径之再反思》，《中国现代文学研究丛刊》2006年第2期。

权论。也就是说，郭沫若与胡风等人实际上是在不同层面谈论革命文艺的经权辩证法的，向林兵、胡风、王实味等强调的是革命之权不离革命之经，即革命的手段要与革命的目的有内在的一致性，郭沫若则不然，他的权变的范围要更广，符合革命目的的有效手段都可以考虑利用，而且革命之经也需要具体化为各时代的具体形式，后者实际上正是马克思主义中国化的内在要求。

四　以思想改造情感

虽然郭沫若从通权达变的角度，视《讲话》为一种权宜之计；《讲话》在大后方的传播也遇到了一些预想中的困难，但这并不意味着它对郭沫若没有影响。郭沫若除了让文化工作委员会组织座谈会以外，自己也作了表态，作了“自我批判”。但他不是从文学的角度，而是从学术研究的角度展开的，这就是《古代研究的自我批判》一文。该文写于 1944 年 7 月 3 日，完成于 7 月 18 日。如果参照前文阳翰笙日记所载，这正是何其芳、刘白羽在重庆传播《讲话》精神的时间。5 月 27 日郭沫若在家设宴欢迎何、刘，听他们作解放区整风运动的汇报。5 月 30 日郭沫若下乡，据他自己说：“下乡之后酝酿了一个月，到七月三日才‘开始写古代研究的自我批判’。”① 是慎重考虑的结果。对于写作初衷，郭沫若起笔便说：“关于秦以前的古代社会的研究，我前后费了将近十五年的功夫，现在是达到了能够作自我批判的时候，也就是说能够作出比较可以安心的序说的时候。”② 接着他便对自己的历史研究作了“清算”：

> 我首先要谴责自己。我在一九三〇年发表了《中国古代社会研究》那一本书，虽然博得了很多的读者，实在是太草率，太性急了。其中有好些未成熟的或甚至错误的判断，一直到现在还留下相当深刻的影响。有的朋友还沿用着我的错误，有的则沿用着我错误的征引而又引到另一个错误的判断，因此关于古代的面貌引起了许多新的混乱。这个责任，现在由我自己来清算，我想是最适当的，也是颇合时宜的。③

该文的“颇合时宜”处，是它被延安当作了大后方“自我批判”的代表，不久便为《解放日报》全文转载，并配合刊发了尹达的文章《郭沫若先生与中国古代社会研究》。不过，郭文虽然名曰“自我批判”，实际上仍是一篇严肃的学术文章，郭沫若只是借“自我批判”之名，展示自己学术观点的变化。在文中，郭沫若修正了

---

① 郭沫若：《我怎样写〈青铜时代〉和〈十批判书〉》，《民主与科学》第 1 卷第 5、6 期，1945 年 5 月。

② 郭沫若：《古代研究的自我批判》，《群众》第 9 卷第 20 期，1944 年 10 月 31 日。

③ 同上。

《中国古代社会研究》中的西周封建说，改而将西周断为奴隶社会，肯定了井田制的存在，并重新考订了铁出现的时代。除了结尾对“士”的批判以外，与《讲话》并无直接关联，因此，该文只是以题名作了表面的应景文章，说不上真正的“自我批判”，更不必说知识分子的自我改造。自我批判是响应整风的方式，对于延安以《讲话》为代表的文艺政策，郭沫若文艺观又有何变化呢？虽然毛泽东语录当时已频频出现于《新华日报》，但郭沫若一直未作文学方面的表态。鉴于此，有论者将他1945年所写的文章——《向人民大众学习》和《人民的文艺》，作为他接受《讲话》的证据。从当时“诗人节”时期左翼作家的发言可以发现，他们从这一年开始询唤、塑造“人民诗人”，但如果回到郭沫若这两篇文章的内容及其发表的语境，则很难说这是对《讲话》的回应。

郭沫若之所以提倡“向人民大众学习”，是基于“在目前民主运动的大潮流当中，‘人民的世纪’把它自己的面貌更加显豁起来了”，“人民大众是一切的主体，一切都要享于人民，属于人民，作于人民。文艺断不能例外”[①]。而之所以提倡“人民的文艺”，也是因为“今天是人民的世纪，我们所需要的文艺也当然是人民的文艺”[②]。这其中有两个关键词，一是“民主运动”，二是“人民的世纪”。民主运动是1944年由民主人士掀起，旨在推动中国民主化的宪政运动；而“人民的世纪”是当时常出现于报刊的标题，但它并非共产党所常用，而是美国副总统华莱士（H. Wallace）的说法。“人民的世纪”（The Century of the Common Man），是华莱士于1942年3月所作的一次演讲。珍珠港事件之后，美国正式参战。作为副总统的华莱士，作了题为“人民的世纪”的演说。在演讲中，他认为，与二十世纪是“美国的世纪”这一说法相比，“人民的世纪”更为恰当，他将人民的范围从欧美扩展到苏联和中国等地，肯定了苏联与中国在二十世纪为自由所做的努力。并且提出，在去除军事和经济帝国主义的前提下，发达国家应为后发展民族提供工业化的帮助[③]。华莱士的这种言论，在1944年他访华期间，受到左翼知识分子的关注。华莱士到达重庆的时间是6月，与何其芳、刘白羽在重庆传达《讲话》的时间几乎相同。据《中央日报》报道，他在机场发表的书面讲话中，就提到“余并相信将有许多沟通文化商务之巨大潜在力，藉谋亚洲及北太平洋盆地人民之一般福利”[④]。蒋介石在欢迎辞中也称，“我们渴望增进我们人民的社会福利和经济福利”，因为华莱士主管农业领域，故蒋介石还强调“我们政府将特别注重于增进农民的生活”[⑤]。可见当时人民这个概

① 郭沫若：《向人民大众学习》，《文哨》创刊号，1945年5月。

② 郭沫若：《人民的文艺》，《大公报》1945年4月29日。

③ See Henry Wallace. *The Century of the Common Man*, New York: Reynal & Hitchcock, 1943.

④ 《华莱士副总统发表书面谈话》，《中央日报》1944年6月21日，第2版。

⑤ 《蒋主席暨夫人欢宴华莱士副总统 主席致辞表示衷诚欢迎 说明中美国民共同任务》，《中央日报》1944年6月22日，第2版。

念还是比较中性化的，国共两方面都在争取这个概念的解释权，如共产党在华莱士强调“人民的世纪”、民主秩序时，也进行了宣传和进一步的阐释，如《新华日报》的社论就称华莱士的言论为“伟论”：“这是‘人民的世纪’，这是人民的战争，看到并信任人民的人们，都会得出同一的结论。”[①] 此后，华莱士的相关说法——“二十世纪是人民的世纪”或“人民的世纪”，一时成为知识分子的常用语，郭沫若、张申府、闻一多等民主人士更是如此。此外报纸上也出现了“人民的世纪”专栏以及题为“人民世纪”的刊物。抗战结束后，一度较为温和的叶圣陶，还将“人民的世纪”写入了《开明新编国文读本》[②]。“人民的世纪”为1944年开始的民主运动提供了话语支持，它不仅被用来反对蒋介石的独裁，也被知识分子用来责难毛泽东《沁园春·雪》中的“帝王思想”。因此，左翼知识分子在使用“人民的世纪”一语时，虽夹带了不少私货——如将中性的Common man置换为有政治倾向的People，但总体上是服务于当时的民主运动大潮的，郭沫若所说的“人民的文艺”，也先要置于民主运动的语境之中，如他所说：“人民的文艺是以人民为本位的文艺，是人民所喜闻乐见的文艺，因而它必须是大众化的，现实主义的，民族的，同时又是国际主义的文艺”[③]，从这种无所不包的描述可以发现，“人民的文艺”对于郭沫若来说，仅仅是一种话语的转换，具体内容是极为驳杂的，与毛泽东具体所指的“工农兵”有很大的差异，而更像之前“民族形式”问题的重复。

从“影响—接受”的角度，郭沫若对毛泽东文艺思想的直接回应似乎较为有限，但如果调整视角，从郭沫若抗战时期文艺观的历时对比中，我们便可发现他此时的文艺思想确有内在的转变。1944年底，《文学》杂志发表了郭沫若的一篇旧演讲稿。在这次演讲中，与之前多强调情感不同，他转而强调思想的重要：“思想是生活的舵轮，没有思想的生活是盲目的，由那种生活所发泄出来的感情每每会流而为狂妄。我们要有正确的感情，必须有正确的生活，要有正确的生活，必须有正确的思想。”[④] 他所谓的正确的思想，是“顺应人类进化的潮流”的一种集体主义思想：“以人民大众的生活为生活，人民大众的感情为感情”[⑤]。这种观念，与他一直坚持的“诗—诗人”的一元论以及动员文艺观内在一致，但“正确的感情”这种说法是第一次出现。感情的正确与否，是《讲话》对改造知识分子的要求和标准，即知识分子不仅要从思想上认同无产阶级革命，还要从感情上与小资情调决裂。按毛泽东的说法就是：“我们知识分子出身的文艺工作者，要使自己的作品为群众所欢迎，就得把自己的思

① 《华莱士先生的伟论》，《新华日报》社论，1944年6月24日，第2版。

② 编者：《人民的世纪》，《开明少年》1945年第5期；后收入叶圣陶、郭绍虞等编《开明新编国文读本》，甲种本（上）。

③ 郭沫若：《人民的文艺》，《大公报》1945年4月29日。

④ 郭沫若：《诗歌的创作（续）》，《文学》第2卷第4期，1944年11月。

⑤ 同上。

想感情来一个变化，来一番改造”[①]。郭沫若对“正确的思想”与“正确的感情”的强调，也见于该年他发表于《新华日报》上的《如何研究诗歌与文艺》：“思想应该指导一切，这利他的集体的思想应该指导一切，要做一个诗人或文艺工作者必须彻底地活在这种思想里面。以这种思想为信念，为自己的灵魂，发而为文章，然后才能够成为真正的诗歌与文艺。在一个时代里面，对于最大多数的人有最大益处的东西，才能是最善的东西，最真的东西，最美的东西。无正确的思想便无正确的生活，无正确的感情，无正确的方法，因而也就无正确的诗歌与文艺了”[②]。其文艺观念的变化在于，感情本身从自发转化为了具备伦理内涵的情感，经由思想的作用，情感本身便应该是正确的。这种思路不能不说是《讲话》的影响。

五　重庆的秧歌

对《讲话》的诠释，不仅在于如何阅读、解释《讲话》这个理论文本，更在于如何对待《讲话》的衍生品，或者说边区实践《讲话》精神的成果——文艺作品。《讲话》发表之后，延安文艺工作者开始在文艺创作中实践该文艺方针，较有代表性的成果是秧歌和小说。秧歌本来就是陕北的民间文艺，是较有地方色彩的文化形态。郭沫若对此早有了解，如抗战初期，于立群曾打算去陕北，郭沫若便写了一组《陕北谣》给她，其中有这样的句子：“陕北陕北朋友多，请君代问近如何？华南也想扭秧歌。”[③]《讲话》发表之后，以“鲁艺”为中心的文艺工作者，一改此前“演大戏”的传统，开始改造民间的秧歌剧。在周扬等人的努力下，延安文艺工作者组织了1944年新年秧歌舞大汇演。正如周扬所说，经由改造，“新的秧歌从形式上看是旧的秧歌的继续和发展，但在实质上已是和旧的秧歌完全不同的东西了”，它是一种“斗争秧歌”，“取消了丑角的脸谱，除去了调情的舞姿，全场化为一群工农兵，打伞改用为镰刀斧头，创造了五角星的舞形”，表现的是“群众的时代”，是“集体力量”[④]。从而将秧歌从民间文化转化为了政治文化，是“实践了毛主席文艺方针的初步成果”[⑤]。

这个成果被及时输送到了重庆。在刘白羽、何其芳完成《讲话》的初步传达之后，延安随后派林默涵、周而复、陈波儿、韦明、汪琦等前往重庆[⑥]，他们将秧歌带到了重庆。据《新华日报》的工作人员熊瑾玎回忆，他们曾多次在重庆组织秧歌

---

① 毛泽东：《在延安文艺座谈会上的讲话》。

② 郭沫若：《如何研究诗歌与文艺》，《新华日报》1944年4月16日。

③ 郭沫若：《陕北谣》，《潮汐集》，作家出版社1959版，第462页。

④ 周扬：《表现新的群众的时代——看了春节秧歌以后》，《解放日报》1944年3月21日。

⑤ 同上。

⑥ 周而复：《往事回首录》（上部），文化艺术出版社2004年版，第161页。

演出：

> 《新华日报》每逢创刊纪念日，便邀集延安出来的工作同志，组织秧歌队伍，在报馆演唱起来，当然邀请各党各派、各民主进步人士和读者来此观看。因为报社游艺场狭小，不能容纳多的观众，每每把会场挤得满满的。有许多人不能进入会场时，则站在对面山坡上翘首远望。演出的秧歌剧，有《兄妹开荒》《一朵红花》《牛永贵受伤》等节目。最后则全体演员按次出场，分为两列左右转，跳廻旋式的大秧歌舞。观众也可以自由参加，共同舞蹈，真是兴致淋漓，皆大欢喜！①

“每逢创刊纪念日”演秧歌剧的说法还有待确证，现有据可查的是1945年春节期间（2月18日），《新华日报》曾组织演出《兄妹开荒》《一朵红花》等三个秧歌剧，此次演出邀请了各方友好前往观赏，之后还有不少人写了诗文。如许幸之的《秧歌舞与广场演剧》、凡僧的《化龙新村听秧歌六绝》及赵铁松的《秧歌舞观后》，这都集中发表于《新华日报》上②。就观者的反应来看，连曹禺、阳翰笙和黄芝岗这三位专业的戏剧家“都觉得非常新鲜有力”③。

作为实践《讲话》的重要文艺形式，秧歌剧较为典型地反映了延安的政治文化。国统区的知识分子，在观看秧歌之后，从形式到政治，也都体会到了秧歌剧的独特性。在观看此次表演之后，许幸之较为深入地体味到了秧歌舞的文化政治功能。与曹禺等人一样，他看完表演之后，“从心的深处激起了一种新鲜，活泼，而又亲切的共鸣”，这种共鸣不仅来自秧歌剧的歌舞，更来自其“广场演剧”的形式：“坐在广场上，使我想起了希腊时代的民主精神，以及那些开展在‘人类底黄金时代’的灿烂的文化。残酷的战争与宗教的黑暗，使人类底文化倒退了几千年，直到现在，我们还在默默地追求并希望着希腊时代的远景。”④

戏剧从剧场向广场的转变，在抗战时期具有一定的普遍性。在抗战动员的需求下，戏剧工作者进行了大胆的形式创新。正如论者所指出的，“强调戏剧及时反映现实与现场鼓动、煽动的作用与功能；在戏剧形式上也进行了大胆改革与实验，独幕剧得到普遍的发展，还创造了活报剧、街头剧、茶馆剧、朗诵剧、化装游行、傀儡戏等新形式”⑤。秧歌剧的形式首先也应置于这个总体背景下加以考量。作为广场戏剧的

---

① 熊瑾玎：《惊人的生产展览和秧歌演出》，《〈新华日报〉的回忆》，四川人民出版社1979年版，第79页。

② 许幸之：《秧歌舞与广场演剧》；凡僧：《化龙新村听秧歌六绝》；赵铁松：《秧歌舞观后》，均载《新华日报》1945年2月26日，第4版。

③ 阳翰笙1945年2月18日日记，《阳翰笙日记选》，四川文艺出版社1985年版，第315页。

④ 许幸之：《秧歌舞与广场演剧》，《新华日报》1945年2月26日，第4版。

⑤ 钱理群：《大小舞台之间——曹禺戏剧新论》，北京大学出版社2007年版，第115—116页。

秧歌，所具有的戏剧学意义在于，它突破了剧场的空间和布景的限制，“它拆卸了演员和观众相隔离的面幕，它突破了被固定舞台所限制的可恨的空间，它拆除了在舞台上永远构置着三垛墙的布景”①，从而扩展了演员的演技和表演范围，创造了一种“立体的表演”。

虽然如此，秧歌剧还是不同于国统区的广场戏剧，这在于它与民间、与生产劳动之间的直接关系，它虽然是被知识分子改造过，但其形态与国统区纯粹由知识分子创作的广场剧还是有所不同。正如许幸之所指出的，“我确信这种‘秧歌舞’是真正来自民间的艺术。而且从《兄妹开荒》那出戏里，他们举起锄头垦荒的动作上，我发现了‘秧歌舞’的基本舞法，是直接来自‘生活’与‘生产方式’的东西，是真正从所谓‘劳动过程’中产生出来的舞姿”②。形式的生产性不仅在于戏剧形式，更在于社会实践和政治斗争之中：“它可以组织人民的情感，训练人民的集体劳动与集体生活，并且破除封建思想和礼教的束缚，而促进男女之间正当友爱的最好的愉乐。”不仅如此，它还可促进劳动力的再生产，“当人们在‘剩余劳动’的余暇，来举行这种跳舞时，不但不妨害生产，并且可以作为‘再生产’的一种集体训练”③。这为知识分子开创了一种集社会生产与文学生产于一体的文学形式。

秧歌舞作为一种政治文化，也就具有识别文化政治身份的功能。因此，抗战后期左翼青年在去延安之前，一般都有在重庆中共办事处学习扭秧歌的经历，而曾家岩八路军办事处的工作人员也都要学跳舞，“跳交谊舞，还要学扭秧歌”④；徐迟也“曾在化龙桥的《新华日报》社里，学习扭秧歌”⑤。扭不扭秧歌、会不会扭秧歌不再仅仅是娱乐问题，也是一种政治态度。

较之其他人对秧歌的欣赏，郭沫若倒是充分地发挥了秧歌广场剧的功能，他早就在自己家里跳秧歌舞。1944 年 11 月 11 日，郭沫若设宴为从桂林来渝的柳亚子洗尘，沈钧儒、黄齐生、王若飞等人作陪。这天恰好周恩来从延安返回重庆，也参加了宴会。沈钧儒事后有诗记其事：

经年不放酒杯宽，雾压江城夜正寒。
有客喜从天上至，感时惊向域中看。
新阳共举葡萄盏，触角长惹獬豸冠。
痛哭匡煌俱未足，河山杂遝试凭栏。⑥

① 许幸之：《秧歌舞与广场演剧》，《新华日报》1945 年 2 月 26 日，第 4 版。
② 同上。
③ 同上。
④ 杨洁：《杨洁自述：我的九九八十一难》，中国人民大学出版社 2014 年版，第 36 页。
⑤ 徐迟：《重庆回忆》，载《作家在重庆》，重庆出版社 1983 年版，第 27 页。
⑥ 郭沫若：《民主运动中的二三事》，《天地玄黄》，大众书店 1948 年版，第 185 页。

郭沫若曾为此诗作详细的注解：

> 这诗的头二句把当年的时局和大家的心境含蕴得非常稳切，大家愁眉不展甚至焦头烂额地熬了多年，谁还有心情举酒呢？何况冷酷的环境还那么重压着！但那晚上大家实在是尽了兴，又“痛哭”，又“狂欢”，而且还跳了秧歌舞。秧歌舞之到重庆，就是随着周恩来飞来的。这诗在年青的朋友读起来，或许不大能够领会，有些句子是须得加注解的。像“感时惊向域中看”那是由骆宾王《讨武则天檄》的最后一句“请看今日之域中毕竟谁家之天下”脱化出来的，当时的“域中”自然还是敌伪的“天下”呵。“新阳”衡老说是指我，因为我的《女神之再生》里面有迎接新鲜的太阳那样的句子，“獬豸冠”是衡老自己说他在做律师。①

柳亚子、黄齐生、郭沫若等都有和诗。郭沫若的和诗为：

> 顿觉蜗庐海样宽，松苍柏翠傲冬寒。
> 诗盟南社珠盘在，澜挽横流砥柱看。
> 秉炬人归从北地，投簪我欲溺儒冠。
> 光明今夕天官府，听罢秧歌醉拍栏。②

抗战后期，位于天官府的郭沫若寓所，是中共邀约民主人士商讨时局的主要场所。不过，抗战结束前后的时局，倒并不一定是如郭沫若所追述的那么压抑，当时大家对联合政府还是抱着极大的期待。从指点“域中”的情怀，也可见知识分子跃跃欲试的姿态。沈钧儒、柳亚子都是中间偏左而同情于中共，在郭沫若家与周恩来一起跳秧歌舞也不足为奇。不过，这事发生在重庆，还是多少具有象征意味，这除了人心背向以外，也可见秧歌这种集体舞所发挥的统战作用。

不过对于秧歌这种文艺形式，郭沫若初期并未着太多笔墨，似乎只是将其当作一种政治文化来接受，他看重的是秧歌背后的意识形态，以及广场剧的娱乐、交际功能。因而他未对《兄妹开荒》《一朵红花》这些作品的艺术形式作出品评。虽然如此，“秧歌”后来还是一再受到郭沫若的关注，尤其是抗战结束之后，他就曾多次撰文介绍《白毛女》；而秧歌也一再见于郭沫若的诗文中，如《北上纪行》中便有“凯唱争全面，秧歌扭满堂”句③。

---

① 郭沫若：《民主运动中的二三事》，《天地玄黄》，大众书店 1948 年版，第 185—186 页。

② 同上书，第 186 页。

③ 郭沫若：《北上纪行》，《华北文艺》第 4 期，1949 年 5 月 1 日。

六 “新的通俗文体”

虽然郭沫若对秧歌的艺术形式未置可否，但对解放区的小说，他给予了较高的评价。郭沫若较多地阅读解放区文学，是在抗战结束后的1946年，这包括《白毛女》《吕梁英雄传》《李有材板话》《解放区短篇创作选》《李家庄的变迁》等。《白毛女》和《吕梁英雄传》是陆定一参加完国共和谈回到延安后，寄给郭沫若的。赵树理的小说和《解放区短篇创作选》则可能是周扬带给他的，1946年周扬、丁玲等华北联合大学四位作家、学者应马歇尔之邀赴美进修，周扬在上海办理护照时，曾与郭沫若等人有密切的交往。而《解放区短篇创作选》正是周扬所编，赵树理的小说也是他极为推崇的。因赴美未果，周扬在北归时还曾让郭沫若写下他对解放区小说的意见。而郭沫若和茅盾撰写介绍赵树理的文章，也都是在周扬北上后不久。

郭沫若几乎在同一时间得到这些小说，但他的评介是有选择的。在回陆定一的信中，郭沫若对陆定一极为肯定的《白毛女》评价并不高，对《吕梁英雄传》则称“还没有开始读”，但他却表示，对赵树理的《李有才板话》和《解放区短篇创作选》“非常满意”[①]。实际上郭沫若并不是没读《吕梁英雄传》，而是对这类章回体的革命传奇并不感兴趣。他在此后不久所写的《读了〈李家庄的变迁〉》一文中，对此有委婉的批评：“好些写通俗故事的朋友，爱袭用章回体的形式，这是值得考虑的。‘却说’一起和‘且听下回分解’一收，那种平话式的口调已经完全失掉意义固不用说，章回的节目要用两句对仗的文句，更完全是旧式文人的搔首弄姿，那和老百姓的嗜好是白不相干的。我自己小时候读章回小说，根本就不看节目，一遇着正文里面有什么‘有诗为证’式四六体的文赞之类，便把它跳过了。今天还要来袭用这种体裁，我感觉着等于再在我们头上拖一条辫子或再叫女同胞们来缠脚。”[②] 对章回体的批评是较为激烈的，而从前文也可以发现，章回小说、民歌等都被他划归在“权”的行列[③]。如果对照陆定一来信中对《吕梁英雄传》的推崇，可以发现二人美学趣味的差异；也可见郭沫若所持审美尺度与毛泽东文艺思想尚有较大的出入。

陆定一的来信学界较少提及，实际上这封信当时以“L”为名发表在《文汇报》上。陆定一在信中，先说《白毛女》与《吕梁英雄传》是整风之后的“产品”，对于《吕梁英雄传》，陆定一说：“小说方面，一直没有什么大作品。这次看了吕梁英雄传（只有上册），你就会改变这个结论的。”[④] 郭沫若确实改变了这个结论，不过不是因为《吕梁英雄传》，而是因为赵树理的小说。赵树理在文学史上的地位，与周

---

① 郭沫若：《致陆定一信》，载《谈解放区文艺创作》，《群众》第12卷第4、5期，1946年8月24日。
② 郭沫若：《读了〈李家庄的变迁〉》，《北方杂志》第1、2期，1946年9月。
③ 郭沫若：《“民族形式”商兑》，《大公报》1940年6月9日，第2版。
④ L：《远塞来鸿》，《文汇报》1946年8月16日，第7版。

扬、郭沫若与茅盾三人1946年的积极评价分不开。周扬在《论赵树理的创作》中，将赵树理树立为《讲话》以来的“新人”，是“一位具有新颖独创的大众风格的人民艺术家”，这不仅在于他作品的语言、人物形象等方面，更在于他在处理人物关系时，“没有站在斗争之外，而是站在斗争之中，站在斗争的一方面，农民的方面，他是他们中间的一个”，因而，赵树理的作品“是毛泽东文艺思想在创作上实践的一个胜利”[①]。茅盾基本上也是从政治的人民性与形式的大众化，这两个角度来评价的[②]。相对而言，郭沫若的评价较为个人化。他先描述了他的阅读感受：“我是完全被陶醉了，被那新颖、健康、朴素的内容与手法。这儿有新的天地，新的人物，新的感情，新的作风，新的文化，谁读了，我相信都会感着兴趣的。”[③] 而且郭沫若从形式上看到了“板话”的创格意义：“‘板话’两个字已经够有趣了。原来民间形式的顺口调，北方叫着快板，李有才是出口成章的快板诗人。准诗有‘诗话’之例，于是作者赵树理便创造了‘板话’这一个新名词。今天我们有了这个先例，似乎也可以写出‘马凡陀板话’‘陶行知板话’‘冯玉祥板话’了。马陶冯诸位，是当今顶出色的伟大板人。”[④] 郭沫若对“板话”体裁和“板人”身份的强调，一定程度上贴合了赵树理“不想上文坛”，“只想上‘文摊’”，做“一个文摊文学家”的旨趣[⑤]。

郭沫若对赵树理确实兴趣甚浓，不久他又写文章介绍《李家庄的变迁》。在这篇文章中，郭沫若将赵树理的小说作为一种新环境中产生的新美学形式来对待，认为它“是一株在原野里成长起来的大树子”：“大，也还并不敢说就怎样伟大，而这树子也并不是豪华高贵的珍奇种属，而是很常见的杉树桧树乃至可以劈来当柴烧的青杠树之类，但它不受拘束地成长了起来，确是一点也不矜持，一点也不衒异，大大方方地，十足地，表现了‘实事求是’的精神。”[⑥] “原野里的大树子”这个形象的说法，与“文摊文学家”有相通处，都试图在既有的美学范式之外，探索别样美学形式存在的可能。在郭沫若看来，赵树理作品的意义在于，首先它是通俗的，“写的是老百姓自己翻身的故事，人物呢连名字也就不雅驯”，但却并不俗气：既脱尽了欧化的新文言腔，与《吕梁英雄传》重拾章回体俗套又不同，而脱却了旧式文人的矫揉造作，通俗中反而呈现了新象。这是郭沫若在赵树理身上看到的形式创新，而且“这不单纯是文艺的问题，也不单纯是意识的问题，这要关涉到民族解放斗争的整个发展”[⑦]。也就是说赵树理的意义，不单是美学的问题，形式背后是新的群体力量和历史主体的

① 周扬：《论赵树理的创作》，《解放日报》1946年8月26日。

② 茅盾：《关于〈李有才板话〉》，《群众》第12卷第10期，1946年9月。

③ 郭沫若：《〈板话〉及其他》，《文汇报》1946年8月16日，第7版。

④ 同上。

⑤ 赵树理语，参见李普《赵树理印象记》，载黄修己编《赵树理研究资料》，北岳文艺出版社1985年版，第19页。

⑥ 郭沫若：《读了〈李家庄的变迁〉》，《北方杂志》第1、2期，1946年9月。

⑦ 同上。

创生。

郭沫若对赵树理的积极肯定，可以看作是他对毛泽东文艺思想的评价。然而，值得留意的是，这种评价并不是单向的影响。从毛泽东对郭沫若“有经有权”的评价中，得到的是“知音”之感。陆定一、周扬与赵树理等人，对郭沫若的反应也极为重视。如周扬北归时，就要求郭沫若写下他对解放区小说的印象，郭沫若虽给予较高评价，但也认为这离经典尚远，因而他鼓励解放区作家“尽力把它们记录下来”，“即使是素材，已经就是杰作。将来采结成钜制时，便是划时代的伟大作品”①。郭沫若的函件，很快被晋冀鲁豫地区发行的《人民日报》刊载。而同时期他在上海发表的关于赵树理和解放区文学的批评文章，《解放日报》也及时地予以报道或转述。《李有才板话》在东北出版时，也附载了郭沫若的评论，认为这“可以帮助读者了解这本小说在今天中国文学上应得的地位”②。

赵树理等人在读到周扬带回的郭沫若“致北方朋友”函时，也“异常兴奋”，“特覆电郭沫若先生表示感谢”。电文称：“谬承鼓励，信心倍增”，虽然“解放区数年来可歌可泣的事迹随处都有”，但他们因“缺乏写作素养”，“难以写出完整的作品”，即便“记录素材”也难免挂一漏万，故希望郭沫若动员大后方作家去解放区云云③。从解放区对郭沫若等人评价的重视，可见无论是毛泽东，还是延安的文艺工作者，虽然有别创新格的抱负，但他们还是需要郭沫若、茅盾等这些“现代作家”的品鉴，以获得某种现代美学的“合法性”。这也表明，解放区文艺或者说毛泽东文艺体系，在建构的过程之中，也需要郭沫若等国统区作家的理论支援；在将解放区经验推广到全国的过程中，更是需要他们的有效介入，或者借用文学社会学理论，延安文艺在最初的确立与传播中，借助了郭沫若、茅盾等在新文学领域的象征资源。最起码在新中国成立前还是如此。而无论是郭沫若，还是赵树理自己，他们也都是从“通俗”这一现代审美格局出发赋予其作品意义的。二人不同处在于，赵树理视“通俗”为经，而郭沫若则视之为权。

七　从“素材”到“悲剧的解放”

如果说战前郭沫若尚未认识到秧歌剧的形式意义，而只将其当作一种政治符码或娱乐方式的话，这种情况在战后则有所改观。他开始积极关注、评价解放区的秧歌剧，尤其是歌剧《白毛女》。从 1946—1948 年，郭沫若几乎每年都发表一篇关于《白毛女》的文章。这些材料有助于我们进一步考察战后他对毛泽东文艺的态度，以

---

① 《人民日报》（晋冀鲁豫版），1946 年 8 月 27 日。此处引自张志强辑《郭沫若在沪期间的一组史料》，《郭沫若学刊》1991 年第 2 期。

② 《东北日报》，1946 年 12 月 3 日。

③ 《人民日报》（晋冀鲁豫版），1946 年 9 月 8 日。

及他在毛泽东文艺体系确立过程中所发挥的作用。《白毛女》是陆定一作为毛泽东文艺的成果寄给郭沫若的，他信中对该作品的介绍也成为郭沫若的“前理解”：

> “整风”以来，解放区艺术方面，第一个表现有成绩的是戏剧，戏剧中先是比较简单的形式——秧歌，然后是京剧（逼上梁山，三打祝家庄等）。这本白毛女，用的全是民歌调子，演的是抗战中极其动人的故事，写的是人民的大翻身，与翻译了搬上舞台的外国歌剧，及“毛毛雨”式的歌剧一比，你就会看见，这门艺术在面向群众之后猛晋到了怎样一个新阶级。这是真正的中国人民的歌剧了，尽管它有很多的缺点。你说过：流泪是最大的快乐，看白毛女歌剧，延安没有人不流泪的，仅仅杨白劳买回几寸红绒绳，做女儿过年的唯一装饰品，这件事就够叫我流泪，虽然我看见过战场上那末多死尸。这本歌剧现在在各解放区风行一时，在上海的大概会变成禁书的。[①]

在陆定一看来，《白毛女》虽然采取了秧歌的形式，但却是“整风”的高级产品——歌剧。郭沫若在回信中坦诚了自己的感受，《白毛女》“故事很动人”，“但作为一个读物来读，却并没如所期待的那么大的力量”[②]。他进而发挥了他对解放区作品的“素材”观，认为“这固然是目前不可多得的新型作品，单是故事记录下来已经是很有价值的，解放区里面所产生的许多可歌可泣的新故事、新人物实在是应该奖励使用笔杆的人用各种各式的形式把它们记录下来，这是民族的至宝，新世纪的新神话，一时或许还不会产生永垂百代的著作，但把材料蓄积在那儿，在若干年后一定会有那样的作品出现的”[③]。较之陆定一视其为“真正的中国人民的歌剧”，郭沫若仅从“材料蓄积”的角度予以肯定，可见二人的评价有较大的差异，郭沫若理想中的作品还是“永垂百代”的经典，因此，他也不自觉地流露出了一种居高临下的点评姿态。无论是解放区赵树理、孔厥等人的小说，还是歌剧《白毛女》，都是以备“将来结成巨制”的“素材”，是尚难纳入“经”典序列的“权”。

次年郭沫若为《白毛女》写了序言，在序言中他再次感慨因无现场观赏经验，故无法领略其歌舞魅力的遗憾，不过，仅从剧本的角度，它“已经是一件富于教育意义的力作了”[④]。他再次回到“民族形式”的视野，认为“这是在戏剧方面的新的民族形式的尝试，尝试得确是相当成功”[⑤]。与之前参与民族形式论争时，为新文学传统的辩护不同，郭沫若此时看重的，正是《白毛女》对新文学传统的突破，“把五

① L：《塞外来鸿》，《文汇报》1946 年 8 月 16 日，第 7 版。
② 郭沫若：《致陆定一》，载《谈解放区文艺创作》，《群众》第 12 卷第 4、5 期，1946 年 8 月 24 日。
③ 同上。
④ 郭沫若：《序白毛女》，《文萃》周刊，第 2 年第 21 期，1947 年 2 月。
⑤ 同上。

四以来的那种知识分子的孤芳自赏的作风完全洗刷干净了"，并将其与"民间形式"作了区分。与他对赵树理小说的评价一样，强调的都是作品本身的形式创新："虽然和旧有的民间形式更有血肉的关系，但也没有固步自封，而是从新的种子——人民的情绪——中自由地迸发出来的新的成长。"[①] 对《白毛女》的形式创新与政治寓意有了"了解之同情"。

当郭沫若离开上海到达香港后，他无法观看《白毛女》演出的缺憾终于得到弥补。香港1948年曾一度掀起解放区文学热，该年5月，《白毛女》在九龙普庆戏院演出，引起了当时文化人观看、评述《白毛女》的热潮。郭沫若也为此写了《悲剧的解放——为〈白毛女〉演出而作》。在郭沫若看来，该剧从形式上是一出"典型悲剧"，但它的意义在于，这出"封建社会里的典型悲剧"，结局转化为了喜剧，但它的转化并不是如旧剧中的孟丽君，或"女扮男妆中状元名扬天下，得到一个虚构的满足"，"而是封建社会本身遭了扬弃"，由这种社会制度产生的悲剧也就得到了解放[②]。也就是说，《白毛女》从悲剧转化为喜剧，不仅仅是文学形式，而是说形式上的变化与社会形态的变革，二者有着内在的关联甚至是同构性。这里我们可以回到郭沫若对战国时代的基本判断，在他看来，战国时代是一个"悲剧时代"，因为战国处于变革时代，但它是从奴隶社会变为封建社会，是从一个枷锁转到了另一个枷锁。郭沫若也将他所处的时代，视为一个"过渡"时代[③]。但四十年代的"过渡"与战国不同，它不再是悲剧性的，而是面向社会主义历史远景的"悲剧的解放"。正是从"解放"的形式入手，郭沫若发掘了《白毛女》的意义，从而真正理解了陆定一"人民的大翻身"这一说法。

郭沫若对《白毛女》的评价，是一个逐渐拔高的过程。如果对照这个时段的政治事件，可以发现，夹杂在这些不同评价之间的，是中共军事逐渐往南推进的过程。当"天地玄黄"逐渐转化为纯粹的红色，郭沫若原有的美学观念，也逐渐让位于毛泽东文艺体系。而他对《白毛女》的评价，又可看作他四十年代对毛泽东文艺态度的历史缩影。他早期的经权观，是文学与时代之间的经与权，文学的经典要具体化为各个时代的权变，而四十年代后期的经权观，则转变为文学内部美学观念的经与权，生成于四十年代的《讲话》文艺体系，逐渐成为衡量其他时代的文艺标准，并成为此后文艺发展的指导思想，文学与时代之间的经权辩证法，倒转为了以权为经，这是以《讲话》为核心的毛泽东文艺观最终得以建立的前提。毛泽东文艺体系此后也是随着时代而不断发展，但《讲话》的核心思想贯穿始终。

而从解放区与国统区的地理格局来说，毛泽东文艺体系的建立，可说是《讲话》

---

① 郭沫若：《序白毛女》，《文萃》周刊，第2卷第21期，1947年2月。

② 郭沫若：《悲剧的解放——为〈白毛女〉演出而作》，《华商报》，1948年5月23日，第3版。

③ 郭沫若：《当前文艺的诸问题》，《文艺生活》（海外版）1948年第1期。此处引自《郭沫若佚文集》下，第211页。

以中国本土经验为基础的文艺观和审美观，最终战胜了国统区新文学传统中以“经典”为标准的文艺观和美学体系，在这个过程中，郭沫若等国统区作家起着沟通双方的中介作用：从个人的角度来看，郭沫若的文艺观在面对以《讲话》为代表的毛泽东文艺体系时，处于从评点到自我改造的过程；但从毛泽东文艺体系的建构、推广的过程来看，郭沫若又发挥着极为关键的作用，这不仅在于他对延安文艺政策的品鉴，适时地赋予毛泽东文艺体系以现代的审美品格，还在于他自觉承担了介绍、传播解放区文艺的职责，并自觉应用毛泽东文艺思想对国统区的文艺进行清算。如1948年他不仅给予《白毛女》以高度肯定，而且还写了《斥反动文艺》，对朱光潜、沈从文等不同色彩的文艺作了严厉批判[①]，通过对意识形态领域的清剿，有效配合了中共在军事与政治领域的推进。因而，郭沫若对于“建国”，便不仅是作为新“政协”的成员参与了这一进程，还从文艺美学体系建构和意识形态批判等方面，参与了新政权的建立。

余论 国统区的“罪与罚”

1949年的历史之变确立了文坛新的格局，虽然郭沫若、茅盾这些国统区的左翼名作家身居高位，但文艺的指导思想却是解放区的毛泽东文艺思想。在第一届文代会上，郭沫若将“五四以来的新文艺”，根据毛泽东的“新民主主义论”，解释为“无产阶级领导的人民大众反帝反封建的新民主主义的文艺”[②]。毛泽东文艺思想最终成为全国作家创作的经，这也对国统区的作家提出了进一步调适乃至自我批判和改造的要求。茅盾在第一届文代会上，作了“十年来国统区革命文艺运动报告”，这个经由小组讨论的报告，既是对大后方文学的全面梳理，也可说是国统区作家的一次自我检讨。他们虽然强调了国统区与解放区环境的不同，但批判标准实际上还是毛泽东文艺思想。在他们看来，“一九四三年公布的毛泽东的《文艺讲话》，本来也该是国统区的文艺理论思想上的指导原则”，这不仅是因为《讲话》所针对的问题，“在国民党统治区内的文学艺术界中也是一直存在着”[③]，更主要的是“国统区的进步作家们大多数是小资产阶级知识分子”，“属于压迫阶级”[④]。但问题是国统区学习《讲话》并不深入，“尤其缺乏根据《文艺讲话》中的精神进行具体的反省与检讨”[⑤]。对国统区作家的偏颇，他们重点批判了文艺中的“主观”问题，这实际上针对的是提倡

① 郭沫若：《斥反动文艺》，载《文艺的新方向》（《大众文艺丛刊》第1辑），1948年3月1日。

② 郭沫若：《为建设新中国的人民文艺而奋斗——在中华全国文学艺术工作者代表大会上的总报告》，《人民日报》1949年7月4日。

③ 茅盾：《在反动派压迫下斗争和发展的革命文艺——十年来国统区革命文艺运动报告提纲》，《中华全国文学艺术工作者代表大会纪念文集》，新华书店1950年版，第57页。

④ 同上书，第54页。

⑤ 同上书，第57—58页。

“主观战斗精神”的胡风，以及强调“生命力”的陈家康、乔冠华等党内“才子”集团。茅盾报告中的这种批判姿态，是新中国成立后国统区知识分子所必然面对的历史困境与挑战。在以解放区的文艺路线为经的时代，他们天然地带有某种“原罪”，要在日后的运动中一次次接受批判以赎罪①。郭沫若也不例外，他虽不再参与具体的文艺工作，但“评儒批法”运动，所针对的正是他抗战时期所持的儒法观。

在这种大一统的文艺政策下，作家有的转向，有的停笔。还值得一提的是，郭沫若对毛泽东文艺思想的学习，似乎始终只得其意，而无具体实践。转变的困难，在抗战结束之际，他就已经体察到了。在《读了〈李家庄的变迁〉》中，他发现了自己的某种“文人习气”或“积习”：“我自己痛感着文人的习气实在不容易化除，知行确实不容易合一。”② 抗战结束前后，人民话语逐渐成为郭沫若等左翼作家笔下的常见词汇，但他在给《老百姓》所写的一篇文章中，不仅语言晦涩，而且充满了专业词汇，编辑在委婉提示“‘老百姓’未必都看得懂”之后，不得不用三倍的篇幅予以解释③，这实在是件颇富讽刺意味的事。可见郭沫若对毛泽东文艺的接受，很大程度上只是话语的转换。他对此也有自觉：“一切为了人民。这个观点虽然比较容易获得，但要使这观点形象化，把自己的认识移诸实践，实在不是一件容易的事。就拿我自己来说，虽然很知道文艺应该为人民服务，我们早就呼喊着人民文艺的创造，但积习难除，一拿起笔来，总是要忸怩作态的。”④ 虽然彼时身处上海的他，还能将原因归于环境，但新中国成立后他的文士气却只增不减。不过有一点他与毛泽东从一开始就是一致的，这就是文艺要为政治服务，也就是说，虽然从美学的角度，郭沫若还时常纠缠于文学经典与权变的矛盾中，但文学与时代之间的经权观，他与毛泽东从一开始就是同调的。

（原载《东岳论丛》2018 年第 1 期）

① 按，国统区知识分子的原罪，从整风运动就开始了，当时川籍党员是受整风影响最大的（参考韦君宜《思痛录》，北京十月文艺出版社 1998 年版）；另外，国统区知识分子新中国成立后的遭遇，也不仅是地域问题这么简单，如胡风问题很大程度就是因为革命思想和革命道路的分歧（参考解志熙《文学史的“诗与真”》，北京大学出版社 2013 年版）。

② 郭沫若：《读了〈李家庄的变迁〉》，《北方杂志》第 1、2 期，1946 年 9 月。

③ 郭沫若：《合力作用》，《老百姓》创刊号，1946 年 6 月。

④ 郭沫若：《序白毛女》，《文萃》周刊，第 2 卷第 21 期，1947 年 2 月。

在被遮蔽的历史地表之下

——郭沫若“民间文艺”观历史演变考论

孟文博

郭沫若对于“民间文艺”的看法和态度是他诸多文艺观念的重要组成部分，是我们考察他文艺思想形态的一个重要参照点。长期以来，学界对于郭沫若这一重要文艺观念的考察分析一直在持续，但有较高价值的成果相对稀少，且已经形成的研究成果或者过于简单化，或者只涉及其演变过程中的某一阶段①，均未能对郭沫若这一观念历史演变的全貌进行详细而全面地梳理与呈现。事实上，郭沫若的“民间文艺观”在其初登文坛之时便已形成，之后在他所参与的中国现当代文学史发展的各个重要阶段，又不断因其深层思想与心理状态的改变而呈现出复杂的“与时俱进”“因时而变”，因此如果我们要研究探讨郭沫若的这一观念，仅仅观照其在某个历史阶段的形态是不够的，同时，仅仅大致描述其整体发展脉络，而不深掘各个历史时期其不同形态背后的深层思想与心理根源，也是不够的。

另外，笔者这些年在对郭沫若的文艺论著进行版本校勘的过程中发现，郭沫若在不同历史时期对其同一著作的修改与再版是非常频繁的，尤其是他在新中国成立后再版自己的各种文集时，往往根据当时的政治形势，对自己以往的各种观点和言论进行大幅度的删改，结果这些经过删改后的“最新”版本就使得学者们在资料获取时常常处于被蒙蔽的状态，从而难以窥探到郭沫若这些观点和言论的真实原貌，甚至由此造成研究结论与史实的偏差，因此，如果我们要研究探讨郭沫若的这一观念，仅仅依靠郭沫若修改后的“最新”版本也是不够的，还必须结合相关文献在各个历史时期的不同版本所呈现的不同内容。

近年来，“学术界的文论研究、文学评论或文学史书写，均对‘民间文学’发生

---

① 据笔者考察，以往研究此课题的论文成果主要有4篇：秦川：《试论郭沫若与民间文学的关系》，见中国郭沫若研究会编《郭沫若研究第一辑》，文化艺术出版社1985年版；万建中：《郭沫若的民间文学研究》，《郭沫若学刊》1994年第3期；张传敏：《论郭沫若的文艺大众化思想》，见中国郭沫若研究会编《郭沫若研究三十年》，巴蜀书社2008年版；刘奎：《有经有权：郭沫若与毛泽东文艺体系的传播与建立》，《东岳论丛》2018年第1期。前两篇论文均属于整体介绍性的，以有限的篇幅阐述一个较为复杂且不断演变的问题，不免有些简单，后两篇论文均做到了史料丰富和论述深入，不过都只涉及郭沫若“民间文艺观”演变的某个阶段或者相联系的某个方面，而不是对这一观念的历史演变全貌做整体研讨。

了浓厚的兴趣，展开了各抒己见的学术讨论”[①]。本文有关郭沫若“民间文艺观”的史料搜集与观点阐发，都是相对于以上几个“不够”而进行的，期望对目前学界的相关讨论有所增益。

一

郭沫若最早发表其对文艺的感悟与思考是在1920年代初期，其很多言论都涉及他对民间文艺的态度，这些态度总的来说呈现出褒贬杂陈的状态。

1920年2月16日，郭沫若在给宗白华写的信中讨论诗歌创作的语言与情绪问题，其中有这样一段话：“原始人与幼儿的言语，都是些诗的表示。原始人与幼儿对于一切的环境，只有些新鲜的感觉，从那种感觉发生出一种不可抵抗的情绪，从那种情绪表现成一种旋律的言语。这种言语的生成与诗的生成是同一的，所以抒情诗中的妙品最是些俗歌民谣”[②]。这是郭沫若对民间文艺最早的评论，体现了他早期的文艺“无功利性”观念。

郭沫若对于“俗歌民谣”的好评与他美好的童年回忆有着密切关系，在他1921年发表于上海《民铎》杂志第2期的《儿童文学之管见》中，郭沫若深情回忆起两首儿时的“童谣”，并且还由此结合德语中的“新月”一词，“作五绝诗一首”。然而需要注意的是，郭沫若对于中国民间的“童谣”，并不是全盘肯定的，就在这篇《儿童文学之管见》中，郭沫若还有这样的言论：“近来国内采集民谣，觉得太无批评，太滥了。”以此为根据，我们也可以进一步理解郭沫若致宗白华那封信中的话：“抒情诗中的妙品最是些俗歌民谣”，其意思是在已经认定为“妙品”的“抒情诗”中，最好的“是些俗歌民谣”，而所有的“俗歌民谣”，却并非都是“抒情诗中的妙品”。

郭沫若在这一时期虽然没有对“无艺术价值”的民间文艺做直接批判，但从他于1921年发表在上海《学艺》第3卷第2期上的《史的悲剧〈苏武与李陵·楔子〉》一文中，我们却可以看到一些端倪，在此文的开篇，郭沫若借用“青年女士”之口说了这样一句话：“打鼓卖唱，一般的人把他看得异常下贱，其实据我看来只要打的人精神不下贱，唱的词子内容不卑鄙时，到是顶可以珍重的一种国技。”如果我们把这句话反过来理解，正好看出郭沫若对“打鼓卖唱”这类民间艺术的态度，那就是从事这种民间艺术的民间艺人，也有可能其“精神”是“下贱”的，“内容”是“卑鄙”的。

---

① 朱德发：《中国新文学之源——重解胡适的民间文学观》，《山东师范大学学报（人文社会科学版）》2012年第4期。

② 郭沫若：《致宗白华书》，上海《时事新报·学灯》，1920年2月24日。

由上我们基本可以看出郭沫若当时对民间文艺的总体印象，他认为民间文艺具有某种朴素的艺术价值和社会价值，类似于璞玉浑金，或者说自然蕴藏的宝藏，要"升华"到真正的艺术层面，并且发挥积极的社会意义，就必须"严格"地"审定"、发掘、提炼与改造，他的这一观点在《神话的世界》一文中有着较为明显的体现，在这篇论文中，郭沫若先翻译了歌德根据德国传说创作的"《渔夫》（Der Fischer）一歌"，然后评论说："以理智的眼光看来，本是无足轻重的迷信，但它偶尔一点触到诗人的心机，便成就了一幅绮丽的织锦。我们在这些地方可以悟解许多智慧。我国关于这一类的传说，散在民间的当然不少；这个无限的宝藏，正待我们去开发，正足以丰富我们的生命。"①

正是基于对民间文艺的这一观念，郭沫若一直对《国风》情有独钟，他在1922年第一次进行"古书今译"便是把《国风》中的四十首诗歌译成白话，并于次年以《卷耳集》为名出版，在这个集子的序言中，郭沫若说："我国的民族，原来是极自由极优美的民族。可惜束缚在几千年来礼教的桎梏之下，简直成了一头死象的木乃伊了。可怜！可怜！可怜我最古的优美的平民文学，也早变成了化石。我要向这化石中吹嘘些生命进去，我想把这木乃伊的死象更活过来，这也是我译这几首诗的最终目的。"② 需要注意的是，郭沫若此处"优美的平民文学"，已并非处于原始状态的民间文学，而是由"采诗之官""采集民间的诗歌"，然后经加工，从而具有经典意义的文学。这一点郭沫若日后有过明确的考证，他在《论中国古代文学》一文中说："《雅》《颂》是贵族文学的总汇，而《国风》则是民歌的集成。但《雅》《颂》和《国风》都经过删改，也毫无问题：因为用韵和形式，在《雅》《颂》中看不出时代性，在《国风》中看不出地方性。"③ 直到新中国成立后，郭沫若还持这一观点："从历史上看，《诗经》绝大部分是民间作品，可以查得出有作者姓名的不上二十篇，但即拿《国风》来说，也是经过删改、润色的"，而郭沫若对这样的"删改、润色"也并不排斥，他认为："中国的民间文学非常丰富，但我们不能满足于丰富的矿藏了事，要从胚胎状态的东西把好东西提炼出来，加以吸收。""从科学研究来看，必须有忠实的原始材料"，"但是从文学观点上来说，加工也很重要"。④

郭沫若一方面肯定《国风》的艺术价值，另一方面则更加认可其由民间文学反映民众疾苦和社会状况的现实意义，这一点他在自己最早的文论中便涉及了，那是他于1920年2月1日发表在上海《时事新报·学灯》上的《致宗白华书》，此文后经删节，被收入1925年12月上海光华书局初版《文艺论集》，成为《论诗》的第二部

① 郭沫若：《神话的世界》，《创造周报》第27号，1923年11月11日。
② 郭沫若：《卷耳集·序》，上海泰东图书局初版，1923年8月。
③ 郭沫若：《论古代文学》，重庆《学习生活》第3卷第4期，1942年9月。
④ 郭沫若：《关于大规模收集民歌问题——答〈民间文学〉编辑部问》，《民间文学》1958年5月号。

分，“反映了他此时的思想状态”①。郭沫若在这封信中称：“我常希望我们中国再生出个纂集《国风》的人物——或者由多数的人物组织成一个机关——把我国各省各道各县各村底民风，俗谣，采集拢来，采其精粹的编集成一部《新国风》；我想定可为‘民众艺术底宣传’‘新文化建设底运动’之一助。我想我们要宣传民众艺术，要建设新文化，不先以国民情调为基点，只图介绍些外人言论，或发表些小己底玄思，终竟是凿枘不相容的。”1922 年 8 月 24 日，郭沫若借为“吾友何中孚君”所“裒集成书”的《民谣集》写序之机，再次表达了类似观点，他在此序中首先赞美《国风》的现实意义与艺术价值：“一部国风，要算是我国最古的一部民谣集了。古时原有采诗的官，由民间采集些歌谣来献给政府，政府藉以知道民间的状态。采诗之制，在古时虽说纯是为的一种政治的目的，然同时在文艺史上竟开出了一朵永不凋谢的白莲。”之后他又结合当时的社会现实称：“近数年来有多少明达之士，极力提倡收集，在各地的报章杂志上亦多所散见，但裒集成书之举，迄今似乎尚无人从事。吾友何中孚君于职司儿童教育之余，采集浙西民谣六十首以成此书，而求序于我。我本川人。此书内容，多为吾川所无，且不少佳妙之作。鄙意以为如各地有志之士，见何君此书而各事收集，裒以成册，以便于作比较的研究，将来书成日多，再经一道严峻的删定，则我国又可以有一部新的国风出现了。”②

从以上的考察我们大致了解了郭沫若在二十年代初期对我国民间文艺所持的态度，不可否认，我国民间文艺对郭沫若的文学创作和文艺观念，都产生了一定的影响，但是如果我们暂时跳出这个问题，从历史的高度去观察此一时期的郭沫若，就会发现，他受中国民间文学的影响，远远不如受西方现代文艺创作和文艺思想影响大。对郭沫若产生影响的民间文艺形式，无外乎儿时的童谣、神话传说、经过改造的《国风》等，而且郭沫若对这些文艺形式的接受多在其儿童时期和少年时期，属于被动的接受。但在从日本留学到上海创业这一段关键的现代知识摄取期，郭沫若因兴趣所致主动接受的文艺创作和思想，绝大部分均来自西方，仅作家和思想家的名字我们就可以列出一大串，包括歌德、席勒、柯勒律治、惠特曼、斯宾诺莎、康德、尼采、克罗齐、柏格森等，他日后也曾这样总结：“据我的经验，读外国作品对于自己所发生的影响，比起本国的古典作品来要大得多。”③ 所以他才把这一时期总结为：“读的是西洋书，受的是东洋气”④，也正是在这一背景下，郭沫若后来逐渐接受了马克思主义，成为一个马克思主义者，就显得顺理成章。

就在郭沫若受“东洋气”、读“西洋书”，并逐渐接受马克思主义的这一时期，他不仅获得了大量西方文学、哲学和社会学知识，形成了自己的创作风格和文艺观，

① 蔡震：《〈文艺论集〉的成书与版本衍变》，《山东师范大学学报（人文社会科学版）》2012 年第 6 期。

② 郭沫若：《民谣集·序》，王锦厚、伍加伦、肖斌如编《郭沫若佚文集》，四川大学出版社 1988 年版。

③ 郭沫若：《如何研究诗歌与文艺》，《新华日报》，1944 年 4 月 16 日。

④ 郭沫若、宗白华、田寿昌：《三叶集》，亚东图书馆 1920 年版，第 166 页。

而且在无形之中培养并强化了一种精英意识，这种精英意识与传统文人“修齐治平”的人生理想紧密相连，同时又以“关注民生，批判社会”的现代知识分子精神表现出来。

以往的评论多认为郭沫若在接受马克思主义后便主动放下身段，向人民大众靠拢，努力进行自我从精神到身份的“大众化”，从而逐渐具有了无产阶级知识分子的朴素秉性。但事实上，郭沫若努力放弃的是一种他所谓的小资产阶级“贵族的精神”，而同时在本质上不自觉地强化的，却是这种知识分子精英意识。这一点我们从他那篇具有标志性的文章《孤鸿》中就可以循迹溯源，郭沫若在这篇文章中对成仿吾激动的宣称：“我现在成了个彻底的马克思主义的信徒了！马克思主义在我们所处的这个时代是唯一的宝筏！”然后他便以此为“理性的背光”，自比《新时代》中的人物“涅暑大诺夫”，进行自我批判：“我们都嗜好文学，但我们又都轻视文学；我们都很亲近民众，但我们又都有些贵族的精神；我们倦怠，我们怀疑，我们都缺少执行的勇气，我们都是些中国的‘罕牟雷特’。”郭沫若还在文中把文艺分成“昨日”“今日”和“明日”三种，“昨日的文艺是不自觉的得占生活的优先权的贵族们的消闲圣品”，“今日的文艺，是我们现在走在革命途上的文艺，是我们被压迫者的呼号，是生命穷促的喊叫，是斗志的咒文，是革命预期的欢喜”[①]。郭沫若在这里正要与“昨日的文艺”以及“贵族的精神”划清界限，而作为一个无产阶级革命者，加入“今日的文艺”的创作中去。他之后不仅身体力行，而且号召青年人也要“到兵间去，民间去，工厂间去，革命的漩涡中去”[②]。甚至当一个无产阶级的“留声机器”，因为“这是文艺青年们的最好的信条”[③]。诚如有学者所言，郭沫若的这种“大众化”姿态“实际上体现的仍然是一种‘五四’式的知识分子经营立场、启蒙立场”[④]，而这也正体现了他作为精英知识分子，自觉承担社会责任，努力去“化大众”的精神特质，这种精神特质在他1929年所发表的《新兴大众文艺的认识》一文中有着最为明显的表露：

> 新式的“子曰诗云”是不济事的，新式的“咬文嚼字”是不济事的，你要去教导大众，老实不客气的是教导大众，教导他怎样去履行未来社会的主人的使命。
>
> 这个就是你大众文艺的使命，你不是大众的文艺，你也不是为大众的文艺，你是教导大众的文艺！

① 郭沫若：《孤鸿》，《创造月刊》第1卷第2期，1926年4月16日。

② 郭沫若：《革命与文学》，《创造月刊》第1卷第3期，1925年5月。

③ 郭沫若：《英雄树》，《创造月刊》第1卷第8期，1928年1月1日。

④ 张传敏：《论郭沫若的文艺大众化思想》，见中国郭沫若研究会编《郭沫若研究三十年》，巴蜀书社2008年版。

你是先生，你是导师，这层责任你要认清！

在清醒的责任观感之下，在清醒的阶级理论之下，你去把被人麻醉了，被人压迫了，被人榨取了的大众清醒起来！

以往相关评论多少有些语焉不详，但又需要注意的是，郭沫若并非没有看到这种近乎悖论的现象，就在这篇《新兴大众文艺的认识》一文中，郭沫若也承认："这说来虽是有点滑稽，然而事实竟是这样。从事无产阶级运动的青年，无论是全世界上的那一国，大抵都出自智识阶级（这理由让有空闲的学者去讨究）。知识阶级的通病始终不免的是一个高蹈，不管它是青色的高蹈，白色的高蹈，或者是红色的高蹈，总而言之是高蹈。"① 在不到一个月后，郭沫若又写了《普罗文艺的大众化》一文，同样谈到了这种"滑稽"的"高蹈"，然而他却并没有把这看成多么严重的事，他认为"这种现象正是难免的，因为从事无产文艺运动的大都是青年的知识分子。他们向理想的飞跃很勇猛，然是个的飞跃而非全的飞跃。飞跃的愈勇猛反转有脱离全的倾向，好像一颗火花迸出自一炉尚未燃透的煤炭。大众是母体。飞得不甚高，大众仍然要把他吸转来。他的第二的一步便是如何使这母体的大众做整个的燃烧"。②

这个"火花"与"煤炭"的比喻正形象地表明，无论郭沫若怎样强调"通俗化""大众化"，其本质上都是"五四"精英知识分子启蒙精神的延续，是他精神"高蹈"的不自觉流露。我们由此就看到一个颇有意思的现象，郭沫若在言论上的"大众化"，其实正反映了他在精神本质上的"去大众化"，也就是"精英化"，在这个问题上郭沫若自觉不自觉地采用了双重参照系，他在其前意识中选择了文艺对现实的功用作为精神向度的参照系，以此为标准，他和徐志摩、梁实秋、胡适等这些所谓的"个人主义者""颓废派"当然是完全相反的，但他没有注意到，自己在潜意识中还选择了他所要"化"的"大众"的精神状态和生活状态为另一个参照系，如果以这个参照系为标准进行衡量，那么他与他所厌恶、批判的"个人主义者""颓废派"们其实并没有什么两样，同是属于"精神"上的"贵族"，是"火花"而非"煤炭"。在日后相当长的时期内，郭沫若所发表的文艺观言论都由这种精英意识作为重要的心理基础，其中自然包括对民间文艺的看法态度。

二

从 1928 年 2 月到 1937 年 7 月，郭沫若避难于日本，虽然在思想上接受了马克思主义，在文艺创作和文艺观念上逐渐"左"转，但却没有发表涉及民间文艺的言论。

① 郭沫若：《新兴大众文艺的认识》，《大众文艺》第 2 卷第 3 期，1930 年 3 月 1 日。

② 郭沫若：《普罗文艺的大众化》，《艺术》月刊创刊号，1930 年 3 月，署名麦克昂。

全面抗战爆发后，郭沫若秘密回国，并在国共合作的国民政府中负责宣传工作，由于民族生死存亡的急迫和自我身份所决定，民间文艺因其所具有的独特宣传作用便很快进入到了郭沫若的视野。1938 年 1 月 18 日郭沫若作《抗战与文化》一文，提出了他在全面抗战初期对于文艺宣传工作的基本观念：“抗战所必需的是大众的动员，在动员大众上用不着有好高深的理论，用不着有好卓越的艺术——否，理论愈高深，艺术愈卓越，反而越和大众绝缘，而减杀抗敌的动力。对于在全面抗战期中的社会而要求他作高深的理论的了解，卓越的艺术的欣赏，那等于是对于重症患者要求他作过度的思索并摄取甘美的饮食，那并不是在爱他，其实是在害他。”正是在这一观念的基础上，郭沫若发掘出了民间文艺的价值：“普及并深入于民间的民话和箴言，所含的理论并不怎样高深，有的重述了几千百年，而大众并不加以厌弃，否，反而感觉亲切。故而我们总要把抗敌理论这个简单的条件，刻在大众中生出反射，处处在大众中生出反射，使他习惯了便自然地群趋于抗敌的一途，而毫不踌躇，毫无顾虑。”[①] 郭沫若的逻辑很简单，他就是要利用民间文艺不“高深”、不“卓越”，因而与大众很“亲切”的特点，去承载“抗敌理论这个简单的条件”，进行“大众的动员”。在日后一年多的时间里，郭沫若不断强调民间文艺在抗战中的宣传作用，像在《对于文化人的希望》一文中他说：“目前的战时文化应该是注重在宣传上的，而宣传的对象则是民众，我们应该以民众的水准来做标准。民众是很朴讷的，民众是不惮烦的。同样的言论，只要你肯亲切地对他说，就说上千百遍也不会烦腻。譬如民间的童谣童话，民间的山歌故事：那不知是唱了多少年，说了多少遍，然而一点也没有失掉它们的魅力。”[②] 在《文化人当前的急务》一文中，郭沫若又再次强调：“中国的教育没有普及，一般民众的智识水准过低”，因此“我们的文化工作的水准不用说要切实的放低，所有一切通俗的旧有的表现形式，无论是文字上的演技上的凡是可以利用的东西，都应该尽量的利用，先要去牵就一下才行。”[③] 显然，郭沫若此时对于“民众”的看法依然是基于他的精英意识，而这种精英意识同样也决定了他对民间文艺的态度，在当时的郭沫若看来，民间文艺的利用不过是抗战状态下“牵就”民众、“动员”民众的权宜之计罢了。

1938 年 10 月武汉失守后，抗战转入相持阶段，社会心理和时代氛围随着政治军事形势的转变而为之一变，抗日宣传由最初的“呐喊”期进入了“彷徨”期，然而这种“彷徨”也为众多文艺家提供了沉潜与思考的空间，正是在这种背景下，关于“民族形式”的讨论逐渐开始深入。郭沫若参与这场大讨论的标志是他发表在 1940 年 6 月 9 日、10 日重庆《大公报》上的长文《“民族形式”商兑》，这是郭沫若所有

---

① 郭沫若：《抗战与文化》，《自由中国》月刊第 3 期，1938 年 6 月 20 日。

② 郭沫若：《对于文化人的希望》，广州《救亡日报》，1938 年 2 月 19 日。

③ 郭沫若：《文化人当前的急务》，初收《羽书集》香港孟夏书店版 1941 年版。

谈民间文艺的文章中篇幅最长，态度最为明确的一篇，历来为学者们所重视，而这篇长文在五十年代被收入《沫若文集》的时候，又曾被郭沫若大幅度修改过，这在很大程度上遮蔽了他在当时对于民间文艺的真实观念，由此对很多学者形成了误导，如果查其最初版本，我们可以看到郭沫若当时对于民间文艺是颇为“不敬”的，他认为：“中国的封建经济早就在进行着它的下坡路，因此中国的民间文艺也早就达到了它的下行期。”“我们是在尽力扬弃我们的半封建半殖民地的命运的，把这些和时代精神盛在民间形式里而去教育民众宣传民众，民众获得了这种精神，结局是要抛弃那种形式的。旧瓶的形式如其本身含有若干艺术价值，尚可作为古董而被人保存，如其本身并没有具备这种价值，即使是用来盛过一次极新极新的美酒，也挽救不了他那将被抛弃的命运。”因此，“民间形式的利用，始终是教育问题，宣传问题，那和文艺创造的本身是另外一回事”。郭沫若甚至根据军事战争中“凡是可以杀敌的武器”“都可以使用”的理论，对利用“民间文艺”的问题加以说明，他指出战时的文艺创作也要“通权达变”：“在目前我们要动员大众，教育大众，为方便记，我们当然是任何旧有的形式都可以利用的。不仅民间形式当利用，就是非民间形式的士大夫形式也当利用。”“但为鼓舞大多数人起见，我们不得不把更多的使用价值，放在民间形式上面。这也是一时的权变，并不是把新文艺的历史和价值完全抹煞了，也并不是认定民族形式应由民间形式再出发，而以之为中心源泉——这是不必要，而且也是不可能的。”显然，郭沫若在这篇论文中把他在全面抗战初期对民间文艺所持有的观点明确化了，总结说来便是目前“民间形式的利用”只是为着“教育”和“宣传”的作用，而这“教育”和“宣传”也仅仅只是“一时的权变”，“和文艺创造的本身是另外一回事”。郭沫若还具体举出了“利用”“民间形式”的实例：“新打的鼓词如《骂汪》和《武汉秋》之类，拿文艺的价值来说，事实上是很平常的，然而出自山药蛋和富贵花的口里，被鼓音的抑扬、身手的动作所随伴，便非常动人。宣传人才不易多得，新的宣传人才更不易养成，民间艺人的价值实在值得尽量使用。”郭沫若对这两个实例的评价正与他在二十年代初期所持有的“民间文艺”观一脉相承。

可以说，郭沫若从二十年代初期一直到全面抗战后期，虽然接受了马克思主义，并经过战争的洗礼，但其本质上的知识分子精英意识并没有发生怎样的改变，以这种精英知识分子的眼光去反观传统民间文学，郭沫若自然是持“看不起”的态度，直到 1943 年 3 月，他对“抗战以来的文艺思潮”做总结时还说：“为了要动员大众，文艺界曾有‘旧瓶装新酒’的主张和尝试，便是利用旧有通俗的形式如弹词、鼓词、民歌、旧剧、章回小说等，以便于一般的接受。这是偏重于宣传与教育的意义，已经产生了不少的作品，并收到了不少的效果。”“但有人把这种运动的意义过分夸大，否认‘五四’以来的新文艺的成就，而认为一切文艺都应从通俗的文艺再出发，那却是一种有害无益的偏见。”① 就在写下上文的前一天，郭沫若还为“纪念文协五周年”作《新文艺的使命》一文，强调“我们敬愿克服种种的困难，加紧反法西斯的斗争，增强对于敌伪的憎恨，提高文艺作品的质量，促进国家力量的动员，巩固作家团结与民族团结的阵容，以争取民族解放与人类解放的胜利。”② 在这里，郭沫若为“新文艺”几乎是赋予了经天纬地的“使命”，而在作为前提的“提高文艺作品的质量”中，显然并没有为民间文艺留出空间。事实上郭沫若在整篇文章中都没有只言片语涉及民间文艺，而由“反帝”“反封建”这些语汇所折射出的，依然还是从“五四”继承来的现代知识分子精神。

三

郭沫若在1943年3月对“抗战以来的文艺思潮”做完总结后，一直到1945年年初，都没有再发表涉及民间文艺的言论，也许在他看来，民间文艺已经完成了它在抗战期间“教育”和“宣传”的历史使命，所以自然也就不用再加以“关注”。但是情况在1944年5月便已经开始逐渐发生转变了，就在这个时间节点上，郭沫若第一次接触到了毛泽东《在延安文艺座谈会上的讲话》（以下简称《讲话》）。在这里我们需要纠正郭沫若的一个记忆错误，他自称是在“一九四三年读了毛主席《在延安文艺座谈会上的讲话》”，但是这篇《讲话》虽最早在1943年10月19日的《解放日报》上发表，却直到1944年5月26日，何其芳、刘白羽遵照周恩来的嘱咐，向当时身在重庆赖家桥的郭沫若作传达时，他才第一次听到而不是亲自读到这篇《讲话》。而郭沫若关于第一次读到《在延安文艺座谈会上的讲话》的记忆错误，也可能来自其“无意识层面”——他应该是希望自己在第一时间就读到了这篇文献，而不是在时隔半年多之后。当然，他也可能带有某种目的性，是想借此来表达对毛泽东文艺政策的接受之及时与反应之迅速。但不管怎样，这篇纲领性的文献对郭沫若产生了相当大的影响，据刘白羽回忆，当郭沫若在听完他和何其芳的介绍后，“豪情满怀、欣喜若狂”，表示“无条件地拥护毛主席的讲话，并决定立即按总理的嘱托执行。第二天，郭老亲自主持召开了座谈会，这样就使毛泽东文艺思想的光芒从延安照耀到大后方”。③

我们有理由相信郭沫若在当时的反应是发自肺腑的，这篇《讲话》不仅代表着文艺的一个崭新发展方向，而且其中有诸多观念与郭沫若长期以来的主张都相吻合，就像刘白羽所回忆的，当郭沫若听到《讲话》中“对于知识分子到工农兵中改造这

① 郭沫若：《抗战以来的文艺思潮》，《抗战文艺》“文协成立五周年纪念特刊”，1943年3月27日。
② 郭沫若：《新文艺的使命——纪念文协成立五周年》，重庆《新华日报》，1943年3月27日。
③ 刘白羽：《雷电颂》，《人民文学》，1978年7月。

一精辟论述，击节称赏”。不过我们同时也应该注意到，尽管郭沫若笑称自己的住处“是重庆的小延安”，可毕竟不是真正的延安，在没有设身处地的情况下，郭沫若对毛泽东的政策理解，就不免有雾里看花之嫌，另外他对于毛泽东本人的态度，也与目前学界所普遍认为的“崇敬”“敬仰”“遵从”等有所出入。在此，笔者把郭沫若两篇文章在不同时期不同版本的部分修改异文以表格的形式列于下方，以便较为直观地说明问题：

1. 《摩登唐诃德的一种手法》

1946 年 7 月上海《周报》第 46 期最初版	上海大孚出版公司 1947 年 12 月版《天地玄黄》中的版本	人民文学出版社 1961 年 10 月《沫若文集》第 13 卷中的版本
毛泽东先生有一首调寄沁园春的“咏雪”，脍炙人口。	同左	毛泽东主席有一首调寄《沁园春》的“咏雪”，脍炙人口。
这首词听说本是毛先生的旧作，作于何时不得而知。	同左	这首词听说本是毛主席的旧作，作于何时不得而知。
那时候毛先生接受了蒋先生的邀请，由延安到了重庆。	同左	那时候毛主席接受了蒋介石的邀请，由延安到了重庆。
听说在毛先生认为是游戏之作，并没有发表的意思。	同左	听说毛主席并没有发表的意思。
我在柳亚子先生的手册上，看见过毛先生所亲笔写出的原文。	同左	我在柳亚子先生的手册上，看见过毛主席所亲笔写出的原文。
我没有向毛先生请教过，不知道他的明确的寓意。	同左	我没有向毛主席请教过，不知道他的明确的寓意。
毛泽东是反对这些统的。	毛先生是反对那些统的。	毛主席是反对那些“统”的。

2. 《鲁迅和我们同在》

上海《文汇报·世纪风》1946 年 10 月第 20 期最初版本	上海大孚出版公司 1947 年 12 月版《天地玄黄》中的版本	人民文学出版社 1961 年 10 月《沫若文集》第 13 卷中的版本
一位政治家说过：“鲁迅先生的方向就是我们的方向。”	毛润之先生说过：“鲁迅的方向就是我们的文化运动方向。”	毛泽东主席说过：“鲁迅的方向，就是中华民族新文化的方向。”

经过对以上文献版本的对比，我们就发现了一个非常有意思的现象，那就是郭沫若在不同时期再版同一著作时，对毛泽东的称谓进行了精心的修改，而且他对毛泽东言论的引述也越来越认真，越来越准确，从他的这些细微修改中，我们就可以十分清晰把脉到一个重要的历史演变过程，那便是郭沫若对待毛泽东的态度是随着时局的发展而有着微妙转变的，如果我们像以往那样只以新中国成立后郭沫若最终修订的文献为研究文本，显然发现不了这种微妙变化。

由此我们再回到郭沫若在 1944 年 5 月“听到”《讲话》之时，可以说，当时毛泽东在郭沫若的眼中只是“一位政治家”“毛先生”乃至“毛泽东”，在这样的背景之下，毛泽东的《讲话》能让郭沫若在感情上“豪情满怀、欣喜若狂”，却并没有立即真正成为指导他创作和言论的决定性文件，就可以理解了。就在郭沫若主持介绍、学习毛泽东《讲话》的座谈会后半个月，他即写下了《为革命的民权而呼吁》一文，在此文中郭沫若不断强调“三民主义”的指导意义，并依此认为“中国在三十三年前已经成为了民主共和的国”，在所谓的“训政时期”，“我们文化工作者应有权要求思想言论的自由吧，学术研究的自由，文艺创作的自由”。随后，郭沫若又不断引用古今中外的实例，论述“民主”与“自由”的重要性，甚至多处都用到了“绝对的自由”这样的短语。① 仅从这些语汇的运用上看，郭沫若当时的思想观念显然与毛泽东的政策相当不合拍，他所极力宣扬的，依然是其根深蒂固的“五四”精神，不过他对毛泽东文艺政策真正意义上的理解，倒是在十多年后对于此篇文章的修改中显现出来了，在把此文收入《沫若文集》时，郭沫若就把“由思想表现而为言论，无论其发诸唇齿，或著诸笔墨，亦无论其对群众宣扬，或偕专家研讨，均应有绝对之自由，不当受不合理之干涉”中的“绝对之自由”改为“应分之自由”；把“文艺在作为人民的喉舌上应该有绝对的创作自由”改为“文艺在作为人民的喉舌上应该有创作的自由”；把“我们的一切设施便应该彻底民主化”改为“我们的一切设施便应该尽力民主化”。事实上在写完这篇《为革命的民权而呼吁》后，郭沫若在半年多的时间内并没有再发表体现其文艺观的言论，直到于 1945 年 1 月 18 日创作了《文艺与民主》一文。

以往的学界几乎都没注意到郭沫若这篇《文艺与民主》的标志性意义，仅从题目上看，郭沫若似乎也只是在谈一个老生常谈的话题，但正是在这篇文论中，郭沫若开始与毛泽东的文化思想形成接轨，并以此大幅度调整了自己的文艺观。在此文的一开篇，郭沫若便“纠正”了“文艺创作，在表面上看来，很象是作者个人的精神活动，与民主主义无甚关联”的观点，认为文艺创作不能“强调‘度越流俗’”，因为“俗是什么呢？自然就是为人民大众所能了解、所喜闻乐见、所自行创造的东西，自

① 郭沫若：《为革命的民权而呼吁》，《沸羹集》，上海大孚出版公司 1947 年版。

然也就是所谓民主气息了”。[①] 以郭沫若的学识和阅历，当然知道何为现代民主精神的实质，但他在此处却把“民主气息”与“俗”画上了等号，这不能不说是新的文化观选择所使然，而这种新的文化观，又显然与毛泽东的文化思想紧密相连。早在1940年，毛泽东便在其《新民主主义论》中着重强调新民主主义文化是“民族的科学的大众的”，而“新民主主义的文化是大众的，因而是民主的”[②]，正是通过这样一种阐释逻辑，毛泽东把“五四”精神中关于民主的内涵置换成为“大众化”，从而为在战争中更好地统一思想建立前提。就在毛泽东发表《新民主主义论》的第二年，郭沫若作了《四年来之文化抗战及抗战文化》的重要讲演，强调民族文化必须遵循“合民主”的原则，“必须是反封建，反专制，主张思想自由，主张民主政治，民主生活，民主作风的文化”[③]，显然在“民主”问题上与毛泽东的观念存在差异。到了1944年年初，郭沫若又发表《民主战争和民主文化》一文，着重解释了“民主文化”的“真谛”：“这种文化就是要把人类从限制肉体发展和精神发展的桎梏中解放出来，而在政治上承认人的存在，尊重人的地位与意见，使大多数人在各方面获得自由平等的地位和自由发展的机会，使人尽其用和人尽其才——这就是民主文化的真谛。”[④] 从以上可以看到，郭沫若是从学理的角度去解释民主。事实上从抗战胜利后一直到建国前夕，郭沫若关于民主的观念都与毛泽东并不完全合拍，当然，这些观念归根结底还是来自其对“五四”精神的承传。然而就在郭沫若接触毛泽东《讲话》半年后，他却把文艺的“俗”与“民主气息”联系在了一起，与毛泽东的文化观形成了合拍，那么他这种在不合拍中的合拍又是如何形成的呢？关于这一点，我们仍可以从这篇《文艺与民主》中得到提示。

此文开篇不久，郭沫若便用了相当大的篇幅论证民间文艺资源的重要性。他认为“文艺作品的价值和它与人民生活的距离成反比。距离愈大，价值愈低，距离愈小，价值愈大”。依据这个观念，郭沫若判定“中国的一部正统文学史差不多全部都充满着这种令人作呕的三寸金莲”。甚至连“所谓韩、柳、欧、苏的古文，王、杨、卢、骆的骈体，扬、马、班、张的大开大阖的古赋，一样都是可以令人作呕的东西”。与此相反，像《诗经》中“‘风’‘雅’‘颂’的三体，‘风’的价值高于‘雅’，‘雅’的价值高于‘颂’”，“其所以然的原故，是‘风’乃采自民间的歌谣”，另外还如“屈原的辞赋高于宋玉之流”，正在于“屈原凭着他的对于人民艰苦的无限同情与对于上层丑恶的极端愤怒，而采用了民间歌谣体以极尽诅咒丑恶的能事”。郭沫若的这些论断怎么看都让人感觉有些生拉硬扯甚至主观臆断，但就在这生硬与主观的背后一

① 郭沫若：《文艺与民主》，重庆《青年文艺》双月刊新1卷第6期，1945年2月。

② 毛泽东：《新民主主义论》，《毛泽东选集》第2卷，人民出版社1991年版，第706—708页。

③ 郭沫若：《四年来之文化抗战与抗战文化》，曾健戎：《郭沫若在重庆》，青海人民出版社1981年版，第325页。

④ 郭沫若：《民主战争与民主文化》，重庆《时事新报》第3期，1941年1月1日。

直清晰存在着的，却正是他那基于知识分子精英意识之上的“新文学的使命”观逻辑链。郭沫若在这篇论文的终篇处卒章显志，高度赞美了苏联的现状，认为“有史以来，人类社会不曾有过这样大规模的民主高潮时期，这保证着苏联的文艺，乃至其他的精神活动必然有宏达的展开”。最后“呼吁”：“和目前民主高潮的大时代配合起来，放下剪刀尺子，向苏联看齐，救救我们的文艺！”可见，郭沫若其实是根据抗战即将胜利的新形势，调整了他的“新文艺的使命”观，把两年前“新文艺”“争取民族解放与人类解放的胜利”的“使命”置换成了和“目前民主高潮的大时代配合起来”的新“使命”，而正是这种新形势下新的“新文艺的使命”观与郭沫若半年来对毛泽东《讲话》精神的接受与理解相结合，共同促使他把目光再次转向了“民间”。

毛泽东是一个基于政治家的文艺家，在严峻的战争形势下，他必须调动一切可以利用的资源来争取胜利，而在这些资源中，他当然深知文艺的重要性，就在《讲话》的一开篇，毛泽东便明确指出：“我们今天开会，就是要使文艺很好地成为革命机器的一个组成部分，作为团结人民、教育人民、打击敌人、消灭敌人的有力的武器，帮助人民同心同德地和敌人作斗争。”① 可以说整篇《讲话》都是紧紧围绕这个中心论点展开的。在具体的论述中毛泽东提及了对于“民歌”“民间故事”等民间“旧形式”进行“改造”和“利用”的问题，这正属于他文艺“武器”论的一个分论点，属于如何对“占全人口百分之九十以上”的“工、农、兵”进行“团结”和“教育”的范畴。

而与毛泽东正相反的是，郭沫若是一个基于文艺家的“政治家”，他的文人气质与思想内涵更多来自“五四”精神的哺育，其骨子里有着对“德先生”与“赛先生”的信奉与崇敬，在抗战曙光乍现的形势下，郭沫若最为关心的是如何“文化建国”的问题，因此他不断地在各种场合“重提”“‘五四’课题”，明确指出“我们今天的任务，依然要继续‘五四’精神，加紧解决我们的悬案：接受科学并发展民主”。② 基于这种观念他甚至为“文化界时局进言”，不仅慷慨陈词：“民主者兴，不民主者亡”，还具体列出“实行民主的必要步骤”的“二大纲”以及“有碍于民主实现”的“荦荦六大端”。③ 正是在这样的观念背景下，郭沫若同样注重对民间文艺的利用，只是他不再把民间文艺作为军事政治“斗争”的“武器”，而是“文化建国”的根基，于是便形成了与毛泽东在“目的”不合拍的情况下“方法”的合拍。

为了能更好地让文艺“和目前民主高潮的大时代配合起来”，进而承担在“文化建国”中的相应“使命”，从这篇《文艺与民主》开始，郭沫若便不断强调着民间文艺的重要性，而且还为此阐发了新的“俗—雅”文学转换理论：“一代的文学正宗差

① 毛泽东：《在延安文艺座谈会上的讲话》，延安《解放日报》，1943 年 10 月 19 日。
② 郭沫若：《“五四”课题的重提》，重庆《群众》月刊第 10 卷第 9 期，1945 年 5 月 15 日。
③ 郭沫若：《文化界时局进言》，重庆《新华日报》，1945 年 2 月 22 日。

不多都导源于前一代的俗文学，待到俗文学一登了大雅之堂以后，有生命的又逐渐化而为死板的东西去了。”自此之后郭沫若又在多篇文章中更加细化地重申这一理论，并且进一步认为“一部文艺史也就是人民文艺与庙堂文艺的斗争史”，人民文艺“不容许我们采取排它的态度，但也不容许我们宽容别人的排它的态度。它和一切变相的帝王思想、个人主义、法西斯主义、侵略主义等等是完全绝缘的。”可以说，郭沫若已经把以民间文艺为代表的“人民文艺”与“庙堂文艺”的“斗争”看作了政治范畴内民主与专制“斗争”在文艺方面的反映，而循着这样一条逻辑链，郭沫若很自然的会像毛泽东那样，号召文艺家“向人民大众学习”。

不过需要注意的是，因为最终目的的不同，郭沫若与毛泽东在“向人民大众学习”这个问题上的侧重点也并不相同。毛泽东首先侧重于对人的改造，希望知识分子在“向人民大众学习”的过程中“和群众打成一片”“经过长期的甚至是痛苦的磨练”，“把自己的思想感情来一个变化，来一番改造”以“使自己的作品为群众所欢迎”，从而更好地为他们服务，为战争服务。而郭沫若则更多侧重于对文艺创作本身的改造，希望以“向人民大众学习”的方式使文艺家的创作最大程度的“大众化”，以便更好地在宣传民主方面去“化大众”。为了做到这一点，郭沫若不惜“信口开河”，从可以证明“文艺作品的价值和它与人民生活的距离成反比”的“无数的实例”中“归纳”出屈原、歌德等例子，以说明正因为他们“摄用民间情调和言语”才创作出了千古名篇。但事实上可以说连郭沫若自己恐怕也明白这些“实例”都没有经过严密论证，是出于现实考量而“打扮历史”的结果，因此他就需要找到一个实实在在能证明“人民大众”比艺术家高明，从而能够影响艺术家创作的例子，以作为文艺家必须“向人民大众学习”的实证。就在1945年4月28日为重庆沙坪坝学生公社所作的讲演中，他第一次谈到了这个实例：“专门画马的法国名画家德拉科乐亚，在一次他的作品的展销会中，接受了一位普通马夫的批评。原来他画一个正在奔驰的马时，却把口中要流的白涎漏了。”① 然而这样一个难得的实例虽不是郭沫若的“信口开河”，却在本质上同样难以证明艺术的专家必须向生活的专家学习，才能够创作出与“大时代配合起来”的优秀文艺作品。因为他混淆了两个逻辑层面，一是现实生活层面，一是艺术创作层面。而在一点上毛泽东比郭沫若更为深刻理性，他在《讲话》中便指出“人类的社会生活虽是文学艺术的唯一源泉，虽是较之后者有不可比拟的生动丰富的内容，但是人民还是不满足于前者而要求后者。这是为什么呢？因为虽然两者都是美，但是文艺作品中反映出来的生活却可以而且应该比普通的实际生活更高，更强烈，更有集中性，更典型，更理想，因此就更带普遍性。”这也就是我们常说的“艺术源于生活而高于生活”。其实我们也完全可以想象，奔驰的骏马是一个非常美的形象，而如果在它的嘴边画上“白涎”，虽然更加真实了，却怎么看都是

① 郭沫若：《我们需要怎样的文艺》，重庆《新华日报》，1945年5月8日。

一件煞风景的事，会让艺术的美感大打折扣。

郭沫若作为一个文艺家并非不懂这样的艺术规律，但他却对这一“画马”的例子非常珍视，并在日后的多篇文论中不断加以重复和强调，而如果追究这背后更深层次的原因，其实正和他对屈原、歌德等例子的“信口开河”一样，都是源自他作为“政治家”的策略性而非文艺理论家的学术性，是此时他首先注重文艺的应用性而非艺术规律所使然。事实上，郭沫若对这些例子的列举和强调正从一个侧面显示，他从抗战中期讨论如何建设“民族形式”问题时对民间文艺所持的“看不起”态度，转向抗战后期给民间文艺戴上“人民文艺”的头衔，从而加以推崇的过程，实质上是他再次逐渐偏离艺术规律，进入现实轨道的过程，是他黯淡自己的艺术家身份，彰显政治家角色的过程，就像他自己所说的：“文艺不仅要政治的，而且要比政治还要政治的。假使文艺不想做‘政治的奴婢’的话，那倒应该做‘政治的主妇’，把政治领导起来。伟大的文艺作家，无论古今中外，他都是领导着时代，领导着政治，向前大踏步地走着的。”① 郭沫若显然想做这样“伟大的文艺作家”，也希望当时广大的文艺家能“把政治领导起来”，而要做到这一点，因为最“俗”而最具有“民主气息”的民间文艺，自然会被置于学习和借鉴的地位。

然而有意思的是，虽然郭沫若在这一过程中不断号召文艺家要“向人民大众学习”，要借鉴民间文艺，但他自己却一直到新中国成立前，都没有真正创作出由于“俗”而具有“民主气息”的作品。那么郭沫若为何不能以身作则，而只是述而不作呢？究其原因，一方面在于郭沫若像当时其他绝大多数作家一样，出身于较为优越的家庭，离开家庭后便走上求学和创作的道路，始终飘在城市生活之中，虽然也曾经参加过像宜兴调查这样的社会实践活动，但在其人生历程中，从未真正“和群众打成一片”，自然也从未“经过长期的甚至是痛苦的磨练”，因此“对于工农兵群众，则缺乏接近，缺乏了解，缺乏研究，缺乏知心朋友”，可以说他在自己的这多半生中与“人民大众”总是相隔阂的，对于他们的语言、思想、情感也是不熟悉的，而这一点显然不可能在短期内改变，郭沫若曾就此在《读了〈李家庄的变迁〉》一文中作过自我批判：“我自己痛感着文人的习气实在不容易化除。这里有环境作存在。在大家都矫揉造作的环境里面，一个人不这样就象有点难为情，这就如在长袍短褂的社会里面一个人不好穿短打的一样。”② 另一方面，除了不熟悉“人民大众”，郭沫若对他们所喜闻乐见的民间文艺也没有多少亲近感，就在他1944年3月28日所作的《如何研究诗歌与文艺》一文中，郭沫若回忆了自己从童年以来接受文学“陶冶”的历程，其中有母亲教他“暗诵”的“唐人绝句”，在私塾里学的“四书五经”，以及对自己“所发生的影响”“比起本国的古典作品来要大得多”的“外国作品”，却只字没有

① 郭沫若：《文艺工作展望》，上海《群众》周刊第12卷第9期，1946年9月22日。

② 郭沫若：《读了〈李家庄的变迁〉》，上海《文萃》第49期，1946年9月。

提到民间文艺。因此可以说，郭沫若无论对“人民大众”还是民间文艺，都有着在短期内难以消除的隔膜，这种隔膜使他很难创作出像《李有才板话》《李家庄的变迁》这样的作品，连比起这些作品“有逊色”的丁玲的《我在霞村的时候》，也是不可能的。

自然，不熟悉没有关系，郭沫若完全可以像他自己所号召的那样去“学习”，从1938年12月一直到1946年5月，他的绝大部分时间都工作和生活在重庆，他又自幼在乐山长大，对四川方言再熟悉不过了，如果想要在这期间深入民间“学习”，是非常方便的事，他之所以没有这样做，恐怕正在于太醉心于他高高在上的“政治家”身份，而逐渐远离了本质上的文艺家身份。在整个四十年代中后期，他非但没有因借鉴民间文艺而创作出具有“民主气息”的作品，就连在四十年代初期所写的像《屈原》《棠棣之花》《虎符》这样具有真正艺术价值的作品也没有再写出过，他像十年前出任政治部第三厅厅长时那样，参加各种社会活动、题词、写杂文，尽管偶尔也会感到“天地玄黄”，但却始终乐此不疲地扮演着一个“政治家”的角色。

如果说这一时期郭沫若的“政治家”身份对其文艺家身份过度挤压，造成他文学创作上的贫乏，是一种遗憾的话，那么我们也必须承认，郭沫若在此期间的种种行为，同时也体现了他作为一个现代知识分子在历史大变动面前进行清醒理性的思考，并致力于在民主基础上“文化建国”的可贵精神。正是在这种精神的指引下，郭沫若的文艺观虽然具有极强的政治功利性，却并不狭隘自闭，他在推崇民间文艺的同时，“也不想走到另一极端，以为除旧有形式之外，一切都不是人民喜闻乐见的，‘五四’以来的新文艺运动毫无价值”。而是认为“新的形式依然是必要，而且我们正需要使它在中国生根，让它从中国人民生活的土壤里面发育出来。因而我们向外国作家的学习，向外国作品的借鉴，正应该加紧”。在他看来，“问题不在它是外来不外来，而是要求它足以和今日的生活内容配合。今天的人类世界在民主生活的内容上已经有一般的共通性，为世界所共通的新形式，在文艺界也就不能不起着前驱的作用。”① 可以说郭沫若这样的文艺观正建立在他承传“五四”新文化传统的基础之上，同时也再次彰显了他现代知识分子的精英意识，在当时的“文艺界”称得上“起着前驱的作用”。

四

新中国的成立对于当时所有作家来说都意味着观念和创作的巨大转变，郭沫若当然也不例外，从总体上看，他从四十年代号召文艺家“把政治领导起来”，转变为了以身作则“被政治领导起来”。具体到他的“民间文艺”观上，就在新中国刚刚成立

① 郭沫若：《文艺工作展望》，上海《群众》周刊第12卷第9期，1946年9月22日。

的1950年，郭沫若便表示："今天，经过了毛主席的启示，我们应当彻底改正以前鄙视民间文艺的错误观点。民间文艺是无尽的宝藏。从事文艺工作的人应当特别重视它，并且加以研究。"[①] 可以说，这是郭沫若在新时期为自己的"民间文艺"观定的一个基调，在这个基调的基础上，他发表了对于中国传统民间文艺、"少数民族的民歌"、"大跃进以来所出现的""新民歌"以及"旧诗词和旧形式"等民间文艺形式的看法态度，这种看法态度概括起来便是在"政治第一"的前提下，以当时的文艺政策为标准，对各种民间文艺加以学习、改造和利用，以最终达到为政治服务的目的。1960年6月他和周扬一起编纂出版了"新民歌"诗集《红旗歌谣》，直到"文革"开始的前几年，他还参与了《中国歌谣选》的编选工作，据周扬回忆："从最初集稿到第三稿的定稿，郭老是逐字过目的，看三遍，认真圈选，并对个别词句作了改动，有的注释是他加的；后一段的修改工作，他虽因年迈患病未参加，他在病中还对一首新民歌又作了修改。"[②] 这些当然都与他的"政治家"身份是完全合拍的。

在具体的创作方面，郭沫若也开始身体力行了。作为国家领导人，他不断深入工厂车间、田间地头调查访问，对于在新时期工人农民的工作、生活、语言、思想等，有了比以往更加直观的感受，并且也为工人和农民的创作热情所感染，同时作为文艺界的领军人物，郭沫若也必须在创作上做出积极的表率，因此他在新中国成立后的新时期内写下了很多具有民间文艺色彩的诗歌作品，像他在1959年4月出版的诗集《长春集》中，就有相当比例的诗歌都可看作是填充了新时代内容的民歌民谣。

不过同时需要我们注意的是，郭沫若在新时期一方面重视民间文艺，并且身体力行进行实践创作，而另一方面也依然没有因此完全泯灭自己的"五四"精神印记，他在多种场合与文章中就曾以不同形式继续"重提""'五四'课题"，比如在1959年发表的《就当前诗歌中的主要问题答〈诗刊〉社问》一文中，他首先给"大跃进以来所出现的歌谣"以很高的评价，认为"我们决不能藐视新民歌的形式，而要特别重视新民歌，从精神上学习它，也要从形式上学习它"，而在接下来回答"怎样估计'五四'以来的新诗?"问题时，则强调"'五四'以来的新诗还是有贡献的，应该肯定它的成绩。如反封建，解放个性，打破束缚，突破了旧诗词的清规戒律等是应该肯定的"，郭沫若还进一步明确指出"我们应该肯定五四运动的精神，要民主，要科学，在政治上表现出了反帝反封建，在文化上表现出了破除旧形式，打倒孔家店，把圣人和一切偶像送进茅坑。这种精神在当时来说还是有它的时代意义的"。[③] 事实上郭沫若并不仅仅认为"五四"精神"在当时来说还是有它的时代意义的"，即使在他所身处的当下，也应该被继承和发扬，甚至可以说，郭沫若把"五四运动精神"

① 郭沫若：《研究民间文学的目的——在中国民间文艺研究会成立大会上的讲话》，《人民日报》，1950年4月9日。

② 周扬：《〈中国歌谣选〉序》，《民间文学》1979年第1期。

③ 郭沫若：《就当前诗歌中的主要问题答〈诗刊〉社问》，《诗刊》1959年1月号。

以及“五四”精神所哺育的新文艺形式，始终置于无可替代、无法忘怀的重要位置，这一点也可以从他对自己四十年代涉及民间文艺的论文修改中明显感觉出来。

1946 年 7 月，郭沫若在上海《文艺春秋》第 3 卷第 1 期上发表《文艺的新旧内容和形式》，其中有这样一段话：

> 将来的新的文艺，可能有两种新的途径去发展：内容是服务于人民的，在形式上就可以有多样的形式发展；另一种途径，就是流传在民间的许多形式，许多歌谣和地方戏剧。在今天应当把一向为人民服务的形式整顿起来，使它更适宜为人民服务。这两种途径是我们应当发展的，所以新文艺是在内容和形式上都应当以人民大众为前提的。在今天一定要认识人民世纪的精神。文艺是苦的工作，要创作一种巨著，必须要用全生命灌注下去，要用全生命奉献给中国的人民。

此文在被收入《沫若文集》第 13 卷时，这段话被修改为：

> 将来新文艺的发展可能有几种新的途径：一种是“五四”以来的文艺形式，受外来的影响多些，油画、雕塑、音乐特别显著。我们不应该排外，要继续吸收外来的好东西，而使它民族化，为今天服务，为人民服务。另一种途径，就是发掘和发展流传在民间的许多旧有的形式，在形式上加以改进，并盛入新的内容。许多歌谣和地方戏剧是应该重视的。在今天应该把一向为人民服务的形式加以整顿，使它更好地为人民大众服务。这两种途径都是我们应当发展的。可能还有第三种途径，便是把新旧融合起来，创造出新的民间形式。总之，今后的新文艺在内容和形式上都应当以人民大众为前提。我们一定要认识到今天是人民的世纪。还有创作也是艰苦的工作。要创作一种纪念碑式的巨著，必须要把全生命灌注下去，要把全生命奉献给中国人民。

郭沫若在这段话最初版本中的论述多少有些语焉不详，关于第一种“新的途径”仅仅指出“内容是服务于人民的”，而没有具体提出采用什么形式，在逻辑上与“另一种途径”并不能形成并列关系。修改后的内容显然就更为清晰了，他把“两种新的途径”改为“几种新的途径”，而且首先强调了“‘五四’以来的文艺形式”，认为“我们不应该排外，要继续吸收外来的好东西”，在顺序上排在了“发掘和发展流传在民间的许多旧有的形式”之前，而这其实正凸显出他内心最为推崇的，依然是“五四”以来受西方影响所产生的新文艺形式。至于他所提出的“第三种途径”：“把新旧融合起来，创造出新的民间形式”，可以说体现了他作为一个文艺家兼“政治家”宽广的视野和开阔的胸襟，在当时方方面面逐渐与西方文化隔绝的大背景下是难能可贵的。

总结来说，郭沫若的“民间文艺”观始终与他早期所形成的现代知识分子精英意识紧密相连，同时又有着明显的“与时俱进”“因时而变”特点，在不同的历史时期，他会因当时的政治形势与社会需要调整自己的这一观念，而这种调整又从一个侧面体现出他的文艺家与“政治家”双重身份在时代浪潮风起云涌中的转变与纠结。可以说，郭沫若“民间文艺”观的演变历程几乎贯穿于他一生文艺活动与政治活动的始终，是他从上世纪二十年代初登文坛时期一直到“文革”时期文艺思想转变的一个缩影，它是我们研究郭沫若这样一个漫长而又复杂的历史存在所必须涉及的课题。

（原载《中国现代文学研究丛刊》2018 年第 11 期）

郭沫若 1945 年对苏联的观察与思考

李　斌

1945 年 5 月，苏联科学院邀请郭沫若与丁西林作为中国科学文化界的代表一起出席苏联科学院建院 220 周年大会。在获得国民政府批准后，郭沫若于 6 月 9 日乘坐美国军用飞机离开重庆，途经昆明、印度、伊朗，6 月 25 日抵达莫斯科。在苏联科学院、苏联对外文化协会等机构的安排下，郭沫若游览了斯大林格勒、列宁格勒、塔什干等地，参观了许多研究所、博物馆、集体农场、工厂、学校及名人故居，在科学院、东方大学等机构开展了学术交流，欣赏了苏联的话剧、舞蹈、绘画，并和苏联政府工作人员、科学家、作家、艺术家及鲍罗廷、李立三、约翰孙博士等各界人士进行了广泛接触。8 月 16 日，在日本宣布无条件投降的第二天，郭沫若乘飞机回国。

《苏联纪行》由郭沫若在他写于 6 月 9 日至 8 月 16 日日记的基础上整理成书。1945 年 10 月 10 日起在《新华日报》连载后，又被上海《时代》杂志、香港《正报》杂志、延安《解放日报》等报刊转载，受到知识界的广泛关注。1946 年 3 月，《苏联纪行》作为中苏文化协会研究委员会研究丛书第三种在上海中外出版社出版。苏联学者罗果夫将它翻译成俄文，郭沫若写了序言。俄文版删去途中部分，更名为《苏联五十天》。郭沫若仿照罗果夫的办法，将《苏联纪行》删节改版为《苏联五十天》由新中国书局 1949 年出版发行，发行地域主要为北平、天津等新解放区。1959 年，《苏联纪行》经过修改后收入《沫若文集》第九卷。

1945 年，世界反法西斯战争终于取得了胜利，这也成为奠定战后国际世界格局的关键一年，国内各种力量在国际形势下围绕战后中国重建的主导权展开了激烈角力。作为著名左翼知识分子和当时国统区文化界的代表人物，郭沫若为什么要写作《苏联纪行》？他在《苏联纪行》中进行了哪些政治和文化思考？对此展开探讨，有助于深入理解郭沫若的思想发展和当时左翼知识分子的思想状态。

一

在《苏联五十天》的《序》中，郭沫若说：“我们对于苏联，知道得实在太少了。而污蔑苏联的宣传品却是满坑满谷，一曝十寒，我们是容易受蒙蔽的。我是凭着我的耳闻目见在写，而且是凭着了我的良心。有不愿受蒙蔽的朋友，请来读我这部书，一定会于你们有帮助的。”“我们英语文明浸润得已经太深，而英语文明是已经太老了。今后为了补救我们自己，对于苏联文化，无论自然科学或精神科学，都有加紧吸收的必要。”①

郭沫若写作该书的目的是为了告以苏联“真相”，并以“苏联文化”补救“英语文明”之弊。该书的隐含读者是明确的。大多数共产党员本来就亲苏，他们没有必要再通过该书来消除因反苏宣传而产生的“蒙蔽”。国民党顽固派对苏联天生反感，是反苏宣传的推手，当然不需要郭沫若来“启蒙”。《苏联纪行》的隐含读者可能是介于共产党和国民党顽固派之间的第三方面力量和国民党内的开明派。其中包括黄炎培、张澜、罗隆基、章伯钧、柳亚子、冯玉祥等人，尤其是罗隆基这样有英美派背景，又在当时民主运动中发挥着重要作用的民主人士。

赴苏联前，郭沫若在国统区参与领导了一场比较重要的民主运动，那就是 1945 年 2 月《文化界时局进言》的发表。进言要求共商国是，结束党治，停止审查制度，惩治贪官，枪口一致对外，尤其是最后一条，要求“取缔对盟邦歧视之言论，采取对英、美、苏平行外交，以博得盟邦之信任与谅解”。沈钧儒、柳亚子、马寅初、茅盾、老舍等 312 位文化名人在这个进言上签名。

进言在《新华日报》发表后，国民政府十分恼怒，他们采取各种手段要求签名人士发表声明收回自己的言论，或者在另外一个相反的宣言上签名，但都没有成功。复旦大学教授费巩因为在这个进言上签名，被国民政府秘密杀害。

国民政府查出《文化界时局进言》的起草者是郭沫若后，于 1945 年 3 月解散了郭沫若担任主任的军委会政治部文化工作委员会。邓初民、黄炎培等人为郭沫若鸣不平。邓初民认为，当时没有左派和右派的区别，只有民主和法西斯的区别。在这种情况下，郭沫若收到了访问苏联的邀请。在郭沫若出行前，有 200 多人为他送行，侯外庐在会上发表讲话，希望郭沫若“携世界民主潮流之真谛，以供建国之参考”②。

当时中国的民主力量特别希望了解苏联，侯外庐的发言代表了大多数民主人士的希求。郭沫若回国后，“朋友们很关切，在种种场合要我作报告，我作过了，而且翻来覆去地作过了”。他在这些报告中讲苏联的民主、苏联的男女平等、苏联的集体农场等。“朋友们不能满足——事实上是我不能使他们满足，还望我写些东西出来。大约以为我还有什么好的资料保留着的吧。”③ 这无疑是该书的重要催生因素。可以说，《苏联纪行》是当时民主人士认为国民党式的治国理念没办法进行下去了，而且有机

① 郭沫若：《序》，《苏联五十天》，新中国出版社 1949 年版，第 1—2 页。

② 《在赴苏欢送茶会上致答词》，曾健戎编：《郭沫若在重庆》，青海人民出版社 1982 年版，第 374 页。

③ 郭沫若：《前记》，《苏联纪行》，中外出版社 1946 年版，第 3 页。

会去探索一种新的国家和政权组织形式的背景下产生的。二战后期，苏联是中国的盟国，向苏联学习，也有合法性。

《苏联纪行》采用日记体裁，有两个主要原因。首要原因在于该书确实是在日记的基础上整理而成，郭沫若苏联归国之后立即投入了战后民主运动，他没有功夫像茅盾那样在《苏联日记》的基础上再系统地、分门别类地写作《苏联见闻录》和《杂谈苏联》。更重要的原因当是郭沫若有意为之，日记体、书信体比其他任何体裁都更能给人一种“真实”感，深谙浪漫主义文学传统的郭沫若再次熟练地运用这种体裁，以增强他书写苏联见闻时“耳闻目见”与“良心”的说服力。

《苏联纪行》发表前，按照郭沫若的习惯，他对原始日记应该有过整理，至于如何增删，由于他习惯于自传写作后不再保留日记，在见不到日记原貌的情况下，只能存而不论。不过明确郭沫若整理日记的时间也有帮助。《苏联纪行》1945 年 10 月 10 日在《新华日报》开始连载。这一天是“双十协定”签订的时间；1946 年 1 月 22 日连载完毕，当天郭沫若出席旧政协纲领组第 4 次会议。这正是战后短暂的和平期，是战后民主政治较有希望时，也是第三方面民主人士最为活跃、在政治上最受尊重的时期。郭沫若将苏联“真相”写给第三方面民主人士看，有着他在政治上的明确目的。

《苏联纪行》在收入 1959 年出版的《沫若文集》时有修改。一个比较有意思的改动，是对齐赫文斯基的称呼由“先生”改为“同志”。齐赫文斯基抗战时期在重庆工作过，新中国成立后担任苏联驻华大使馆参赞，跟郭沫若私交甚好。1945 年他在苏联科学院参与接待了郭沫若。民国时期，“‘先生’是我国日常生活中最常用的称谓语”，而“同志”这一称谓则“具有浓厚的政治气息”①。在 20 世纪，中国的“同志”一词来自于日语，而这个日语词则译自英语“comrade”，“狭义是特指同一政党的成员，广义则指具有共同的政治理想，或为共同事业而奋斗的人群”②。在现代中国，“同志”称谓局限于“革命团体内部成员之间”③，具有“浓厚的革命情感”④。大革命期间，郭沫若和苏联人是同志，新中国成立后，他跟苏联人也是同志。但在这个特殊时刻，他们之间是“先生”。“先生”的身份表明了苏联人接待郭沫若的方式。郭沫若和很多资产阶级国家的科学家、历史学家一样被邀请参加这个活动，他去乌兹别克加盟共和国，是和英国一个主教约翰孙博士同行。也就是说，苏联人没有将他当成革命团体内部的成员。

当时中苏之间正在进行中苏条约的谈判。中国代表团成员熊式辉在苏联告诉了郭

① 陈慧：《“先生”称谓研究》，硕士学位论文，武汉大学 2005 年，第 9、11 页。

② 王枫、李树新：《“同志”称谓的历史嬗变及其语义特征》，《内蒙古大学学报（人文社会科学版）》2005 年第 3 期。

③ 唐颖、曲晶：《“同志”称谓的源流及其演变原因》，《社会科学战线》2008 年第 3 期。

④ 王斐：《“同志”的含义及其变迁》，《团结报》2016 年 12 月 22 日第 7 版。

沫若日本要投降的消息。熊式辉曾经是著名的反共人士，1931 年担任江西省政府主席，很有“政绩”。他主张从“政治”上围剿苏区，红军第五次反围剿的失败与被迫长征，跟他有很大关系。跟熊式辉一同出现的是沈鸿烈，他曾担任青岛市长和山东省长，也是坚定的反共人士。郭沫若跟这些人在苏联见面，也说明了当时他在苏联人眼中的身份。

这个身份，也是郭沫若要展示给他的读者的。他的读者主要是第三方面人士，如果这些人到苏联，也是以这种身份被苏联接待。所以《苏联纪行》和它的读者的关系拉得很近，这有助于读者接受其所介绍的苏联。

二

郭沫若是著名的左派文人，早在北伐战争前，他就敬仰列宁、向往苏联，抗战时期，他是重庆文化界最有名的亲苏亲共者之一。而苏联在反法西斯战争中的巨大贡献和经济建设取得的成就是不争的事实。所以郭沫若在《苏联纪行》中并不掩饰自己的立场和态度。

苏联是郭沫若的精神故乡，“能够到苏联，自然是多年的宿愿。”① 所以他一到达莫斯科，就兴奋得如同回到老家：“在照片和电影里面久已熟悉了的红场，克里姆林宫的尖塔，尖塔顶上的金星红星，都呈着欢喜的颜色在表示欢迎，好像在说：‘老乡，你来了！’”“是的，我来了。我确是到了莫斯科，就好像回到了自己的老家一样。我当然不懂话，但当一个赤子初到他的家的时候，他能懂话吗?”② 这跟郭沫若此前在文章和演讲中对待苏联的态度是一致的。

访苏期间，郭沫若时刻系念祖国，他不时对比苏联和中国，苏联的成就让他对中国的现状充满焦虑。6 月 27 日，郭沫若被引导参观了列宁格勒附近的普尔珂夫山，“才见到战事的激烈和德寇的凶顽，同时也才见到苏联人民和红军的英勇。山川草木和我的故国很相仿佛，尤其是仿佛江南的风光，我到了这儿，也就仿佛到了江南。像这样战斗激烈的地方，在江南也有不少，但到今八年了，我们还没有把日寇赶走，我们的同胞还在过着牛马不如的生活。因此在我钦佩苏联的人民和红军的另一面，我深深感觉着惭愧。”③ 在乌兹别克加盟共和国参观期间，他“清晨独步园中，忧国之念不可遏止。国在人为，乌兹白克在帝俄时代乃受高度压制之殖民地，革命以后不足三十年，羁绊解除，人民康乐，羡慕何可极？而反观我国，则外患未除，内忧未已，水深火热，地狱无殊，我虽遨游天外，能无介然于怀?”④ 在约翰孙博士的欢送会上，

① 郭沫若：《前记》，《苏联纪行》，中外出版社 1946 年版，第 4 页。
② 郭沫若：《苏联纪行》，中外出版社 1946 年版，第 48 页。
③ 同上书，第 59 页。
④ 同上书，第 113 页。

一向率真的郭沫若却高兴不起来，“我自己心里委实是有不能释放的隐忧。我羡慕苏联人民和苏联作家，他们的国是建成功了，战是抗胜利了，他们能够由衷的快乐。但是，我能够吗?”① 这是真挚情感的流露，同时这也是为了诉诸该书的隐含读者，因为他们正处于同一情感结构之中，《苏联纪行》如此进入对苏联经验的汲取也就更易被它的读者所接受。

正是从中国未来如何建设出发，郭沫若如同学生一样，处处想从苏联学到东西：“我自己是抱着唐僧取经到西天去的精神到苏联去的”②，“我是怀抱着玄奘赴印度时的那样的心情来的”③。“苏联值得学习的东西太多了”④。

但无可讳言的是，郭沫若对苏联的理解其实到苏联之前就已经成型了。他在苏联的见闻大多只是印证了他已有的理解。他认为苏联能够取得巨大成就，在于人民做了国家的主人。他到苏联的第三天，就在苏联科学院的祝词中说，苏联之所以能够在不足三十年的时间建立了光辉灿烂的社会主义国家，不足四年打败了最凶顽的德国法西斯，是因为在苏联，“科学是纯粹为人民服务的，科学和人民结合了。这便增加了科学的力量，也增加了人民的力量。这便是苏联的建国成功和抗战胜利的一个主要的因素。”⑤ 6 月 28 日，郭沫若在东方学院又说：“科学要为人民服务，科学才能获得正常的发展。人民要被科学武装，人民才会发挥伟大的力量。这科学与人民的结合，只有在苏联是确实地做到了。”⑥

从人民主人翁地位这一理解出发，他时刻注意到苏联工人农民的精神风貌。他在乌兹别克加盟共和国发现：“农民能欣赏近代音乐，这程度之高是足以惊人的。”⑦ 苏联工人喜欢看戏，在剧院周围到处都有人问郭沫若手中的票是否出售。郭沫若感叹说：“我真是很爱慕这样的国民，他们真正了解对于人生必要的娱乐。这自然也是物质条件使他们这样的，他们的生活有保障，工作有保障，做了好多工便有好多报酬，医疗助产是官费，用不着有了今天愁明天，得到甘肃望西蜀。他们所得到的报酬自然便会要求正当的享受了。葛天氏之民欤？无怀氏之民欤？这是古人的乌托邦式的想象，而在苏联则是现实。”⑧ 苏联的工人农民之所以如此幸福，得益于政府的关怀：“工人的福利是照顾得很周到的。工厂之外有花园设备，树木繁茂，浑如公园。”⑨

---

① 郭沫若：《苏联纪行》，中外出版社 1946 年版，第 142—143 页。
② 郭沫若：《前记》，《苏联纪行》，中外出版社 1946 年版，第 2 页。
③ 郭沫若：《苏联纪行》，中外出版社 1946 年版，第 66 页。
④ 郭沫若：《前记》，《苏联纪行》，中外出版社 1946 年版，第 3 页。
⑤ 郭沫若：《苏联纪行》，中外出版社 1946 年版，第 56 页。
⑥ 同上书，第 67 页。
⑦ 同上书，第 126 页。
⑧ 同上书，第 87 页。
⑨ 同上书，第 116 页。

当郭沫若参观完乌兹别克和斯大林格勒后，他总结说："我们看到苏联红军的英勇，而同时也看到了苏联人民和苏联学者的英勇。尤其在我自己，因为是中国人，更增加了无限的景仰和勇气。中国还在日寇的铁蹄下，为什么我们不能够象保卫斯大林格勒的英雄们一样，把祖国解放出来？中国也建设了三十多年，为什么我们不能够象乌兹白克的人民一样，把祖国建设成和平幸福的国家？能够的！但需要一个前提，便是国家要真正成为人民的国家，人民然后才能够拿出自己的力量。"①

当郭沫若极力赞美苏联工人农民的精神风貌和福利待遇时，他可能并没有看到苏联的另一面。我们可以通过和纪德观察的对比来说明。纪德在30年代参观了苏联，尽管他也在少先营里看到"孩子们都很漂亮，营养良好（每天吃五顿饭），受到很好的照顾，甚至受到宠爱"，苏联的"文化公园"里"到处是一片热情洋溢的欢乐景象"，但他也发现了苏联人"异乎寻常的懒惰"②。像郭沫若一样，纪德也参观了集体农场，但他考察的出发点并不在于表面的经济数据，而是关心"人们怎样改造人，人们把人改造得怎样了"③。从这一角度出发，纪德发现"每一住所都是一模一样，完全可以互换，连集体农庄的庄员们也是一模一样，可以调换，如果他们互相换一下位置也不会被人察觉的"，"他们的卧室只是睡觉的窝而已"，"众人的幸福是以每个人的非个性化取得的，众人的幸福是以牺牲个人而得到。为了得到幸福，就得听话、随大流。"④ 显然，相比于郭沫若，纪德从另一个角度看到了苏联阳光下的阴影。

郭沫若显然体会到了苏联物质的匮乏，比如他归国前想在莫斯科为孩子们买些玩具，"但因战事关系，玩具多停止生产。"他还想买一只皮箱，"亦不可得"。对此，郭沫若解释说："这些现象并不表示着苏联物质的彻底缺乏，而是表示着生产计划和管制的彻底严密。"⑤ 纪德也注意到了苏联日常生活所需物品的匮乏，"连吃饱都成问题"⑥，但他更关注在这种匮乏面前苏联人民和政府的态度。他观察到："这里，重要的是让人们相信，他们在等待更好的日子来临时，已经过上了好日子，别的地方的人们都不如他们幸福。只有倍加小心地阻止与外界（我指的是境外）的交流才能做到这一点。由于阻止了和外界的联系，在同等生活状况下，甚至明显低下的情况下，俄国工人仍认为他们的生活是幸福的，比法国工人幸福得多。他们的幸福是建立在期望、信任和无知之上。"⑦ 正是这种因无知而产生的心满意足，使得苏联丧失了对自

---

① 郭沫若：《苏联纪行》，中外出版社1946年版，第137页。

② ［法］纪德：《访苏联归来》，《纪德文集·游记卷》，由权、朱静等译，花城出版社2001年版，第8、19页。

③ 同上书，第14页。

④ 同上书，第21页。

⑤ 郭沫若：《苏联纪行》，中外出版社1946年版，第214—215页。

⑥ ［法］纪德：《访苏联归来》，《纪德文集·游记卷》，由权、朱静等译，花城出版社2001年版，第8、18页。

⑦ 同上书，第23—24页。

己发展模式的反省能力。事实上，苏联后来的崩溃跟片面发展重工业，不重视人民的日常物质生活的满足有很大关系。

《苏联纪行》始终强调人民民主，认为这是跟英美的资本主义民主的本质区别，比如作者认为英美与乌兹别克加盟共和国之间的区别在于："前者是资本家做主人，而后者的主人就是工人。"[①] 中共一直以来的重要政治主张是确立工农阶级的领导地位，人民民主是中共对战后新民主主义社会规划的关键。郭沫若在《苏联纪行》中力图用事实说明，苏联正是因为有了人民民主，才有了对战争创伤的有效恢复和科学文化的高度繁荣，苏联的成功得力于人民主人翁地位的确立。《苏联纪行》实际上是要告诉它的隐含读者，共产党国家不仅能够战胜法西斯，而且能够达到建成国家的繁荣这一抗战时期中国知识分子孜孜以求的目标，这无疑是为中共在国共谈判和政协会议上增加筹码。只有明确这一写作目的，才能理解郭沫若在《苏联纪行》中表达的过于热情的赞誉之词，也才能理解郭沫若为什么急于发现和介绍苏联值得学习的经验，而对于中国作为后发国家，如何规避苏联在经济建设和社会发展上的缺陷则缺乏更深层次的思考。

三

郭沫若访苏期间，国民政府行政院长宋子文正带领中国代表团和以斯大林为首的苏联代表团在莫斯科开展有关战后中国政治走向及中苏关系的重要谈判。

郭沫若跟中国代表团有过多次接触，并在《苏联纪行》中有所记载。6 月 27 日，郭沫若抵达苏联的第三天，就在列宁格勒市长的欢迎宴会上听朱庆永说："宋院长已经由重庆起飞。"[②] 6 月 29 日傍晚，齐赫文斯基前来陪同郭沫若去观剧，他说："'今天是最后一次奉陪，明天宋院长要到，外交部的事情要忙个不了。'"[③] 6 月 30 日，郭沫若和丁西林随同中国驻苏大使馆工作人员前往机场迎接宋子文一行，他在机场见到了苏联外交部长莫洛托夫和外交部次长索洛夫斯基等重要人士。"三点一刻钟的时候，空中有拍音，飞机果然到了。迎接的人簇拥上去。握手，握手，握手。""宋先生当场广播了，也翻译了。仪仗队严整步伐，致敬。"丁西林很激动地告诉郭沫若："难得我们碰着了这样的一个场面。"[④] 当晚，郭沫若被接到克里姆林宫参加欢迎宴会。欢迎宴会约 40 席，每席 30 人，郭沫若入坐第 25 席。在这次宴会上，郭沫若见到了斯大林，对他充沛的精力和"一句话也没有说"的笃定留下了深刻印象。7 月 1 日，郭沫若观看了国家剧院专为招待宋子文及中国代表团所表演的芭蕾舞。3 日，郭

① 郭沫若：《苏联纪行》，中外出版社 1946 年版，第 116 页。

② 同上书，第 65 页。

③ 同上书，第 73 页。

④ 同上书，第 77 页。

沫若参加了莫洛托夫招待中国代表团的宴会。此后，宋子文等人在莫斯科谈判，而郭沫若则被邀请至斯大林格勒和塔什干等地参观。7 月 19 日，当郭沫若返回莫斯科时，“闻中苏两国曾发表共同声明，宋院长已于五时前离莫斯科返国，等柏林会议结束后，还要再来继续谈判。”① 7 月 30 日，郭沫若记载：“密斯胡来，言王世杰改任外交部长，不久将和宋子文同来，继续中苏谈判。大使馆里面的人好多都搬出来住旅馆，以便腾出房间供使节团住宿。”② 事实上，宋子文和王世杰等人 8 月 5 日方从重庆起程，7 日抵达莫斯科，当晚就与斯大林等举行谈判。第二天郭沫若在食堂吃早餐时遇到中国代表团蒋经国、卜道明等人，从他们那里他才知道美国在日本广岛投下了第一枚原子弹。8 月 9 日早餐时，郭沫若遇到代表团熊式辉等人，知道了苏联对日宣战的消息。8 月 15 日，郭沫若“晨往首都大旅社访朱君，得知上午十时，宋院长与美国大使哈立曼同机赴美。近日大使馆工作甚为忙碌，昨夜工作至四时以后，闻中苏友好条约业已签字。”“午后得知中国使节团明晨启程，我可同机起飞，仍经由德黑兰、加尔各答回国。”③

从这些记载可知，郭沫若赶到苏联的第六天就去机场参加了欢迎宋子文的仪式，后来又随中国代表团同机回国。他在苏联的时间和中苏谈判的时间基本重合，但他和宋子文及后来在条约上签字的外交部长王世杰都没有任何交流，他是中苏谈判的局外人。

正如论者所说，这次中苏谈判签订的《中苏友好同盟条约》“既是一个不平等的外交条约，又是一个在很大程度上满足了蒋介石若干要求的政治条约”④。国民政府以承认外蒙古独立为代价，换取苏联对中国新疆、东三省主权的承认和对国民党“一个政府一个军队”的承诺。在这次谈判中，斯大林明确说：“关于中国之共产党，吾人并不予以支持，亦并无支持彼等之意向，吾人认为中国只有一个政府，如在中国国内有另一政府，自称为政府，此当应由中国自身解决之问题。关于援助一点，蒋委员长谓应给予中央政府，吾人以往即已如此。”⑤ 也就是说，斯大林为了苏联的国家利益牺牲了中国共产党的利益，国民政府为了在跟中国共产党的斗争中取胜而牺牲了中国的国家利益，中国共产党成了这次谈判的最大牺牲者。美国为了争取苏联出兵、迅速结束对日作战，对这一条约表示赞赏和认可。虽然后来斯大林并没有遵守不支持中共的承诺，但当时条约的签订让中共的处境变得十分被动，蒋介石和国民政府则志得意满起来。

---

① 郭沫若：《苏联纪行》，中外出版社 1946 年版，第 134—135 页。

② 同上书，第 158 页。

③ 同上书，第 215—216 页。

④ 邓野：《联合政府与一党训政：1944—1946 年间国共政争》，社会科学文献出版社 2011 年版，第 113 页。

⑤ 1945 年 7 月 9 日宋子文与斯大林谈判记录，《中华民国重要史料初编——对日抗战时期》第 3 编（2），第 611—620 页。转引自邓野《联合政府与一党训政：1944—1946 年间国共政争》，第 140 页。

《中苏友好同盟条约》在公布前是保密的，郭沫若不可能知道谈判的具体内容，但从熊式辉、沈鸿烈等反共顽固派的出现来看，他可能也从中嗅到了某种气味。何况当时就连中国共产党也只是希望以联合政府的方式解决国共两党的政治纠纷。在此情况下，郭沫若对中国前途的设想，显然不可能是共产党领导下的无产阶级专政的苏维埃共和国。

7 月 26 日，李立三晚上六点前往拜访郭沫若，告诉他工党在英国选举中胜出，郭沫若认为“这是一件出人意外的事”①。7 月 28 日，郭沫若对英国选举的消息进行了详细述评：英国工党在选举中得到 389 席，保守党只得到 180 席，工党领袖阿特里（Clement Richard Attlee，现在通常译为艾德礼）组阁。郭沫若由此联想到一战结束后，工党也曾登台，但他们迅速右倾，终究被人民所抛弃。这次工党胜利，又是一次考验。“假如它的领导者们又照着麦克唐纳的步骤走去，为政权而出卖政见，那将来所受到的裁判，必然会更加严烈的。”郭沫若认为，这次工党的胜利，“是英国人民的意志表现。保守党的政策不能解决战后的问题，人民便自然地背弃了它”；“人民有权利的国家，毕竟是可以羡慕。”②

英国工党于 1900 年由英国工会职工大会发起成立，最初名为英国劳工代表委员会，1906 年正式使用工党的名称。该党的初衷是由劳工势力联合起来对付资产阶级政府，1918 年党章承诺集体所有权，表达了它的社会主义理念。20 年代它曾两次执政，但后来其组织的内阁分裂，麦克唐纳组织了大联合政府，违背了工人阶级利益。这次工党重新执政，艾德礼内阁从立法和制度等方面推动了英国的福利体系建设，使得工人阶级在养老、就医、子女入学等方面有所保障。

显然，英国大选结果令郭沫若十分激动。在他看来，中国未来的道路，可能是议会制的，也就是国民党、共产党、民盟等在民主国家的框架下平等竞争，英国工党的胜出，可能是中共在战后民主中国的出路。这一理念，郭沫若坚持了一年多，在 1946 年 10 月 10 日，郭沫若在纪念双十节的文章中更是明确提出：“大战前后被解放的国家，如法国，捷克，波兰，南斯拉夫等，共产党都和其他党派共同组织着联合政权。就是昨天的敌人，如意大利，如德国，如日本，共产党都已经有了参政的机会。各党派的联合政权是这次大战后所产生的新式的民主政治，在我认为和中山先生的三民主义的道路正深相契合。”③ 郭沫若的这一政治观点也为当时多数左翼人士所共享，茅盾在欢送郭沫若赴苏的大会上发言说，“盼郭氏能往欧洲解放国家考察，特别法国重新建国以后之人民要求改革，要求真正民主之情形足资参考，举凡政治经济社会制度之改革的值得留意。”④ 郭沫若赴苏，茅盾却叮嘱其考察法

① 郭沫若：《苏联纪行》，中外出版社 1946 年版，第 150 页。

② 同上书，第 153 页。最后一句在 1959 年冷战背景下被删除了。

③ 郭沫若：《怎样使双十节更值得纪念》，上海《民主》周刊第 2 卷第 1、2 期合刊，1946 年 10 月。

④ 《在赴苏欢送茶会上致答词》，曾健戎编：《郭沫若在重庆》，青海人民出版社 1982 年版，第 373 页。

国等国家，这充分说明当时茅盾和郭沫若相似，认为战后中国政治制度可能是西欧式的，而并非苏联式的。

四

苏联一方面是追求领土扩张和国际地位的大国，有帝国主义的一面；另一方面是国际共运的实际领导者，有国际主义的一面。作为有着帝国追求的国家，它需要在国与国的空间中求发展，跟一些资产阶级国家结成良好的关系甚至是同盟，这就必然要损害这些资产阶级国家中的无产阶级的利益，但同时，它又在道义上要解放全世界的无产者。苏联必然要面对帝国追求和国际道义承担间这一难以解决的矛盾。

1926年底至1927年初，德国左翼知识分子本雅明访问苏联，有很多敏锐的观察。他发现当时苏联“革命工作向技术工作转化”，“已使每位共产党员明白了这一点，此刻的革命工作不是斗争，不是内战，而是电气化、运河开凿、工厂建设。”同时，“政府对外寻求和平，以便与帝国主义国家签订贸易合同。不过，其主要还是力图（在内政方面）搁置军事共产主义，寻求暂时的阶级和平，尽可能使公民的生活去政治化。年轻人却在先锋组织，在共青团接受‘革命的’教育。这意味着，革命的事物并非作为经验，而是作为口号为其所接受。”[①] 1935年，纪德访苏，他发现：“今天，在苏联，人们所说的‘反革命’恰恰正是革命的精神，正是砸碎腐朽的旧沙皇制度的催化剂。人们希望看到人与人之间洋溢着爱，或者至少人人心中都迫切地盼望公正。但是一当大功告成，革命胜利了，大局稳定了，再也不谈这些了，再也不需要曾经激励过革命先驱们的那种激情了，这种革命激情成为一种累赘，就好像使用过了不再派用场的东西似的。”[②] 本雅明和纪德所观察到的这些现象，在郭沫若《苏联纪行》中可以得到部分印证。

在《苏联纪行》中，郭沫若写到鲍罗廷、维经斯基、李立三等曾经在中国从事过共产主义运动的重要人物。维经斯基曾帮助中国共产党建党，鲍罗廷和李立三是中国大革命时期最有权势的左派人物之一。当郭沫若与他们在莫斯科见面时，共产国际已经解散，他们风光不再。

7月2日，郭沫若写道：“伏伊丁斯基博士（Voitinsky）来电话，约明日午前十时来访。适胡世杰在室，我向他探问，才知道伏伊丁斯基博士在约飞之后曾经到中国做过代表，现任科学院历史研究所所长。”[③] 第二天，伏伊丁斯基亲自来约郭沫若去

---

① ［德］瓦尔特·本雅明著：《莫斯科日记》，郑霞译，北京师范大学出版社2014年版，第150、91页。

② ［法］纪德：《访苏联归来》，《纪德文集·游记卷》，由权、朱静等译，花城出版社2001年版，第32页。

③ 郭沫若：《苏联纪行》，中外出版社1946年版，第84—85页。约飞，通常译作越飞，十月革命后曾任驻华代表。

演讲，郭沫若应允。7 月 5 日，“四时四十分顷齐先生又来，同往历史研究所。那是在一座大厦的二楼上，在一间会议室中由伏伊丁斯基博士主持。伏博士先把研究所的业绩简单地陈述了一遍，关于东方的历史主要的是研究近代史。太平天国的运动、辛亥革命、太平洋问题等，是各位研究员的中心问题。接着便是我的报告。我主要的说到抗战以来的历史研究，通史的酝酿，古代社会的争辩，历代农民革命运动的关心，封建制长期停滞的探源。”① 可见他们主要就历史研究进行了交流。

从郭沫若对胡世杰的询问来看，他显然不知道伏伊丁斯基就是在国际共运史上赫赫有名的维经斯基。《郭沫若全集》注释者、俄国文学专家戈宝权注释说：“伏伊丁斯基（Г. Н. Войтинский，1893—1953），中文名吴廷康，苏联汉学家。一九二二至一九二七年任共产国际远东部主任。”② 其实，维经斯基 1920 年起就在共产国际远东部工作。1920 年 4 月，他率领俄共（布）党员小组来到中国，先后跟李大钊和陈独秀等人接触，帮助成立中国共产党，并在共产国际和中国共产党间进行了积极的沟通工作。他后来出席了中共四大、五大，对于国共合作和大革命有一定的影响。大革命失败后，维经斯基回到苏联，从事教育和研究工作。

7 月 23 日，郭沫若参加苏联对外文化协会举办的约翰孙主教欢送会，遇见鲍罗廷。“将近二十年不见面了，起初我没有认出他，是他自己先向我寒暄。他说，他年纪已经老了，而我却丝毫也没有变。鲍先生倒看不出什么老相，比北伐当年似乎更加壮健。上唇上隆起着的一簇焦黄色的胡须，似乎也更加有力。他在主编着英文的《莫斯科报》，这是我在莫斯科所能阅读的唯一的报纸，我感谢了他。他似乎有点回避我的神气，和我没有说上几句话又走开了。我很想对他说，‘中国的人民是记得你的，并没有把你忘记’；但没有得到说出的机会。”③

鲍罗廷于 1923 年 9 月受苏联政府派遣，担任共产国际驻中国代表，不久被聘为国民党临时中央执行委员会顾问，帮助孙中山改组国民党，参与起草了国民党一大文件，并在大革命中起到了举足轻重的作用，郭沫若和他在此时认识并有所接触。后来蒋介石背叛革命，鲍罗廷于 1927 年 6 月被武汉国民政府解除职务，10 月回到苏联，不久他在共产国际中的职务被停止。

维经斯基和鲍罗廷在中国的失败，当然有其个人原因，但主要责任却不是他们能够承担的。当时新生的中国共产党还不成熟，中国不完全具备革命条件，以及莫斯科支持蒋介石等因素导致了他们的失败，但他们却承担了失败的责任。在中共六大上，瞿秋白和共产国际政治书记处第一书记布哈林都批评了鲍罗廷，诸如只相信谈判、不发动群众、隐匿共产国际的指示等等，而事实上正如后来研究者所说：“布哈林的批

① 郭沫若：《苏联纪行》，中外出版社 1946 年版，第 91 页。

② 郭沫若《苏联纪行》注释，《郭沫若全集》文学编第 14 卷，人民文学出版社 1992 年版，第340 页。

③ 郭沫若：《苏联纪行》，中外出版社 1946 年版，第 142 页。

评是不实事求是的，因为鲍罗廷不少错误就是来源于共产国际的错误指示。”① 1930年春，苏联的中国学术调查研究所主持召开关于陈独秀所犯错误的讨论会，与会者批评了维经斯基和鲍罗廷，要求他们为“陈独秀主义”的错误负责。维经斯基做了公开检讨。

7月4日，李立三主动给郭沫若打来电话，要求见面。晚上21点左右，李立三来了，郭沫若写道：

> 十八年不见，他比从前消瘦了好些。他说我的相貌一点也没有变，这应该是不可能的事。立三在苏联已经十五年了，已娶妻生一女，女已二岁。他在外文书籍出版部做工作，《俄罗斯人物》和《考验》都是他所翻译的。他很思念国内的朋友，差不多的旧友，他都殷殷地问到了。
>
> 我们同到高尔基大街去散步。他指着一座大厦给我看，他说：“这是以前的第三国际招待所，现在改作别用了。恩来来时，是住过的。那时候，这条大街，还没有好多大的建筑，现在是大厦凌云，鳞次栉比了。”②

十八年前，即1927年，在当年召开的中共五届一中全会上，李立三当选政治局委员，兼任中央工人运动委员会负责人。7月，他进入中共中央常务委员会，参与领导了著名的南昌起义。郭沫若也参加了南昌起义并担任了宣传委员会主席。李立三后来曾短暂担任过中共中央的实际负责人，1930年因“左”倾冒险主义被调离主要领导岗位。同年年底赴莫斯科，开始了15年的旅居生活。1938年，李立三因苏联肃反蒙冤入狱，在监狱中度过了21个月，出狱后被停止党籍，在共产国际秘书曼努依斯基帮助下担任苏联外国文书籍出版社中文部校对员。郭沫若这时见到李立三，正是李立三生命的低谷期。他住在莫斯科郊外，坐地铁得40分钟，所以他陪郭沫若散完步立即就往家里赶。

无论是维经斯基、鲍罗廷还是李立三，都是大革命时期的风云人物，他们努力推动国际共运的工作，致力于中国共产党的发展。郭沫若是在大革命时期崛起于中国政坛的新星，但随着大革命的失败而受挫，被迫流亡海外。郭沫若跟这三位人物的命运是相似的，他们如今都远离了政治中心，从事文化工作。鲍罗廷和李立三只是作为报社或出版社的编辑，维经斯基则是科学院历史研究所的负责人。也就是说，政治不需要他们了。当写到李立三指认第三国际所在地、鲍罗廷似乎有意回避时，郭沫若只是做了客观记述，没做任何评论，但这些事情本身就充满了今昔

---

① 中国中共党史人物研究会编：《中共党史人物传·统战与国际友人卷·下》（精选本第16册），中共党史出版社2010年版，第491页。

② 郭沫若：《苏联纪行》，中外出版社1946年版，第88—89页。

之感。

还有一人可能作为例外，那就是索洛夫斯基。他在大革命时期曾经作为国际工会的书记到过中国，郭沫若在武汉听过他的演讲，现在担任苏联外交部次长，参与了中苏条约的谈判。索洛夫斯基从国际主义者变成维护苏联国家利益的官员，这种身份的蜕变，使得他在苏联政界站稳了脚跟。郭沫若在斯大林招待各国文化人的宴会上看见了他，记得他在武汉的演讲，但并没有主动打招呼。

郭沫若记录下的其他见闻也表明，苏联人有着大国沙文主义情结，且有走向新的战争的可能。

郭沫若参观乌兹别克加盟共和国历史博物馆时发现："与中国有关系之古物甚罕，仅于历代货币中发现'崇宁通宝'一枚，崇宁乃宋徽宗年号。但乌兹白克在汉为罽宾，在隋为漕国，应该还有早于宋徽宗时的东西，或许有而未及陈列的吧？有全部用绿色细宝石所嵌成的马具，颇多。此种嵌石细工，据说明者云'为乌兹白克民族所独有，四世纪时输入中国'。但在中国战国时代的古物中已有嵌石细工的实例，虽然没有这样的精巧。这种细工为战国前所无，当系输入，但无须乎等待四世纪。疑是前四世纪之误，但问诸说明者，亦未得其究竟。"[①] 其实这充分体现了乌兹别克博物馆在历史叙述中的民族主义情感。但郭沫若对这种民族主义情感的体悟不够，误以为他们是无意为之，弄错了史实。

但另一处细节却让郭沫若有所警醒。他在斯大林格勒参观时，有一位政府委员询问他伏尔加河与长江谁更大，郭沫若说是长江，这位委员很傲慢地"表示着失望的神气，说：不行，不行，一定是伏尔加河大，伏尔加大！"[②]

郭沫若还发现，苏联对原子武器高度重视。8 月 2 日傍晚，郭沫若一行"路过莫斯科大学时，杨新松把招生牌示中有'原子核物理'一项指示给我看。他对我说，苏联的理化科学家正集中精力研究原子能，要用很大的力量来把原子核冲破，因而也谈到了宇宙线的问题"[③]。在美国朝广岛投下原子弹后，郭沫若"听说莫斯科的电台不断地广播原子弹的威力"（这句话在后来收入《沫若文集》时删掉了）。

与莫斯科宣扬核武器的威力不同，郭沫若却想到了广岛的自然风光和原子弹下的人民："它是在濑户内海的边上，附近有一个有名的宫岛，是日本三大名胜之一，风景很不错。市内河道颇多，日本人称之为东方威尼司。""那儿有一座师范大学，经常有中国留学生在那儿肄业。这次假使还有人在那儿，当然也会同归于尽了。"[④] 克制的叙述语调难掩郭沫若对广岛的同情和对日本人民及中国留学生的关心。发动侵略战争的是日本军阀，日本人民也是战争的受难者。郭沫若的同情和苏联电台对核武威

① 郭沫若：《苏联纪行》，中外出版社 1946 年版，第 126—127 页。
② 同上书，第 98 页。
③ 同上书，第 168 页。
④ 同上书，第 97 页。

力的宣传，充分体现了国际主义思想和大国沙文主义的区别。

郭沫若记录的苏联见闻表明，苏联人对现代中国也不了解，这突出表现于苏联学者对现代中国的文化和社会缺乏研究。

郭沫若去托尔斯泰故居，托尔斯泰长子塞格尔说美国人现在帮助中国了，这是很好的事情。郭沫若说美国人帮助的是中国政府而不是中国人民。托尔斯泰长子却追问，难道中国政府和中国人民不是一回事么？我们不清楚塞格尔是不是共产党员，但这件事情说明，在普通苏联人那里，国家利益等同于人民利益，也就是说阶级和国际共运的思想无处可寻。而郭沫若对此的纠正，说明郭沫若很在意这个区别。

郭沫若还发现，苏联文化界对现代中国尤其是左翼中国的文化和文学并不熟悉。在科学院地位“首屈一指的汉学大家”阿列克赛也夫院士是研究中国古典文学的，科学院院长科马洛夫院士研究过中国的《本草纲目》，苏联驻华大使彼得罗夫是研究王弼的古典学学者，乌兹别克加盟共和国外交部长对梅兰芳尤其感兴趣，其他对梅兰芳感兴趣的苏联文化界人士大有人在。这说明苏联对于传统中国是熟悉的，但对于现代中国文化是隔膜的。这种疏远，可能会给苏联的对华关系造成一定的影响，郭沫若在著作中对此流露出了一定的担心：“这在尊重民族形式的苏联是应该的，但我们在这儿似乎应该有一番更迂回的内省。我们的旧东西自然是好，这就是所谓‘国粹’，我们早已经知道保存；但我们反映新时代，表现新生活的东西，却还没有充分的被人重视的分两。我们究竟应该怎么样？”①

7 月 27 日，郭沫若在苏联对外文化协会做了《中国文学的两条路线》的演讲。演讲说：“文学的起源是集体创作，集体享受，集体保有的。自从社会内部有了分化，文学也就有了分化。一般的所谓正统文学是走上层路线，愈走愈狭隘，愈走愈板滞。而集体创作，集体享受，集体保有者则留在民间，走着下层路线。这种作品每为正统文学所不齿，以为不足以登大雅之堂。但等正统文学走到绝路的时候，却又每每仰借这不足以登大雅之堂者来输血，而等到这不足以登大雅之堂者一登上了大雅之堂的时候，便又愈走愈狭隘，愈走愈板滞。中国的文学，返复地走着这样迂回的路。我们的努力是要使我们的文学成为人民的文学，永远走着它本来的路向。”② 郭沫若的演讲似乎是对文学发展规律的学术总结，但事实上是在跟阿列克赛也夫院士等人对话。因为当时中国的左翼文艺和解放区文艺大都致力于普及工作，以群众喜闻乐见为创作目标。苏联人集中关注中国的经典作品和高雅文艺，而对于民间文艺和新兴的现代文学关注不够，这可能会导致两国人民之间不能相互理解。这正是具有国际主义情怀的郭沫若所担心的。

---

① 郭沫若：《苏联纪行》，中外出版社 1946 年版，第 143—144 页。

② 同上书，第 149 页。

余 论

1945 年，在苏联击败了德国法西斯侵略，中国抗日战争处于胜利前夕的特殊时间节点，郭沫若受邀访问苏联。一位长期信仰共产主义的文化战士终于来到了他的精神故乡，这一现实碰撞所产生的独特火花值得高度关注。但长期以来，我们习惯于把《苏联纪行》归入郭沫若的自传作品，仅仅将其作为郭沫若生平的文献史料，而忽略了其所体现的特殊征候。

当时，苏联成功奠定了它在二战后国际秩序中的大国地位，对于渴望实现民族复兴的中国知识分子来说具有天然的吸引力。以郭沫若为代表的大多数中国左翼知识分子，对于像苏联那样的共产党执政的社会主义制度尚不敢奢望，只是希望通过民主协商的办法，结束国民党一党专政，建立一个西欧式的民主国家。作为在 1945 年逐渐达到高潮的国内民主运动的重要领袖，郭沫若访问苏联的重要任务是向民盟等活跃在重庆民主战线上的人士传递共产党执政的优越性这一讯息，以此为中共在民主协商中争取筹码。当郭沫若抱着这一特殊目的到访苏联后，他笔下的苏联到处呈现出欣欣向荣的景象，苏联人民当家做主，苏联知识分子和科学家受到空前尊重，苏联工人农民的生活和精神享受达到了相当高的水平。《苏联纪行》的叙述者一方面欢欣鼓舞，另一方面也为中国的落后状态忧心忡忡。

日记体的《苏联纪行》固然有向读者保证所记内容真实性的功效，但“有闻必录”的方式却使其本身充满了意义缝隙，很多呈现的事实常常溢出作者的意图之外。

郭沫若主观上要向国内的民主人士传递苏联的成功与优越，苏联也要向郭沫若展示这一面。但事实上苏联日常生活用品匮乏、苏联人民少有个性化的表达，郭沫若对此虽然尽力做出符合苏联逻辑的解释，但冷静的读者却从中看出计划经济和强大的政治规训可能存在着一定的问题。中国左翼知识分子长期将苏联当成革命的故乡，苏联人帮助中国建立了共产党组织，实现了国共第一次合作，支持了北伐和大革命，郭沫若对苏联的亲近有信仰和历史依据。但经历了二战的苏联却有了很大变化。苏联朝野对中国左翼文化并不了解，他们重视的是传统中国，郭沫若对此比较敏感，特意在苏联学界交流了中国现代的学术和文艺创作的进展。通过《苏联纪行》，读者发现：鲍罗廷、维经斯基这些长期从事国际共运的人不再处于权力中心，中国工人运动的领袖李立三在苏联也仅免于饥饿之虞；苏联政府高度重视中苏谈判，作为中国民主运动重要领袖的郭沫若，虽然恰好也在苏联，但完全是局外人；苏联朝野民族主义情绪高涨，崇拜武力。对于上述情况，《苏联纪行》仅有事实呈现，叙述者出乎意料地保持了沉默，没有任何情感抒发和议论。这些溢出作者主观意图的大量细节，恰好说明在目的过于明显的访问中，郭沫若对当时苏联的最新动向缺乏深入观察的准备，对共产主义运动的未来缺乏纵深思考的能力。

《苏联纪行》作为在战后世界格局形成、中苏谈判、国内民主运动高涨的特殊历史节点下出现、自身充满意义缝隙的独特文本，呈现了中国左翼知识分子的代表郭沫若在民族复兴和共产主义的愿景下对在帝国追求与国际道义承担的交织更迭下的战后苏联所表达的观察与思考、洞察与盲见，无疑为我们重新考察共产主义运动的曲折而又复杂的历史进程提供了特殊案例。

（原载《文艺理论与批评》2018 年第 4 期）

胡适、郭沫若、周作人的新文学史叙事策略及话语权之争

张　军

胡适、郭沫若与周作人不仅倡导、推动了中国新文学的发生、发展，而且他们也是较早对中国新文学历史进行构建的文学史家。他们的新文学史书写带动、促成了特定时代新文学史范式的转型，成为中国新文学史长链中重要的环节和枢纽。学界不乏探讨这三人各自新文学史书写的“言外意”[①]，但迄今少有学者考虑他们文学史书写之间的内在关联及彼此呼应。

温儒敏对胡适不同时期的中国新文学史书写进行比较后，认为《中国新文学大系·建设理论集·导言》解释新文学的发生时，相比之前的《五十年来中国之文学》“带有改写‘荣誉权分配方案’的味道”[②]。温儒敏看到了胡适在时隔十余年后书写同样的新文学发生史有了不同的态度和评价，果真如此吗？如真有其事，这种改写是怎么进行的？又是什么原因导致如此？温儒敏对这些问题没有进一步发掘。本文谨对胡适、郭沫若、周作人三人的中国新文学史书写进行连续性勘察，力图回到历史现场，结合他们的文学观、人生经历与内心历程，来分析他们采取的叙事策略和潜藏的话语权之争，以探寻上述问题的答案。

一　胡适的《五十年来中国之文学》

1919 年 2 月，胡适就开始用英文向外界介绍新文化运动和文学革命[③]。但此时段最能代表胡适新文学史书写的，是其 1922 年应上海申报馆 50 周年纪念特刊《最近之

① 罗岗：《论胡适〈五十年来中国之文学〉》，《文艺理论研究》1993 年第 4 期；罗岗：《写史偏多言外意——从周作人〈中国新文学的源流〉看中国现代“文学”观念的建构》，《中国现代文学研究丛刊》1996 年第 3 期。王瑜：《谁在写史？——由〈中国现代文学研究丛刊〉几篇文章看周作人〈中国新文学的源流〉读解的“误区”》，《中国现代文学研究丛刊》2012 年第 6 期；曾峰：《轮回对历史叙述的支配——〈中国新文学的源流〉及周作人论之一》，《鲁迅研究月刊》2003 年第 4 期；顾农：《关于〈中国新文学的源流〉》，《新文学史料》2015 年第 3 期。

② 温儒敏：《论〈中国新文学大系〉的学科史价值》，《文学评论》2001 年第 3 期。

③ Hu Shi, *A Literary Revolution in China*, The Peking Leader. 1919. 2.

五十年》之请撰写的《五十年来中国之文学》。该文更多是以进化论观点从新旧文学嬗替、平民文学与贵族文学的兴衰来讨论文学革命的必然性，为此他采取了以下叙事策略。

第一，胡适有意切割自己同之前古文革新人士的关系，彰显了自己与陈独秀的功绩。他认为严复、林纾、谭嗣同、梁启超、章炳麟、章士钊等将古文朝着“应用”的方向变去，但他们都不肯从根本上做一番改革的功夫，所以最终都失败了。[①] 在叙述完古文运动走向末路之后，胡适浓墨重彩地渲染了文学革命的发生。胡适认为自己的功劳在于首先有这一提议，而陈独秀的功绩在于其革命的态度决绝、不妥协。因为自己当时态度太和平了，若照这个态度做去，文学革命至少还须经过十年的讨论与尝试，但陈独秀“必不容反对者有讨论之余地”的精神恰好补救了这个太持重的缺点。[②] 在与他人的反衬中胡适摹绘了自己和陈独秀等人力挽狂澜的英雄气概，他二人的文学史形象被塑造为梁启超等人的反叛者与革命者。

胡适根本不提及之前古文革新人士为文学革命进行的铺垫作用，而将自己与陈独秀同他们截然区别，就是为了论述古文学是“死文学”，白话文学才是“活文学”，所以文学革命势在必行。但上述诸人中，特别是梁启超对胡适的影响很大。梁启超逝世之后，胡适曾在1931年《四十自述》中回忆他在上海求学时梁启超所给予他的影响：“……我个人受了梁先生无穷的恩惠。现在追想起来，有两点最分明。第一是他的《新民说》，第二是他的《论中国学术思想变迁之大势》。”[③] 胡适拜读《论中国学术思想变迁之大势》后，满怀激情地自励将来替梁启超补作几章缺了的中国学术思想史，这成了他后来做《中国哲学史》的种子，[④] 可以说胡适的学术研究与写作的兴趣和动力是由梁启超撩拨出来的[⑤]。梁启超对胡适的影响如此之大，为什么胡适此时不提及呢？这与此时他与梁启超相处并不和谐有关。1919年他根据博士论文扩充而成的《中国哲学史大纲（卷上）》在商务印书馆出版后，引起空前轰动，即便如四川这样的内地都出现“购者争先，瞬息即罄”[⑥] 的现象。但这本哲学史著作在梁启超眼中却瑕疵不少，他应是最早对其进行批评的学术大家，这自然引起了胡适的不满。大约在1920年底（或1921年初），胡适曾致信陈独秀抱怨梁启超讲中国哲学史“是专对我们的？（他在清华的讲义无处不是寻找我的瑕疵的。他用我的书之处，从不说一

---

① 胡适：《五十年来中国之文学》，见申报馆编《最近之五十年》，申报馆1923年版，第1—2、20、2、122、3、3页。

② 同上。

③ 胡适：《四十自述·在上海（一）》，《新月》1931年第3卷第7号。

④ 同上。

⑤ 董德福：《梁启超与胡适关于〈中国哲学史大纲〉的论辩刍议》，《复旦学报（社会科学版）》1998年第3期。

⑥ 胡适：《胡适来往书信选》（上），中华书局1979年版，第71页。

声；他有可以驳我的地方，决不放过）"[①] 胡适1922年2月6日开始写作《五十年来中国之文学》，3月3日完成。[②] 一天之隔的3月4日，梁启超到北大讲演的题目竟然是《评胡适之〈中国哲学史大纲〉》。梁启超的讲演一开始充分肯定这本书的价值，但他更多是对此书进行严厉批评。[③] 胡适对于梁启超的演讲表面上很尊敬，他亲自到会场聆听梁的教诲，并针对梁的疑问一一作答。第二天胡适还进行了不卑不亢的回辩。[④] 但胡适内心里很排斥梁启超在他任教的北大批评他最得意的哲学史著作，他在日记中埋怨"这是他不通人情世故的表示"[⑤]。这段"巧合"说明胡适与梁启超此时正处于"面和心不和"的微妙时刻。从个人情感上就不难理解他为什么在文学史书写中将梁启超与严复、林纾、谭嗣同、章炳麟、章士钊的文学活动都视为"古文范围以内的革新运动"[⑥]，而不提及其对自己及文学革命的影响。

第二，胡适对文学史内容进行了选择性论述，贬低了反对者。胡适撰写《五十年来中国之文学》的目的在于为文学革命的爆发进行理论推演，为其提供合法性论证，以此强调文学革命是"顺应天时""合乎民意"。所以他对桐城派古文成就进行了打压，并有意忽略了晚清的诗词成就，而颂扬充满生机活力的白话文学和平民文学，强化了金和与黄遵宪的成绩。胡适还述及当时文学革命反对者的主张和行动，包括林纾与蔡元培的争论及其"反动"创作，《学衡》杂志梅光迪、胡先骕等人的反对等。胡适没有正视他们言论之中值得商榷之处，而是以一种胜利者的姿态予以讥讽，将这些反对者描画为新文学史中的负面形象。胡适的"伎俩"逃不过学衡派胡先骕的法眼，他对胡适的这篇文章进行了批评。他认为桐城派古文自有它独到的文学史地位，其后继之人严复、林纾的古文成就也非常之高，倒是章太炎、梁启超的文学水平并不高明；而胡适所欣赏的金和与黄遵宪不足以代表当时的诗歌成就，高出他们成就者甚多；针对胡适所说晚清词的衰落，他也进行了批评，并列举了王闿运、朱祖谋、郑文焯、况周颐、赵熙、文廷式等人成就斐然的词作。[⑦] 胡先骕的批评与之后钱基博《现代中国文学史》[⑧] 的思路一样，这表明胡适撰写文学史的"失误"在保守派眼中带有争夺历史话语权的目的。

第三，胡适对白话文学的成绩进行了乐观估计。他认为："五年以来"白话诗可以算是走上了成功的路；短篇小说也渐渐地成立了；白话散文很进步了，最让人注意

---

① 胡适：《胡适来往书信选》（上），中华书局1979年版，第119页。
② 曹伯言、季维龙：《胡适年谱》，安徽教育出版社1986年版，第224—225页。
③ 梁启超：《评胡适之〈中国哲学史大纲〉》，《晨报附刊》1922年3月16日。
④ 胡颂平：《胡适之先生年谱长编初稿》第2册，台北联经出版公司1984年版，第483页。
⑤ 胡适：《胡适的日记》（上册），中华书局1985年版，第277—280页。
⑥ 胡适：《五十年来中国之文学》，见申报馆编《最近之五十年》，申报馆1923年版，第2页。
⑦ 胡先骕：《评胡适五十年来中国之文学》，《学衡》1923年第18期。
⑧ 钱基博：《现代中国文学史》，世界书局1933年版。

的是周作人等提倡的“小品散文”；只有戏剧与长篇小说的成绩最坏。[①] 按照胡适对新文学成绩的总结，我们会以为新文学水到渠成地受到大众的欢迎，而旧文学和贵族文学经过这一摧枯拉朽的攻击之后一蹶不振。但是出版家张静庐告诉我们，新文学在胡适撰写文学史之前并不畅销，文坛仍旧是旧势力把握，只有 1923 年、1924 年左右，新文学才真正在文坛上站住脚跟和“礼拜六派”平分秋色。后者经历了短暂的“回光返照”之后，才让出文坛主角地位。[②] 看来新文学的成长如一切新生事物一样，都必须经历萌生、发芽、破土、生长、结果的过程，不是一蹴而就、马到成功的。茅盾在《中国新文学大系·小说一集·导言》中从创作角度也有类似判断，即只有在 1922 年之后，一个普遍全国的新文学活动才开始来到![③] 在胡适撰写《五十年来中国之文学》之时，中国新文学并没有繁荣起来，但他却将新文学的成绩描写得如此灿然可喜，除了自身立场带给他盲视之外，未必没有“夸大其词”以壮声威的成分存在。

二 郭沫若的《文学革命之回顾》

1923 年 2 月胡适的《五十年来中国之文学》收入《申报》五十周年纪念刊《最近之五十年》得以出版，同年 3 月郭沫若才从日本九州帝国医科大学毕业。他此前文学方面主要从事创作和翻译，与胡适见过几次面，发生过几次争论，经历过“同席—对骂—抱吻”等戏剧性的历程。[④] 此时郭沫若没有必要批评胡适的这篇文章，因为该文以新旧文学强烈对照书写文学史替新文学运动摇旗呐喊，新文学家更应多持欢迎态度，保守派人士才发文批评，前述胡先骕的文章即是例证。另外，郭沫若此时还没有形成新的文学观和文学史观，文学革命之时他在日本留学没有恭逢盛会，他还提不出新颖的历史情节和历史解释来替代胡适的历史书写。

郭沫若 1930 年的《文学革命之回顾》是以麦克昂笔名发表的。此时的他已经有了足够的能力与资历重新书写中国新文学史。一方面，他参与推动了中国新文学的发展、成熟，无论是创作、出版、翻译、办社、学术，还是积极投身革命活动，他都走在当时中国时代浪潮的前列，为世人所瞩目。另一方面，他的政治观、文学观、文学史观都发生了根本变化。1924 年翻译河上肇的《社会组织与社会革命》以及此后一系列革命活动已使他转向为马克思主义者。[⑤] 流亡在日本给予了他充裕时间，他开始以阶级论“重写”文学革命的历史，他的述史目的主要是批判胡适的文学史观，为

---

① 胡适:《五十年来中国之文学》，见申报馆编《最近之五十年》，申报馆 1923 年版，第 122 页。

② 张静庐:《在出版界二十年——张静庐自传》，上海书店 1984 年版，第 122 页。

③ 茅盾:《中国新文学大系·小说一集·导言》，良友图书印刷公司 1935 年版，第 4—5 页。

④ 赵稀方:《郭沫若与胡适》，《川东学刊（社会科学版）》1994 年第 3 期。

⑤ 李斌:《河上肇早期学说、苏俄道路与郭沫若的思想转变》，《文学评论》2017 年第 6 期。

革命文学运动助威。其叙事策略如下：

第一，郭沫若批评胡适的白话观念及其“八事”主张。郭沫若重新思考了白话与文言的关系，他指出：一般人以为文学革命是由文言文改变为白话文，“有的更兢兢于在那儿做《白话文学史》，其实这是最肤浅最皮相的俗见……”①。他对胡适单从白话这一语言工具来定义新旧文学持否定态度。他认为“文言文不必便是不革命或反革命，白话不必便是革命。文言自身是有进化的，白话自身也是有进化的”②。“时代不断的在创造它的文言，时代也不断的在创造它的白话，而两者也不断的在融洽，文学家便是促进这种创化，促进这种融洽的触媒。所以要认识文学革命的人第一须打破白话文与文言文的观念。”③ 郭沫若从语言进化的角度提出作家不必在文言与白话之间划出界线，而应该努力促进它们的“融洽”，这比胡适片面强调白话文一概排斥文言文更要吻合文学创作实际。

郭沫若进一步对胡适的“八事”主张提出批评。他认为胡适所说的“有什么话说什么话”，“这根本是不懂文学的人的一种外行话。文学的性质是暗示，用旧式的话来说便是要有含蓄，所以它的特长便在言语的经济，别人要费几千百言的，它只消一两句，别人要做几部文存的，它只消一两篇。‘有什么话说什么话’的那样笨伯的文学，古往今来都不曾有，也不会有。又譬如他说的‘不用典故’，这也不免是逐鹿而不见山。用典是修辞的一种妙技，新文学也有新文学的典故，即如胡适之做文章也在引用孙悟空翻筋斗的典故”。④ 郭沫若自己是文学天才，深谙文学创作的三昧，所以他从文学本质的角度来抨击胡适文学主张中的偏颇可谓入木三分。郭沫若写作此文之时，新文学正处于蓬勃成长的建设时期，这时反思胡适在破坏时期攻打旧文学堡垒的各种观点口号自然感觉其漏洞百出，当然他有意忽略了胡适在当时倡导白话文的划时代意义。

第二，郭沫若重新确认文学革命领导者及其文化属性。他高度赞扬陈独秀是文学革命的领导者，因为主持文学革命“这个运动的机关，谁也知道是《新青年》，主持《新青年》的人谁也知道是陈独秀”⑤。他对胡适将文学革命的发起归功于自己进行了冷讪：“幸，或者是不幸，是陈独秀那时把方向转换了，不久之间文学革命的荣冠差不多归了胡适之一人的顶戴。”⑥ 郭沫若还将文学革命的源头追溯至晚清，将近代文学和新文学联系起来书写，将二者都定性为资产阶级的文学。他指出：“文学革命是资产阶级革命的一种表征，所以这个革命的滥觞应该要追溯到满清末年资产阶级的意

---

① 麦克昂：《文学革命之回顾》，见冯乃超编《文艺讲座》（第一册），上海神州国光社 1930 年版，第 73、75、76、81、78、80、76、76、77、78、82、83、83—84、85、85、86、87、87—88、81 页。

② 同上。

③ 同上。

④ 同上。

⑤ 同上。

⑥ 同上。

识觉醒的时候。这个滥觞时期的代表，我们当推数梁任公”①，“其他如严几道林琴南章行严诸人都是这个时期的人物”②。“在阶级的立场上看来，胡适之无殊于章行严，章行严亦无殊于梁任公，虽然他们的花样不同，党派稍稍也有点差别，然而他们同一是资产阶级的代言人！”③ 胡适将自己与梁启超等人视为不同类型的文学代表，但郭沫若却认为他们并无两样，都是资产阶级的代言人。他嘲讽胡适“什么‘整理国故’，什么‘新式标点’，要之不外是把封建社会的巩固统治权的旧武器，拿来加以一道粉饰，又利用为巩固资产阶级的统治权的新武器而已”④。郭沫若是根据马克思主义理论来看待文学这一上层建筑与经济基础的关系，从而重新定义了文学革命的内涵与外延及其历史渊源。

第三，郭沫若重估了文学革命以来的创作成绩，并预告了无产阶级文学的胜利。他认为当时的中国存在资产阶级、封建势力和无产者集团这三种社会力量，并按照它们的力量强弱分析了它们的文学成绩。他认为中国资产阶级“在未能遂行其打倒封建势力以前，它便不能不和利害较近的封建势力妥协苟合，而向同阶级的帝国主义者投降。就这样中国的资产阶级革命便不能不成为一个畸形的革命”⑤。这表现在文学上也是一种畸形的，没有产生什么划时代的作品，他们“一方面向近代主义（Modernism）迎合，一方面向封建趣味阿谀，而同时猛烈地向无产者的阵营进攻”⑥。而“中国的封建势力在帝国主义的羽翼之下庇护着长久的维系其生存，同样中国的封建趣味的吃茶文学长久的也有它那不生不死的生存”，只有“中国的无产阶级受着国内国外的资本主义压迫着而猛勇的长成，同样中国的无产阶级的文艺是只有爆发，爆发，爆发，爆发到它成遂了它的使命的一天，即是打倒帝国主义的一天，消灭尽阶级对立的一天”⑦。郭沫若对三种不同阶级所拥有的能量和面临斗争进行了细致分析，从而推导出无产阶级文学发生和推广的正当性，并展望其远大前程。

第四，郭沫若回忆了创造社历史，彰显了自己的文学史地位。他论述了创造社的成立及在新文学运动中的使命。他认为创造社的运动“在文学革命爆发期中又算到了第二个阶段。前一期的陈，胡，刘，钱，周主要在向旧文学的进攻，这一期的郭，郁，成，张却主要在向新文学的建设”⑧。郭沫若对创造社之初为什么被称为“异军特起”进行了解释，对他们当时所遭受到的挫折与委屈进行了倾诉。他分析初期创

---

① 麦克昂：《文学革命之回顾》，见冯乃超编《文艺讲座》（第一册），上海神州国光社1930年版，第73、75、76、81、78、80、76、76、77、78、82、83、83—84、85、85、86、87、87—88、81页。

② 同上。

③ 同上。

④ 同上。

⑤ 同上。

⑥ 同上。

⑦ 同上。

⑧ 同上。

造社所属的阶级性质“百分之八十以上仍然是在替资产阶级做喉舌”①。但是在“五卅”前后，他们之中的郭沫若，把方向转变了，“于是创造社的行动自行划了一个时期，便是洪水时期——洪水半月刊的出现……其实创造社大部分的份子，并未转换过来，即是郭沫若的转换，也是自然发生的，并没有清晰的目的意识”②。1928 年，创造社随着中国社会的“剧变”迎来了“剧变”，新锐的斗士朱、李、彭、冯从日本回来，“以清醒的唯物辩证论的意识，划出了一个《文化批判》的时期。创造社的新旧同人，觉悟的到这时候才真正的转换了过来，不觉悟的在无声无影之中就退下了战线。创造社是已经蜕变了，在到一九二九年的二月七日他便遭了封闭”③。郭沫若总结道，创造社的活动“以有产文艺的运动而产生，以无产文艺的运动而封闭。它的封闭刚好是说无产文艺的发展，有产文艺的告终”④。经过郭沫若的梳理，创造社由孤军而斗士而无产文艺先锋的演化轨迹得以清晰，他自己则被描述成无产阶级文艺运动的第一人。

三　周作人的《中国新文学的源流》

周作人也不可能在 1923 年胡适《五十年来中国之文学》发表之时提出异议，他没有更新的文学史观，也不是文学革命发生时的领导者。从个人感情上，他更是不宜：一方面，此时周氏兄弟与胡适的文学交谊很好，他们处于新旧文学斗争的同一战线。胡适在不同文章中都对他们的创作予以很高的评价，在胡适的新文学史书写中，就盛赞了鲁迅的小说和周作人的小品；而周氏兄弟也为胡适的《尝试集》出版选诗删诗提供过意见。另一方面，1921 年周作人还请托胡适为其弟弟周建人在商务印书馆觅得一份长期工作；而自己 1922 年也在胡适推荐下就职燕京大学中国新文学部主任，既解经济上的燃眉之急，也开辟了一片培养得意门生的“自己的园地”。⑤

时间发展到 1931 年，之前的“不宜”“不能”都有了新的动向。其一是周作人与胡适在政治、思想、感情方面出现了不和。“二十年代末期至三十年代中期，胡适和周作人经常远睽异地，但仍保持了相当密切的联系。以五四时期建立的深厚情谊为基础，他们在有些方面仍然互相关心，互相支持；又由于思想裂痕日趋扩大，他们在

① 麦克昂：《文学革命之回顾》，见冯乃超编《文艺讲座》（第一册），上海神州国光社 1930 年版，第 73、75、76、81、78、80、76、76、77、78、82、83、83—84、85、85、86、87、87—88、81 页

② 同上。

③ 同上。

④ 同上。

⑤ 陈漱渝：《两峰并峙双水分流（上）——胡适与周作人》，《鲁迅研究月刊》1990 年第 12 期；朱正：《胡适和鲁迅、周作人兄弟的交往（上）》，《新文学史料》2013 年第 3 期；王翠艳：《思想遇合与人事机缘——周作人任教燕京大学缘由考辨》，《文学评论》2013 年第 1 期。

另一些方面又产生了隔膜和抵触。”[①] 这特别表现在女师大事件和“清党”事件上，胡适政治立场更多倾向当权政府。至于胡适曾经推荐周作人去燕京大学任教，也让周作人听到了另一种说法：“这似乎是一种策略，仿佛是调虎离山的意思。”[②] 这关涉到当时北京大学文科或隐或显地存在着的浙江籍/留日派/章门弟子与皖籍/留学英美派之间的矛盾，大致是二者为争占北京大学的教席互相排挤。[③] 其二是周作人在文学观及文学史观方面有了新的见解。从 1922 年至 1931 年，周作人先后在燕京大学开设“中国新文学之背景”“近代散文”等课程[④]，对中国新文学的源流及历史发展有了新的感悟。这时他对胡适的《五十年来中国之文学》就会提出异议，于是就有了他的《中国新文学的源流》。该著是 1931 年周作人受沈兼士的邀请去辅仁大学讲演《中国的新文学运动》的讲稿，邓恭三听讲后予以记录整理，于 1932 年 9 月在北平人文书店出版。该文学史采取了以下叙事策略。

第一，周作人虢夺了胡适发起文学革命的功勋，认为这只是历史的自然循环。周作人以纯文学观点为标准对整个中国文学史进行了新的循环论阐释。他认为文学从宗教分化出来之后有了两种不同的潮流：诗言志——言志派；文以载道——载道派，这两派文学的相互循环就构成了中国文学史总体面貌。周作人另辟蹊径认为明末的公安派和竟陵派是言志派的文学时期，中间经过清代的反动，载道派又占据上风，而“五四”新文学运动又成了言志派文学时期。[⑤] 他的文学史著作就按照这种叙事逻辑进行编排。既然中国文学的嬗变更替是历史的自然循环，那就表明有没有胡适或陈独秀发动文学革命就无关紧要了。

第二，周作人强调胡适文学观及相关创作并不是独创，而是重复公安竟陵派。周作人认为袁中郎所倡导的“信腕信口，皆成律度”比胡适的“八事”“更得要领”[⑥]。文学革命与公安派的差异“无非因为中间隔了几百年的时光，以前公安派的思想是儒家思想道家思想加外来的佛教思想三者的混合物，而现在的思想则又于此三者之外，再加多一种新近输入的科学思想罢了”[⑦]。周作人引录了袁中郎为江进之的《雪涛阁集》所作的序文中谈及的文学变迁观点，以此证明这比那些说“‘中国过去的文学所走的全非正路，而只有现在所走的道路才对’要高明得多”[⑧]。说这些话的“那些”人中就包含胡适，因为进化论文学史观点的始作俑者就是他。甚至在新文学作家作品的风格上，周作人也认为他们与公安派竟陵派类似：“胡适之，冰心，和徐志

---

① 陈漱渝：《两峰并峙双水分流（下）——胡适与周作人》，《鲁迅研究月刊》1991 年第 1 期。

② 周作人：《琐屑的因缘》，《知堂回想录》，河北教育出版社 2002 年版，第 468 页。

③ 王天根：《五四前后北大学术纷争与胡适“整理国故”缘起》，《近代史研究》2009 年第 2 期。

④ 王翠艳：《思想遇合与人事机缘——周作人任教燕京大学缘由考辨》，《文学评论》2013 年第 1 期。

⑤ 周作人：《中国新文学的源流》，人文书店 1932 年版，第 36 页。

⑥ 同上书，第 36、46—47、90、46、52、86、89、31 页。

⑦ 同上。

⑧ 同上。

摩的作品，很像公安派的，清新透明而味道不甚深厚。好像一个水晶球样，虽是晶莹好看，但仔细的看多时就觉得没有多少意思了。和竟陵派相似的是俞平伯，和废名两人，他们的作品有时很难懂，而这难懂却正是他们的好处。”[①] 这样一来新文学作家作品就不是创新而是带有复古的味道，胡适所自认为的文学革命者形象一转而为文学“复古者”了。

公安派竟陵派竟然比胡适更为高明？钱钟书的精辟分析则说明“公安派的论据断无胡适先生那样的严密；而袁中郎许多矛盾的议论，周先生又不肯引出来”[②]。可见周作人述史之时，对公安派竟陵派进行了理想化的加工。周作人进行这种主观选择之时，为什么坚持中国新文学的源流发源于公安派竟陵派，而不如钱钟书所说那样推而上之，从“韩柳革初唐的命，欧梅革西崐的命”[③] 一路追溯下来呢？陈子展的话则让我们揣摩：“怕是他做了这次新文学运动的元勋之一还不够，再想独霸文坛，只好杜撰一个什么‘明末的新文学运动’，把公安竟陵抬出来，做这次新文学运动的先驱。而在这次新文学运动的元勋人物里面，只有他晓得讲什么公安竟陵，无疑的这次新文学运动的第一把交椅要让给他老先生，他老先生就很巧妙地争得中国新文学的正统什么了，文名就可以越发大起来；而且他平时收藏几部难得的公安竟陵派一类的偏僻书籍也无形涨起价来，可不是名利双收么？”[④] 也难怪陈子展这样猜测，因为在周作人的《中国新文学的源流》流传之后，1932 年之后接连办《论语》《人间世》《宇宙风》的林语堂、陶亢德、郁达夫、刘大杰、施蛰存、阿英、张静庐等人就将晚明小品文的风气发扬光大，[⑤] 周作人则被封为“小品散文之王”[⑥]。

第三，周作人认为胡适受到了桐城派文学的影响。胡适认为近代桐城派的影响，“使古文做通顺了，为后来二三十年勉强应用的预备，这一点功劳是不可埋没的”[⑦]，但其最终不能堪当大任，而他所领导的新文学运动是对其的改弦易辙。周作人却认为：“经曾国藩放大范围后的桐城派，慢慢便与新要兴起的文学接近起来了。后来参加新文学运动的，如胡适之，陈独秀梁任公诸人，都受过他们的影响很大，所以我们可以说，今次文学运动的开端，实际还是被桐城派中的人物引起来的。”[⑧] 胡适是淡化桐城派古文的文学史意义以强化文学革命的颠覆性，周作人则强调其影响了新文学运动的发生，加强了二者的联系。周作人还认为汉学家也与新文学运动有关系，他对

---

① 周作人：《中国新文学的源流》，人文书店 1932 年版，第 36、46—47、90、46、52、86、89、31 页。

② 中书君：《中国新文学的源流》，《新月》1932 年 11 月第 4 卷第 4 期。

③ 同上。

④ 陈子展：《不要再上知堂老人的当》，《新语林》1934 年第 2 期。

⑤ 郜元宝：《从“美文”到“杂文”（下）周作人散文论述诸概念辨析》，《鲁迅研究月刊》2010 年第 2 期。

⑥ 苏雪林：《周作人先生研究》，《青年界》1934 年 12 月第 6 卷第 5 期。

⑦ 胡适：《五十年来中国之文学》，见申报馆编《最近之五十年》，申报馆 1923 年版，第 3 页。

⑧ 周作人：《中国新文学的源流》，人文书店 1932 年版，第 86 页。

晚清汉学家俞樾的评骘与胡适也不一样。胡适评价“俞樾的诗与文都没有大价值”①，但周作人却认为他是“以一个汉学家而走向公安派竟陵派的路子的”②。俞樾是俞平伯的曾祖父，是国学大师章太炎的老师，章太炎又是周作人的老师，周作人又是俞平伯的老师，他们都是浙江人，这是否影响了周作人对俞樾的文学史定位远比胡适要高呢?

在《中国新文学的源流》即将出版时，周作人就提前写信告知胡适：“春间在辅仁讲演，学生录稿付刊，不久可成，当呈请教正，题系《中国新文学的源流》，大旨是表彰公安竟陵派，‘但恨多谬误’，尚望叱正者也。”③ 陶潜《饮酒》组诗最末一首有：“但恨多谬误，君当恕醉人。”诗人是说酒中写诗难免会说醉话，恳请听者多加宽容。丁文认为周作人这里借陶诗以表明自己“实际上有着以讲史为契机，批评左翼文学的八股气是对‘五四’新文学的反拨的潜在意图”④，但笔者认为周作人这里希望胡适“多多包涵”的不在于此，而在于他的新文学循环论与胡适进化论有了冲突，而且其对公安派、竟陵派、桐城派、汉学家与胡适及新文学运动关系的表述都会矮化其文学史地位。

第四，周作人在讲演《中国新文学的源流》之时，正是革命文学大行其道之时，他隐晦地对其进行了臧否。前述他说中国文学发展是言志派与载道派之间的循环，而“五四”文学是言志文学，按照这一循环论观念，接下来盛行的革命文学就是载道文学。他在讨论文学的用途也对革命文学视文学为革命工具予以批驳：“欲使文学有用也可以，但那样已是变相的文学了。椅子原是作为座位用的，墨盒原是为写字用的，然而，以前的议员们岂不是曾在打架时作为武器用过么？在打架的时候，椅子墨盒可以打人，然而打人却终非椅子和墨盒的真正用处。文学亦然。”⑤ 废名⑥、钱钟书⑦等人都看出周作人在“含沙射影”地抨击革命文学观念。周作人没有明目张胆地将其视为攻击的主要目标，因为他与革命文学派的论争在此前一年早已有之，并已经结束。这部文学史中某些篇章的观点在早前的论争中就出现过，⑧ 没有必要再惹“事端”了。

---

① 胡适：《五十年来中国之文学》，见申报馆编《最近之五十年》，申报馆 1923 年版，第 3 页。

② 周作人：《中国新文学的源流》，人文书店 1932 年版，第 89 页。

③ 周作人 1932 年 8 月 26 日致胡适信，载《胡适往来书信选》（中册），中华书局 1979 年版，第 134 页。

④ 丁文：《周作人与 1930 年左翼文学批评的对峙与对话》，《中国现代文学研究丛刊》2009 年第 5 期。

⑤ 周作人：《中国新文学的源流》，人文书店 1932 年版，第 31 页。

⑥ 废名：《周作人散文钞·废名序》，开明书店 1932 年版，第 6 页。

⑦ 中书君：《中国新文学的源流》，《新月》1932 年 11 月第 4 卷第 4 期。

⑧ 丁文：《周作人与 1930 年左翼文学批评的对峙与对话》，《中国现代文学研究丛刊》2009 年第 5 期。

四 胡适的系列回应

郭沫若与周作人对文学革命的起源、性质及历史意义进行了“重写”，并对胡适个人的文学观点及文学史地位予以了“重估”，而他二人则成了新文学运动的新“领导者”，这自然引发了“历史癖”很深的胡适的“警惕”与再思考，并对这二人的观点予以回应。

首先，胡适为自己在新文学史中的贡献精准定位。1930 年 4 月郭沫若的《文学革命之回顾》在冯乃超《文艺讲座》（第一册）中面世，胡适在同年 12 月出版的《胡适文选》的序言《介绍我自己的思想》中，明确自己在十几年中国文学革命运动中有三点贡献：指出了“用白话作新文学”的一条路子；“使人明瞭国语是古文的进化，使人明瞭白话文学在中国文学史上占什么地位”；“发起了白话新诗的尝试”。[①]正是因为他对自己的贡献有着充分自信，所以他将《五十年来中国之文学》中专门论述文学革命的最后一节抽取出来，命名为《文学革命运动》录入在该文选中。

其次，胡适将文学“革命”的桂冠奉送给了陈独秀。1932 年 10 月陈独秀第四次被捕入狱，胡适为其释放第四次四处奔走。为壮大声势，这年 10 月 29 日胡适在北大国文系演讲《陈独秀与文学革命》，他高度颂扬陈独秀对于文学革命有三个大贡献：“一、由我们的玩意儿变成了文学革命，变成三大主义”；“二、由他才把伦理道德政治的革命与文学合成一个大运动”；“三、由他一往直前的精神，使得文学革命有了很大的收获”。[②] 他也十分客观地指出二人对于文学革命爆发的原因有不同理解，陈独秀是“注重经济的条件的”，而自己则认为“客观的条件虽然重要，但不仅限于经济一个条件，至于文化的条件，政治的条件，也是不能否认的”[③]。当然，胡适也强调陈独秀“他想到文学改革，但未想到如何改革”[④]，他再次提醒大家他才是文学革命的创意者。

再次，1933 年胡适撰写《逼上梁山》[⑤]，将文学革命的起因前推至 1915 年夏季。该文详尽介绍了自己 1915、1916 两年在美国留学时期产生更新中国文学语言工具的缘由，以及与梅光迪、任叔永等人反复辩驳，发现中国文学自然发展趋势是走向白话文学，并提炼出“八事”主张，开始尝试用白话创作新诗。这篇文章的中心逻辑就是论证其在《介绍我自己的思想》中所谈到的那三大贡献，也论及“老革命派”陈独秀对文学革命的推动作用。考虑到这篇文章是胡适《四十自述》中的一章，他以

---

① 胡适：《胡适文选·介绍我自己的思想》，亚东图书馆 1930 年版，第 18 页。

② 胡适：《陈独秀与文学革命》，《世界日报》1932 年 10 月 30、31 日。

③ 同上。

④ 同上。

⑤ 胡适：《逼上梁山》，《东方杂志》1934 年 1 月第 31 卷第 1 期。

自我为中心的自传形式介绍文学革命的这一“发明”经过，倒也无可厚非。但时间前推至1915年夏季，比秋季《新青年》杂志的创立还要早，或许这就是历史的“狡计”。

最后，具体回击郭沫若与周作人的观点，并改写荣誉权。1935年胡适编辑《中国新文学大系·建设理论集》，撰写了《导言》，这两种行为中他回击了郭沫若与周作人的观点，并改写了荣誉权。

第一，胡适将不应该进入《建设理论集》之中的《逼上梁山》予以编选并彰显。《建设理论集》应该编选中国新文学运动第一个十年（1917—1927）关于中国新文学建设的理论文章，《逼上梁山》是胡适1933年撰写的自传性质的文章，不符合这一编选原则。但胡适因为“后来许多革命理论的纲领都可以在这里看见了”[①]将其选入。所有选入的文章按照三组编排，第一组是“历史的引子”，选入的文章只有这篇《逼上梁山》，使其得以荣登榜首。第二、三组分别是“发难时期的理论”和“发难后期的文学理论”，各选入多篇文章。于是胡适文学革命的领袖作用和总规划师的身份就分外醒目。

第二，在《导言》的书写中，胡适反击郭沫若的阶级论不能具体分析历史人物。郭沫若从阶级斗争和政治经济的立场说明陈独秀、胡适等人所开展的文学革命是资产阶级反对封建阶级的革命。胡适认为这个原因的分析太单一，他则从多个方面对文学革命的发生进行了解释，并提出自己的历史观：“治历史的人，应该向这种传记材料里去寻求那多元的，个别的因素，而不应该走偷懒的路，妄想用一个‘最后之因’来解释一切历史事实……你还得解释：‘同在这个‘最后之因’之下，陈独秀为什么和林琴南不同？胡适为什么和梅光迪胡先骕不同？’如果你的‘最后之因’可以解释胡适，同时又可以解释胡先骕，那岂不是同因而不同果，你的‘因’就不成真因了。所以凡可以解释一切历史的‘最后之因’，都是历史学者认为最无用的玩意儿，因为他们其实都不能解释什么具体的历史事实。”[②]这是胡适对郭沫若将他与梁启超等人都视为资产阶级革命代言人的回击，因为正是郭沫若将文学革命运动视为资产阶级与封建社会两种不同生产方式进行斗争的一种工具和形式，与晚清梁启超等人并没有分别。而这在胡适眼中就是“最后之因”，它不能解释同在资产阶级与封建阶级斗争之下，胡适与胡先骕，陈独秀与林琴南的不同。这一点他击中了郭沫若观点中的软肋，但他提倡向传记材料里去“寻求那多元的，个别的因素”，这样《逼上梁山》的重要性不证自明了。传记材料能否完全解释历史的发生，相信受过唯物论影响的郭沫若定会哂笑胡适的。

第三，胡适为自己的白话文学观及“八事”主张辩解。周作人、郭沫若都批评

---

① 胡适：《中国新文学大系·建设理论集·导言》，良友图书印刷公司1935年版，第2页。

② 同上书，第2、17、18、26、27、19、19、19—20、21页。

胡适的文学革命只注重文学形式是不彻底的。胡适在《导言》中声明“我们的中心理论只有两个：一个是我们要建立一种‘活的文学’，一个是我们要建立一种‘人的文学’。前一个理论是文字工具的革新，后一种是文学内容的革新”①。他解释当时重在白话工具的革命只是战术上的突破口选择，而在战略上他们是内容与形式都兼顾的。或许是恼怒之极，胡适直接说出了自己的愤慨：“至今还有一班人信口批评当日的文学革命运动，嘲笑它只是一种‘文字形式’的改革。对于这班人的批评，我在十六年前早已给他们留下了答复了。”② 他转录了自己在《尝试集自序》中的话来佐证。他质问以郭沫若为代表的革命文学派“为什么不回到二十年前的骈文古文里去寻求他们的革命‘大道’呢?”

对于郭沫若批评他所说“不用典”是“逐鹿而不见山”③，胡适不得不承认“那时谈到‘不用典’一项，我自己费了大劲，说来说去总说不圆满”④，表面上他是接受了郭沫若的批评。但他接着写道：“后来玄同指出用白话说就可以‘驱除用典’了，正是一针见血的话。”⑤ 这倒显得“不用典”没有错，因为只要大家都用白话，就不会用典。他对郭沫若从文学创作的角度批评他的语言观是置若罔闻了，这种固执持续到他的晚年。⑥

第四，胡适将自己与公安派进行区别。周作人引录袁中郎为江进之的《雪涛阁集》所作的序文，表明袁中郎早已谈及文学的变迁观点。胡适承认“文学随时代变迁”的观点没问题，但“我总觉得袁枚虽然明白了每一时代应有那个时代的文学，但他的历史眼光还不能使他们明白他们那个时代的文学正宗已不是他们做古文古诗的人，而是他们同时代的吴敬梓曹雪芹了”⑦。胡适是说古时之人虽然提出了“文学随时代变迁”的观点，但这只是一个理论的问题，而没有看出文学最终的进化路线应该是向着白话变迁，当时的文坛主流只有吴敬梓曹雪芹顺应了这种时代潮流，而看出这种文学潮流的只有他胡适，周作人却还“执迷不悟”。他强调这种文学史观的重要性：“在当时这种新的文学史简介不但是需要的，并且是最有效的武器。国内一班学者文人并非不熟中国历史上的重要事实，他们所缺乏的只是一种新的看法。”⑧ 很显然，他依然坚持他的白话文学进化论文学史观的先进性，这与周作人的循环论文学史

① 胡适：《中国新文学大系·建设理论集·导言》，良友图书印刷公司1935年版，第2、17、18、26、27、19、19、19—20、21页。

② 同上。

③ 麦克昂：《文学革命之回顾》，见冯乃超编《文艺讲座》（第一册），上海神州国光社1930年版，第81页。

④ 胡适：《中国新文学大系·建设理论集·导言》，良友图书印刷公司1935年版，第19页。

⑤ 同上。

⑥ 胡适：《胡适口述自传》，唐德刚译注，传记文学出版社1981年版，第157页。唐德刚在记录胡适口述自传之时，曾劝晚年的胡适反思自己“八事”主张中的语言观点，胡适予以拒绝。

⑦ 胡适：《中国新文学大系·建设理论集·导言》，良友图书印刷公司1935年版，第19—20页。

⑧ 同上书，第21页。

观大不一样。

综上所述，我们发现胡适、郭沫若与周作人的新文学史书写既展现了文学革命、革命文学、言志派文学的渊源与发生，也彰显了进化论、阶级论、循环论等不同文学史观的迥异，但他们都不是孤立的客观书写，而是包含着你来我往的诘问与辩答。1922 年之际，新文学面临的主要任务是“宜将剩勇追穷寇”和旧文学进行“生死搏斗”，所以胡适的新文学史书写从进化论角度，反复强调新文学的革命性和合法性。1930 年之后，国内外政治局势发生剧烈变动，新文学运动也经历了巨大跨越。郭沫若、周作人有了新的理论武器和艰巨任务，于是重估文学革命的性质以及胡适的历史功绩，并具体评点了他的文学观点，以便为未来的新文学前进指点方向。胡适受到郭沫若和周作人新文学史观的“刺激”，感受到他的文学主张及文学史地位受到“威胁”，于是有针对性地在系列文章中重提文学革命的发生过程并为其理论观点辩护，以显示他对文学革命的特殊贡献，并对他们的文学史观进行了反批评。所以其相比之前的《五十年来中国之文学》“较多强调‘多元的、个别的、个人传记’的原因，大讲他个人在美国留学阶段对白话诗的讨论，以说明新文学运动的渊源，而相对淡化了文学革命所赖以发生的整个新文化运动背景，淡化了包括陈独秀在内的一代先驱共同营造的文化空间的整体性作用。这的确带有改写‘荣誉权分配方案’的味道”。[①] 总之，这三人的新文学史书写不仅是他们文学趣味、价值取向、文学史观与方法论的相互交锋，也受到他们每个个体世俗关系与现实利益的羁绊与助力。所以文学史不仅仅是过去文学的历史总结，更是现实中文学运动话语权的争夺。

（原载《中国现当代文学研究丛刊》2018 年第 11 期）

① 温儒敏：《论〈中国新文学大系〉的学科史价值》，《文学评论》2001 年第 3 期。

郭沫若《重到晋祠》考辨

杨玉霞　魏　建

《重到晋祠》以《大寨行》组诗之首，于1966年1月1日刊发于《光明日报》，但在其后却被忽略，甚至未被收入卷帙浩繁的《郭沫若全集》（38卷）而成为一首佚作。但所幸，此诗于近年来被重新发掘，主要论著有：丁茂远编著《〈郭沫若全集〉集外散佚诗词考释》① 将这首七律列出，并做了四点注释；冯锡刚《“康公左手书奇字”——郭沫若与康生》② 一文、《“文革”前的郭沫若（1949—1965）》③ 一书，以这首七律切入郭沫若与康生关系的解读，并进一步阐释郭沫若在“文革”前的心理变化和政治作为；逯艳《关于晚年郭沫若佚作中“大寨”的几点看法》④ 一文将这首诗作为郭沫若与“大寨”关系的一个方面来解读；贾振勇的《郭沫若研究十六讲》⑤ 之第十四讲，也是以这首诗作为切入点体察郭沫若在“文革”前的内心世界。但是，关于这首诗仍有一些细节问题尚未被厘清，或仍存在一些认识上的谬误，笔者拟在此作细致考察，以期在已有基础上能够补苴罅漏、纠偏正误。

一　《重访晋祠》与《重到晋祠》

郭沫若在1965年冬赴山西大寨视察，重游晋祠后书成《重访晋祠》，写就即赠予时任山西省副省长（此时，其副省长身份还有待省人代会正式确认）的黄克诚将军，此后一直在黄克诚办公室悬挂。1967年1月，黄克诚被北京来的红卫兵揪斗关押，并很快被押送回北京，开始其长达八年多的监禁生活。这一条幅遂被黄克诚当时身边的工作人员一直保存。虽然1975年黄克诚回到山西，但开始是被安排住在宾馆，后来又被安排住在晋祠招待所，一直处于监护之中而未能分配工作，直到“四人帮”倒台，黄克诚返回北京。想必这一条幅也因此而流落在外，最终流入拍卖市场。这首七律并没有题目，写作时间也没有明确标明，只在诗后落款中注明：一九六五年冬重

---

① 丁茂远编著：《〈郭沫若全集〉集外散佚诗词考释》，浙江大学出版社2014年版，第321—322页。

② 冯锡刚：《“康公左手书奇字”——郭沫若与康生》，《同舟共进》2015年第10期。

③ 冯锡刚：《“文革”前的郭沫若（1949—1965）》，中央文献出版社2005年版，第380—382页。

④ 逯艳：《关于晚年郭沫若佚作中“大寨”的几点看法》，《淄博师专学报》2010年第1期。

⑤ 贾振勇：《郭沫若研究十六讲》，山东文艺出版社2009年版，第300—301页。

访晋祠。条幅尺寸为 81×147 厘米，钤印为“郭沫若”，收藏印为“怀清天地庐收藏书画印”。

1966 年 1 月 1 日，《光明日报》“东风”文艺副刊以《大寨行》为标题，套红且为手迹印制，刊出郭沫若大寨一行所作旧体诗 18 首，不以写作时间编次。郭沫若将与《重访晋祠》条幅同样的诗作内容以“重到晋祠”为题，并作为组诗的第一首。其余十七首分别是《访太原乳牛场》《访天龙寺石窟》《访贾家庄》《访杏花村》《参观刘胡兰纪念馆》《访运城》《运城烈士陵园植树》《访原王庄》《访西元》《访界村》《参观盐池》《看晋剧种种》《为别社教队同志》《在太原参观大寨展览》《宿阳泉市》《过娘子关》（以上 16 首均为七律）、《颂大寨》（五律）①。从《重访晋祠》到《重到晋祠》，郭老并未修改诗歌内容，只是将原落款中的“访”改为题目中的“到”，语气似更加客观，并与后面几首“访……”区别开来，似有着重之意。原诗如下：

重到晋祠

康公左手书奇字，照眼红墙绕晋祠。
周柏低头迎旧识，铁人举手索新诗。
欲流荇菜情难已，惊见睡莲花未衰。
悬瓮山头松失翠，顿憎旱魃费鞭笞。

关于《重到晋祠》的具体写作时间，条幅上只约略说“1965 年冬”。冯锡刚在《“文革”前的郭沫若（1949—1965）》中称：“五、六两日，郭沫若重游晋祠，留下最富诗意后来却又颇多忌讳的《重到晋祠》，还兴致勃勃去太原西南 40 公里的天龙寺石窟参观，访问太原乳牛场。”② 而据夏鼐日记记载：

1965 年 11 月 20 日　星期六

上午 9 时 30 分车抵太原。山西省人委派常委史纪言、省交际处处长来接郭院长。出站后，他陪着郭院长及徐老乘小汽车先走，我们乘一辆大汽车后随，由东郊沿马路至晋祠招待所，用早点后出来赴晋祠游览。③

因此，冯文所记郭沫若游览晋祠时间有误，不是五、六两日，而是 11 月 20 日。《重到晋祠》当然也并非如其所说是五日、六日所题写。

---

① 成都市图书馆编：《郭沫若著译及研究资料》（第一册），成都市图书馆编印 1979 年版，第 14 页。

② 冯锡刚：《“文革”前的郭沫若（1949—1965）》，中央文献出版社 2005 年版，第 380 页。

③ 夏鼐：《夏鼐日记》（卷七，1964—1975），华东师范大学出版社 2011 年版，第 169 页。

《重访晋祠》的书法条幅，现在作为文物，估价不低。2009 年 11 月 9 日由北京瀚海拍卖公司在拍卖会上以人民币 1736000.00 的价格拍卖成功，书法作品价格主要取决于作品本身的艺术价值、作者名气、年代性、稀缺性、时代性、来源、品相及材质等诸多因素，由此拍卖价可见《重访晋祠》是收藏价值相当高的艺术作品。而同样内容的《重到晋祠》却成为十八首诗作中独独被《郭沫若全集》等文集排除在外的一首，这不由得吸引我们去探讨其中缘由。

二 “康公左手书奇字”

关于《重到晋祠》这首诗被《郭沫若全集》等文集排除在外，多数学者认为原因在于其与康生之间的关联。逯艳就指出这首诗“之所以被逐出全集之外，目前的说法是因为诗的首联‘康公左手书奇字’中涉及了‘康公’，也就是当时中国政坛知名人物康生。”[①] 冯锡刚也认为“这样一首在那时节难得的好诗，就因为‘康公左手书奇字’而被逐出 80 年代编辑出版的《郭沫若全集》之外了。”[②]

首联中“康公左手书奇字”中的“康公”指的是时任中共中央政治局候补委员、书记处书记、全国人大常务委员会副委员长的康生，这是确凿无疑的。据夏鼐 1965 年 11 月 20 日的日记记载：

> ……用早点后出来赴晋祠游览。我是 1934 年毕业旅行来过一次，门面外边改观了，砌了新墙，开了新门，门上匾额“晋祠”二字，上首是“一九六四年五月”，下款是“康生左手”。[③]

夏鼐这段日记正是他作为科学院专家学者之一，和时任科学院院长的郭沫若一起赴山西参观、参加农村社教工作第一天所记。由此可知，当时晋祠所悬牌匾上所书晋祠二字正是康生手笔，这也解释了为何郭沫若诗首句即提“康公左手”。

因此，丁茂远编著《〈郭沫若全集〉集外散佚诗词考释》中第二条注释——康公即康有为[④]，突兀而不可解，其实是错误的认识，作者后来已经订正，后文将详述。冯锡刚文中也提到康生题写匾额一事，不过，他称“1958 年，康生游晋祠留下墨迹”是错误的，实际应当是 1964 年。

康生精于书法这已是毋庸置疑的，如果不是因人废书的缘故，他的书法作品原可以得到更高评价。因为擅长书法，他曾经被控制上海银行和船舶航运业的巨头、上海

① 逯艳：《关于晚年郭沫若佚作中“大寨”的几点看法》，《淄博师专学报》2010 年第 1 期。
② 冯锡刚：《“文革”前的郭沫若（1949—1965）》，中央文献出版 2005 年版，第 382 页。
③ 夏鼐：《夏鼐日记》（卷七，1964—1975），华东师范大学出版社 2011 年版，第 169 页。
④ 丁茂远：《〈郭沫若全集〉集外散佚诗词考释》，浙江大学出版社 2014 年版，第 322 页。

中华商会会长虞洽卿聘为私人秘书，专门撰写来往信函、拜帖、贺帖、吊唁信等。当年如《文物》《考古》等一流刊物也用康生的墨迹作为封面题字。康生真草隶篆样样皆能，自成“康体”而且“左右并进，皆能书画，且是金石大家，笔划典雅，劲力非凡，似拙实工，生动而不张扬，刚直而不僵硬……”① 其书篆体常以“康生左手”落款。

郭沫若与康生在新中国成立后交往甚多。康生不仅在郭沫若、毛泽东的诗歌唱和中起到了桥梁和信使的作用，还与郭沫若合作诠释毛泽东诗作、发起“兰亭论辩”等。郭沫若在1975年12月康生去世后为之写了一首挽诗，这首挽诗当年并未公开发表：

> 第五卫星同上天，光昭九有和大千。
> 多才多艺多能事，反帝反修反霸权。
> 生为人民谋福利，永扬赤帜壮山川。
> 神州八亿遵遗范，革命忠贞万代传。

在《重到晋祠》中，郭沫若以康生题字展开诗篇，既是因为郭沫若和康生有着共同的文史嗜好，彼此之间惺惺相惜的特殊感情，也是对于一首记游写景诗的常见写法。但正是因为政治上的原因，康生左手篆书体匾额已被摘下，且无论晋祠解说者还是记载者皆是对此讳莫如深，才让人觉得郭诗开头突兀，且有向康生献媚之嫌。

三 《重到晋祠》与《游晋祠》

如果将郭沫若写于1965年冬的《重到晋祠》与写于1959年7月的《游晋祠》对照来读，会发现其中的联系与明显的情感与意义上的差异，而这些差异或许可以更多地解释为何1977年郭沫若在重新校对编选《沫若诗词选》时摒弃此诗。

1959年的《游晋祠》开篇即追溯晋祠的历史渊源：“圣母原来是邑姜，分封桐叶溯源长”；三四句“隋槐周柏矜高古，宋殿唐碑竞炜煌”，歌咏了晋祠的名胜古迹隋槐、周柏、宋殿和唐碑；五六句“悬瓮山泉流玉磬，飞梁荇沼布葱珩”，描写了晋祠山水，尤其重点赞美晋水之美。末尾两句“倾城四十宫娥像，笑语嘤嘤立满堂”，专门赞赏晋祠圣母殿宋塑之侍女群象，并借以收束全篇。

在1965年的《重到晋祠》中，开篇“康公左手书奇字，照眼红墙绕晋祠”，以赞美康生题字引入，梁衡在其散文《晋祠》曾称道“绿水碧波绕回廊而鸣奏，红墙黄瓦随树影而闪烁”——红墙黄瓦亦是晋祠皇家气质的表征。三四两句“周柏低头

① 朱浩云：《时代不再因人废字》，《中外文化交流》2012年第1期。

迎旧识，铁人举手索新诗”，再次提到周柏，“旧识”二字含蕴七度春秋，而“铁人举手索新诗”，却又有别样意味——据当时的一位陪同郭老游览的讲解员蔡声健回忆：“在圣母殿前，我看到郭老兴致很高，趁机扶住他的肩膀，大声说：‘郭老，旧地重游，再写首诗吧。’郭老顿了一下，接口道：‘旧地重游，新诗没有。’郭老反应快，脱口而出的话也合辙押韵。”[①] 五六句“欲流荇菜情难已，惊见睡莲花未衰”，再次应和《游晋祠》，不过这次不再仅是描写水之美丽与灵气，而是有了作者更多的情感——想要抚摸采撷碧绿萍藻，难以自已，却惊讶地发现，于此寒冬之中，睡莲的花蕊竟未衰败。睡莲花期多在春夏，室外在6—9月，11月应该已经进入休眠期，故诗人言“惊见”。如果说五六句诗人表达了对于美好事物的发现、亲近与挚爱，那么末尾一句“悬瓮山头松失翠，顿憎旱魃费鞭笞”则表达了诗人内心对于其时晋祠变化的遗憾。水是晋祠最具动态的点睛之笔，诗仙李白游晋祠时，曾写下“晋祠流水如碧玉”，“百尺清潭写翠娥”（《忆旧游寄谯郡元参军》）等诗句赞颂晋水之美，范仲淹曾感慨“皆如晋祠下，生民无旱年”（《咏晋祠水》），郭沫若《游晋祠》中也是以“玉磬”“葱珩”从听觉与视觉来写晋水流动之美。然而《重到晋祠》中诗人再度写到悬瓮山，却以三个字：“松失翠”，写了晋水之将枯。据相关资料记载：“1965年，全省平均降雨仅303mm，是中华人民共和国成立后最严重的一个旱年。成灾面积2600万亩，粮食总产比上年减少15亿kg。”[②] 这也是后句“顿憎旱魃费鞭笞”之由来。

从以上比较可以看出，《游晋祠》一诗从回溯历史到歌咏山水，既描绘了晋祠全貌，又能突出刻画景致精华，形式方面起句精警，结语含蓄，结构紧凑，韵律和谐。读之，既能了解晋祠山水景致之美，又能体会诗人愉悦轻快之情，或者说，这是一首相当和谐的山水游记诗。而《重到晋祠》则不然，周柏“迎旧识”而旧识已老，铁人“索新诗”而新诗未得，“欲流荇菜”而“情难已”，悬瓮山在而“松失翠”，憎旱魃而“欲鞭笞”——这首诗里面有着更多诗人的主体性、情感性，如同涌动的暗流潜隐于严谨的诗句之间。

《重到晋祠》不仅是与《游晋祠》相比而有着更多诗人的主体性，在《大寨行》（组诗）十八首里，它也是特别的一首。在此以《在太原参观大寨展览》为例：

大寨人人是愚公，
神州争效此雄风。
百年基业防涝旱，

① 蔡声健：《山西忆旧：在晋祠为郭沫若先生当解说员》，《太原日报》2012年8月22日。

② 水利部农村水利司编著：《新中国农田水利史略：1949～1998》，中国水利水电出版社1999年版，第277页。

千米山头待柏松。
勤奋力将全国学，
虚心赢得普天同。
为防自满寻差距，
绝不因循步自封。

整首诗表现了郭沫若对毛泽东于1964年提出的“新三面红旗”的紧紧追随——“工业学大庆、农业学大寨、全国学人民解放军，为全国各界树立楷模”，几近口号标语，满溢政治宣传色彩。其他十六首莫不如此：“杏花村里酒如泉，解放以来别有天”（《访杏花村》）借杏花酒歌咏新政权；“大寨精神卷巨澜，戡天战地万锄酣”（《访运城》）、“狼窝变良田，凶岁夺大熟”（《颂大寨》）、“赶挟泰山超北海，提高产量过长江”（《访贾家庄》）、“凶岁犹能夺高产，请看人力胜骄阳”（《访原王庄》）、“大寨杨谈随处是，战天斗地力无量”（《访界村》），歌颂大寨精神、宣传大寨成果；“武装思想凭毛选，强化根基学技科”（《访太原乳牛场》）、“一片农村锦绣图，毛诗毛选是犁锄”（《访西元》），赞颂毛主席精神，至于《留别社教队同志》则通篇充满“反美反修根本策，活学活用精神粮”这样的口号了。而相形之下，《重到晋祠》则语句凝练形象、情感自然充盈，位居组诗之首而尤显别致。

四 《重到晋祠》不应被忽略

《沫若诗词选》是“文化大革命”结束后郭沫若参与编选并亲自校阅的一部诗词选集，1977年9月由人民文学出版社出版。[①]《沫若诗词选》在《大寨行》（组诗）中选了原十八首中的九首，并在前面加了一个小序：“一九六五年十一月十九日，曾往山西参观农村社教工作。归途于十二月七日，参观大寨。先后成诗十六首，辑为《大寨行》。”[②] 按理说郭沫若即便当时已经八十六岁高龄且沉疴在体，也不会忘记当年元旦以手迹套红发表于《光明日报》的《大寨行》，但此处的“成诗十六首”或许只能理解为郭沫若对于具体数目上的一个记忆误差。而选诗时郭沫若未必就是特意摒弃了《重到晋祠》，因为只选入了九首，和《重到晋祠》一起未被选入的其实还有八首。我们也不能说，郭沫若是因为康生地位的巨大变化而未选入此诗的。事实上，1977年8月召开的中共十一大仍向康生致敬，同年出版的《毛主席诗词墨迹》依旧沿用康生当年的题签。1977年9月3日中央党校“整风会议”上，王富长首次揭发康生和曹轶欧的问题，但胡耀邦非常慎重，提出将材料整理上报；1977年12月8

① 魏建：《〈沫若诗词选〉与郭沫若后期诗歌文献》，《中国现代文学研究丛刊》2011年第11期。

② 郭沫若：《沫若诗词选》，人民文学出版社1977年版，第317页。

日，中央党校16楼走廊贴出的两份小字报指出：所谓“康生路线”，实质上与林彪、“四人帮”的路线是同一路线。[①] 直到1978年11月12日，陈云在中央工作会议的东北组发言中，在提出为薄一波等61人平反，解决陶铸、王鹤寿、彭德怀等的冤案问题后，专门指出：“‘文化大革命’初期，康生是中央“文革”的顾问，康生那时随便点名，对在中央各部和全国各地造成党政机关瘫痪状态是负有重大责任的。康生的错误是很严重的，中央应该在适当的会议上对康生的错误给予应有的批评。”[②] 陈云的发言在会议简报上登出来后，与会代表纷纷表示支持。由此，中央决定，审查已经死去的康生的问题。而《沫若诗词选》已于1977年9月出版。因此，认为“1977年政治形势已经大逆转，康生不但早已死去，也成了林彪、江青反革命集团的干将，郭沫若尽管依旧官居高位，但从政治角度考虑，不能不删去该诗。”[③] 这一说法是不够确切的。

《大寨行》（组诗）为十七首的错误认识形成于《郭沫若全集》。1984年出版《郭沫若全集·文学卷》（第五卷）中，除了收录《沫若诗词选》九首之外，又以附录的形式，将《大寨行》中未收入《沫若诗词选》的八首诗附录，而有意排除了《重到晋祠》，如此，则造成了《大寨行》（组诗）为十七首的错误认识。

前文已提到《重到晋祠》被排除的原因，比较普遍的看法是诗篇首句中对于康生题字的赞美之辞。1975年12月16日，康生在京病逝。1980年10月16日，中共中央根据中央纪律检查委员会的《中共中央转发中央纪律检查委员会关于康生、谢富治问题的两个审查报告的批语》，将康生开除党籍，并撤销悼词；中央组织部决定，将其骨灰迁出八宝山革命公墓；同年11月2日，最高人民检察院特别检察厅确认，康生为林彪、江青反革命集团主犯，因康生已死，不再追究他的刑事责任。[④] 据曾参与新版《郭沫若全集》文学编诗歌部分的编选注释工作的丁茂远介绍：郭沫若著作编辑出版委员会曾“不得不多次向有关部门领导与专家征求意见，确定那些肯定与歌颂‘文化大革命’的诗词是否入集，最后各方较为一致的意见仍是以回避为宜。基于这一原因，《沫若诗词选》中不少正面反映‘文化大革命’的诗词没有编入‘全集’”。[⑤] 康生既已被划为林彪、江青反革命集团主要成员之一，自然郭沫若诗歌中赞颂康生的诗篇就要回避。这似乎也可以说得通。其实，作为全集，理应把郭沫若的所有著作尽可能完全地搜集起来，但《重到晋祠》这么明显的存在却被《全集》有意忽略，着实不该。

2014年出版的《〈郭沫若全集〉集外散佚诗词考释》中，丁茂远将《重到晋祠》

---

① 程冠军：《康生问题被揭露始末》，《同舟共进》2011年第12期。

② 宋凤英：《陈云与十一届三中全会》，《党史纵横》2008年第12期。

③ 贾振勇：《郭沫若研究十六讲》，山东文艺出版社2009年版，第300—301页。

④ 霞飞：《康生的人生浮沉》，《党史天地》2006年第7期。

⑤ 丁茂远：《论郭沫若“文革”期间诗词创作——兼议对其晚年的评价》，《理论与创作》1997年第2期。

作为佚诗收入，却又在注释中将康公释为康有为，后作者《为自著正误》中纠正了这一错误，但关于此诗又有如下问题：郭沫若校对的《沫若诗词选》只收《大寨行》（组诗）其中九首，并非由于“郭沫若在编《沫若诗词选》时，出于小心谨慎，已将此诗删掉。”[①] 而对于组诗总序以及篇数为“十六”还是“十七”的疑问更是混淆了《沫若诗词选》与《郭沫若全集·文学卷》（第五卷）的关系，正误之时，又出谬误。有意思的是，至于“思想与艺术均属上乘之作”的《重到晋祠》为何被弃而不收，曾经是全集编者的作者竟然也感到百思不得其解，读冯锡刚《郭沫若的晚年岁月》方解开疑团：“问题出在诗的第一句。”

笔者以为，《重到晋祠》未能收入《沫若诗词选》，可能恰恰在于在这十八首中，这首诗最像“诗”，诗的意味最浓，情感更丰沛，更接近作为诗人的郭沫若，当时真实的郭沫若。自1963年起，有着敏锐的政治触觉的郭沫若就已经意识到了向自己袭来的危险。文艺界被指责“跌到修正主义边缘”，他作为全国文联主席深感压力巨大。他的四子郭民英于1964年因带盘式录音机到音乐学院而引起轩然大波，并于1965年春夏自中央音乐学院退学。次子郭世英1962年考入北京大学哲学系，后因参与“X诗社”事发被下放河南西华农场劳动。1964年田汉的《谢瑶环》被康生诬陷为“反党反社会主义的大毒草”，更使与田汉一直交好的他忧心忡忡。一方面，郭沫若放弃了历史剧的写作，不参加学术讨论；而另一方面，他积极参加国务活动，作应景诗词，发表了十几篇推介毛泽东诗词的文章，拜访了革命红都瑞金、革命圣地井冈山、韶山、延安等处并写下了一系列政治颂歌。在《沫若诗词选》收录的这些1963年以来的新作中，《大寨行》（组诗）就是其中之一。按照文学与诗歌本体的眼光来打量的话，《沫若诗词选》“缺乏艺术性，浅薄得让人难以产生阅读欲望，更谈不上有什么诗情画意了”，“绝大部分是政治口号的堆砌和图解，在形式上表现为顺口溜”[②]。但这正是其时代的“文学”选择标准之下产生的结果。而《重到晋祠》中不仅有年华老去的淡淡伤感，还有难赋新诗的深深窘迫，有亲近自然的渴望，也有对晋水枯寒、松柏失翠的失望，虽然尾句“顿憎旱魃费鞭笞”给予全诗一个响亮结尾，但整首诗却情致曲折似有深意，用语朴雅有古意，然而这些却是其时为文作诗所应力避的。《沫若诗词选》未将其选入也就在情理之中了。

小　结

《重到晋祠》是在社会主义教育运动（又称“四清”运动）的大背景下产生的。郭沫若在1965年参观晋祠的活动正是其与中国科学院部分老科学家作为第二批知识

① 丁茂远：《为自著正误》，《郭沫若学刊》2015年第2期。

② 徐明祥：《潜庐读书记》，内蒙古教育出版社2012年版，第95页。

分子参与社教运动活动的一部分。[①] 这次运动的目的是让知识分子们“了解目前农村形势和阶级斗争情况，进一步认识社会主义教育运动的伟大意义，并借以接触贫下中农增加劳动人民的感情，提高社会主义觉悟，促进思想革命”[②]，即教育和改造知识分子。回京后，科学家们要提交参观总结，表达思想认识和决心态度。即便不是诗人的科学家，如竺可桢副院长，也在参观时写了一首七律《颂大寨》，回京后修改定稿：

> 愚公虽有移山志，成事还须待子孙。
> 咬牙酣战狼窝掌，赤手填平虎首墩。
> 大寨沟梁尽石砾，十年辛苦变田园。
> 不怕天时有水旱，只凭人力转乾冲。

那么理所应当，作为院长的郭沫若则是，也必须是一路走来、带头表态的榜样。《大寨行》（组诗十八首）几乎每首都充满政治口号，表达改造决心，也就成为理之当然。也就是在这样的背景下，《重到晋祠》显得更加可贵和别致，也就更加值得我们去阅读品味和探讨思索。

郭沫若是一个复杂的存在，后期的郭沫若更是如此。但如何认真地看待这个“复杂”的郭沫若？目前学界多是以“政治性”眼光打量后期郭沫若及其创作，这自然有一定道理：郭沫若后期与当时的政治风云之间的界限难以剥离，不论是他的政治身份还是社会角色都佐证了这一点，然而，我们不能否认郭沫若的文化身份也是复杂的，他的后期诗歌写作同样不能被简单粗暴地一概视为其“政治性”的呈现，这既不客观，也不公正。回归全面、翔实、准确的文本、文献史料，据此进行冷静、细致、缜密的研究，才有可能得出客观、公正、理性的评价。

关于郭沫若晚年诗歌创作，魏建认为：“如何解说郭沫若建国以后的诗创作。对此，十五年来的研究基本上采取了回避的方式。”[③] 我认为，这里的“回避”是指向两个层面：一，缺乏全面、系统的郭沫若后期诗歌原始文献整理的基础；二，缺乏“知人论世”的足够耐心与诚意的前提——在这样两个层面上进行的研究，就难免得出不够缜密甚至错误的结论。而就在这样的一种现状中，我们还在忽略已经显豁存在的《重到晋祠》这样的文本。

《沫若诗词选》编选之时，郭沫若未将《重到晋祠》等九首选入——毕竟这是选集；而《郭沫若全集》在编选之际，再次因为“康公左手书奇字”而独将《重到晋

① 王扬宗：《1965 年中国科学院老科学家参观山西农村“四清”》，《中国科技史杂志》2013 年第 2 期。
② 《中国科学院“四清”参观团总结》，中国科学院档案，1965 年 12 月 2 日。
③ 魏建：《〈沫若诗词选〉与郭沫若后期诗歌文献》，《中国现代文学研究丛刊》2011 年第 11 期。

祠》遗漏，则不应以为是。作为其时郭沫若难得的性情之作，作为全面读解郭沫若的重要文本，《重到晋祠》不应被忽略。

（原载《东岳论丛》2018 年第 10 期）

郭沫若与《请看今日之蒋介石》

韩　诚　赵　洁

1927年3月23日，蒋介石在安庆制造了破坏革命的“三二三”事件，激起全国一片声讨。3月31日，郭沫若在南昌的朱德家中“一间光线不十分充足的室内”，写下《请看今日之蒋介石》，痛斥蒋介石是“屠杀民众的刽子手”，次日在南昌印成小册子散发，随后在《革命生活》、武汉《中央日报》等刊物发表，成为当时著名的讨蒋檄文。郭沫若本人也因这篇文章被南京国民政府通缉，被迫流亡日本十年。这篇影响个人命运的文章，郭沫若在动荡的政治环境中并未保存，后来“四处寻找了多年，毫无着落”[①]。直到20世纪50年代初，才被重新发现，经过修改在《近代史资料》发表，后编入文集和全集。《请看今日之蒋介石》的创作和修改过程，体现了郭沫若在不同时期对蒋介石评价的变化。

一　《请看今日之蒋介石》版本

迄今为止，《请看今日之蒋介石》已知主要有8个版本：

（1）初版本：1927年4月1日，在南昌印制单行本。

（2）中央日报本：1927年4月，以单行本形式作为武汉《中央日报》的附刊发表。

（3）革命生活本：1927年4月9日、10日，以“今日之蒋介石”为题，在武汉《革命生活》日刊第50期、51期转载。

（4）湖南民报本：1927年4月10日，开始在《湖南民报》转载。[②]

（5）湖北宣传本：1927年，由中国国民党湖北省执行委员会宣传部发行单行本。

（6）修改本：1954年，经过修改后在《近代史资料》第2期发表。

（7）文集本：1958年9月，编入《沫若文集》第8卷。

（8）全集本：1992年9月，编入《郭沫若全集》文学编第13卷，增加部分注释内容。

---

①　唐见林：《郭沫若与〈请看今日之蒋介石〉——回忆郭老写给父亲的三封信》，《武汉大学学报（社会科学版）》1984年第1期。

②　1927年4月10日为《湖南民报》转载开始时间，结束时间不详。

《请看今日之蒋介石》最初有两个版本，一个是脱稿次日在南昌印制的初版本，这个版本并非正式出版物，而是便于向群众散发的小册子。另一个是“中央日报本”，是以紧急军事文书的形式，由机要交通员送往武汉，在武汉国民政府中央机关报《中央日报》上以报纸附刊的形式发表。① 为配合讨蒋行动，这篇文章在武汉国民政府控制的区域内广泛传播，如武汉中央军事政治学校校刊《革命生活》、国民党湖南省党部机关报《湖南民报》进行了转载，国民党湖北省执行委员会宣传部发行了单行本。而同时期的郭沫若，在创作这篇檄文后前往九江、上海、武汉等地参加政治活动，没有进一步修改作品，他本人也没有保存这篇文章。直到新中国成立后，《请看今日之蒋介石》才被重新发现，经过修改后在《近代史资料》上发表，后收入《沫若文集》和《郭沫若全集·文学编》，作为自传部分《革命春秋》的一部分。修改本、文集本、全集本的内容基本一致，仅有个别文字、注释上的变化。

由于《请看今日之蒋介石》早期版本保存较少，本文以全国图书馆文献缩微中心提供的湖北省图书馆馆藏版本，即“湖北宣传本”与修改本进行比对，其中修改近两百处，包括标点替换、文字润色，以及在内容上调整了批判蒋介石的角度。② 由于修改本没有序言或跋语，无从得知郭沫若修改的具体时间和动机，但从其对文本的调整中可以看出端倪。

二　作品修改及再发表

新中国成立后，社会的一个显著的变化是对语言的规范，无论是生活用语还是政治词汇，都经历了全面的变革，这些可以在郭沫若的作品修改中找到例证。《请看今日之蒋介石》的多数修改是标点替换和文字润色，其中标点替换约占两成，依据新的标点规则，修改本使用了更多种类的符号，如并列词语间使用顿号，为较长的句子增加逗号或句号。文字润色约占七成，包括错字订正、称谓转变、句式更替等，如“沐浴”“视见”“会话”等词语改为更符合口语习惯的“洗澡”“看见”“说话”，音译词“中耳加答尔”改为“中耳炎”，吴方言的“事体”改为“事”。修改本还为部分内容增加注释，如“在青天白日的旗帜之下”改为“在‘青天白日’的旗帜（国民党的党旗）之下”，“黄花岗节”改为“黄花岗节（三月二十九日）”。

在替换标点、润色文字的同时，更重要的是调整批判蒋介石的角度。在湖北宣传

① 龚济民、方仁念：《郭沫若传》，北京十月文艺出版社 1988 年版，第 116 页。

② 湖北宣传本并非初版本，在文字、格式上可能存在一定差别，但由于初版本难以寻找，选择同时期的转载版本与修改本进行比对，也有助于考察作品的版本变化。关于修改的计算标准为：一是以逗号分隔的半句话为基本单位，半句之内无论修改多少文字或符号为一处修改；二是连续语句的增删，无论内容长短算作一处修改；三是格式的调整，顺序变化、新的分段或合并算作一处修改。

本中，郭沫若批判的出发点是维护国民党，将蒋介石视为“党国叛徒”，主要罪名是“背叛党国、屠杀民众”。在分析蒋介石的功过时，强调“蒋介石以往的军事”并非个人创造，而是“同志们为党为国家努力的结晶”，并表示“我们只有党，只有国家，没有个人”。修改本将以上词句中的“党”改为“革命”或“革命事业”，蒋介石的罪名从“党国叛徒”改为“革命叛徒”。与此类似，将“我党”改为“国民党”，“讨赤”改为“反共”，“我们的三民主义”改为“三民主义”，在“我们当前的敌人就是我们内部的党贼”中将“党贼”改为“国贼”，对追随蒋介石的段锡朋、周利生等人的评价从“叛党叛民的党贼的走狗”改为“背叛民众的党棍和走狗”。在最初的文章中，代表国民党的“党”或“党国”等词语排比运用时放在“民众”“革命”等词语前，修改本不再突出国民党，改为不带党派色彩的词语“革命”或“国家”。

修改最多的一处，是郭沫若与总司令部交通处长陆福廷对话前的一段描写：

> 我觉得很对不住你，但是我为党国的前途起见，我为民众的利益起见，我为革命的利益起见，不能不把你的话直写出来。我知道你是一位很好的同志，你是具有革命的热诚的人，万一我这篇文章发表出来，于你的地位，乃至于你的生命有甚么危险的时候，我请你不要怨恨我。你即使有什么牺牲，也是为党国而牺牲，为民众而牺牲，为革命而牺牲，这正是光荣的事情，我也不能因为有卖你之嫌，把你的一句顶重要的话隐蔽起来。我们知道党国之前无个人，我是离开了个人的利益来说话，我也望你能够离开个人的私情的束缚来为党国谋利益，能□我相信你是能够的。①

郭沫若视陆福廷为“忠厚长者”，是“总部里面我最喜欢”的人，因此担心发表文章会影响他的安危。在这段心理描写之后，由陆福廷之口说出“杨虎是老总命令他来干事的”，揭露蒋介石是“陈赞贤惨案”“三一七”事件的幕后操纵者。修改本保留了两人的对话，但对这段心理描写进行大幅度修改，删去了画线部分比较啰嗦的描述，使文章语言更简洁，同时也改变了郭沫若创作之初的心态，不再突出为“党国”前途担忧。在1926年加入国民党的郭沫若，北伐中担任了政治部宣传科长、副主任等职务，《请看今日之蒋介石》正是他以国民党党员身份所写，符合当时国民党内部斗争的语境。在新中国成立后，将这部分内容删除也在情理之中。

在作品正文之外，文章的副文本内容也有不少调整。湖北宣传本中的开头有一大段导语，依照原始格式排版如下：

① “□”为印刷模糊的文字。

▷蒋介石是屠杀民众的刽子手
▷总司令部是反革命派的大本营
▷安庆『三二三』惨案的真相
▷屠杀党员同志的大阴谋
▷勾结青红帮流氓地痞的确实证据
▷欺骗民众，强奸民意
▷调新编第一师剿杀南昌
▷九江『三一七』惨案鬼蜮伎俩
▷走一路打一路的威风
▷将女同志剥去外衣痛打游街
▷新五省联军总司令的春梦
▷准备解决第二，三，六，七军的策略
▷孙传芳的继承者——张作霖的爪牙
▷党贼不除，革命必归失败
▷中央已罢免蒋介石的职权

这段导语作为《请看今日之蒋介石》的摘要，强烈批判蒋介石“屠杀民众”“屠杀党员”的罪行，将其视为“孙传芳的继承者”和“张作霖的爪牙”，放在文章最前面，起到了提纲挈领的作用。修改本删除了这段导语，主要是因为结尾的“党贼不除，革命必归失败”和“中央已罢免蒋介石的职权”两句，对蒋介石“党贼”的定位以及对汪精卫代表的“中央”的称谓，不符合新中国成立后的政治语境。

在修改本中，取代这段导语的是一段“编者按”：

> 一九二七年春在第一次国内革命战争即将胜利的时候，蒋介石叛变了革命，代替北洋军阀建立了南京蒋匪帮的政权。作者把亲见亲闻的蒋匪罪恶宣布于人民面前，在当时起着推动革命的作用，在今天仍是研究第一次国内革命战争的重要史料。原文在一九二七年四月间发表于武汉《中央日报》副刊和武汉中央军事政治学校政治部出版的《革命生活》日刊，亦曾转载于北方的报纸，亦曾印为单行本。

导语、编者按虽不属于作品正文，却是副文本中最重要的元素，正如热奈特对副文本的定义所说，这些正文之外的内容“为文本提供了一种（变化的）氛围，有时甚至提供了一种官方或半官方的评论”①。对比湖北宣传本“导语”和修改本“编者按”，体现出宁汉斗争时期武汉国民政府与新中国成立后批判蒋介石的角度差异。

尽管两个版本在正文和副文本上均有调整，但对批判蒋介石“党国叛徒”的删

① ［法］热拉尔·热奈特著：《热奈特论文选》，史忠义译，河南大学出版社2009年版，第58页。

改并不彻底，依然保留了部分痕迹，如号召反蒋时强调“蒋介石叛党叛国叛民众的罪恶如此显著，我们是再不能姑息了。他在国民党内比党外的敌人还要危险”。其中将“叛党”放在“叛国叛民众”之前，突出“他在国民党内”的危险性。此外，《近代史资料》在重新刊登郭沫若文章的同时，将湖南总工会宣传部在1927年印发的文件《为什么要打倒蒋介石》作为附录，其中也提到“如不开除蒋介石党籍，党纪何在”，同样也是从“叛党”的角度批判蒋介石。

此外，郭沫若对蒋介石、汪精卫的描写也有修改。湖北宣传本中尽管痛批蒋介石，郭沫若仍称他为“总司令”，或是沿用工作中的习惯称为“老总”，修改本则是一律直呼其名。在情绪激动时，郭沫若曾有“啊，老总，你要掩盖些甚么”的呼喊，修改本变为“蒋介石，你要掩盖些甚么”，不带有一丝个人情感。在描写蒋介石说话时，修改本还增加了“唵，唵”的口语细节，讽刺他的口齿不清，以突出身体缺陷的方式丑化个人形象。此外，修改本删除了“前天我到九江的时候，听说中央已经免了蒋介石的职”，以及结尾口号中高呼“欢迎汪精卫同志复职！神圣的党的权威万岁！”等内容，不再提及汪精卫及其代表的武汉国民政府，对孙中山的称呼也从“总理”改为“中山先生”。人物称谓、细节描写的变化意味着作者的态度转变。

三　对蒋介石评价的变化

郭沫若一生中随着时局变迁不断改变政治身份，对蒋介石的评价经历了支持、批判、回避、赞扬、不满、再批判等阶段。《请看今日之蒋介石》等作品的创作与修改过程，体现了郭沫若在不同时期对蒋介石评价的变化。

第一阶段是从支持到批判。1926年5月，在抵达广州后不久，郭沫若在褚民谊的介绍下加入国民党。随后在北伐中，郭沫若加入军事委员会政治部，担任宣传科科长等职务，后被蒋介石任命为政治部副主任。最初两人关系较好，郭沫若在宣传工作中积极支持蒋介石，甚至被人戏称为“吹号的”。在生活中也有交往，郭沫若被安排招待蒋介石的夫人陈洁如。[①] 但在安庆惨案后，郭沫若对蒋介石的行为极为痛恨，选择了支持武汉国民政府，写下《请看今日之蒋介石》，痛批蒋介石的“叛党”行为。

《请看今日之蒋介石》发表后，成为武汉国民政府的宣传材料，让蒋介石极为不满。郭沫若因此被南京国民政府定性为“尤属甘心背叛肆意诵诽，甚且捏造是非”，“但快一己之私，百凡竟置不恤，其辣手狠心、倒行逆施，实属罪大恶极，无可宽假”。随后被以“趋附共产”的罪名“开去党籍辑办”。[②] 事实上，此时的郭沫若并

① 李一氓：《北伐和南昌起义（上）》，《中共党史资料》第39辑，中共党史资料出版社1991年版，第36页。

② 关于通缉郭沫若的《中国国民党国民革命军总司令部特别党部执行委员会呈文》《国民政府中央执行委员会批文》《国民政府通缉令》，转引自倪墨炎《三十年代反动派压迫新文学的史料辑录》，《新文学史料》1985年第3期。

未加入共产党，身份仍是国民党党员，与蒋介石的决裂是宁汉分裂时期的斗争体现，仍属于国民党的内部斗争。郭沫若曾回应“跨党”的指责：“至于说我跨党呢，那我更不胜光荣之至了。现在‘跨党’二字差不多成了‘革命’的代名。只要是革命的便是跨党的。蒋介石不是在反对共产党，他是恭维共产党呢。真真是蠢到不可思议的地步了。总要那样忸忸怩怩的掩耳盔铃。”[①] 郭沫若并未承认自己“跨党”，而是赞扬“跨党”即是革命，以讽刺蒋介石的愚蠢。

随着国民党两派的妥协，率先发表讨蒋文章的郭沫若也陷入困境，他将汪精卫与蒋介石在上海的会谈视为“中央的策略依然是要和蒋介石妥协”，感叹“我没有了解中央的意志便擅行发表了绝端反蒋的文章，中央并没有免蒋职，而我自己已宣称免蒋，这从党的纪律上来说，要我自己才真正成了反革命了。”[②] 宁汉合流之后，郭沫若失去了国民党党员的身份，随后参加南昌起义，并在随部队南下途中，由周恩来、李一氓介绍加入中国共产党。[③] 同时，他也被列入“通缉共产党名单”中，与陈独秀、邓演达等人一道被国民党政府通缉。[④]

第二阶段是从回避到赞扬。郭沫若在被通缉后流亡日本，中断了与国内政治活动的联系，直到抗战爆发后才得以回国。国民党在 1937 年 7 月发布《对郭沫若取消通缉的训令》，宣布“郭沫若应予取消通缉”。[⑤] 在回国后不久，郭沫若被蒋介石召见，他在《在轰炸中来去》中详细记述了会见细节，称赞蒋介石“对我总是格外的和蔼”，并细致刻画了两人的握手：“又是一次暖和的握手，依然是满面的喜色，分外发着光彩的眼睛。”蒋介石在会见中还特意询问郭沫若“为什么到了日本”，郭沫若回答说：“我没有钱，在国内不能生活，又不能到欧美去，所以只好朝日本跑”。[⑥] 双方均未提当初的不愉快。

在 1948 年所写的《抗战回忆录》中，郭沫若将他与蒋介石及国民党的关系描述为充满斗争和矛盾，然而抗战初期的两人关系很融洽。正因为有蒋介石的认可，郭沫若才能在政治部第三厅厅长的职位上开展战时宣传工作。在各类演讲、杂文中，郭沫若尊称蒋介石为“我们的最高领袖”，积极宣传、解读蒋介石关于抗战的政策，响应“抗战建国”“国民精神总动员”等口号。在署名郭沫若的《战时宣传工作》中，大力宣传国民政府提出的“抗战建国纲领”，强调在工作中“切实执行蒋委员长的指

---

① 宋彬玉：《校读“脱离蒋介石以后”》，《郭沫若学刊》1992 年第 4 期。

② 同上。

③ 吴奚如：《郭沫若同志和党的关系》，《新文学史料》1980 年第 2 期。

④ 关于通缉郭沫若等人的《国民政府秘字第一号令》，转引自沈卫威《新发现国民党南京政府一九二七年通缉沈雁冰（茅盾）、郭沫若的原件抄本》，《新文学史料》1991 年第 3 期。

⑤ 《对郭沫若取消通缉的训令》（国民政府训令第 585 号），转引自沈鹏年《陈布雷与郭沫若》，《行云流水记往（上）》，上海三联书店 2014 年版，第 179 页。

⑥ 郭沫若：《在轰炸中来去》，《申报》1937 年 10 月 19 日。

示”，确保“建国纲领的坚决执行”。①

郭沫若对蒋介石态度的转变，并非简单的个人反复，而是与革命形势变化以及国民党对其态度转变有关。抗战爆发后，中国的首要任务是团结一切力量打倒日本帝国主义，曾经的党派恩怨被暂时放下，国共双方以及民主人士进行了广泛合作。国民党将郭沫若视为文化界代表，主动安排其回国并取消了通缉令。在此后的国共合作中，作为双方都认可的人选，郭沫若在《救亡日报》社长、政治部第三厅厅长等职务上，有效地推动了抗战宣传。在这一阶段中，郭沫若对蒋介石的赞扬，多是从职务和工作的角度出发，号召民众支持国民政府。这种赞扬均是支持抗战的政治表态，而非私人交往中的赞扬。

第三阶段是从不满到再批判。随着抗战进入持久阶段，国民党在五届五中全会后调整了对共产党、民主人士的政策，要求政治部第三厅工作人员加入国民党，但遭到郭沫若等人的强烈反对。1940 年 9 月，国民党改组政治部，郭沫若不再担任厅长职务，转任隶属于政治部的文化工作委员会主任。蒋介石的做法让郭沫若很不满，此后不再积极宣传蒋介石和国民党的口号，并对部分作品刻意删改，如《三年来的文化战》在编入《“民族形式”商兑》时，挖掉“蒋委员长”的“蒋”字，以示对其不满。② 但在这一阶段，郭沫若与国民党也没有决裂，对蒋介石给予的帮助并不回避，如《苏联纪行》初刊本中记录了于立群给郭沫若的信，提到“奉到蒋主席送给你的三千美金外汇”，如实记录了蒋介石的资助。

抗战胜利后，郭沫若的政治倾向进一步转向共产党，历史剧《屈原》的创作和演出，成为国共双方在文化领域的较量，另一部历史剧《高渐离》中更是用秦始皇类比蒋介石，讽刺蒋介石的专制独裁。在《谁领导了北伐和抗战?》中，郭沫若彻底否定蒋介石的作用，强调“人民的武力”才是核心。这一时期，对蒋介石和国民党的批评让郭沫若的作品难以出版，如收录 1937 年至 1941 年杂文的《羽书集》在重庆无法出版，只得转由香港孟夏书店出版，而《高渐离》在更名《筑》后才在上海群益出版社出版。

新中国成立初期，郭沫若笔下的蒋介石多是跳梁小丑的形象。但批判蒋介石最猛烈的《请看今日之蒋介石》，郭沫若本人却没能保存下来，直到 20 世纪 50 年代初才失而复得。当时，在北京市委干训班工作的唐棣华，收到湖南老家寄来的父亲唐绍尧的遗物，其中就有《请看今日之蒋介石》。这是在北伐军进攻河南，唐绍尧担任政治指导员时向战士们进行宣讲的政治教材。大革命失败后，唐绍尧将这篇文章委托湖南的亲友秘密保存，他本人在 1930 年保卫龙州的战斗中牺牲。直到新中国成立后，文章才寄到唐棣华手中，随即转到郭沫若手里。郭沫若对此非常高兴，表示“关于

① 郭沫若：《战时宣传工作》，青年书店 1940 年版，第 22—27 页。

② 孟文博：《郭沫若前期文艺论著校勘与发现》，博士学位论文，山东师范大学，2014 年。

‘请看今日之蒋介石’我四处寻找了多年，毫无着落，看到你的信，使我喜出望外”。

唐棣华之子唐见林，在1984年披露了郭沫若给唐棣华的3封复信，并表示唐棣华提供文章的动机是“见到这样一篇重要的文章若不收入郭老编辑的《沫若文集》，实在太遗憾”，并说：“前一段时间，社会上对郭老在解放后寻找这篇文章有一些说法和猜想，实际情况就是如上所述。”[①] 实际上，在唐棣华致信郭沫若的50年代初，《沫若文集》的编纂还没有提上日程，收录该文章的《沫若文集》第8卷是在1958年9月出版。因此，为编辑文集提供文章的看法，应该是唐见林事后的推断，并非唐棣华提供文章的初衷。

唐见林提到的“一些说法和猜想”，指郭沫若寻找这篇文章的目的是自证清白，摆脱他人对其流亡日本时期“脱党”的指责。有学者将《请看今日之蒋介石》的再发表解读为“证明那个时期郭沫若政治资格和光荣革命履历的一份极其重要的历史文献”。[②] 对郭沫若而言，《请看今日之蒋介石》的政治意义毋庸置疑，但他除了在回信中表示高兴，修改文章和再发表的过程却较为低调，与同时期的《抗战回忆录》《羽书集》等作品的修改类似，均是根据新的政治语境、语言规范对旧作进行细致调整。

新中国成立后，郭沫若有少量作品经过修改并重新刊登，如《抗战回忆录》在上海《文汇报》和《人民文学》杂志连载，《猪颂》《石颂》《苏联纪行四首》《双十一》《祝新华日报五周年》等诗歌在《诗刊》重新发表。与《文汇报》《人民文学》《诗刊》等知名报刊相比，发表《请看今日之蒋介石》的《近代史资料》，是中国科学院历史研究所第三所（近代史研究所）在1954年新办的一份近代史资料季刊，“编者按”中也强调这篇文章“在今天仍是研究第一次国内革命战争的重要史料”。如果郭沫若想要通过重新刊登文章来证明自己的革命经历，应选择影响力大的刊物，而不是《近代史资料》这类刚创办的学术刊物。实际上，该刊本受到关注较少，相比之下，文集本、全集本的影响更为广泛。

此外，郭沫若在新中国成立后对蒋介石的评价也并非全盘否定，而是随着政治要求变化而变。1955年5月，周恩来在全国人大常委会上提出“和平解放台湾”，相应的，郭沫若在随后编纂的《沫若文集》中，不仅保留了蒋介石形象较为正面的《在轰炸中来去》，甚至还有一些削弱贬义的修改，如《鲁迅先生笑了》中“蒋匪的巢穴”改为“反革命的巢穴”，《顶天立地的巨人》中对国民党描述从“消灭”改为“击溃”，“蒋介石匪帮——一小撮卖国贼”改为“蒋介石集团——一小撮残兵败将”，《悼贝劳扬尼斯》中将“蒋介石那条死尸”改为“有些死尸”，减少了“蒋匪”

---

① 唐见林：《郭沫若与〈请看今日之蒋介石〉——回忆郭老写给父亲的三封信》，《武汉大学学报（社会科学版）》1984年第1期。

② 贾振勇：《郭沫若的最后29年》，中国文史出版社2005年版，第65、66页。

“匪帮”“卖国贼”等词语的使用，在一定程度上弱化了对蒋介石的批判，呼应当时“和平解放台湾”的号召。

郭沫若对《请看今日之蒋介石》的修改有着复杂的考量，并非刻意证明“光荣革命履历”的行为，也不是郭沫若修改作品的个案，而是他在身份变化、思想转变过程中全面删改旧作的例证。纠葛于政治与文学之间的郭沫若，依据新环境、新身份对旧作进行全面修改，特别是对涉及政治的内容进行细致调整，体现了时代变迁对中国现代作家的复杂影响。

（原载《中国现代文学研究丛刊》2018 年第 5 期）

论“剧曲”之于《女神》的意义

周维东

1921年8月，郭沫若的剧曲诗歌集《女神》在上海泰东图书局出版。《女神》中的很多作品并非第一次与读者见面，之前就在《时事新报·学灯》等处发表，郭沫若“东方未来诗人”[①] 的形象也已经在读者中逐渐形成。因此，《女神》的出版很容易让人产生“诗人郭沫若”作品集大成的印象，忽略了这本作品集中有至少三篇剧作的事实[②]，更忽略了“剧曲”与“诗歌”掺杂的别样意味。不可否认，《女神》中绝大多数的作品是诗，其产生重大冲击力的领域也在诗歌界，但忽略了“剧曲诗歌集”的特征，并不利于我们充分理解这部作品集的全部内涵，也不利于我们把握郭沫若的文学思想。

学界对《女神》中三篇剧作的文体归属及它在整部作品集中的意义，实际上缺少深入认识。学界注意这三部作品，都侧重从“诗剧”的角度去理解，根据是郭沫若自述受到歌德的影响，而在这些作品的细部确能看到若干与歌德作品相类似的痕迹。但这种认识忽略的问题是：既然《女神》中的剧作可认为是“诗剧”，郭沫若在结集时为何将其定位为“剧曲诗歌集”？使用“剧曲”的说法，并不太符合“诗剧”的文体特征。郭沫若在《创造十年》中，也曾坦陈自己这些作品为“诗剧”：

> 我开始做诗剧便是受了歌德的影响。在翻译了《浮士德》第一部之后，不久我便做了一部《棠棣之花》。在那年的《学灯》的双十节增刊上仅仅发表了一幕，就是后来收在《女神》里面的那一幕，其余的通成了废稿。[③]

但这段话本身也让人浮想联翩。首先，所作“诗剧”只发表一幕，其余成了废稿，说明作者并不满意这部作品——既然不满意又为何要收入《女神》当中呢？其次，作者对这部作品不满意的原因又是什么？如果是创作不成功，从《女神》选入

---

① 宗白华：《宗白华致郭沫若函》，宗白华、田汉、郭沫若著：《三叶集》，安徽教育出版社2006年版，第8页。

② 本文认为的三篇“剧曲”包括《女神之再生》《湘累》和《棠棣之花》。《凤凰涅槃》也是诗剧的写法，因该篇没有幕、景的描写，故未将其纳入剧曲的范畴。

③ 郭沫若：《郭沫若全集》文学编第12卷，人民文学出版社1992年版，第77页。

的部分来看，是哪些因素导致了创作的不成功？基于这些问题，本文拟从“剧曲”这个概念入手，重新审视《女神》第一辑三部作品的艺术特征，并探讨它在《女神》整体中起到的作用。

一 《女神》中“剧曲”的特点

《女神》使用的“剧曲”概念，在中国文化中有其渊源。它通常有两层内涵：一是指中国古代戏曲中使用的套曲，与散曲相对，侧重了“曲”的特征；一是“戏曲”的别称，特指一种艺术形式，也是中国文学中的文体概念。就《女神》而言，“剧曲”的所指只能属于后者，是文体概念。戏曲在中国走向成熟的时间，学界意见不一①。王国维在《宋元戏曲考》中认为“戏曲”走向成熟的标志：“必合言语、动作、歌唱，以演一故事，而后戏剧之意义始全”。② 王的观点，成为学界考察戏曲文体特征的重要参照。

中国学界关于戏曲成熟的标准，参照了西方戏剧理论，如王国维认为的“戏剧之意义”，其中“戏剧”的标准是什么，就值得探讨。尽管如此，中国戏曲与西方戏剧（话剧）的差别还是十分明显。最明显的差别有两个方面：首先，中国戏曲包含了“曲”的部分，有大量歌唱的内容，西方话剧是以科白为主，虽有时也可掺杂歌唱的内容，但仅仅只是台词的补充。这是形式上与话剧的最大不同之处。其次，在结构形式上，中国戏曲自由灵活的演出习惯，形成戏曲的分“折”体式，每一折具有很强的独立性，可以独立演出。西方话剧的剧场演出习惯，形成了分“幕”的体式，每一幕会附以不同的背景，但独立性相对较弱。这是两者在体式上明显的区别。

《女神》中的“剧曲”包含《女神之再生》《湘累》《棠棣之花》三篇。其中，《女神之再生》注明为“诗剧”，根据戏剧结尾处“舞台监督”出场的情况看，郭沫若写作此剧是按现代剧场习惯进行的创作。《湘累》和《棠棣之花》的诸多细节也显示它们是按现代话剧体式被创作出来：《湘累》中使用了“序幕”的字样，在剧本结尾处使用了“幕”的说明；《棠棣之花》的结尾包含有附白：“此剧本是三幕五场之计划，此为第一幕中之第二场，曾经单独发表过一次，又本有独幕剧之性质，所以我

① 代表性看法有：任半塘认为中国戏曲成熟于唐代，认为凡是“代言、问答、演故事”的文体形式，即可以认为具有了构成戏剧的基本条件。（见氏著《唐戏弄》，作家出版社 1958 年版，第 64 页）郑振铎、周贻白等人认为戏曲成熟于宋代，周贻白认为：“北宋时期民间勾栏所演杂剧，不仅内容上已完全以故事为主，装扮人物，根据规定情境而作代言体的演出，而且在表演形式上则根据唐代参军戏与歌舞戏互相掺合这一基础……由是形成多种伎艺高度综合的中国戏剧的表演形式。”（见氏著《中国戏曲发展史纲要》，上海古籍出版社 1979 年版，第 91 页）王国维认为成熟于元代，认为“至成一定之体段，用一定之曲调，而百余年间无敢逾越者，则元杂剧是也”。（见氏著《宋元戏曲考》，东方出版社 1996 年版，第 66 页）

② 王国维：《宋元戏曲考》，东方出版社 1996 年版，第 33 页。

就听它独立了”。[1] 至少从表面看来，三部“剧曲”都是受到西方戏剧体式影响的剧作，与传统“剧曲”并无直接联系，为什么郭沫若要将之命名为“剧曲”呢？

一种解释是，《女神》中的“剧曲”并非“戏曲”的别称，而是“剧”与“曲”的合称。这种说法可以解释《女神》中“剧”的文体问题，但又增加了新的问题，作为中国文学中的一种既有文体，“曲”有着严格的文体规范和音乐规范，《女神》中的哪些诗作可以算是“曲”？我们很难找出、也难以给出一个令人信服的理由。当然，敏感的学者会注意到，在《女神》的剧作中存在歌唱的部分，如《湘累》中娥皇、女英的唱词，还有民间歌谣的特征，可否将这些部分抽离出来，作为“曲”的明证呢？这种解释也未尝不可，但如果这样认识，只能说郭沫若是一个丝毫没有文体意识的作家。

合理的解释，是郭沫若对于自己创作的“剧曲”，在文体归属上也存在认知的混沌性。郭沫若在日本期间对欧美文学有广泛接触，想必对西方戏剧的样式并不陌生：他崇拜的歌德，代表作《浮士德》便是诗剧；他与田汉有深入接触，对于田汉的现代话剧创作自然也相当熟悉；身在明治维新之后的日本，现代戏剧的演出形式也不会太过陌生。不过，虽然见识过西方戏剧的种种样式，但要深入了解其精髓，不经过长时间的创作、演出实践恐怕很难达到，早期话剧种种不成熟的表现正是这种艺术形式在中国必然经历的实验期。况且郭沫若在创作这些“剧曲”时，并没有恪守这些文体的表达习惯，汪洋恣肆，中西结合，更难说它的文体究竟是“话剧”还是“戏曲”。

整体而言，《女神之再生》借鉴了诗剧的写法，文体较为确定。《湘累》和《棠棣之花》采用了话剧的形式，但与话剧的惯常手法稍有悖逆，如增加了大量歌唱的内容——这种方式在实验话剧中也时有采用，但并非话剧的常态。更重要的是，两部话剧虽有话剧之形，但其戏剧理念都是“戏曲”的，我们可以从“台词”和“结构”两个方面来探讨这一问题。

话剧的台词不仅具有塑造人物的功能，也是建构人物关系、推动剧情发展的重要载体。因此，话剧的台词注重人物之间的“对话”关系，通过“对话”，主要人物的性格得到塑造，剧情也得到发展。我们注意到《湘累》和《棠棣之花》中的台词，“对话”关系基本没有建立起来。在《湘累》中，屈原是主要的表达者，他的台词大多是以“独白”的形式存在，期间虽有女须插话，但并没有与屈原形成“对话”——至多只能算是独白的间歇。《棠棣之花》略有不同，剧中两位主人公聂政、聂莹的台词相对均匀，但彼此之间也没有形成“对话”。“对话”的前提是人物冲突，一方的语言对另一方产生牵制和刺激的作用，循环反复，“对话”关系才得以实现。若人物之间没有冲突，一方的台词只是呼应另一方台词，彼此之间只能算是“唱

① 郭沫若：《〈女神〉及佚诗（初版本）》，人民文学出版社2008年版，第27页。

和”，而非“对话”。《棠棣之花》中的台词，只能算是“唱和”，相互呼应将戏剧的情绪推向高潮。“独白”和“唱和”是中国戏曲惯常的表达方式，戏曲中的主人公常常有大段唱词，其实就是一种“独白”；而为了哄抬戏剧的情绪，“唱和”也时常采用。只是在中国戏曲当中，这些方式通过“唱”来完成，郭沫若在使用这些方式时，将“唱”改为“说”而已。

如前文所述，《女神》中的“剧曲”都非完整的剧本，只是节选剧中一幕，当然所选一幕应具有相对的独立性。不过，如果我们悉心体会三幕剧的独立性，也能明显感受其戏剧理念属于中国戏曲的鲜明特征。节选的三幕剧，均未见复杂的人物关系和剧烈的戏剧冲突，更多情形是营造一种氛围，让主人公抒发自己的情感，其独立性来自于主人公抒发情感的完整性。在西方话剧当中，冲突是戏剧的生命，一部戏剧包含大大小小若干冲突，一个独立的戏剧单元应该是一个冲突的解决。中国戏曲的结构讲究起、承、转、合，戏剧性主要不来自戏剧冲突，更体现于人物情感的剧烈变换，因此人物情感表达的完整性是分折的基础。

考察郭沫若《女神》时期的戏剧创作，《女神》中所选的“剧曲”不完整，但他在结集前后似乎也没有将这些剧作完成的打算。① 这不太合乎现代话剧的审美习惯，话剧创演体制要求剧本必须完整，否则其艺术性无法实现。我们可以称赞一部戏中的某一幕十分精彩，但这是基于整本剧作完成的基础之上，但对于单纯一幕话剧，从戏剧的角度我们无法对其艺术性有所评判。不过，单纯写一场戏，并将这场戏写得十分精彩，在中国戏曲创作中可以完成。中国戏剧的表演体制，常常是片段化表达，演出一部剧作不求完整、重在精华。原因在于，很多传统戏曲的很多故事和人物已经成型，观众无须了解整个故事背景，就能够在一个片段中感知到戏剧的艺术性。《女神》中的三幕剧曲，郭沫若敢于将其片段化呈现出来，因为三个故事的背景在中国读书人中耳熟能详，它的任何一点创新，读者都能敏感地捕捉到。这种创作的体制，其实也是中国戏曲的创作习惯。

所以说，《女神》中的剧曲，虽然郭沫若在形式上采用了西洋话剧的体式，但其戏剧精神却属于中国戏曲。而且，从郭沫若在话剧中加入大量唱词的情形看，郭沫若对于所创剧本的体式并无苛求，尊重其内心的表达才是最高的创作原则。更何况，现代话剧传入中国之后，“新戏”是常用的概念，可见在时人的心目中，还不能从文体学的角度将“戏曲”与“话剧”区分开来，在这种背景下，郭沫若混沌地使用“剧曲”也可以理解。

---

① 据郭沫若在《我怎样写〈棠棣之花〉》中介绍，《棠棣之花》计划写成十幕话剧，后写成五幕后发觉整体性不足而放弃。写成的五幕中第二幕和第三幕觉得很有诗意，在一九二〇年的十月十日《时事新报》的《学灯》增刊上把第二幕发表了。后来收在《女神》里面。又在一九二二年五一节《创造季刊》的创刊号上把第三幕发表了。这两幕便被保存了下来，其他都完全毁弃了，一个字也没有留存。(《郭沫若全集》文学编第6卷，第273页。)

不过，虽然《女神》中的剧曲的戏剧精神属于中国戏曲，但因袭“诗剧”“话剧”的体式，给予郭沫若许多创新的空间。这些创新打破了中国戏曲的表达习惯，增强了戏剧的艺术效果，透过这些创新点，我们更能体会《女神》中“剧曲”的特点。

（1）“多声部”的使用。“多声部”在《女神之再生》中表现最为明显。戏剧中，除了共工和颛顼的声音外，增加了众多女神、农叟、牧童、野人之群的声音，从而使接受者对共工与颛顼的战斗有更多认识的视角，消解了两人个人恩怨的部分，强化了“破坏—重建”的必然性。再如《湘累》，剧中除了屈原与女须的声音外，设计了娥皇、女英的歌声，它们不直接与屈原进行对话，但与屈原的情感宣泄交相呼应，增强了戏剧的感染力。在中国戏曲当中，“多声部”的使用并不多见，郭沫若采用这种手法，最直接的来源大概受到歌德诗剧的影响，此外神话和巫术思维也为这种表现方式提供现实资源。

从戏剧效果看，“多声部”的使用增强了戏剧的仪式感和神圣感。如《女神之再生》中众女神的出场，让整个戏剧变得肃穆，进而使旧世界的破坏与新世界的重建变得神圣而不可逆转。再如《湘累》中娥皇与女须的歌声，在简朴的歌词中，透出神性的光辉，使屈原的情感得到了升华。其实，如果我们注意三部“戏曲”的题材和场景，可知仪式感和神圣感是郭沫若创作这些戏曲侧重追求的一个方向。《女神之再生》取材《列子》中的神话，本身就具有神圣性，而剧作描写的是女神再生的过程，当然具有仪式性的特征。《湘累》的主人公屈原，在中国民间也是“神”一样的人物，演绎他的故事当然具有神圣性。《棠棣之花》的主人公也是历史上的著名人物，戏剧选择的场景是在聂母墓前聂莹为聂政壮行，如此设计当然更具有神圣感和仪式感。

（2）极端化的美学特征。传统戏曲重抒情，也注重情感的分层，但由于受到曲调的影响，情感抒发受到一定限制。《女神》中的“剧曲”采用话剧、诗剧的形式，挣脱了曲调的限制，可以更直接表达个人情感，从而使情感更加外露、情绪更加激烈。这一点，最典型的例子便是《湘累》，其中屈原大段台词，极具情绪的感染力。此外，由于采用西方戏剧体式，《女神》中剧曲增加了场景和人物形象的设计，其中不乏大胆的实验和尝试。在《女神之再生》和《湘累》中，戏剧都设计了裸体女神的场景，接触过西方艺术的人对此可能习以为常，但如果设想此剧在上世纪20年代的中国上映，不啻为一种疯狂的举动。再看郭沫若在《湘累》中为屈原设计的造型：

> 屈原立船头展望，以荷叶为冠，玄色绢衣，玉带，颈上挂一莲瓣花环，长垂至脐，颜色憔悴，形容枯槁。①

① 郭沫若：《〈女神〉及佚诗（初版本）》，人民文学出版社2008年版，第16页。

这种造型并不适合屈原，甚至也不太符合中国成年男子的着装习惯：“以荷叶为冠”勉强可以接受，但显然更适合孩童或渔夫等下层人民，以体现童趣和朴实之美，将其与士大夫屈原结合在一起多少有些违和；“颈上挂莲瓣花环”就太不切合实际，中国成年男子的正常着装很难接受这种造型。郭沫若为屈原设计此种造型，可以理解为艺术的需要，体现出他后来所说的“失事求似”的创作原则，但体现出的美学追求可谓先锋。

极端化的美学追求，除了如前文所说可以增强抒情的感染力，也可以增进戏剧的神圣性。如《湘累》中娥皇、女英的裸体形象，屈原出场时的奇怪造型，都增添了戏剧的神秘气息，而神秘是神圣感产生不可或缺的要素。

二 “剧曲”在《女神》中的作用

在中国传统戏曲注重抒情的基础上，增加神圣性、极端化艺术效果，《女神》中剧曲追求的整体效果是什么？是值得追究的一个问题。要回答这个问题，我们还要回到这些剧作。

《女神之再生》的故事原型，取自《列子·汤问篇》：

> 天地亦气也，气有不足，故昔者女娲氏炼五色石以补其缺，断鳌之足以补四极。然后，共工氏与颛顼争为帝，怒而触不周之山。折天柱，绝地维。故天倾西北，日月星辰就焉；地不满东南，百川水潦归焉。①

其实除《列子》之外，《淮南子》《史记》等典籍也记录了颛顼、共工的事迹，关于两人战争的诱因也各不相同。就《列子·汤问篇》的记录来说，二人战斗的原因是“争为帝”，落实到具体历史，是部落之间为争夺领导权的战争。大一统政权建立之前的部落争斗，与之后封建王朝的夺嫡之战还有本质不同，但对于经历二千余年帝制的中国人而言，因“争为帝”而发动战争依然乏善可陈，至少让人看不到战争的正当性。《女神之再生》在共工、颛顼战争之前安排众女神首先出场，预言整个宇宙的秩序要发生改变，呼唤：“我们要去创造个新鲜的太阳，不能再在这壁龛之中做甚神像！”② 因为女神预言的铺垫，共工与颛顼“争为帝”的战争也无所谓正义与非正义，成为历史发展的必然；而共工作为“破坏者”，也瞬间变得高大而神圣，因为他成为历史前进的推动者。

《湘累》根据屈原被流放的经历而来。在中国历史上，被放逐的文人不计其数，

---

① 郭沫若：《〈女神〉及佚诗（初版本）》，人民文学出版社2008年版，第14页。

② 同上书，第9页。

屈原能获得广泛同情，得益于他创作了旷世之作《离骚》，通过这篇诗作，屈原塑造了高洁、正直的形象。屈原被放逐固然是因为“世人皆醉而吾独醒”，但放逐过程中产生的不甘、痛苦、埋怨等情绪却并不一定超越世人，郭沫若在创作《湘累》的过程中，就曾将自己的情绪嫁接到屈原的身上，而这些情绪产生的缘由并不如我们想象的那般高大，很多皆因为生存所迫。从文学审美的角度，通过屈原世俗化情感的揭示，可以将屈原从“神”的位置拉入人间，从而使其形象更加丰满。但这并不是《湘累》的创作初衷。《湘累》的目的是让屈原世俗化的情感再度神圣化，通过女英、娥皇的歌唱，屈原的委屈、痛苦产生了类似“感天动地”的效果，如同孟姜女哭长城，世俗情感便不再世俗。

《棠棣之花》本身就是个神圣故事：母亲去世，姐弟情深，但为了救天下苍生，不惜牺牲小我[①]。这类故事，是世界范围内神圣叙事的基本套路，将个人情感与天下兴亡对立起来，从而将“小我”升华到“大我”。这类故事固然可以升华情感，但往往也有致命缺陷，那便是对“小我”情感的全盘否定，从而使故事变得干瘪。在现实生活当中，此类故事还常常变成“薄情”的借口，而“薄情”并非天然都十分神圣。《棠棣之花》中，聂莹第一段歌词被聂政批评，认为：“歌词很带男性的音调，倘若母亲在时，听了定会发怒呢。”此段描写，可以认为郭沫若对这个神圣叙事套路的否定。接下来，聂莹的歌词就发生了很大变化，注重个人化情感的抒发，以至于聂政以为姐姐改变主意，不愿他远赴濮阳。当然这不是聂莹的意图，只是通过个人化情感的抒发，聂莹的形象变得丰满，从而使其“有情—无情”“小我—大我”的转变变得更加真实，整个故事依然将个人情感神圣化。

通过对三个“剧曲”作品的细读，可以大致体会“神圣化”效果对于《女神》的意义：将个人情感神圣化。事实上，“个人情感”与“神圣”是矛盾的对立面。从哲学的角度，“神圣”的产生常常离不开“宏大叙事”的衬托，而类似“个人情感”往往属于“小叙事”的范畴，会对“神圣”产生解构的效果。在“五四”时期，“个人情感”正是解构“神圣”的有力武器：鲁迅批判封建礼教“吃人”[②]；钱玄同怒斥“桐城谬种、选学妖孽”[③]；周作人高呼“人的文学”，将许多古典文学经典斥

① 据郭沫若回忆，他了解聂政、聂莹故事的最初渠道是《史记·刺客列传》，后辅以《战国策·韩策》。从历史学的角度，郭沫若指出了《史记》关于聂政记载的许多瑕疵，但对于基本事迹，除了认为聂莹出嫁是司马迁画蛇添足的做法外，基本没有异议。《史记》中记载的聂政，刺杀韩侠累纯粹是为了“义”，是出于与严仲子的交情，将国家大义植入其中，是郭沫若从文学家的角度进行的创造。（《郭沫若全集》文学编第6卷，第273页）

② 鲁迅：《狂人日记》，初刊《新青年》第4卷5号。

③ 原文为：“目桐城为谬种，选学为妖孽”，见钱玄同《文学革命之反响》，《新青年》第4卷3号。

为"非人的文学"①；胡适提出"重新估定一切价值"②，要对国故进行重新整理。这些推陈出新的说法和做法，都是出于对"个人情感"的认同和尊重。"个人情感"的解构功能，可以让"五四"作家获得批判的快感，但个人受到压抑的情感并不一定得到充分抒发。这是五四作家表现出的整体特征，他们对于"旧中国"的批判十分犀利，但个人情绪常常表露出苦闷、孤独、冰冷的特质。问题就在于"个人情感"的世俗性，每个个体——即使是时代的伟人，一旦进入个人情感世界，常常变得庸俗不堪，甚至还有很多不便言说的阴暗面，造成个人情感抒发的障碍。五四时期，鲁迅当属于最敢于直面惨淡人生的作家，但在其直面个人情感的《野草》中，也只能用尽"曲笔"，让整部作品变得隐晦而枯涩。

《女神》中三篇"剧曲"所传递的"个人情感"：破坏—重建的欲望（《女神之再生》）、被放逐的苦痛（《湘累》）、对儿女情长的告别（《棠棣之花》），也是郭沫若在日本留学期间个人生活的写照，而如果我们回到郭沫若留学日本时期的现实处境，多数都难用"神圣"来概括。郭沫若在《女神》时期的创作，各种文体中的自我形象并不相同，其中古体诗词最能反映出情感中朴素的一面，如其在1919年写下的《春寒》：

> 凄凄春日寒，/中情惨不欢。/隐忧难可名，/对儿强破颜。/儿病依怀抱，/咿咿未能谈。/妻容如败草，/浣衣井之阑。/蕴泪望长空，/愁云正漫漫。/欲飞无羽翼，/欲死身如瘫。/我误汝等耳，/心如万箭穿。③

我们不必索隐此时郭沫若的生活细节，仅从诗文描写的内容，就能理解他当时的处境和情感：一个志存高远的游子，心比天高，但未来未为可知；有妻有子，却难让其安居一方；一地鸡毛，又不能从中抽身而出……这种困窘，是很多从青年跨入中年人的普遍感受，也是很多自以为怀才不遇的人的典型遭遇。在这种境况中的人，内心中充满破坏—重建的欲望、被放逐的苦痛，和对儿女情长的厌倦，也是一件十分正常的事情，并没有值得大书特书的地方。

然而，假使我们换一个角度看问题：个人遭遇是由社会秩序的不公造成，个人情感就获得了书写和抒发的正当性。中国文化中不乏这样的例子，如孟姜女哭长城的"苦情"、《窦娥冤》中的"冤情"、《西厢记》中的"爱情"，包括《水浒传》中的"反情"等，这些故事中的个人遭遇在古代社会比比皆是，但因压

① 周作人：《人的文学》，《新青年》第5卷6号。

② 胡适：《新思潮的意义》，《新青年》第7卷1号。原文为："新思潮的精神是一种评判的态度。""尼采说：'现今时代是一个重新估定一切价值的时代。''重新估定一切价值'八个字，便是评判的态度的最好的解释。"

③ 郭沫若：《〈女神〉及佚诗（初版本）》，人民文学出版社2008年版，第293页。

抑的秩序受到质疑，个人情感就具有了神圣性。这是问题的关键所在。个人情感是否能够具有神圣性，取决于个人与其对抗的秩序之间谁得到更大的认可。我们将郭沫若在日本时期的情感视为一种庸常感受，是将对其产生压抑的秩序视为一种自然规律：在自然规律面前，个人何其渺小？如果换一个视角看待这个问题，情况就发生了很大的转变。

《女神》中三部“剧曲”将“个人情感神圣化”的方式，一个重要手段就是将与个人对抗的秩序置于不正当的位置：在《女神之再生》中，“旧秩序”沉闷僵化，连女神都不愿意停留在神龛上，要创造个新鲜的太阳；《湘累》中，造成屈原痛苦和失意的源头，是郑袖操纵的乌烟瘴气、摇摇欲坠的楚国朝政；《棠棣之花》中，聂莹甘愿牺牲亲情，鼓励聂政远赴韩国的动力是连年征战、民不聊生。由于社会秩序的不合理，个人情感因此获得可以神圣化的基本条件。

但这并不是《女神》中“剧曲”的最根本的特征，将个人情感与社会秩序对立起来，需要有大量笔墨陈述社会秩序的不公正之处，故事的曲折性与抒情的爆发力紧密联系在一起。如《窦娥冤》中，戏剧必须对窦娥所遭遇的冤情有详细的铺垫，进而窦娥在抒情中才具有强烈的爆发力。《女神》中的“剧曲”，社会背景十分模糊，而且剧情十分简单，并没有大量为抒情服务的铺垫。再者，将情感与社会秩序对立起来，所抒情感都较为具体，如《窦娥冤》侧重强化“善良—昏庸”的对立，突出窦娥的冤屈；《西厢记》侧重“爱情—礼教”的冲突，强化爱情的张力，所抒之情指向十分明晰。《女神》中的“剧曲”，主人公所抒情感较为混沌，甚至会产生空洞之感。如《湘累》中，屈原抒发的是什么情感？是痛苦、失落、委屈、愤怒，还是兼而有之？就很难用某一种情来形容。

所以《女神》将个人情感神圣化的方式，与传统戏剧不同，它用类似宗教仪式的方式，直接将“个人情感”置于神圣的地位。这是女神中“剧曲”体现出神圣性、仪式性特点的根本原因。郭沫若通过这种方式将个人情感神圣化，根本原因是他对“情”的认识发生了改变。在他看来，“情感”与“个人”紧密联系在一起，天然具有表现的合法性，如果说传统剧曲中的抒情只是抒发被社会压抑的一部分情感，那么郭沫若则认为“情感”本身在中国文化中更值得重视。因此，“个人情感神圣化”的指向不是社会秩序的某一方面，而是整个中国文化的结构，它要提醒读者的是，对于《女神》中的“抒情”，不仅要注意抒情的内容，还要注意到抒情本身的意义。

在《女神之再生中》里，破坏者共工一出场就说：

我不知道夸说什么上天下地，
我是随着我的本心想做皇帝
若有死神时，我便是死神

老颛，快让我来支配于你！①

在这里，共工所要对抗的是整个社会秩序，体现出以“自我”为中心的世界观。在这种观念下，个人情感的抒发具有天然合法性。从接受美学的角度，读者接受这种情感并不需要了解多少社会秩序的不公，只需接受以“自我”为中心的世界观即可。

在《湘累》中，女英、娥皇的歌声是全剧的点睛之笔。根据中国文化传说，娥皇和女英是为舜殉情而亡，她们的事迹出现在儒家观念盛行之前，因此这种行为只能解释为纯粹的爱情，她们的歌声也即“爱的呼唤”。娥皇和女英的歌声千百年来感动人心，“她们倒吹得好，唱得好，她们一吹，四乡的人都要流下眼泪”②。不断重复的歌曲，并没有像祥林嫂讲述自己的悲剧一样，招致周围人的厌倦和嘲讽，而是让听到的人潸然泪下，这暗示了“情感”在中国千百年来被压抑的事实：每一个听歌者的内心都蕴藏着丰富的情感，只是没有正常渠道将之抒发出来，因此听到“爱的召唤”便形成强烈共鸣。

对“情感”自身价值的发现，是《女神》与传统文学中的“抒情”的根本的差别所在。所谓中国文学的“抒情传统”，所抒之情常常为“片面之情”，或者为社会秩序能够容忍的一部分情感，或者为社会秩序压抑而爆发的情感，在这些情感的背后，并不能见到一个完整而自由的个体。对郭沫若而言，诗体之新旧从来都不是判定诗歌新旧的标准，他将古典诗词翻译成新诗，也用旧体诗的方式翻译外国诗，他标注自己创作独特性的旗帜是“抒情”，而这一点为并非，当时的读者能够体会。

所以，“剧曲”在《女神》中实际承担了“导语”的功能，它通过“情感神圣化”将读者带入属于郭沫若的“抒情”空间当中。首先，三部“剧曲”对时代氛围的塑造，将个人情感与时代体验联系在一起，使个人情感超越“个人”的范畴。闻一多认为《女神》代表了“五四”时代精神，诀窍就在于此。其次，通过对“个人情感”的认同和赞美，让读者能够接受其宣泄式情感抒发的方式。譬如《天狗》中近乎疯癫状态中的“天狗”，如果没有认识到“五四”时期“重新估定一切价值”的时代氛围，就难以理解“天狗”破坏性的时代意义；而如果没有意识到“天狗”是几千年来被压抑的“个人情感”的爆发，也无法理解“天狗”具有的情感爆发力与感人至深的力量所在。再如《凤凰涅槃》，凤与凰要求自焚涅槃的举动，即是世代更替自我更新的呼唤，其歌唱的形式正是“自我”受到认同后的情感爆发。

鲁迅在发表他的第一篇白话小说《狂人日记》时，曾用文言写下导言。这是“新旧”更迭时代作者与读者之间必要的交流活动。率先觉醒的“狂人”与有待觉醒的无数“正常人”之间存在着巨大的认识鸿沟，这个鸿沟只能通过辅助的手段来缝

① 郭沫若：《〈女神〉及佚诗（初版本）》，人民文学出版社2008年版，第9页。

② 同上书，第16页。

合。《狂人日记》导言的意义，是让一般读者能够接受“狂人”，进而有机会体会其思想。《女神》中“剧曲”的功能，也与《狂人日记》中的导言一样，是作者与读者之间必要的交流。通过它，读者可以更自然地走进诗人的诗歌世界。

[原载《中山大学学报（社会科学版）》2018 年第 1 期]

论“恢复党权运动”与《请看今日之蒋介石》的写作

邹佳良

1927年3月31日，郭沫若在南昌朱德家中写完《请看今日之蒋介石》，4月武汉《中央日报》副刊以单行本形式发表，产生强烈反响。也许是相关史料零散、稀少的原因，迄今只有人撰文介绍新中国成立后郭沫若重获《请看今日之蒋介石》的经过[①]，或是根据《请看今日之蒋介石》及其姊妹篇《脱离蒋介石以后》两文内容进行常识性介绍[②]。恢复党权运动是国民党左派发起的以削弱限制蒋介石过于膨胀的权力为目的的政治运动，几乎贯穿了整个北伐时期，是北伐期间重要的历史事件之一。无论是国民党政要李宗仁、陈公博，还是共产党要员张国焘，抑或是外国驻华记者、翻译对此都有记述。目前对恢复党权运动的研究却同样不够充分，主要集中于对恢复党权运动进行整体评述[③]和以国民党党政要员为切入点探究其与恢复党权运动或武汉国民政府的关系[④]两个方面。如果考察《请看今日之蒋介石》写作前后的具体时代语境，梳理出文本写作前后的基本历史面貌，将会发现郭沫若在恢复党权运动中的微妙处境与大胆选择，能够为了解恢复党权运动提供新的角度，也会发现《请看今日之蒋介石》是当时国民党左派倡导的声势浩大的“恢复党权运动”的构成部分，隶属于“恢复党权运动”的言说系列。

---

① 唐见林：《郭沫若与〈请看今日之蒋介石〉——回忆郭老写给父亲的三封信》，《武汉大学学报（社会科学版）》1984年第1期。

② 杨淑英：《郭沫若的两篇反蒋檄文》，《文史杂志》1999年第5期；杨希之：《郭沫若反蒋抉择是怎样作出的?》，《郭沫若学刊》1987年第1期；潘治富：《从“吹号”到决裂——郭沫若撰写〈请看今日之蒋介石〉前前后后》，《党史文汇》1994年第9期。

③ 至要研究有杨天石：《蒋氏秘档与蒋介石真相》（社会科学文献出版社2002年版）“北伐时期左派力量与蒋介石的矛盾及斗争”“四一二政变前后武汉政府的对策”两节；高军峰：《国民党“党权”之争与大革命失败》，《党史研究与教学》2013年第3期等。

④ 至要研究有彭付芝：《邓演达与北伐后期的“恢复党权”运动》，《民国档案》1997年第3期；李玉：《蒋介石与1927年“迁都”之争》，《南京社会科学》2010年第10期。

一　轰轰烈烈的恢复党权运动

汪蒋明争暗斗发生"中山舰事件"后[①]，蒋介石在不足3个月的时间里，先后被任命为国民党中央军事委员会主席、中央组织部部长、国民革命军总司令、国民政府委员、中央党部军人部部长、中央执行委员会常务委员会主席等职[②]，独揽党权、军权和政权，对苏联政治顾问鲍罗廷与共产党等日渐不满，有背叛革命的意图。为削弱限制蒋介石的权力，鲍罗廷与国民党左派先后在迎汪复职、迁都之争及恢复党权运动等方面与其交锋。

国民党左派对蒋介石在北伐中逐渐显露出的"专横跋扈"备感不安，"闹得大家三心二意"[③]，纷纷希望汪精卫销假回国，恢复党权运动的序幕由此拉开。此时，鲍罗廷为限制蒋介石的权力，对国民党的"迎汪复职"动向表示支持，希望汪蒋的角色分工为"汪精卫负责国家管理，而蒋介石是军队领袖"[④]。一直默不作声的汪精卫不久对这一动向作出回应，愿意解除"过去的一切职务，专任党务"[⑤]。汪精卫的回应，增强了左派迎汪复职的信心。9月中下旬，"广东内外反蒋迎汪的空气异常浓厚"[⑥]。蒋介石本想通过已经掌握的党权来控制归附的地方实力派，曾对唐生智说："现在党权高于一切，政治、军事等等，都要由党来决定。"[⑦] 汪精卫回国明显会分化他已有的权力，尤其是自己十分在意的党权。蒋介石不料迎汪复职会给他的计划带来困难，亲自督战的武昌战役又大败，威望急剧下降，迎汪复职呼声愈见高涨。面对多重危机，蒋介石一方面致电广州国民政府："武昌城敌因无退路，故尚负隅，现在正在设法劝降中，城虽未下，而军事实无问题"，表示对不日克服武昌的信心，同时提出"武汉为政治中心，务请政府常务委员，先来主持一切"[⑧]，并多次电催中央党部与国民政府北迁武汉。另一方面则派胡公冕到"上海见仲甫同志，请C. P勿赞成汪回"[⑨]。10月15日至26日在广州举行的第二届中央执行委员会及各省区联席会议上，

① 杨天石：《"中山舰事件"之谜》，《历史研究》1988年第2期。

② 中国第二历史档案馆编：《蒋介石年谱初稿》，档案出版社1992年版，第576—607页。

③ 《吴玉章回忆录》，中国青年出版社1978年版，第136页。

④ 《共产国际执行委员会远东局委会与鲍罗廷会议记录》（1926年8月16日），中共中央党史研究室第一研究部译，《联共（布）、共产国际与中国国民革命运动（1926—1927）》（上），北京图书出版社1998年版，第390页。

⑤ 杨奎松：《国民党的"联共"与"反共"》，社会科学文献出版社2008年版，第152页。

⑥ 中央档案馆编：《中央致粤区的信——制定左派政纲，促成汪蒋合作》（1926年9月17日），《中共中央文件选集》第2册（1926），中共中央党校出版社1991年版，第314页。

⑦ 《唐生智回忆第一次大革命》，《党史研究资料》1981年第2期。

⑧ 中国第二历史档案馆编：《蒋介石年谱初稿》，档案出版社1992年版，第677页。

⑨ 中央档案馆编：《中央给广东信——汪蒋问题最后的决定》（1926年9月22日），《中共中央文件选集》第2册（1926），中共中央党校出版社1989年版，第325页。

作出“国民政府仍暂设于广州”的决定，同时通过汪精卫销假案，由张静江、李石曾带队“即日前往劝驾”①。

蒋介石见迎汪复职已成定局，一心促成的迁都却未通过，表面上致电广州国民政府表示拥护决议，暗地里则打听“汪先生在欧洲的住址，还托石曾设法阻止汪先生回国”②，对迁都一事采取退而求其次的办法。10月22日，蒋介石在致广东的电报里说广东“且地方界限甚深，如党部迁鄂，其进行必较粤为利……至于国民政府，仍设广州亦可也”。③ 攻克南昌平定江西后，广州方面改变了暂不迁都的态度。11月8日，国民党中央政治会议决定“短期内迁国民政府及中央党部于武汉”④，随后又以宋庆龄、孙科、宋子文、徐谦、陈友仁及鲍罗廷等为首批北迁人员，进一步调查部署迁都事宜。11月26日，国民党中央政治会议正式决定迁都武汉。但克服武昌后，唐生智囊括武汉三镇，部队扩编为四个军，声威不可一世。在蒋介石看来，唐生智并非嫡系，和自己一向不睦，将国民政府和中央党部迁往武汉，必难控制。12月初，蒋介石在庐山召开的军政会议上，以“政治与军事发展便利起见为由，提议迁都改在南昌，未被与会者所同意”⑤。12月5日，广州的中央党部和国民政府宣布停止办公，“如武汉亦不能办事，则中央政府势将中断，不但办事困难且恐发生危险”⑥。鉴于此，首批抵鄂的北迁人员于13日决定组织“中国国民党中央执行委员会暨国民政府委员临时联席会议，以徐谦为主席，同时决定中央执行委员会政治会议未在湖北开会之前，执行最高职权”⑦，把提高党权也提上议程，并电告蒋介石。蒋介石迟至19日才电复“武汉联席会议决议案皆同意”⑧，次日再次去电表示支持武汉联席会议。但蒋介石的“同意”并不真诚，更未放弃迁都南昌的念头。12月31日，蒋介石扣留途经南昌的第二批北迁人员。次年1月3日，蒋介石在南昌召开中央政治会议第六次临时会议，重点讨论蒋的中央党部和政府改迁南昌的提案。在蒋介石的坚持下，会议决定首都暂设南昌，并“致电武汉国民党中央”⑨，随后又通过一系列旨在取消武汉临时联席会议“执行最高职权”的决议⑩。武汉联席会议认为一旦将最高权力机关设在

---

① 荣孟源主编，孙彩霞编辑：《中国国民党历次代表大会及中央全会资料》（上），光明日报出版社1985年版，第277页。

② 陈公博：《苦笑录》，东方出版社2004年版，第67页。

③ 中国第二历史档案馆编：《蒋介石年谱初稿》，档案出版社1992年版，第754页。

④ 李新总主编；韩信夫、姜克夫主编：《中华民国史大事记》（1925—1927），中华书局2011年版，第2558页。

⑤ 李勇、张仲田编著：《蒋介石年谱》，中共党史出版社1995年版，第141页。

⑥ 中国第二历史档案馆编：《中国国民党第一、二次全国代表大会会议史料》（下册），江苏古籍出版社1986年版，第805页。

⑦（台湾）《蒋总统秘录》（第6册），（台湾）“中央日报社”1976年版，第128页。

⑧ 中国第二历史档案馆编：《蒋介石年谱初稿》，档案出版社1992年版，第851页。

⑨ 李勇、张仲田编著：《蒋介石年谱》，中共党史出版社1995年版，第146页。

⑩ 参见杨天石著《蒋氏秘档与蒋介石真相》，社会科学文献出版社2002年版，第190页。

蒋掌控的南昌，将加强蒋的权力，在迁都问题上不作丝毫的妥协，认为联席会议有维持时局的必要，并敦促蒋介石到武汉进行商讨。蒋介石于1月9日前往武汉试图说服在汉的委员同意迁都南昌。但蒋介石的武汉之行并不如意，不仅迁都南昌的要求未被通过，鲍罗廷、邓演达等人的质问更使其“感受难堪”①。回南昌后，蒋介石提出驱逐鲍罗廷，并多次以中央名义电令武汉临时联席会议毋庸继续。武汉的左派则用舆论与经济压力迫使蒋介石按原计划迁鄂。宋子文称：“国民政府不搬汉口，我再不给钱”②，并暂扣了蒋介石的军费。在多方压力下，蒋介石于2月初不得不同意中央迁鄂。一场表象是迁都之争，实质为党权之争的争论在形式上暂告一段落，被蒋介石扣押的党政要员却迟迟未动身。

在迁都之争中，国民党左派进一步感受到了蒋介石专横跋扈的性格，如不对其加以限制必然导致独裁。因此，国民党左派将以前一直隐而不彰的恢复党权运动轰轰烈烈地开展起来。2月9日，武汉国民党左派召开了部分高级干部会议，推举徐谦、吴玉章、邓演达、孙科及顾孟余五人组成指导同蒋介石斗争的行动委员会，强调“军队在党指挥下统一起来，并准备与某系武装斗争”③，发表“实行民主，反对独裁，提高党权”④ 等宣言。随后进行了一系列反对独裁，恢复党权的政治宣传工作。湖北、安徽等省党部和军队政治部也纷纷发表宣言，呼吁恢复党权，舆论沸腾。22日，左派以中央常务委员会的名义召集会议，决定3月1日召开二届三中全会。在此期间，总政治部主任邓演达尤为活跃，在《汉口民国日报》发表长文就“提高巩固党的权威”“服从党的指挥”的原因进行细致的分析⑤，并将总政治部的宣传口号从“拥护蒋总司令”改为“拥护党中央的领导”⑥。蒋介石对左派恢复党权的宣传极为恼怒，2月21日在南昌行营总理纪念周做演讲公开批驳恢复党权运动，“党权本来是最高的，党权本是集中的”“党权无所谓提高”，又说“联席会议是没有根据的，如果要提高党权，就要取消汉口的联席会议”，谈到左派反对其独裁倾向时说，总司令的职权“是中央党部和政府授予他的”，无所谓独裁，声称“徐谦是独裁制的，他以没有根据的汉口联席会议，自居主席……这才是独裁制”，更直言不讳地说“要制裁左派”⑦。随后，蒋介石令左右将其演讲内容“印成了小册子，在武汉到处分送”⑧。这预示着蒋介石已经起了和武汉国民政府决裂的决心。对于3月1日召开的第二届三

① 王正华编：《蒋中正总统档案：事略稿本》第1卷，（台湾）“国史馆”2010年版，第16页。

② 陈公博：《苦笑录》，东方出版社2004年版，第61页。

③ 李勇、张仲田编著：《蒋介石年谱》，中共党史出版社1995年版，第147页。

④ 政协武汉市委员会文史学习委员会编：《武汉文史资料文库》第1辑，武汉出版社1999年版，第237页。

⑤ 曾宪林、万云主编：《邓演达历史资料》，华东理工大学出版社1985年版，第42—47页。

⑥ 张国焘：《我的回忆》（上），东方出版社2004年版，第516页。

⑦ 罗家伦主编：《革命文献》第16辑，第10—15页。

⑧ 朱其华：《一九二七底回忆》，上海新新出版社1933年版，第100页。

中全会，蒋介石也是尽其所能地打太极。2 月 25 日，左派派陈铭枢和谢晋前往南昌催请蒋介石及被扣留在赣的中央委员参加二届三中全会。蒋介石答应他与全体委员将于 3 月 6 日全部赴汉[①]，但临行时又以检阅军队为由让谭延闿等人先行[②]。蒋介石对前往武汉的陈果夫说“能等我到三月十二日开全会，就相信他们有诚意”，否则虚伪可知[③]。其实，蒋介石一再迁延是有顾虑，认为“倘到武汉，必遭共产党扣留”[④]。武汉的左派们虽对蒋介石的行为心生不满，但还是将 7 日至 9 日的会议作为预备会讨论各种议案，全会迟至 10 日才召开。会议通过决议 20 项，内容多集中于恢复和提高党办，取消主席制，采取防止个人独裁和军事专政的集体领导制；改组了中央常务委员会、政治委员会、军事委员、国民政府和各部部长，推选汪精卫为中央常委、组织部长、国民政府委员等要职[⑤]。蒋介石虽还位列委员，但已从权力巅峰上跌落。17 日，二届三中全会按照左派的计划顺利结束，国民政府委员也于 20 日在武昌宣誓就职。

二　被蒋介石极力争取的郭沫若

在恢复党权运动中，蒋介石在政治宣传上并不占优势。二届三中全会后，蒋不仅从权力的巅峰跌落，就连国民革命军总司令的职位也岌岌可危，但他并未罢休。一方面与武汉中央虚与委蛇表示支持决议，另一方面乘军舰顺江东下，在南京另立中央。蒋介石之所以能下决心与武汉国民政府决裂，在于他已派亲信与美英日等国进行了接触，获得了列强支持[⑥]，同时“军饷无虑”[⑦]。另一个重要原因是蒋介石与左派进行激烈争论的同时，也同左派进行军事政治人才的争夺，此时已有不少政治军事人才集中麾下。郭沫若因在广州大学锐意改革受到国民党重视，并在褚民谊的介绍下加入了国民党，参加北伐后又因宣传才干突出得到邓演达和蒋介石赏识。在蒋介石争取的人才名单里，郭沫若是其中一人。

郭沫若参加北伐，时任总政治部主任的邓演达十分重视。在担任实际工作前，邓演达曾多次到郭沫若寓所谈话。郭沫若着手实际工作后，邓演达又破例派了一名副科长去辅佐对政治宣传工作还不太熟稔的郭沫若，行军途中也对郭沫若比较照顾。邓演

① 樊振编著：《邓演达年谱会集》，中国言实出版社 2010 年版，第 176 页。

② 谢宣渠：《国民政府迁都武汉侧记》，《武汉文史资料》第 4 辑，第 48 页。

③ 吴相湘：《陈果夫的一生》，传记文学出版社 1980 年版，第 107 页。

④ 谢宣渠：《国民政府迁都武汉侧记》，《武汉文史资料》第 4 辑，第 48 页。

⑤ 荣孟源主编，孙彩霞编辑：《中国国民党历次代表大会及中央全会资料》（上），光明日报出版社 1985 年版，第 297 页。

⑥ 参见李新总编、杨天石主编《中华民国史》第 6 卷（1926—1928）第三章《列强分化中国革命与蒋介石发动政变》，中华书局 2011 年版。

⑦ 王正华编：《蒋中正总统档案：事略稿本》第 1 卷，（台湾）“国史馆”2010 年版，第 130 页。

达对郭沫若照顾有加，一方面是因为郭沫若参加北伐前在文学界威望极高，另一方面邓演达也希望能培养出具有实干能力的人分担工作。郭沫若的才干很快得到了邓演达的认可，“在武昌围城的时候，他差不多把政治部的事情全部都交托给”[①] 郭沫若代理，不久到了“武汉的工作无论怎样是不能离开你的”[②] 地步。在武昌未克前，邓演达还呈报蒋介石委郭沫若为总政治部副主任。

郭沫若的才干同样得到了蒋介石的欣赏。1926 年 9 月 20 日，邓演达向郭沫若传达：“老总不久要向江西出发，他希望着你去。”由于当时武汉的工作需要郭沫若处理，邓演达就派党务科季刚随蒋介石去江西[③]。10 月 9 日，蒋介石在发给邓演达的电报中，首先“准委郭沫若为副主任”[④]，而把急需将才等事置于其后。蒋介石进江西后，邓演达的总政治部仍留驻武汉，兼任总司令武汉行营主任、湖北省政府主席。随着江西战事的发展，政治部也需迁往江西主持军政工作。11 月 7 日，邓演达因“江西方面的政治工作异常吃紧”[⑤]，让郭沫若到江西总政治部驻赣办事处。接到命令后，郭沫若与李一氓等 8 日晚离鄂赴赣。郭沫若抵赣后即着手一系列的工作：16 日，蒋介石电令郭沫若从黄埔军校第四期抵南昌的政治科毕业生中挑选人员，到各连担任党代表和政治工作人员；17 日，蒋介石电催郭沫若“须本日订定”“对俘虏宣传大纲”，并“交给第一师及补充第二师”；19 日晚，蒋介石与郭沫若谈话，“总部或政治部应设经济科，以调查区域一切经济状况而建设之”[⑥]；26 日，郭沫若参加了蒋介石主持召开的联席会议，主要讨论江西的政治、经济、党务方面的问题及提案，政治部受命起草“文官考试”“惩吏条例”[⑦] 等有关吏治的条令；29 日，“九时到总部，举行总理纪念周，郭沫若副主任政治报告，总司令演说”[⑧]。从郭沫若抵赣一月的工作内容来看，除党政工作外，还有经济工作。据李一氓回忆，南昌政治部主管范围是国民革命军第二、三、六军的军政工作，经济建设工作并不属郭沫若的职权范围。可见，蒋介石对初到身边工作的郭沫若是相当满意的，否则不会让郭沫若接触经济方面的事项，当然更不会在郭抵赣当月就给郭每个月加发两百元津贴。在南昌期间，蒋介石还特地将夫人陈洁如介绍给郭沫若，几次让郭请她到政治部玩[⑨]。通过这件事情可以知道，蒋介石试图通过私人关系拉近与郭沫若之间的关系。

随着时局的发展，蒋介石拉拢郭沫若的迹象更加明显。1926 年 12 月初，蒋介石

---

① 郭沫若：《纪念邓择生先生》，《郭沫若全集》文学编第 20 卷，人民文学出版社 1992 年版，第 178 页。

② 郭沫若：《北伐途次》，《郭沫若全集》文学编第 13 卷，人民文学出版社 1992 年版，第 101 页。

③ 同上。

④ 中国第二历史档案馆编：《蒋介石年谱初稿》，档案出版社 1992 年版，第725 页。

⑤ 郭沫若：《北伐途次》，《郭沫若全集》文学编第 13 卷，人民文学出版社 1992 年版，第 123 页。

⑥ 中国第二历史档案馆编：《蒋介石年谱初稿》，档案出版社 1992 年版，第 799—801 页。

⑦ 蔡震：《郭沫若生平文献史料考辨》，社会科学文献出版社 2014 年版，第 17 页。

⑧ 《林伯渠日记》，《近代史研究》1980 年第 4 期。

⑨ 李一氓：《李一氓回忆录》，人民出版社 2001 年版，第 69—73 页。

与首批北迁人员在庐山召开军政会议，郭沫若列席该会[①]。10 日，蒋介石令郭沫若“筹备建筑阵亡烈士墓及追悼会”[②]。16 日，蒋、郭二人共同参加了南昌各界在公共体育场召开的反英反奉大会，并先后作演讲。28 日，蒋郭二人又出席在南昌顺化门外大校场举行的追悼北伐阵亡将士大会，蒋介石主祭，郭沫若任司仪主祭，并先后发表演讲。[③] 1927 年 1 月 9 日，蒋介石在往武汉途中对随从李仲公说：“约择生（邓演达的字）任参谋长帮同谋划一切，而以郭沫若任政治部主任（郭原是副主任）”。在此前后，蒋介石在南昌成立了“法规整理委员会”借以提高自己的威信，郭沫若为该委员会委员。2 月，蒋介石嘱咐李仲公向郭沫若转达“调郭沫若为政治部主任事向郭征询意见”[④]。19 日，郭沫若到南昌总司令部出席“中国国民党革命军总司令部南昌特别党部”成立大会，并当选为执行委员，22 日与张群、陈公博、陈立夫等在总司令部就执行委员职。23 日，蒋介石更是让郭沫若代为出席江西省工人第一次代表大会。这些事情先后在国民党的喉舌《汉口民国日报》或《广州民国日报》上加以报道。3 月 14 日，蒋介石又秘密委任郭沫若为“总司令行营政治部主任”，承诺加发津贴三百元，明确让郭沫若与“武汉脱离关系”[⑤]。

三　郭沫若义无反顾的选择

郭沫若在汉口“主张枪决”郭聘伯“以镇压反革命”，被邓演达下了个“感情家”的评语，使他极为吃惊，写了辞职书。虽然郭沫若认为因“郭聘伯事件”就向邓演达辞职“多半是闹着感情”。事实上“郭聘伯事件”只是导火线，根本原因却在于他对当时“目前这样的半死不活，羊头狗肉的革命，真是吃不消”，“万事都讲‘策略’”的“革命的现状”已作出“目前的胜利只有军事上的胜利，政治上是丝毫没有表现”[⑥] 的结论。逐渐认清蒋介石假革命的面孔与反革命的本质后，郭沫若心中的天平自然也就倾向了还坚持革命的武汉国民政府，在国民党二届三中全会后游说实力派将领李宗仁和朱培德拥护武汉国民政府。

郭沫若到底是何时对蒋介石“羊头狗肉的革命”心生不满，偏向国民党左派？对此很难作出精确的时间判断。据郭沫若回忆去南昌前他对邓演达事事讲“策略”的做法很不理解，“我到了南昌之后，我能够了解他了，我接触了现实的另外一面，

① 赵勤轩、康青星：《朱克靖传》，中共党史出版社 2006 年版，第 63 页。

② 中国第二历史档案馆编：《蒋介石年谱初稿》，档案出版社 1992 年版，第 838 页。

③ 《郭沫若广州及北伐时期年谱补遗》，《郭沫若学刊》1988 年第 4 期；中国第二历史档案馆编：《蒋介石年谱初稿》，档案出版社 1992 年版，第 844、870 页。

④ 钟梁：《郭沫若与杨正宗》，《郭沫若研究专刊》第 2 辑，1980 年 11 月。

⑤ 郭沫若：《脱离蒋介石以后》（一），《中央副刊》第 43 号，1927 年 5 月 6 日。

⑥ 郭沫若：《北伐途次》，《郭沫若全集》文学编第 13 卷，人民文学出版社 1992 年版，第 95—101 页。

而且是强有力的一面”“我于不知不觉之间也就‘策略’起来了”[①]。到南昌后，郭沫若对邓演达的苦楚有了深切的体会，对蒋介石日益暴露的野心也生出不满，“许多事情似乎都不能与总司令投合”[②]。1927 年 2 月初，与铁罗尼谈到蒋介石委任上海四个大流氓为驻沪特务员一事时，郭沫若用“大约这就是他的所谓下层工作”[③] 加以讽刺。1926 年除夕，郭沫若通过蒋介石不制止几个人高呼“蒋总司令万岁”得出“蒋介石肯定会背叛的”判断。[④] 蒋介石武汉之行后提出驱逐鲍罗廷，遭到邓演达的激烈反对。自此，邓演达放弃对蒋抱存的幻想，下定了反蒋决心[⑤]，蒋邓关系也自此破裂。如何应对关系已破裂的两个上司，或许伤过郭沫若的脑筋，他选择的应对方式则表明了他的态度。在《南昌之一夜》中，郭沫若对旧历 1926 年岁末的一段经历作了比较详尽的记述：他应邓演达电邀，到庐山会面，与邓演达在旅馆谈了话。郭沫若去见蒋，蒋问：“‘是择生（邓的字）叫你来的吗？’我回答说：‘不是，是六军政治部（当时驻扎在九江）请我训话，我个人顺便上山来看看阵亡将士墓的工程的’”[⑥]。不讲应邓电邀的实情，而谎称自己是上山看阵亡将士墓的工程，应当是郭沫若隐瞒自己已对蒋不满并偏向左派的一种“策略”。

3 月中旬，蒋介石认为二届三中全会的决议让他“甚觉难堪”，“压迫侮辱至矣”[⑦]，决定另立中央，并叫郭沫若与他同行。在此前后，郭沫若却将蒋介石“委我为政治部主任”“密电了中央”，“但是中央的指示还是叫我‘虚与委蛇’，好到长江下游去再做秘密工作”[⑧]，因此又于 15 和 18 两日分别派袁文彬和李一氓到武汉请示“到下游去工作怎样进行，对于老蒋怎样应付，以及中央对蒋的最后的决心”[⑨]，以便开展工作。至此，郭沫若虽然未公开反蒋，却已经完全站到了武汉国民政府的反蒋阵营。

郭沫若在《脱离蒋介石以后》中还写过一件去游说李宗仁的事情：

> （三月）二十五日上午十时，我和辛焕文同志两人去拜访李宗仁。……
> 一面喝酒，一面把许许多多的话来打动他，希望他在安庆举事，肃清一切反

---

① 郭沫若：《纪念邓择生先生》，《郭沫若全集》文学编第 20 卷，人民文学出版社 1992 年版，第 178—179 页。

② 周毓英：《记后期创造社》，《申报月刊》复刊第 3 卷第 5 期，1945 年 5 月 16 日。

③ 郭沫若：《请看今日之蒋介石》，《郭沫若全集》文学编第 13 卷，人民文学出版社 1992 年版，第 136 页。

④ 钟梁：《郭沫若与杨正宗》，《郭沫若研究专刊》第 2 辑，1980 年 11 月。

⑤ 沈醉等：《亲历者讲述·蒋介石》，中央文史出版社 2013 年版，第 66 页；陈公博：《苦笑录》，东方出版社 2004 年版，第 65 页。

⑥ 郭沫若：《南昌之一夜》，《郭沫若全集》文学编第 13 卷，人民文学出版社 1992 年版，第 230 页。

⑦ 王正华编：《蒋中正总统档案：事略稿本》第 1 卷，（台湾）“国史馆”2010 年版，第 130 页。

⑧ 郭沫若：《脱离蒋介石以后》（一），《中央副刊》第 43 号，1927 年 5 月 6 日。

⑨ 郭沫若：《脱离蒋介石以后》（四），《中央副刊》第 48 号，1927 年 5 月 11 日。

革命派的势力。①

几十年后，李宗仁在回忆录中特别提到郭沫若给他带去武汉国民政府委任他主政安徽的委任状和印信一事：

> 3 月 19 日，即我到达安庆的翌日，武汉国民政府突然派郭沫若、朱克靖二人前来看我，并携来委任状与大印一颗，特派我兼任“安徽省政府主席”。郭氏时任国民革命军总政治部副主任，朱氏则系第三军党代表兼政治部主任，为一知名的共产党。朱氏稍谈即去，郭氏因系老友，晤谈甚久。②

由此可知，确有郭沫若游说李宗仁反蒋其事。但郭沫若和李宗仁所记的见面时间和晤谈内容有较大的出入。那么，郭沫若和李宗仁所说的到底是不是同一件事儿呢？据查，1927 年 3 月 25 日“武汉国民党中央政治委员会决定李宗仁、光升、常恒芳、朱蕴山、麦焕章、沈子修、李光炯、高语罕、朱克靖九人为安徽省政务委员，李宗仁兼主席。”③ 即是说，3 月 19 日武汉国民政府尚未作出委任李宗仁为安徽省政府主席的决定。因此，李宗仁在回忆录中说郭沫若在 3 月 19 日给他送委任状和印信一事当属日期误记。那么郭沫若到底有没有替武汉国民政府给李宗仁送过委任状和印信呢？北伐时期，郭沫若和李宗仁常一起喝酒，郭称李为“酒友”，李宗仁直到晚年仍称郭沫若为“老友”，由此可见他们当时的关系非同一般。在武汉国民党中央政治委员会任命李宗仁为安徽省主席的情况下，派郭沫若送去委任状和印信应是情理中的事。所以，笔者认为郭沫若给李宗仁送去委任状和印信的日期应该就是郭沫若去游说李宗仁的 3 月 25 日。和郭沫若一道去的是政治部职员辛焕文，而不是李宗仁说的第三军党代表兼政治部主任朱克靖。但郭沫若为什么只写去游说过李宗仁，对送委任状和印信却只字不提呢？这应该和当时的时局有关。郭沫若写作《脱离蒋介石以后》很明显具有鼓动反蒋的政治宣传作用，郭沫若给李宗仁送委任状和印信，李宗仁却拒绝接受，只得将印信和委任状原样带走，结果并不理想。为鼓动人们反蒋，郭沫若对此事也只能只字不提。

但郭沫若只是改写了他游说李宗仁这件事情本身的部分细节，并没有改写他游说李宗仁后感到后怕的心态：“我感觉得十二分危险的，是在二十五日我去游说过一次李宗仁以后”，“急于想离开安庆”。28 日，郭沫若在安庆得知“中央已有坚确的决

① 郭沫若：《脱离蒋介石以后》（一），《中央副刊》第 43 号，1927 年 5 月 6 日。

② 李宗仁口述，唐德刚撰写：《李宗仁回忆录》，广西师范大学出版社 2008 年版，第 338—339 页。

③ 李新总主编，韩信夫、姜克夫主编：《中华民国史大事记》（1925—1927），中华书局 2011 年版，第 2650 页。

心一定要罢免蒋介石的”[①]，后怕感也随之消失，决定再去游说第三军军长朱培德。朱培德既圆滑又有野心，在蒋介石与左派的较量未见分晓前，一直持观望态度。3 月份，武汉国民政府在与蒋介石的较量中取得阶段性的胜利，在国内外的政治影响扩大。朱培德顺应了这股政治潮流，表示愿意拥护武汉。此后，朱培德又多次派亲信前往武汉，希望取得驻扎江西的合法地位。3 月 30 日，武汉国民政府任命朱培德为江西省政府主席。朱培德表面上已加入了反蒋阵营。郭沫若此次游说不仅非常顺利，而且得到了朱培德的礼遇。

四　《请看今日之蒋介石》的两个关键词

就在游说朱培德当日，郭沫若“得着一个顶快心的消息”：“中央在三月二十三日已经罢免了蒋介石的职权。”“我觉得还有到南昌去一次的必要，因为一切的通信机关都被蒋介石封锁了，安庆‘三·二三’惨案，连相隔仅仅几点钟水程的九江连一点风影都不知道。我觉得应该趁着这个时候，把蒋的罪状宣布出来。”[②] 可见，郭沫若写《请看今日之蒋介石》的直接原因是得知中央“已罢免了蒋介石的职权”，目的是把蒋介石在安庆制造“三·二三”惨案的“罪状宣布出来”。不知是有意为之，还是无心之失，研究者在述及《请看今日之蒋介石》时几乎都只看到郭沫若在檄文中揭露蒋介石指使爪牙在赣州、南昌、九江、安庆制造惨案或事件，将促使郭沫若写讨蒋檄文的直接原因完全过滤。即是说，人们过滤掉了郭沫若将自己写作讨蒋檄文和武汉国民政府反蒋宣传之间的关系。单就檄文本身传所递出的信息而言，这一点也可以得到较为充分的印证。因此，有对《请看今日之蒋介石》进行重读的必要。重读时，不妨特别留意具有“画龙点睛”性质的关键性词汇，理解郭沫若写作该文的意旨。笔者认为，文中至少有两个关键词值得我们认真咀嚼或重新审视。

（一）党部

据笔者统计，“党部”一词在《请看今日之蒋介石》共出现 26 次，其中有 25 次在揭露蒋介石在赣州、南昌、九江和安庆罪状的部分出现。可见，“党部”一词既与蒋介石制造的惨案和事件紧密相关，也是《请看今日之蒋介石》罪状的重要内容。因此，对“党部”与事件的关系进行分析，就能了解郭沫若通过“党部”传递出的重要信息。

对于蒋介石指使倪弼在赣州枪杀总工会委员长陈赞贤事件，郭沫若以亲历者身份揭露蒋介石一再纵容，才导致惨案的发生，没有提及陈赞贤惨案与党部的关系。但在

---

① 郭沫若：《脱离蒋介石以后》（二），《中央副刊》第 44 号，1927 年 5 月 7 日。

② 同上。

写南昌、九江和安庆发生的事情时，郭沫若都将党部作为事件的叙述中心。为方便叙述，笔者将郭沫若直接描述中心事件的文字摘录如下：

解散南昌市党部：

就是段锡朋、周利生等的行为我也当面向他说过几次。就在他临走的十五号的晚上，我听说省党部有解决市党部的消息，我又向他说。他当时便写了一封信给段锡朋，说"江西党务以后事事须与总政治部接洽，对于市党部事宜缓和为是"等语。我当时觉得非常的满足，以为可以免去一场纠纷以静待中央的命令。但是当晚他走了，第二天我们也奉命出发了，段锡朋、周利生辈终竟把市党部强制解散了。俟后南昌总部、省政府、省党部打成一片，背叛中央……

九江惨案：

我下午三点钟的时候回九江，刚刚遇到暴徒把九江市党部打完了的时候……我走到总工会门首的时候，看见一位工友被打得头破血流，一身都是血渍，我才知道已经打伤了好几个市党部的执行委员，还打死了好几个。①

安庆惨案：

我还听说是省党部的常务委员光明甫同志在总部行营前已经受了暴徒的殴打。我没有再事羁延，便一直跑到内里的总司令室里面去。（着重号为笔者所加）②

从摘录的文字可看出，在郭沫若的笔下，蒋介石及其爪牙打击的目标是各省市"党部"，并非漫无目的。其实，段锡朋和周利生在南昌除了解散南昌市党部外，还"封闭学生会，通缉学生会执监委员，并查封了《贯彻日报》"③。但这些事情郭沫若在文中都没提及，只着重强调了南昌市党部被解散一事。写九江和安庆惨案时，郭沫若特地写出九江市党部受伤人员的"执行委员"职务，写到光明甫时也特地提及"省党部的常务委员"职务，显然是有意强调蒋介石破坏指导管理省市党务的机关——省市党部，指出蒋介石以武力破坏党权的罪行。事实也是如此，在武汉召开的二届三中全会上，蒋介石虽未到场，左派在会上对蒋介石的谴责之声不绝于耳。蒋介石却不想在自己并不占优势的口舌笔墨上费工夫，用暴力来回应左派谴责，首当其冲的就是拥护武汉左派的省市党部。深谙政治宣传之道的郭沫若有意强调蒋介石武力破坏党权，在宣传上至少产生了三个方面的作用：首先，在郭沫若未揭露蒋介石罪状

---

① 郭沫若：《请看今日之蒋介石》，《郭沫若全集》文学编第13卷，人民文学出版社1992年版，第140—143页。

② 同上书，第131、145页。

③ 李新总主编，韩信夫、姜克夫主编：《中华民国史大事记》（1925—1927），中华书局2011年版，第2650页。

前，左派都以军权高于党权、“党屈服于武力”“武力蹂躏党权”[1] 等空洞口号对蒋介石进行指责，苍白而无事实依据，郭沫若以铁的事实说明蒋介石以武力破坏省市党部，能补武汉左派空洞乏力的口号宣传之缺；其次，蒋介石曾在公开场合讲“到了一个党部，看见党员同志，好比到了自己家里，看见父母兄弟一般”“和各党部同志谈话，总是非常恳切”[2]，而他指使爪牙捣毁省市党部、殴打党部职员的行为，恰如其分地证明他言行不一，甚至言行完全相悖；最后，国民党二届三中全会后，恢复党权运动在全国各省市如火如荼地开展起来，把“党部”推向党政军的中心位置，蒋介石竟以武力捣毁党部，破坏党权，显然是冒天下之大不韪。

（二）反蒋

郭沫若在文中多次呼吁“凡是有革命性、有良心、忠于国家、忠于民众的人，只有一条路，便是起来反蒋！反蒋”。“反蒋”口号也成了《请看今日之蒋介石》掷地有声的呐喊，为世人铭记。但口号毕竟占檄文极少一部分，大部分篇幅都在澄清驳斥当时流行的几种不能反蒋的错误观点。

郭沫若认为能够反蒋的重要依据便是通过国民党二届三中全会后“中央已经一天一天地巩固起来，新改组的政治委员会、军事委员会、国民政府已经正式成立，武汉已经真真正正地成为革命的新都！单从军事的指挥上来说，现在有了军事委员会，已经用不着再有蒋介石这个‘总司令’了”。

但对于当时左派提出的打倒蒋介石，北伐军将领有着各自的顾虑。其中最大的顾虑就是“奉系军阀还没有打倒，我们便自相残杀起来，对于革命是有很大的危险”[3]。李宗仁以“太平天国为例，洪杨同室操戈，以致功败垂成”“临阵易帅，原是兵家大忌……会动摇军心民心”[4] 为由拒绝去游说他反蒋的国民党左派。和武汉左派站同一阵营的程潜对反蒋起初也很犹豫，说：“我不能做分裂国民党的罪魁祸首。”[5] 郭沫若则认为这“是蒋介石反宣传的一种策略”“是一种杞忧”，提出“未打倒奉系军阀，先要打倒蒋介石”。因为，蒋介石已经是“张作霖的爪牙”，开始“拼命地排斥左派，拼命地讨伐赤化”“甚至连武汉方面的党军也不肯加以充分的接济”，已经不再具备当北伐军总司令的资格。另一种不能打倒蒋介石的观点：“他是劳苦功高，我们不能

① 荣孟源主编，孙彩霞编辑：《中国国民党历次代表大会及中央全会资料》（上），光明日报出版社1985年版，第298—299页。

② 蒋介石著，秦孝仪主编：《总统蒋公思想言论总集》，“中央文物供应社”1984年版，第241页。

③ 郭沫若：《请看今日之蒋介石》，《郭沫若全集》文学编第13卷，人民文学出版社1992年版，第149页。

④ 李宗仁口述，唐德刚撰写：《李宗仁回忆录》，广西师范大学出版社2008年版，第328页。

⑤ 李世璋：《关于北伐前后的第六军》，《江西文史资料选辑》第2辑，江西人民出版社1980年版，第42页。

因为他一时的错误便抹煞他以往的功绩"[①]，"蒋总司令缺点是有的，但是无论怎样，我不主张打倒他。我主张以和平的、善意的方式去帮助他、纠正他"[②]。这能代表大多数认为蒋介石功勋卓著不赞成反蒋人员的观点。但郭沫若认为蒋介石"深居高拱，食前方丈"，"偶尔上上战线看察"也被前呼后拥地保护着，并无功绩可言。北伐后的军事成就是革命同志"为革命为国家努力的结晶"，"并不是他一个人所手创的"。在革命事业面前"只有国家，没有个人。同志们努力的结晶，便结成革命的光荣历史"，"是永远不能磨灭的，有人想要来磨灭它，毁灭它，这就是革命叛徒"。而此时的"蒋介石就是背叛国家、背叛民众、背叛革命的罪魁祸首"。因此，郭沫若呼吁"愿我忠实的革命同志，愿我一切革命的民众迅速起来，拥护中央，迅速起来反蒋"[③]。拥护哪个中央？《请看今日之蒋介石》中的中央即是已和蒋介石长期博弈，发起恢复党权运动的武汉国民政府。

在以上论述中，笔者把《请看今日之蒋介石》放置到恢复党权运动这一具体历史事件语境中，试图将它视为一个正在生成展开的文本，而不是已经完成的历史结果。当然任何一种释读都只是提供了历史的一个侧面，和复杂的历史生态相比都显得苍白乏力。尽管如此，郭沫若在国民党左派和共产党对蒋介石的真实面目还未完全认清尚抱有幻想时写出这篇檄文，在当时产生了巨大作用："它无情地揭露了蒋介石这个大叛徒、大卖国贼、大阴谋家、大野心家的嘴脸，划清了革命和反革命的界线，大大鼓舞了革命人民前赴后继、一往无前的信心和勇气。"[④] 因此，不论是对郭沫若研究来说，还是对第一次国共合作研究而言，《请看今日之蒋介石》都值得我们高度重视。同时需要指出的是，我们不能以此夸大郭沫若在恢复党权运动中的作用。因为，不论是从以蒋介石为首的右派看，还是从武汉国民政府所代表的左派看，郭沫若在恢复党权运动中都算不上关键性人物，正如他自己所说只是反蒋"洪炉中突然迸出一个火星子"[⑤]。一个"火星子"的影响竟如此之大，这或许又是郭沫若始料未及的。

（原载《中国现代文学研究丛刊》2018 年第 3 期）

---

① 郭沫若：《请看今日之蒋介石》，《郭沫若全集》文学编第 13 卷，人民文学出版社 1992 年版，第 151 页。

② 李宗仁口述，唐德刚撰写：《李宗仁回忆录》，广西师范大学出版社 2008 年版，第 331 页。

③ 郭沫若：《请看今日之蒋介石》，《郭沫若全集》文学编第 13 卷，人民文学出版社 1992 年版，第 151—152 页。

④ 周扬：《悲痛的怀念》，《人民日报》1978 年 6 月 18 日。

⑤ 郭沫若：《脱离蒋介石以后》（三），《中央副刊》第 46 号，1927 年 5 月 9 日。

郭沫若《残春》的精神分析学细读

——兼谈对精神分析批评方法的理解

管冠生

郭沫若的《残春》完成于1922年4月，同年发表于《创造季刊》第2期。不久，一个署名“摄生”的作者著文批评这篇小说“平淡无奇……没有Climax……没有深意”，郭沫若为此做了篇幅很长的一个自我辩护，其中写道：

> 我在《残春》中做了一个梦，那梦便是《残春》中的Climax，便是全篇的中心点，便是全篇的结穴处。如有以上面所述的见地来批评我的文章，能够指出我何处用意不周到，何处准备不精密的人，我可以向他五体投拜，拜他为师。……
>
> 主人公爱牟对于S姑娘是隐隐生了一种爱恋，但他是有妻子的人，他的爱情当然不能实现，所以他在无形无影之间把它按在潜意识下去了——这便是构成梦境的主要动机。梦中爱牟与S会于笔立山上，这是他在昼间所不能满足的欲望，而在梦中表现了。及到爱牟将去打诊，便是两人的肉体将接触时，而白羊匆匆走来报难，这是爱牟在昼间隐隐感觉着白羊为自己的障碍，故入梦中来拆散他们。妻杀二儿而发狂，是昼间无意识中所感受到的最大的障碍在梦中消除了的表现。至于由贺君之发狂而影到妻之发狂，由晚霞如血而影到二儿流血，由Sirens的联想而影到Medea的悲剧（因为同时出于希腊神话的），由Medea的悲剧而形成梦的模型……我自信我的步趋是很谨严的。[①]

自此以后，郭沫若对自己作品以及这个梦的解释就成了关于它们的最终的解释。细细想来，这是很令人奇怪的事情。因为郭沫若所崇信的精神分析学的创始人弗洛伊德曾经说过：“我们对任何真正的文学作品，也必须由文学家心灵中不止一种的动

---

① 郭沫若：《批评与梦》，吴立昌：《精神分析狂潮——弗洛伊德在中国》，江西高校出版社2009年版，第121页。

机、冲动去了解它，并且需要承认，它可能有两种以上的不同解释”[①]，那么，为什么对《残春》及其中的梦就只有作者本人的解释呢？大概是因为郭沫若本人对精神分析理论的了解够多，他的解释也够复杂的了，还有什么好丰富或可订正的呢？我并不想做郭沫若的老师，仅仅是出于对精神分析的一点兴趣与理解，而对《残春》进行仔细全面的考察。这就是说，本文不会仅仅关注那个 Climax 的梦，而是要细查小说各处的“用意”与各种“准备”——没有准备，就没有 Climax。

首先要说明的是，郭沫若认为“我们俗语所说的‘日有所思夜有所梦’，这句话把精神分析学派对于梦的解释原理说完了”[②]，这是对精神分析的误解。“白日所思”是一种有意识的思维或被觉察到的念想，它可能形之于夜梦，但夜梦往往逸出白日所思之范围。据弗洛伊德所说，梦的形成可以有两种方式引起：“一方面，或者是通常受压抑的本能冲动（潜意识的欲望）在睡眠中达到了足以被自我感受的强度；另一方面，或者是醒时遗留的驱力——附有全部冲突着的冲动前意识思想链条——在睡眠中得到了来自潜意识因素的强化”[③]，可见，精神分析关注的是白日遭潜抑或根本就没有浮上意识界的无意识，亦非昼思导致夜梦、夜梦反映昼思那样简单直接。

二

小说这样开始：

> 壁上的时钟敲打着四下了。
>
> 博多湾水映在太阳光下，就好象一面极大的分光图，划分出无限层彩色。几只雪白的帆船徐徐地在水上移徙。我对着这种风光，每每想到古人扁舟载酒的遗事，恨不得携酒两瓶，坐在那明帆之下尽量倾饮了。

爱牟住的是两层楼，据后文晓芙上楼及“我告了失陪，也往楼下去帮晓芙弄饭去了”，可知一楼是关乎爱牟俗世生活的部分，那里住着老婆孩子，并在那里做饭。二楼则视野开阔，面对博多湾的海景，爱牟心生无尽遐想，欲效仿古人扁舟豪饮，此种无拘无束、自由自在之精神世界与一楼形成鲜明之对比。来访的白羊君也有这种表现：“好象下了一阵骤雨，突然晴明了的夏空一样，白羊君一上楼把他刚才的焦灼，忘在脑后去了”，把住在院中的贺君暂时抛弃了。可知，爱牟过的本是楼下楼上的二元生活：楼下是把肉身羁绊于此时此地的尘世，楼上则是纵情的时刻与幻想的天地。

---

① 弗洛伊德：《梦的解析》，赖其万、符传孝译，作家出版社 1986 年版，第 171 页。

② 郭沫若：《批评与梦》，吴立昌：《精神分析狂潮——弗洛伊德在中国》，江西高校出版社 2009 年版，第 120 页。

③ 弗洛伊德：《精神分析纲要》，车文博：《精神分析新论》，九州出版社 2014 年版，第 299—300 页。

在未见到S姑娘之前，有关S姑娘的欲念就已经像那“几只雪白的帆船徐徐地”在内心中移徙着了。直言之，在做那个梦之前，爱牟就有了抛妻别子、出轨离家的愿望了。

恰在此时，来了白羊君。白羊君本人及其出现十分有趣：

> 他那粉白色的皮肤，平滑无表情的相貌，好象是我们祖先传来的一种烙印一样，早使我知道他是我们黄帝子孙了。并且他的颜面细长，他的隆准占据中央三分天下有其二的疆域。他洋服的高领上又还露出一半自由无领的蝤蛴，所以他给我的第一印象，就好象一只白色的山羊。待我走到门前，他递一张名片给我。我拿到手里一看，恰巧才是“白羊”两字，倒使我几乎失声而笑了。

此人长得像一只白色山羊，并真的就叫“白羊”，爱牟失声而笑。他笑的是什么呢？笑的是眼前这个人如此名实相副？不是，他惊讶的是这次巧遇：自己的猜想如此准确，想什么就来什么，好像冥冥之中注定了一样。在中国的传统文化中，羊被视为吉祥的象征，是美的化身，体现了传统的道德美德。而在古希腊的神话传说中，有一位半羊半神的潘，他长着山羊的头、蹄子、生殖器和小尾巴，同时又有类人的躯干与手脚。潘被认为具有一种令人恐惧的欲望，“它充满暴力和不确定性，是原始的兽性之欲。这样的欲望，与农业女神德墨忒尔（Demeter）的性欲带来生命的繁衍不同，只能带来毁灭和荒芜——潘所追逐的对象不是被撕碎就是发生了变形”[①]。这个白羊君所体现的既是中国传统的羊，是他仗义救助贺君，但更象征着古希腊潘神的野性性欲，是一个不想受控制的阳物。这个解释看起来有些突兀，但只要认真读一下《残春》，就会留意到其中弥漫着古希腊神话的氛围：引诱人的塞壬女妖的歌声，美狄亚的杀子悲剧以及潘神流动的性欲。

恰在此时，来了白羊君，爱牟心中的性欲念就这样悄然地现实化了。白羊君中西合璧的形象体现了爱牟内心纠结的矛盾：一方面是对妻子、对家庭的忠贞与责任，另一方面则是潜涌着的要求自由疏泄的原始欲望。白羊君来带他走，去看一个熟悉的病人——这是一个十分正当的借口，抛妻别子不会引起道德愧疚——涌动的欲望占据了上风。

但召来了白羊君，就得承受白羊君带来的威胁。二人坐火车离开博多湾：

> 车已经开远了，母子三人的身影还广立在月台上不动。我向着他们不知道挥了多少回数的手，等到火车转了一个大弯，他们的影子才看不见了。火车已飞到海岸上来，太阳已西下，一天都是鲜红的霞血，一海都是赤色的葡萄之泪。我回

① 春平：《潘神——游走在半羊半神之间》，《文明》2015年第2期。

头过来，看见白羊君脱帽在手，还在向车站方面挥举，我禁不住想起贺君跳海的光景来。

郭沫若说“由晚霞如血而影到二儿流血”，正式地解释便是“醒时遗留的驱力——附有全部冲突着的冲动前意识思想链条——在睡眠中得到了来自潜意识因素的强化”，在看不见月台母子三人之后，爱牟看见了“鲜红的霞血”，他的杀子冲动已然隐伏着了（梦中是晓芙杀子，这里却说是爱牟杀子，原因待后面分析）。既然一种自然现象可以主观地投入人物的内心冲动，那么，本文前面把白羊君视为阳物（欲望）的象征也并不是无中生有或牵强附会的。不仅如此，它事实上是非常必要的一个步骤，若没有对白羊君的解读，“由晚霞如血而影到二儿流血”说不是太突兀了吗?《残春》中性欲与暴力的氛围是弥漫着的，而非像郭沫若解释得那样一个点一个点地、孤零零地存在着。

这里令人感到奇怪的是，爱牟对着妻儿挥手告别是可以理解的，白羊君挥手也可以理解，但在看不到晓芙的影子、爱牟已经不挥手了之后，白羊脱帽在手，还在向车站方面挥举，就难以理解了。这个动作不但多余，而且令人诧异。按照字面理解，爱牟看到白羊脱帽挥举而想到了贺君跳海，因贺君跳海之前亦是脱帽挥举。但对此应有另一种理解：白羊留恋着晓芙，这是爱牟并未意识到的威胁，然而却在梦中表现了出来：在爱牟与S姑娘就要肌肤相亲的紧要时刻，白羊气喘吁吁地跑来，报告晓芙杀了二子。郭沫若的解释是“爱牟在昼间隐隐感觉着白羊为自己的障碍，故入梦中来拆散他们”，初看之下，这个解释是合情合理的，但它带来的疑问是：白羊只要出现在二人面前，就破坏了他们的好事，何必报告晓芙的事情？白羊是怎么知道的？答案只能是：爱牟跟S姑娘幽会，让妻子独守空房，白羊君才趁势而入，来纠缠晓芙，晓芙得知爱牟不忠，遂杀死二子。白羊见晓芙不从，又来破坏掉爱牟与S姑娘的幽会，他还可以得到S姑娘。这说明：爱牟内心深处还爱着晓芙，至少要占有着她，不让别的男人夺去，而晓芙的行为虽然血腥但却是表现了对自己丈夫的忠贞。当爱牟告别白羊和S姑娘，回到了晓芙身边，把梦告诉她听时，“她笑着，说是我自己虚了心”。晓芙为什么会笑着？因为在这个梦中，自己表现出了作为妻子的忠贞，同时丈夫虽然有出轨的欲念，但其实还深爱着自己。女人不是因为男人坦白而笑，而是明白男人还爱着她才笑。

上述分析是比郭沫若本人的分析更全面、更透彻的。郭沫若说：“古人说：知子莫若父。我们也可以说，知道作品的无如作家自己。作家对于自己作品的亲密度，严密地说时，更胜于父之于子”①。这是很值得商榷的。在精神分析的治疗实践中，分

① 郭沫若：《批评与梦》，吴立昌：《精神分析狂潮——弗洛伊德在中国》，江西高校出版社2009年版，第121页。

析者从与被分析者谈话中所挖掘到的信息远远超出了被分析者的意识范围；同样地，尽管我对“作者已死”的说法表示某种谨慎的怀疑，但要说作者保留着对自己作品的最终和最完善的解释权，则我坚决反对——因为那样一来，就等于是取消了文学评论这个行当。即便是父子关系，普遍的情况是，几乎没有一个父亲能完全而正确地理解自己的儿子（他只能感觉着自己理解了，但这只是意味着他理解的仅仅是他自己的感觉），至少他很难体会到俄狄浦斯情结在儿子身上所造成的冲击与震荡。

二

让我们回到小说，回到白羊脱帽挥举的场景，爱牟想到了贺君跳海：

——可怜的是贺君了！我不知道他为什么要跳海，跳海的时候，为什么又要脱帽三呼万岁。那好象在这现实之外有什么眼不能见的“存在”在诱引他，他好象 Odysseus 听着 Siren 的歌声一样。

——我和我的女人，今宵的分离，要算是破题儿第一夜了。我的儿子们今晚睡的时候，看见我没有回家，明朝醒来的时候，又看见我不在屋里，怕会疑我是被什么怪物捉了去呢。

——万一他是死了的时候，那他真是可怜：远远来到海外，最终只是求得一死！……

——但是死又有什么要紧呢？死在国内，死在国外，死在爱人的怀中，死在荒天旷野里，同是闭着眼睛、走到一个未知的世界里去，那又有什么可怜不可怜呢？我将来是想死的时候，我想跳进火山口里去，怕是最痛快的一个死法。

——他那悲壮的态度，他那凯旋将军的态度！不知道他愿不愿意火葬？我觉得火葬法是最单纯，最简便，最干净的了。

——儿子们怕已经回家了，他们问去，看见一楼空洞，他们会是何等地寂寞呢？

周维东把这段独白看作爱牟自我与本我的对话：在自我方面，爱牟不能理解贺君的举动，时时眷恋着家庭；在本我方面，“爱牟不仅理解贺君，还羡慕（乃至崇拜）他可以无所顾忌地选择死亡乃至死亡方式——家庭在此时来讲便成了爱牟的拖累。对一个轻生的人都感到羡慕，可见爱牟对无牵无挂的自由生活是何等向往”①。说爱牟向往自由生活是不错的，但这可以从“对一个轻生的人都感到羡慕”中“见”出来吗？带着这个疑问，我与周先生的解释很不相同。

---

① 周维东：《〈残春〉体验与〈女神〉时期的郭沫若》，《现代中国文化与文学》2013 年第 1 期。

爱牟、贺君和奥德修斯皆受了某种诱惑。爱牟想到儿子会怀疑自己被什么怪物捉了去，事实上他现在正跟着一个怪物赶往门司市；虽然爱牟说他不知道贺君为什么要跳海，但他又明白有一种无形的存在在诱惑着贺君；奥德修斯也受着塞壬女妖歌声的诱惑。但奥德修斯把自己绑在桅杆上，既享受了美妙的歌声，又安然无恙，爱牟其实也不想死，除了欣赏贺君跳海时决绝的态度，与贺君跳进海相反，他想跳进的是火山口——在后来的梦中，S 姑娘说“佛家说：‘三界无安，犹如火宅。’这个我们明明知道，但是我们对于生的执念，却是日深一日”——火，代表的是旺盛的生命与活跃（甚至危险）的欲望。爱牟生于火宅，死于火山口，不想在冰冷的海水里死去，所以他无法忘记自己的妻儿，并且还要享受更多更大的生之快感，但贺君为什么跳海呢，并且跳得那么决绝？这其实是对爱牟正在上升与汹涌着的欲望之火的一种阻遏。

我该怎么办？爱牟求助于白羊：

> 白羊君坐在我面前痉挛着嘴唇微笑，他看见我在看他，便向我打起话来。
>
> 他说：“贺君真是有趣的人，他说过他自己是‘龙王’呢！”
>
> ——“是怎么一回事？”
>
> ——“那是去年暑假的时候了，我们都是住在海岸上的。贺君有一天早晨在海边上捉了一个小鱼回来，养在一个大碗里面。他养了不多一刻，又拿到海里去放了。他跑来向我们指天画地地说，说他自己是龙王，他放了的那匹小鱼，原来是条龙子。他把他这条龙子一放下了海去，四海的鱼鳞都来朝贺来了。我们听了好笑。”
>
> ——“恐怕他在说笑话罢？”
>
> ——“不，他诸如此类疯癫识倒的事情还很多……”

白羊告诉了一件贺君的趣事：贺君自认为是龙王。爱牟以为是贺君在说笑话，白羊否定了他，接着又告诉了贺君其他一些“疯癫识倒的事情”，爱牟才认识到贺君是个“天才”：“我们这些只晓得穿衣吃饭的自动木偶！为什么偏会把异于常人的天才，当成狂人、低能儿、怪物呢？世间上为什么不多多产出一些狂人怪物来哟？”原来，贺君跳海不是死亡，而是一次重生，因为他是龙王，他跳进海里就意味着完全脱去了世俗的烦恼，过上了自由自在的王的生活，所以他跳海时三呼万岁，像凯旋的将军。爱牟通过跳进火山口所表达的不也是这样一种重生的生命欲望吗？但他却瞻前顾后，留恋妻儿，仿佛“只晓得穿衣吃饭的自动木偶”！白羊以贺君之趣事点拨爱牟，鼓动其无顾忌地疏泄内心欲望，坚定其出轨之决心。

三

小说来到第三节。两人在医院中见到了S姑娘——白羊替他们做介绍，有意思的是，爱牟要看望的贺君这时候却睡去了，他必须睡去，因为他只不过是一个引子。当爱牟和S姑娘谈论贺君的时候，白羊掐灭了这个第三者话题，转向了彼此：

> 白羊君插口说道："S姑娘！你不晓得，我这位朋友，他是未来的doctor，他是医科大学生呢！"
>
> ——"哦，爱牟先生！"她那黑耀石般的眼仁，好象分外放出了一段光彩。"我真喜欢学医的人。你们学医的人真好！"
>
> 我说："没有甚么好处，只是杀人不偿命罢了。"

S姑娘"房中有脂粉的浓香"，"中等身材，纤巧的面庞"，"跪在席上，两手叠在膝头，低声地说"，"晕着粉红的两颊，表示出一段处子的夸耀"，处处表现出一个顺从温柔的女性形象，特别容易激起男性阳物的占有欲望。当白羊介绍爱牟是未来的医生时，S姑娘掩饰不住她的欢喜与羡慕，但爱牟为什么说医生的好处是"杀人不偿命"呢？他想杀谁而不用偿命呢？

第四节便是小说的Climax。整体上看，《残春》中的这个梦在形式上并不符合弗洛伊德的看法。弗洛伊德认为充斥梦的主要是"视觉意象"，而这个梦的主体则是长篇的连贯的话语。梦中爱牟和S姑娘徐徐登上笔立山："门司市北有座尖锐的高峰，名叫笔立山，一轮明月，正高高现在山头，如象向着天空倒打一个惊叹的符号（！）一样"，这乃是勃起的阳具的象征（白羊君不在，欲望并未离去）。二人徐徐上山，同时徐徐接近性的话题：S姑娘自知患不治之症，问学医的爱牟有何良法，爱牟不忍使她失望，劝慰说"怕是神经衰弱"，但这样的劝慰只能加强S姑娘的哀愁，她说"爱牟先生！你直说罢！像我这样的废人，到底还有生存的价值没有呢?"由不治之症而想到人生的意义，暗示二人应及时行乐、纵欲寻欢。有意思的是，在二人关系中，爱牟的表现非常保守，倒是S姑娘劝他"你直说罢"，但爱牟没有直说，后来接触肌肤之时，先要擦暖双手。他想纵欲，但又不主动，他想犯罪，却不想付出成本，正如他想杀人却不要偿命。还是S姑娘主动：

> "啊啦，你不要客气了！"说着便缓缓地袒出她的上半身来，走到我的身畔。她的肉体就好象大理石的雕像，她骍着的两肩，就好象一颗剥了壳的荔枝，胸上的两个乳房微微向上，就好象两朵未开苞的蔷薇花蕾。我忙立起身来让她坐，她坐下把她一对双子星，圆睁着望着我。我擦暖我的两手，正要去诊打她的肺尖，

白羊君气喘吁吁地跑来，向我叫道：

——“不好了！不好了！爱牟！爱牟！你还在这儿逗留！你的夫人把你两个孩儿杀了！”

我听了魂不附体地一溜烟便跑回我博多湾上的住家。我才跑到门首，一地都是幽静的月光，我看见门下倒睡着我的大儿，身上没有衣裳，全胸部都是鲜血。我浑身战栗着把他抱了起来。我又回头看见门前井边，倒睡着我第二的一个小儿，身上也是没有衣裳，全胸部也都是血液，只是四肢还微微有些蠕动，我又战栗着把他抱了起来。我抱着两个死儿，在月光之下，四处窜走。

——“啊啊！啊啊！我纵使有罪，你杀我就是了！为什么要杀我这两个无辜的儿子？啊啊！啊啊！这种惨剧是人所能经受的吗？我为什么不疯了去！死了去哟！”

我一面跑，一面乱叫，最后我看见我的女人散着头发，披着白色寝衣，跨在楼头的扶栏上，向我骂道：

——“你这等于零的人！你这零小数点以下的人！你把我们母子丢了，你把我们的两个儿子杀了，你还在假惺惺地作出慈悲的样子吗？你想死，你就死罢！上天叫我来诛除你这无赖之徒！”

说着，她便把手中血淋淋的短刀向我投来，我抱着我的两个儿子，一齐倒在地上。

郭沫若解释说“妻杀二儿而发狂，是昼间无意识中所感受到的最大的障碍，在梦中消除了的表现”，可是为什么他的妻子却说“你把我们的两个儿子杀了，你还在假惺惺地作出慈悲的样子吗?”到底是谁杀死了他们的儿子，爱牟还是晓芙？看起来是晓芙，她手中拿着血淋淋的短刀，其实真正的凶手却是爱牟。爱牟想清除自己与S姑娘结合的障碍——自己的妻儿，同时又不付出任何代价，两全其美的方式便是妻子杀死儿子，由她承担着杀人的罪名，一石二鸟地把她们除掉，成全其与S姑娘的好事，还其一个自由自在之身。在古希腊神话中，伊阿宋和美狄亚共同生活了美好的十年，这时的美狄亚年老色衰，伊阿宋另有新恋，说服美狄亚解除婚约，“他发誓说，并不是他已经厌恶她，而是为孩子们着想，为了孩子的将来考虑，他不得不和王室结亲”①，美狄亚设计杀死新妇，又杀死了自己和伊阿宋的两个儿子，乘龙车升上天空，留下伊阿宋绝望自杀。尽管伊阿宋发誓其新婚是为孩子们着想，但还是被美狄亚识破，杀死了孩子，彻底断绝了伊阿宋的希望。同样地，尽管爱牟抱着孩子的尸体非常痛苦，并说“我纵使有罪，你杀我就是了！为什么要杀我这两个无辜的儿子”，听上去敢担当罪责，实则要坐实晓芙是杀人凶手，而晓芙则毫不客气地点破了真相（“你

① ［德］古斯塔夫·施瓦布：《古希腊罗马神话》，光明译，湖南文艺出版社2011年版，第151页。

把我们母子丢了，你把我们的两个儿子杀了，你还在假惺惺地作出慈悲的样子吗?”)。男人自作聪明玩的小把戏，自以为真的解释，皆被女人戳破了。所以，让爱牟心虚的不是与S姑娘的肌肤相亲，不是儿子在梦中死去了，而是他蠢蠢欲动的内心其实被自己的女人看穿了。公猫想偷腥，以为神不知鬼不觉的，其实早被身边的母猫瞧清楚了。因为内心的那点事儿被揭穿，爱牟从梦中惊醒。

于是，第二天，爱牟无论如何要返回博多湾，白羊和S姑娘苦劝，“倒是贺君替我解围，我终得脱身走了”——贺君醒来，已无危险，这就意味着爱牟离家的躁动已经平复，他离家已无正当理由，遂回到妻儿身边。后来，S姑娘寄来蔷薇花瓣，勾起了他的伤感的情绪。爱牟离开时，买了蔷薇花送给S姑娘，梦中S姑娘的乳房好像“两朵未开苞的蔷薇花蕾”，通过送蔷薇花这个行为，爱牟间接地实现了自己抚摸S姑娘的梦欲，以最小成本的方式，以最隐秘的方式，以最文明、最道德然而也是最胆怯的方式。可怜的现代人！可怜的失去了英雄奥德修斯的现时代！

四

上述分析的某些段落或许会让人感觉不快，这并不奇怪。弗洛伊德本人的研究就引发了很多的争议，连他的忠实的追随者琼斯都认为，“弗洛伊德的文章远不是一个冷静而客观的分析，而可能是作为一个投射他的某种并发的焦虑和愿望的屏幕”“只要留意一下他对艺术和艺术家的研究，立刻就可以看到，弗洛伊德所选择的论题较少针对重要的审美问题，而较多的针对他自己的个人需要和迷恋……弗洛伊德是故意选择支持他的理论的事实，而（不加讨论地）排斥其他不适合他的理论的事实”①。既然如此，我们为什么还要继续运用精神分析理论来分析一些经典文本?

首先，精神分析理论的目的是“认识你自己”，认识人自身。如果说五四“文学是人学”的观点是正确的，那么我们就必须认真对待弗洛伊德的思想，因为它使我们对人的认识与理解更加复杂而深化了。并且，文本的意义也决非由作者一个人完全决定，存在着某些作者没有意识到的动机，某些不可控制也不可干涉的机制也影响着文本意义的生成。如果运用得当，精神分析不失为评估这些动机与机制的一种有效方法。

其次，弗洛伊德的理论方法特别重视细节和那些看上去无足轻重的因素。他的自由联想法就要求病人把想到的一切，无论荒唐可笑还是微不足道，都要说出来，从一次不经意的口误、笔误等细节中深入挖掘出重要的心理内容。我对丁玲一个口误的解释就充分地运用了这一点，这个解释并且得到了丁玲人生经历的支持②。

---

① ［美］斯佩克特：《弗洛伊德的美学》，高建平译，四川人民出版社2006年版，第120页。

② 管冠生：《丁玲在苜蓿园》，《鲁迅研究月刊》2012年第2期。

最重要的是，弗洛伊德解梦与解释文本的过程是相似的。梦的隐意改装成显意的过程被称为梦工作，解梦便是在重视每一个细节的基础上破解梦工作的过程，把梦的隐意显现出来。我们解释文本，便是要通过象征、隐喻、暗示、意象的线索从表层意义深入到深层意义。利科把象征符号"称作任意意指的结构，在这个结构中，一个直接的、原初的和字面的意义附加地指示另一个间接的、从属的、形象化的意义，后一种意义只有通过前一种意义才能被领悟。这种对双重意义上的表达进行限定便确切地构成了解释学的领域"，解释工作就"在于对隐藏在表面意义中的意义加以辨读，在于展开包含在字面意指中的意指层次"①。类似地，巴特把符号意指区分为"直接意指"和"含蓄意指"。"直接意指是单纯的、基础的、描述的层次"，是字面的或表层可见的信息或意义，如那幅黑人照片的直接意指就是"一个黑人士兵正向法国国旗敬礼"，但它可以继续被联系另一层更精妙复杂的主题和意义，即含蓄意指，这里指向法国的殖民主义与它的忠诚的黑人士兵②。

无论是弗洛伊德的精神分析，还是利科的解释学或者巴特的含蓄意指都是指向文本的深层意义。弗洛伊德的学说输入中国学术界已有一百多年的历史，运用它而产生的理论成果可谓多如牛毛，但在我看来，对精神分析学说我们还需要继续消化、吸收与利用。

［原载《太原学院学报（社会科学版）》2018 年第 4 期］

① ［法］保罗·利科：《生存与解释学》，［法］保罗·利科：《解释学的冲突》，莫伟民译，商务印书馆 2008 年版，第 13 页。

② ［英］斯图亚特·霍尔：《表征》，周宪、许钧译，商务印书馆 2013 年版，第 57 页。

郭沫若集外演讲记录稿《写作经验谈》叙论

凌孟华

笔者近年在现代文学文献发掘整理研究过程中，也时时留心郭沫若集外作品与相关史料的情况并偶有发现，比如抗战时期刊载于《国讯》旬刊的郭沫若演讲记录稿《写作经验谈》确乎至今未见披露与辨析，于是慢慢敷衍成文，供同好参考指正。

一　演讲记录稿的出处与内容

演讲记录稿《写作经验谈》载1943年11月15日出版的《国讯》旬刊第352期（新174期）第11—12页，署名郭沫若。封面之竖排“目录”列出“写作经验谈”，并作大字加粗处理，可见编者的重视。

《写作经验谈》未见收入郭沫若当年的作品集，也没有收入《郭沫若全集·文学编》。查《郭沫若著译及研究资料》《郭沫若年谱》《郭沫若研究资料》等，均没有《写作经验谈》的相关信息。由此可以基本确定《写作经验谈》是郭沫若一篇散佚70多年的集外演讲记录。此文不长，计1800余字，兹照录如次：

写作经验谈

郭沫若

提要：读书的基础要广要博……要沟通世界文化……生活经验愈丰富愈好……从生活体验中去学习……记日记是学习写作的最好锻炼……养或[①]自我批评精神……要制造灵感

从事写作之前，必须要经过一定的步骤；所谓一定的步骤，就是先须从事阅读，读书的基础要广，要博：无论社会科学，自然科学；无论有价值的，无价值的都要浏览。俗说“开卷有益”的意思就在此。

其次，我们除了需要接受本国的文化传统外，一定要学好一种外国文字。因

① 原文如此，疑误，从正文的“养成自我批评的精神”看，“或”应为“成”，因形近而误。

为能融会各国文字，对世界文化才能贯通自如。例如，法国作家戈理，他本是学法文的，但自然科学如进化论等他都有贡献。他说过一句话，“为了读拜伦的诗，有学英文的必要。”拜伦比他年青，但他虚心学习的精神却一些不变。所以，比如说，如果我们要学高尔基的文章，就要学俄文。但中国的学者能够在这方面努力的，实不多见。

书是人类的宝贵遗产。好的作品读之使人非常快乐。在读书的过程中，生活经验使我们得到具体的传受。文字技巧的布置，自然而然的能帮助读者把思路打开。同时我们除了泛读之外，一定还要选择一些好书来精读，细读。

从事写作者，生活经验愈丰富愈好。离开经验的文章，是没有东西可写的。有的作家为要描写某种生活形态，事先就极力找寻具体生活经验作题材。不仅要观察到事物的表面，更重要的，要看到它的里层，要能收到这些效果，一定要使五官运用得纯熟。不然的话，正所谓“心不在焉，听而不闻，视而不见”。这虽活了八十岁而不如一岁。所以思想的敏锐化，在写作者是很重要的。

从事写作者，必须看重学习。大学有毕业的时候，但人生的学习是无所谓毕业的。读书是学习方式之一，生活的体验是学习的广义的解释。在写作者，则尤其是要从生活的体验中去学习，去创造。但在创造之先，模傚是需要的。模傚是创作必经的阶段。但是要知道，模傚也是不容易的，要有常久的学习才行。例如歌德的饱思他模傚什么？原来就是圣经乐，但这模傚并无损于歌德的伟大。所以，我说，学习写作的人，应该选自己所喜欢的东西来研模，喜写作的人，最好每天写日记，既有养成自我批判的精神，又可养成写作的生活，习惯。写日记好比储蓄，很久之后，启开一看，真如发掘倒[①]钱窖似的令你高兴。这些贮藏着的，无论内在的，外在的生活资料，时刻对于自己都有莫大的使用价值的，写日记是学写作的最好的锻炼。平常把杂志，格言，读书，笔记……种种摘录下来，将来一定有很大的用途。

我在学习的过程中，有两个口号：第一是多写作，少发表。不要怕，只要写，当感情来时，马上就动手，因为感情这东西是跑得很快的，只有这样才不至于放走它。但不要立即把它发表，任它搁置一些时候之后，就会觉出它的缺点，等再把它修改过了，这时才发表还不为迟。这对于不成熟的东西尤其重要，因为一篇作品完成，经过写作的劳动，必定自我陶醉，但是这是靠不住的，所以要在陶醉作用消散后，才能决定真能发表与否。第二是多接受，少批评，要养成自我批评的精神，同时要能虚心接受人家的批评。

其次，我要提出的就是写作者要集体学习。因为一个人能力，总不及一个人以上的集体能力强。所谓“集思广益”的道理大家尽已明白了，这里不必细讲。

① 原文如此，疑应作“到”。

关于写作的本身，关于写作的出发点，大抵有两种：一，因感兴而写作，二，根据一定计划开始写作。关于前者，例如写诗，它要有感兴是可原谅的。所谓“下笔如神”，这“神”是下意识的灵感，灵感一到，就“妙思泉涌”，使人不能自遏地写起来，以我自己来讲，当“五四”不久，新诗运动刚开始的时候，那时我还在日本读书，当时自己像发了疯似地就动手写成《女神》《凤凰之再生》各篇，那时候，全身像是发烧，笔尖都在发抖。（这几篇东西，因为技术修炼的不够，没有发表）但如戏剧等文学作品则是不允许全倚靠感兴来写作的。像周作人那样的轻描淡写的随感一类的文笔，是不能成浑然伟大的作品的。因此，在另一方面，如要写长篇的话，就得要有计划。像雕刻象的下苦工一样，要天天琢磨才行。有感兴的的[①]作品，可说是东方文学；不一定有感兴的作品，可说是西方文学。关于这，我们要学习西方。但这不是说西方没有灵感的文学。有的，而且凭了他的一贯地，计划性的思路，使得作品更伟大。这就是说，文学的感兴是可以人为的；不要专等自发的灵感，而要制造灵感，有计划的来写作。

中国自有新文学以来，伟大作品不多见，当然，稿费少，和像现在的生活不安定是有影响的，但最大的毛病，却是写作精神有问题。东方人懒，像托尔斯泰每天写日记规定字数，我们很少有这种粹励的精神。

此外，写作的态度要正确。杜甫说：“语不惊人死不休”，换言之，就是我们的表现要确当，真实，只有确当，真实的表现，才会使人读了有切身的感觉，才能成为艺术的作品。

（石光纪录）

从记录内容上看，诸如在日本读书期间创作《女神》等诗歌时的灵感来袭状态，是我们熟悉的郭沫若标记性的作品与表达。“灵感一到，就‘妙思泉涌’，使人不能自遏地写起来……发了疯似地……全身像是发烧，笔尖都在发抖”显然是“在晚上行将就寝的时候，诗的后半的意趣又袭来了，伏在枕上用着铅笔只是火速的写，全身都有点作寒作冷，连牙关都在打战……明白地是表现着一种神经性的发作。那种发作大约也就是所谓‘灵感’（inspiration）吧?”[②] 的另一种表述。具有这样显著的郭沫若特征，就更能进一步确认此文是郭沫若的集外作品。

二 演讲记录稿的特点与价值

《写作经验谈》正文共十段，大致可以分成三个部分。前三段是第一部分，讲写

---

① 原文如此，衍一“的”字。

② 郭沫若：《我的作诗的经过》，《郭沫若全集》文学编第16卷，人民文学出版社1989年版，第217页。

作之前的步骤：从事阅读；中间四段是第二部分，讲从事写作者：丰富生活经验与看重学习；末尾三段是第三部分，讲写作本身：出发点、精神与态度。三个部分各具特点，以下依次稍作分析。

第一部分开门见山，条理清楚。先讲读书的二要："要广、要博"，并援引俗语"开卷有益"以证之，继而强调"学好一种外国文字"以做到"对世界文化才能贯通自如"并以学英语以读拜伦、学俄语以读高尔基为例证；然后概述读书使人快乐、传授经验与打开思路三大功效并提醒注意泛读精读有别。其中第一段和第三段的观点在郭沫若的文字中多次提及，比如1943年1月28日作《战士如何学习与创作》中的"多读名家著作，多向有经验的人请教，同样是必要的。读书可不必限于文学，应该是多方面的。有志于文学的人应该有多方面的知识，应该就象蜜蜂一样要采集各种各样的花汁花粉以酿成蜜。读书、请教，可以得到各种各样的好处，得到种种方法上的启示"[①]。更值得注意的是，也许是由于针对对象与层次的不同（不再是文化层次较低的普通战士），郭沫若在第二段专门提出了"学好一种外国文字"的明确要求，而且不厌其烦地举出学习英语和学习俄语两个例子，显示了作为演讲者的开放心态与世界眼光。这就与1942年五四纪念日所作的《写尔所知》之"多读名家作品也很可以得到题材活用的启示。但这要读外国名家作品才行，而且还得偏于近代的。近代的生活习惯和思想方法差不多都打成了一片。我们可以多得共鸣。因此，我很感觉着，要作为一个新的作家，在目前至少须懂得一种外国语"[②] 形成互文和呼应。郭沫若对阅读学习外国文学作品的重视是一以贯之的，在1944年3月28日应青年生活社之约为青年们作的《如何研究诗歌与文艺》中，也指出"读外国作家的东西很要紧，无论是直接阅读，或间接地阅读负责的译文，都是开卷有益的"，甚至坦言"据我自己的经验，读外国作品对于自己所发生的影响，比起本国的古典作品来要大得多"。[③]

第二部分内容丰富，要言不烦。由从事写作者的生活经验丰富化与思想敏锐化之重要，讲到读书与体验、创造与模仿的关系以及写日记的很大用途，进而报告自己学习过程中的两个口号：多写作、少发表与多接受、少批评，随后提出集体学习以"集思广益"的要求。其中第四段的内容与《战士如何学习与创作》的"顶要紧的是集中自己的注意力，充分地活用自己的感官，活用自己的头脑。注意力不集中，我们的耳目五官是死的，心思也是散漫的，所谓'心不在焉，视而不见，听而不闻'。要想从事创作，差不多主要的是要靠自己的感官，总要能够充分地活用，时常提醒自己，才能养成自己的感受性的锐敏"高度相似，不仅引用《礼记·大学》的三句名

① 郭沫若：《战士如何学习与创作》，《郭沫若全集》文学编第19卷，人民文学出版社1992年版，第349页。

② 郭沫若：《写尔所知》，《郭沫若全集》文学编第19卷，人民文学出版社1992年版，第181—182页。

③ 郭沫若：《如何研究诗歌与文艺》，《郭沫若全集》文学编第19卷，人民文学出版社1992年版，第428页。

言完全一样，而且“使五官运用得纯熟”与“充分地活用自己的感官”“思想的敏锐化”与“养成自己的感受性的锐敏”等关键内容也如出一辙。反复写到、讲到这些内容，一方面显示了郭沫若对《礼记》相关内容的熟稔和认同，另一方面表明郭沫若主张充分调动各种感官以保持敏锐的感觉的一致与坚定。①

如果说第五段的大学学习有毕业而人生学习无所谓毕业是形象地讲明了终身学习的现代理念，那么接下来的“模仿是创作必经的阶段”观点就是为初学者之模仿正名的识者洞见，而随后的以歌德模仿圣经乐“无损于歌德的伟大”为例，更是有力地证明了观点的有效性，同时也透露了郭沫若对歌德的深度了解和景仰推崇。关于写日记的主张以及日记的使用价值一段，也和郭沫若的其他文字形成共鸣与回响，比如《写尔所知》的“但我想推荐一个极好而又极平常的具体办法，便是认真的写日记或写劄记。把自己所想到，所见闻到，所经历到的一切，每天能够简明地把它记录下来，必要时进而加以批判。这对于一个作家，无论既成或未成，都会有绝大的好处”②、《战士如何学习与创作》的“写日记是最具体的办法，这不仅是练习写作的机会，而且使人能够集中注意力。一个人如能有写日记的习惯，对于自己有无限的好处，倒不仅只有益于创作。但要作为一个作家而不写日记，那是极不应该的事”③等。可见主张写日记、重视写日记的诸多好处是郭沫若的关于写作经验的一贯态度和基本观点。但是，较之前面这两段诉诸笔端的文字，处在演讲现场的郭沫若无疑还有临时的发挥，特别是“写日记好比储蓄，很久之后，启开一看，真如发掘到钱窖似的令你高兴”这段非常形象非常切近生活非常贴近听众的精彩比喻，更是彰显了郭沫若的诗人气质与演讲家风采。虽然记录者没有留下现场的“掌声”之类文字，但我们仍可以想象会场听众的赞誉喝彩与心悦诚服。

至于郭沫若对自身学习过程中的“多写作、少发表”与“多接受、少批评”两个口号的介绍，也堪称精要，的确是著名作家的经验之谈，不仅对当时听众和《国讯》旬刊读者的文学创作会产生积极的影响，而且对今天青年的文学创作与研究工作也有重要的启示意义，对笔者也是一种警告与鞭策。“因为一篇作品完成，经过写作的劳动，必定自我陶醉”不仅道出了文艺工作者“自我陶醉”的人之常情，而且讲明了背后的原因，可谓言简意赅；而“但是这是靠不住的，所以要在陶醉作用消散后，才能决定真能发表与否”这一转折，更是犹如当头棒喝，促人警醒，在陶醉之余理智地判断自己作品的价值与水准，决定是否发表。也许是由于第一个口号讲得较为充分，也许是由于演讲的时间有限，第二个口号就惜字如金，一笔带过。但看似

---

① 郭沫若：《战士如何学习与创作》，《郭沫若全集》文学编第19卷，人民文学出版社1992年版，第349页。

② 郭沫若：《写尔所知》，《郭沫若全集》文学编第19卷，人民文学出版社1992年版，第181页。

③ 郭沫若：《战士如何学习与创作》，《郭沫若全集》文学编第19卷，人民文学出版社1992年版，第350页。

随意的寥寥数语，也兼顾“自我批评”与“接受人家批评”，滴水不漏。当然，郭沫若这两个口号也同样在别的文字中出现，比如1941年9月6日作的《今天创作的道路》之“多读名家著作，多活用自己的感官，多摄取近代新颖的智识，多体验社会上的各种生活，多熟练自己的手笔，多接受有益的批评和意见，是储蓄文学资本的必要条件”[①] 就既有前面四个“多”涉及前面说及的关于读书、感官、体验等内容，又有后面两个“多”和这两个口号里的“多”关联。而《如何研究诗歌与文艺》文末“把意思再综括一遍吧”之五点的最后一点：“一切准备应赶着在年青的时候着手。多写作，多改润，多请教，少发表，不要汲汲于想成名”[②] 其实也只是把这里第一个口号的一多一少扩充为三多一少而已。

本部分末段对写作者提出的“集体学习”要求，在郭沫若的写作思想和经验中也不是突发奇想，而是由来已久，至少在1938年5月12日广州《救亡日报》刊载的《把精神武装起来》中就已经提出“消极的调整而外自应该有积极的设施，例如提倡集体学习、集体运动、集体旅行，便可以代替茶馆中的参禅”。[③] 对这一要求及其“‘集思广益’的道理”的“不必细讲”，也正体现了郭沫若演讲的详略安排技巧与节奏把握功夫。

第三部分推陈出新，层层深入。第八段不管是从写作的“感兴”与“计划”两种出发点谈到有感兴的诗与“不允许全倚靠感兴来写作”的戏剧以及“得要有计划”的长篇的文体差别，还是随后指出的“有感兴的”东方文学与“不一定有感兴的”西方文学的文化差别，都颇有新意。而段末的一句“文学的感兴是可以人为的；不要专等自发的灵感，而要制造灵感，有计划的来写作”，更是在惯常的一般意义的“灵感”之说上推陈出新，明确提出感兴的“人为”问题，主张“制造灵感”，要求“有计划的来写作”。这样的观点可以说振聋发聩，具有重要价值。第九段讨论中国新文学“伟大作品不多见”的原因，是典型的层层深入、刨根问底。能看到“稿费少”对创作繁荣的经济制约，能谈到“生活不安定”对文学发展的现实影响，已是相当深入。但郭沫若没有止步，而是继续深挖到“写作精神”问题，归结到“东方人懒”的民族性，并在与“每天写日记规定字数”的文豪列夫·托尔斯泰的对比中发现“我们很少有这种粹励的精神”。关于“东方人懒”，我们也可以联想到郭沫若名文《桌子的跳舞》中对“我们中国的一些作家”的“真是懒惰，懒惰得要命……一点也没有研究心，一点也没有计划……都是些很舒散的很舒散的个人无政府主义者”的尖锐批评。[④] 这就既找到了问题的根源，又指明了解决的方向，那就是“勤”

---

① 郭沫若：《今天创作的道路》，《郭沫若全集》文学编第19卷，人民文学出版社1992年版，第143页。

② 郭沫若：《如何研究诗歌与文艺》，《郭沫若全集》文学编第19卷，人民文学出版社1992年版，第433页。

③ 郭沫若：《把精神武装起来》，《郭沫若全集》文学编第18卷，人民文学出版社1992年版，第255页。

④ 郭沫若：《桌子的跳舞》，《郭沫若全集》文学编第16卷，人民文学出版社1989年版，第54—55页。

“粹”“励”，就是勤奋、集聚、劝勉，就是笔耕不辍、积少成多、励志竭精。也许是由于演讲时间所剩不多吧，末段的写作态度问题讨论比较仓促，甚至所引杜甫诗句“语不惊人死不休”与想表达的“我们的表现要确当，真实”之间可能并不存在简单的“换言之”关系。

至于演讲记录的价值，至少体现在以下几个方面。第一，揭示和披露了我们此前几乎完全不知道的一次郭沫若演讲，记载和保存了郭沫若当年演讲的主要内容和历史真实；第二，落实了抗战时期郭沫若的一条行踪事迹，丰富了现有的郭沫若抗战时期在重庆的文化活动记录，为更全面的撰写郭沫若年谱长编增加了一则演讲记事，为郭沫若基本文献整理和研究的“补课”增添了一个准确注脚；第三，郭沫若相关演讲内容一方面与现有的郭沫若著述形成互文关系，可以从中看到延续与调整，另一方面与已知的郭沫若观点形成补充关系，可以从中看到创新与发挥，为郭沫若的文学思想研究、特别是创作观念、写作经验研究提供了新材料，具有重要的史料价值与文学价值。特别是其中“制造灵感”等提法，的确未见于郭沫若其他文字，把郭沫若的“灵感”观念提升到了一个新的高度，涉及郭沫若与灵感话题的诸多成果可能需要补充修订了。

三　演讲记录稿的问题与思考

在肯定《写作经验谈》价值的同时，对其背后的一些问题，我们也不应回避。首先，演讲记录稿的准确性问题。比如第二段作为例证的“法国作家戈理，他本是学法文的，但自然科学如进化论等他都有贡献”就可能存在失误。郭沫若演讲中谈及的应该是歌德，而不是“戈理”，记录者或因“歌德”与“戈理”音近而误记，并在国籍和母语上也随之出现错误。

其次，演讲的时间、地点、记录者等相关问题。由于研究资料的匮乏，郭沫若演讲《写作经验谈》的基本情况还存在很多信息盲区，诸如郭沫若是何年何月进行的演讲，是在什么地方什么场所举行的演讲，主办单位和主持人情况如何，听众层次怎样等问题，都还难以回答。从时间上看，刊有“石光”《剧本安娜·卡列尼娜》的《国讯》第351期出版于1943年11月5日，此期《国讯》有20个页码，内容比仅16个页码的前后数期都要丰富，也并无特别重要的名流文字，如果“石光”记录的《写作经验谈》完成于1943年10月，则以郭沫若的影响力，应该会刊载在《剧本安娜·卡列尼娜》的前面。也就是说，郭沫若《写作经验谈》的演讲时间很可能是在1943年11月上旬，至迟不会晚于刊发此文的《国讯》第352期出版时间：11月15日。退一步讲，北鸥（陈北鸥）翻译的五幕剧《安娜·卡列尼娜》由五十年代出版社初版的时间是1943年9月，“石光”阅读后推荐的时间不会早于1943年9月。“石光”记录郭沫若《写作经验谈》演讲的时间如果早于1943年9月，无疑会在《剧本安娜·卡列尼娜》之前刊出。由此可以大胆地推断，郭沫若此次演讲的时间最早也不会早于1943年9月。查《郭沫若年谱》，谱主1943年9月至11月先后在文工会讲过《公孙尼子与其音乐理论》（9月6日）、《吕不韦与秦始皇》（9月27日，10月4日、18日又续讲）；这些演讲记载都是据《阳翰笙日记选》，未见在别的地方发表过演讲；同时郭沫若还在文工会多次主持纪念会等活动。那么，《写作经验谈》有没有可能也是在文工会讲的呢？至少目前没有证据能排除这种可能，可以聊备一说。演讲记录者“石光”在《国讯》另有论述与翻译多种，均没有作（译）者介绍。“石光”是真名，还是笔名，或是化名？其籍贯、生卒年、著述、经历等基本情况如何？是什么样的机缘让他记录下了郭沫若的演讲？这些问题暂时都还不得而知。抗战时期以名字“石光”行世且涉足文艺的人士中，较有影响的是报告文学《鲁北烟尘》（上海杂志公司1938年7月汉口初版）的作者“石光”。但资料显示，此“石光”原名张东之，1940年下半年已离开重庆赴延安，似乎没有机会听到郭沫若的演讲。

第三，演讲记录稿的入集问题。演讲是直接有效的文化传播媒介，演讲与中国现代作家、中国现代文学关系非常密切。但对演讲记录稿，特别是未经演讲者审定的记录稿是否收入演讲者的作品全集问题，学界却有不同的看法。一方面，有以鲁迅为代表的演讲者明确反对，并不无道理地指出缘由：“而记录的人，或者为了方音的不同，听不很懂，于是漏落，错误；或者为了意见的不同，取舍因而不确，我以为要紧的，他并不记录，遇到空话，却详详细细记了一大通；有些则简直好像是恶意的捏造，意思和我所说的正是相反的。凡这些，我只好当作记录者自己的创作，都将它由我这里删掉。”[①] 另一方面，大量的演讲记录稿被收入越来越多的作家全集，大批演讲记录文字以及记录者名字随着作家全集流传并产生影响也是不争的事实。其中有的演讲记录稿看不到经演讲者审定的记录，有的甚至明确说明没有经过演讲者校阅。随手就可以举出几个例子如《茅盾全集》（人民文学出版社1996年版）第24卷收录的《人民的文艺——在香港文化界欢迎会上演讲》，《胡适全集》（安徽教育出版社2003年版）第13卷收录的《中国再生时期》，《李大钊全集》（河北教育出版社1999年版）第4卷收录的《大英帝国主义者侵略中国史》等。因此，《写作经验谈》虽然看不到经郭沫若校阅的记载，但也同样看不到郭沫若阅读此演讲记录稿后有质疑、指责或反对的记载，鉴于其重要价值，参照先例，是有理由收入新版《郭沫若全集》的。推而广之，受魏建先生《〈上海文艺之一瞥〉的谜团及其国外版本》不仅明确主张“为演讲笔录稿正名”，而且指出“从还原演讲现场、展现鲁迅演讲魅力的角度出发，那些记录稿的原生性和准确性恐怕未必低于鲁迅修改后的定稿”[②] 启发，笔者认为，不管有没有经过演讲者的校阅，能确认的确是演讲者所讲的记录稿都具有特殊的价

① 鲁迅：《〈集外集〉序言》，《鲁迅全集》第7卷，人民文学出版社2005年版，第5页。
② 魏建：《〈上海文艺之一瞥〉的谜团及其国外版本》，《鲁迅研究月刊》2014年第7期。

值，从“全集关键在乎‘全’”[①] 的角度，不妨收入全集并加以注释说明。

最后，值得指出的是，抗战时期郭沫若在《国讯》旬刊发表的文章还有1943年第340期的《题画（二首）》、第342期的《松崖山市》和第355期的《题胜利图》，但《郭沫若全集》却没有注释提到文章出自《国讯》。《题画（二首）》与《松崖山市》虽已收入《郭沫若全集》，但《国讯》版才是初刊版，不仅可以纠正《郭沫若全集》的注释错误，而且提供了多处值得注意和研究的异文。而《题胜利图》则未见收入《郭沫若全集》，《郭沫若题画诗存》（郭平英主编，山西教育出版社1998年1月版）存有此作，题为《题沈叔羊胜利图》。《国讯》是一份目前研究很不充分的值得深入挖掘的民国杂志，其刊发的名家如老舍、叶圣陶、冰心、臧克家、何其芳、陈企霞、徐中玉、白薇等的作品，都值得进一步整理研究。这样的“养在深闺”的民国非文学期刊，似乎在提醒学界，需要“补上基本文献整理和研究这一课”[②] 的其实不仅仅是郭沫若研究，现代文学文献整理，特别是作家集外作品的发掘与版本比较研究仍然任重道远。蔡震先生说得好，“但无论怎样说，文献史料的收集都是需要格外给予关注的方面。因为它在不断地寻找和揭示那些我们知之有限，还不太了解，甚至完全不知道的历史存在和历史真实——由文献史料所书写的历史存在和历史真实。这一寻找过程，一定会给郭沫若研究带来新的、更大的学术空间”。[③] 对此，同人们应该满怀信心，充满期待，并作出各自的努力。

（原载《郭沫若学刊》2018年第1期）

---

① 郭娟：《“全集”不全》，《纸上民国》，花城出版社2015年版，第120页。

② 魏建：《〈沫若诗词选〉与郭沫若后期诗歌文献》，《中国现代文学研究丛刊》2011年第11期。

③ 蔡震：《绪言 从文献史料中寻找历史的真实》，《郭沫若生平文献史料考辨》，社会科学文献出版社2014年版，第5页。

1921 年郭沫若改写本《西厢》四论

胡非玄

王实甫写定的北曲《西厢记》（简称《王西厢》）流传甚广，明清时期就有许多校释本，以及续作、翻改本，花部兴起后也产生了一些不同声腔剧种的《西厢》本戏或折子戏，它们与《王西厢》之前的《莺莺传》《董西厢》等共同构成了一个庞大的“《西厢记》谱系”。长期以来，研究者多关注于明清“《西厢记》谱系”中的校释本或续作翻改本，也有研究偶尔涉及“花部《西厢》”，但民国时期郭沫若改写的《西厢》（以下简称郭改本《西厢》）却鲜有关注，不仅《郭沫若全集》（人民文学出版社出版，1982 年到 2002 年出齐）无有收录，相关的研究也寥寥无几。因此，本文拟从“改写因缘”“版本归属”“修改后的文本特征”“版本学和文化学价值”四个方面来深入研究郭改本《西厢》。

一　郭沫若改写《西厢》的因缘

郭沫若改写《王西厢》始于民国十年（1921 年）4 月，同年 5 月完成。改写本《西厢》于 1921 年 9 月 1 日由上海泰东图书局正式出版，是为泰东图书局出版的《名曲丛刊》之第一种，后多次再版，至少到民国二十四年（1935 年）仍再版一次。[①] 由于再版多次，郭改本《西厢》至少印刷发行 2 万册，[②] 在当时应当有一定阅读量和影响。

郭沫若改写《西厢记》的因缘，与他跟泰东图书局合作出版特色图书有着直接关系，其好友郑伯奇回忆说：“沫若还标点了《西厢》，也是应泰东老板的请求，在写作之余搞出来。”[③] 郭沫若在《创造十年》中更有详细回忆：“那时候上海滩正是旧书新式标点流行的时候，亚东标点的《红楼梦》《水浒》等书很风行一时，泰东看

---

① 中国国家图书馆仍然收藏有该书，标注为泰东图书局 1935 年版，其内容与 1921 年版基本相同；另，北京图书馆编、书目文献出版社 1992 年出版的《民国时期总书目》之“文学理论 · 世界文学 · 中国文学”卷上册第 448 页对此亦有记录。

② 该书 1930 年 7 月第 10 版版权页明确标明“印数一八〇〇〇——二〇〇〇〇册”，该书 1935 年仍然再版，可见其印数当不低于 2 万册。

③ 郑伯奇：《忆创造社》，《沙上足迹》，黑龙江人民出版社 1999 年版，第 16 页。

了眼红也想照办。我便劝他们标点《元曲》。这个提议立地也就见诸实行起来，但把那位王先生难着了，他把那词曲中的文句标点不断。我自己为填塞提议的责任起见，照着洋歌剧的形式改窜了一部《西厢》。”① 也就是说，郭沫若和泰东图书局经理赵南公合作而选中以新式标点改写《西厢记》，直接的目的乃是盈利。但必须注意的是，郭沫若用“新式标点”来改写“元曲《西厢记》”，也与当时大语境的促发有着诸多关系。

清末兴起的戏曲改良思潮，让时人重新认识了戏曲的地位和功用，进而也刺激了古典戏曲名作的刊刻与出版。五四之后，胡适等新文化运动者又大力提倡新式标点，当时的教育部也于1920年2月向各校颁布了《新式标点符号》教育令，新式标点符号逐渐被社会大众接受。亚东书局以此为契机，旋即出版了汪原放等人标点的《水浒传》《儒林外史》《红楼梦》《西游记》《三国演义》《老残游记》等古典小说名著，以及《醒世姻缘传》《宋人话本七种》《今古奇观》《十二楼》《三侠五义》等古典通俗小说。可以说，1920年前后出版新式标点本古典小说已蔚然成风，这同之前的出版古典戏曲名著的时风一道，直接导致了“泰东看了眼红也想照办”，故而预备出版新式标点的古典戏曲名著以参与出版竞争。

当然，郭沫若之所以优先选择标点元曲，也与戏曲改良思潮导致的戏曲地位的提升有关，此举可谓改良旧剧的一次实践，他在该书《序言》之《改编本书之主旨》中明确说：“在使此剧合于近代底舞台以便排演，以为改良中国旧剧之一助。”② 当然，这次改写还与他对元曲艺术价值的重新体认有关，郭沫若对比了西洋歌剧和元曲后认为：“西洋的歌剧……对话都用韵文表现，实在是太不自然。……我觉得元代杂剧，和以后的中国戏曲，唱与白分开，唱用韵文以抒情，白用散文以叙事，比之纯用韵文的西洋歌剧似乎较近情理。”③ 因此，郭沫若高度赞美元曲：“我国文学史中，元曲确占有高级的位置……吾人居今日而游此艺堂，以近代的眼光观其结构，虽不免时有古拙陈腐之处，然为时已在五百年前，且于短时期内成就得偌大个建筑，吾人殆不能不赞美元代作者之天才。”④

元曲名剧颇多，郭沫若选择首先标点、改写《王西厢》，既出于西厢故事在大众中流传广泛之考虑，也与其个人喜好有关。郭沫若在散文《我的童年》中回忆道，小时候的他在书橱中发现了一部木板刻画《西厢》，便偷偷翻看，还因此被母亲责备。⑤ 但郭沫若并未就此收敛，“在高小时代，我读到《西厢》《花月痕》《西厢佳

① 郭沫若：《创造十年》，《郭沫若全集》文学编第12卷，人民文学出版社1992年版，第97页。
② 郭沫若：《改编本书之主旨》，《西厢》（前言），泰东图书局1921年版。
③ 郭沫若：《创造十年》，《郭沫若全集》文学编第12卷，人民出版社1992年版，第75页。
④ 郭沫若：《〈西厢〉艺术上之批判与其作者之性格》，《西厢》（前言），泰东图书局1935年版。
⑤ 郭沫若：《我的童年》，《郭沫若全集》文学编第11卷，人民文学出版社1992年版，第53—56页。

话》之类作品，加上是青春期，因而便颇以风流自命，大做其诗”。[①] 不过，青年时代的郭沫若仍然青睐《西厢记》，恐怕与他看到了《西厢记》蕴含的时代精神、文学精神和精神分析学说有着莫大关联。[②] 在《〈西厢〉艺术上之批判与其作者之性格》一文中，郭沫若认为《西厢记》合乎两个特征：首先，“文学是反抗精神的象征，是生命穷促时叫出来的一种革命”，而《西厢》合乎之；其次，“如今性的教育渐渐启蒙，青年男女之个性底觉悟已如火山喷裂，不合学理徒制造变态性欲者的旧式礼制已如枯枝搞叶着火即化为灰烬”，而《西厢记》是比《倩女离魂》“态度更大胆、更猛烈、更革命的”反礼教作品，它“所描写的是人类正当的性的生活”，描写的是“第一重人格底有意识的反抗”，“是一个人性战胜了礼教得凯旋歌、纪念塔”。[③] 可以说，更大胆、更猛烈、更革命的《西厢记》不但符合郭沫若心中的文学精神，也符合崇拜“德先生”“赛先生”和个性解放的五四时代精神，更是对精神分析所推崇的“性（力比多）”在内的人性的张扬，故改写《西厢记》自然也就有了重大意义。

总起来看，郭沫若于民国十年改写《西厢记》，不仅是为了迎合当时出版新式标点本文学名著的时风以获取丰厚的经济利润，还是郭沫若对自己从小就形成的喜好和自己文艺观念的一次表达，更是“戏曲改良思潮”“五四文学与革命思潮”等“大语境”裹挟下的一次创作实践，可谓多种因缘合力之果。

二　郭改本《西厢》的版本源流

既然是“改写”《王西厢》，又因为《王西厢》流传过程中版本众多，那么郭改本《西厢》的底本、参照本为何便成为一个很重要的问题，而且也牵涉正确评价郭改本《西厢》创新多少的问题。由于没有明确标明，我们先从该书《序言》的三篇短文来推断。

在该书《序言》的《本书之体例》中，郭沫若谈及本书，“凡唱白全依实获斋藏版。原本为金圣叹所删改者甚多，删改处比原本佳者，采用金本。关汉卿所续四出概行删去”。[④] 这段话无疑提供了两个重要信息。首先，此处所提及的“实获斋藏版”《西厢记》，应是毛晋于明末清初组织刊刻的汲古阁本《六十种曲》中的第 20 种《北西厢记》，该版本《西厢记》又习称为《六十种曲本西厢记》或者《绣刻北西厢定本》（简称为《绣刻北西厢》）。之所以如此推断，主要是因为中华书局 1958 年出版、1982 年再版的《六十种曲》第 3 册的《南西厢记》扉页有“第二套目录”：

---

① 郭沫若：《创造十年》，《郭沫若全集》文学编第 12 卷，人民文学出版社 1992 年版，第 10 页。

② 郭沫若留学日本期间，深受当时流行的精神分析学说影响，这可以从其创作的《残春》《喀尔美萝姑娘》等心理小说中窥出端倪。

③ 郭沫若：《〈西厢〉艺术上之批判与其作者之性格》，《西厢》（前言），泰东图书局 1935 年版。

④ 郭沫若：《本书之体例》，《西厢》（前言），泰东图书局 1935 年版。

绣刻演剧十本　第二套　南西厢　幽闺　明珠　玉簪　红拂　还魂　紫钗　邯郸　南柯　北西厢　实获斋藏板。

如果加以“句读”的话，此处的“实获斋藏板”既可能指的是《北西厢》这一种，也可能指的是包括了《南西厢》《幽闺记》等在内的十种曲。① 那么，郭沫若口中的实获斋藏版之《西厢记》究竟是此处的《南西厢》还是《北西厢》呢？郭沫若在《序言》之《〈西厢〉艺术上之批判与其作者之性格》一文中又说：“《西厢》有南北两种之分。《南西厢》据我所见，更有李天华、陆天池两种，词句鄙俚，卑无足道。”② 可见，郭沫若对于《南西厢》评价并不高，那么他改写时参照的底本更应该是汲古阁本《六十种曲》中的《北西厢》。但至于“实获斋藏板”与《六十种曲》的关系，按照吴晓铃（中华书局1958年版《六十种曲》点校人）的说法，《六十种曲》的刊行历史依照时序可能是这样的：“汲古阁——奎（?）璧斋——实获斋——二多堂——二酉堂——醉经堂。”③《中国文学通典》也解释说，《六十种曲》的原刻初印本都已经散佚，但“其版片流传很久，入清以后，实获斋、同德堂等书坊，都曾购得其版修补重印”。④ 那么，实获斋可能是清代翻刻《六十种曲》的一家书坊。

此外，关于郭改本《西厢》的底本问题，还可以找到一些辅证。郭沫若在该书《序言》之《本书之体例》中说：“凡前人无谓的批评一概删去，以便读者自行玩味。”⑤ 可见，郭沫若改写时并不看重带有批评注释的版本，反而是“白文本”更有利于他作为改写的底本，那么《绣刻北西厢》正符合这个需求，因为“《六十种曲》的元杂剧《西厢记》无序、无跋、无注音、无释义、无校勘记、无正衬标记、无眉评夹评、出评、总评、无凡例、无插图、无附录，是最最标准的典型的白文本”⑥。另外，郭沫若谈及改写《西厢》时不无遗憾地说：“可惜那部缺了一册的明刊本，那和金圣叹批本的内容有些不同，却被我把他涂毁了。”⑦ 无疑，郭沫若改写时的底本《绣刻北西厢》正是“明刊本”重要之一种。其实，由于《六十种曲》所收名曲较多、流传也广，作为非《西厢记》版本专门收藏者的郭沫若选择流传较广、较为常见的《六十种曲本西厢记》作为底本，也在情理之中。

其次，根据前段话中的“删改处比原本佳者，采用金本”，也可看出郭沫若改写《西厢记》时有参照本——“金本”。所谓“金本”，指的就是清初金圣叹批点的

① 学界通常认为此处的“实获斋藏板”包括本套的十种曲，但仍然有诸多不确定处，因与本文无关，故暂且按下不表。

② 郭沫若：《〈西厢〉艺术上之批判与其作者之性格》，《西厢》（前言），泰东图书局1935年版。

③ 吴晓铃：《吴晓铃集》第5卷，河北教育出版社2006年版，第230页。

④ 么书仪主编：《中国文学通典：戏剧通典》，解放军文艺出版社1999年版，第268页。

⑤ 郭沫若：《本书之体例》，《西厢》（前言），泰东图书局1935年版。

⑥ 蒋星煜：《〈西厢记〉的文献学研究》，上海古籍出版社1997年版，第358页。

⑦ 郭沫若：《创造十年》，《郭沫若全集》文学编第12卷，人民文学出版社1992年版，第98页。

《第六才子书》（以下简称“金批西厢”）。“金批西厢”问世后，因其对剧作的分析和欣赏的确达到了前人未能达到的广度和深度，故而流传颇广且备受推崇，郭汉城在给付晓航校点的《贯华堂第六才子书西厢记》所作序言中说它“在清代几乎遍布于山陬海隅，已成为家喻户晓的通俗读物”。[①] 民国时期依然如此，孙楷第在民国廿二年（1933）曾说：“可是二十年前看《西厢记》的，翻来覆去，只是拿金圣叹改定本作为唯一的读物。在随便看看的人们，因无心追求元曲的真面目，就是外行如金圣叹所改的本子已经满意了。”[②] 所以说，郭沫若之所以选择“金批西厢”为参照本，应当与其在大众中广为流传、影响甚大有关。

不过，需要更进一步探究的是，由于“金批西厢”的版本也非常多，郭沫若参照的究竟是哪个版本呢？傅晓航在其校点的《贯华堂第六才子书西厢记》序言中谈到，傅惜华《元代杂剧全目》中提及的和他亲自看到的“金批西厢”之版本，约有50种左右，傅晓航将这些本子分为了四大类。[③] 不过，这四大类中，要么是重刻翻刻原本，要么是将不同版本的“金批西厢”之注释汇总，要么是加入音释，要么是以代表性的明刊本为参照标注“金批西厢”“窜改”处。单从《西厢记》自身之“辞章说白”上看，这些版本区别不大，以《贯华堂本西厢记》为最有代表性。那么，作为非专业收藏《西厢记》版本，并且要急急忙忙完成改写工作的郭沫若，选择更流行、更具代表性的《贯华堂本西厢记》也符合常理。

但是，《绣刻北西厢》和《贯华堂本西厢记》都是20出，而郭改本《西厢》只有16出，如何解释呢？这应该是郭沫若接受了《西厢记》“王作关续”的说法而特意为之之故。从晚明到民国，“王作关续”之说都颇为盛行，清代的金圣叹更是此说之拥趸，其《贯华堂第六才子书西厢记》也将《惊梦》之后的部分题名为“续之四章”（即关汉卿后续之意），并于《捷报》开篇按语中指出，“续西厢四篇，不知出何人之手，圣叹本不欲更录，特恐海边逐臭之夫，不忘膻芗，犹混弦管，因与明白指出之”。既然郭沫若以《贯华堂本西厢记》为参照本，而且也在《〈西厢〉艺术上之批判与其作者之性格》一文中明确支持“王作关续”说，“《北西厢》即世间所流传之《西厢》，王实甫作而关汉卿续之，《惊梦》以后之四出即汉卿所续”，[④] 故改写时删掉《惊梦》之后的内容，形成16出本的郭改本《西厢》也在情理之中了。

在郭改本《西厢》中，其底本和参照本的比重如何分配？又有何特征呢？首先，目次上，郭改本《西厢》以“出”来分割剧情，同底本，但16个“出名”却与参照本完全相同；其次，曲子方面，郭改本《西厢》共保留了242支曲子，“逐曲逐句”地比对这些曲子与底本和参照本中的曲子可以看到：底本和参照本的曲子大约有950

---

① （清）金圣叹批评，傅晓航校点：《贯华堂第六才子书西厢记·序》，甘肃人民出版社1985年版。

② 黎锦熙、孙楷第编校：《西厢记曲文·序》，立达书局1933年版。

③ （清）金圣叹批评，傅晓航校点：《贯华堂第六才子书西厢记·序》，甘肃人民出版社1985年版。

④ 郭沫若：《〈西厢〉艺术上之批判与其作者之性格》，《西厢》（前言），泰东图书局1935年版。

处相异，郭改本《西厢》大约有735处同底本，占比约77.4%；大约有200处同参照本，占比约21%；郭沫若糅合底本和参照本而改定的约有15处，占比约1.6%；另外仅有10来处完全是郭沫若自改。其次，说白方面，由于郭沫若要改写成“歌剧”的形式，故其变动极大，遭到了大幅删减和改动，但比对重点词语、句子的使用可以看到：底本和参照本之间的说白至少有36处存在明显差异，而郭改本《西厢》约24处近似于参照本，占比约66.7%，约12处近似于底本，占比约33.3%。由此可以作出以下结论：一是郭改本《西厢》在曲词上主要依据底本《绣刻北西厢》，基本保留了《北西厢》曲子原貌，故其整体上应当归于《北西厢》之谱系；二是郭改本《西厢》在标目和说白上主要依据参照本《贯华堂第六才子书》，可见“金批西厢”在民国时的巨大影响。此外，若按照蒋星煜对于明清《西厢记》刊本系统的研究，《绣刻北西厢》属于徐士范刊本系统，而《贯华堂第六才子书》深受《张深之校正本西厢记》的影响，故当属于碧筠斋本系统，[①] 故郭改本《西厢》应当说属于徐士范刊本系统，而受到碧筠斋刊本系统的影响。其渊源当如下图：

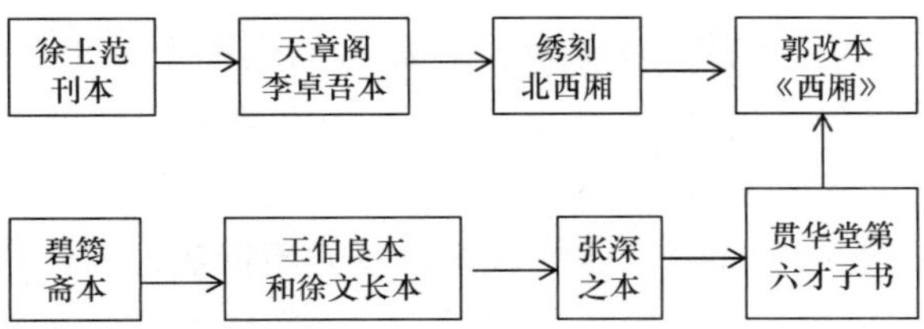

以上版本的分析与比对，不单单是为了明确郭改本《西厢》在《西厢记》谱系中的位置，其另外之意义在于辨析郭改本《西厢》创新之处的评价是否确当。比如，曾有研究者提到，郭沫若根据弗洛伊德理论关于“梦”的阐释而对《贯华堂本第六才子书》的《惊梦》进行了删节、添改，并且罗列贯华堂本的一大段唱词、说白加上金圣叹后加的评论文字，同郭改本《西厢》中对应的唱词说白对比，进而得出郭改本《西厢》唱词说白更为简洁之论。但事实上，郭改本《西厢》此处主要依照的是《绣刻北西厢》，自然唱词说白不同于贯华堂本，且没有金圣叹后加的长段评论。[②] 同样，也有论者认为，郭沫若对唱词中的衬字及增白进行了诸多修改，进而论证这样修改是为了适应南方读者之需，并以《惊艳》中的《柳叶儿》作为例证。[③] 但事实上，此处的《柳叶儿》主要依照的是贯华堂本，而贯华堂本将旧本《柳叶儿》中的好多衬字删改掉了，故决不能认为这是郭沫若改写的“杰作”。

所以说，这些不当之论都是因为未能认识到郭沫若改写时“以《绣刻北西厢》

---

① 蒋星煜：《〈西厢记〉的文献学研究》，上海古籍出版社1997年版，第394—403页。

② 王锦厚：《郭沫若与〈西厢记〉》，《现代中文学刊》2012年第5期。

③ 彭林祥：《论郭沫若对〈西厢记〉的改编和现代阐释》，《中国现代文学研究丛刊》2011年第3期。

为底本、以《贯华堂第六才子书》为参照本"，而误以为郭沫若进行了大量的曲词之修改。至于这两篇文章赞誉郭沫若改写时将《西厢记》变"折"为"出"，并且只保留16出，乃为创新之举，更是不当之论。因为前人早有版本如此。弄清楚版本问题以后可以发现，郭改本《西厢》的创新性主要不是体现在辞曲说白方面，而主要体现在时空结构方面，试看下面之分析。

三　郭改本《西厢》的文本特征

郭沫若在该书《序言》中说："（一）每出均略加布景，一出能划为一幕者划一之，不能者分为数幕，务使排场动作与唱白相一致。（二）凡无谓的旁白、独白，概行删去。……（六）全书概用近代体例——西洋歌剧或诗剧的——即新式标点。"[①]从这段话可以看到，郭沫若力图将《西厢》改写成西洋歌剧或诗剧的文体样式。其实，早在民国九年（1920），郭沫若就曾积极翻译歌剧《浮士德》，并深受其影响，旋即创作了诗剧《棠棣之花》《女神之再生》《湘累》。[②]故这次改写，也可以说是郭沫若诗剧（歌剧）创作积累的一次结晶。在此目的支配下，相较于底本《绣刻北西厢》、参照本《贯华堂第六才子书》，以及《弘治本西厢记》《王伯良校定西厢记》《徐士范本西厢记》《凌濛初本西厢记》等古本、善本《西厢记》，郭改本《西厢》文本上体现出明显的近代特征。但他的这次改写并不彻底，而保留了许多《西厢记》的原貌，因而也呈现出较多的元曲文本特征，甚至受到了当时京剧文本的影响。

首先，在文本体制上，郭改本《西厢》没有采用明刊古本《西厢记》分"折"的做法，而是采取了一些明刊本《西厢》常用的分"出"体制，将全剧分为16出。不过，郭改本《西厢》的大部分"出"下面，又分了"场"——少则2场，多则3场。更值得注意的是，中国戏曲每"出"或每"场"的时空通常是流动的，而郭改本《西厢》中的时空则是固定的，其"出"下面明确标明了一个固定不变的时空，而"场"大都直接以固定不变的空间为名称，故其整体框架为：

第一出　惊艳
　　第一场　崔莺莺居室
　　第二场　蒲郡城外
　　第三场　普救寺前庭
第二出　借厢
　　第一场　长老方丈，法本在方文中念经

---

① 郭沫若：《本书之体例》，《西厢》（前言），泰东图书局1935年版。

② 王继权、童炜钢编：《郭沫若年谱》上册，江苏人民出版社1983年版，第107页。

　　第二场　普救寺山门
第三出　酬韵
　　第一场　莺莺居室
　　第二场　普救寺后庭
第四出　闹斋　普救寺大殿
第五出　听琴
　　第一场　莺莺居室
　　第二场　寺中大殿
　　第三场　白马将军营防
第六出　请宴　张生书斋
第七出　赖婚　崔氏客堂
第八出　琴心　花园
第九出　前候　书斋
第十出　闹简
　　第一场　莺莺居室
　　第二场　书斋
第十一出　赖简　花园
第十二出　后候　张生书房
第十三出　酬简
　　第一场　崔莺莺居室
　　第二场　书斋
第十四出　拷艳　崔氏堂前
第十五出　哭宴　十里长亭
第十六出　惊梦　草桥店头房

这种"'出'下分'场'"的特殊做法，使得郭改本《西厢》与底本和参照本的整体结构大不相同，此做法之因应当有二。一是西剧固定时空观的影响。因为该剧每"出"下面的时空常常是两个、甚或更多，那么按照西剧固定的时空观，只以"出"来分割时空显然无法形成"一出对应一个固定时空"的西剧式的时空结构，故通过再分"场"——两场甚或更多，让一场对应一个固定时空，这样就比较妥帖地解决了上面的矛盾。二是郭沫若改写时，正是京剧大为盛行之时，而京剧是采用分"场"体制的，故郭改本《西厢》"'出'下分'场'"的做法，可能也是为了向"时曲"靠拢，以期获得普通观众的熟悉感。所以，这种做法使得郭改本《西厢》显出了中西戏剧文本体制融合（或曰杂糅）的特殊形态，也显出了一种"时曲化"的倾向。

与固定时空观相联系的，则是郭改本《西厢》也受到了西剧写实时空观的深刻影响，这体现为文本的两个特征。首先，郭改本《西厢》的不少“出”或“场”中，对于较为复杂的空间布局和布景都做了较为明晰的规定，以配合特定情境下人物行动展开之需。比如第一出第三场描述道：“普救寺前庭。正面为佛殿，左右为僧房，庭中多植桃柳，法聪坐佛殿前石阶上。”又如第三出第二场描述道：“普救寺后庭，舞台后左侧三分之二为普救寺后庭，正面现张生居屋，右三分之一为崔家花园，两侧中间隔见花孔短墙。”文本中这些描写舞台布景、陈设的地方，其背后体现的是“写实”的时空观念，此类描述文字在中国传统戏曲文本中绝少出现，因为中国传统戏曲强调时空的“写意性”。其次，郭改本《西厢》有一些灯光调度的描述，以配合特定戏剧情境的需要，最典型的出现在第十六出《惊梦》中：开头张生夜宿草桥店，有描述“草桥店头房，夜，舞台光线幽暗”；待张生说，“你点上灯”，有描述“小二点灯下，舞台明亮”；张生进入梦境，有描述“舞台变光，张生起床”；剧情到卒子举火把追赶莺莺至，有描述“舞台改换赤光”；剧情到卒子抢莺莺下，有描述“舞台光线，徐徐复还原状”。可以说，文本中的这些灯光调度描述，就是为了营造一个写实的空间以供人物行动、情节展开。此类情形在传统戏曲文本中也是极为罕见的，因为中国戏曲追求的“写意”时空，在舞台上主要通过演员的表演来完成塑造，而不讲究灯光调度。所以说，郭改本《西厢》中的这些文字，既可以解释为作者重视舞台演出，更可以解释为作者深受了西方剧本和西方写实戏剧观的影响。

其次，同底本和参照本相比，郭改本《西厢》对人物说白删改极大，可谓面目全非，主要保留了一些动作性强、叙事性强、刻画人物传神的对白，极近西方戏剧（话剧）之特征。尽管如此，郭改本《西厢》仍然保留了《王西厢》的绝大部分曲子，共计242支，虽然没有保留这些曲子的宫调名，但保留了曲子名。不过，相较于底本和参照本，它删去了大约20支曲子，其位置、曲名及删去的得失情况大致如下：

（1）第2出《借厢》，删去了《迎客仙》《石榴花》《斗鹌鹑》《上小楼》《后》《快活三》《朝天子》《耍孩儿·一煞》诸曲。其中，描写法本形貌的《迎客仙》，叙述张生与法本商量借厢的《石榴花》《斗鹌鹑》《上小楼》《后》，以及描写张生心理活动的《快活三》《朝天子》被删掉，加快了戏剧节奏，可谓得；但为了减少空间的转变而将《耍孩儿·一煞》删掉，似乎不妥，该曲子主要写张生在西厢房相思莺莺难以入睡的行为与心理，是表现张生“痴情志诚”的重要一笔。

（2）第3出《酬韵》，删去了《乔牌儿》《甜水令》《折桂令》《锦上花》《幺》《碧玉萧》诸曲，删掉主要写道场排场的《乔牌儿》《甜水令》《折桂令》以加快戏剧节奏，可谓得；但删掉莺莺和红娘评价张生的《锦上花》《幺》《碧玉萧》，则不妥，尤其是《锦上花》的“外像儿风流，青春年少；内性儿聪明，冠世才学”是整本《西厢记》中极少的正面状写张生形貌之曲词，也是莺莺喜欢张生的重要原因之一。

（3）第7出《赖婚》，删去了《庆宣和》，本曲有关于小脚儿的描写“门儿外帘儿前将小脚儿那……”而郭沫若是非常反感这种彰显变态性欲的“拜脚狂”（foot-fetionism）的，[①] 故删掉此曲，可谓得。

（4）第9出《前候》，删去了《赏花时》，减少了空间的转移，以现代戏剧观看，可谓得。

（5）第13出《酬简》，删去了《端正好》，删除目的及得失，同（4）。

（6）第16出《惊梦》，删去了总结本出的《络丝娘煞》，得失不明显。

总的来看，郭改本《西厢》之“删曲”，以西剧观来看得大于失，但确实也有不妥之处，这也折射出郭沫若在短短一个月左右的时间完成了《西厢记》的改写，有些仓促。

最后，郭改本《西厢》经过说白的大幅删改后，元杂剧的人物上下场之“上场”发生了重大改变。元杂剧对于人物上场颇有讲究，一般先是四句或两句“上场诗”（又称定场诗），然后是“上场白”（又称定场白），如果人物第一次上场，往往还要通过上场白自报家门。今天看到的明清刊本《西厢记》虽然没有“上场诗”，但每折基本都有“上场白”，之后才开始套曲的演唱。但郭改本《西厢》有一半以上的“上场”是直接由人物唱曲开场，而其他的“上场”也是人物“对话”开场，基本上没有独白性质的“上场白”开场。郭改本《西厢》的这种人物上场方式，完全是受西洋歌剧的影响，呈现出明显的西洋歌剧的文本特征。

因此，从整体上看，郭改本《西厢》的文本体制呈现出元杂剧、传奇、近现代戏曲和西洋歌剧交融的状态，颇似一个半中半西、半古半今的过渡性文本。

四 版本学与文化学视角下郭改本《西厢》的价值

目前，尚未找到郭改本《西厢》舞台演出的记载，也许这正是其未能传而弥显之因，但不可否认其文本仍然具有重要的版本学和文化学价值。

首先，从版本研究层面看，郭改本《西厢》拓宽了《西厢记》的版本体系。明清以来，研究者关注的《西厢》版本大致可分为三大类（主要从文体角度看）：一是明清时期“北曲《西厢》版本”，包括《王西厢》的各种校注、评传本和翻改、续写本，是流传最久、研究最多的版本系统；二是“南曲《西厢》版本”，包括以南曲翻改、续写《王西厢》的各版本，也是目前研究比较充分的版本系统；三是“花部《西厢》版本”，主要是存在于《缀白裘》《车王府曲本》，以及京剧和各地方剧种中的翻改性质的“西厢折子戏”或“西厢本戏”，是目前研究开始逐步关注的版本系统。

但是，自清末西剧进入中国并对本土戏曲产生重要影响起，我国现当代的《西

① 郭沫若：《〈西厢〉艺术上之批判与其作者之性格》，《西厢》（前言），泰东图书局1935年版。

厢》版本系统中就开始多出了另外一类——“西剧影响版《西厢》”。狭义地说，该版本系统主要指受西方戏剧影响的“戏剧本《西厢》”；广义地说，该版本系统也包括受西方电影、电视影响的“影视本《西厢》”。该版本系统的发端之作，应该就是郭改本《西厢》，因为虽然其曲词大都同于北曲《西厢》，但其对白、时空设置、人物上场方式等具有明显的西方戏剧的特征，故可称为“西洋歌剧本《西厢》”，这是目前为止见到的最早的“西剧影响本《西厢》”，在明清以来的《西厢记》版本系统中颇为独特。事实上，我们今天接触最多的，恰恰是研究较为薄弱的“花部《西厢》”和“西剧影响版《西厢》”；遗憾的是，该版本系统并未引起《西厢》研究界（“西学”）的关注，其原因可能与这些版本产生于近现代及其之后有关，或许也与学界“厚古薄今”的学风有关。

其次，从文化学角度看，郭改本《西厢》典型表征了中国戏曲“与时俱变”的发展规律。明清以降，《王西厢》在“跨文本”流播中就不断发生文体的变更，先是出现了许多“南曲《西厢》”，后又出现了众多的“花部《西厢》”。清末西洋戏剧传入中国之后，对中国古典戏曲的功能、观念、观演等产生了重要影响，加之民初兴起的新式标点之风，共同催生了郭沫若改写本《西厢》的产生。郭改本《西厢》在艺术上虽然融合了西剧的一些特征，但整体上并未有太多独创性，因此同明清时期各个版本的《西厢》一样，也不可能超越《王西厢》，但它们“与时俱变”的文化学意义同样不可忽视：它们都因与时代风尚、文化的嬗递相契合，因而在不同时代产生了或大或小的影响，体现出明显的“与时俱变”的文化发展规律。

事实上，郭改本《西厢》之后，类似的重新改写中国古典戏曲名著的情形在民国并非孤例。1936年中华书局出版的梁启超著《桃花扇注》也是中西戏剧相互碰撞的产物。[①] 此外还有上海大达书局1935年出版的纪兰香标点本《牡丹亭》，上海时还书局1927年出版的许啸天改编白话小说体新式标点本《西厢》，上海新文化书社1931年出版的何铭标点本《燕子笺》，等等。他们不但采用新式标点重新给予这些古典戏曲名著以句读，而且加上了许多西剧剧本常见的、标志固定时空的“布景”“陈设”等；或者以民国流行的白话小说文体来改造这些古典戏曲名著。

所以说，以郭改本《西厢》为代表的这些“名著改写本”的产生，鲜活地证明了一个规律——戏剧形式的变迁与社会文化思潮之间有着密切的联系，戏剧形式的演变既是自身不断扬弃的过程，也是社会文化思潮催动下的更新蜕变过程。从诸宫调《西厢记》到北杂剧《西厢记》，从《南西厢》到明清刊本中“传奇化”的《北西厢》，从花部《西厢记》再到西剧化的《西厢记》，《西厢记》的形态演变遵循着“时曲化”“时代化”的流变路线，而“影视版《西厢》”的产生，更是这种文化演

① 梁启超于1925年8月完成了对《桃花扇》的注释、重新标点及部分改写工作，1936年出版，参看梁启超《桃花扇注》，中华书局1936年版。

变规律的当代表征。不夸张地说，《西厢》故事之所以能够生生不息地代代流传，不但与《王西厢》高超的艺术有关，也跟不同时代出现的、适应了那个时代文化特征的“改写本”之存在有关。

不过，由于古代文学、近代文学和现代文学学科研究对象的限制，民国中后期以郭改本《西厢》为代表的古典戏曲名著改写本一直未能得到重视和发掘。在当前“民国旧体文学”重新得到研究的时候，这些改写本的价值及其研究也应该引起必要的关注。

（原载《现代中文学刊》2018 年第 2 期）

译与介：米歇尔·鲁阿《郭沫若诗选》法译本分析

胡 娴

引言：比较文学译介学的视野和方法

自20世纪以来，文学翻译研究就实现了两次非常重要的转向，即语言学转向和文化研究转向。[①] 对于语言与翻译的关系，这不仅仅是传统翻译研究的核心问题；同时，索绪尔提出的语言共时性研究也进一步将跨语际翻译研究推向了高潮。然而，语言学对翻译研究的局限也很明显。从1970年代起，翻译研究就不可避免地走向了跨文化研究的领域，而译介学正是这一转向的直接成果。与一般意义上的翻译研究相比，"译介学最初是从比较文学中媒介学的角度出发、目前则越来越多是从比较文化的角度出发对翻译（尤其是文学翻译）和翻译文学进行的研究"。[②] 因此，译介学无意去评判翻译作品的正误或者译者水平的高低，而把重点放在"翻译（主要是文学翻译）作为人类一种跨文化交流的实践活动所具有的独特价值和意义"。[③] 对于法国汉学家米歇尔·鲁阿（Michelle Loi）翻译的《郭沫若诗选》之译本研究而言，笔者把这一翻译过程及作品"作为一个既成事实加以接受"，然后拟"在此基础上展开对文学交流、影响、接受、传播等问题的考察和分析"，[④] 最终分析郭沫若文学作品在法国"旅行"之处境及其背后的跨文化因素。

目前，作为中国比较文学研究中新兴的一个重要研究领域，国内相关的研究主要集中在译介学理论、西方文学在中国的译介个案和中国文学在英语世界的译介个案三个领域。从译介学的角度，对中国文学在西方非英语世界的译介状况进行研究的寥寥无几。因此，本文拟在上述领域做一次尝试，抛砖引玉，以引起更多学者的关注。与此同时，在笔者对"法国郭沫若文学作品的译介"课题的研究中，拟以

---

① 参见谢天振《当代西方翻译研究的三大突破和两大转向》，《四川外语学院学报》2003年第5期。

② 谢天振：《译介学》，上海外语教育出版社1999年版，第1页。

③ 同上书，第1页。

④ 同上书，第11页。

译介学的视野和方法去分析在跨语言、跨国别、跨文明的背景下，郭沫若诗歌在法国的译与介。

一

为什么选用“译”与“介”两个汉字为一个新兴的比较文学研究方法命名呢？在曹顺庆主编的《比较文学教程》中，用英文“Medio-translatology”来翻译译介学，[①] 同时也表明了“译”是指翻译，而“介”是指“媒介”。而“翻译”一词既可以指代翻译行为，也可以指代翻译作品，这两者都是目前翻译研究的客体。而“媒介”一词则是来自比较文学媒介学研究。1989 年，法国当代比较文学家谢弗莱尔（Yves Chevrel）在《比较文学》一书中指出，媒介是“指所有促成文化转移之事物，包括物质上的支援以及相关人物的作为”，其研究包括了“书籍、印刷品历史”“批评史”“翻译史及翻译家”“编剧史”等方面。[②] 从这个角度看，比较文学的“媒介”包含了“翻译”。因此，此处的“译”与“介”不是一个简单的并列，在笔者看来，二者之间的第一重关系是从翻译走向媒介，即媒介是翻译的最终归宿和目标。

如果说跨语际或者跨文化视域下的翻译一直都是以媒介自居的话，那这一媒介所能做的不可能是面面俱到的介绍，而且媒介的目标一定会影响翻译行为。因为“翻译不是在真空中进行的”，在前翻译时期（即译者开始着手翻译某一特定文本之前），意识形态、赞助人、诗学、文化差异等方面都会参与操控翻译行为，决定译者对译本的选择。[③] 在本文个案米歇尔·鲁阿翻译的《郭沫若诗选》（Poèmes）中，因为郭沫若的诗作乃至中国现当代诗歌作品非常丰富，所以如何筛选就是摆在译者面前的第一道难题。因此，我们要做的就是通过译本的“筛选”策略来分析这个译本个案真实的媒介身份。

1970 年前后，法国伽里玛出版社（Gallimard）发行了《东方的知识》丛书（La Collection Connaissance de l'Orient），主要译介亚洲各国的文学作品，主持编译这套丛书的就是大名鼎鼎的法国汉学家艾田蒲（RenéEtiemble）。这套丛书首批出版 34 本译著中，“中国系列”（Série chinoise）有 13 本之多，占各国系列之首（另有“印度系列”10 本，“日本系列”9 本，“越南系列”2 本）。[④] “中国系列”的 13 本译著中，古典文学译著共有 9 本之多，而现代文学译著只有区区 4 本，其中鲁迅作品译著 1 本，为留法学者李治华翻译的《故事新编》（Contesanciens à notre maniere），郭沫若

① 参见曹顺庆《比较文学教程》，高等教育出版社 2010 年版，第 108 页。

② ［法］谢弗莱尔：《比较文学》，冯玉贞译，台湾远流出版事业股份有限公司 1991 年版，第 77 页。

③ 参加 André Lefevere，Translation/History/Culture：A Source Book，London & New York：Routledge，1992，pp. 1 – 13。

④ 参见 Guo Moruo，Poèmes，Traduit par Michelle Loi，Paris：Gallimard，1970，p. 149。

作品译著3本，即《屈原》（K'iuYuan）《郭沫若诗选》（Poèmes）《我的童年》（Autobiographie. Mes années d'enfance）。众所周知，对中国古典文学的研究是法国汉学的一个重要领域，早在17世纪伏尔泰就以元杂剧《赵氏孤儿》为题材，写出了著名的《中国孤儿》。因此，该丛书把重点放在中国古典文学的译介上并不奇怪。令人惊奇的是，对中国现代文学的译介，以艾田蒲为首的法国汉学家选择了郭沫若的三本作品，分别为诗歌、戏剧和自传体小说三种体裁。当然，这首先是与郭沫若的文学成就和地位有关。但笔者认为，我们不能忽视译者们的知识背景和当时法国意识形态的双重操控。

在艾田蒲指导下，译者米歇尔·鲁阿在索邦大学的博士论文主要是研究中国新诗与西方诗歌的联系，1970年（即《郭沫若诗选》出版之年）通过了她的博士论文答辩。甚至从1970年至1980年这个时间段内，米歇尔·鲁阿的学术研究和翻译事业都放在中国现代诗歌上。[①] 在众多的中国诗人中，艾田蒲及其弟子米歇尔·鲁阿为什么选择了郭沫若的诗歌呢？米歇尔·鲁阿在该诗选译者序中认为“在中国现代诗人中，郭沫若毫无疑问是最著名的一位”,[②] 并评价郭沫若的诗歌为“世界最美的诗歌之一”，“如果再大胆一点，我认为这是世界上最美的诗歌”。[③] 结合鲁阿的博士论文研究，我们可以认为这是鲁阿本人在研究了中国现代诗歌后所得出的一个结论和评价。同时需要注意的是，艾田蒲和鲁阿都是当时法国“毛主义”[④]（maoïsme）的支持者，都是“《原样》杂志派”（Tel Quel）的重要成员。对中国人民的理解和对新中国的支持最终让他们能够认识到“郭沫若是中国现代诗歌勇敢的先锋，……一直以来，为了中国人民，他都在庄严地履行着自己爱国诗人的使命”。[⑤] 另外，1968年，法国爆发了影响全球思想界的“五月风暴”运动，而这场运动的策源地正是艾田蒲和鲁阿所在的巴黎索邦大学。由此可见，《东方的知识》丛书选择郭沫若的文学作品并非偶然，这一翻译行为是深受主编和译者的个人学识背景影响的，并且符合了1968年后法国左派思想盛行的意识形态之需要。

二

再回到《郭沫若诗选》，看看译本究竟筛选了哪些郭沫若的诗作呢？该诗选翻译

---

① 《郭沫若诗选》发表之后的十年内，米歇尔·鲁阿又继续发表了《墙上的芦苇：1919—1949年中国的西方化诗人》（Roseaux sur le mur：les poètes occidentalistes chinois，1919－1949）《中国人民的诗人》（Poètes du peuple chinois）《法国学派的中国诗人》（Poètes chinois d'écoles francaises），等等。自1980年后，米歇尔·鲁阿将研究重点转移到了鲁迅作品上。

② Guo Moruo，Poèmes，p. 7.

③ Guo Moruo，Poèmes，p. 10.

④ “毛主义”指1950年代末到70年代，传播到法国并深刻影响了法国的毛泽东思想。

⑤ Guo Moruo，Poemes，p，7.

了 50 首诗，分别来自《女神》《星空》《瓶》《前茅》《恢复》《战声集》《蜩螗集》《新华颂》《长春集》《百花齐放》《东风集》等诗集，另外译本最后一个部分为《尚未结集出版的诗歌》（三首），分别为《满江红》[①]《满江红——读毛主席诗词》以及《访越诗抄》四首中的《赴海防途中》。[②] 从时间跨度看，选取的诗作发表年代自 1921 年至 1964 年。从以上情况看，该诗选的涵盖范围相当广，基本上节选了 1964 年前郭沫若公开发表的所有诗集。[③] 这也表明，译者在向法国读者呈现郭沫若诗歌的同时，还有一个非常重要的使命，即介绍一个“人民中国”的代表诗人郭沫若。其次，从该诗选的结构看，由诗选和附录两个部分组成。在附录部分，除了常规性的《文中其他中国作家及作品名录》和《非中国作家名录》外，最重要的就是《郭沫若生平大事记》和《一位新中国的诗人》（后者是译者鲁阿撰写的郭沫若专论）两个部分。这两个部分一共有 26 页，占全文页码的五分之一左右。但是从字数看，占了全书总字数的二分之一左右。从这一比重说，作者的翻译重点之一也是放在对诗人郭沫若的介绍上。由此可见，在《郭沫若诗选》中，翻译虽是重要内容之一，但是也是一种介绍诗人郭沫若及其诗歌的手段，媒介就成了翻译的主要目标了。

如果我们从所选诗歌的分布及主题上看，则可以更好地了解媒介的视角，即主编艾田蒲与译者鲁阿想要向法国读者介绍一个怎样的诗人郭沫若。如列表所示，该诗选从《女神》中选取的诗歌最多，选取的诗歌与原诗集诗歌比例也最高，而从《瓶》中选取的诗歌数量最少，从《东风集》中选取的诗歌比例最低。由此，我们至少可以得出以下结论：

首先，译者鲁阿想要介绍给法国读者的是《女神》的作者。她非常重视《女神》这部诗集，不仅选取的诗歌数量和比例可以反映出这一特点，而且在诗选后面的《一位新中国的诗人》中，专门以一章来分析《女神》这部诗集。[④] 她认为“的确，对于中国人民和我们法国读者来说，无论他（指郭沫若）后来写了什么样的作品，他都将无法超越这位勇敢的青年诗人（指写了《女神》的青年郭沫若），因为这部诗集给中国诗歌注入了一股这样纯净的空气”。

---

① 此诗出处有误。在译本中鲁阿注明“《诗刊》，1954 年，第 10 页”。经笔者考证，此诗为《满江红——一九六三年元旦书怀》，出处应为《东风集》。参见 Guo Moruo，Poèmes，p. 105。

② 后两首是译者鲁阿从《诗刊》上选取的诗歌，分别为 1964 年 1 月号上的《读毛主席诗词（调寄“满江红”）》和 1964 年 9 月号上的《访越诗抄》第 3 首《赴海防途中》，后者在译本中标题为《越南》。

③ 至于没有专门列出的《骆驼集》，译者专门在译本的参考文献中注明：“《骆驼集》是写于 1949 至 1959 年间的诗歌集，节选至《新华颂》《百花齐放》和《长春集》。”由此可见，译者也考虑到《骆驼集》，只是因为与《新华颂》等诗集有重复，故未专门列出。参见 Guo Moruo，Poèmes，p. 141。

④ 该部分一共六个章节，标题分别为“童年时期和四川省”“青年时期及活动”“诗集《女神》，浪漫主义与泛神论”“走向现实主义”“新中国的诗人：走向古典主义”“一种语言的和谐”。参见 Guo Moruo，Poèmes，pp. 116 – 138。

所选诗集	诗歌数量	在原诗集中的比例	诗歌标题
《女神》	14	25%	《炉中煤》《笔立山头展望》《地球》《我的母亲》《夜步十里松原》《光海》《太阳礼赞》《沙上的脚印》《夜》《别离》《蜜桑索罗普之夜歌》《霁月》《日暮的婚筵》《黄浦江口》《凤凰涅槃》
《星空》	6	18%	《洪水时代》《天上的街市》《黄海中的哀歌》《夕暮》《两个大星》《南风》
《瓶》	1	2.3%	第六首
《前茅》	3	20%	《朋友们怆聚在囚牢里》《我们在赤光之中相见》《上海的清晨》
《恢复》	3	13%	《得了安息》《如火如荼的恐怖》《血的幻影》
《战声集》	2	10%	《前奏曲》《战声》
《蜩塘集》	3	7%	《水牛赞》《和平之光》《“十月”感怀诗》
《新华颂》	1	5%	《新华颂》
《长春集》	3	3%	《西湖的女神》《波与云》《月里常娥想回中国》
《百花齐放》	6	6%	《郁金香》《决明》《山茶花》《杜鹃花》《向日葵》《萱草》
《东风集》	6	2.1%	《金鸡水利工程歌》《在黄岐》《访句山樵舍》《从化温泉》①《迎春》《“五一”颂》
《尚未结集出版的诗歌》	3		《满江红》《满江红——读毛主席诗词》以及《访越诗抄》中的《赴海防途中》

其次，在上述表格中，从比例来看，《女神》《星空》《前茅》《恢复》《战声集》等1949年以前创作的诗歌所选取的比例都较大。从这个角度看，译者鲁阿有意要介绍一个革命的、爱国的诗人给法国读者。这不仅仅吻合了当时法国左派思想盛行的意识形态，也符合当时法国民众所拥有的有关中国的所有知识和所有想象。“1939年5月15日，罗曼·罗兰、阿拉贡等主编的《欧罗巴》杂志的《世界新

① 此处译本中为“龙化温泉”（La Source chaude de Longhua），经笔者与原文核对，应为《从化温泉》。

闻》栏目发表一篇《中国的来信——我们的民族民主抵抗文学》"[①]，该文就着重介绍了后鲁迅时代的中国抗日文学，并重点指出郭沫若等人领导了这场抵抗文学的运动。而且，由于浪漫主义文学的缘故，法国文学界对深受西方文学影响的中国文学格外感兴趣，这些新诗运动的参与者"放弃了对中国古代诗人的沿袭，转而开始模仿西方的诗人"。[②]

最后，虽然对于新中国成立后所写的诗歌选译相对较少，但是我们也应该注意到，截至目前，这些仍然是法国仅有的，翻译了的写给新中国（1949—1964 年）的诗歌。从这个角度讲，鲁阿所做的翻译是具有突破性质的。但是从另一个角度说，这也仍然是法国所寻找的一个他者而已。"法国'原样派'左翼激进知识分子推崇中国革命与'毛主义'"，只是"将中国当作最终否定西方资本主义的绝对的'他者'"而已。[③] 在《郭沫若诗选》中甚至翻译了一首毛泽东的《满江红·和郭沫若同志》，并用了整整三页翻译并介绍郭沫若的《满江红》及毛、郭二位互相应和，[④] 在这所有的 50 首译诗中是独一无二的。这一细节也表明译者对郭沫若的诗人兼国家领导人的身份颇感兴趣，诗人治国的理想又满足了法国汉学家鲁阿一个乌托邦化的想象。

结 语

昙花一现的"五月风暴"过去后，"法国历史上出现了又一个由右派控制的'无双议会'"，[⑤] 法国对新中国文学的兴趣也逐渐消退。在法国译介中国现代文学的事业中，一个短暂的"郭沫若热"随即被持续至今的"鲁迅热"所渐渐取代。时至今日，当我们重新阅读《郭沫若诗选》法译本时，我们不禁会思索，1970 年代，法国汉学家艾田蒲及其弟子鲁阿为何要翻译郭沫若的诗歌呢？如果我们暂时先抛开对译本水准的评判，而聚焦于翻译过程本身的话，"译"与"介"的张力就会呈现出来了。翻译也就不仅仅是语言的跨越、词句的转换和文本的旅行了，而是成为一种媒介。《郭沫若诗选》法译本作为一种媒介，所构建的是当时法国对中国文化的一种新尝试。在这次尝试中，对中国新诗有着很高造诣的法国汉学家鲁阿，在法国左派思想盛行的 1968 年前后，开始翻译一位遥远的中国当代诗人郭沫若的作品。其本人的学识和法国的意识形态共同谋划了这场翻译。而最终她所介绍给法国读者的郭沫若则是中国新诗代表《女神》的作者，同时也是一位革命的、爱国的诗人，并且还是新中国的国

① 佘振华：《浅述郭沫若在法国的译介》，《郭沫若与文化中国——纪念郭沫若诞辰 120 周年国际学术研讨会论文集》（上卷），2012 年。

② Raymond Queneau, Histoire des Litteratures 1: Littératures Anciennes, Orientales et Orales, Paris: Presses Universitaires de France, 1992, p. 1284.

③ 周宁：《天朝遥远——西方的中国形象研究》，北京大学出版社 2006 年版，第 267 页。

④ 参见 Guo Moruo, Poemes, pp, 105 - 107。

⑤ 冯棠：《1968 年法国五月风暴述评》，《法国研究》1988 年第 2 期。

家领导人、毛泽东的战友之一。这样的郭沫若也自然是法国人所需要的郭沫若，其背后的红色中国在那个年代满足了法国人有关中国的所有想象，郭沫若也成了一位法国文学的他者。

（原载《现代中文学刊》2018 年第 2 期）

郭沫若在思想史研究上的成就和贡献

王启发

在20世纪学术史上，作为马克思主义历史学家而在思想史研究中有所成就和贡献的，郭沫若可以说是一位突出的代表，他不仅与侯外庐、杜国庠等同时代的学者之间有着志同道合的深厚友谊，在学术上也是秉承了百家争鸣的学术宗旨。从一个早年即从文学的角度来抒发思想情怀的史家，到一个保持了文学思维和语言并善于运用考证和思索的思想史家，同时坚定地从唯物史观和马克思主义的立场，从历史研究拓展到思想史研究的跨领域，在总结和批判古代思想文化中倡导有时代价值的优秀传统，成为包括郭沫若在内的一批史学家的神圣使命。

为学界熟知的是，在郭沫若自20世纪30年代开始先后结集出版的《中国古代社会研究》《十批判书》《青铜时代》《奴隶制时代》《史学论集》《历史人物》等几部著作中，分别汇集了他写作时间跨度在30年以上的关于中国古代思想史研究的篇章。还有，在1988年出版的《郭沫若佚文集》（上下册）当中，也有一些论述思想史的文章。由此我们可以了解到，郭沫若正是在对中国古代社会进行研究的同时，更是在这方面研究的基础上，不断地进行着古代思想史方面的研究。从时间先后来说，郭沫若对思想史的研究也有着一个从初涉到展开的发展过程。所呈现的则是郭沫若成为一个马克思主义史学家后，自觉地运用唯物史观研究中国古代社会和古代思想的学术历程，以及所取得的学术成就和所做出的学术贡献。

一　学术种子的初播及对思想史书写的尝试

作为文学家的郭沫若和后来成为史学家的郭沫若的出现，既可以说是民国时代学术与文化发展的一种风貌的体现，也与郭沫若早年所受教育和他后来学术兴趣的拓展以及想要在学术方面解决的问题有着密切的关系。

在《十批判书》的最后有一篇《后记》，副题为《我怎样写〈青铜时代〉和〈十批判书〉》，写于1945年5月5日。其中郭沫若回顾了他自己早年对学问兴趣的养成和后来留学日本之后获得近代学术启蒙的经历，特别讲述了作为他思想史研究的起点和篇章著述展开上的阶段性历程。

郭沫若生于1892年11月16日，他从四五岁起接受传统的旧式教育，以每天必读《四书》《五经》而得到文化熏陶，在十三四岁时便开始接触先秦诸子的著述，他先后读过《庄子》《道德经》《墨子》《管子》《韩非子》等，十七八岁时还做过诸子文句的抄录，这些都为郭沫若后来进行古代思想研究打下了深厚的基础。

自1914年起郭沫若在日本留学10年，期间取得医学学士，使他不仅“懂得了近代的科学研究方法”，“也接近了近代的文学、哲学和社会科学”。尤其是辩证唯物论，给了郭沫若精神上的启蒙。并且“从学习使用这个钥匙”，“才认真明白了做人和做学问的意义”。[①] 郭沫若的学生时代结束于1923年，而在这前后的三、五年间，郭沫若写出了多篇古代思想史方面的文章。

写作和发表《我国思想史上之澎湃城》一文，应该就是郭沫若在思想史研究方面最早的作品。这是一篇未完稿，1921年5月刊载于《学艺》第3卷第1号上。在十几年后的1933年3月删去了导言部分，以“周秦以前古代思想之蠡测”为题刊于《国故论丛》第1期。[②] 此文作为郭沫若最早讨论中国古代思想史问题的篇章，其思路则是以思想史考古的形式，进行了一次历史挖掘和梳理，也呈现出郭沫若早期对中国思想史之源头的基本认识。

郭沫若的这篇思想史考古，将中国古代思想一直追溯到了尧舜以前的时代，并以夏商西周三代相接续，乃至春秋战国的诸子时代，更准确地说，就是一次对先秦思想史的考古。即如郭沫若所说，中国古代自由思想的命运，一如古罗马的澎湃城（即庞贝城）在维苏威火山喷发后被熔岩和灰质所埋没，在过了一千九百年之后其中的古代建筑遗存才得以重见天日；而中国思想史上的澎湃城，因嬴秦焚书以及汉以后的君国专制而埋没于熔岩炭质之下，至于郭沫若着笔的当下，也有两千多年了。那么这篇文稿，既是郭沫若经过四、五年思索的表象描写，也是他为日后进行详细研究所作的一个规划性草案。

郭沫若的最初构想在于，将古代思想分成三个时期，第一期是尧舜以前，第二期是夏殷西周，第三期是春秋战国[③]；并且将古代思想归纳出三条发展线索，即（1）玄学的，从伏羲以至老聃、孔子、庄子；（2）宗教的，从夏禹以至墨翟，也对老聃、孔子一系产生影响；（3）科学的，直接到惠施。按照这个图式，郭沫若拟以上下篇及十小节的篇幅来论述：上篇为泛论之部——思想与政治之交错，内容包括(1)滥觞时代政治之起源，（2）玄学思想之宗教化，（3）私产制度之诞生与第一次黑暗时代，（4）第一次平民革命之成功与神权思想之动摇，（5）第一次再生时代 Renai-

① 《郭沫若全集》历史编第2卷，人民出版社1982年版，第465页。

② 王锦厚、伍加伦、肖斌如编：《郭沫若佚文集1906—1949》，四川大学出版社1988年版，第81页。

③ 可以比较的是，梁启超在《论中国学术思想变迁之大势》（光绪二十八年，1902年）所列的“脱胎时代”中包括了四期，即第一黄帝时代，第二夏禹时代，第三周初时代，第四春秋时代。并且梁启超说道：“上古之历史，至黄帝而一变，至夏禹而一变，至周初而一变，至春秋而一变，故文明精神之发达，亦缘之以为界焉。”（《饮冰室合集》第1册，中华书局1989年版）

sance（文艺复兴）。下篇为各论之部——再生时代各家学术之评述，内容包括（1）再生时代之先驱者老聃，（2）孔丘晚年定论，（3）墨翟之宗教改革，（4）庄周之真人哲学，（5）惠施之唯物思想。[①] 然而实际的写作，郭沫若只写到上之三的部分而并未完稿。不过，上述的这些构想，在后来郭沫若所作的研究当中，大都有专篇性的考察和论述，也可说是完成了郭沫若早年计划中的研究夙愿。

那么，在这篇文章已经写成的部分，郭沫若提出了一系列的见解和主张，构成了他早期对中国古史和思想史的认识。简要的来说，一方面，他论述了从盘古开天地的远古传说以及三皇、有巢氏、燧人氏的半人半神虚构人物构成的神话时代体现出我国自由独创的精神源头，并认为古人神话时代至伏羲氏而告终。而且他说，根据《易传》，"伏羲氏实为我国合理的思想与一切文物制度的创始者，而八卦则是我国最古的文字，有着种种引伸的意思，并且为了表示抽象的思想而更有重卦为六十四卦，重卦是伏羲神农时代所创"。至于《周易》上经卦辞所表示的国家发生史与三代思想的不同，"就是与国俱来而为世界最古的民约建国论"；而君权神授论则产生于三代，也就是《尚书·洪范》篇中所表现的思想。[②] 另一方面，郭沫若又特别讲到，卜筮皆起于三代，从《连山》《归藏》到《周易》都是卜筮之书，《周易》为三代迷信思想的结晶。《周易》以前的《易》是神农、黄帝所作之书。[③] 那么神农、黄帝的思想后来为老庄所宗，而老庄是极端反对迷信思想的纯正哲学家。这样，郭沫若粗略地梳理出了一条从远古到东周时代的古代思想史的发展变迁的线索和要点，从中也可以看到他对黄老道家思想源流的判断。

此外，郭沫若还论及三代前后的政治思想方面，认为"我国国家之起源由民约而成，我与国俱来的思想是一种平等无差别的理想主义"；并根据唐杜佑《通典》而说井田制度开始于黄帝，"实为我国实行共产主义最初的历史"。郭沫若进一步说，我国传统的政治思想，"可知素以人民为本位，而以博爱博利为标准，有不待乎唐虞之禅让而已确乎是一种民主主义"，到唐尧时更确定了传贤的制度，由此，"我国哲人政治之成立，乃永为历史上之光荣"。郭沫若再一次强调，夏禹既受舜禅又倡君权神授之说，以破传贤之局而传子，夏禹的思想就表现于《尚书·洪范》一篇。[④] 郭沫若还提出，唐虞之际为我国历史上一个极大的转换时期，古代思想由形而上学的、动的宇宙观，一变而为神学的、固定的宗教论；而政治组织由公产制度一变而为私产制

---

① 郭沫若在于1921年1月24日给张资平的复信中（发表在上海《学艺》月刊同年4月第2卷第10期）就曾提到写作此文的大纲，与后来写成和发表的部分有不小的变动。参见林甘泉、蔡震主编《郭沫若年谱长编》第一卷，中国社会科学出版社2017年版，第158页。

② 王锦厚、伍加伦、肖斌如编：《郭沫若佚文集1906—1949》，四川大学出版社1988年版，第71、72页。

③ 这里郭沫若认为，唐代孔颖达所说"案世谱等书，神农曰连山氏，亦曰列山氏，黄帝曰归藏氏"，称则《连山》易即神农所作之《中天易》，《归藏》为黄帝所作，较为近似。（王锦厚、伍加伦、肖斌如编：《郭沫若佚文集1906—1949》上册，第73页）

④ 王锦厚、伍加伦、肖斌如编：《郭沫若佚文集1906—1949》，四川大学出版社1988年版，第77、78页。

度，由民主主义一变而为神权政治。此时自由独创之传统精神终绝，唐虞以前的典籍几乎完全散失，以致周末诸子每多假托神农黄帝以著书，也可反证神农黄帝时代我国文化已有斐然成章之势。① 以上的这些论断，可以说是郭沫若对中国历史上的传说时代的思想发展演变历程的早期判断，其中包含了不少近代政治话语的比拟性运用，也可见当时郭沫若所受近现代政治意识与学说的影响。

应该说，正是延续上面文章中的思索，郭沫若接着又有相关的文章写作和发表，这就是在1922年12月为日本大阪《朝日新闻》新年特号撰写的《芽生の嫩叶》一文，分两次刊登。此文而后在1923年5月由成仿吾翻译以《中国文化之传统精神》载于1925年5月20日《创造周报》第2号。②

在这篇文章中，郭沫若着重论述了三代以前的思想与希腊哲学的起源相似。一方面他说道：关于三代的思想，现在固然得不到完全可靠的参考书，然而应该相信春秋战国时代的学者，而他们又确实是一些合理主义的思想家，他们所说的不能认为全无根据，他们同以三代以前为思想史上一个黄金时代，老子与庄子尤其极端反对三代之宗教的思想，而憧憬于三代以前的自由思想与自然哲学以奉为自己学说的根底。所以，我们纵然怀疑伏羲、神农等的存在，但是有这样一个时代以及这个时代的思想散见于诸子百家则是不能否定的。另一方面郭沫若则强调说，对比研究古希腊哲学而确认泰勒斯、毕达哥拉斯、赫拉克利特等的存在，我们怎么也不能在中国思想史上将三代以前的这一时代的存在轻易地放过。在我们的原始的时代，我们的祖先就把宇宙的实体这个问题深深考察过了。在郭沫若看来，三代以前是素朴的本体观和原始的自然神教；在三代，诸如人格神的存在，灵魂不灭说，祖先崇拜之习，吉凶龟卜等迷信观念都显现出来；这个时代的思想系统地体现在《尚书·洪范》当中。值得注意的是，继前一篇文章之后郭沫若又一次提到了《尚书·洪范》篇，可见对其所代表的思想内容的重视。

随后，郭沫若引出他所认定的“革命思想家”老子的“道”和“无为”的思想，并看作是对三代思想的反抗。郭沫若又以孔子与老子的异同来论述孔子解释和调和古代诸说并作为自己伦理思想根据，从而将三代思想的人格神观念加以改造而使泛神的宇宙观复活。在对孔子思想概括性梳理之后，郭沫若进一步讲到，不论在老子还是孔子，或是在他们之前的原始思想当中，都能听到两种心音：“把一切的存在看做动的实在之表现！把一切的事业由自我的完成出发！”郭沫若认为，这就是中国固有的传统精神。由此可见在这篇文章中，郭沫若讨论的重点还是围绕着中国思想的历史源头，以及对早期发展演变而展开线索与脉络的考察和梳理，并提出自己的见解和

---

① 王锦厚、伍加伦、肖斌如编：《郭沫若佚文集1906—1949》，四川大学出版社1988年版，第81页。

② 林甘泉、蔡震主编：《郭沫若年谱长编》，中国社会科学出版社2017年版，第234页。王锦厚、伍加伦、肖斌如编：《郭沫若佚文集1906—1949》，四川大学出版社1988年版，第97页。《郭沫若全集》历史编第3卷，人民出版社1982年版，第255—263页。

主张。

作为对先秦诸子人物思想的认识和理解的进一步发表，郭沫若是从对当时学者的相关研究和见解上的不同认识而开始的。他所作《读梁任公〈墨子新社会之组织法〉》一文完成于1923年6月13日[①]，主要是针对梁启超《墨子学案》[②]的第五章而提出的反论，同时也针对胡适《中国哲学大纲》的相关说法而有所反驳。先前，梁启超提出《墨子·尚同上》中的议论"和欧洲初期的民约论很相类"，从而推论说其中体现着"人民明"，"人民选择"，"人民立，人民使"的思想主张。并以兼爱为墨学的根本观念，墨子讲天志纯是用来做兼爱主义的后援。胡适则认为实利主义和逻辑是墨学的根本观念，而且墨子的宗教思想是墨学的枝叶。而郭沫若提出反驳性论证说，墨子的主张是"天生民而立之君"的神权起源说，而不是"国家是由人民同意所造成"的说法，也不是与欧洲的民约论同一立脚点。郭沫若进一步论证说，周秦之际的学者大都是反对宗教的无神论者，而在墨子则独发生出一个例外。墨子的根本观念在于尊天明鬼，他的兼爱说和实利说，都是以天为出发点，以天为归宿点的。而墨子的书，从《法仪》到《非儒》都是替王公大人说的治天下的道理，他的思想归宿是政教不分，一权独擅，专制的色彩不止于《尚同》各篇。[③]也正是从这时开始，体现了郭沫若对墨子思想的基本印象和评价的转变[④]，也为他后来展开墨子思想的研究确立了一个逻辑基调。

再有就是《惠施的性格与思想》（1923年12月10日）一文[⑤]，可以说是郭沫若的先秦诸子思想研究的开端。在这篇文章中，郭沫若提出这样一个判断，在春秋战国初期如道家儒家主要从形而上学和人生哲学的方面玄思和探讨，对于物质上的探讨则多所忽略。到了后期则大为不同，如后期墨家注重逻辑的建设，《墨经》多关于物理数理的考察，邹衍的"先验小物"是实验精神的发轫，归纳法的初基，等等。特别是郭沫若将《庄子》中所记辩者言说中的六项[⑥]与数学、热学、光学、力学等联系起来加以解释，进而说当时的辩者之徒都是唯物的思想家，那么，与之相效应变的惠施，当然是唯物派的一个领袖。郭沫若进而指出，如若借用"自然科学"一词而言，周秦之际的末年，大部分的学者都是带有几分自然科学家的色彩，也就是说他们的研

---

① 收入《郭沫若全集》历史编第3卷，人民出版社1982年版。

② 梁启超：《墨子学案》，《饮冰室合集》第8册，中华书局1989年版，第27页。

③ 《郭沫若全集》历史编第3卷，人民出版社1982年版，第264、268、269、272页。

④ 郭沫若在1945年所写的《十批判书·后记》中说："对于墨子，我从前也曾讴歌过他，认为他是任侠之源"，"我在小时候也曾经崇拜过他，认他为任侠的祖宗，觉得他是很平民的、很科学的。那时的见解和时贤并没有两样。但是约略在二十年前，我的看法便改变了。我认为他纯全是一位宗教家，而且是站在王公大人立场的人。"（《郭沫若全集》历史编第2卷，第464、469页）

⑤ 收入《郭沫若全集》历史编第3卷，人民出版社1982年版。

⑥ 这就是：一、"一尺之棰，日取其半，万世不竭"；二，"指不至，至不绝"；三、"火不热"；四、"飞鸟之影未尝动也"；五、"目不见"；六、"轮不蹍地"（蹍同辗）。《郭沫若全集》历史编第3卷《史学论集》，第280页。

究对象渐渐转移到了物质世界上，而且研究的方法也渐渐知道利用观察、经验与逻辑，其中以惠施尤为杰出。进而郭沫若将“历物十事”归纳为六项进行分析，做出结论说惠施是个科学的思想家，倡导原子说和地圆说，主张实利主义，主张泛爱，万汇平等，无君无神。[①] 值得注意的是，郭沫若对惠施作“当然是唯物派的一个领袖”的评价，在1937年张岱年所著《中国哲学大纲·序论·中国哲学之发展》中也有相近的判断，惠施“肯为研究物而研究物”，“不以神秘的道解释宇宙，而以大一小一解释之”，因此惠施“可谓先秦第一个唯物论者”。张岱年后来有修正说《管子·形势篇》有比较明显的唯物主义观点，年代早于惠施，所以就不能说惠施是“第一个唯物论者”了。[②] 那么，在惠施是“唯物论者”的认识上，可见张岱年与郭沫若的观点是一致的。

1925年6月17日，郭沫若写作了《伟大的精神生活者王阳明》[③]，后来改为《王阳明礼赞》[④]。在这篇文章中，郭沫若以王阳明的《泛海》一诗[⑤]开篇并加以解说，从而引出王阳明五十七年间的生平和精神。郭沫若还详细介绍了自己在民国三年（1914年）初到日本因学习紧张导致身体上出现问题而患神经衰弱症，之后购得《王文成公全集》每天早晚静坐而读之，由此王阳明的影响深深烙印在他的脑海中。由于是在这样的动机和状态之下接触到王阳明的，所以郭沫若自明对王阳明的探讨与哲学史家的状态不同，即是以彻底的同情去求身心的受用，且以数年间浸润之渐所得的王阳明的印象而加以叙述的。[⑥] 随即，郭沫若简要地介绍王阳明一生的三个时期和思想的前后转变，着重指出王阳明所解释的儒家精神乃至所体验的儒家精神，实即孔门哲学的真义所在。郭沫若从而将阳明思想概括为：万物一体观，公式是心即理；知行合一的伦理论，公式是去人欲存天理，工夫在于静坐和做事上磨炼。还引述有名的阳明四句教义[⑦]，并理解其前两句的善恶是相对的善恶，即产生于人的私欲（物质占有欲）的发生，阻碍物化的进行，使进行之流中途停顿；后两句是绝对的善恶，知道绝对的恶是人欲，知道绝对的善是天理。于是，努力于“去人欲而存天理”，努力于

---

① 《郭沫若全集》历史编第3卷，人民出版社1982年版，第275、281、287页。

② 张岱年：《中国哲学大纲》，中国社会科学出版社1982年版，第13页。

③ 李晓虹：《从版本变化看郭沫若心中的王阳明》（《郭沫若学刊》2012年第3期，总第101期）一文则推论此文写作应为1924年6月17日。此说可供参考。

④ 收入《郭沫若全集》历史编第3卷，人民出版社1982年版。

⑤ 王阳明的这首诗云：“险夷原不滞胸中，何异浮云过太空？夜静海涛三万里，月明飞锡下天风。”

⑥ 《郭沫若全集》历史编第3卷，人民出版社1982年版，第288—290页。

⑦ 郭沫若所引为：“无善无恶性之体，有善有恶意之动，知善知恶是致知，为善去恶是格物。”引文的第一句与《传习录》所记有“性”与“心”一字之差，《传习录》本作“无善无恶是心之体，有善有恶是意之动，知善知恶是良知，为善去恶是格物。”（王守仁著，王晓昕、赵平略点校：《王文成公全书》，中华书局2015年版，第145页）可知在后来的传承中，不仅前两句中的“是”字被省略，第一句中的“心”字也有被换成“性”字的。如清代苏舆《春秋繁露义证》卷十《深察名号第三十五》（清宣统刊本）中就引述说：“王阳明以为无善无恶性之体，有善有恶性之用。亦因宋儒二性之说而小变之。”郭沫若的引述或就本于此类。

体验“天地万物一体之仁”，努力于“致良知”，就是阳明学说的知行合一理论。郭沫若说，努力于自我的完成和发展，同时使别人的自我也一样得遂其完成和发展，这就是王阳明所见到的孔门教义。这篇文章以王阳明的《泛海》一诗开篇，也是以这首诗结束，从正面赞叹说“总之，他的一生是奋斗到底的”。[①]

另外，在这篇文章的附论一中，针对第一次世界大战后有关“西方的物质文明与东方的精神文明”的东西文化之争而激烈发生的一些声音，郭沫若提出，他在王阳明学说中与“近世欧西的社会主义”寻出了一致点，王阳明主张的“去人欲而存天理”，从社会方面说来“便是废去私有制度而一秉大公”。在这里，“西方文化与东方文化才可以握手”，在这里，“西方文化才能生出眼睛，东方文化才能魂归正宅”。郭沫若又进一步说，他自己是肯定孔子，肯定王阳明的，同时更是信仰社会主义的。所以他觉得马克思和列宁的人格之高洁不输于孔子与王阳明，俄罗斯革命后的施政，就是孔子所说的王道。[②] 还有在附论二中，针对当时的新旧思想之争，郭沫若提出自己的主张，他的想法是，在个人的修养上可以体验儒家精神努力于自我的扩张以求全面发展，而在社会的兴革上则当依社会主义的指导努力吸收科学文明的恩惠，使物质的生产力增加，使物质的分配平等，使各个人的精神都得以遂其全面发展。一切都朝着这个目标走去时，一些新旧的争端都可以止息了。在附论四中，以“静坐”为题，郭沫若还简要地介绍了王阳明的教育说的独到性及其与近代进步的教育学说的一致，诸如主张启迪，不主张灌输，注重体育等。[③]

由上可见，郭沫若在早年的思索中，从身心到历史，到现实的思想文化与时事政治，都联系在一起加以对比，试图在精神追求和政治主张上找到坚实的思想依据。并且呈现出一种从自发到自觉的思想历程。如果说上述思想史篇章的内容和笔调在言说性与论说性上重于考察性和论证性的话，那么在这一阶段所体现出的更多的，应该是郭沫若早期偏重于历史表述的精神探究方面。这又是与当时的中国社会所处民国时代的复杂纷繁的文化形势紧密相连的。在当时，新旧思想激烈碰撞，各种思想学说主张与潮流交互涌现，学术界所面临的是如何从历史研究和传统精神的发掘中找出解决现实文化问题的精神依据。郭沫若在进行社会思索、文学思索和政治思索的同时，也投身到历史领域以及思想史思索的展开当中，并给予初步的响应和回答。而且，也在随后的阶段走向更加深入、更加严谨和更加成熟的历史与思想史的研究。

二　古代社会研究与理论基础的奠定及思想史研究的深入

1926 年郭沫若参加革命和北伐，一年多后大革命失败，郭沫若由此亡命日本十

① 《郭沫若全集》历史编第 3 卷，人民出版社 1982 年版，第 297 页。

② 同上书，第 297—299 页。

③ 同上书，第 299、230 页。

年。他在遭受日本警察和宪兵的双重监视之下开始对中国古代社会的研究。① 他通过殷墟甲骨文字和殷周青铜器铭文等古器物学的研究，所写作的《甲骨文字研究》（上海大东书局 1931 年）和《殷周青铜器铭文》（上海大东书局 1931 年）②、《卜辞通纂》（日本昭和八年即 1933 年，东京文求堂石印暨影印本）、《殷契粹编》（成书于 1937 年 4 月，同年由日本文求堂书局出版）等著述就是在这一期间完成的。而在早几年出版的《中国古代社会研究》（1930 年初版）当中，郭沫若就已经透露出在社会史研究的基础上而讨论思想史方面问题的意旨。而在对于古代社会的面貌更加明了之后，郭沫若研究的兴趣“便逐渐转移到意识形态的清算上来了”③，也就是逐步地集中到思想史的研究上。然而，郭沫若对中国古代社会的研究所抱有的问题意识，与他对思想史研究在对象的把握和材料的运用上，在理论构架、基本判断和方法论上，又是有着相辅相成关系的。

即如郭沫若在《中国古代社会研究·自序》（1929 年 9 月 20 日）所提出的：“中国的社会固定在封建制度之下已经二千多年，所有中国的社会史料，特别是关于封建制度以前的古代，大抵为历来御用学者所湮没，改造，曲解。在封建思想之下训练抟垸了二千多年的我们，我们的眼睛每人都成了近视。……我们应该用近代的科学方法来及早疗治。”而且他提出设问说：“已经是科学发明的时代了，你为什么还锢蔽在封建社会的思想的囚牢?”于是，问题就在于：“社会的来源既未认清，思想的发生自无从说起。”④

一方面，针对胡适的《中国哲学史大纲》，郭沫若提出：“我们对于他所‘整理’过的一些过程，全部都有重新‘批判’的必要。”并且强调，我们的“批判”精神是要在“实事之中求其所以是”，是要“知其所以然”，“整理”自是“批判”过程所必经的一步，然而不能成为所应该局限的一步。另一方面，郭沫若还提到罗振玉、王国维，指出：“大抵在目前欲论中国的古学，欲清算中国的古代社会，我们是不能不以罗王二家之业绩为其出发点了。”不过，郭沫若还说：我们要跳出“国学”的范围，然后才能认清所谓国学的真相。进而，作为研究中国古代社会的方法论的指导，郭沫若讲到了马克思、恩格斯的著作说，自己的研究方法就是以恩格斯为向导，他的这部《中国古代社会研究》的性质，可以说就是恩格斯《家庭、私有制和国家的起源》的续篇。他认为在恩格斯所论述的美洲印第安人，欧洲的古代希腊罗马之外，提出了恩格斯未曾论及的中国的古代。而且郭沫若呼吁，那些谈国故者在饱读戴震、王念孙、章学诚之外，也应该知道还有马克思、恩格斯的著作，而没有辩证唯物论的观念，国故也不是可以轻谈的。郭沫若抱着“现在却是需要我们‘谈谈国故’的时

① 《郭沫若全集》历史编第 2 卷，人民出版社 1982 年版，第 465 页。
② 龚济民、方仁念：《郭沫若传》，北京十月文艺出版社 1988 年版，第 150 页。
③ 《郭沫若全集》历史编第 2 卷，人民出版社 1982 年版，第 466 页。
④ 《郭沫若全集》历史编第 1 卷，人民出版社 1982 年版，第 6、7 页。

候”的对象感，而展示了他的问题意识，那就是：把中国实际的社会清算出来，把中国的文化，中国的思想，加以严密的批判，让人们看看中国的国情，中国的传统，究竟是否两样。还有，“对于未来社会的待望逼迫着我们不能不生出清算过往社会的要求”，虽然面临着“风雨如晦”的局面，但也正是可以“鸡鸣不已”的时候了。①

当年，郭沫若对中国古代社会的研究，就是与他对中国社会的历史的发展阶段的概括和归纳而互为表里，相互印证的。在《中国社会之历史的发展阶段》的篇章中，郭沫若首先在理论上阐明了“社会发展之一般”的规律性认识，将经济基础的发展及其以工具的发展为前提，从而构成人类社会发展之前提的理论，以及对原始社会的认识，即从摩尔根的《古代社会》到恩格斯依照马克思的遗嘱所写《家庭、私有制和国家的起源》，成为郭沫若看作是揭示古代社会的秘密——由氏族社会转移到国家组织的变迁——的必备知识的基本来源。于是，对马克思、恩格斯社会形态学说的认同，作为对从氏族社会到奴隶制社会，从奴隶制社会到封建制社会，从封建制度逐渐崩溃，封建社会的关系逐渐为近代资本制度所代替，这样一个对以往社会的进展过程和社会发展阶段之一般的认识，郭沫若概括性地指出：“一切的社会现象绝没有一成不变的东西，瞻往可以察来，这是一切科学的豫言的根本。社会科学也必然地能够豫言着社会将来的进行。”② 基于这样的理论认识，郭沫若进而回过头来梳理中国社会发展的进程问题。

首先，郭沫若起初是以殷代作为中国历史的开幕时期，认为殷代还是金石并用时代，而殷代以前社会是石器时代和未开化的原始社会，黄帝以来的五帝和尧舜禹以及三王的祖先诞生等古代传说中保留着一些氏族社会的影子，商代的社会应该还是一个原始公社制的氏族社会，至少是这种社会的末期。③ 而西周，事实上是“被四围的氏族社会的民族围绕着的比较早进步了的一个奴隶制的社会”。④ 不过，在 20 多年之后，郭沫若明确提出修正说：“从今天所有的材料看来，殷代已进入奴隶社会。”而且，以他后来在《奴隶制时代》中已经把奴隶制的下限定在春秋与战国之交的说法，改正了起初“只认西周为奴隶社会”的认识。⑤ 其次，郭沫若还对“周代以来至最近时代”有一个贯通性的概观，着重阐述了奴隶制在周穆王末年的逐渐衰落和事实上周室东迁以后中国社会由奴隶制逐渐转入真正的封建制，以及秦统一天下以后“中国的封建制度一直到最近百年都是很岿然的存在着的”这样一个历史进程。郭沫若认为，在这个历史进程中，“中国尽管在改朝换代，但是生产的方法没有发生过变革，所以社会的组织依然是旧态依然，沉滞了差不多将近二千年的光景”。这里郭沫

① 《郭沫若全集》历史编第 1 卷，人民出版社 1982 年版，第 7—10 页。
② 同上书，第 17 页。
③ 同上书，第 19 页。
④ 同上书，第 26 页。
⑤ 同上书，第 4 页。

若提出“历代的改朝换代本来都是人民的抗争”的论断。同时也说道：“尽管一部二十四史成为流血革命的惨史，然而封建制度的经济组织和政治组织依然无恙。”重要的原因是什么？用一句话归总起来说：就是没有蒸汽机的发明![1] 这就是在1928年时，郭沫若对中国古代社会及至近代的历史进程的基本认识和判断。正是在这个基本认识和判断的基础上，郭沫若便逐步拓展了他对中国古代社会和古代思想史的深入考察与研究。

那么，作为《中国古代社会研究》的第一篇第一章《〈周易〉时代的社会生活》的第三节《精神的生产》和第二章《〈易传〉中辨证的观念之展开》（写于1927年8月，最初发表在1928年11月10日、25日《东方杂志》第25卷第21号、22号上[2]），以及第二篇《〈诗〉〈书〉时代的社会变革与其思想上之反映》（1928年8月25日初稿，10月25日改作），可以看作是郭沫若在十分明确的问题意识引导下所进行的社会史与思想史相结合的研究。

郭沫若首先对《周易》的文本有所考察，并且以《周易》为材料，对其中所反映的社会生活的状况（如生产生活的物质基础、社会结构中的家族关系和政治组织及行政事项，还有阶级）和精神的生产（如宗教、艺术和思想）等方面进行了细致的考察与梳理。郭沫若提到，《易经》全部就是一部宗教上的书，它以魔术为脊梁，而以迷信为其全部的血肉。以致上神的观念，八卦就是天人之间的通路。而《周易》中的思想就是一个辩证的观察，《易经》的根本观念就是阴阳两性的对立。《周易》作者从自然观察得出的辩证的宇宙观虽然很幼稚，但是是合乎正规的。《周易》的实践伦理是折中主义，机会主义和改良主义。儒家的根本之义就在这里。[3]

郭沫若还对《易传》中辨证观念的展开加以论述，一方面将《易经》的时代性确定在由原始公社社会变成奴隶制社会的产物，将《易传》确定为产生在春秋、战国时代，亦即由奴隶制确切地变成封建制度的时代。由此郭沫若认为，《易经》和《易传》都是产生在革命的时代，《易经》的时代是无差别的社会中产生出阶级的时候，《易传》的时代是贵族的臣仆革贵族的命的时候，所以《易传》的作者对革命的事实有所赞美。同时，郭沫若又对春秋战国时代诸子的思想倾向有所判断说，“事实上，春秋战国时代的学者多是一些革命家——如老子，如杨子，如庄子，如韩非子，他们的思想多少都是带着革命性的。”而如墨子算是保守派，孔子算是折中派。[4] 另一方面，郭沫若对《易传》的考察则集中在辩证的宇宙观、辩证观的转化、折中主义的伦理等方面的论述上；还特别将《大学》《中庸》与《易传》当作同性质的古书文献而相互参证，认为《中庸》的理论是一个完整的宗教体系，包含了一个形而

① 《郭沫若全集》历史编第1卷，人民出版社1982年版，第28、29页。

② 同上书，第89页。

③ 同上书，第57、65、67页。

④ 同上书，第69页。

上学，而《大学》是实践伦理的一部分。在对其思想系统的特点有所分析和批判的基础上，郭沫若指出：儒家理论的系统，“是封建制度的极完整的支配理论”；“中国人受它的支配两千多年，把中国人的国民性差不多完全养成了一个折衷改良的机会主义的国民性。一直到现在都还有人改头换面地表彰着儒家的理想，想来革新中国的社会，有意识地执行着它的‘絜矩之道’，有意识地在‘执其两端用其中于民’”。[①] 可见，郭沫若进行的中国古代社会与思想的研究，是怀着对现实的批判而作历史的批判的。

作为《中国古代社会研究》的第二篇《〈诗〉〈书〉时代的社会变革与其思想上之反映》，也是作于1928年，是郭沫若接续着对《易经》《易传》所代表的时代与思想的研究，进一步针对《诗经》和《尚书》所体现的时代及社会变革和思想面貌上的反映而进行的考察。郭沫若视《诗经》为一部可靠的古书，而对《书经》则大为怀疑。他一方面认同清代学者的批判成果，视《古文尚书》为伪作，另一方面也认为《今文尚书》二十八篇依然有很大问题。以《尧典》《皋陶谟》《禹贡》为后世儒家伪托，并列出七点理由来说明。特别是从天人一致观的表现、折中主义的伦理、三年之丧的出现、大一统观念的表现等方面来加以论证，确定其时代性和儒家伪托的“托古改制”痕迹。郭沫若还指出，《夏书》中的《甘誓》应该归入《商书》。而《商书》和《周书》都应该经过殷周的太史及后世的儒者的粉饰。其可靠性也只能依据时代的远近而递减。[②]

在断定了《尚书》的时代性之后，郭沫若根据其材料来分析殷周时代的古代社会和思想，并且以《诗》《书》二经互为表里地合并起来考察。在随后的两章，郭沫若还是围绕探讨殷周时代的社会性质，集中论证了由原始公社制向奴隶制的推移和从奴隶制向封建制的推移这两个方面的问题。其中将尧舜时代判断为实行亚血族群婚的社会，指出这样的社会只是母系中心的社会，私有财产权还没有成立，一些政治的萌芽是一种民主的组织，而唐虞禹时代的禅让传说的实际就是氏族评议制度的反映。这时的郭沫若认为，古代氏族社会的崩溃和转换不是在一般传说的虞夏之际因禹传子而有家天下制，后来殷代兄弟相及的制度正是氏族社会的反映，氏族社会的制度一直到殷代末年都还没有消灭。不过，郭沫若认为，通过殷墟书契的研究，可知殷代正是由氏族社会转换到奴隶制国家的一种革命的时代，并在《商书》中可以找到已经有奴隶制的证据。[③] 郭沫若更根据《尚书》《诗经》中的材料，论证了在殷周时代奴隶制的完成，以及宗教思想的成立等方面的问题。他提出，《尚书》和《诗经》的《雅》《颂》可以说完全是宗教的典籍。而且《诗》《书》中的上帝完全是人格神。其结果

① 《郭沫若全集》历史编第1卷，人民出版社1982年版，第87页。

② 同上书，第90—96页。

③ 同上书，第97—100页。

是，《诗经》和《书经》中的宗教思想就是奴隶制下支配阶级的根本观念，这和《易经》上所表现的是一致的。郭沫若特别指出，人格神的存在、神权政治的主张和想以折中主义来消灭辩证式的进化，这不仅是从《诗》《书》散见的文句中归纳出的宗教思想的一个系统，而且在作为中国古代学说中自成体系的一篇文献《洪范》当中，上述三个方面也是鲜明地呈现着的。①

对于《洪范》篇，郭沫若后来认为是战国时代的儒家所假托，并推想是出自子思或其门下。② 在这里，郭沫若则认为"《洪范》的文字在周幽王是已经存在"，并以相当多的篇幅论证《洪范》篇的思想理论与学说，证明其九畴思想中的五行、五事、八政、三德、稽疑、庶徵的核心意旨，就是肯定人格神的存在，极端主张神权政治的神圣，政权教权合于一尊，整个宇宙就是一个神国；有意识地要利用折中手段消灭社会的进化，神皇的位置子子孙孙继承等。这种思想也正是《雅》《颂》诗的全部，在《吕刑》以前的《周书》各篇始终是一贯的表现，这就是西周的奴隶制时代的支配思想。这思想是有地上的权力来做后盾，地上的权力也靠这种思想来做护符。③ 这就是郭沫若对殷周时代思想面貌的总体概括。

针对西周末年时奴隶制向封建制的推移这样一种历史大转变，郭沫若关注的是宗教思想的动摇，并且以《诗经》中的"变风""变雅"来解释。《诗经》中对天的怨望、对天的责骂、对上帝彻底的怀疑、愤懑的厌世、厌世的享乐、祖先崇拜的怀疑，还有对人的发现等等都有所呈现。而且，特别从《秦誓》一篇强调人的价值和《诗经·秦风·黄鸟》痛悼三良，以对人的发现可知新来时代的主要脉搏。④ 郭沫若还论证说，在思想反映上可以看到的东西周交替时社会大的动摇，在史籍中也有体现，所谓的皇、帝、王、霸，历代经学家以为是古代历史的推移，而以现代的眼光看，皇就是完全的神话时代，帝是原始公社社会，王是奴隶制的社会，霸是封建的社会。这就是社会形态的历史的发展阶段的概括。郭沫若还以阶级意识的觉醒，旧家贵族的破产，新有产者的勃兴等史实来证明。⑤ 并在最后做出精彩的论断说：社会的生产力发展到了更高的一个阶段，社会上的阶级关系和思想上的表现都会发生重大的变革。而且，旧的组织已经脓溃，旧的思想也失掉了统治的权威，应该是新的组织下新的思想抬头的时候。⑥

至此，郭沫若将古代社会历史的研究与古代思想的源头性探索结合起来的工作就形成了一个阶段性成果。在这一阶段，郭沫若在理论上自觉地接受了马克思主义的唯

① 《郭沫若全集》历史编第1卷，人民出版社1982年版，第128、130页。

② 《郭沫若全集》历史编第2卷，人民出版社1982年版，第138页。

③ 《郭沫若全集》历史编第1卷，人民出版社1982年版，第131—143页。

④ 同上书，第153页。

⑤ 同上书，第153—166页。

⑥ 同上书，第170、186页。

物史观和社会形态理论的引导，并且运用到中国古代社会研究的具体实践当中，尽管有些论断在他后来的研究中提出了修正，但是从这一时期开始作为一种成熟的、前后贯通性的历史认识已经确立，既是一家之言，又逐渐形成主流学说，并对当时及以后的学界产生了极大的影响。

实际上，郭沫若对古代社会形态的探讨至此并未停步，在后来的 40 年代还在进行，这从他写于 1942 年的《屈原研究》当中的相关论述可以看到，就是以社会形态发展演变理论作为基础而确定西周乃至春秋时代以后思想史上的变迁，这也正是郭沫若思想史研究的一个重要方面。他在论述“屈原的时代”这一问题时就指出：“关于殷代是奴隶社会这一层，近来已得到一般的公认，唯有周代则见解尚未趋于一致。有好些学者认为周代已经是封建制了，这层是很值得讨论的。因为这个关键如不决定，则屈原时代的精神和屈原的思想也就无从决定。”于是，郭沫若用了相当的篇幅论证了西周属于奴隶社会。他说，一方面“周人把殷灭了，同时是把殷之遗民化为了奴隶”，在分封给伯禽、康叔、叔虞的“六族、七族”的殷民和九宗的怀姓，“自然就是奴隶”。另一方面，西周的庶人即是从事农耕的生产奴隶，所谓“庶人力于农穑”（《左传》襄公九年），还有当时可以任意用来和马匹、丝束、钱锊、禾秭交换或抵偿的“臣”和“众”，前者属于家内奴隶，后者属于生产奴隶。“由后以例前，可知殷代已经是奴隶制，而西周是奴隶社会”。① 那么。在殷代灭后，中国的社会曾亘立过几百年的奴隶制度，是不能够否认的。郭沫若还指出，“知道西周乃至春秋时代是奴隶制，对于春秋末年以至嬴秦混一天下为止的三百年间，中国文化的灿然的黄金时代在社会史上的意义便可以迎刃而解。那个黄金时代的意义不外是奴隶制向封建制的转移在意识形态上的反映。”② 这也就是郭沫若所展开且不断深入和细化的对先秦诸子及学派思想研究的社会史判断基础。

从著述的结集形式来说，1952 年初版的《奴隶制时代》（上海新文艺出版社）一书当中所汇集的《奴隶制时代》《蜥蜴的残梦（〈十批判书〉改版书后）》《读了〈记殷周殉人之史实〉》《申述一下关于殷代殉人的问题》《关于周代社会的商讨》《关于奴隶与农奴的纠葛》《墨家节葬不非殉》《发掘中所见的周代殉葬情形》等篇章，都与中国古代早期的奴隶制社会形态的论述和证明有联系。乃至在当年所写的《后记》中郭沫若明确地说：“关于中国奴隶社会的下限”，他是“作了一番重要的修正”，那么，在前他曾认为的“西周时奴隶社会，春秋以后为封建制”，“是不正确的”。其后，他又将陈涉、吴广的大革命作为分水岭，把秦代也划入了奴隶社会，这“也是不正确的”。在这本书有关的文章特别是《奴隶制时代》一文中，郭沫若把中

① 《郭沫若全集》历史编第 4 卷，人民出版社 1982 年版，第 66—67 页。在《古代研究的自我批判》中郭沫若说：“众或众人在周穆王以后都还是奴隶，殷代的情形便可以由此逆推了。”（《郭沫若全集》历史编第 2 卷，第 18 页）。

② 同上书，第 68 页。

国古代社会变革的界限定在了春秋与战国之交。① 至此，思考和研究的时间跨度达二十多年的有关中国古代早期社会形态的研究结论最后确定。与之相应的是，郭沫若继续进行的古代思想史亦即先秦诸子及学派的研究，在这个最后的结论产生的过程中进一步展开和深入。

三 对先秦诸子研究的细化及对诸家学派思想的评价

从 1934 年到 1954 年的二十年间，郭沫若的思想史研究主要体现在对先秦诸子研究的细化和对诸家学派思想的批判与评价方面，期间可以划分为几个阶段，而这几个阶段的时间，也正是郭沫若学术与革命的生涯前后交织的几个阶段。

第一个阶段是郭沫若在上世纪 30 年代所写的几篇文章，其中有：（1）《老聃·关尹·环渊》一文，完成于 1934 年 12 月 25 日，1935 年 4 月 10 日发表在上海《新文学》杂志创刊号。而后来收入了《古史辨》第六册。② 到 1945 年由李可染抄寄给郭沫若并收入《青铜时代》。③（2）《〈周易〉之制作年代》（1935 年 3 月 10 日）和（3）《先秦天道观之进展》（1935 年 12 月 23 日有追记）两篇也是在 1934、1935 年间写作，最初是用日文写成，后一篇日文篇名为《天之思想》，郭沫若自己后来翻译成中文，曾经有单行本问世。这两篇后来都收入《青铜时代》。④（4）《驳〈说儒〉》写于 1937 年 5 月，原名为《质问胡适》，发表在钱亦石主编的《中华公论》创刊号上（1937 年 7 月 20 日出版）。曾收在《蒲剑集》中，后来也收入《青铜时代》。⑤

第二个阶段是郭沫若上世纪 40 年代所写的十几篇文章，（1）《屈原研究》，1942 年 2 月 20 日，收入《历史人物》。（2）《论儒家的发生》，1942 年 7 月，收入《史学论集》。（3）《墨子的思想》，1943 年 8 月 6 日，收入《青铜时代》。（4）《秦楚之际的儒者》，1943 年 8 月 29 日，收入《青铜时代》。（5）《公孙尼子与其音乐理论》，1943 年 9 月 8 日追记，收入《青铜时代》。（6）《述吴起》，1943 年 9 月 11 日，收入《青铜时代》。（7）《吕不韦与秦始皇的批判》，1943 年 10 月 3 日，收入《十批判书》。（8）《〈韩非子·初见秦篇〉发微》，1943 年 12 月 18 日，收入《青铜时代》。（9）《韩非子的批判》，1944 年 1 月 20 日，收入《十批判书》。（10）《孔墨的批判》，1944 年 8 月 1 日，收入《十批判书》。（11）《宋钘尹文遗著考》，1944 年 8 月 29 日，收入《青铜时代》。（12）《儒家八派的批判》，1944 年 9 月 11 日，收入《十批判

① 《郭沫若全集》历史编第 3 卷，人民出版社 1982 年版，第 244 页。
② 罗根泽编著：《古史辨》第 6 册，上海古籍出版社 1982 年版，第 631 页。
③ 《郭沫若全集》历史编第 1 卷，人民出版社 1982 年版，第 534—545 页。
④ 同上书，第 377—404、317—375 页。
⑤ 同上书，第 433—462 页。

书》。(13)《稷下黄老学派的批判》，1944 年 9 月 19 日，收入《十批判书》。(14)《庄子的批判》，1944 年 9 月 26 日，收入《十批判书》。(15)《荀子的批判》，1944 年 10 月 31 日，收入《十批判书》。(16)《名辩思潮的批判》，1945 年 1 月，收入《十批判书》。(17)《前期法家的批判》，1945 年 2 月 18 日，收入《十批判书》。

第三个阶段，也就是上世纪 50 年代，郭沫若对思想史或者说是先秦诸子的研究篇章不多，一是《墨家节葬不非殉》，1951 年 8 月 20 日，收入《奴隶制时代》；二是《〈侈靡篇〉的研究》，1954 年 5 月 5 日，收入《奴隶制时代》改编版。

如果将上述这些篇章按照研究对象来归纳一下的话，可以看到分别集中在思想人物研究、学派研究、篇章著述研究和观念史问题研究等几个主要方面。于此，我们选取一些有代表性的研究做些简要的梳理和分析，并结合其前后相关研究的联系性，还有与其他学者研究成果的异同，以见郭沫若在这 20 年间的先秦思想史研究上的特点、成就和贡献。

（一）作为观念与思潮史考察的思辨性篇章

郭沫若所进行的思想史研究在后来的阶段，对于一些观念形态的演变以及社会思潮的变迁也有着特别的关注。例如《先秦天道观之进展》和《名辩思潮的批判》这两篇文章就极具代表性，可以说是郭沫若著述中不多见的以观念与思潮演变问题为中心而加以梳理的研究，前一篇的论题贯穿于殷周与春秋战国诸子，后一篇通观战国时代的名辩人物，堪称先秦诸子思想观念研究的典范性篇章，有很强的思辨性和哲学性。

不过，作为在此前研究基础上的进一步深入，郭沫若此间对于如《周易》这样的经典研究，也是有必要先来介绍一下的。这就是《〈周易〉之制作时代》此文作于 1935 年 3 月 10 日，可以说是郭沫若接续着他在《中国古代社会研究》的第一篇第一章《〈周易〉时代的社会生活》和第二章《〈易传〉中辨证的观念之展开》的写作之后，进一步对《周易》的时代性所做的考察研究，在其中提出和论证了不少观点。郭沫若指出，从《易》的纯粹的思想上来说，其所强调的变化而透辟地采取辩证的思维方式，在中国思想史上的确是一大进步。而且这种思想的来源，明白地是受了老子和孔子的影响。① 具体而论，郭沫若则认为，《周易》非文王所作，孔子与《易》并无关系，《易经》当是作于孔子的再传弟子、战国初年的楚人馯臂子弓，他利用了不同时代的资料作为《周易》的卦辞和爻辞而以殷周时代的爻辞为多，而且体现了他自己的思想，既是一位神秘主义者，又要提供一套新式的卜筮方法。《易传》的“十翼”也不作于孔子，其构成年代分别在秦以前和秦

① 《郭沫若全集》历史编第 1 卷，人民出版社 1982 年版，第 393 页。

统治的时期乃至秦汉之际[①]，《系辞传》有受荀子影响的部分且在思想系统上与荀子有关系，《文言传》与《象传》一致。《易传》中有大部分是秦时代荀子的门徒即楚国人所著，时间在秦始皇三十四年以后。[②] 在另文中，郭沫若也提到荀子善《易》，今存《易传》应多出自荀子或其门人的认识。[③] 那么，对《周易》制作时代的认识直接关系到郭沫若后面对儒家、道家学派思想发展演变的判断。

1.《先秦天道观之进展》

此文写于1935年12月，从总体上来说，通过具体的论述，郭沫若简明扼要地为先秦天道思想勾画出了一条从殷周至战国后期发展演变的线索。郭沫若自殷代开始讲起，从殷人固有的图腾与宗祖神的观念——因受到巴比伦的影响——发展出殷人的“帝”——继之而出的是周人的天，其中包含着周公的怀疑思想——进而是春秋时代孔子的思想，其中有来自于老子的道的学说的影响——由此又分作虚和实的两个线索对惠施与庄子产生影响，并且也有来自稍后于孔子的墨子的宗教复兴思想的影响；而孔子思想——直接的继承者是子思与孟子，他们也有来自墨子的宗教复兴思想的影响——之后就是荀子的集成，包括对惠施与庄子思想批判——最后是《易传》的思想，就是一切先秦天道思想的归宿。在文章最后郭沫若将这个线索用一个图示来表示。

概言之，郭沫若以现代的历史家的视角，从殷墟卜辞解读出殷墟时代的殷民族中至上神的观念亦即“帝”或“上帝”的存在，而且联系到后来凡是《诗》《书》彝器铭文中所称的“帝”都是指“天帝”或“上帝”，并考证卜辞中不称至上神为天，因而并不相信《尚书》中的《商书》诸篇所出现的“天”属于殷代的至上神观念。郭沫若认为约在殷周之际才称“天”，因为“天”的称谓屡见于周初的《周书》和周初彝铭，是因袭了殷末人。殷人的至上神是有意志的人格神，上帝有好恶，能够命令，一切都由天所主宰，至上神是殷民族的祖先即殷民族的宗祖神。郭沫若更在王国维考证的基础上推断传说中的帝俊、帝舜、帝喾、高祖夔实是一人，并受外国学者观点启发，认为殷人的“帝”字还有受自巴比伦的神祇观念影响，而作为高祖夔的专称，将这一自己的图腾动物视为天上的至上神，至上神这样的产生是殷人独自的发明。[④] 郭沫若论述说，周人因袭了殷人的文化，也因袭了殷人关于天的思想。周初的彝铭和《周书》十一篇及《周颂》前几章都是明证，一些例证关于上帝的属性以及言者对上帝的态度与殷人完全一致，而另一些例证又显出大有不同，就是对天取怀疑的态度，这是关于天的思想的一大进步。周人更进一步提出了“德”字，敬德的思

① 郭沫若认同李镜池在《易传探源》（《古史辨》第3册）中关于《象传》作者是齐鲁间的儒者，时代约在秦汉之际的说法（《郭沫若全集》历史编第1卷，第396页）。

② 《郭沫若全集》历史编第1卷，人民出版社1982年版，第381—404页。

③ 同上书，第588页。

④ 同上书，第319—330页。

想是周人所独有的。卜辞和殷人的彝铭中没有德字。对天的存在提出怀疑，客观方面用它作为统治工具，主观方面强调人力，以德政为机柄，发明这个思想的是周公。周人的统治方略是根据周公的思想传继下来，夷、厉时代也守着这个传统。大抵由夷厉以后天的思想发生了动摇，普遍而深刻。一进入春秋时代，天就和他的代理者周天子一样只是拥有一个虚名。春秋时代的为政者的思想是很有点程度地脱离了天的羁绊。特别关于天事的宗教性职官的式微，也表现出天道思想的没落。①

接着，郭沫若集中对春秋战国时代诸子百家天道思想的表现有进一步的论述，指出："春秋在政治上是争乱的时代，在思想上是矛盾的时代。政治上的争论上的正乱是在求定，思想上的矛盾是在酝酿新的统一。"② 这是十分精彩的论断。

郭沫若首先从老子说起。他一方面论定老子就是老聃，讲《道德经》是纂成于战国时的环渊。对于环渊，郭沫若有过专门的考证。③ 这里则讲环渊与老聃关系密切，是道家的正统；又强调《道德经》文章的辞藻多半是环渊的，而所言道德的精神是老子的。郭沫若认为，老子最大的发明就是取消了殷周以来的人格神的天的至上权威，建立了一个超绝时空的形而上学的本体"道"或"大一"。《道德经》第二十五章中的一段就是老聃的根本思想而非战国时才产生的。④ 在政治思想上老子主张愚民故作为愚民手段对天或鬼神仍然肯定。老子没有清算干净春秋时的思想矛盾，其思想特色是建立了一个新的宇宙的根元，却依然保守着传统的因袭。本体的"道"从何而来在他还是疑问，"道法自然"使"道"失其至上性，表现出老子思想的未圆熟。他对所提出的"道"的来历还在苦心探索着。⑤

继而郭沫若讲到孔子，他认同孔子和老子有过师生关系，《论语·述而》中"窃比我于老彭"，老彭就是老子（马叙伦《老子覈诂》卷首《老子老莱子周太史儋老彭是非一人考》）。孔子向老子问过礼，对老子的形而上学思想应有接触，在老聃思想的空气里受其感化也是可能的。⑥ 孔子对于殷周以来的传统思想采取的是否认态度，但是他却肯定祭祀。他的肯定祭祀是求祭祀者的心理的满足，并不是认定被祭祀者的

---

① 《郭沫若全集》历史编第1卷，人民出版社1982年版，第342、345页。

② 同上书，第346页。

③ 即《老聃·关尹·环渊》一文，写于1934年12月，发表于1935年4月，1945年收入《青铜时代》(见《郭沫若全集》历史编第1卷，第534—546页)。郭沫若此文主旨是在见解上接近唐兰（《老子时代新考》）的主张。认为老子确是孔子之师老聃，老子书也确是老子的语录，集成《老子》这部语录的是楚人环渊。《老子》虽然不是老聃的手笔，但其中的主要思想，仍然是老聃的创见。郭沫若并根据《史记·孟荀列传》"环渊楚人"。"学黄老道德之术，因发明序其旨意"，"环渊著《上下篇》"的记载，考证和推断《史记》中《老子传》提到的关令尹就是《庄子·天下篇》《吕氏春秋·不二》的关尹，也就是环渊。

④ 郭沫若的引文为："'有物混成，先天地生。寂兮寥兮，独立而不改，周行而不殆，可以为天地母。吾不知其名，字之曰道，强为之名曰大一。'（一字原夺。）"（《郭沫若全集》历史编第1册，第351页）

⑤ 《郭沫若全集》历史编第1卷，人民出版社1982年版，第348、350、354页。

⑥ 同上书，第354、356页。

鬼神真正的存在。孔子是否认鬼神的。以认为鬼神存在为不智[①]，又以祭祀为表示受自然界及祖宗父母恩德的思恩之意，若要否定则是不仁。孔子肯定祭祀始终是在感情方面的满足。于此，郭沫若提到可以参考冯友兰《儒家对于婚丧祭礼之理论》一文（《燕京学报》第3期），体现出在观点上的借鉴和认同。郭沫若还认为，孔子所说的“天”其实只是自然，所谓“命”是自然之数或自然之必然性，和以往的思想大不相同。郭沫若进一步评价说，孔子的思想在整个天道思想的历史上算是一个进步，他把老聃的思想和殷周的传统思想融合了，避去了老子的“道”的名称，汲取老子的精神对以往的天另加解释，把天合理化，也可说把老子的“道”神化，孔子思想中的“道”就是“天”。后来的儒家特别是作《易传》的人深深懂得这种思想。[②]

从结论上说，郭沫若认为，老子和孔子都是泛神论者，在肯定人格神的宗教家看来，便都是无神论者。所以到了宗教家墨子那里，对他们就是一样地加以非毁的态度。[③]

郭沫若认为，作为一个根本的宗教家的墨子，把殷周的传统思想复活了。因为墨子肯定一个人格神的天的存在，则自然也就肯定鬼神。而且墨子视人民万物都是天所造生，国家政长也都是天所建立，有天作一切的主宰，由天的意志而赏善罚恶，没有什么自然之数在里面。这就是他的根本思想。郭沫若判断说，墨子的兼爱、尚贤等学说都是以天鬼为规矩而倡导出来，其学说也是天的意旨，其学说根据则在古书、古史，可见墨子实际上是一个复古派。墨子思想从历史演进上看是一种反动。郭沫若还指出，墨学的不传就在于墨子后学取消了宗教的特质，在思想上力求宗教色彩的淡薄而借用儒家道家的理论，这样的转变使他的学派自行取消，学统也就完全失传了。[④]这些对于墨子的判断和评价，成为郭沫若诸子研究上一个特点，并且在后来所写《墨子的思想》一文中再次表述。也引发当时和后来学者的反对或赞同。

对于老、孔、墨之后的思想界，郭沫若论断说，中国思想史上自从有了老子、孔子、墨子这三位大师出现以后，在战国年间出现了一个学术的黄金时代，同时也是学派斗争最剧烈的时代。郭沫若先提到杨朱，说杨朱本是老聃的弟子，并说惠施、公孙龙之徒本是杨朱的嫡派，惠施与孟子同时，是庄子的好朋友。惠施的学说不尽全是诡辩，而是泛神论的断片。他是老聃、杨朱一派，继承着老聃的“大一”的思想似将其扩展到了无神，以本体来代替天，但是他思想比老聃更进一步是提出“小一”。[⑤]

郭沫若认为惠施的学说也有受儒家五行说的影响。所以郭沫若的论述又转回到儒家而有所分析地指出，五行说倡导于儒家的子思，见于《荀子》的《非十二子》。子

---

① 《郭沫若全集》历史编第1卷，人民出版社1982年版，第357页。

② 同上书，第354、356、357、359页。

③ 同上书，第359页。

④ 同上书，第361—363页。

⑤ 同上书，第365、366页。

思孟子的五行说虽不见于今存思孟的书，但是保存在《尚书·洪范》篇中，《洪范》篇一定是子思所作的文章。① 《洪范》的根本思想是以中正为极，肯定人格神的“天”和“上帝”，在子思那里已是有意地构成一种宗教的企图，而在《中庸》里这种企图是极为明白的。《中庸》本身是既受了墨家的刺激，又汲取了道家的精华，其所谓的“诚”便是天，具现在人身上的便是圣人，这分明是从老子思想演化来的。因此诚便是道，便是本体。郭沫若又说，子思把本体看成一种永恒不变的理法，这是不同于道家的地方。总之，子思的天道观采取了老子的思想，在说教的方便上则以天立极，维系了殷周以来的传统。②

显然郭沫若是认同思孟学派的存在，因而他继续解读了孟子的天道思想说。郭沫若说，孟子是直接继承子思的传统，他关于天的思想和子思一样，他也肯定着上帝。但上帝只是一种永恒不变的自然界的理法。孟子有时也朴素地将它表现成“浩然之气”，这浩然之气就是人心中的神，人性中的天。天无所不在，在人之外，也在人之内。人与天本是一体，把人扩大起来便是天，便是神，体验得自然界的理法的知道天神就是自己。孟子的大我思想和庄子很相一致。③

说到庄子，郭沫若明确说他承继着老聃的道统，对本体直称为“道”，其道体观和老子完全一致，在说出自本自根上和子思一样比老子更进一步，大概是受了子思的影响。郭沫若进而分析说，庄子所说的道仍然是实质的。道是天地万物实在的本体，本体演化而为万物，万物是相对的，有限的，本体是绝对的，无限的。我同天地万物都是本体的表现，从时间上，天地和我一同生出，从空间上说万物和我一体。庄子的大我观出发点和孟子略有不同，结果是一致的。他们大约同是出于一种宗教情操的产物。④ 至此，郭沫若讲到了这样的感觉，天道思想在儒家到了子思、孟子，在道家到了惠施、庄子，差不多是再没有进展的可能了。他们彼此互相攻击，也在互相影响，同时一样地攻击墨家，也一样地受墨家的影响，彼此之间的差异很细微。

郭沫若在论述到作为春秋战国思想界的总结者荀子的天道思想的时候，指出他是颇以统一百家自命，又把儒道两家的天道观统一了起来。在名目上肯定着道家的道，但他所说的道不是道家的实质的本体，只是儒家的自然界的理法。他是把道家的根本观念儒家化了。自然的理法就是神，也就是天。只知道自然界中有一种生生不息的运

---

① 《尚书·洪范》篇的思想是郭沫若一直关注和论述的。从早期认为“夏禹的思想就表现于《尚书·洪范》一篇”（《我国思想史上之澎湃城》），而后还曾说：“《洪范》虽不能确定说是夏禹著的，但它是包含着三代的传统思想的。”（《郭沫若全集》历史编第3卷，第267页）；到这里，郭沫若则判断《尚书·洪范》的晚出。同时郭沫若还推断说：《尧典》《皋陶谟》《禹贡》也当得是子思做的（《郭沫若全集》历史编第1卷，第367页）。再后来，郭沫若在写作《古史研究的自我批判》时，则更认同当时学术界认为《尚书》当中的《尧典》《皋陶谟》《禹贡》《洪范》都是战国时的儒者所依托的看法，并提出就是思孟之徒的作品。

② 《郭沫若全集》历史编第1卷，人民出版社1982年版，第367、368页。

③ 同上书，第370页。

④ 同上。

行着的大理法，便天之亦可，神之亦可，道之亦可，诚之亦可。用不着去探求，也用不着去迷信。郭沫若认为，荀子的天道思想的确是把儒道两家融和了的，这种思想和《易传》，特别是《系辞传》的思想完全如出一范。[①] 郭沫若在此前研究的基础上进一步说[②]，子弓是《易》理的创道者，而荀子是他的私淑弟子，[③]《易传》作于荀子的门人，《易传》中所有的“子曰”可以解为“荀子曰”或“子弓曰”，而并不是孔子，因为荀子弟子处在秦朝严令禁书不敢著师名而统称“子曰”，由于汉代人误会，认为是孔子，才有了孔子赞《易》的传说。因此把《易传》序列在荀子之后才是它应有的地位，也才能够成为思想史演进中有价值的资料。一切先秦的天道思想在荀子这里就告一归宿。[④]

郭沫若通过对先秦天道观的思想演变的贯穿性考察与论述，也从一个侧面提出了他对先秦诸子思想与人物的一些认识和评价。这些认识和评价，有些与他此前的研究一致或有调整，有些则或在后来的研究中又有加强。

2.《名辩思潮的批判》

此文写于1945年，收入《十批判书》，是郭沫若比较成熟的一篇论述先秦名辩思潮发展演变的篇章。在此文的开头，郭沫若结合对春秋战国时代的认识，首先指出春秋战国时代作为社会史上一个转折点，旧时的奴隶制度逐渐崩溃了，新的封建秩序在逐渐产生的过程中，在这新旧交迭的时代，就产生了“名实相怨”，“绝而无交”的现象，诸如以“君”而言，在旧时是奴隶主，而今多是由奴隶升起来的头领，百姓在旧时是贵族，而此时则成为庶民，庶民在旧时是贱人，而此时则成为国本，一切都需要得到调整，因而在意识形态上的初步反映就必然有正名的要求，故在战国时期有所谓名家的产生，这足以证明在周秦之际中国的社会史上有过一个划时代的变革。[⑤] 在另一方面，郭沫若又主张，不应仅限于汉代人所谓“名家者流”，而应该泛论儒墨道法各家在名实调整与辩察方面的名辩，因为这一现象有其自身的发展，从儒家的“正名”而后发展为各派学说的争辩，“一部分的观念论者追逐着观念游戏的偏向，更流为近于纯粹的诡辩”；再后来则各家又大多倾向一致企图挽回这种偏向重新恢复到正名的实际。等到了秦代统一六国以后，封建社会的新秩序告成，名实又相为水乳。于是名辩的潮流也就完全停止了。这就是先秦名辩思潮的整个发展过程。[⑥]

接着，在郭沫若的笔下一口气梳理出了一连串的先秦名辩人物，这就是：①列御

① 《郭沫若全集》历史编第1卷，人民出版社1982年版，第370页。

② 在《〈周易〉之制作时代》（1935年3月10日）一文中，郭沫若是接续着他在《中国古代社会研究》的第一篇第一章《〈周易〉时代的社会生活》和第二章《〈易传〉中辨证的观念之展开》的写作之后，进一步对《周易》的时代性所做的考察研究，在其中提出和论证了不少观点。

③ 《郭沫若全集》历史编第1卷，人民出版社1982年版，第374页。

④ 同上书，第372、374、375页。

⑤ 《郭沫若全集》历史编第2卷，人民出版社1982年版，第253页。

⑥ 同上书，第254页。

寇，②宋钘与尹文，③兒说、貌辩、昆辩，④告子与孟子，⑤惠施与庄周，⑥桓团与公孙龙，⑦墨家辩者，⑧邹衍，⑨荀子，这样的十几位春秋战国至秦以前的名辩人物，分别属于不同的学派传承系统，在名辩思潮的激荡中扮演着活跃的角色。郭沫若对他们的考察和论述或有详略，也有的经郭沫若考证应该就是一个人的，比如兒说、貌辩、昆辩，其详后述。

论及列御寇与“正名”有关，是郭沫若取材于《战国策・韩策》韩人史疾出使楚国的故事而得出的判断，从史疾向楚王讲明以“治列圉寇之言”而“贵正”，并以“乌不为乌，鹊不为鹊”的“名不正”来看，即显出列御寇“正名”的学说倾向。郭沫若还指明列御寇是黄老学派之人。[①] 显然并不认同梁启超的“列御寇本《庄子》寓言中人物”[②] 这一观点。而这与唐钺确认其人存在的观点一致。[③] 不过，郭沫若于此并没有将《列子》一书的真伪问题加以讨论。

随后郭沫若举出宋钘、尹文，认为同属于稷下黄老学派，而且他们师徒相承。因为此前郭沫若在《宋钘尹文遗著考》有考证说《管子》当中的《心术》《内业》属于宋钘，《白心》属于尹文。[④] 这里郭沫若则认为他们均主张摒弃主观成见而采取纯粹客观的态度，即“因也者舍己而以物为法”，他们的名理论即从这个基本主张出发的，表现出一种纯正的“正名”。另外郭沫若讲到在《吕氏春秋・先识览・正名》还有关于尹文与齐湣王论士的“正名”之义，在内容上有与《白心篇》的见解契合处。而就论士的对话来说，郭沫若认为尹文倒是有点玩诡辩，因齐滑王不善辩而显得获胜而已。[⑤]

再就是兒说、貌辩、昆辩这三个人名，郭沫若根据《韩非子・外储说左上》的记载指出兒说是宋人善辩，持“白马非马”之论，可见早于公孙龙而发此论。郭沫若还指出在《吕氏春秋・君守篇》有兒说的记载。郭沫若还考证兒说当在齐威宣之世，怀疑兒说就是貌辩，而貌辩的佚事分别见于《战国策・齐策》和《吕氏春秋・知士篇》。在《战国策》的故事中貌辩就是一个“为人也多訾”的辩者。《汉书・古今人表》将貌辩作昆辩，昆是皃（古貌字）之误。郭沫若进一步考证兒说与貌辩“应该同是一人”。兒说知“白马非马”之说，公孙龙祖述之，大概是兒说的弟子或再传。郭沫若还认为，“白马非马”的分析倾向或与子思的五行说有所渊源。在五行

---

① 《郭沫若全集》历史编第 2 卷，人民出版社 1982 年版，第 253 页。

② 梁启超在《清代学者整理旧学之总成绩》四《辨伪书》中所列“伪中之伪者”时说：“例如列御寇本《庄子》寓言中人物。《汉志》有《列子》八篇，已属周末或汉初人伪撰。”（《中国近三百年学术史》，东方出版社 1995 年版，第 306 页）

③ 唐氏针对梁启超认为无列子其人，《列子》书是伪作的观点而明确认为“列子学于关尹，是与老聃关尹一派。《天下》篇偶未提及，不能视为列子乌有的证据”。（《国故新探》卷三《列御寇有无的问题》，商务印书馆 1927 年版，第 84 页）

④ 此文写于 1944 年 8 月 29 日，收入《青铜时代》。

⑤ 《郭沫若全集》历史编第 2 卷，人民出版社 1982 年版，第 255、256、258 页。

中白属金，马属土。郭沫若根据《公孙龙子·通变篇》的“青骊乎白而白不胜……是木贼金也”，认为白马说渊源于五行说。又从公孙龙属道家别派而推论兒说或属宋钘尹文一系。[①]

郭沫若对告子与孟子的论述，从认为告子也是黄老学派，与宋钘、尹文属同一系统的判断而展开，并指出此人在《墨子·公孟篇》也有出现。郭沫若以“生之谓性辩”和“仁内义外辩”二题为例，具体论证了告子与孟子之间的辩难。郭沫若认为，在性辩上，两人辩论的都是性，但是界说不同。告子是由万物一体观出发，孟子是由五行说出发，两人外表上像是在辩论同一东西，实则是你说东，我说西。郭沫若又指出，对“仁内义外”之说，《墨子》中也反对，而告子还是道家的态度，典型的观念论者；孟子是较为客观的。然而作为辩者的孟子，以好辩著称，不断地和人辩论，和宋（钘）牼、淳于髡、告子、许行之徒、墨者，还有自己的门徒辩论，是想以儒家立场来“正人心，息邪说，距詖行，放淫辞”，针对的则是杨墨。[②] 在另外的文章中谈到《孟子》《墨子》里出现的告子以及告子的学派属性时提出，尽管有人认为他是孟子的弟子（赵岐），或墨子的弟子（钱穆），但他分明是非儒非墨或亦儒亦墨。[③]

论及惠施与庄子，郭沫若说他俩既是好朋友，又是一对辩家。因此郭沫若在名辩的主题之下也给予了重点论述。郭沫若强调，“惠施是先秦诸子中的一位巨匠”，惜无书籍流传。他的遗言逸行散见于《庄子》《荀子》《吕氏春秋》和《战国策》当中。《庄子·天下篇》有惠施的学案，集中体现惠施思想的主要风貌。郭沫若细致分析了《庄子》中所记惠施思想的多种命题，认为，惠施将“大一”的观念放在第一位，无疑属于黄老学派。[④] 这个大一就是黄老思想的本体，也就是道，超越了空间和时间范畴的，故曰“至大无外”，可知惠施否认人格神的存在；并以“去尊”的主张显现出宇宙观上的无神和政治上的无君。郭沫若还认为，惠施又独创了“小一”的观念，类似于印度古代思想的极微和希腊的原子，其小到超越了空间和时间，故曰“至小无内”，显出惠施将道家本体观与儒家五行说的综合。郭沫若还对比性地指出，庄周的思想和惠施有相似处，但是思维动向断然不同，“惠施是向外穷索，庄周是向内冥搜”。二人“虽然同是观念论者，而有侧重主观或客观的不同”。如惠子非鱼，没有客观的根据，不敢断定鱼的快乐；庄子非鱼，却以主观推测，敢于断定鱼的快乐。郭沫若指出，扩充惠子的方法，就必然会陷于不可知论，扩充庄子的方法必然归于同一陷阱结果同样成为诡辩。[⑤] 郭沫若认为庄子尽管好辩，却在理论上否定辩的作

---

① 《郭沫若全集》历史编第2卷，人民出版社1982年版，第261页。

② 同上书，第265页。

③ 《郭沫若全集》历史编第1卷，人民出版社1982年版，第570页。

④ 郭沫若还指出：“以前有人认为他是墨家，那是完全错了。”（《郭沫若全集》历史编第2卷，第268页）

⑤ 《郭沫若全集》历史编第2卷，人民出版社1982年版，第272页。

用，按照《齐物论》中所论，不仅辩的效用不可知，而且一切事物均不可知。惠施和庄子代表了客观和主观两种观念论，有着同一归趣，但他们都不满足于不可知论，所以在宇宙人生有所建说的时候，就不免流于独断。[①] 在讲到如此的观念游戏所以产生的时代背景时，郭沫若带有批判性地指出，这明显是由于新起的地主封建政权已渐趋巩固，学者们面对这个现实有心或无心，积极或消极，都不免替这些政权的基础增加其巩固性。惠施主张“山渊平，天地比”的思想就有“晓示人民无须乎与王长者争衡”和“泯却下层的斗志”的作用；庄子的是非美恶不分的看法“无心之间也消极地使人民安贫乐贱”。“同样足以泯却下层的斗志”。这里，郭沫若是强调思想的阶级属性问题。

随着对辩者人物思想面貌的进一步揭示，郭沫若借用《庄子・徐无鬼》中所谓“辩士无谈说之序则不乐，察士无凌谇之事则不乐”的说法，引出了对于桓团和公孙龙的考察，并认为到了这两位的出现，差不多只是为辩察而辩察，观念的游戏也到了登峰造极。郭沫若重点考察分析了公孙龙的学派属性和名辩学说，认为他应该是兒说的门徒，属于道家，或都渊源于宋钘。而他的思想属黄老学派系统，把黄老学派的观念论发展到了极端。通过具体对公孙龙的分析主义思想的考察，郭沫若认为，他的诡辞差不多都是观念游戏，因其著作多所散佚，成立的论据无从考所。而关键在于这些诡辞究竟有什么社会意义，以何原因或用意产生了那样的诡辞。郭沫若强调说这是研究历史的人应该注意的，而一般研究古代思想者并没有注意到这方面。在郭沫若看来，公孙龙自已所透露的立场表明他的政治主张表示着臣不能与君相争，争则天下丧乱，这就“把先秦初期学者的革命意义完全否认了”。郭沫若所持思想批判的视角再次彰显出来。[②]

在进入对墨家辩者的论述中，郭沫若指出，墨家染上辩者的色彩似在于孟子将杨、墨并提开始。宋钘、尹文、惠施、公孙龙都属于杨派，墨家辩者属于墨子后学，因为在名辩方面后于杨，所以并称杨、墨。墨者之辩的文献存于现存《墨子》中的《经上》《经下》《经说上》《经说下》《大取》《小取》六篇，是先秦名辩中保存较为完整的。郭沫若提出，最值得关注的问题一般被忽略了，那就是一般学者认为六篇文字是一家，“但其实至少有不尽相同的两派，在某种见解上是完全对立着的”，也就是说“《经上》《说上》和《经下》《说下》在某种主张上是完全对立着的”。郭沫若是根据《庄子・天下篇》说墨家三派是“以坚白同异之辩相訾，以奇偶不仵之辞相应”，即主张不尽相同，时常相互驳斥。如在坚白论上，《经上》派主张盈坚白，《经下》主张离坚白，后者与公孙龙完全一致；在同异之辩上，《经上》派的同异观

① 《郭沫若全集》历史编第2卷，人民出版社1982年版，第273页。

② 同上书，第283页。

是根据常识，《经下》派则颇为承受惠施的主张，或与公孙龙见解接近。①

郭沫若还说，在坚白同异之辩以外，《经下》中与惠施、公孙龙相同的辩辞还很多。② 另外《大取》《小取》的见解与《经上》派相近，也是反公孙龙的。既有反对“白马非马”说，也有站在常识范围的别同异的立场，与惠施、公孙龙及《经下》派相反。郭沫若不太认同有学者以为在墨辩中已经具备近世严密的逻辑术而分析说，“辟是譬喻，侔是比附，援是援引，推是推详或推诿”，这些“并不是专门寻求真理的法门，而是辩敌致胜之术数”。如果用这些法术没有一定的限度，就有走向很大错误的危险。所以墨辩“杀盗非杀人”的主张固然有法理上的用意，但是因逻辑上的矛盾遭到儒家和道家的反对。如若坚持“杀盗非杀人”的逻辑，以盗之名即可格杀勿论，那么暴君酷吏就得到借口令人民无活路了。③

说到阴阳家邹衍对于名辩的态度，郭沫若根据文献记载认为，邹衍完全采取的是正常的立场，其关键即是《史记·平原君传》记载：“邹衍过赵，言至道，乃绌公孙龙。”还有南朝宋裴骃《史记集解》引刘向《别录》所谓：“胜者不知其所守，不胜者得其所求。若是，故辩可为也。”郭沫若也惜乎其上百篇的著作的完全遗失，其学说只剩些鳞爪，但也可见邹衍确是富有创造性的大思想家。其思想被当作怪迂狂诞，责任应该在假借其说而不通其意的燕齐的方士们身上。④ 郭沫若又根据《史记·孟荀列传》概括其立说原则注重经验与类推，验小以推大，学说的内容主要在历史和地理，其历史观是从当下推至古代创立了“终始五德说”，从而把儒家的阴阳五行扩大了；其地理观是从中国推至海外，创立了“大九州说”。其学说有失于夸大。不过也显出其丰富的想象力。郭沫若认为《吕氏春秋·应同篇》中保存的终始五德说是出自邹衍的。⑤ 郭沫若还认为，其说“以五行相剋为序，胜者代主，含有承认革命的用意，与《月令》以五行相生说明春秋代谢的想法不同”。而且，郭沫若认为邹衍在两千年前就想在五个简单元素中寻求一种周期律并用以解说宇宙人生，就是一种勇敢的思想飞跃。⑥ 郭沫若还认为邹衍的主要思想是儒家思孟一派的发展，九州见于《禹贡》，五行见于《洪范》，都是思孟一派的创造，所以说邹衍出自儒家保持了儒家的态度。⑦

在这篇文章的最后，郭沫若的笔触落在了对荀子的名辩思想的考察上，认为荀子是儒家中参加辩争最积极的，称“君子必辩”，并在辩中分出小人、君子与圣人。所谓圣人之辩重在论理的内容，不是论理的形式。所谓小人之辩则泛指当时的诸子，包括儒家别派。郭沫若还论证说，荀子对名家最为深恶痛绝，显出门户之见的酷烈，也

① 《郭沫若全集》历史编第2卷，人民出版社1982年版，第272页。

② 同上书，第290页。

③ 同上书，第301页。

④ 同上书，第302、303页。

⑤ 同上书，第304页。

⑥ 同上书，第305页。

⑦ 同上书，第306页。

是由于惠施公孙龙和一部分墨家辩者讲名辩的潮流引向了错误的路上，辩术的正规法则没有得到阐发，只是作游戏式的诡辩，遭到诸家普遍的非难。那么荀子在这种反诡辩的潮流中，除了破邪，也想做些显正的功夫，思想主张集中在《正名》篇中。郭沫若进一步说，荀子向时代呼吁的正名和孔子时代要求的正名已经两样。孔子是正旧名，荀子是正新名，在旧名里面发现了一段光辉。新旧有所调和。荀子还反对合同异，主张别同异。[①] 作为比较，郭沫若还认为荀子的"制名之枢要"的意见和《墨子·经上》派的见解相近，重在名实相符，同异有别。不过，郭沫若对荀子在名学方法的发明与建树评价不高，认为荀子所标树辩说的最高阶段，只是伦理上的"道"的演绎，不是想探求名辩法则的论理以求真理，而是根据一种主观观念的伦理放为说辞，在方法上和墨家经上派类似只做了一些正名与推类的工作。郭沫若最后认为只是到了荀子的弟子韩非，有《说难》和《难言》诸篇对"与时迁徙，与世偃仰"而"缓急赢绌"的倾向有了进一步的发展，但也只是属于宣传术和雄辩术而非逻辑学。[②]

至此，郭沫若以名辩思潮和名辩代表人物为线索，贯通性地梳理和考察了先秦诸子的名辩思想。郭沫若对名辩论题的对于名辩思潮作为一种社会思潮的出现及其历史意义尤为关注。此文与胡适写于 1917 年，1922 年上海亚东图书馆出版的《先秦名学史》和郭湛波 1932 年编著的《先秦辩学史》等所关注的是中国早期逻辑史不同，而且所关涉的名学、辩学人物也互有差异。

（二）作为思想人物和学派研究的代表性篇章

郭沫若自己曾经讲过，他对历史人物的研究，主要是凭自己的好恶，更在于好的方面，出于恶而研究的人物终究比较少。而他好恶的标准用一句话归宗，就是人民本位。他是在这个人民本位的标准下从事研究，也从事创作。[③] 创作属于文学，而研究重在历史，也包括从思想史的视角来研究历史人物。

1. 屈原研究

对屈原的研究，是在郭沫若历史人物研究和思想史研究中占有比较重要位置的，《屈原研究》一文则是郭沫若篇幅比较长的研究历史人物的文章。[④] 究其缘起，则是由于当时如廖平、胡适等对屈原是否确有其人提出怀疑[⑤]，从而引发了郭沫若的研究兴趣，就此而进行了诸多的考辨，确认"屈原不仅是存在"，而且"连他的生卒年月

---

① 《郭沫若全集》历史编第 2 卷，人民出版社 1982 年版，第 309 页。

② 同上书，第 311 页。

③ 《郭沫若全集》历史编第 4 卷，人民出版社 1982 年版，第 5 页。

④ 同上书，第 7—105 页。

⑤ 廖平说"屈原并没有这人"的观点和《楚辞新解》一书，郭沫若当时是从谢无量《楚辞新论》中所写的内容得知。胡适《读楚辞》中说："屈原是谁？这个问题是没有人发过问的。我现在不但要问屈原是什么人，并且要问屈原这个人究竟有没有。"这一观点，郭沫若也是从谢无量《楚辞新论》中转录的。（《郭沫若全集》历史编第 4 卷，第 10 页）

日都是可考的”①。除了我们在第二节的部分引述过的郭沫若对屈原所处时代的认识之外，郭沫若从思想史的视角对屈原的思想有着充分的分析和肯定。

论及屈原作品中体现的思想，郭沫若讲到了几个方面的表现。例如就宗教性思想而言，郭沫若认为，《楚辞》富于超现实性乃至南方思想家的富于超现实性，都是殷人宗教性质的嫡传，而屈原始终崇拜殷代的贤者彭咸，正表示着屈原的超现实思想的来历。这种超现实的宗教性质的思想，不是屈原思想的特征，他自己是持怀疑态度的。② 他一方面极端怀疑，另一方面又乐得利用已有的具象化的思想观念。假如上帝、百神、天堂、地狱那些观念他真正信仰，就绝对不会选择自杀了。他之所以自杀，就是他怀疑精神的必然结果。③ 再有，郭沫若讲到，屈原在他的伦理思想上是很受儒家思想的影响，并指出屈原所作的“善不由外来兮名不可以虚作”（《抽思》），“重仁袭义兮谨厚以为丰”（《怀沙》），“秉德无私，参天地兮”（《橘颂》）等格言性的辞句，“和儒家的口吻毫无二致”；而且看到“屈原所景仰的古人，如尧舜禹汤文王箕子比干，也是儒家典籍中所习见的人物”。并认为最可注意的是屈原虽是楚人，但是对于道家虚无恬淡、寂寞无为的学说却丝毫没有沾染。从而推测屈原或许就是孟子所称“悦周公仲尼之道，北学于中国”的楚人陈良的弟子，至少也该受了陈良的影响。④

即如前面一节我们介绍过的，就屈原所处的时代，郭沫若有相当篇幅的考察论述。而在《屈原的思想》部分，郭沫若首先提到的是侯外庐的屈原研究，特别就侯著《屈原的秘密》一文⑤中认为屈原的思想有矛盾以及提出“这一秘密是归结到他的世界观和方法论之间的矛盾”的判断，郭沫若赞同说：“这个断案是相当正确的。”但是，对于侯外庐将屈原与王国维，以及法国的巴尔扎克和俄国的托尔斯泰相对比，郭沫若则认为是值得商榷的。⑥ 郭沫若提出，屈原的世界观是前进的、革命的，而他的方法即作为诗人在构思与遣词造句上的技术则不免有些保守的倾向。这就是郭沫若所认识的屈原思想上的矛盾。⑦ 相关的争论，体现了他们在学术见解上的不同。⑧ 就屈原的思想特点，郭沫若一再指出，屈原思想很明显带有儒家的风貌，古人早有所见。屈原关于形而上的思想也深受着儒家的影响。⑨ 所以郭沫若推断说，在屈原的观

---

① 这里郭沫若加注说，他的《屈原考》一文有详细论述。参见郭沫若《蒲剑集·关于屈原》（1940 年 5 月 3 日），《蒲剑集·屈原考》（1941 年 12 月 21 日讲演），均收入《郭沫若全集》文学编第 19 卷。

② 《郭沫若全集》历史编第 4 卷，人民出版社 1982 年版，第 55 页。

③ 同上书，第 56 页。

④ 同上。

⑤ 侯外庐著《中国古代思想学说史》第十三章《附论屈原思想》加有副题为“此章二文原为与郭沫若先生的商榷文”，二文标题就是《屈原底秘密》和《屈原思想底评量》。参见岳麓书社 2010 年版，第 263、270 页。

⑥ 《郭沫若全集》历史编第 4 卷，人民出版社 1982 年版，第 76 页。

⑦ 同上书，第 77 页。

⑧ 黄晓武：《1942 年郭沫若与侯外庐关于屈原思想的论争》，《中国现代文学研究丛刊》2006 年第 6 期。

⑨ 《郭沫若全集》历史编第 4 卷，人民出版社 1982 年版，第 90、96、98 页。

念中的“皇天”或“后皇”，也同儒家一样，只是一种理念，而不是像殷周时代的乃至如墨家意识中的那种人格神吧。① 屈原思想对于奴隶制时的神权束缚本来是怀疑的，但是却不惜费力量来描写天堂地狱，而仍然承认着上帝与土伯的存在。他反对怪力乱神，但讴歌怪力乱神，对于这种矛盾，郭沫若的解释是，屈原并不是一个纯粹的思想家，而是一位卓越的艺术家。他在思想上尽管是北方式的一位现实主义的儒者，而在艺术上却是一位南方式的浪漫主义诗人。② 借着对于屈原的思想的评价，郭沫若也提出了这样的一个判断：“总之，屈原的思想是前进的，他是一位南方的儒者。儒家思想，在当时，由奴隶制蜕变为封建制的当时是前进的。我们不好由现代的观点来指斥为反动，更不好因而说屈原也是思想反动。”③ 郭沫若着重于分析屈原思想与儒家的关系这一方面，可以说是极其有学术特点和历史深意的。

2. 墨子研究

《墨子的思想》一文写于 1943 年 8 月 6 日，收入《青铜时代》。实际上，郭沫若对墨子思想的研究与评价，前后也是形成一个系列。④ 从我们前面讲过的《读梁任公〈墨子新社会之组织法〉》（1923 年）一文开始，郭沫若对墨子和墨家的认识与评价就已经有了一个基调，那就是批判性和负面的评价。⑤ 在《先秦天道观之进展》当中，这个认识与评价更为明确；到了《墨子的思想》一文，以及《孔墨的批判》中《墨子的思想体系》一节，还有《名辩思潮的批判》一文（1945）的《墨家辩者》部分，再到《奴隶制时代》中《墨家节葬不非殉》（1951 年）一文，构成了郭沫若时间上递进的关于墨子研究的系列。换言之，在《先秦天道观之进展》和《名辩思潮的批判》中，都有墨家的位置，而在《墨子的思想》和《墨子的思想体系》中进一步细化，在《墨家节葬不非殉》中形成补充。

正如我们前面提到过的，郭沫若从评述梁启超的研究时就认为，墨子的根本观念是尊天明鬼，他的学说都是以天为出发点和归宿点，是替王公大人讲治天下的道理，他的思想归宿是政教不分，一权独擅，有很强的专制的色彩。后来郭沫若又强调，墨子作为一个根本的宗教家，把殷周的传统思想复活了，实际上是一个复古派，其思想从历史演进上看是一种反动。那么，在《墨子的思想》这篇文章中，郭沫若还是强调了自己此前的评价。他认为墨子始终是个宗教家，而墨子的思想充分带有反动性，亦即反科学，反民主，反进化，反人性，名虽兼爱而实偏爱，名虽非攻而实美攻，名

---

① 《郭沫若全集》历史编第 4 卷，人民出版社 1982 年版，第 98 页。

② 同上书，第 101 页。

③ 同上书，第 103 页。

④ 有关郭沫若对墨子思想的研究，可参考马征《试论郭沫若对墨子及其学说的批判》，《郭沫若研究》1987 年第 3 辑。

⑤ 正像有学者所指出的：“自从孙诒让刊布他的《墨子间诂》以后，研究墨学的人逐渐多起来，赞扬墨子者固多但反对墨子者亦有其人，而以郭先生为最突出。”参见詹剑峰《关于墨家和墨家辩者的批判问题——郭著〈十批判书〉质疑之一》（《学术月刊》1957 年第 4 期）。

虽非命而实皈命。[①] 郭沫若认为墨子是一个讲着王公大人，想着鬼神上帝，极端专制，极端保守的宗教思想家。郭沫若不认同有学者认为墨子是“工农革命的代表”的说法。郭沫若进一步讲墨子的不科学，认为在于其以天志为法仪，信仰上帝，更信仰鬼神，上帝是宇宙中的最高主宰，鬼神是上帝的辅佐，这上帝鬼神的存在是绝对的，不容怀疑。郭沫若不同意说墨子是“神道设教”，他认为神道设教是儒家的办法。郭沫若也不认同将《墨经》几篇中的一些初步的科学现象鼓吹夸示。郭沫若又讲墨子的不民主和替王公大人说话，统计出墨子十篇中有67次说到“王公大人”，且多有“士君子”连文，就是当时的官僚或统治阶级，可知墨子属于哪个阶层。那么，以贵者智者统一天下的思虑就是墨子的政治思想。

郭沫若又讲到，墨子的反进化，提出由质而文是一般进化的公例。墨子专门强调节用，除节用外没有积极增加生产的办法，证明墨子经济思想的贫困。真正革命的主张是要把平民的生活提高起来，使平民同等地得到王公大人般的享受。郭沫若还讲墨子的反人性，认为墨子的见解有许多地方不近人情，尤其是把人民当作王公大人的所有物，看成是两重的生产工具，所以是反人性的宗教思想家。郭沫若讲到墨子名义上虽兼爱实则偏爱，认为当“兼爱”把爱推广到无限大，其实也就把爱冲淡到没有了。所以墨子最大的矛盾在于承认一切既成秩序的差别对立而要叫人“兼”，这无异于让多数的不安乐者去爱少数的安乐者，也就成为偏爱了。在讲到墨子名义上虽非攻而实美攻时，郭沫若认为，墨子是将攻当成盗窃看待，以承认私有财产和国家的对立而提出非攻的见解，在国则非攻，在家则杀盗，也就必然会走向对攻伐的赞美，最后征伐还是圣王的事情，以至于是鼓励强暴者的攻伐。[②]

讲到墨家的名虽非命而实皈命，郭沫若说，非命是从对抗儒家学说而发，但是儒家所主张的本意和墨子所非难的正相反。儒家的天是自然界中的理法，所谓命有时是指必然性，有时是指偶然性。有命论失掉本意就流于宿命论。墨子对此加以反对。其非命实为宗教式的皈依，因其明鬼所以才非命。他是否认在上帝鬼神之外还有什么必然性或偶然性的支配。郭沫若不仅通过以上几个方面的论述，说明了他所认为的墨子思想的反动性，更坚持他在20余年前曾得出过的结论，即认为从一种眼光看墨子可以说是中国的马丁·路德乃至耶稣；从另一种眼光看他不过是顽梗的守旧派，反抗时代精神的复辟派。而且说不相信墨子的思想真正会在中国复活。在这篇文章中，颇具学术史意义的是，郭沫若除了进一步展开对墨子思想特点和学派存亡的讨论之外，对与他前后的墨学研究者的观点有所借鉴或指摘。如他引述方授楚《墨学源流》有关论墨学之亡，作为墨家有拥护嬴秦嫌疑的佐证，并进而提出墨学中心移到秦国，墨者

① 《郭沫若全集》历史编第1卷，人民出版社1982年版，第463页。

② 《郭沫若全集》历史编第4卷，人民出版社1982年版，第472、473页。

与秦王相得，故秦法中有墨法掺入等判断。[①] 郭沫若还针对有学者认定墨子是奴隶解放者而提出证据上有问题。又针对有学者认为墨学没有消亡，后世的任侠就是墨家之流变的说法而提出儒家也有任侠，因此儒墨自是儒墨，任侠自是任侠，古人并不曾混同，今人也不能任意混同。[②]

在《孔墨的批判》中有一部分是论及墨子的思想体系的，郭沫若明确指出墨子是作为反对命题而出现，基本立场不同，思想上也差不多是完全相反的。郭沫若对墨子思想的评价，与其他学者多有不同。[③] 郭沫若提出，墨子在王权式微了的时代来提倡“天志”，无论怎样辩护都不好说他不是复古，而是革新。还指出，墨子的立场并不代表农民利益。如果认为墨子的天道观是平等的，那么其王道观也是平等的，“岂不是奴隶制度也可以说是平等的制度了吗?”郭沫若还再次表示不认同有人说墨子的信仰鬼神是神道设教。[④] 不过，在讲到墨子思想中最有特色起着核心作用的“兼爱”与“非攻”时，郭沫若除了强调墨子把财产私有权看得神圣外，也指出“在由奴隶制转移为封建制的过渡时期，私有财产权还未十分稳固，要建立一种学说使它神圣化，倒确实不好轻率地谥为‘反动’”，并且说：“在这一部分我可以取消我的这个判断。”[⑤] 但是，这里郭沫若依然不认同将墨子视为奴隶解放者，农工革命的前驱的提法，认为是“贴错了脸谱”。对于墨子的节用节葬说，郭沫若认为其整套学说都是以王公大人为对象，而只是把人民的生活限在极其苛简的阶段。对于墨子的非乐，郭沫若不认同胡适以墨子“乐以为乐也”之说是很科学的这一说法，指出中国古代学问够得上科学性质的只有音乐的乐律和历法，但是墨子不曾提到历法，音乐则极端反对，因而不能说墨子是一位科学家。[⑥] 还有对墨子三表法，郭沫若认为属于由上而下的演绎，不是由下而上的归纳，并且以一些不足凭的故实认作真理或真实而为自己学说的出发点是最不合乎科学的。郭沫若还认为墨子的非命是以儒家为对象，但是儒家的命是一种朴素的必然论，而墨子所攻击的在于宿命论，但是有打击必然论为鬼神张目的“皈命”性。[⑦]

有关墨子的研究，郭沫若在《十批判书·后记》中讲过他在四十年代受新史学研究风气的刺激而进行周秦诸子的研究，比较大胆地对新史学阵营的多数人提出不同意见。特别是对于儒家和墨家的看法，和一些学者的见解差不多形成对立。如前已述，郭沫若承认早年也曾讴歌过、崇拜过墨子，认为他是任侠的祖宗，觉得他很平

---

① 《郭沫若全集》历史编第1卷，人民出版社1982年版，第483页。

② 同上书，第485页。

③ 这里以及前论《墨子的思想》的文中，郭沫若多次以“有的朋友说”（即翦伯赞《中国史纲》的说法）“有的朋友又说”“朋友们大多”“朋友们多说”的提法来表示与自己见解不同的学者的意见。

④ 《郭沫若全集》历史编第2卷，人民出版社1982年版，第109、111页。

⑤ 同上书，第117页。

⑥ 同上书，第121页。

⑦ 同上书，第123、125页。

民、很科学，那时的见解和时贤无异。但是后来看法有所改变。认为墨子纯是一位宗教家且站在王公大人的立场。前后的看法可谓完全相反。从以上的考察可知。对此郭沫若则说："在我是有我的客观根据的，我并没有什么'偏恶'或'偏爱'的念头。"他还说："我的方法是把古代社会的发展清算了，探得了各家学术的立场和根源，以及各家之间的相互关系，然后再定他们的评价。我并没有把他们孤立起来，用主观的见解去任意加以解释。"① 这其中，也就有回答质疑者的意思了。②

另外，在《墨家节葬不非殉》（1951年）一文中，郭沫若着重引述《吕氏春秋·上德篇》中一段墨者钜子孟胜死，弟子死之者百八十三人的故事，认为可以从中看出墨家的组织严密，以及儒墨斗争的政治化，墨家对殉葬的态度等方面问题。

3. 孔子研究

《孔墨的批判》一文，实际上是着重将孔子与墨子的思想主张相对比而加以考察的。除了前述有关《墨子的思想体系》的内容，郭沫若最先是以《墨子·非儒》篇切入儒墨两派的基本立场，同时也指出，以前推崇孔子的人，因为孔子已经成为大成至圣，对这些材料一概视为污蔑，全不加以考虑。现今推崇墨子的人，把墨派几乎当成不可侵犯的图腾，对于这些材料又一概视为痛快，也全不加以考虑。其实这些态度都是有所蒙蔽，非把这些蒙蔽去掉，是得不到正确认识的。③ 显然，郭沫若更主张以学术的客观视角来看待孔墨思想的不同。郭沫若提出，孔子的立场是顺乎时代的潮流，同情人民解放的。而墨子则和孔子相反。④ 郭沫若又强调说，孔子的基本立场既然是顺应当时的社会变革的潮流的，因而他的思想和言论就有了清算的标准，大体上他是站在代表人民利益的方面的，很想积极地利用文化的力量增进人民的幸福，对于过去的文化做部分地整理接受之外，也部分地批判改造，企图建立一个新的体系以为新来的封建社会的韧带。廖季平、康有为所倡道的托古改制的说法确实道破了当时的事实。⑤

论及孔子的思想体系，郭沫若从"仁"和"礼"，"命"和"天命"的分析而展开论述。他认为，仁字是孔子思想体系的核心，是春秋时代的新名词，这个字之前的古书里找不到，金文和甲骨文中也找不出。不必是孔子创造，但是他特别强调则是事实。仁的含义是克己而为人的一种利他的行为，仁者爱人的人就是人民大众，爱人为仁，也就是亲亲而仁民的仁民的意思，他的仁道实在是为大众的行为。他要人们除掉一切自私自利的心机，而养成为大众献身的牺牲精神。视听言动都要合乎礼，礼是什

---

① 《郭沫若全集》历史编第1卷，人民出版社1982年版，第469、470页。

② 詹剑峰：《关于墨家和墨家辩者的批判问题——郭著〈十批判书〉质疑之一》，《学术月刊》1957年第4期。安妮（Annick Gijsbers）：《捍卫墨子：论侯外庐对郭沫若墨子明鬼主张之驳议》，《学术月刊》2014年第4期。

③ 《郭沫若全集》历史编第2卷，人民出版社1982年版，第85页。

④ 同上。

⑤ 同上书，第87页。

么？是一个时代所由以维持社会生活的各种规范，每个人应该遵守的东西。各个人在这些规范之下，不放纵自己去侵犯众人，宁是牺牲自己以增进众人的幸福，要想自己站得稳，获得成功，也要让大家站得稳，获得成功，这是相当高度的人道主义。[①] 而由内及外，由己及人的人道主义的过程，应该就是孔子所操持着的一贯之道。君子的“修己以敬”“修己以安人”“修己以安百姓”三方面，就分别体现为“克己复礼”“己欲立而立人，己欲达而达人”“博施于民而能济众”。他的这种仁道显然是顺应着奴隶解放的潮流的，这也就是人的发现。[②] 对于礼，郭沫若还认为，孔子在春秋末年强调礼制，可以从两点来批判，一是在礼的形式中吹进了一番新的精神，二是把不下庶人的东西至少在精神方面下到庶人来了，把仁道的新精神灌注在旧形式里面，表现着他的进步精神把礼乐两者交织起来以作为人类政治生活的韧带，是孔子政治哲理的一个特色，把人文主义推重到了极端。他对于古礼，一方面在复古，一方面也在维新。[③] 孔子的教民思想和后起的道家法家的愚民政策是根本不同的。对于人民有两种政治态度，“一种是以不能知为正好”，即“闭塞民智”，“另一种是要使他们能够知才行”，即“开发民智”，郭沫若的判断是“孔子的态度无疑是属于后者”。[④] 在谈到孔子对“命”和“天命”的强调时，郭沫若认为，孔子很少谈利，但是称道命，称道仁。命与仁在孔子思想中俨然有同等的斤两。对孔子所说的命，不能解释为神所预定的宿命，而应该是自然界中的一种必然性，这种必然性有些类似于前定，是人力所无可如何的。孔子的天命观分明是一种必然论，和宿命论是有区别的。郭沫若还说，孔子并不是低头于命定的妥协者。他只差一点没有说明，便是一切都在变，命也在变，人的努力可以扬弃旧命而宰制新命。奴隶制时代的汤武能够革命，使奴隶制崩溃了的人民也正在革命，孔子作为生在这种革命潮流中的人事实上他也正在参加着新必然性的控制的，所谓“五十而知天命”或许就是说到这时才自觉到了自然的趋势所赋予他的新使命。[⑤]

由以上可见，郭沫若对孔子思想体系的评价是比较高的，褒扬的成分不少。以至于有学者认为郭沫若是尊孔反墨。对此，郭沫若在《十批判书·后记》有所说明。他说：“我的对于孔子和墨子的见解，虽然遭到了相当普遍的非难。但我却得到了更加坚定的一层自信。”他还说：“假如要说我有点袒护孔子，我倒可以承认。我所见到的孔子是由奴隶社会变为封建社会的那个上行阶段中的前驱者，我是在这样的意义上‘袒护’他。我的看法和两千多年来的看法多少不同。”[⑥]

---

① 《郭沫若全集》历史编第 2 卷，人民出版社 1982 年版，第 89 页。
② 同上书，第 91 页。
③ 同上书，第 97、98 页。
④ 同上书，第 100 页。
⑤ 同上书，第 106、107 页。
⑥ 同上书，第 478 页。

4. 对诸家学派及人物的研究

就学派研究来说，郭沫若对儒家学派的研究可以说是比较集中而且篇章最为丰富，从而形成了体系性的论述。从《驳〈说儒〉》（1937 年 5 月）到《论儒家的发生》（1942 年 7 月），再到《秦楚之际的儒者》（1943 年 8 月 29 日）到《儒家八派的批判》（1944 年 9 月 11 日）。另外就是对稷下黄老学派和法家学派的研究，前者有《稷下黄老学派的批判》一文，后者有《前期法家的批判》和《韩非子的批判》两篇。

《儒家八派的批判》一文写于 1944 年 9 月 11 日，概括性地说就是对《韩非子·显学篇》中所说的儒分为八派，亦即子张之儒、子思之儒、颜氏之儒、孟氏之儒、漆雕氏之儒、仲良氏之儒、孙氏之儒、乐正氏之儒的考察和研究。郭沫若首先提到这八派中是没有子夏氏之儒的。郭沫若认为这是韩非承认法家出于子夏，是法家的宗师，故未列于儒家。就上述八派，郭沫若逐一提出评价性的观点，有一些重要的见解值得关注。

例如讲到子张之儒，郭沫若说，按照《论语》记述的子张性格来看似是孔门里的过激派，偏向于博爱容众；又说子张氏一派表面上看和墨家相似，后学更和墨家接近，然而墨子比子张晚，墨子又本来学过儒术，应该是墨子受了子张的影响。他们在精神上必有不能相容处，子张氏在儒家中是站在为民众的立场的极左翼，与墨家的站在王公大人立场，他们有着严峻的区别。①

再如，郭沫若又认为子思之儒、孟氏之儒、乐正氏之儒应该只是一系，事实上也就是子游氏之儒，对此有所论证。郭沫若还说，《礼记·礼运》一篇毫无疑问是子游氏之儒的主要经典。那是孔子与子游的对话在孔子晚年和弟子谈谈大同小康的故事是没什么不可能的。而且，大同小康之说其实也并不怎么深远，那只是原始公社和奴隶制所反映出来的一些不十分正确的史影而已。② 此外，郭沫若认同当时学术界认为《尚书》当中的《尧典》《皋陶谟》《禹贡》《洪范》都是战国时的儒者所依托的看法，并提出就是思孟之徒的作品。③ 郭沫若还提出，《大学》是孟学，而且是乐正氏之儒的典籍，《礼记》的《学记》也是乐正氏所作，修齐治平的四条目分明是由孟子演绎出来的，这与冯友兰认为《学记》《大学》都是荀学的观点不同。④

再有，讲到颜氏之儒，郭沫若则说，《庄子·人间世》中颜回与孔子论心斋和《庄子·大宗师》中颜回与孔子论坐忘的两节文章应该都是颜氏之儒的传习录而在庄子是作为重言把它们采用了。孔、颜有过这样的倾向而被颜氏之儒夸大了也不是不可

---

① 《郭沫若全集》历史编第 2 卷，人民出版社 1982 年版，第 126、129、131 页。

② 同上书，第 133、134 页。

③ 同上书，第 138 页。

④ 同上书，第 141、142 页。

能的。[①] 郭沫若还论述说，漆雕氏之儒是孔门任侠一派，《礼记》中的《儒行篇》盛称儒者之刚毅特立或许也就是这一派儒者的典籍。仲良氏之儒或许就是陈良的一派。陈良在南方讲学甚久，以年代来说屈原应该出于其门下，屈原的思想纯是儒家思想。[②] 郭沫若再次提到《易》是子弓创作的，在先秦儒家中是谈到《易》的唯一的人。他初年还不曾把《易》当成经，而后则深受其影响，《易传》多半是出自他的门徒之手，因而《易传》中的"子曰"应该就是荀子在说。因此荀子是那样地将子弓神圣般看待。照年代说，子弓和子思同时，能够知道五行的梗概，这两派在儒家思想上是一种展开，在中国思想史上是最初表现出从分析着想的倾向。他们同认宇宙的变化过程，而在说明这个过程上，子思提出了五行相生，子弓提出了阴阳对立。这两种学说后来被邹衍所合并而又加以发挥便成为所谓阴阳家。[③]

在《稷下黄老学派的批判》中，郭沫若论述了道家思想的渊源在于祖述黄帝、老子，黄帝本是皇帝或上帝的转变。[④] 黄老之术的培植、发育和昌盛于战国时代的齐国。对于稷下学士的派别，郭沫若指出，孟、荀是儒家，邹衍、邹奭是阴阳家，田骈、慎到、环渊、接子，还有宋钘、尹文，都是道家。淳于髡是无所谓派，兒说、田巴都是名家者流。其中没有墨家，道家占最大多数。[⑤] 郭沫若说到曾作《宋钘尹文遗著考》对在《管子》中发现《心术》《内业》《白心》《枢言》等篇是宋钘、尹文的遗著，明确认为《心术》《内业》是宋钘的，《白心》出于尹文，而有详细的论证；并在学派属性上说，"宋钘这一派，无疑是战国时代的道家学派的前驱，而它的主要动向"是"在调和儒墨的"。[⑥] 这里，郭沫若也明确说宋钘尹文属于道家。

有关老聃的存在与否，在20世纪三四十年代的学界也是产生争论的焦点，即如郭沫若所说，有人说老子根本是虚构的人物，有人主张老子就是老莱子或者太史儋，争辩未决。郭沫若则认为，《老子》一书是一个问题，老子其人是另一个问题，这两者在汉代和现代似乎都被含混了。《道德经》晚出没有问题，郭沫若认为这就是环渊所著《上下篇》，关尹是环渊的音变，辗转而由环渊著《上下篇》演化为老聃为关尹著《上下篇》的道听途说。郭沫若还说，老聃本人的存在是无法否认的，因为在《庄子》《韩非子》《吕氏春秋》和儒家著作中都承认老聃有其人而且曾为孔子的老师。[⑦] 另外在《孔墨的批判》一文中，郭沫若也提到这是先秦诸子所一直承认的史实。[⑧]

那么从思想学说上讲，郭沫若认为老子不仅否认了上帝，并建立了一种本体说来

---

① 《郭沫若全集》历史编第2卷，人民出版社1982年版，第147页。

② 同上书，第149页。

③ 同上书，第149、152、154页。

④ 同上书，第155页。

⑤ 同上书，第157页。

⑥ 《郭沫若全集》历史编第1卷，人民出版社1982年版，第569、570页。

⑦ 《郭沫若全集》历史编第2卷，人民出版社1982年版，第159页。

⑧ 同上书，第105页。

代替上帝。他说，有学者认为由思想发展的程序上看老子的本体说不应该发生在孔子之先，这只是形式逻辑的推论。在春秋时代普遍地对上帝产生怀疑，正是产生老子本体说的绝好园地，只是他的学说没有群众基础，没有宰制到思想界，连孔子都没有怎么接受。老子的学说经过间歇之后，直到环渊、庄子又才得到充分的发展，这并不是不可能的事。[①] 在这里，郭沫若则强调，道家均以“道”为宇宙万物的本体，这个新的观念必然有其倡导者，而从宋钘、彭蒙之师向上推至一二代就是老聃的存在了。以其身份和生活条件，超现实的本体观和隐退生活的理论由他倡导出来没有什么不合理。[②] 郭沫若还论证说，老聃学派的产生自有其社会史根源。这一学派已经齐国的稷下制度的培植，便立地繁昌了起来。郭沫若指出，道家的兴起在学术上的意义和贡献不能一概抹杀，尽管是儒墨两家的先辈，但是由于脱离实际，陈义过高，在老聃、杨朱至杨朱弟子时代还不成为学术界的潮流，到了稷下先生时代，道家三派即宋钘尹文派，田骈慎到派，环渊老聃派略有先后地并驾齐驱，使先秦思想多样化，儒墨两家受其影响发生质变，更在道家的直接感召下阴阳、名、法诸家也派生出来。

郭沫若又对上述道家三派思想的特点有详细的论证。认为宋钘大概是杨朱的直系，告子是宋钘、尹文派的学者。慎到、田骈一派是把道家的理论向法理方面发展了，韩非子的思想虽然主要是由慎到学说的发展，但是掺杂进了申子或关尹、老子的术。郭沫若还提到《荀子·非十二子》就以慎到、田骈为一派，并强调说法家在慎到这个阶段是适应社会变革的上行期，还在替人民着想，没有专替新兴的统治者着想，是还富有进步性的。[③] 郭沫若讲到《庄子·天下篇》以关尹、老聃为道家正统，指出其实关尹就是环渊，荀子《非十二子》误为它嚣，韩诗外传误为范雎。郭沫若还高度概括地提出这三派的特点说，宋钘、尹文志在“救世”，慎到、田骈学贵“尚法”都还没有脱离实际；在关尹或环渊差不多完全脱离现实而独善其身，“澹然独与神明居”了。在分析《道德经》六十五章、六十六章中的愚民政策时，郭沫若说，这如是老聃的遗说，就是旧时代的遗孽未除，如是关尹的发展，就是对新时代统治者的效忠。“不以人民为本位的个人主义，必然要发展成为这样的。”[④]

郭沫若对法家学派的研究集中在《前期法家的批判》中，郭沫若提出判断说，社会变革了才有新的法制产生，才有运用这些新法制的法家思想出现。法家倾向滥觞于春秋末年，足以证明春秋中叶以后中国社会史上是有一个划时代的变革。而且，新起的法家精神是以保护私有财产权为本位的。纯粹的法家以富国强兵为目标，他们所采取的是国家本位，而不必一定是王家本位，他们抑制私门是想把分散的力量集中在一体以谋全国的富强，人民虽然受着严刑的压迫以为国家服役，但不必一定为一人一

① 《郭沫若全集》历史编第 2 卷，人民出版社 1982 年版，第 105 页。
② 同上书，第 160 页。
③ 同上书，第 166、167、168、172 页。
④ 同上书，第 185 页。

姓服役因而人民的利益也并未全被抹杀，人民的大部分确实是从旧时代的奴隶地位解放了，商鞅正是这种法家的成功的代表。[①] 那么就法家的产生，郭沫若认为可以上溯到子产，而李悝是严格意义上的法家始祖，具有儒家的气息。吴起也是法家重要人物。[②] 商鞅是李悝的学生，是魏文、武二侯时代儒家气息十分浓厚的空气中培养出来的，其思想也是从儒家蜕化出来的。郭沫若认为申不害虽被列为法家，实为术家。[③] 慎到则是严格意义上的法家。他们都以学者的立场，以一定的法理为其立法根据。那么，李悝、吴起、商鞅都出于子夏氏之儒，申不害属黄老学派。前期法家渊源于子夏氏，子夏氏之儒是注重礼制的一派，礼制与法制只是时代演进上的新旧名词而已。[④]

除了对儒家八派、稷下学派、前期法家的论述之外，郭沫若还有作为专论思想人物的几篇《庄子的批判》《荀子的批判》《韩非子的批判》，还有《公孙尼子与其音乐理论》（1943 年 9 月 8 日追记）《述吴起》（1943 年 9 月 11 日全集第 1 卷第 506 页）《关于吴起》（《郭沫若佚文集》下册，第 50 页），《〈老子其人与老子其书〉按语》（原载 1944 年 3 月重庆《中原》第 1 卷第 3 期，《郭沫若佚文集》下册，第 61 页）。另有《韩非子·初见秦篇》发微（1943 年 12 月 18 日）、《〈侈靡篇〉的研究》（1954 年 5 月 5 日《奴隶制时代》，《郭沫若全集》历史编第 3 卷，第 145 页）篇章研究，以及包含着对《吕氏春秋》研究的《吕不韦与秦王政的批判》，都是作为郭沫若对先秦思想史综合研究的重要成果。限于篇幅这里就不一一详细介绍了。不过，作为对于春秋战国的思想史面貌的总结，郭沫若还有很好的概括，不妨在此抄录如下：

> 自春秋末年以来中国的思想得到了一个极大的开放，呈现出百家争鸣的局面。究其原因，这是因为奴隶制度解纽了，知识下移，民权上涨，大家正想求得一条新的韧带，以作为新社会的纲领，儒墨先起，黄老继之，进而有名、法、纵横、阴阳、兵、农，各执一端，各持一术，欲竞售于世，因而互相斗争。[⑤]

余　论

考察郭沫若在思想史研究上的成就与贡献，还有几个方面是值得注意的。

首先，郭沫若在思想研究中就如何看待和评价古代思想人物上，给自己确立了一个标准，这就是关注思想家的人民本位的思想主张，而他对孔、孟，以及墨子和老、庄的评价，就是以此为尺度的。如他在《青铜时代》的《后记》当中说到，“大体说

---

① 《郭沫若全集》历史编第 2 卷，人民出版社 1982 年版，第 314、329 页。

② 同上书，第 312、314、318、319 页。

③ 同上书，第 339 页。

④ 同上书，第 341 页。

⑤ 同上书，第 402 页。

来，孔、孟之徒是以人民为本位的，墨子之徒是以帝王为本位的，老、庄之徒是以个人为本位的。”① 这和郭沫若对屈原是“人民诗人”的观点有一致性。② 郭沫若在《十批判书》的《后记》中还说，他批评古人，所依据的道理“就是以人民为本位的这种思想。合乎这种道理的便是善反之便是恶”。那么，他之所以比较推崇孔子和孟子，就是因为他们的思想在各家中是比较富于人民本位的色彩。③

其次，通过对古代思想的研究，郭沫若对如何批判地继承古代思想有价值的成分的问题有着深刻的认识。正如他在《青铜时代》的《后记》当中所说的那样：在现代要恢复古代的东西，无论所恢复的是哪一家，事实上都是时代错误。人类历史总是在向前发展的。现代以前的历史时代虽然都是在暗中摸索，经过曲折迂回的路径，却也和蜗牛一样在前进。因而古代的学说并不是全无可取，而可取的部分大率已经融会在现代的进步思想里面了。而且他还批评说：新儒家、新道家、新墨家等的努力，就像是人羡慕猿猴有长尾，不外是想设法延长人体的尾骶骨；那些反对科学的方法而提倡八卦五行的动向，则不外是把人得盲肠炎时的虫样凸起看作是人类的心脏而反对手术去处。④ 这就是如何对待古代思想中的精华与糟粕方面十分精辟的判断。即如刘大年所评价的那样，郭沫若的不少著作，“在一定程度上又是与腐朽、倒退的哲学思想进行斗争的产物。那些哲学思想称为所谓新儒学、新道学、新理学等等”⑤。

第三，运用哲学的思考来研究和分析古代思想的发展演变，成为郭沫若方法论上的又一特色。对此，刘大年有评价说：“郭老没有系统的哲学著作。但是他的著作可以说处处都和哲学分不开。从《中国古代社会研究》开始，他的历史著作就表现了鲜明的哲学观点，而且几十年一以贯之。”刘大年还说：“他研究评论的许多人物，特别是关于孔墨以下的周秦诸子，都是围绕着那些人物的政治、哲学思想进行的。”⑥ 那么这些方面，从我们对郭沫若具有思辨性的思想史研究篇章的具体考察中，也是可以感受到的。

第四，一方面认识到与当时学界不少学者见解上的不同和争论，另一方面对自己的学术同道又有很高的评价。例如，在《战时中国历史研究》⑦ 一文当中，郭沫若从自我认识上说，他当时对中国古代思想史的见解，不仅和胡适、冯友兰的见解，而且

---

① 《郭沫若全集》历史编第1卷，人民出版社1982年版，第615页。

② 参见郭沫若《屈原假使生在今天》（1948年6月10日香港《华侨日报》）。王锦厚、伍加伦、肖斌如编《郭沫若佚文集1906—1949》下册，四川大学出版社1988年版，第245页。

③ 《郭沫若全集》历史编第2卷，人民出版社1982年版，第482页。

④ 《郭沫若全集》历史编第1卷，人民出版社1982年版，第611、612页。

⑤ 刘大年：《郭沫若与哲学》，《郭沫若研究》1984年学术座谈会专辑。

⑥ 同上。

⑦ 此文是1945年8月3日在莫斯科苏联对外文化协会历史哲学组所作的报告，当时的俄文译稿有所节略，刊载于当年12月号《历史问题》（苏联俄文版）。次年，此稿被译回中文，刊登在1946年8月1日《中国学术》（季刊）创刊号上（《郭沫若佚文集》下册，第108页）。

和现代历史学家，和侯外庐、范文澜、翦伯赞等人的见解有实质的区别，并且说自己的理论也许在许多地方还没有成熟，所以还要继续下功夫。这其中有所谦逊，也有所自勉。而在讲到当时在研究先秦时期的哲学问题以及思想形态问题的中国历史学家当中，“侯外庐占了最显要的位置”，从而提到侯外庐问世的两部书即《中国古代社会史论》和《中国古代思想学说史》，并且说侯外庐认为周代是奴隶社会的见解与郭沫若本人相符，但是对先秦时期思想史的许多问题，两人之间就有了本质的分歧。然而郭沫若还有称赞说“对于研究思想史问题，侯外庐的能力是很强的”，在提及侯外庐的另一部《中国近世思想学说史》的巨著，更说道：“侯外庐在这一方面的成就是非常伟大的。”① 这无疑是对学术同道研究工作的极大肯定，既表现出志同道合，又有“君子和而不同”的风范。

最后，可以看到的是，郭沫若对中国古代社会和中国古代思想的研究，有着和侯外庐、吕振羽等马克思主义史学家颇为相似的进路，都是在对中国古代社会有所深入考察的基础上，同时展开对中国古代思想的研究，从而表现出一种切合社会历史发展本身而在思想层面有所体现的各时代精神面貌的透视和观照。在中国现代学术研究发展已有百年历程的当今，我们来回顾上个世纪前期中国思想史研究的面貌，还是会给我们以诸多的启示的。人文学术的科学性和主观性总是有着个人气质以及时代氛围所留下的各种烙印。学术上的自我反省与自信，都可能成为超越古今的价值理念，而给后来者以为榜样或选择的学术标准。

（原载《晋阳学刊》2018 年第 5 期）

① 王锦厚、伍加伦、肖斌如编：《郭沫若佚文集 1906—1949》下册，四川大学出版社 1988 年版，第 106 页。

王国维和米海里司共同影响郭沫若的中国古史研究

李　勇

郭沫若早年以甲骨文和金文研究中国古史，其思想方法无疑是恩格斯《家庭、私有制和国家的起源》中的历史观，而其技术方法则为典型的以地下出土文物与地上传世文献相对照的二重证据法，以及甲骨片和青铜器的编系法。据现行文献，他推崇和继承王国维的古史研究路数，又承认自己的考古学受益于米海里司。可推论的是，他的中国古史研究可能受到德国学者米海里司和本土学者王国维的双重影响。这本身就是颇有意味的话题，值得探讨。由此引发的问题是王国维二重证据法受之西洋还是本土，郭沫若受之于米海里司和王国维的影响，是否各有偏重，这些亦须加以讨论。

一　王国维“二重证据法”为郭沫若古史研究所援用

郭沫若对王国维的史学贡献非常推崇。他在1929年9月20日所写《中国古代社会研究・自序》中说：王国维《观堂集林》乃至《海宁王忠悫公遗书》“包含的却多是近代科学的内容”，“好像一座璀璨的楼阁，在几千年来的旧学的城垒上，灿然放出了一段异样的光辉。”① 直到1952年2月17日，郭沫若作《奴隶制时代》时重申：“在卜辞的研究上，王国维是有很大的贡献的，经过他的细心的阐发，不仅许多文字得到考释，并使《史记・殷本纪》中所载殷代王室的世系也几乎全部得到了证明。”②

不仅如此，郭沫若还坦然承认自己的研究工作离不开王国维的著作。他明言《甲骨文字研究》所依据的甲骨材料就有王国维编的《戬寿堂所藏殷虚文字》，常用的参考材料中有王国维《戬寿堂所藏殷虚文字考》和《海宁王忠悫公遗书全集》。③

① 郭沫若：《中国古代社会研究・自序》，《郭沫若全集》历史编第1卷，人民出版社1982年版，第6—7页。

② 郭沫若：《奴隶制时代》，《郭沫若全集》历史编第3卷，人民出版社1984年版，第17—18页。

③ 郭沫若：《甲骨文字研究・序录》，《郭沫若全集》考古编第1卷，科学出版社1982年版，第15页。

他作《殷周青铜器铭文研究》时，王国维《金文著录表》与《说文谐声谱》“实未尝须臾离也”①。

特别是，郭沫若承认方法上得自于王国维。1929年9月19日，他致容庚：“余顷有《甲骨文字十五释》，大抵依据罗王二家之成法”。② 1929年郭沫若作《甲骨文字研究》之《序录》道：“余于处理殷周古文字之方法上，得自王氏者为最多。”③ 1930年《殷周青铜器铭文研究》之《序》云：“余治殷周古文……处理资料之方法，则以得力于王国维氏之著书者为最多。”④ 这一方法的内涵，郭沫若自述为“我们根据真实的史料，——甲骨文，金文，再参加旧有的文献，斟酌损益”。⑤ 这其实就是王国维理论上主张和实践中使用的“二重证据法”。

以下举例说明郭沫若对二重证据法的具体运用。

脱稿于1929年9月的《卜辞中的古代社会》，郭沫若依据《家庭、私有制和国家的起源》来关照殷代社会，以为殷代处于父系氏族阶段，就已有民主政治组织评议会。接着他从传世文献《尚书·盘庚》中找到以下材料：

“盘庚迁于殷，民不适有居，率吁，众戚出矢言……王命众悉至于庭。”（《盘庚上》）

“盘庚作，惟涉河以民迁，乃话民之弗率。诞告用亶。其有众咸造，勿亵在王庭。”（《盘庚中》）

“盘庚既迁，奠厥攸居，乃正厥位，绥爰有众。曰……今予其敷心腹肾肠，历告尔百姓于朕志。”（《盘庚下》）

根据这些记载，郭沫若认为：“看这民众都聚集在王庭，一族的元首向大众表示意见，这正是评议会的现象。”⑥ 问题是还要从卜辞中找到相关文字加以印证才行，他从卜辞中有如下发现：

“迟挈王族从𡆥页古王事。”（《殷虚书契前编》七，三八，二）

“贞令多子族暨犬侯周寇周古王事。”（《殷虚书契前编》五，七，七）

“贞令多子族从犬暨从𡆥页古王事。”（《殷虚书契前编》六，五一，七）

“癸未令族寇周，古王事。”（《殷虚书契前编》四，三二，一）

郭沫若以为，这些材料说明殷代有整族出征之事，倒是符合评议会时代整族出征

① 郭沫若：《殷周青铜器铭文研究·序》，《郭沫若全集》考古编第4卷，科学出版社1982年版，第2页。

② 郭沫若：《郭沫若书信集》（上），中国社会科学出版社1992年版，第313页。

③ 郭沫若：《甲骨文字研究·序录》，《郭沫若全集》考古编第1卷，科学出版社1982年版，第7页。

④ 郭沫若：《殷周青铜器铭文研究·序》，《郭沫若全集》考古编第4卷，科学出版社1982年版，第1—2页。

⑤ 郭沫若：《史学论集·论古代社会》，《郭沫若全集》历史编第3卷，人民出版社1984年版，第404页。

⑥ 郭沫若：《中国古代社会研究·卜辞中的古代社会》，《郭沫若全集》历史编第1卷，人民出版社1982年版，第235页。

的特征。他同时意识到：对于评议会“惟惜卜辞过简，实不能寻出积极的证明。”①于是他再次到传世文献中找证据，结果在《周礼·秋官》中发现周代外朝之政有评议会的遗存：

“小司寇之职掌外朝之政，以致外民而询焉。一曰询国危，二曰询国迁，三曰询立君。其位：王南乡，三公及州长百姓北面，群臣西面，群吏东面。小司寇摈以叙进而问焉。”

据此，郭沫若推论：“《周礼》大约是纂成于晚周的文献，在晚周犹有遗存的评议会制，在殷代当然存在。”②

虽然其关于殷代处于氏族社会末的预设是先验的，而且所使用的卜辞无法与传世文献直接印证，因而从二重证据来看其结论多少还有未坐实之嫌，但是他在研究中使用二重证据法昭然无疑。

当然，郭沫若对王国维有突破，简单说来有两条：第一增加阶级观念，释去旧史料中的阶级粉饰；第二条，增加民族学材料，把二重证据推进到三重证据。这方面情况，详见拙文《论郭沫若的史学方法》相关论述。③

由此带来另一个相关而本文结论无法回避的问题，那就是王国维二重证据法来自西方还是中国本土，或者说王国维二重证据法是否也受到西方的影响。

二　王国维“二重证据法”是对中国金石学方法的概括

王国维在《古史新证》第一章《总论》中，明确提出：“吾辈生于今日，幸于纸上之材料外，更得地下之新材料。由此种材料，我辈固得据以补正纸上之材料，亦得证明古书之某部分全为实录，即百家之不雅驯之言亦不无表示一面之事实。此二重证据法，惟在今日始得为之。”④ 这段话的弦外之音是，二重证据法是他那个时代才有的，这个弦外之音又会让人推论二重证据法是之前没有的，让人联想那很可能是西方学术沐浴的结果。

一些影响巨大的学者对王国维学术的评价，加剧了这一推论和联想。梁启超《王静安先生墓前悼辞》称：“王先生的《观堂集林》，几乎每篇都有新发明，只因他能用最科学而合理的方法，所以他的成就极大。”⑤ 郭沫若在《中国古代社会研究》

① 郭沫若：《中国古代社会研究·卜辞中的古代社会》，《郭沫若全集》历史编第1卷，人民出版社1982年版，第235页。

② 同上。

③ 李勇：《论郭沫若的史学方法》，《理论与史学》第2辑，中国社会科学出版社2016年版，第50、53页。

④ 王国维：《古史新证》，《王国维全集》第11卷，浙江教育出版社2009年版，第241—242页。

⑤ 梁启超：《王静安先生墓前悼辞》，《王国维全集》第20卷，浙江教育出版社2009年版，第200页。

的《自序》里说："王国维，研究学问的方法是近代式的"。[①] 王国华《海宁王静安先生遗书序》认为，王国维的学问"有得于西欧学术精湛绵密之助也"。[②] 狩野直喜《回忆王静安君》道："他对西方的科学研究法理解得极透彻，并将之用于研究中国的学问，这是王君作为一个学者的卓越之处。"[③] 这些"最科学而合理""近代式""西欧学术精湛绵密""西方的科学研究法"等措辞，不正是要说王国维"二重证据法"是古代没有或者是受西方影响的科学方法吗？

其实，问题没有那么简单。若王国维真以为"二重证据法"受自西方，则他谈治学方法就当流露出来，可事实并非如此。王国维关注学术发展趋势问题，1905 年之前作过《论近年之学术界》《论新学语之输入》，然只字未涉"二重证据法"乃至其本质含义。

他明确表示出土文物对于考证历史的重要性，是 1913 年刊印的《齐鲁封泥集存》。其《序》称："自宋人始为金石之学，欧、赵、黄、洪各据古代遗文以证经考史，咸有创获，然塗术虽启而流派未宏。近二百年始益光大，于是三古遗物应世而出……而金石之名乃不足以该之矣"，且"其数量之多，年代之古，与金石同。其足以证经考史，亦与金石同。"[④] 王国维所说近二百年新出土的除金石外，还有甲骨、简牍、陶器、封泥。说到封泥，王国维以为它"足以考正古代官制、地理者，为用至大"。[⑤]

接着，1914 年作《宋代金文著录表》，涉及宋代考释金文之事，其《序》道："窃谓《考古》《博古》二图，摹写形制，考订名物，其用力颇巨，所得亦多。……至于考释文字，宋人亦有凿空之功，国朝阮、吴诸家不能出其范围。"[⑥]

同年，《国朝金文著录表》涉及清代考释金文之事，其《序》提到罗振玉"合两家之藏，其富过于阮、吴诸家远甚。……国维东渡后，从参事治古文字之学，因得尽览所藏拓本。"[⑦]

1914 年 7 月 17 日，王国维致信缪荃孙，谈金石、甲骨对于治学的意义：金石、甲骨之学"有裨于国邑、姓氏、制度、文物之学者，不胜枚举；其有益于释经，固不下木简之有益于史也。"[⑧]

---

① 郭沫若：《中国古代社会研究·自序》，《郭沫若全集》历史编第 1 卷，人民出版社 1982 年版，第 8 页。

② 王国华：《海宁王静安先生遗书序》，《王国维全集》第 20 卷，浙江教育出版社 2009 年版，第 216 页。

③ 狩野直喜：《回忆王静安君》，《王国维全集》第 20 卷，浙江教育出版社 2009 年版，第 373 页。

④ 王国维：《齐鲁封泥集存·序》，《王国维全集》第 3 卷，浙江教育出版社 2009 年版，第 163 页。

⑤ 同上书，第 163 页。这篇《序》又见于 1913—1914 年写成的《东山杂记》第 66 节，还收入 1922 年编定的《观堂集林》第 15 卷《史林七》。

⑥ 王国维：《宋代金文著录表》，《王国维全集》第 4 卷，浙江教育出版社 2009 年版，第 233 页。此序又见《观堂集林》卷 6《艺林六》。

⑦ 王国维：《国朝金文著录表》，《王国维全集》第 4 卷，浙江教育出版社 2009 年版，第 303 页。此序又见《观堂集林》卷 6《艺林六》。

⑧ 王国维：《致缪荃孙》，《王国维全集》第 15 卷，浙江教育出版社 2009 年版，第 55 页。

1914 年 8 月 2 日，又致信沈曾植，谈自己学术转变："颇知西人数千年思索之结果，与我国三千年前圣贤之说大略相同，由是扫除空想，求诸平实。近因蕴公于商周文字发现至多，因此得多见三代材料，遂拟根据遗物研究古代之文化、制度、风俗，旁及国土、姓氏，颇与汉人所解六艺不能尽同。"①

1915 年作《鬼方昆夷玁狁考》，关于二重证据，他说："此族春秋以降之事载籍稍具，而远古之事则颇茫然，学者但知其名而已。今由故器物和古文字之助，始得言其崖略。"②

1916 年作《毛公鼎铭考释》，其《序》详论孙诒让、吴大澂等人考释毛公鼎铭之法是"考之史事与制度文物，以知其时代之情状；本之《诗》《书》，以求其文之谊例；考之古音，以通其谊之假借；参之彝器，以验其字之变化"。他又说自己"今为此释，于前人之是者，证之；可疑者，阙之；不备者，补之"。③

1916 年《方氏三家彝拓本跋》言："近世金文之学，萌芽于吾浙"，特别是"实能留意古代制度文物，非寻常好事者比也。"④

1917 年《殷卜辞中所见先公先王考》开篇说：1914 年末，罗振玉撰《殷虚书契考释》，在卜辞中发现"王亥"；王国维则翻阅《山海经》《竹书纪年》，得知"王亥"乃殷之先公，还发现与《世本》中《作篇》之"胲"，《帝系篇》之"核"，《楚辞》中《天问》之"该"，《吕氏春秋》之"王氷"，《史记》中《殷本纪》《三代世表》之"振"，《汉书》中《古今人表》之"垓"实乃一人。他把这一情况告诉罗振玉和内藤虎次郎，罗振玉、内藤虎次郎采此说，扩大了对"王亥"的研究。⑤

以上可见，王国维把自己治古文字的系统，上溯宋代金石之学，后至清代阮元、吴式芬诸人，近至罗振玉，与西方学者没有干系。

这一思想倾向，直到 1925 年作《最近二三十年中中国新发见之学问》，都是这样："审释文字，自以罗氏为第一，其考定小屯之为故殷虚，及审释殷帝王名号，皆由罗氏发之。余复据此种材料作《殷卜辞中所见先公先王考》以证《世本》《史记》之为实录，作《殷周制度论》以比较二代之文化。"⑥ 王国维显然以自己为罗振玉的继起者，并未语及西方治学方法。甚至，到了 1926 年《宋代金石学》征刘敞《先秦古器图序》之言："礼家明其制度，小学正其文字，谱牒次其世谥，乃为能尽之。"他论宋人考订石刻："既据史传以考遗刻，复以遗刻还正史传，其成就是不容蔑

① 王国维：《致沈曾植》，《王国维全集》第 15 卷，浙江教育出版社 2009 年版，第 69 页。

② 王国维：《鬼方昆夷玁狁考》，《王国维全集》第 8 卷，浙江教育出版社 2009 年版，第 377 页。

③ 王国维：《毛公鼎铭考释》，《王国维全集》第 11 卷，浙江教育出版社 2009 年版，第 285—286 页。

④ 王国维：《方氏三家彝拓本跋》，《王国维全集》第 14 卷，浙江教育出版社 2009 年版，第 406—407 页。

⑤ 王国维：《殷卜辞中所见先公先王考》，《王国维全集》第 8 卷，浙江教育出版社 2009 年版，第 263 页。

⑥ 王国维：《最近二三十年中中国新发见之学问》，《王国维全集》第 14 卷，浙江教育出版社 2009 年版，第 240 页。

视矣。”①

说王国维一点不了解西方学者将文献与实物相印证，那是过了。因为 1914 年 8 月 2 日，《致沈曾植》里有这样一段话：

“如匈奴与大月氏分布西域情况，西人议论虽多，恐不过据吾国史书上之数语，与近来所得地理上、古物上之材料，以声音相比附而已，此外根本材料亦复不多。”②

这里他只是感性上指出西方学者有将文献于古物在声音上相比附，并未有两相印证之意。

倒是 1919 年 7 月 27 日《致罗振玉》，提到伯希和《摩尼教考》使用中土文献，引和林所出回鹘爱登衮里可汗碑。③ 说到这里，可以隐约看到王国维的二重证据法受西方学者的影响，可是等到他同年 8 月 17 日又《致罗振玉》，则表明这种“隐约看到”化为乌有，王国维信中说：“见伯希和八年前就职演说，始知近年西人于东方学术之进步。”④ 这说明 1919 年 7 月之后，王国维才比较了解西方汉学界，特别是知道汉学界使用文献和文物二重证据研究中国历史。要知道多年以前他就明白文献和古物相互印证的道理了，且把这一做法追溯到宋代金石之学。

由此反推，之前王国维谈文献和文物结合研究历史纯粹是中国传统意义上的，是对金石学方法的概括和延伸。只是到了 20 年代，特别是 1925 年作《古史新证》才明确提出“二重证据法”这一概念。

三　米海里司《美术考古学发现史》中的学术观念

阿道夫·米海里司（Adoef Michaelis，1835—1910 年），德国考古学家。1905 年出版《19 世纪考古学的发现》（*Die Archäologischen Entdeckungen des Neunzehnten Jahrhunderts*），1908 年又将它改版为《美术考古学发现一世纪》（*Ein Jahrhundert Kunstarchäologischer Entdeckungen*）。日本考古学家滨田耕作（はまだ こうさく），将之译之成日文本《美术考古学发现史》，郭沫若据滨田耕作日文译本转译成同名汉文本。

郭沫若译本最初由上海乐群书店 1929 年出版为《美术考古学发现史》。因翻译仓促，又未见德文原著，故郭沫若对最初翻译并不满意，后据成仿吾从德国寄来的德文本与滨田耕作日文本对照，发现滨田耕作多直译，虽一些地方有出入，但是郭沫若已无暇顾及了，于是增加《译者序》，这就是 1931 年湖风书局再版物。1948 年上海

① 王国维：《宋代金石学》，《王国维全集》第 14 卷，浙江教育出版社 2009 年版，第 320 页。

② 王国维：《致沈曾植》，《王国维全集》第 15 卷，浙江教育出版社 2009 年版，第 68—69 页。

③ 王国维：《致罗振玉》，《王国维全集》第 15 卷，浙江教育出版社 2009 年版，第 491 页。

④ 同上书，第 496 页。

乐群书店出版时，稍作文字改动，增加《译者前言》,[①] 更书名为《美术考古一世纪》。

郭沫若对米海里司书中的一些观念非常推崇。1946 年 12 月 16 日所写《美术考古一世纪》的重译本《译者前言》道："这书实在是一本好书，它把十九世纪欧洲方面的考古学上的发掘成绩叙述得头头是道。……最要紧的是它对于历史研究的方法，真是勤勤恳恳地说得非常动人。"[②]

郭沫若所译米海里司之书，主要叙述 19 世纪西方学者在两河流域、埃及、希腊、罗马以及欧洲其他地方的美术考古挖掘的事实。倒是最后一章《发现与学术》，集中阐释了美术考古包括美术史中的一些理论和方法，与本文所涉问题相关，值得注意。

米海里司的著作，其价值不仅在于叙说各地的美术发现，更在于因美术发现而导致的美术史写作，以及由此提出的理论与方法问题。他的主张可以梳理如下：

1. 提倡文献和文物相结合的方法。针对以样式分析法研究文物的考古学，米海里司提出质疑："假如没有一切文书的证据，我们怎么能够专靠样式上的判断作基础以构成美术史呢?"[③] 他推崇沃妥・央（Otto Jahn）在美术史上的方法——"把文献学的方法移入于考古学的解释"。[④] 因为"只有立在确切不易的文书的证据上的学说，确立着不动的基础。"[⑤]

2. 主张采取整体和贯通的研究视角。米海里司说：研究者"要有一个精神贯通全体，而向全体努力。"[⑥]"由新发现之助，于某个作者或作品中阐明了'他们的发展的各种阶段'。"[⑦]

3. 主张研究文物要形式与内容相结合。他提出："对于一个美术品只看其外表的形式，于绘画只看其色彩与线而不问其内容……我以为不能算是正确。"[⑧] 又说："根据主观的要素的单纯的样式研究愈见盛行，为防其弊害起见则文献学及款识学之类依据严格的文法的学问之辅助与抑制，在考古学上愈见会证明其必要。"[⑨]"形式与内容是不可分，而是同一物。只有这两者相互的关系是决定美术作品的价值，而为研究的真的对象的。"[⑩]

米海里司的这些主张可概括为：认识文物不能只考察形制还要注意其铭文中的内

① 该文又收入郭沫若《考古论集》，改名为《序〈美术考古一世纪〉》，见《郭沫若全集》考古编第 10 卷，科学出版社 1992 年版。

② 郭沫若：《译者前言》，米海里司著：《美术考古一世纪》，郭沫若译，群益书店 1948 年版，第 2—3 页。

③ A. Michaelis 著：《美术考古学发现史》，郭沫若译，乐群书店 1929 年版，第 414 页。

④ 同上书，第 404 页。

⑤ 同上书，第 459 页。

⑥ 同上书，第 460—461 页。

⑦ 同上书，第 434 页。

⑧ 同上书，第 461 页。

⑨ 同上书，第 459 页。

⑩ 同上书，第 462 页。

容；认识和整理文物不要只注意局部而是要有贯通全体的角度；考古学或者美术史写作，要把文献和文物结合起来考察。

四　米海里司和王国维影响郭沫若之侧重

郭沫若在《美术考古一世纪》之《译者前言》中道：“我的关于殷墟卜辞和青铜器铭文的研究，主要是这部书把方法告诉了我，因而我的关于古代社会的研究，如果多少有些成绩的话，也多是本书赐给我的。”① 郭沫若既多次提到他从王国维那里受益，又承认从米海里司那里受益。

史实表明，他译《美术考古学发现史》和研究中国古代社会大体同期。从时序上看，《〈周易〉时代的社会生活》写于1928年8月，《〈诗〉〈书〉时代的社会变革与其思想上之反映》《中国社会之历史的发展阶段》成于1928年10月。《卜辞中的古代社会》脱稿于1929年9月，《周代彝铭中的社会史观》成于1929年11月。而郭沫若所译《美术考古学发现史》最初是在1929年出版。可见，郭沫若研究古代社会与研究甲骨文、铭文紧密相关的后两篇文章，恰好跟他译《美术考古学发现史》是同期或者稍后。

问题是，米海里司和王国维对郭沫若的影响的侧重点是否相同？

郭沫若明确道出《美术考古学发现史》对自己的具体影响：“作者不惜辞句地，教人要注重历史的发展，要实事求是地作科学的观察，要精细地分析考证而且留心着全体。……我受了很大的教益的，主要就在这儿。我自己要坦白地承认；假如我没有译读这本书，我一定没有本领把殷墟卜辞和殷周青铜器整理得出一个头绪来，因而我的古代社会研究也就会成为沙上楼台的。”②

看来，郭沫若受之于米海里司者有“注重历史的发展”“精细地分析考证而且留心着全体”，这一条其实就是上文所揭示的米海里司的两项主张——认识文物不能只考察形制还要注意其铭文中的内容；认识和整理文物不要只注意局部而是要有贯通全体的角度。

事实上，郭沫若整理甲骨片就体现了米海里司的主张。他为甲骨文复原发凡起例。1931年出版的《甲骨文字研究》有《断片缀合八例》《残辞互足二例》《缺刻横画二例》，为断片缀合、残辞互足发凡起例，中外学者至今仍尊其例。他还一反过去重形式的传统和分类法，而主要按内容分类。1933年《卜辞通纂》的分类是：干支、数字、世系、天象、食货、征伐、畋游、杂纂等8项。1978—1982年中华书局出版他主编的《甲骨文合集》，按不同时期细分为奴隶和平民、奴隶主和贵族、官吏、军

---

① 郭沫若：《译者前言》，米海里司著：《美术考古一世纪》，郭沫若译，群益书店1948年版，第2页。

② 同上书，第3页。

队和刑罚、战争、方域、贡纳、农业、渔猎和畜牧、手工业、商业和交通、天文和历法、气象、建筑、疾病、生育、鬼神崇拜、祭祀、吉凶祸福、卜法、文字、其他等22类。这些是对米海里司认识文物不能只考察形制还要注意其铭文中的内容的主张的践行。

郭沫若对青铜器的整理同样体现米海里司的主张。他创青铜器分期说，其《两周金文辞大系图录考》，将青铜器发生、发展和衰亡过程，与其时代联系起来，认为文体、字体、器制和花纹是分期的依据。1934年《金文辞大系图编序说——彝器形象学试探》，将青铜器的历史分为：滥觞期，相当于殷商前期；勃古期，相当于殷商后期及周初成、康、昭、穆之世；开放期，恭、懿以后到春秋中叶；新式期，春秋中叶到战国末年。这一做法是米海里司认识和整理文物不要只注意局部而是要有贯通全体的角度的主张的付诸于实践。

就像上文揭示的那样，米海里司还主张把文献与文物结合起来加以考察。但是郭沫若没有明言在这一点受其影响。

而且可以肯定，郭沫若译《美术考古学发现史》期间，读过王国维《观堂集林》，他在1929年9月的《卜辞中的古代社会》中明言："王氏于一九一七年有《戬寿堂所藏殷墟文字考释》一卷；于一九二二年著《殷卜辞中所见先公先王考》一卷，又《续考》一卷（《观堂集林》卷九《史林》一，今收入全集第一辑）；又《殷周制度论》（《史林》卷十）。此为对于卜辞作综合比较的研究之始。卜辞的时代性得以确定，殷代之史实性亦得以确定。"① 在《观堂集林》中王国维已有多篇文章使用地下考古材料和传世文献相对照来研究中国古史。

还可以肯定，郭沫若在译《美术考古学发现史》和写《中国古代社会研究》之前，尚未读过王国维《古史新证》。1929年12月29日郭沫若致信容庚："王国维《古史新证》亦欲读。"② 1930年2月6日复与容庚书："《古史新证》昨夜奉到。"③ 这些是1929年底之前，郭沫若没有读过王国维《古史新证》的明证。但是《古史新证》这部著作是王国维依据《殷卜辞中所见先公先王考》和《续考》《殷周制度论》等文增删而成，较之过去最突出的不同，是明确提出"二重证据法"。

大体上可以这样认为，就传世文献和出土文物相比照这一方法而言，郭沫若还是受到王国维的影响，虽然那时他脑子里还没有明确的"二重证据法"的概念，但是他的研究实践中已有这个概念的本质含义了。

总之，郭沫若受益于王国维是研究中国古代社会的路径，从小学入手把考古材料与传世文献相互结合，而且在具体释文上借鉴王国维；他受益于米海里司的主要是文

① 郭沫若：《中国古代社会研究·卜辞中的古代社会》，《郭沫若全集》历史编第1卷，人民出版社1982年版，第193—194页。

② 郭沫若：《郭沫若书信集》（上），中国社会科学出版社1992年版，第314页。

③ 同上。

物整理的理念，即认识文物不能只考察形制还要注意其铭文中的内容，认识和整理文物不要只注意局部而是要有贯通全体的角度。无论如何，说王国维和米海里司共同影响郭沫若的中国古史研究，是可以成立的，因此，还可以说郭沫若研究中国古史的路数是中西学术共同影响的结果。

[原载《云南大学学报（社会科学版）》2018 年第 3 期]

郭沫若与日本汉学界之学术关联考述

——以《中国古代社会研究》为中心

王舒琳

郭沫若是20世纪中国新史学的一面旗帜，他的治学生涯体现出中国史学从传统走向现代的转型特征。他自小受到中国传统学术的熏陶，打下了深厚的治学根基。随着时代潮流和生活环境的变迁，他的学术理念和方法不断发生变化。20世纪二三十年代，长期的旅日生活，对郭沫若融入国际汉学潮流起到了一定的促进作用。日本是近代国际汉学研究的重镇，为郭沫若开展史学研究提供了诸多便利。《中国古代社会研究》是他在日本撰写的首部史学论著，反映出郭沫若关注日本汉学研究动向、积极吸收日本考古领域新成果以及对日本汉学界的学派倾向，等等。这些都说明，郭沫若的学术研究与日本汉学界密切关联①。

一　郭沫若在日本开启上古史研究

郭沫若一生中有二十年生活在日本，分别为1914—1924年留学十年和1928—1937年流亡十年。他曾总结第一个十年："在日本留学的学生时代的十年期间，取得了医学士学位，虽然我并没有行医，也没有继续研究医学，我却懂得了近代的科学研究方法。"② 1928年，郭沫若被迫再次前往日本，在被监视的境遇中专注古史研究，他以唯物史观为理论工具，结合大量史料来研究中国古代社会，最终撰写成海内外颇具影响力的《中国古代社会研究》。

《中国古代社会研究》最鲜明的特色是首次将唯物史观作为理论工具解析中国先秦社会。1924年，郭沫若翻译和研读日本经济学家河上肇的《社会组织和社会革命》

---

① 目前已有学者涉及这一论断的相关研究。蔡震《文化越境的行旅——郭沫若在日本二十年》说道，郭沫若能够进行古代社会的研究，"若没有日本这样一个外部的社会文化环境，郭沫若的流亡生涯完全会是另外一种选择、另外一种方式"；陈峰《民国史学的转折——中国社会史论战研究》指出，"中国的唯物史观派学者受到苏联、日本的巨大启发。""郭沫若与国际汉学界接触交流之广泛，在唯物史观派中当是佼佼者。"这些都反映出，郭沫若此期的学术研究与日本汉学界不无关系。但具体探讨郭沫若与日本汉学界的学术关联尚付阙如。

② 郭沫若：《后记——我怎样写〈青铜时代〉和〈十批判书〉》，《中国古代社会研究》（外二种），河北教育出版社2000年版，第1041页。

之后，彻底接受了唯物史观，这为他写作《中国古代社会研究》做好了理论准备。河上肇是日本京都大学的一名经济学教授，他所著的《社会组织与社会革命》是日本马克思主义发展初期的重要著作，促进了郭沫若的思想转变。1950 年，郭沫若曾在商务印书馆重新排版的《社会组织和社会革命》的序中回忆道："马克思主义在日本的传播，不能否认，河上肇博士是有功劳的。就是中国初期的马克思主义者也有不少的人是经过他的媒介才和马克思主义接近的。我自己就是一个活的人证。我自己的转向马克思主义和固定下来，这部书的译出是起了很大的作用的。"① 翻译这部书之前，郭沫若是一个醉心新文学的青年，希望通过文学来实现救国的抱负。译介这部书之后，郭沫若从中获得启示，开始投身于社会主义革命事业。郭沫若曾多次明确表示河上肇对他产生了极大的影响。从学派归属来看，河上肇的理论体系属于日本京都学派，与西田几多郎的哲学、内藤湖南的中国学并称为京都大学的三大体系。可以说，从历史观来看，郭沫若与日本的京都学派有一定的学术渊源。

《中国古代社会研究》的另一项典型特征是，它的完成过程蕴涵着郭沫若治学路径的演变。正如郭沫若在《中国古代社会研究》的《新版引言》所强调："不依照写作先后排列，便看不出研究路径的进展"②。以撰著过程为切入点，就会发现郭沫若学术路径的具体变化。郭沫若撰写《中国古代社会研究》各篇章投入的时间和精力不同。他说道："记起来是一九二八年的事了。我第二次跑来日本，手里是一本书籍也没有的。开首耽读了一些关于唯物辩证法的书。在七八月之交，忽尔想到幼小时候读得烂熟的《周易》里面，很有丰富的辩证式的意味，便在东京的一家旧书店里，花了六个铜板买了一部'明治十四年辛巳新镌'的《易经》，是薄薄的两册，除了附有日本式的训点及卷头偶尔标注的反切和字义之外，完全是白文。但那书有点好处，是把经与传分开了的，读起来比一般经传合刊的本子来得便利。我就根据这个本子，费了八天功夫，草出了《周易的时代背景与精神生产》的那篇文章。"③ "被敬言先生款待了三天，回寓之后又继续着作《诗经》和《书经》的研究，但也同样的可怜而且胆大，所凭借的本子也只是花了几毛钱在东京买的朱注本和蔡传本，一口气写成了那篇题也长文也长的《诗书时代的社会变革及其在精神生产上的反映》。"④ 由上得知，郭沫若是使用日本版本的文献来进行写作的。郭沫若自幼熟读四书五经，对《易经》《诗经》《书经》（即《尚书》）等经学文献烂熟于心，早年又在日本冈山读医科大学时受过严格的语言训练，日语水平较高，所以他使用这些日版文献相对顺利，迅速完成了《〈周易〉时代的社会生活》《〈诗〉〈书〉时代的社会生活》。

《〈诗〉〈书〉时代的社会生活》于 1928 年 8 月 25 日脱稿，《卜辞中的古代社

① 蔡震：《郭沫若生平文献史料考辨》，社会科学文献出版社 2014 年版，第 236 页。

② 郭沫若：《中国古代社会研究》，商务印书馆 2011 年版，第 1 页。

③ 郭沫若：《我与考古学》，《考古》1982 年第 5 期。

④ 同上。

会》于1929年9月20日完成，两篇文章间隔时间1年1个月。此间，郭沫若的学术观念有所转变。他说："我踌躇了，我因而失掉了当初的一鼓作气的盲动力。但我也并没有失望，我把我自己的追求，首先转移到了资料选择上来。我想要找寻第一手的资料，例如考古发掘所得的，没有经过后世的影响，而确确实实足以代表古代的那种东西。"① 于是，郭沫若开始寻求考古学的入门书籍。文求堂书店的老板田中庆太郎告诉他："要看这一类的书，小石川区的东洋文库应有尽有。"郭沫若经由他在冈山六高时的老师藤森成吉的帮助，进入东洋文库阅读。文库在小石川区的一条僻静的街上，三层楼的建筑，相当宏大。"我跑东洋文库，顶勤快的就只有开始的一两个月。就在这一两个月之内，我读完了库中所藏的一切甲骨文字和金文的著作，也读完了王国维的《观堂集林》。"② 这是郭沫若由经入史转向近代考古学的发端。

1929年，为了扩充考古学知识，郭沫若翻译了德国米海里司的《美术考古发现史》，此书最早由上海乐群书社出版。郭沫若在译本序言中提到："去年年初我在研究中国的古代社会的时候，我感觉到要处理这个问题，关于考古学上的准备智识是不可缺少，我便选读了这部书。但我所读的是日本滨田青陵博士的译本。滨田博士是斯道的专家，他所移译的书我相信一定是很有价值。结果和我所预期的相符，我由这部书得到的教益真是不少，适逢其会我从前的一位友人新开了一家书铺，他写信来要我的稿件，我便起心翻译这本书。因为一时买不出德文原本，我在便宜上从日译本来重译了。"③ 日本是近代汉学研究的重镇，依托于东京大学和京都大学两个学术中心形成"东洋学"和"支那学"（以下称为"东京学派"和"京都学派"）。滨田博士，即滨田耕作，号青陵，是京都学派考古学领域的代表人物之一。从郭沫若对滨田耕作的评价来看，他早已知晓滨田博士。郭沫若在东洋文库时遍览一切甲骨文和金文的著作，经笔者查阅，1929年以前出版的金文著作有6部，分别为滨田耕作、原田淑人、梅原末治在1918年和1926年编著的《泉屋清赏·彝器编》和《泉屋清赏续编·彝器编》、1922年滨田耕作著《泉屋清赏别集》、1923年大村西崖出版的《支那古美术图谱》和帝国工艺会刊发的《支那工艺图鉴·金工编》（1922年）。④ 郭沫若称"滨田博士是斯道"的专家，折射出他对滨田耕作学问的肯定。郭沫若在撰述《卜辞中的古代社会》时，参看滨田耕作的学术成果，并发表自己的看法。"沫若案三器影片载《殷墟古器物图录》中，日本滨田耕作博士以为乃石庖刀，余谓当即石犁，非必古磬也。"⑤ 尽管二人在具体问题上看法不同，但郭沫若特地标注其观点，足见他对滨田耕作的重视。随后，郭沫若与滨田耕作的两位后学梅原末治、原田淑人都建立了

① 郭沫若：《我是中国人》，载《沫若文集》第8卷，人民文学出版社1958年版，第337—339页。
② 闫焕东：《郭沫若自叙》，山西教育出版社1986年版，第302页。
③ ［德］米海里司：《美术考古学发现史》，郭沫若译，乐群书店1929年版，第1页。
④ 刘正：《金文学术史》，上海书店出版社2014年版，第759页。
⑤ 郭沫若：《中国古代社会研究》，《郭沫若全集》历史编第1卷，人民出版社1982年版，第189页。

学术交谊。

总体来说，《中国古代社会研究》前后的史料发生了很大的变化，《导论 中国社会之历史的发展阶段》《〈周易〉时代的社会生活》《〈诗〉〈书〉时代的社会生活》主要依靠传统经学文献，《卜辞中的古代社会》和《周代彝铭中的社会史观》则充分利用近代考古学发展以来的新方法和新史料。考古学是近代西方兴起的学科门类，郭沫若进入这一新兴社会科学领域，成为中国较早开展考古学研究的学者之一。从《卜辞中的古代社会》和《周代彝铭中的社会史观》来看，郭沫若走在了中国上古史研究领域的前沿。首先，他在史料方面取得了突破，不再单一使用传世的经典文献，强调卜辞与铭文作为史料的真实性和科学性，并用两者双重考察史实，摸索出一条运用现代科学眼光探研历史的道路。其次，相较于罗振玉、王国维等中国甲骨研究的先驱，郭沫若不仅继承并发展了前辈们的甲骨文字考释业绩，而且尤为重视古器物的研究。他希望通过科学的方法，如器物材质的勘测、地层的研究和样式分析的方法等考订器物的确切年代，从而得出可靠的结论。可以说，郭沫若形成了较为科学的古史研究体系，即通过综合分析传统的经典文献、甲骨文字以及地下出土的古器物来考求中国古代社会的真实风貌。

二 郭沫若吸收日本汉学界的研究成果

《中国古代社会研究》之所以具有很高的学术价值，一个重要原因就是郭沫若尽力搜集甲骨材料。他在《卜辞中的古代社会》文末列出了重点参考的研究资料，主要有罗振玉的《殷墟书契》《殷墟书契菁华》和日本甲骨研究先驱林泰辅编纂的《龟甲兽骨文字》二卷。郭沫若在《序说 卜辞出土之历史》中说，“刘铁云所蒐藏的甲骨在庚子之乱以后，一部分为上海哈同所得，又一部分则流入日本，彼邦林泰辅博士汇集诸家所有于一九一七年亦编印《龟甲兽骨文字》二卷”[①]。《龟甲兽骨文字》二卷极为重要，是日本第一部甲骨文字著作，收录了日本早期的甲骨收藏。“自1899年甲骨被发现以来，许多中国学者开始搜集甲骨。与此同时，不少外国人也开始搜购甲骨文，并有不少又被转卖到外国，如美国、英国、德国等各大博物馆。”[②] 其中，日本人所得约15000片。[③] 这个数目是非常惊人的。1922年林泰辅亡故后，他所收藏的甲骨文文献归东洋文库。有的学者曾评价《龟甲兽骨文字》二卷：“7月刊行了《龟甲兽骨文字》2卷，根据日本所藏甲骨，补罗振玉《殷墟书契》之漏失。”[④] 可见，

---

① 郭沫若：《中国古代社会研究》，《郭沫若全集》历史编第1卷，人民出版社1982年版，第190—191页。

② 王宇信：《甲骨学研究九十年》，《史学月刊》1989年第4期。

③ 同上。

④ 李庆：《日本汉学史》，上海外语教育出版社2002年版，第434页。

此书是郭沫若进行甲骨研究不可或缺的资料。正如《中国古代社会研究》的日译者藤枝丈夫所说："王国维、罗振玉、孙诒让、商承祚、王念孙、王引之以至日本的林泰辅等诸人的注解（指甲骨和金石文字），到了郭沫若先生，以新史学的方法再整理一番，对古代社会给了一幅鲜明的图画。"①

《中国古代社会研究》的《附录 追论及补遗》最能体现出郭沫若对日本汉学界的关注。首先，郭沫若以中国考古之业绩反驳日本东京学派的立场。为了获取国内材料或者发表论文，郭沫若经常与燕京大学的容庚联络。"顷蒙燕大教授容君希白以董作宾《新获卜辞写本》见假，始知董君于一九二八年冬曾从事殷墟之发掘，新获卜辞三百八十一片。辞虽无甚精萃，然物由发掘而得，足为中国考古学上之一新纪元，亦足以杜塞怀疑卜辞者之口。(章太炎《国故论衡》卷上《理惑论》，日本饭岛忠夫博士《支那历法起源考》第十章《干支起原说》，均怀疑卜辞，而理由甚薄弱。)"②自 1899 年甲骨文被发现、购藏起，国内外就不乏质疑的声音。傅斯年领导的中央研究院历史语言研究所致力于寻找新材料，考古组成功发掘安阳殷墟。郭沫若从容庚处获知后喜不自胜，他认为这是对那些怀疑声音的有力回击。他提到的日本学者饭岛忠夫，是日本东京学派的代表人物之一，与京都学派分歧很大，不赞成卜辞研究。与《支那历法起源考》直接相关的是京都学派和东京学派的一场学术论战。"1909 年，白鸟库吉在《东洋时报》131 号上发表了'支那古传说之研究'，对尧舜禹的存在，提出疑问，引起一场史学界的大论争。"③ 白鸟库吉的言论一出，立刻遭到了传统学者林泰辅的批驳。林泰辅生于 1854 年，年长内藤湖南十余岁，他重视传统典籍、肯定甲骨的存在和价值与后起的京都学派立场相似。"1921 年（大正十年）4 月，林泰辅发表了生前最后的论文'关于支那上代的研究资料（《斯文》第二编 2 号、3 号）'，强调除了土器、刻石等资料，加以互相比较参考，不可轻信文献，也不可妄言文献俱不可信而托于空言。"④ "尧、舜、禹是否为历史上真实人物，涉及《尧典》内'四中星'记事，遂引发东洋史学派与支那史学派关于先秦天文历法的论战。饭岛忠夫发表《从汉代历法以见〈左传〉之伪作》(《东洋学报》1912 年第 2 卷第 1、2 号)，益张康有为《新学伪经考》所谓刘歆伪作说，引起京都支那史学派新城新藏发表《支那上古之历法》(《艺文》1913 年第 4 卷第 5、6、7、9 号)，大加反驳，从此短兵相接，争论不止。"⑤ 1930 年，饭岛忠夫的部分论战文章收入《支那历法起源考》。这场论战是 20 世纪前半期日本汉学界的重大事件，郭沫若颇为关注。有学者甚至猜测，"郭沫若对于中国古代社会的研究，顾颉刚等对于古代神话、对于《禹

① 转引自《何干之文集》，中国人民大学出版社 1989 年版，第 218 页。

② 郭沫若：《中国古代社会研究》，《郭沫若全集》历史编第 1 卷，人民出版社 1982 年版，第 271 页。

③ 李庆：《日本汉学史》，上海外语教育出版社 2002 年版，第 594 页。

④ 同上书，第 434 页。

⑤ 李孝迁：《域外汉学与中国现代史学》，上海古籍出版社 2014 年版，第 76 页。

贡》等历史地理的研究，和由这次论争而鼓动起来的学术界的古代文化研究热潮，恐怕也不能说完全没有关系吧。”①

其次，郭沫若辟专节对京都学派学者小川琢治关于“井田制”的论点进行讨论，《附庸土田之另一解》于 1930 年 2 月 1 日补记。“日本理学博士小川琢治于所著《支那历史地理研究续集》第三篇《阡陌与井田》中，以罗马人之都邑及田野划分法与周代之古法作比较的研究，其结论认为两者多有共通之处，而同时亦否认孟子‘九一而助’之井田制，以为非中国之古法。其说虽尚无古物上之证明（将来如地下挖掘盛行时，或有证明之希望），然甚新颖，且可作为研究古代文献及将来地下发掘时之一参考。”② “井田制”是郭沫若古史研究的重点问题。从以上阐述来看，郭沫若认为小川博士的研究方法颇具新意、所得结论令人信服，虽然有待证明，但不失为一家之言。关于土田划分法和井田制问题的探讨，“据所述罗马人于建设都邑时，须由占师（Augur）先占视飞鸟之行动以察其几祥。卜地既吉，乃以悬规（Grume 或 Groma）测定地之中点。其器形制，于铁杆附以斜交之十字规（Stella：由所附图观之，此物对于铁杆向左右两方可作四十五度之活动，不用时则能重叠，小川君所述未详）。规之二上枝各附小锤（案此即使悬规竖立时而成正交之十字形者），测中点时即竖此悬规以定之。（案测法小川书中亦未详，且颇暧昧，余以意揣之，当系借日光以十字规之影投射于地而得。）”③ 郭沫若细致地分析与思考小川博士所述的测量方法，并对小川博士未能描写的细节进行猜测。“小川博士所述据云系据安培尔（G. Humbert）、勒诺尔曼（L. Lenormant）、加尼亚（Cagnat）诸氏之研究，及亨利·司徒·华德·琼斯（Henry Stuart Jones）著《罗马史之友》。惜余手中目前无此等书籍，罗马制度未能知其详尽。然由上简略之撮述，亦可得一重要的暗示，大抵古代田制或有与罗马制度相仿佛之处，故先秦学者始据以创立井田说。由罗马制度之暗示，余于‘土田附庸’一语别得一新解，足以更正余之曩说，亦足为小川博士说之一佐证。”④ 郭沫若在当时的情况下未能亲自读到《罗马史之友》对罗马制度做详尽的了解，而是由小川琢治的论述得到启发，更正旧有结论。同时，郭沫若认为自己的见解能为小川博士的观点提供支撑。

1930 年，《中国古代社会研究》出版，国内外反响强烈，这在一定程度上推进了郭沫若的学术研究。其一，郭沫若在日本汉学研究的重要刊物《支那学》发表文章。1931 年 1 月 14 日，郭沫若在与容庚的通信中说：“拙稿由日友借去尚未寄还，闻有选登《支那学》杂志之意。学问本无此疆彼界之事。故仍之未便促索也。”⑤ “1932

① 李庆：《日本汉学史》，上海外语教育出版社 2002 年版，第 601 页。

② 郭沫若：《中国古代社会研究》，《郭沫若全集》历史编第 1 卷，人民出版社 1982 年版，第 283 页。

③ 同上。

④ 同上书，第 284 页。

⑤ 冯锡刚：《郭沫若的三十年 1918—1948》，中央文献出版社 2011 年版，第 174 页。

年，日本《支那学》第一期刊载了郭的学术著述《谥法的起源》。”① 其二，郭沫若得到日本文求堂老板田中庆太郎的赏识，获得诸如经济支持、人脉往来、出版事宜等帮助。《郭沫若致文求堂书简》反映出二人非比寻常的情谊。如郭沫若著述《卜辞通纂》时，就致书信求助田中庆太郎，试图能够寻访京都大学。“郭沫若欲往京都一行的直接目的，就是走访京都大学考古学教室。那里既有甲骨刻辞收藏，又是西京派学者的云集之地。”②

郭沫若曾描述他在日本搜集甲骨的情况，“余以寄寓此邦之便，颇欲征集诸家所藏，以为一书。去岁夏秋之交，即从事探访。计于江户（即东京——著者）所见者。东大考古学教室所藏约百片，上野博物馆二十余片，东洋文库五百余片，中村不折氏约千片，中岛蠔山氏二百片，田中子祥氏四百余片，已在二千片以上。十一月初旬，携子祥次子震二君赴京都，复见京大考古学教室所藏四五十片，内藤湖南博士二十余片，故富冈君撝氏七八百片，合计已在三千片左右。此外闻尚有大宗搜集家，因种种关系，未能寓目”③。由此看来，日本丰富的甲骨收藏是郭沫若深入古史研究的一项有利条件。除《中国古代社会研究》之外，他在日本期间还出版了《甲骨文字研究》(1930)、《两周金文辞大系》（1932 年)、《金文丛考》（1932 年)、《卜辞通纂》(1933 年)、《古代铭刻汇考》(1933 年)、《古代铭刻汇考续编》（1934 年)、《两周金文辞大系图录考释》(1934—1935 年)。颇丰的著述可见其考古学成绩一斑。即使是站在不同政治和学术立场的胡适和傅斯年，1947 年遴选中央研究院院士候选人时，也因其考古学业绩同时提名郭沫若。香港史学家许冠三评论郭沫若一生学术成就时说：“是以，他对新史学的贡献，迄今为止海内外史学界所公认的，仍以他的卜辞彝铭考释为主。”④

三 郭沫若倾向京都学派

东洋文库是东京学派的大本营。郭沫若频繁往来东洋文库，逐渐了解到，“白鸟本人（他便是法西斯外交官白鸟某的父亲）除在东京帝大担任教授之外，在这儿有他的研究室，经常住在这儿的三楼”⑤。从郭沫若的讲述来看，他完全有机会拜会白鸟库吉。然而，他却有意划清界限。与之相反的情形是，郭氏主动寻访内藤湖南。“1926 年，内藤湖南从京都大学退休，然后在东京附近的加茂町隐居，并将自己的宅邸称为恭仁山庄。恭仁山庄的交通十分不便，但前来拜访他的学者、政治家、社会名

① 宋绍香：《郭沫若著作在日本》，《郭沫若学刊》1988 年第 1 期。
② 蔡震：《郭沫若生平文献史料考辨》，社会科学文献出版社 2014 年版，第 31 页。
③ 转引自严绍璗《汉籍在日本的流布研究》，江苏古籍出版社 1992 年版，第 176 页。
④ 许冠三：《新史学九十年》，岳麓书社 2003 年版，第 378 页。
⑤ 郭沫若：《我是中国人》，《郭沫若选集》第 2 卷，人民文学出版社 2004 年版，第 87 页。

流却络绎不绝。在这些访客的名单上，还有郭沫若、马伯乐的名字。”① 郭沫若在京都专门拜访了内藤湖南，并与他在“恭仁山庄”进行了交谈。“郭沫若谈及了自己关于甲骨文研究的见解，内藤湖南认为郭沫若很有天分，不过他不大同意郭沫若的见解。他后来私下对人讲，郭沫若对甲骨文的解释‘有些异想天开’，其研究具有‘冒险性’。”② 尽管如此，郭沫若对内藤湖南非常敬重，他在返回东京后即赋诗一首《访恭仁山庄》，请田中庆太郎转寄内藤湖南。内藤湖南也曾专门为郭沫若复制拓本资料。白鸟库吉是东京学派的创始人，学术名气不亚于内藤湖南。郭沫若为何以截然不同的态度面对两派领军人物，这与他对两派的认知密切相关。

谈及东京学派，郭沫若说：“大多是受了法兰西学派的影响，而又充分发泄着帝国主义的臭味的。对于中国的古典没有什么坚实的根底，而好作放诞不经的怪论。有一位著名的饭田（岛）忠夫博士，便是这种人的代表。他坚决主张中国人是没有固有文化的，所有先秦典籍，一律都是后人假造。中国的古代文化，特别关于星算之类，是西纪前三三四年（战国中叶）亚历山德大王东征之后才由西方输入的。因此凡是古文献中有干支之类的文字，在他认为尽都是后人的假托。甲骨文和金文里面的干支文字极多，而这些东西都是在西纪前三三四年之前，不用说也就都是假造的东西了。这样的论调与其说是学术研究，宁可说是帝国主义的军号。东京学派的人大抵上是倾向于这一主张的，因而他们对于乾嘉以来的成绩，不仅不重视而且藐视。关于甲骨文和金文之类，自然也就要被看成等于复瓿的东西了。”③ 这段论述反映出郭沫若对东京学派的大致看法。首先，郭沫若怀有浓烈的民族主义情绪，对东京学派持憎恶的态度。近代日本侵华给中日正常的学术交流蒙上了阴影，许多学人对东京学派嗤之以鼻，“但是，在日本京都大学（包括以前的京都帝国大学时代）的学术环境下产生的东洋史学京都学派，却赢得了几代中国学者和世界各国汉学家们的无比尊重和特别关注，这也是个不争的事实”④。郭沫若就是其中一个。姑且不论学术旨趣的异同，郭沫若认为东京学派为日本军国主义提供了理论依据。其次，郭沫若不认同东京学派的某些学术观点。一是，对于中国文化的认识。“白鸟库吉对中国文化，虽然不像福泽谕吉那样，几乎持有憎恶感，但从总体上来说，是持严厉的批判态度。”⑤ 东京学派对待中国文化十分极端，甚至是不承认中国的固有文化。尽管内藤湖南的“文化中心移动说”也有为日本帝国主义张目的作用，但“他坦率地承认，日本是受中国文化影响极深的一个国家，因此从文化上讲，‘日本可以和江苏省、浙江省一样，成

---

① ［日］金文学：《重新发现近代：一百年前的中日韩》（第一部），现代出版社 2015 年版，第 253 页。

② 刘德有著、顾娟敏编注：《战后随郭沫若访日》，辽宁人民出版社 1988 年版，第 141 页。

③ 郭沫若：《我是中国人》，《郭沫若选集》第 2 卷，人民文学出版社 2004 年版，第 86—87 页。按，原文用“饭田忠夫”，郭沫若在《中国古代社会研究》提到“饭岛忠夫”，疑为同一个人。

④ 刘正：《京都学派》，中华书局 2009 年版，第 1 页。

⑤ 李庆：《日本汉学史》，上海外语教育出版社 2002 年版，第 498—499 页。

为18个省份之一，甚至也可以成为日本省'"[①]。内藤湖南对中国文化的认可，是郭沫若对他尊敬的一个原因。二是，对待甲骨文的态度。东京学派否定甲骨文的存在，京都学派却十分重视甲骨等出土文物，早期就开始来中国寻访。"近二三年来，殷龟卜文字在日本也为许多人知晓，但见到实物的人还几乎没有。这是10年以前在河南发现的，刘铁云氏收藏不少，并出了《铁云藏龟》一书。由此，渐渐为世人知晓。我们此行在北京得到了200片这样的实物带了回来。这些龟甲片是从河南省彰德府安阳县城西五华里、恒水之阳的山丘下发现到的（距北京约千里）。"[②] 以上表明，京都学派对日本的甲骨收藏有开拓之功。这里需要交代一则旧故，即"京都学派"首为郭沫若提出。有的学者分析，"内藤等人对新出土史料的重视，则为郭沫若以'京都学派'来称呼京都大学东洋史研究的主因。"[③] 从学派立场来讲，郭沫若自然倾向京都学派，反感东京学派。三是，对中国清代乾嘉学术的看法。"与东京学派实证主义精神主要来源于德国兰克学派不一样，京都学派则更多地由清代乾嘉考证学发展而来，并且由于罗、王的来日，使乾嘉考证学更发展到'二重证据法'，即京都学派的所谓'考证学'，十分强调要发现能与原有的文献资料相印证的新文献和新文物，如甲骨文、金石文、古碑、铜镜等为前提，否则，就不是理想的考证学。京都学派历来注重对新史料和地下遗物的发现与利用。"[④] 东京学派忽略清代乾嘉学术的价值，与重视中国传统治学方法的郭沫若治学立场相左。

郭沫若倾向京都学派，主要原因是他和京都学派都受到了王国维的学术影响。一方面，京都学派将王国维"当成为一位导师在崇拜着"[⑤]。清末之际，罗振玉已与日本各界多有交往，王国维又为东文学社的学生，与日本汉学界联系密切。尤其是，1899年，罗振玉与来华访学的日本知名学者内藤湖南结为学术至交。[⑥] "内藤湖南是日本京都大学东洋史学科的学术带头人，与狩野直喜等人创建了闻名遐迩的京都学派。"[⑦] 异乡遇知音式地相识成为罗王二人与京都学者深入交流的重要节点。"1911年11月辛亥革命成功后，罗振玉、王国维两家一起东渡日本，居住在京都大学附近，与京都大学学者常相往还，切磋学术。王国维受罗振玉和京都学派的影响，也由于政治形势的改变，抛弃原来所治哲学和文学，转向经史考据方面，留意甲骨、金文、汉简、敦煌材料。"[⑧] "在中国早期'甲骨学'中被称之为'罗王之学'的大部分内容，

① 何寅、许光华：《国外汉学史》，上海外语教育出版社2002年版，第329页。

② ［日］内藤湖南、长泽规矩也等著，钱婉约、宋炎译：《日本学人中国访书记》，中华书局2006年版，第11—12页。

③ 何培齐：《内藤湖南的历史发展观及其时代》，《史学集刊》2008年第4期。

④ 钱婉约：《日本中国学京都学派刍议》，《北京大学学报》2000年第5期。

⑤ 蔡震：《文化越境的行旅——郭沫若在日本二十年》，文化艺术出版社2005年版，第314页。

⑥ 谢崇宁：《罗振玉与日本汉学界之关系考述》，《社会科学战线》2008年第12期。

⑦ 钱婉约：《内藤湖南及其"内藤史学"》，《日本学刊》1999年第3期。

⑧ 荣新江：《狩野直喜和王国维——早期敦煌学史上的一段佳话》，《敦煌学辑刊》2003年第2期。

是罗王二氏在日本流亡的时期内完成的。”① “所谓‘观堂继已考史’，指的是王国维继罗振玉之后，首先把甲骨文字引入中国古史的研究”。② 1915 年，王国维在日本撰写成《三代地理小记》。“《三代地理小记》研讨了殷商自‘契’至‘成汤’八次迁移的地理问题。他确证从盘庚时起，至纣王亡国，其都在殷。其最可靠的证据便是出土的甲骨文字，几乎都是从盘庚以来至殷亡二百数十年间的遗物。由此实证，遂为不移之论。”③《三代地理小记》是王国维运用甲骨文字资料考察古代历史的一次尝试，开辟了古史新证的新路径。“王国维把他自己首倡的这一古史研究的新的思维模式称之为‘二重证据法’——古史研究必须建筑在实证基础之上，从而摆脱了经史文化的羁绊，此种实证，又必须建筑在古代文献与地下文献互相契证的基础之上。”④ 这种古史新证的新路径很快得到了日本一些学者的响应与效法。“内藤湖南于1916 年发表了直接利用甲骨文研究中国古代史的论文《王亥》，林泰辅于 1918 年发表了《龟甲兽骨文中所见之地名》，这些成果表明，以甲骨作为古史新证的研究已逐渐在日本学术界开展起来，罗王倡导的古史实证研究——古代文献与地下文物相互参证的二重证据法，即为后继之中国国学及日本汉学研究者奉为圭臬。”⑤

另一方面，“郭沫若在卜辞、金文研究上得以登堂入室的指引者就是王国维”⑥。“流亡日本期间，郭沫若在日本刑士和宪兵的监视下，用一两个月的时间先后读了罗振玉的《殷墟书契前编》，王国维的《观堂集林》等有关甲骨的著作，‘参透无门关。’进而结合考古资料，开始大踏步地进入甲骨学研究领域。”⑦ “罗氏在中国要算是近世考古学的一位先驱者”⑧，“罗振玉的功劳即在为我们提供出了无数的真实的史料”⑨，“王国维的学术工作‘是划时代的’”⑩，“王国维的业绩是新史学的开山”⑪。这些评价都体现出郭沫若对罗王二人的推崇。1929 年 9 月 20 日，郭沫若所写《中国古代社会研究》自序说“大抵目前欲论中国的古学，欲清算中国的古代社会，我们是不能不以罗、王二家之业绩为其出发点了”⑫。事实证明，郭沫若在第一部史学扛鼎之作中就继承并发展了罗王二人的业绩。如郭沫若为了研究商代社会的真实情形，便采取了结合新旧史料双重考证的方法。“商代的产业状况由

---

① 严绍璗：《汉籍在日本的流布研究》，江苏古籍出版社 1992 年版，第 177 页。
② 谢崇宁：《罗振玉与日本汉学界之关系考述》，《社会科学战线》2008 年第 12 期。
③ 严绍璗：《汉籍在日本的流布研究》，江苏古籍出版社 1992 年版，第 177 页。
④ 同上书，第 177—178 页。
⑤ 谢崇宁：《罗振玉与日本汉学界之关系考述》，《社会科学战线》2008 年第 12 期。
⑥ 陈峰：《民国史学的转折——中国社会史论战研究》，山东大学出版社 2010 年版，第 54 页。
⑦ 韩宝丰：《郭沫若与甲骨学》，《郭沫若学刊》1990 年第 2 期。
⑧ 郭沫若：《中国古代社会研究》，《郭沫若全集》历史编第 1 卷，人民出版社 1982 年版，第 188 页。
⑨ 同上书，第 8 页。
⑩ 萧艾：《一代大师》，湖南人民出版社 1988 年版，第 157 页。
⑪ 郭沫若：《十批判书》，《郭沫若全集》历史编第 2 卷，人民出版社 1982 年版，第 6 页。
⑫ 郭沫若：《中国古代社会研究》，《郭沫若全集》历史编第 1 卷，人民出版社 1982 年版，第 8 页。

旧有的史料可以得到一个大略的概念。"①"由旧有史料所得到的约略的推测，商代自中叶以后已由牧畜时代渐渐转入农业时代，在新史料里面更可以得到无数的证明。"② 这里的新史料就是指卜辞，郭沫若将考释的卜辞分为渔猎、牧畜、农业、工艺、商贾五项来逐个罗列考察，就连田猎的具体的情况也有大概的掌握，"田猎所获的数目于卜辞中屡有登载，但获物到了百匹以上的，就我所见仅得下列数条"③，这样的考察方法在《中国古代社会研究》中不胜枚举。郭沫若不仅将甲骨文字充分利用到历史研究领域，而且善用地上的古文献和地下发掘的古器物互相考证的治学路数，正与王国维提出的"二重证据法"一脉相承。相比于罗、王二人，1892 年出生的郭沫若是他们的晚辈，虽然生平从无接触，但郭沫若的史学研究路径却深受他们的影响。民国史坛巨擘顾颉刚先生说："王氏死后，在甲骨文字研究上，能承继他的，是郭沫若先生。"④

同时，东京学派和京都学派对郭沫若的态度大相径庭，东京学派抨击郭沫若，而京都学人对郭沫若赞赏有加。如内藤湖南的门生吉川幸次郎，"吉川先生是'京都学派'代表人物，讲学认真，与'东京学派'针锋相对。东京学人保守，有时歪曲历史。当时轰动全国的论争，因一九二七年，郭沫若在日本发表的《中国古代社会研究》著作而引发。书中用唯物史观以甲骨文字论证中国古代社会的原始形态。京都学人，不仅赞同，进而作深入的研究；东京学人却对之口诛笔伐，认为商纯属虚构，并无其国，说甲骨文也是伪造。后来这种谬论不攻自破。"⑤

诚然，"郭沫若很看中王国维的学问，对于不重视王国维的东京学派不以为然，以为王国维影响的京都学派的成就在东京学派之上"⑥。但对于某些具体的学术问题，郭沫若也并非与东京学派对立。如郭沫若与东京学派的饭岛忠夫对儒家经典《左传》的断代看法是一致的。饭岛忠夫在与京都学派的论战中坚持"《左传》是西汉刘歆伪作"，郭沫若在 1935 年发表于上海《东方杂志》的《正考父鼎铭辨伪》中肯定地说"故《左传》文决为刘歆所窜缀无疑"⑦。

从《中国古代社会研究》的撰著来看，郭沫若与日本京都学派有较为密切的学术关联。具体考察郭沫若对日本汉学界的学派认知和深层原因，不仅对全方位地了解郭沫若史学路径的形成有重要意义，而且有利于窥探民国时期的中日学术交流的情形。

---

① 郭沫若：《中国古代社会研究》，《郭沫若全集》历史编第 1 卷，人民出版社 1982 年版，第 196 页。
② 同上书，第 197 页。
③ 同上书，第 198 页。
④ 顾颉刚：《当代中国史学》，上海古籍出版社 2002 年版，第 102 页。
⑤ ［日］李迺扬：《日本汉学家吉川幸次郎与中国》，《社会科学战线》1989 年第 4 期。
⑥ 蔡震：《文化越境的行旅——郭沫若在日本二十年》，文化艺术出版社 2005 年版，第 314 页。
⑦ 中国郭沫若研究学会、巴蜀文化基金会编：《郭沫若史学研究》，成都出版社 1990 年版，第 404 页。

四　结语

随着岁月的流逝，颇为影响郭沫若的那一代京都学人逐渐故去。1955 年，当郭沫若再次踏上第二故乡时，他将京都大学作为重要的一站，回望美好的学术交谊，再续中日学术交流的佳话。

郭沫若在出访京都大学时说："希望在新的基础上发展中日文化之交流。"① 在京都出席中日学者教育座谈会和历史考古学座谈会之后，他凭吊了日本著名的历史学家内藤湖南、狩野直喜和京都大学前校长滨田耕作的坟墓。郭沫若为何专程凭吊这几位先生呢？深厚的学术情谊是背后动因。不仅如此，郭沫若与京都学人的后辈也建立了良好的学术交往。一位是内藤戊申，他是内藤湖南的三子。在翻阅内藤戊申赠给他的《内藤湖南著述目录》后，郭沫若说道："内藤湖南先生对我的影响很大，我很尊敬他。"② 另一位是日本京都学人小川琢治的儿子贝塚茂树，他师承内藤湖南和狩野直喜，就职于京都大学人文科学研究所，成为日本甲骨学界继林泰辅之后又一位重量级学者。"他对中国史学有很深的造诣，并能说一口流利的中国话。他一向敬重郭老，倾倒于郭老的史学研究的巨大成就。他在京都大学院求学时曾耽读过郭老的《中国古代社会研究》《甲骨文研究》《殷周青铜器铭文研究》等，并从中受到很大启发。他曾说，郭先生的这三部著作，'充分满足了我的要求，回答了我的问题。而且完全决定了我做学问的方向'。1932 年，他在京都的东方研究所跟当时访问那里的年仅 40 岁的郭老见过面。他当时亲眼见到这位久仰的中国学者感到莫大喜悦，他请求郭老在新出版的《两周金文辞大系》上签名留念。郭老也满足了他的要求。"③ 可见，郭沫若对京都学派的第二代学者产生了一定的学术影响。

要之，郭沫若与京都学派的两代学者都构筑了深厚的学术交谊。二三十年代，郭沫若作为年轻学者，推崇和学习第一代京都学者的学术门径，紧随现代史学新潮流；五六十年代，郭沫若作为中国的文化名人，寻访故地，与京都学派著名学者的后代延续了友好的学术交流。特别是，第二代京都学人受到郭沫若的学术影响，为这段国际学术交流的美谈增添了浓墨重彩的一笔。

[原载《中南大学学报（社会科学版）》2018 年第 5 期]

① 刘德有著、顾娟敏编注：《随郭沫若战后访日》，辽宁人民出版社 1988 年版，第 136 页。

② 同上书，第 140 页。

③ 同上书，第 129—130 页。

革命士大夫的学、政与道：郭沫若对儒家思想的坚守与改造

刘　奎

在现代“崇墨贬儒”的时代思潮中，郭沫若“崇儒贬墨”的做法显得较为特殊。无论是从他个人的精神史，还是抗战时期他思考问题的视野来看，这种看法都是渊源有自。本文所要探讨的问题是，作为新文化的代表人物郭沫若，他是如何坚守并改造儒家思想的，他对传统资源的取舍在当时有何独特性？这有助于我们了解在郭沫若这里新文化与传统的辩证关系，以及儒家思想在现代思想文化史上的复杂命运。在我们看来，较之新文化人对儒家的批判，郭沫若从一开始就在为儒家辩护，而在四十年代“抗战建国”的历史语境中，他更是积极地从儒家寻找资源，并试图从革命的视野，将儒家思想再造为人道主义，以作为建构现代民主国家的思想资源。

一　为“儒”一辩

作为传统社会“道统”的主要塑造者和承担者，儒家思想在20世纪遭遇了前所未有的戏剧性变化。袁世凯的祭孔让孔子与复辟联系到一起，继而成为新文化运动批判的主要对象，在之后的革命者看来，儒家思想也是属于封建思想。但抗战时期儒家思想的地位有所回升，因为随着民族危机的加剧，人们积极回到传统寻找历史资源，统治者更是将传统作为凝聚国人的精神文化纽带。如在陈立夫等人的提倡下，不仅成立了孔教会，儒家思想也被再度纳入课本。而抗战前就兴起的“新生活运动”，本来就是以儒家思想为纲，此时也得到进一步的贯彻实践。学术界也是如此，保守主义者钱穆固然如此，贺麟、冯友兰等早期治西学的，也转向对传统尤其是对儒家思想的发扬。正是因为儒家与主流意识形态之间的这种合拍，使得中共文化工作者如陈伯达、陈家康等，以及左翼学者或新文化人如侯外庐、翦伯赞、吕振羽及胡风等对此都极为不满。但在大众视野中思想和政治倾向都较为激进的郭沫若，在他四十年代所写的一系列文章中，却都在为孔子及其门徒辩护，这个现象看起来似乎颇为反常。

关于郭沫若对儒家的评价，郭沫若引起最大争议的文章是《孔墨底批判》。在该文中，他一反左翼学界批判儒家的做法，起而为孔子翻案。在郭沫若看来，“孔子的

立场是顺乎时代的潮流，同情人民解放的，而墨子则和他相反”[①]。虽然他一再强调要用历史的眼光去评价诸子，并且认为自己是论从史出且持之有据，但他“崇儒贬墨”的做法，还是遭到了部分左翼学者的非难。这种状况不难理解，经1941年底的“寿郭”运动，郭沫若已被中共确立为鲁迅之后的文化旗帜，与革命道统建设有着更为直接的关联。此时左右阵营对诸子学的不同选择已较为明晰。面对冯友兰等人的儒学研究，左翼文人学者陈伯达、陈家康、侯外庐等人，一方面撰文批判冯友兰，一方面则另立墨学传统，并将墨子塑造为工农的代表。而为共产党及左翼知识分子寄予厚望的郭沫若，却选择了儒家思想这一国民党用来建构其意识形态的传统。从共产党和左翼知识分子的角度来看，这似乎有帮倒忙的嫌疑。他与共产党的这种分歧，当时虽受部分青年的质疑，但在统战政策下并未受到批判，不过“文革”期间“评儒批法”时却被作为历史问题再度提出。毛泽东早就敏锐地发现，对于孔子，郭沫若与冯友兰“是一派”[②]，“文革”期间更是直接指出“十批不是好文章”[③]，针对的就是郭沫若抗战时期所写的《十批判书》。毛泽东的这一首《读〈封建论〉呈郭老》也成为江青等人批判郭沫若、剑指周恩来的政治依据和有力武器。

回到《十批判书》产生的历史语境，我们首先需要回答的问题是，郭沫若为何要为孔子辩护并以其作为重建道统的资源？他与儒学又有何内在渊源？就郭沫若的诸子学视野着眼，可以发现他四十年代的言论有其自身的逻辑，因此，需要先从个人精神史的视角，回溯他与儒家思想的历史关系。

其实，郭沫若为孔子的辩护并不始于抗战时期，早在“五四”期间，他就在为孔子辩护。新文化运动期间，留学日本的郭沫若，通过《时事新报》赶上了这场运动的末班车。但他的姿态从一开始就与新文化运动的主流不太一致，在与《时事新报·学灯》编辑宗白华的通信中，他对当时“打孔家店”的做法便颇有微词。在他看来，孔子是与歌德一样的天才，而新文化人“定要说孔子是个‘宗教家’，‘大教祖’，定要说孔子是个‘中国底罪魁’，‘盗丘’，那就未免太厚诬古人而欺示来者”[④]。后来他甚至反驳宗白华以“静观”与“进取”分别形容东西方精神的做法，认为中国传统思想也是进取的，是“注重现实、注重实践”的[⑤]。

郭沫若凭《女神》成为新文化人的重要代表之后，对孔子的热忱却有增无减。

---

① 郭沫若：《孔墨底批判》，《群众》第10卷第3、4期合刊附册，第13页。

② 冯友兰在《三松堂自序》中曾回忆道，1962年政协全国委员会开大会时，他作了一个有关他写作中国哲学史新编及将来写作计划的发言，会后毛泽东对他说：“对于孔子，你和郭沫若是一派。”见冯友兰《三松堂自序》，人民出版社2008年版，第138—139页。

③ 毛泽东：《七律·读〈封建论〉呈郭老》，《建国以来毛泽东文稿》第13卷，中央文献出版社1998年版，第361页。原诗为：“劝君少骂秦始皇，焚坑事业要商量。祖龙魂死秦犹在，孔学名高实秕糠。百代都行秦政法，十批不是好文章。熟读唐人封建论，莫从子厚返文王。”“根据中央档案馆保存的铅印件刊印”。

④ 田寿昌、宗白华、郭沫若：《三叶集》，亚东图书馆1920年版，第14页。

⑤ 郭沫若：《论中德文化书——致宗白华兄》，《创造周报》1923年6月第5号。

在《我国思想史上之澎湃城》一文中，郭沫若将先秦比喻为古罗马的庞贝古城，而“嬴秦焚书等于维苏勿喷火，汉以后学者之一切训诂伪托等于灰质熔岩”[①]。相对于思想界的反传统口号，郭沫若将传统作了原典与后人注疏的细分，他反对的是秦汉以来统治者对儒家思想的阐释和盗用，而不是儒家思想本身。同时，他通过将春秋战国时代指认为我国历史上的“再生时代”（Renaisance）[②]，也就是文艺复兴时代，从而将先秦诸子的思想从反传统的潮流中拯救了出来。因《我国思想史上之澎湃城》并未完稿，这个说法也未得到充分展开。但紧接着，在1923年日本大阪《朝日新闻》的“新年特号”上刊载的《两片子叶》一文中，郭沫若进一步将老子和孔子作为我国文艺复兴发轫的标志[③]。在“文艺复兴”这一知识装置的作用下，他认为孔子是“兼有康德与歌德那样的伟大的天才，圆满的人格，永远有生命的巨人”，孔子的人生哲学则是“精神之独立自主与人格之自律”，其“克己复礼”等个人修养的主张，在郭沫若这里不仅与“五四”时期的个人主义合拍，而且也是一种人道主义。“真的个人主义者才能是真的人道主义者。不以精神的努力生活为根底之一切的人道的行为，若非愚动，便是带着假面的野兽之舞蹈”[④]。这是郭沫若首次从人道主义的视角来阐释儒家思想。

面对新文化人对儒家的重重质疑，郭沫若采取折中的“考古学”方法，即撇清儒学原典与历代儒家思想之间的关系。在他看来，后学的注疏也如掩埋庞贝城的火山灰一样，遮蔽了城池的本来面目，要窥得儒学原貌，需要直接阅读原典：

> 吾人苟力屏去一切因袭之见，以我自由之精神直接与古人相印证时，犹能得其真相之一部而无疑虑。余即本此精神，从事发掘。所有据论典籍，非信其为决非伪托者，决不滥竽。后人笺注，非经附以批评的条件，亦决不妄事征引。在宿儒耆老视之，或不免有“自我作故”之讥；而在我个人，却是深深本诸良心之作。[⑤]

对儒家思想的这种文艺复兴式的再解读，使郭沫若对孔子的评价与其他人不同，这也延续到了他抗战时期的《青铜时代》《十批判书》等著作中。因此可以说，郭沫若的诸子学研究，是综合了新文化资源及其后的革命经验，所呈现出来的独特的历史想象。正如朱自清的评价，“十篇批判，差不多都是对于古代文化的新解释和新评

① 郭沫若：《我国思想史上之澎湃城》，《学艺》1921年5月30日第3卷第1号。

② 同上。

③ 郭沫若：《芽生の二葉》，后经成仿吾翻译以“中国文化之传统精神”为题发表于《创造周报》1923年第2号。有译为《两片嫩叶》者，蔡震先生认为应译为《两片子叶》，参考蔡震《关于郭沫若的〈芽生の二葉〉一文》，《郭沫若学刊》2008年第3期。

④ 郭沫若：《中国文化之传统精神》，成仿吾译，《创造周报》1923年第2号。

⑤ 郭沫若：《我国思想史上之澎湃城》，《学艺》1921年5月30日第3卷第1号。

价，差不多都是郭先生的独见”[①]。

二　“儒家精神之复活者王阳明”

郭沫若阅读儒家原典的方式，无论是“直接与古人相印证”，还是“本诸良心”等，都不单是因为诗人治学的缘故，也有儒家心学的影响。虽然郭沫若对孔子后学表现出了强烈的不信任，但他对儒家心学却有极大的兴趣，尤其是王阳明，甚至一度被他视为“儒家精神之复活者”“是伟大的精神生活者”“自强不息的奋斗主义者”，因此，在他看来，“儒家的精神真能体现了的”，孔子以后恐怕只有王阳明一个人[②]。

王阳明对郭沫若影响深远。抗战结束前后，在左翼知识分子将心学作为唯心主义加以批判的时候，郭沫若不仅重新将他早年所写的《儒家精神之复活者王阳明》收入文集，而且还撰文试图“替王阳明说几句公平的话”。在他看来，“历史是采取着辩证式的发展的，在唯物论流而为琐碎，锢没灵性的时候，每每有唯心论起来加以挽救”，因而，在“变革时期”，本着“矫枉不过正”的态度，“无宁是应该赞扬唯心论的革命性的。王阳明在思想史上的地位无疑是以一个革命者的姿态出现的”，并且“坦白地承认”，他当时“依然是敬仰着王阳明的”[③]。而他 1939 年底返乡期间，还曾特书阳明语录一则，与其长兄所选朱子格言一道“悬诸堂次”[④]。

阳明心学对于郭沫若具有方法论的意义。他开始集中阅读王阳明，是在留学日本的初期。据他回忆，民国三年正月他到日本，半年后便考上东京第一高等学校，由于“过于躐等躁进的缘故，在一高预科一年毕业之后”，他便得了神经衰弱症，当时情况较为严重，甚至一度想到自杀[⑤]。在这种情况下，郭沫若开始阅读《王文成公全集》，并开始静坐。效果居然显著：“我每天清晨起来静坐三十分，每晚临睡时也静坐三十分，每日必读《王文成公全集》十页，如此以为常，不及两礼拜功夫，我的睡眠时间渐渐延长了，梦也减少了，心疾也渐渐平复，竟能骑马竞漕了。——这是在我身体上显著的功效。”[⑥] 静坐是王阳明及其门徒修身的方式，郭沫若又参照《冈田式静坐法》修习，后来还曾将静坐心得写出来附于《儒家精神之复活者王阳明》文末。但郭沫若每天阅读王阳明，带来的结果并非只是身体的恢复，他的精神和美学观念也都深受影响，照郭沫若自己所说：

---

① 佩弦：《评〈十批判书〉》，《大公报》1947 年 1 月 4 日。

② 郭沫若：《儒家精神之复活者王阳明》，《文艺论集》，光华书局 1929 年版，第 59 页。

③ 郭沫若：《历史人物·序》，海燕出版社 1947 年版。

④ 冯乐堂、谭崇明：《郭老故乡访问记》，《郭沫若研究》1982 年第 1 期。

⑤ 郭沫若：《儒家精神之复活者王阳明》，《文艺论集》，光华书局 1929 年版，第 60 页。

⑥ 同上。

> 而在我的精神上更使我澈悟了一个奇异的世界。从前在我眼前的世界只是死的平面画，到这时候才活了起来，才成了立体。我能看得它如像水晶石一样澈底玲珑。我素来喜欢读《庄子》，但我只是玩赏他的文辞，我闲却了他的意义，我也不能了解他的意义，到这时候，我看透他了。我知道“道”是甚么，“化”是甚么了。我从此更被导引到老子，导引到孔门哲学，导引到印度哲学，导引到近世初期欧洲大陆唯心派诸哲学家，尤其是司皮诺若（Spinoza）。我就这样发现了一个八面玲珑的形而上的庄严世界。[①]

因阅读王阳明，而领悟道家的“道”“孔门哲学”，并及于西方形而上学，尤其是斯宾诺莎的泛神论思想。因此，阳明学对郭沫若来说不仅是一种具体的儒家思想，更具有认识论和方法论意义，连泛神论都是在阳明学的启发下，才最终进入郭沫若的思想世界的，这与文学史所率先强调的泛神论对他思想的影响不同。

阳明学难以三言两语厘清，但可根据前人的研究成果，对阳明心学出现的社会背景、思想方式和核心理念作一大致描述。研究者指出，因自明中叶起，随着士绅权力的扩大，传统的君臣上下一元化秩序出现了危机，阳明心学正是因应这一意识形态危机而出现的。其解决方式就是试图由下至上，从“民众的地平（当然，是在地主阶层的主导下）出发实现对秩序进行重建”[②]。而从思想史的角度，王阳明是在走朱熹格物之路不通时才转向内心，中年在贬谪之地贵州龙场大悟之后，始独创一家，开始宣讲心学。因此哲学史家往往将心学与理学对立来看，冯友兰就认为在王阳明的系统中，“心是宇宙的立法者，也是一切理的立法者”[③]。钱穆虽然认为心学并未背离理学，认为宋儒的共识是“天地万物与我一体”，但在如何去认识时，二者之间还是不同，相对程颐朱熹一脉“即物而格”，陆王一脉更侧重反求之于心[④]。此外，冯、钱二人对阳明学核心概念的把握亦无太大差别，这主要包括“致良知”“知行合一”“万物一体”等。

阳明学因其对知行合一、内圣外王的强调，一度有较多的信众，尤其是阳明学左派，在知识传播与社会实践方面，都较有影响。有清一代，在经历清初士大夫对晚明空谈心性的反思及乾嘉朴学期间的沉寂之后，阳明学再度受到士大夫的欢迎。新文化运动期间，虽然儒家遭到新文化人的严厉批判，但批判对象也有细微的区别，在“个性解放”的诉求下，思想文化界更多针对的是程朱理学，心学传统反被革新者部分接纳。尤其是在社会转型之际，阳明学从社会下层展开秩序重建的设想，得到了较多士大夫的认同。而阳明学对“内圣”与“外王”的兼顾，尤其受到晚清以来政治

① 郭沫若：《儒家精神之复活者王阳明》，《文艺论集》，光华书局1929年版，第60—61页。
② ［日］沟口雄三：《李卓吾・两种阳明学》，李晓东译，生活・读书・新知三联书店2014年版，第209页。
③ 冯友兰：《中国哲学简史》，涂又光译，北京大学出版社2010年版，第250页。
④ 钱穆：《阳明学述要》，九州出版社2010年版，第6页。

家的眷顾。如蒋介石以阳明格言为修身的准则[①]，毛泽东的实践论也深受阳明“知行合一”的影响[②]。郭沫若正是在清季以来阳明学复兴的背景下接受其观点的，而他对阳明学的体悟，也较为切中阳明学要旨。他之所以转向阳明学，并非是为了治学，而是心理需求。正如他所说，“我对于他的探讨与哲学史家的状态不同，我是以澈底的同情去求身心的受用，普通的哲学史家是以客观的分析去求智欲的满足的。”[③] 这种阅读和阐释方式难免带有个人偏见，但这正符合阳明学的精义，即强调“尊德性”而非“道学问”。钱穆对此也持肯定态度，如他在分析王阳明对《大学》的解释时，便认为与其纠缠于王阳明的解释是否符合原意，倒不如把眼光就放在他如何解释上。因此，他治阳明学的心得是：“读者须脱弃训诂和条理的眼光，直透大义，反向自心，则自无不豁然解悟。”[④] 可见，郭沫若回避经义注解，直接阅读王阳明的做法，恰恰贴合阳明心学从人心出发的要义，这正是“五四”时期郭沫若为孔子辩护的方式，也是郭沫若四十年代治诸子学的方法。

阳明学对郭沫若的影响，除了新文化运动时期他为孔子辩护之外，还体现在紧接其后的国故整理中。“五四”过后，作为新文化运动旗手的胡适，却转而提倡国故之学，无论他用心如何良苦，都难免激进派的讨伐。郭沫若对胡适的做法倒不无同情处，在他看来，“大凡一种提倡，成为了群众意识之后，每每有玉石杂糅，珠目混淆的倾向”[⑤]。当整理国故成为一种风气，不仅其本来的诉求被掩盖，也难免招来批判的声音，吴稚晖与成仿吾的批评就是如此。郭沫若对整理国故不仅不反对，而且认为成仿吾对胡适的批评失之偏激。在他看来，无论是提倡还是反对整理国故都没错，前提是要本着自己的“良心”，不要把自己的意见强加于他人，只要都从良心出发，那么无论从事什么工作都是殊途同归的：“只要先求人有自我的觉醒，同是在良心的命令下作为，则百川殊途而同归于海，于不同之中正可以见出大同，不必兢兢焉强人以同；亦不必兢兢焉斥人以异。”[⑥] 整理国学正需如此，“只要研究者先有真实的内在的要求，那他的研究至少在他自己便是至善。”[⑦] 在面对国学研究这一社会问题时，良心——阳明心学的核心范畴——在郭沫若作出价值判断时依旧起着轴心的作用，而良心这一传统士大夫的认知与道德范畴，对郭沫若四十年代的政治选择也不无影响。

---

① 参考杨天石《做“圣贤”还是做“禽兽”——蒋介石早年修身中的“天理”、“人欲”之战》，载氏著《寻找真实的蒋介石》，山西人民出版社 2008 年版，第 37 页。

② 参考魏斐德《历史与意志：毛泽东思想的哲学透视》第四部分，李君如等译，中国人民大学出版社 2005 年版。实际上，毛泽东《实践论》的副标题便是“论认识和实践的关系——知和行的关系”，参考《毛泽东选集》第 1 卷，人民出版社 1991 年版，第 282 页。

③ 郭沫若：《儒家精神之复活者王阳明》，《文艺论集》，光华书局 1929 年版，第 61 页。

④ 钱穆：《阳明学述要》，九州出版社 2010 年版，第 1 页。

⑤ 郭沫若：《整理国故的评价》，《创造周报》1924 年 1 月 23 日第 36 号。

⑥ 同上。

⑦ 同上。

三 士大夫的人格与功业

如果说阳明学提供的是认识方法的话，那么，抗战时期他的儒学研究才真正开始关注切身的问题。抗战爆发前夕，因不满苏雪林与胡适通信中对鲁迅的谩骂之辞，郭沫若写下了《借问胡适——由当前的文化动态说到儒家》一文，该文前两节为鲁迅辩护，后半部分则是驳斥胡适的《说儒》①。该文发表后，因战争的影响未受到学界注意，抗战期间，郭沫若又将该文后半部分直接冠以《驳〈说儒〉》的题目，重新刊布，收入《蒲剑集》《青铜时代》等文集中，可见其重视程度。与“整理国故”期间他从方法的角度声援胡适不同，这篇文章是基于儒家精神内涵的学理考辨。

在这篇文章中，除了就一些具体的史料加以考校外，他主要驳斥了胡适《说儒》一文对“儒”的起源的解释。胡适是从宗教的角度来解释的，认为“‘儒’本来是亡国遗民的宗教，所以富有亡国遗民柔顺以取容的人生观，所以‘儒’的古训为柔懦”②；孔子也并不是儒教的创始人，而是儒教中兴的人物，其地位是由“五百年后必有圣者兴”这种民间思想神化形成的。在郭沫若看来，这种将儒家与犹太教的比附在学理上根本靠不住，儒也并非是殷人的奴性宗教。他结合殷周制度变革与青铜铭文的材料，证明儒的发生是“春秋时代的历史的产物”，是“西周的奴隶制崩溃了之后所产生出来的成果”③；他认为儒的来源主要有两个方面：“有由贵族阶级没落下来的儒，也有由庶民阶级腾达上去的暴发户。”④ 虽然郭沫若并不肯定儒这一阶级身份，但却对儒的社会作用作了历史评价，认为它对学问从官府到民间的转化有历史贡献。

郭沫若与胡适的真正分歧在于他们对儒的角色定位。胡适据许慎《说文》解“儒”为“柔”，这有值得商榷处。后来钱穆也写有《驳胡适之〈说儒〉》，在他看来，胡适将《说文》“儒者柔也术士之称”解释为儒家尚柔是不懂断句的结果，即“柔”只是注音，而非释义。钱穆认为：“柔者儒字通训，术士则儒之别解。胡文不辨许书句读，遂疑儒术尚柔，桥矣。即谓儒道尚柔，亦未必与亡国遗民相涉。”⑤ 郭

① 关于郭沫若写作此文的历史语境和对话对象，可参考何刚《郭沫若〈驳《说儒》〉撰写缘起初论》，《新文学史料》2014 年第 4 期。

② 胡适：《说儒》，《历史语言研究集刊》，第四本第三分册，1934 年版，第 269 页。按，胡适的学术贡献在于打破了诸子为王官之学的成说。

③ 郭沫若：《借问胡适——由当前的文化动态说到儒家》，《中华公论》1937 年 7 月 20 日创刊号。

④ 同上。

⑤ 钱穆：《驳胡适之〈说儒〉》，香港大学《东方文化》卷 1 期。钱穆以术士解释儒的来源，后有其学生余英时扬其波，在余英时看来，士的兴起是由封建社会解体所带来，其来源是“上层贵族的下降和下层庶民的上升”（余英时：《士与中国文化》，上海人民出版社 2003 年版，第 10 页），可见，其与郭沫若的分歧仅仅在于社会性质的判定不同，其背后有意识形态的因素，但也有史学观念之别。郭沫若自认为他的一大贡献便是证明周是奴隶社会，而春秋战国时代的制度变化，则是从奴隶到封建社会的变化。而余英时所说的封建社会，与郭沫若所说则完全不是一码事，他是从历史的内部来观看历史，因此，他所说的封建是中国传统的“分封建国”之意，而郭沫若则是从传统之外重新定义了封建这一概念。

沫若并未考察这个问题，因而承认儒有柔弱之意，并与胡适一样对“柔”作了社会学解释，不过郭沫若的判断与胡适恰好相反，他认为，“儒之本义诚然是柔，但不是由于他们本是奴隶而习于服从的精神的柔，而是由于本是贵族而不事生产的筋骨的柔”[①]。他又从金文中寻得材料，证明儒从周代起就是积极进取的仁道。而从郭沫若与钱穆论学的方式也可看出二人的差别，郭沫若对儒非柔的解释，是主观意志先行，用他自己的话说就是“研究者先有真实的内在的要求”，是“六经注我”的方式。

郭沫若将儒的原始义强解为积极用世，是为强调孔子的事功张本。在他看来，先秦诸子本来就不是纯粹的思想家，而是道德家兼伦理家，“严格地说来，先秦诸子可以说都是一些政治思想家”[②]。对内圣与外王的兼顾，是儒家别于其他诸子的一个特点。孔子虽欲为圣，但也积极追求用世，他周游六国正是为了寻求建功的机会。儒家事功的承担者和实践者为士。在郭沫若看来，先秦诸子的思想都兼有道德与伦理二重色彩，这种共通性的根源是诸子都同属士的阶层，而在他的研究中，士的来源与儒一样，也是经由庶民的上升和贵族下降所造成的，士最初是文武兼备的，只是后来职业化了，成了候补的官吏[③]。他追慕的是士大夫，而非职业化的士。正如孔子视欲学稼穑的樊迟为小人一样，郭沫若认可的是“球形天才”。所谓“球形天才”，是相对“直线天才”而言的：

> 直线形的发展是以他一种特殊的天才为原点，深益求深，精益求精，向着一个方向渐渐展延，展到他可以展及的地方为止：如像纯粹的哲学家，纯粹的科学家，纯粹的教育家，艺术家，文学家……都归此类。球形的发展是将他所具有的一切的天才，同时向四方八面，立体地发展了去。这类的人我只找到两个：一个便是我国底孔子，一个便是德国底哥德。[④]

郭沫若大学期间接受的虽然是标准的专业医学训练，但他的人格理想并不是现代的专业型人才，而是传统的士大夫。据史家分析，士大夫的身份特征就是身兼“学士”与“官僚”的二重身份，“不仅涉身于纯粹行政事务和纯粹文化活动，还承担了儒家正统意识形态”[⑤]；这也就是学者所指出的“道学政”一体：“一个人就是诗的人、政治的人、社会的人、历史的人、形而上的人。”[⑥]

值得留意的是，抗战时期，中国思想文化界对传统士大夫一度有着极高的呼声。

---

① 郭沫若：《借问胡适——由当前的文化动态说到儒家》，《中华公论》1937 年 7 月 20 日创刊号。
② 郭沫若：《孔墨底批判》，《群众》第 10 卷第 3、4 期合刊附册，第 21 页。
③ 郭沫若：《我怎样写〈青铜时代〉和〈十批判书〉》，《民主与科学》1945 年 5 月第 1 卷第 5、6 期。
④ 田寿昌、宗白华、郭沫若：《三叶集》，亚东图书馆 1920 年版，第 12 页。
⑤ 阎布克：《士大夫政治演生史稿》，北京大学出版社 1995 年版，第 9 页。
⑥ 杜维明：《道学政：论儒家知识分子》，上海人民出版社 2000 年版，第 9 页。

如“战国策”派的林同济，就多次撰文批判现代士大夫的官僚化，呼唤先秦身兼“六艺”的士，这与郭沫若的观点有极大的相似性。在林同济看来，先秦的士与现代不同，“那时代（西周至春秋前期）的士，（一）是爵禄世袭的；（二）是有战斗训练的；（三）是有专司的职业的。也就是说，封建的士是贵族的、武德的、技术的。”① 为此他特撰“大夫士”一词来形容先秦文武兼备的贵族士，以区别于后来的文官。无论是郭沫若所说的“球形天才”，还是林同济所说的“大夫士”，都来自儒家“君子不器”的人格理想。按朱熹的解释：“器者，各适其用而不能相通。成德之士，体无不具，故用无不周，非特为一才一艺而已。”② 郭沫若后来在诗词中，也以“不器民滔”来形容毛泽东；而他之所以视王阳明为孔子之后真正体现儒家精神的第一人，也正是鉴于王阳明多方面的成就。王阳明少年沉溺辞章，后进入官场，中年立志为圣，且独创心学，传下弟子无数。不仅如此，他也是一个文武兼备者，不仅高中进士，仕宦途中还两度立下军功。这正是郭沫若所形容的球形天才，是士大夫理想的人格类型，可以说，王阳明是真正体现了儒家“立言、立功、立德”三不朽的人。

士大夫的人格理想，很大程度上是由其政治理想决定的。儒家“王者师”的理想，需要借助君王的“势”才能达到治国的目的。为了顺利借势而不屈于势，便需要在尊王的前提下另建一个象征系统，也就是道统，以对抗现实的政统。这意味着，士大夫在权力体系上要遵守君王号令，但要掌握意识形态话语权，以制衡君王的绝对权力，从而使君王施行儒家的治国方略，以达到“平天下”的“立功”理想。士大夫与君王的这一结构关系，随着清王朝的覆灭与民国政府的建立，发生了历史性的转变，这就是君主制被现代的政党政治所替代，政党而不是君王成为国家权力的主体。正如葛兰西所指出的，现代的君主“就是政党”③。而从现实来看，无论是国民党还是共产党，都是以革命自居的政党，因而都可能成为革命者郭沫若的选择。抗战初期，他虽与国民党再度合作，但他们的分歧也逐渐显露，很大程度上便是因为郭沫若的革命理念在国民党内难以实现。这种分歧导致郭沫若与当时的执政党越来越疏远，转而从文化政治的途径，发挥传统士大夫“清议”的批判价值。但对马克思与列宁主义的引入，也使郭沫若陷入了言议与行动间的矛盾。

四 革命士大夫的困境与出路

郭沫若在现代革命史上的功绩，或许在于他对革命道统的建设。如二十年代末他以唯物史观对上古史所作的研究，将马克思主义从社会领域引入到了历史与思想研究

① 林同济：《士的蜕变——由技术到宦术》，《大公报·战国副刊》1941 年 12 月 24 日。

② （宋）朱熹：《四书章句集注》，中华书局 1983 年版，第 57 页。

③ 葛兰西：《葛兰西文选》，人民出版社 2008 年版，第 115 页。

领域。尤其是他抗战前夕所写的《先秦天道观之进展》一文，更是借助进化论、启蒙理性、马克思唯物论等思想和革命理论，对殷商至战国的意识形态作了系统批判。他的研究不仅为用马克思主义研究中国问题提供了方法借鉴，也贡献了较为重要的研究成果。

就他对先秦天道观的研究而言，在他看来，殷人的至上神是有意志的人格神①，是一种准宗教，周人则发展出了重人事的“德”，这一观念是对殷人人格神的突破，这表明周的统治者原可放弃宗教，但周人却继承了殷人的天道观，目的是出于统治的需要。“周人之继承殷人的天的思想只是政策上的继承，他们是把宗教思想视为了愚民的政策。自己尽管知道那是不可信的东西，但拿来统治素来信仰它的民族，那是很大的一个方便。自然发生的原始宗教成为了有目的意识的一个骗局。”② 这种历史研究实际上是对先秦诸子的重新洗牌，以革命的需要为标准重新调整诸子学说的秩序。但郭沫若与其他左翼知识分子的不同处在于，他依旧选择了孔子而非墨子作为革命道统的象征。但也正因为此，他也要面对二者内在的矛盾。从表面来看，郭沫若的主要标准为是否具有宗教思想。孔子从周，拒谈鬼神和死亡，因而被他作为唯物论者予以表彰。然而孔子却肯定祭祀，注重礼与德。更为内在的分歧是，孔子对秩序的重视，强调安于其位，这与革命的实践诉求也有内在冲突。

郭沫若之所以陷入这个困境，与他的问题视野有关。无论是《先秦天道观之进展》还是《十批判书》，都是在马克思唯物主义理论的指导下完成的。这些理论直接来源于他三十年代对马克思和恩格斯相关著作的翻译。学界对他二十年代翻译河上肇《社会组织与社会革命》一事关注较多，但对他三十年代的翻译却殊少涉猎③。郭沫若蛰居日本期间，先后翻译了三部马、恩的著作，包括《德意志意识形态》（郭译为《德意志观念体系论》）、《政治经济学批判》和《艺术作品之真实性》。这是马克思主义意识形态批判的主要理论，对郭沫若的先秦思想史研究影响深远，如他借助马克思对宗教的批判考察先秦的“天道观”便是如此，而《十批判书》中的“批判”一语及其方法都直接源于马克思。

在《德意志意识形态》一书中，马克思批判了费尔巴哈“宗教的自我乖离”，“即是世界分为一个宗教的与一个现世的之双重化”的认识论起点，他进而指出“‘宗教情操’本身是一个社会的产物”④。马克思对宗教的批判，是郭沫若批评先秦天道观的理论来源。但革命儒家的困境，还不在于孔子对祭祀的重视有愚民的嫌疑，

---

① 郭鼎堂：《先秦天道观之进展》，商务印书馆 1936 年版，第 11 页。该文后收入《青铜时代》。

② 同上。

③ 黄晓武对这一问题有过探究，参见黄晓武《马克思主义与主体性》，中央编译出版社 2012 年版，第 56—57 页。

④ 马克思、恩格斯：《德意志意识形态》，郭沫若译，言行出版社 1938 年版，第 31、33 页。现译为：“‘宗教情感’本身是社会的产物。”（马克思、恩格斯：《马克思恩格斯选集》第 1 卷，人民出版社 1972 年版，第 18 页）

乃在于马克思对意识形态批判这种方式的质疑。马克思在《德意志意识形态》一书中，对新黑格尔主义提倡精神领域的革命作了严厉批判，即认为他们“只是在和‘言辞’战斗”，而且，“他们对于这些言辞也不外徒弄言辞，他们假如只是和这个世界之言辞斗争，他们从不曾斗争着这现实的既成的世界。”① 也正是在这个提纲中，马克思指出“哲学者们只曾把世界作种种解释，目前是归结到，要改革世界”②。对于革命者来说，这意味着要放弃“词语”的力量，从批判的武器转向武器的批判。虽然郭沫若在二十年代中期的小说《马克斯进文庙》中，就让马克斯与孔子当面谈论主义的问题，并取得了一致③。但他们的一致主要是基于“共产主义”与“大同世界”的乌托邦层面，而不是具体的实践方法。二者在方法和道路上的差别，是革命士大夫所要面对的矛盾。

郭沫若解决这个问题的途径是对儒家思想进行再阐释，强化儒家的实践色彩。他的改造是从儒家的核心概念德与礼开始的。既然德与礼的内在超越之路无法真正切入历史现实，那么，郭沫若就将德的义项进行细分。因在甲骨文和铭文中只发现了“德”字而未发现“礼”字，他由此推论礼是后起的概念，从而将德与礼这两个并列的范畴阐释为具有历史性的承接概念。同时，他又根据地下史料赋予了德以新的义项：

> 德字照字面上看来是从值（古直字）从心，意思是把心思放端正，便是《大学》上所说的“欲修其身者先正其心”。但从《周书》和周彝看来，德字不仅包括着主观方面的修养，同时连客观方面的规范——后人所谓“礼”——都是包含着的。礼字是后起的字，周初的彝铭中不见有这个字。礼是由德的客观方面的节文所蜕化下来的，古代有德者的一切正当的行为的方式汇集下来便成为后代的礼。德的客观上的节文，《周书》中说得很少，但德的精神上的推动，是明白地注重在一个“敬”字上的，敬者警也，本意是要人时当［常］努力不要有丝毫的放松。那在消极一方面的说法便是“无逸”。还有《周书》和周彝大都是立在帝王的立场上所说出的，故尔那儿的德不仅包含着正心修身的工夫，并且是有治国平天下的作用包含在里面的。便是王者要努力于人事不使丧乱有缝隙的可

---

① 马克思、恩格斯：《德意志意识形态》，郭沫若译，言行出版社1938年版，第48页。《马克思恩格斯选集》译为“他们仅仅是为反对‘词句’而斗争”，“他们只是用词句来反对这些词句，既然他们仅仅反对现存世界的词句，那末他们就绝不是反对现实的、现存的世界。”（马克思、恩格斯：《马克思恩格斯选集》第1卷，人民出版社1972年版，第23页）

② 马克思、恩格斯：《德意志意识形态》，郭沫若译，言行出版社1938年版，第34页。现译为：“哲学家们只是用不同的方式解释世界，而问题在于改变世界。”（马克思、恩格斯：《马克思恩格斯选集》第1卷，人民出版社1972年版，第19页）

③ 郭沫若：《马克斯进文庙》，《洪水》1926年第1卷第7期。

乘，天下不生乱子，天命也就算是时常保存着的。[①]

这就将“德”的范畴分为了客观的礼（制）与主观的敬（行）两个方面，孔子所继承的德也具有制度和实践的双重含义。同时，郭沫若将“礼”解释为社会制度，将“天命”解释为自然规律，在将孔子塑造为朴素唯物论者的同时，也强调了他重实践的一面。既然德本身就是一种实践方式，内圣与外王也就有了沟通的途径。

除了儒家思想体系所内含的实践性外，郭沫若还从历史的角度，阐明儒者对社会革命的热情。他根据《墨子·非儒篇》对儒家阳货、漆雕开等人的非难，进而认为“孔子是袒护乱党”[②]，而乱党“在当时都要算是比较能够代表民意的新兴势力”，符合历史发展的潮流。这包括“子贡、季路辅孔悝乱乎卫”“阳货乱乎齐”等，都被他从传统历史叙述中的“乱党”，翻案为进步的“新兴势力”[③]。而“漆雕开形残”，在他看来也是因参与叛乱所致，并认为这是儒家里面“一个近乎任侠的别派”，从而对学界“侠出于墨”的观点提出质疑[④]。

从“道学政”一体的角度，郭沫若找到的理想人物还是宋儒，如王阳明的“知行合一”“事上磨炼”等，以及阳明左派的乡村实践，都是儒家沟通内外、走向社会实践的范例。此外，郭沫若还找到了王安石，这位被研究者视为对南宋士大夫影响极深、“附在许多士大夫的身上作祟”的“幽灵”[⑤]。在郭沫若看来，王安石也是一位“球形天才”，“不仅是一个政治家、文学家，而且是一个经学家、文字学家”。他在治学的同时，“对国家政事并未荒疏”，这使他不同于一般的学者，他们往往难以兼顾学问与政事，王安石不同，他有着“百科全书那样的渊博”，“不仅在书本上用功夫，对于活社会并未忘怀，因此就形成了他是中国历史上一个伟大的政治家，有目的，有政见，有办法，有胆量”[⑥]，其政治理念也最终转化为变法的实际政策。从王安石、王阳明等兼顾立德、立言与立功的宋儒这里，郭沫若找到了儒家精神的内在实践性，从而为革命儒家沟通道统与政统提供了可能。

五　儒家人道主义

值得进一步追问的是，儒家思想本身并不缺乏实践性，孔子本来就注重人伦日用，强调实践，如“君子欲讷于言，而敏于行”“听其言而观其行”“古者言之不出，

---

① 郭鼎堂：《先秦天道观之进展》，商务印书馆1936年版，第26页。

② 郭沫若：《孔墨底批判》，《群众》第10卷第3、4期合刊附册，第6页。

③ 同上。

④ 同上书，第12页。

⑤ 余英时：《宋代士大夫政治文化概论——〈朱子文集〉序》，载《士与中国文化》，上海人民出版社2003年版，第519页。

⑥ 郭沫若讲，高原记：《王安石》，《青年知识》1945年第1卷第3期。

耻躬之不逮也”等，李泽厚甚至据此总结出一种“实践理性”或“实用理性”的态度，认为“它构成儒学甚至中国整个文化心理的一个重要的民族特征”[①]。李泽厚固然是认为中国思想缺乏超越的价值关怀，但四十年代的冯友兰却早将超越性纳入了进来，认为中国哲学的最高境界是“超越人伦日用而又即在人伦日用之中”[②]。也就是说，儒家本来就兼具个人修身和社会实践等内容。但对于郭沫若，他的问题显然并不仅仅是以革命理念重新阐释儒家，或者以儒家思想来印证革命观念。而是如何综合儒家思想与马列主义理论，为国民革命之后的“继续革命”，提供理论与方法上的指导，及意识形态上的支持，也就是要为革命重塑道统。这就要求他重新定位士大夫的社会角色，并从儒家思想提取新的革命理念。

对于士大夫与革命的关系问题，郭沫若通过研究秦楚之际儒者的历史，发现儒者不仅“袒护乱党”，而是直接“参加了革命”。在他看来，陈涉、吴广起义期间，儒者“有的在事前就有秘密活动，有的在事发时便立即参加了”[③]，如孔甲、陈余、陆贾、叔孙通等，他们都是革命儒家的代表。此外，郭沫若还赋予吴起以革命儒家的身份。在他看来，“吴起尽管是兵家，政治家，但他本质是儒”，“是把孔子的‘衣食足兵’，‘世而后仁’，‘教民即戎’，反对世卿的主张，切实地做到了的”，因此，他“才算得是一位真正的儒家的代表”[④]，尤其肯定他在楚变法期间所主张的抑制贵族权势等政策，“充分地表示出了一位革命政治家的姿态”[⑤]。

但法家的霸道毕竟只是手段，郭沫若更为注重的是目的。他对儒家的“仁”也作了再阐释，将孔子的思想从整体上定位为人道主义，孔子因而也成为一个人道主义者。在他看来，作为孔子“思想体系的核心”的“仁”，是春秋时代出现的新名词，“含义是克己而为人的一种利他的行为”。而儒家人道主义思想的出发点，是“仁者爱人”，“‘人’是人民大众，‘爱人’为仁，也就是‘亲亲而仁民’的‘仁民’的意思了”，“因此我们如更具体一点说，他的‘仁道’实在是为大众的行为”，“他要人们除掉一切自私自利的心机，而养成为大众献身的牺牲精神”。如果说仁是儒家思想的内在法则，那么礼就是外在的约束，“是一个时代里面所有的维持社会生活的各种规律，这是每个人应该遵守的东西”。“礼”的意义在于，“各个人要在这些规律之下，要使自己不要放纵自己去侵犯众人，更进宁是牺牲自己以增进众人的幸福”。因而，“这是相当高度的人道主义”[⑥]。孔子所说的“吾道一以贯之”，在郭沫若看来，孔子所持的一贯之道，也就是“由内及外，由己及人的人道主义”[⑦]。

---

① 李泽厚：《中国古代思想史论》，人民出版社1985年版，第29页。

② 冯友兰：《新原道》，商务印书馆1945年版，第2页。

③ 郭沫若：《秦楚之际的儒者》，《中苏文化》1944年2月第15卷第2期。

④ 郭沫若：《述吴起》，《东方杂志》1944年1月15日第40卷第1号。

⑤ 同上。

⑥ 郭沫若：《孔墨底批判》，《群众》第10卷第3、4期合刊附册，第16、17页。

⑦ 同上书，第19页。

对于儒家人道主义的评价，郭沫若是将其置于特定的历史语境中评判的。在他看来，“这种所谓仁道，很显然的是顺应着奴隶解放的潮流的。这也就是人的发现。每一个人要把自己当成人，也要把他人当成人，无宁是先要把他人当成人，然后自己才能成为人。不管你是在上者也好，在下者也好，都是一样”[①]。这一观点，是基于其古代历史社会研究的成果。根据他对古代社会性质的分析，春秋战国时期是“由奴隶制逐渐移行于封建制”的时期，社会变革“在意识形态上便生出极大的反映”，其中最明显的就是“人民的价值生了莫大的变易”，从生产奴隶提升到人的层次了[②]。“因为人民的价值提高了，故尔伦理思想也发生了变革，人道主义的思潮便澎湃起来了”，儒家人道主义便是在这个历史背景下提出的。因而，“仁”字的出现，“是当时的一个革命的成果”[③]。儒家是顺应“奴隶”的解放潮流而出现的人道主义，这种历史再解读，不仅从发生学的角度赋予了儒家思想以革命内涵，还将“民”这个儒家中的核心概念，转化为现代革命语境中的动力和主体。据此，郭沫若不仅从社会变革的意义上重新发现了儒家的人道主义内涵，更重要的是，郭沫若给人道主义这个现代概念也注入了新的意义，即人的解放的革命含义。从此，儒家人道主义就不仅仅是“五四”式同情弱者的人道主义，而是有着更为积极社会变革的意义。

在抗战建国的历史语境下，郭沫若所谓的儒家人道主义，不仅仅是纯从思想史视野着眼的，本身也有着强烈的社会关怀乃至现实政治诉求。无论是“乱党”还是“人民”这类词汇，都与当时的政治密切相关。“乱党”是国民政府贴给共产党的标签，郭沫若强调孔子袒护乱党，并为乱党翻案，也是在为中共寻求政治的合法性，乃至道统的支持。而“人民”则是中共所划定的革命主体，是毛泽东所提的“新民主主义”的历史主体，郭沫若将儒家思想中的“民”，不加辨析地“翻译”为人民，也是以衍生概念的方式宣传其革命主张。

不过，郭沫若虽极力从儒家思想的角度，为中共的革命提供思想支持，但儒家人道主义却并不能完全为革命所覆盖，而是带着大量的思想冗余。如他对儒家人道主义的发生学解释，无论是人民从奴隶到人的地位变化，还是“人的发现”“把他人当成人”等具体说法，都延续了“五四”的人道主义与“人的发现”等主题；同时，这本身也是儒家民本主义的内在之义。因此，儒家人道主义的内涵，是在新文化人、革命者和士大夫等综合视野下赋予的。这种综合性，从知识论的角度看，是儒家传统、新文化传统与革命理论之间的相互塑造，是如林同济所指出的，在综合的基础上为中国历史做出的全体的“文化摄相”[④]。这种综合的视野，在四十年代具有一定的普遍性，是知识分子思考建国问题时的主要方法。因此，从历史的角度看，儒家人道主义

---

① 郭沫若：《孔墨底批判》，《群众》第10卷第3、4期合刊附册，第20页。

② 郭沫若：《屈原思想》，《新华日报》1942年3月9日，第4版。

③ 同上。

④ 林同济：《第三期学术思潮的展望》，《大公报》1940年12月15日。

也是郭沫若为历史走向提供的一种方案。

1943 年是同盟国开始扭转战局、也是中国知识分子将主要问题从抗战转向建国的关键一年。此时郭沫若重新回到诸子学，并特意表彰儒家思想，也可视为他不安于党为他划定的文人身份而急于匡世的思想外观。在郭沫若看来，孔子的济世思想，就表现在他“很想积极地利用文化的力量来增进人民的幸福”，而他的方式，也正是在裁容新旧的基础上重建“一个新的体系”。正如他对于孔子思想体系成因的解释：“对于过去的文化于部分地整理接受之外，也部分地批判改造，企图建立一个新的体系来以为新来的封建社会的韧带。廖季平康有为所倡道的‘托古改制’的说法确实是道破了当时的事实”[①]。廖季平是郭沫若的经学师祖。在今文经学的传统内，郭沫若对儒家的核心观点“仁”“礼”“乐”进行再解释，其做法也无非是托古改制，重建一套象征系统。将儒家与革命进行嫁接，实际上是在重建道统，为社会变革寻求合法性。

但还需进一步辨析的是，郭沫若从革命的角度对儒家思想的重新阐释，究竟是让儒家思想现代化、革命化了，还是让革命重新回到了儒家的传统之内。这依旧是一个悬而未决的问题。就郭沫若来看，他的诸子学批判，表现出了马克思主义强大的理论穿透性、解释力，以及他自身的话语转换能力，他似乎轻而易举地就完成了从传统到革命的转化；但从他抗战之际的文化政治实践来看，无论是他与柳亚子等人的诗词唱和、他对儒家思想的坚守，还是他此后的政治命运，都表明他反而回到了士大夫这一传统身份，或者是类似柳亚子等南社诗人的革命士大夫角色。郭沫若在抗战时期对士大夫文化的回归，也提示我们对学界将中国现代的社会心态，描述为晚清的“儒家情感结构”、五四时期的“启蒙情感结构”到国民革命后的“革命情感结构”[②]，这种线性的划分和定性需持谨慎乃至反思的态度。郭沫若在话语与行动间的不对等转化，也显示了他身处历史现场的矛盾性，以及儒家思想在现代革命进程中所发挥的积极作用。

（原载《郭沫若研究》2018 年第 1 辑）

---

① 郭沫若：《孔墨底批判》，《群众》第 10 卷第 3、4 期合刊附册，第 16 页。

② Haiyan Lee, *Revolution of the Heart: A Genealogy of Love in China*, 1900 – 1950, Stanford: Stanford University Press, 2007.

第七篇

学术争鸣

《我的丈夫郭沫若》相关问题梳考

廖久明

1973年秋至1974年初冬，董桥在伦敦大学亚非学院图书馆中文藏书部看见手抄本《我的丈夫郭沫若》时的反应是："'你好！'——《我的丈夫郭沫若》，佐藤富子著。是手抄本。字写得不好。该打手板。不过，放他一马。到底是有心人。进到这样一座藏经楼，进到这样静的宇宙里面，进到这样香的旧梦里面，放他一马。伦敦到底蛮可爱的。"① 贾植芳1982年在审读《郭沫若研究资料》时如此写道："抗战中佐藤富子（郭的夫人）曾写有《我的丈夫郭沫若》，原载日本《文艺春秋》，中国曾有译文，应查出；（此文不知是否即此编中的《怀外子郭沫若先生》？此处无原出处，只写'收入《抗战中的郭沫若》一书'。）"② 根据这两个事例可以知道，署名佐藤富子的《我的丈夫郭沫若》曾经是一篇影响很大的作品。遗憾的是，迄今为止，不但没有人对该文进行系统梳理，一些说法还与事实不符，笔者拟在此逐一进行梳理、考证。

一　在日本发表的刊物和题目

关于该问题，还有以下五种说法：

> 郭夫人佐藤富子女士，新近在《新女苑》三月号中所发表的《我的丈夫郭沫若》（译文见《新语周刊》第一二期）③ 里面，就以悲剧主角的心情，吐露了

---

① 董桥：《不是书话之一》，《书城黄昏即事》，辽宁教育出版社1996年版，第109—110页。

② 贾植芳：《〈郭沫若研究资料〉审读意见》，《历史的背面——贾植芳自选集》，山东教育出版社1998年版，第222页。

③ 查《新语周刊》，该译文发表在1938年4月22、29日出版的第1、2期上。由此可知，《柯灵杂文集》（生活·读书·新知三联书店1984年版，第177页）、《柯灵六十年文选（1930—1992）》（柯灵著，上海文艺出版社1993年版，第637页）、《浮尘小记》（柯灵著，上海远东出版社1996年版，第88页）、《孤独的风中之旗——"孤岛"杂文选》（姜振昌、徐萍编，文化艺术出版社1996年版，第90页）、《柯灵文集》第4卷（柯灵著，文汇出版社2001年版，第128页）中的以下说法均有误："译文见《新语周刊》第十二期"。柯灵的《慰郭沫若夫人》在《文汇报》发表后，收入了当年11月文汇有限公司出版的《边鼓集》。通过比较可以发现以下两点：一、该引文在收入《边鼓集》时，"里面"改成了"一文"，删去了"这样的"三个字，夹注文字"译文见《新语周刊》第一二期"没有改变；二、1984年出版《柯灵杂文集》时，依据的版本是《边鼓集》，并且将"译文见《新语周刊》第一二期"释读成"译文见《新语周刊》第十二期"，后来出版的上述四种集子错误相同，应该是依据《柯灵杂文集》造成的。

这样的哀戚的声音……①

本文，系郭沫若先生日籍夫人佐藤富子所作。原文发表于本年四月廿二日出版之《新女苑》周刊。②

《我的丈夫郭沫若》一文，刊在日本的三月号《新女苑》上，《新女苑》在日本妇女界是流行颇广的一种刊物……③

《我的丈夫郭沫若》一文原载于日本《新女苑》四月号上，自本刊登载译文后，一时曾惹起各方的极大注意，广州《文摘》等杂志，均纷纷转载，有些书贾还把它出版了单行本……④

二十七年春，他就任军委会政治部第三厅厅长，在日本出版的《改造》杂志上，出现了一篇用他太太底名字发表的一篇文章，题目是《挣扎在生死线上》……⑤

查日本出版的《新女苑》可以知道，该文发表在1938年4月1日出版的第2卷第4号上，版权页上明确标明“每月发行一次”，即月刊，发表时的题目是“支那へ帰った郭沫若”，直译成中文为《回到中国的郭沫若》。由此可知，以上五种说法中，有四种存在错误。

二 在中国的译载情况

《支那へ帰った郭沫若》在1938年4月1日出版的《新女苑》第2卷第4号上发表后半个月即4月16日，香港出版的《国际文摘》半月刊第1卷第6期便发表了《郭沫若夫人的悲哀》，该文摘译了《支那へ帰った郭沫若》的“这样很快的过去，不知不觉已经十年了”至末尾的部分文字（计400余字）。在译文前面的说明文字中，作者将文章题目翻译为《归国的郭沫若》。

最早从头至尾译载该文的刊物是上海出版的《新语周刊》，在其4月22、29日

① 陈浮（柯灵）：《慰郭沫若夫人》，《文汇报》1938年4月29日。

② 参见佐藤富子《我的丈夫郭沫若》“编者按”，（上海）日新社1938年版，第1页。

③ 草木：《〈我的丈夫郭沫若〉》，《内外杂志》第4卷第2期（1938年6月1日）。

④ 参见孙陵《〈我的丈夫郭沫若〉不是佐藤富子的亲笔》“编者按”，《新语周刊》第1卷第7期（1938年6月3日）。

⑤ 孙陵：《郭沫若》，《我熟识的三十年代作家》，（台湾）成文出版社有限公司1980年版，第93页。

出版的第1卷第1、2期连载了题为《我的丈夫郭沫若》的译文（约7000字）。《支那へ帰った郭沫若》在《新女苑》第2卷第4号发表时仅用星号分成五部分，没有章节目录。翻译成《我的丈夫郭沫若》在《新语周刊》连载时分成了六部分，并且增加了以下章节目录：《在九州帝大医科毕业回国以前》《在贫苦的挣扎中的创造社时代》《在广东和共产党携手前后》《武汉时代佐藤为母亲的精神》《危险万分中在汉口夫妻的团聚》《佐藤祈祷和平的日子早些降临》，前三部分发表在第1期上，后三部分发表在第2期上。5月8日出版的《文摘・战时旬刊》第20号转载第1期文字时删掉了章节目录（应该是为了与转载自《文会周报》的文章格式保持一致），代之以空行，删掉了“但蒋根本上带有右翼的思想”这一不符合当时国共合作形势的文字，其他没有大的改变。该译文收入（汉口）战时文化出版社1938年5月14日初版、5月20日再版的《我的丈夫郭沫若》（为“战时文化丛书・丛书外集之二”）时，该书的编辑者是晓华、重子，根据《弁言》的落款可以知道，“重子”即“金重子”。该译文在收入《我的丈夫郭沫若》时，前面增加了《弁言》《郭沫若小传》，后面增加了《由日本回来了》《关于郭沫若》两部分内容。《由日本回来了》收录了郭沫若发表不久的三篇文章：《由日本回来了》《回到上海》《谒见蒋委员长》，《关于郭沫若》收录了金重子、晓华辑录的4篇文章：《在军中》《播音之前》《武汉观感》《抗战一夕谈》。通过比较可以知道，《新语周刊》版在收入该书时主要有以下变动：一、删去了多处不利于当时国共合作的文字①；二、将第3部分的标题《在广东和共产党携手前后》改题为《从上海到广东》，将第六部分《佐藤祈祷和平的日子早些降临》分为《在日本亡命十年》《夫之国与妻之国交战之后》两部分；三、第4、7部分各增加了一处文字②；四、在“蒋介石”后面增加了表示尊敬的“将军”二字；五、总字数减少了约1000字。

几乎与其同时译载该文的刊物是上海出版的《文会周报》，在其4月（未标明具体出版日期）出版的第1卷第1期上发表了题为《归国的郭沫若》的译文（不到

---

① 如：在《新语周刊》第2期上发表时的文字为：“第一次的广东的恐怖，暂时停止了，然而第二次的Coup detat又掀起来了，而且比第一次更惨忍，这种风声使人人都觉得危险，每天变装逃出广东的人很多，假若我们再不逃出，那我们也要到怎样的危害吧！只要逃到汉口，那就可以知道了郭的消息吧？我想到无论如何是要离开广东的，不过，这时候的我，不名一文，一方面感觉到危险紧迫着我，另方面我又想到钱的问题，使我毫无办法。恰巧有位姓孙的来找我，他是蒋部下陆军的头脑。孙是郭的同乡，他很耽心我们，要来救我们出广东，那时他携有二十几万元，要逃出广东。他说大家同时从广东出发，是很危险的，不如分批动身，在香港会面，比较最安全了。然而，我们连到香港的旅费也没有。孙不能久待，即变装逃往上海，听说在上海上陆时被捕，即刻就被枪毙了。那时我们若与孙同行，恐怕也遭到同样的命运吧！这真是不幸中之大幸了！”收入《我的丈夫郭沫若》时缩减为：“我想只要跑到汉口，那就可以知道郭的消息吧？我无论如何是要离开广东的。”

② 第4部分增加的文字为：“然而，我是不希望孩子们知道被骂的原因，所以把门锁起来，在很大的家庭，日夜以我为对手而游玩，不许他们出外一步。我觉得养得很好的孩子若是受到侮辱而有所变化了，这是为母亲的觉到无比的威吓了。/郭为文学院长，约有七个月”（第9页），第7部分增加的文字为：“‘你的父亲，现正在努力攻击你母亲的国家啊！’这句话我无论如何说不口出来”。

3000 字），用星号分成4部分，没有章节目录，译者苏讯。《文摘·战时旬刊》第20号仅转载了《新语周刊》还没有发表部分的内容，字数也从发表时的约800字减少为约400字。该译文未见收入任何集子。

第三个从头至尾译载该文的刊物是上海出版的《众生》半月刊，在其5月1日出版的第1号上发表了题为《怀外子郭沫若先生》的译文（约7000字），译者周山崎美子、林洁。该译文不但没有其他三个中文版本的章节目录，连日文版的星号也没有。该译文的收录、转载情况为：一、（上海）日新社1938年5月版《我的丈夫郭沫若》收入该文时，将标题改为了《我的丈夫郭沫若》，敏感词汇用“X”代替①，增加了章节目录②；二、（上海）战时出版社1938年版《抗战中的郭沫若》作为附录③收录该译文（目录题为《怀外子郭沫若》）时，敏感词汇用“X”代替④；三、香港《明报月刊》1974年6月号转载了《众生》半月刊上的译文，后又被《港台·国外谈中国现代文学作家》（程新编，四川文艺出版社，1986年）全文收录；四、《文教资料简报》总第88期（1979年4月）转载收入日新社版的《我的丈夫郭沫若》时，仅转载了属于译文的前12节，未转载郭沫若写作的后三节。

《杂志》第1卷第1期发表的《回归故国的郭沫若：郭夫人佐藤富子的回忆录》没有交代是译载还是转载，经核对，与（汉口）战时文化出版社版《我的丈夫郭沫若》的相关文字基本相同。不过，全文不到800字，仅包括具有煽情作用的开头和结尾。在这些文字中间，插有郭沫若的一幅速写像、《又当投笔请缨时》的手迹；在文章后面，发表了郭沫若的《遥寄安娜》。

根据以下引文可以知道，《中国日报》也发表过一篇题为《我的丈夫郭沫若》的翻译文章：“本文，在中国已经有了两种译本，就是上海的《中国日报》和《众生》……”⑤ 笔者曾设法查找该报纸，遗憾的是没有找到。

查读秀学术搜索网站，民力书局1938年出版过《我的丈夫郭沫若》。该网站是如此介绍该书内容的：“记述郭沫若在日本留学至抗战从日本归来的经过。附录：

① 如：将“根本右倾的蒋先生”改为“根本××的×先生”。

② 依次为：《一在九州帝大医科肄业时》《二郭氏的苦闷》《三从事新文学运动》《四创造社时代》《五任中大文学院长》《六投身革命运动》《七大政变下的沫若》《八千里迢迢寻夫去》《九沫若在汉口》《十亡命日本》《十一当夫之国与妻之国将开战时》《十二沫若到何处去》。在译文后面，括号中有如下文字：“郭沫若先生往何处去了？在当时，确是个疑问，然而郭先生在上海出现时，人们才知道他从侦探网四布的日本漏出来了，他是这样地回来的，请读郭先生自己的日记——由日本回来。”（第21页）接着是由郭沫若自己的文章构成的以下三章：《十三由日本回来》《十四郭沫若论日本》《十五论中国抗战》，《郭沫若论日本》的具体文章即《日寇之史的清算》。

③ 在这篇译文的前、后面，分别是于立群写作的《病中的郭沫若先生》和阿英写作的《关于郭沫若夫人》：后文回忆了1937年11月20日郭沫若因得到安娜被拘禁、拷打的信件后写作《相隔仅差三日路》《信美非吾土》两首诗的情况。

④ 如：将“蒋氏杀了无数的共产党”改为“×氏杀了无数的共产党”。

⑤ 草木：《〈我的丈夫郭沫若〉》，《内外杂志》第4卷第2期（1938年6月1日）。

《郭沫若笔下的佐藤富子》、《一篇别人假托的文章——佐藤富子的〈我的丈夫郭沫若〉》”。《二十世纪中国人物传记资料索引》上编对该书有如此介绍：“广州民力书局 1938 年版 32 页”①。由此可以断定，该书确实出版过，遗憾的是同样没有找到。

三　对《我的丈夫郭沫若》是否为佐藤富子本人所写的不同看法

《我的丈夫郭沫若》译载后的最初一段时间，人们并没有怀疑它的作者问题。与《新语周刊》第 1 卷第 2 期同一天出版的《文汇报·世纪风》上，发表了《遥寄安娜》《关于郭沫若夫人》《慰郭沫若夫人》三篇文章。第一篇文章是郭沫若的一首七律，写于他从友人书信中得知安娜被囚禁、拷打的消息后，根据具体内容可以知道，该首诗应该是编者从阿英的《关于郭沫若夫人》中抽出来发表的。第二篇是阿英写作的一篇回忆文章，主要回忆郭沫若 1937 年 11 月 20 日题赠他《遥寄安娜》和《信美非吾土》的经过，其中发表了作者对《我的丈夫郭沫若》的看法：“日来沪报译载郭夫人安娜女士，及于兄之过去，叙述周至，而自身目前与诸儿在千叶所遭痛苦，尤时流露于字里行间，读之不禁黯然。”第三篇文章的作者是柯灵，主要发表了他对《我的丈夫郭沫若》的看法，认为该文“以悲剧主角的心情”吐露了“哀戚的声音”。根据后两篇文章的内容可以知道，阿英、柯灵都没有怀疑《我的丈夫郭沫若》是他人冒名写作的。根据以下引文可以知道，刚羊在写作《寄郭沫若夫人佐藤富子》时，同样没有怀疑《我的丈夫郭沫若》是他人冒名写作的：“满纸心酸言，双眼血腥泪！/丈夫志许国，宁为儿女醉？”②

根据已掌握的资料可以知道，《我的丈夫郭沫若》在《文摘·战时旬刊》第 20 号转载后，共有三家报刊发表了采访郭沫若的文章，标题分别为：《〈我的丈夫郭沫若〉不是佐藤富子的亲笔》③、《为郭夫人的〈我的丈夫郭沫若〉访问郭沫若先生》④、《〈我的丈夫郭沫若〉并非郭夫人所写》⑤。第一篇文章指出第 3、5、7、8、9、10、13、14、16、20、21、24、27、28、29、31 段存在与“事实不符的地方”⑥，涉及郭

---

① 复旦大学历史系资料室编：《二十世纪中国人物传记资料索引·上编》，上海辞书出版社 2010 年版，第 1887 页。

② 刚羊：《寄郭沫若夫人佐藤富子》，《文集》旬刊第 1 卷第 2 期（1938 年 5 月 13 日）。

③ 孙陵：《〈我的丈夫郭沫若〉不是佐藤富子的亲笔》，《救亡日报》1938 年 5 月 17 日，《新语周刊》第 1 卷第 7 期（1938 年 6 月 3 日）、《文教资料简报》总第 95 期（1979 年 11 月）全文转载。

④ 《为郭夫人的〈我的丈夫郭沫若〉访问郭沫若先生》，《文摘·战时旬刊》第 21 号（1938 年 5 月 18 日）、《郭沫若学刊》1990 年第 4 期全文转载，原刊何处待查。

⑤ 《〈我的丈夫郭沫若〉并非郭夫人所写》，1938 年 5 月 19 日（汉口）《申报》。

⑥ 从第 13 段起，《〈我的丈夫郭沫若〉不是佐藤富子的亲笔》中所说的段落与实际段落相比从排序上说少了两段，即：《〈我的丈夫郭沫若〉不是佐藤富子的亲笔》所说的第 13 段对应于《我的丈夫郭沫若》中的第 15 段，依次类推。全文共 35 段，第 1、2 自然段被认为“可以代表郭夫人真正的心境”。

沫若留学到归国抗战的诸多事情。后两篇文章内容大同小异，现全文抄录其中一篇如下：

> 自本刊第二十期转载了郭夫人的《我的丈夫郭沫若》一文后，颇引起社会人士之注意，记者为更明了详细情形起见，特往访郭沫若先生，询问近状，当经见告此文并非郭夫人所作，实系日人假托。该文所述各节，事实不符者，计有二十余处之多，兹仅揭列下列数端，以资更正：
>
> （一）郭先生与郭夫人结婚时，尚在冈山高科二年（民国五年）读书，该文记载郭先生在福冈九州帝大（民国七年至十一年）。郭夫人对于此事，当然不至为此错误。
>
> （二）郭先生于帝大毕业后，曾受聘于重庆红十字会医院，并非英人所设，且所寄路费是一千元，也并非三百元。
>
> （三）郭先生为了热心文化运动，于帝大二年级时（民国九年），曾请假一年，回国创办创造社，该文记在帝大毕业（民国十一年）以后。
>
> （四）学艺大学并不是郭先生创办的，当时招来的学生也实在不多，预定计划招收一百名，结果因为许多原因，只有三十二人报名，只好全部均予收留。
>
> 根据以上数端，便可断定该文实系别人假拟。虽然假拟的动机和用意，我们不十分清楚，但非郭夫人亲手所写是可以断言的。①

但是，一位署名草木的人看见“汉口某小报”上的否认文章（当为《文摘·战时旬刊》第21号转载的上引文章）后，写作了《〈我的丈夫郭沫若〉》，提出了不同看法，其结论为：

> 本文事实是真的，感情也是真的，此文虽没有经过郭夫人的手，但得了夫人同意而写也许没有什么大疑问，此文之作，有如代人写传，其错误自属难免，总之，在艺术价值上，在文坛史料上，仍然与郭夫人亲手所写有同样价值。②

为了搞清楚该问题，唐明中1984年4月在访问郭安娜（即佐藤富子）时当面问过，得到的回答“肯定明确”：“我没有写过，不是我写的。”③ 1985年，郭沫若的堂弟郭开鑫专门为此写作了一篇文章，结论为：“其实，《我的丈夫郭沫若》一书的作者并非真的是佐藤安娜，是一个作家假托佐藤安娜名义写的。”④

---

① 《为郭夫人的〈我的丈夫郭沫若〉访问郭沫若先生》，《文摘·战时旬刊》第21号（1938年5月18日）。

② 草木：《〈我的丈夫郭沫若〉》，《内外杂志》第4卷第2期（1938年6月1日）。

③ 唐明中：《访安娜夫人》，《龙门阵》1985年第1期。

④ 郭开鑫：《〈我的丈夫郭沫若〉引起的风波》，《文化娱乐》1985年第4期。

四　关于"假托"内幕的推测

关于"假托"内幕，面世的三篇文章探讨了该问题，笔者现在依照时间顺序逐一罗列相关内容指出其中存在的史实错误。

根据"当时我们就根据着这期文摘的译文将事实不符的地方作了一个校正"可以知道，第一篇文章中的说法实际上出自郭沫若本人和他当时的机要秘书孙陵：

> 或者是郭夫人向执笔者谈述过她的心境和过去的生活，于是执笔者便假借了郭夫人的名字发表了这一篇文章的吧。
>
> ……
>
> ……海外十年的生活，竟一字也没有谈到。我们想或者假托郭夫人的这位执笔者定是对于郭先生的文章有了相当的研究，而揣摩出来的。因为郭先生离开前和"八·一三"返国时的各种生活情形，都有文章发表，至于海外十年的生活，从来不曾谈起过，所以假托者便无从揣摩了。假托者虽然揣摩得相当成功，但究竟露出了这许多破绽。[①]

引文中与事实不符的地方有两点：一、尽管《我的丈夫郭沫若》写郭沫若海外十年的文字不多，但并非"一字也没有谈到"，出现该问题的原因是，《文摘·战时旬刊》第20号未转载该部分内容，因而郭沫若、孙陵一时无从看见；二、根据郭沫若指出的近二十处错误可以知道，佐藤富子并未"向执笔者谈述过她的心境和过去的生活"，"假托者"对郭沫若之前发表的文章也不熟悉[②]，否则不会出现如此多的错误。

第二篇文章出自一位署名草木的作者，具体内容为：

> （一）郭夫人因了郭氏悄然离去，多少怨苦与思念之情，无由发抒，于是用口述方式（有人说此文是郭夫人演讲，但没有看三月号《新女苑》，无法证实），请人代笔，以发抒其国家之矛盾与内心之抑郁。
>
> （二）郭氏在福冈住了十年，好些人对于他们夫妇的一切是很深悉的，当中日战争爆发，郭氏悄然回到祖国，这是一般喜投人所好的日本记者，认为最好的材料，于是就多方从旁打听，或是包围夫人，请其叙述郭氏经过，以吸引读者。

① 孙陵：《〈我的丈夫郭沫若〉不是佐藤富子的亲笔》，《新语周刊》第1卷第7期（1938年6月3日）。

② 除《由日本回来了》于1937年11月翻译成日文外，最先翻译成日文的郭沫若自传作品是《创造十年》，其时间为1940年。也就是说，"假托者"在写作《支那へ帰った郭沫若》时，并没有多少郭沫若的自传作品翻译成了日文。

如果说他们别有用心，为何中文找不出有什么恶意与挑剔的地方。

以上两种臆测中的事实，固然都认为不一定是郭夫人亲手所写，但经过了她的叙述和同意才发表出来，是无法否认的，至于其中与事实不符之点，一定是记载人听官的错觉，或是下笔时所误书，这我们不能因此就全部否认此文之价值，同时好在这些错误都是无关宏旨，并不曾影响到全篇的好处，郭夫人的热情仍然是奔放在字里行间。①

首先，由于以下三个原因，应将“郭氏在福冈住了十年”修改为“郭氏在市川住了十年”：1928 年 3 月，郭沫若一家在日本市川居住下来；1937 年 7 月 25 日，郭沫若离家出走回到中国；郭沫若归国抗战后，佐藤富子仍然住在市川，“喜投人所好的日本记者”只能在市川而不能在福冈“包围”她。其次，该篇文章中的说法与佐藤富子的性格不相吻合：“安娜的性格历来是刚强的，只要她拿定主意不开口，既使是日本的特务警察的拷问，也是奈何不了她的。”② 在郭沫若已经归国抗战的情况下，过多谈及郭沫若的过去对她应该是不利的，所以，此时的她更有可能选择闭口不谈。

第三篇文章同样出自三厅初期担任郭沫若机要秘书的孙陵，只不过时间是去台后的上世纪 60 年代。

郭沫若当时读过这篇文章之后说：

“这篇文章所写的各种事情全对，外人绝对难于分别真伪的，但是有一点与事实不符，她说我那时（北伐时期）很得蒋委员长信任，其实并不确。如果当真是他亲笔写的，这件事她决不会不知道。一定是警察厅套去她底详细口供，由别人捉刀，冒她名字写的。他们在用曹操利用徐母欺骗徐庶的办法，企图动摇我底感情。……”③

首先，根据孙陵自己 1938 年写作的《〈我的丈夫郭沫若〉不是佐藤富子的亲笔》可以知道，“这篇文章所写的各种事情全对”的说法是错误的。其次，“一定是警察厅套去她底详细口供，由别人捉刀，冒她名字写的”的说法值得怀疑，理由为：一、该文主要是从私人生活、情感角度来写作郭沫若与佐藤富子的关系，它们应该不是“警察厅”关注的重点；二、如果确实出自佐藤富子的口供，应该不会有这么多明显的错误。

① 草木：《〈我的丈夫郭沫若〉》，《内外杂志》第 4 卷第 2 期（1938 年 6 月 1 日）。

② ［日］泽地久枝：《关于安娜的一些资料》，刘平摘译，《郭沫若学刊》1991 年第 3 期。

③ 孙陵：《郭沫若》，《我熟识的三十年代作家》，（台湾）成文出版社有限公司 1980 年版，第 94 页。

五　结合《亚细亚之子》的推测

由于没有与《支那へ帰った郭沫若》有关的任何材料，笔者无法对它的写作情况进行有根据的推测，只好另辟蹊径：结合早一个月发表的《アジアの子》（《亚细亚之子》）的写作情况，推测一下它们之间可能存在的异同点[①]。

《亚细亚之子》的主要情节为：在好友郑的劝说下，流亡日本十年的汪在七七事变后离开日本回到了中国。回国后不久，汪发现自己被政府和郑欺骗，于是“断然来到北支，投身到日本的军民中”[②]，并且把留在日本的老婆、孩子也接了过来，在日本意识形态指导下共同开发北中国。

郁达夫看见该文后，写作了《日本的娼妇与文士》，痛斥该文作者佐藤春夫是“最下流的娼妇”[③]。郁达夫曾在文章中这样写道：“在日本现代的小说家中，我所最崇拜的是佐藤春夫。”[④] 郁达夫看见《亚细亚之子》后如此愤怒，是因为该小说中的郑和汪是以郁达夫、郭沫若为模特儿虚构而成，并且虚构的一些事实对郁达夫的人格造成了极大侮辱，如：郑完成了把汪策动回国的使命后，“从蒋那里得到了比十年前通缉汪时的悬赏金多几倍的钱”；郑和北伐时追求汪的女人一起住在西湖边的别墅里。

日本战败投降后的 1945 年 12 月，佐藤春夫在《呼唤旧友》中部分交代了他这样写作的原因：

> 我怎么会把你当敌国的间谍呢，这我当时连想都没想过。你回国时显得神色慌张，而且走后不久就发生了你的挚友郭沫若君从千叶家里逃回中国的事件。正因为我知道半个月前你走访过郭君，所以难免猜测你扮演了帮助他脱逃的联络员的角色。当时我提出带你去郭家，不料被你断然拒绝，而且那天你我畅叙久别之情直至深夜，在没车的情况下你不顾我好言挽留执意要返回旅店。是你过分见外让我觉得你的东京之行另有目的。[⑤]

---

① 将《支那へ帰った郭沫若》的写作情况与《亚细亚之子》联系起来的思路来自华东师范大学日文系教授潘世圣博士，在此表示诚挚谢意！

② 佐藤春夫：《亚细亚之子》，董炳月译，董炳月：《“国民作家”的立场——中日现代文学关系研究》，生活·读书·新知三联书店 2006 年版，第 265 页。

③ 郁达夫：《日本的娼妇与文士》，《郁达夫文集》第 8 卷，花城出版社 1983 年版，第 296 页。

④ 郁达夫：《海上通信》，《郁达夫文集》第 3 卷，花城出版社 1982 年版，第 73 页。日本著名学者伊藤虎丸认为：“在中国现代作家中，直接与佐藤春夫保持着最密切关系的人当然应该首推创造社的郁达夫。”（伊藤虎丸著，刘平译：《佐藤春夫与郁达夫》，《中国现代文学研究丛刊》1993 年第 2 期。）

⑤ 佐藤春夫：《呼唤旧友》，武继平译，《郭沫若学刊》2010 年第 3 期。该段回忆文字还有以下错误：一、佐藤春夫与郁达夫最后一次见面的时间应该是在 1936 年 12 月，二、郁达夫到东京的时间是 1936 年 11 月 13 日，离开日本的时间是 12 月 17 日。

从该段引文可以看出，佐藤春夫怀疑郁达夫“东京之行另有目的”的原因为：一、郁达夫在东京期间走访过郭沫若，并且“断然拒绝”自己带郁达夫前去拜访；二、郁达夫“回国时显得神色慌张”，而且“走后不久”（实际上有 7 个多月之久：郁达夫离开日本前往台湾的时间是 1936 年 12 月 22 日，郭沫若离开日本的时间是 1937 年 7 月 25 日）发生了郭沫若“从千叶家里逃回中国的事件”。看看《亚细亚之子》中的相关内容可以知道，佐藤春夫在小说中将他的怀疑作为事实添油加醋地写了出来。

现在，我们结合相关史料探讨一下佐藤春夫此时写、如此写《亚细亚之子》的原因。

郭沫若归国后不久，日本集中译载了一些郭沫若的文章，它们是：《关于日本人对于中国人的态度》（《日本评论》第 12 卷第 10 号，1937 年 9 月）、《由日本回来了》（《改造》1937 年 11 月增刊号）、《访问蒋介石》（《改造》1937 年 12 月增刊号，节译自《在轰炸中来去》的第十节）、《日军并不可怕》（《文艺春秋》1937 年 12 月 15 日增刊号）[①] ……关于这些文章在日本译载后的反响，看看以下引文便可略知一二：

> 那时我尚在《改造》编辑部。《由日本回来了》的译稿，是一个叫做 M 君的从上海回来，很快带到出版社来的（1937 年 11 月登在《改造》临时增刊上）。郭氏离开日本是刚发生了芦构桥事件以后，当时为我国新闻界的一大话题。当日离开日本的详情，本人有详细记载。作为杂志来说，十分引人是不言而喻的。[②]

既然郭沫若离开日本回到中国是日本新闻界的“一大话题”，那么写作与郭沫若有关的文章一定能吸引读者注意，这应该是佐藤春夫如此快地写作、发表《亚细亚之子》的原因之一[③]。在郭沫若这些翻译成日文发表的文章中，归国抗战是其主线。在《亚细亚之子》，归国的汪发现自己上当受骗，于是转而前往日本占领下的北中国为大东亚共荣理想而工作，佐藤春夫这样写，很明显是与郭沫若唱反调，进而达到“配合日本军国政府发动的侵华战争”[④] 的目的。

---

① 资料来源为：岩佐昌暲、藤田梨娜、岸田宪也、郭伟：《日本郭沫若研究资料总目录》，［日本］明德出版社 2011 年版，第 61—62 页；吕元明：《日本译介郭沫若著作之一瞥》，《郭沫若研究》学术座谈会专辑（1984 年 8 月）。

② 增田涉：《郭沫若素描》，《郭沫若研究》第 7 辑，文化艺术出版社 1989 年版，第 273—274 页。

③ 在发表郭沫若的《由日本回来了》译文的《改造》1937 年 11 月增刊号上，发表了佐藤春夫的《曾游南京》，因此佐藤春夫看过《由日本回来了》“是毫无疑问的”（［日］祖父江昭二著，杉村安几子译：《日中两国文学家的“交流”——佐藤春夫和郁达夫》，《中国现代文学研究丛刊》2005 年第 1 期）。

④ 董炳月：《“国民作家”的立场：中日现代文学关系研究》，生活·读书·新知三联书店 2006 年版，第 124 页。

现在回过头来探讨《支那へ帰った郭沫若》的写作情况便会发现，它与《アジアの子》应该既有相似的地方，也有不同的地方。《アジアの子》发表在《日本评论》1938 年 3 月号上，《支那へ帰った郭沫若》发表在 1938 年 4 月 1 日出版的《新女苑》第 2 卷第 4 号上，两者发表时间的相近告诉我们，它们应该都与郭沫若翻译发表在日本的文章有关。《支那へ帰った郭沫若》直译题目为《回到中国的郭沫若》，看看实际内容可以知道，将题目翻译成《我的丈夫郭沫若》与所写内容更吻合①。题目与内容的差异告诉我们，作者将题目确定为《支那へ帰った郭沫若》应该与郭沫若的《由日本回来了》直接相关：郭沫若写作了《由日本回来了》，单从题目上看，《回到中国的郭沫若》便与它存在时间上的连续性。根据作者确定的题目应该可以做出如下推断：《支那へ帰った郭沫若》的作者写作该文的一个目的是吸引读者注意：人们根据郭沫若的《由日本回来了》可以知道郭沫若离开日本到达到中国的情况，那么，“回到中国的郭沫若”怎样呢？这应该是人们关心的话题，于是作者便为文章确定了这样一个题目。如果《支那へ帰った郭沫若》的作者是郭沫若的夫人佐藤富子，那么人们感兴趣的程度一定更高，这应该是该文署名为“郭沫若夫人佐藤富子”的原因。

看看以下引文可以知道，与佐藤春夫写作《亚细亚之子》是为了“配合日本军国政府发动的侵华战争”不同，《回到中国的郭沫若》的作者写作该文的主要原因应该是出于对佐藤富子的同情和盼望中日战争早日结束：“我在比任何一个人都倾注全心、日夜祈祷盼望战争结束的同时，漫无边际地回忆着痛苦不迭的过去”，“面对袭来的痛苦，我像母鸡保护幼雏一样，迎上前去同无比残酷的命运搏斗，并在心里热切企盼着和平早日到来”。② 正因为如此，作者在写作该文时，完全站在佐藤富子的立场，设身处地地写作了这样一篇文章，以致达到了几可乱真的程度：“是篇文章，着实写得哀婉动人，即令是一个怎样高明手法的作者，但郭夫人深心的事决不会描摩得那么逼真，只有个中人才能够把感情这样发挥无遗……”③ 由此可知，该文作者尽管是冒名写作，却写出了佐藤富子的真实感情。也就是说，该文流露出来的感情既是佐藤富子的、也是作者自己的，甚至可以说是一切反对侵华战争的日本人民的。

尽管《支那へ帰った郭沫若》是冒名写作，比较一下以下两段文字却可以知道，所写内容至少部分来自佐藤富子：

> 这时，蒋介石的陆军头目孙氏来访，孙与郭是老乡，他委婉地表示想帮我们离开广东，虽然现在机会来了，但因他携带二十多万元巨款，一起离开广东的话

① 由于文章主要内容是写“我”，所以，与内容更吻合的题目应该是《我与丈夫郭沫若》。

② 佐藤富子著，赵艺真译，潘世圣校译：《回到中国的郭沫若》，待发表。

③ 草木：《〈我的丈夫郭沫若〉》，《内外杂志》第 4 卷第 2 期（1938 年 6 月 1 日）。

会非常危险。他详细告知了他在香港等候我们的计划后，便动身离去。但是我没有去香港的旅费，孙又无法一直等我们，就化装去了上海，结果刚上岸就被逮捕枪杀了。假如我们和孙同行，也会遭遇一样的命运，这真是不幸中的万幸。①

本来打算同孙炳文一起离开广州到武汉，可是后来孙单独坐船走了，安娜一家迟了一班船。孙不幸在船上被国民党特务盯住，船靠码头后即被捕，最后被杀害。安娜说："如果我们同行，也会遭到不幸。"②

这两段文字都是在回忆佐藤富子1927年夏离开广州的事情：前文出自《支那へ帰った郭沫若》，后文出自《与郭沫若日籍夫人安娜相处的日子》；前文发表在1938年4月出版的《新女苑》第2卷第4号，后文发表在《档案春秋》2008年第9期；前者作者署名"佐藤富子"，后文作者是1958—1988年期间（"文革"期间曾一度中断）照顾安娜日常生活的吴月丽。尽管两者有以上差别，所写事实却大同小异。吴月丽明确地告诉我们，她所写内容来自郭安娜的回忆③，那么可以肯定，《支那へ帰った郭沫若》的相关内容也来自郭安娜——因为回忆中的另一核心人物孙炳文1927年4月20日已在龙华被杀害。

现在回过头来看指出《我的丈夫郭沫若》错误的地方可以发现，尽管郭沫若指出其中的16段存在错误的地方（需要说明的是，只是存在错误的地方，并非全部错误），但是，《文摘·战时旬刊》第20号转载该文时共有35段，意味着郭沫若并没有完全否认所写内容。并且，看见转载于《文摘·战时旬刊》第20号的该文后，不但郭沫若自己怀疑佐藤富子"向执笔者谈述过她的心境和过去的生活，于是执笔者便假借了郭夫人的名字发表了这一篇文章"，还认为文章开头第1、2段和结尾第31—35段所写内容代表着佐藤富子的"心境"：

从前到后，这一篇将近三千字的文章，只有第一段和第二段，"以异国人为夫的我，在这人生的长途中，正过着他人所不能想像到的无限的悲哀和喜悦。……我无论比谁都热望，热望这次与中国的战争，赶快了结，……"可以代表郭夫人真正的心境。

还有，从第三十一段"大儿子好像知道一般，小的儿子没有知道……"一直到最后的一段，都是能够代表着纯挚的郭夫人的心境的。④

---

① 佐藤富子著，赵艺真译，潘世圣校译：《回到中国的郭沫若》，待发表。

② 吴月丽：《与郭沫若日籍夫人安娜相处的日子》，廖久明主编：《郭沫若家世》，复旦大学出版社2010年版，第161页。

③ 可以肯定，吴月丽不知道有《我的丈夫郭沫若》这本书，否则，她一定会向郭安娜求证。

④ 孙陵：《〈我的丈夫郭沫若〉不是佐藤富子的亲笔》，《新语周刊》第1卷第7期（1938年6月3日）。

根据以上事实可以推断，前人的以下推测至少部分是正确的：“郭氏在福冈住了十年，好些人对于他们夫妇的一切是很深悉的，当中日战争爆发，郭氏悄然回到祖国，这是一般喜投人所好的日本记者，认为最好的材料，于是就多方从旁打听，或是包围夫人，请其叙述郭氏经过，以吸引读者。”① 在笔者看来，文章所写材料的最初来源尽管可能主要出自佐藤富子，但它们不是她亲口告诉《支那へ帰った郭沫若》的作者的，而是来自于熟悉他们的人——郭沫若一家在市川居住了九年多时间，在这段时间里，佐藤富子在闲谈时与人谈起他们的过去是完全可能的。郭沫若归国抗战后，特别是他的《由日本回来了》等文章翻译发表后，“一般喜投人所好的日本记者”当然希望从佐藤富子本人口中知道她与郭沫若的情况，但是目的并未达到，于是“多方从旁打听”，写作了该文。应该正因为如此，致使《支那へ帰った郭沫若》出现了这样的情况：尽管郭沫若指出35段中的16段存在着错误，一些人仍然坚持认为“此文纵令不是郭夫人所写，而必然与郭夫人发生较深的关系”②。也就是说，导致这种情况的原因为：正因为所写内容并非直接来自佐藤富子，而是经人转述，属于道听途说，所以存在不少错误；正因为所写内容间接来自佐藤富子，并非向壁虚构，所以存在真实的内容。

通过以上梳考可以知道，《支那へ帰った郭沫若》的作者是假托的，其内容却间接来自佐藤富子，存在一定的真实性，由此可知，该文属于作者伪、内容不一定伪的伪书。对待此类伪书，我们在指出其作者伪的同时，对其中的史料却不能弃之如敝屣，因为“伪书和伪事不是一回事”：“真书中可能有伪史料，而伪书中又可能蕴藏真史料。”③ 就本文而言，既然郭沫若指出其中16段存在错误的地方，那么，凡是郭沫若没有否认的事实便有可能是真实的，如果能够找到旁证，便可以断定其真实性。由于《支那へ帰った郭沫若》中有不少属于佐藤富子个人经历或者只有她个人能够回忆的事情，如1927年夏离开广州前往武汉事，这种事情的重要性不言而喻，所以有必要重视。该文的价值还在于，通过它，我们不但知道了郭沫若归国抗战在中日两国间产生了多么大的影响，还知道了战争对中日两国人民都造成了巨大痛苦，知道了当时不少日本人也和中国人一样“热切企盼着和平早日到来”。如果要研究七七事变爆发后一段时间内日本人民对此次战争的态度，该文应该是不错的史料。

（原载《大西南文学论坛》2016年4月第1辑）

① 草木：《〈我的丈夫郭沫若〉》，《内外杂志》第4卷第2期（1938年6月1日）。

② 同上。

③ 杜泽逊：《文献学概要（修订本）》，中华书局2008年版，第215页。

第八篇

观点摘编

【翻译场域中的资本较量对郭沫若翻译活动的影响】

黄　勤　谢　攀

在布迪厄的社会实践论中，资本不仅是实践的产物，亦是实践的工具，贯穿整个实践过程。鉴于此，翻译可看作是译者在翻译场域中凭借自身的各种资本，与相关行为主体进行资本角逐的实践活动。本文从社会学角度考察了郭沫若在翻译场域中与不同行为主体间的资本较量及这种资本较量对郭沫若不同时期翻译活动的影响，从而阐明翻译场域内各行为主体间的资本较量对翻译活动具有不可忽视的影响作用。

（原载《外语教学》2018 年第 5 期）

【《郭沫若全集》收录若干问题浅论】

刘竺岩

《郭沫若全集》自 2002 年出齐以来，由于编辑体例、历史限制所导致的“全集不全”问题，已为学界所重视。从《郭沫若全集》编选收录的微观角度来看，《全集》对《出土文物二三事》《邕漓行》《东风第一枝》等郭沫若作品集的处理值得商榷。通过分析《全集》对这三部作品集的处理，评议《全集》编选得失，指出其影响，这对《郭沫若全集》的使用及其补遗、新编，都具有一定意义。

（原载《黑龙江学刊》2018 年第 4 辑）

【郭沫若文艺思想的发展——基于佚文《诗歌的创作》**】**

周　倩

郭沫若的文艺思想由早期“为艺术而艺术”的浪漫主义，逐渐转为“为人生”的立场，后来随着马克思主义的传入与革命高潮的到来，又转变为革命文学及大众文艺的主张。著于抗战后期的佚文《诗歌的创作》，综合而全面地体现了郭沫若不断调整并较为成熟的文艺观。本文主要探察郭沫若文艺观的各个组成部分，以及它们相互融合所产生的思想成果。

（原载《文化学刊》2018 年第 6 期）

【历史的真实与艺术的虚构——兼及郭沫若历史剧《王昭君》的“和亲”问题**】**

杨胜宽

郭沫若早年创作的历史剧《王昭君》，由于对历史事件的把握和对戏剧创作规律的运用还不够纯熟，故出现了对史料剪裁不太恰当和精审，对戏剧人物及情节虚构处理不太合理和妥帖等问题，进而导致作者的创作动机在剧本内容、人物性格塑造方面难以得到理想体现的缺陷，这表明了他开始尝试历史剧写作手法的稚嫩及艺术表现能力的不足。这也是当时及后世一些研究者对该剧提出不同批评意见的重要原因。

（原载《郭沫若学刊》2017 年第 3 期）

【《创造十年》的写作与新文学的场域竞争】

张　霞

《创造十年》的写作是一个蕴含丰富、值得讨论的文学事件。郭沫若写作

《创造十年》的起因、动力，他在叙述上的刻意经营以及对于《创造十年》的文体定位，无一不反映着新文学场域内部的各种势力关系与场域竞争。

［原载《西华师范大学学报（哲学社会科学版）》2018 年第 3 期］

【郭沫若《蔡文姬》的版本变迁】

王　阳

通过厘清《蔡文姬》的版本演进过程与描述从铅印本到初刊本、从初刊本到收获本这两次最大的修改，我们看到了《蔡文姬》在内容上的修改与艺术上的变化。铅印本因剧情的局促、结构的不完整以及在史实与词语方面的错误，尚显粗糙。相比之下，初刊本的剧情更完善、结构更完整、人物形象更丰满，初刊本还对铅印本中存在的常识性错误进行了订正。虽然初刊本在剧情方面的重要修改多与蔡文姬有关，但主要是通过文姬的所听、所说、所看、所写来称颂曹操。因此，初刊本是最能凸显郭沫若“替曹操翻案”这一主要目的的版本。虽然收获本删改了许多内容，但并未影响到大的剧情走向与结构，收获本对文姬的增改，如改由文姬宽宥周近、改《贺圣朝》为《重睹芳华》，更能呈现文姬的悲欢离合。

（原载《扬子江评论》2018 年第 5 期）

【论《三叶集》《女神》对早期新诗观念的建构】

邓招华

《三叶集》蕴含丰富的诗学信息。郭沫若等在《三叶集》中有关“人格忏悔”的探讨，突破了传统的文化“场”，一个反思性“内面”得以登场。在诗学意义上，这标示着现代抒情主体的裂变与生成。《三叶集》建构的诗学观念在诗集《女神》中得到具体显现，二者构成互文性文本。《女神》显著的艺术特质是以抒情为本，确立了抒情的诗学本体地位。《三叶集》与《女神》共同推进了抒情主义诗学的建构，在早期新诗观念的建构中占据着举足轻重的地位与价值。

（原载《北方论丛》2018 年第 2 期）

【谈郭沫若首部长篇小说的“序幕”：《未央》佚文部分】

孟文博

郭沫若的小说《未央》发表于 1922 年 11 月《创造季刊》第 1 卷第 3 期，是郭沫若在其《女神》时期所发表的最长的一部作品，同时也是他本人准备创作的第一部长篇小说的“序幕”。但这部作品的大部分内容在收入《沫若文集》时被郭沫若删除了，至今一直处于佚文状态。发掘出这段佚文不仅具有史料意义，而且对于我们研究郭沫若早期创作以及生平和思想状态也有着很高的价值。

（原载《现代中文学刊》2018 年第 2 期）

【郭沫若文化抗战思想述论】

张　勇

全国性抗战时期，郭沫若以党外民

主人士的身份，自觉接受中国共产党的领导，积极推动抗日文化统一战线的建立、发展和巩固，在文化抗战的实践中形成了一套较为系统的文化抗战思想，对赢得抗日战争的胜利发挥了重要作用。郭沫若文化抗战思想的主要内容包括：文化抗战是全民族的持久的抗战；战时文化工作必须一切服从抗日战争；反对汉奸文化和文化专制主义；抗战文化必须“走出去”等。

（原载《郭沫若学刊》2018 年第 2 期）

【论郭沫若在史学界“文化尖兵”角色的演变（1949—1959）】

朱春龙

从 1949—1959 年间的史学界活动可以看出，郭沫若以“文化尖兵”的角色与担当在其中发挥了重要作用。以 1955 年为界，郭沫若在前后阶段角色重心发生了转变。大致在 1955 年之前，他引领史学界走进了学术研究的新时代。1955 年之后，他引领史学界走出偏见与误区。郭沫若在 1949—1959 年间史学界“文化尖兵”角色的演变，是这一时期逐渐走向史学界前台的资深马克思主义史家群体的一个缩影。

（原载《晋阳学刊》2018 年第 5 期）

【郭沫若《十批判书》撰述动机新探】

宁腾飞

《十批判书》是马克思主义史家研究先秦诸子的代表作之一。关于撰述动机，既有研究认为《十批判书》是针对范文澜“工农革命说”而作的。细读文本可知，郭沫若一方面对梁启超、胡适的墨学观点进行辩驳，另一方面对马克思主义史学阵营中的其他史家，如范文澜、翦伯赞、侯外庐、杨荣国等的墨学观点进行驳论。在学术争议中，郭沫若在历史本体论上，主张“人民本位说”；在历史认识论上，坚持客观研究而反对主观主义；在史学方法论上，注重社会与思想的并重考察。所以，《十批判书》的撰述动机是批判近代中国史学研究中主观主义的学术风气，而“工农革命说”仅是辩论对象之一。

（原载《中共历史与理论研究》2018 年第 1 期）

【郭沫若论“易”的观点变化及其时代关联性】

杨胜宽

《易》在中国数千年的思想史和文化史发展上，都具有广泛而深远的影响。它所阐述的宇宙观与人生哲学思想，对于中国历史上第一个封建制政权秦王朝以及此后两千多年的封建政制和意识形态的构建，都起了十分重要的作用。也许正因于此，郭沫若很早就关注、研究《易》，从 20 世纪 20 年代初到 40 年代中叶，二十余年间经历了感性直观认知到科学辩证评价的发展演进过程，其观点随时代形势变化和自身思想转变而发生改变，成为其认识和评价《易》的突出特征。

（原载《郭沫若学刊》2018 年第 2 期）

【对新文化运动中郭沫若“尊孔重儒”思想的再认识】

刘平中

郭沫若“尊孔崇儒”不独表现在“五四”新文化运动兴起之际，而是其一生坚守的重要信条。从文化学的角度而言，郭沫若在新文化运动中的这种表现与选择，自有其原因与独特的考量，主要在四个方面：巴蜀乡邦文化独特的气质与传统的影响；历史地、科学地还原孔子及其所代表的儒家的“正体”理想追求；“以人民为本位”的价值判断；创造性地传承儒家文化精髓的自觉意识。

［原载《郭沫若研究》2018 年第 1 辑（总第 14 辑）］

【郭沫若孟子学研究初探】

张少恩

郭沫若以唯物史观为指导，凭借翔实的史料和文献，注重多学科、多方法的交叉运用，从社会背景、生产方式、阶级立场等角度展开对孟子的考证；把孟子放到先秦学术史与思想史的脉络下进行梳理，从晚周的社会环境中分析思孟学派的学术脉络；根据文献学材料论证井田制的性质、产生、瓦解，回应学界争论，还原历史真相，开阔研究视野。但由于时代或文献局限，郭沫若学术判断易受政治影响，引起学界争论。

（原载《中华文化论坛》2018 年第 12 期）

第九篇

年度访谈

海外郭沫若研究的历史与现状

——访中国郭沫若研究会执行会长蔡震

蔡　震　王学东

王学东：首先非常感谢蔡老师能接受这次访谈，我们主题是谈“郭沫若海外研究的历史与现状”。首先您是怎么理解“海外汉学”这个概念的呢？

蔡震：海外汉学这个话题很大。我只能从郭沫若研究这样一个领域来谈谈海外汉学。我们可能对海外汉学分得比较细，但实际上，海外的汉学没有我们分得那么细。他们把古代的、现代的、文学的、历史的、语言的统统放在一起，都作为汉学研究的范围。

日本汉学是海外汉学的一部分，而且是非常重要的一部分。大概因为语言文化之间存在着某些渊源关系，日本很长时期以来就有大量对于中国思想文化各个方面的研究，包括古代的、现代的，这是其他国家的汉学研究所比不了的。在日本的汉学领域，关注中国现代作家、作品的研究，又是一个很重要的方面，可能相对于关注古代中国，现代文学研究要更多一些。这应该与中国新文学（现代文学）的发生、发展，受到日本近代以来文学发展演进过程的影响有关。事实上，日本至昭和时代的近代文学阶段及其后开始的现代文学阶段，与我们的新文学，后来称作现代文学的演进历史是重叠在一起的。所以中国新文学在一开始，即受到日本文坛的关注。而日本关于中国现代文学的研究，譬如，对于中国现代作家作品最初的译介、评论，几乎是同步于中国现代文学发展的历史。开始在这一领域耕耘的人，许多就是那个时代的人，或者跟那个时代有关的学者。

王学东：您什么时候开始关注海外郭沫若研究的呢？能具体谈一下您是怎么接触到海外郭沫若研究的过程吗？

蔡震：我个人接触到海外郭沫若研究，是在上世纪80年代末90年代初。那时候做郭沫若研究也才几年，因为参与郭沫若研究学会的学术刊物《郭沫若研究》的编辑工作，陆续组编了一些海外学者研究郭沫若的稿子（译稿），主要是传记类和史料类的稿子。欧美学者的不多，主要是日本学者的，因此对日本学者的研究有了初步了解。后来作为中国郭沫若研究会学者代表团成员赴日本进行学术访问，开始与日本学者有了直接的学术交流。在上世纪60年代中期以前，郭沫若研究曾经是日本学者研究中国现代文学和历史学的一个重要方面。对于中国现代作家的研究，主要集中在鲁迅研究与郭沫若研究两个方向，关注郭沫若研究的还更多一些。这倒也不足为怪，郭沫若先后在日本生活了二十年，他在文学、史学、古文字学领域最有代表性的成就，几乎都是在这二十年间实现的。而与他同一时代活动在日本文坛、学术界的，当时尚大有人在。所以郭沫若必然会是日本关注中国现代文化的主要研究对象。

然而，“文革”开始后，郭沫若在人大常委会的一次座谈会上谈到的“烧书问题”，在日本引起了很大震动。当时他们对郭沫若的言论很不理解，所以日本的郭沫若研究一时间就停顿下来。有些学者甚至将在研的课题也搁置了。直到“文革”结束，郭沫若逝世后的80年代，日本郭沫若研究才逐渐恢复。80年代中期，中国社会科学院文学所、历史所、考古所的几位学者以中国郭沫若研究会学者代表团的名义组织了一次赴日本的学术访问，收集复印了东京“沫若文库”所藏的一大批与郭沫若有关的文献资料。1989年又组织了一次郭沫若研究学者代表团的赴日学术访问。我参加了这一次访日活动。这一次主要是进行学术交流，在东京、福冈举行了两次学术研讨会。其间，我与很多日本学者，包括丸山昇、伊藤虎丸、秋吉久纪夫等著名学者都有直接的交流。

在这之后，学术访问、学术研讨会，逐渐成为我们了解海外郭沫若研究最好的方式。

王学东：那您能简单谈谈在郭沫若研究方面，你所了解的中日两国学者之间的交流吗?

蔡震：我觉得，80年代的两次郭沫若研究学者代表团访问日本的学术活动，对于当时日本学者的郭沫若研究，是有一个推动作用的。也就是从那时开始，中日两国学者的郭沫若研究，真正有了一个学术的交流。这其中，郭沫若研究会起了很重要的作用。因为，作为一个民间学术团体，日本方面无论是学者个人，还是文化团体，都很看重与我们研究会所进行的学术交流。

这样的学术交流在开始，主要还是我们邀请日本学者来参加我们学会的学术讨论会。这是很重要的一种学术交流方式。那个时候，因为客观条件的限制，我们出访是比较困难的。包括前面说的我们的那两次出访，都是利用中国社会科学院与日本学术振兴会的协议项目进行的。这样的协议项目，一方面是日本学者到中国来访问，或者做短期的研究，我们给他们提供一定的经费。然后我们去日本，就由他们来提供相应的经费。之后逐渐的，随着国家对于文化教育、社会科学投入的增加，我们有了更多出访的机会，也就可以有更多的学术交流机会了。

就是在这样一个慢慢发展的交流过程中，中日两国学者在郭沫若研究领域的交流越来越频繁，交流的学术水平不断提升。日本郭沫若研究学会的成立，也是日本学者在北京的一次郭沫若国际研究学术讨论会期间商讨酝酿，我们从旁推动，他们回去之后完成的。2008 年，日本郭沫若研究学会在福冈九州大学举办了一次郭沫若研究国际学术研讨会，委托我以中国郭沫若研究会名义组织邀请了 14 位中国学者参加研讨会。在这次学术研讨会上，两国学者进行了充分的学术交流，活动非常成功。有这样多中国学者赴日参加同一次学术研讨会，在日本的中国现代文学研究界也引起很大反响。此后，这样的学术交流活动，在冈山、东京又举办过，而且同时举办有相关郭沫若生平活动的展览。

中日学者之间还共同开展了一些郭沫若研究的课题，如：《郭沫若致文求堂书简》的整理出版。由马良春、伊藤虎丸主持整理、勘定、翻译并在中国出版的这一批 230 封郭沫若书简，是郭沫若流亡日本期间最有价值的文献史料。《日本郭沫若研究资料集》是由岩佐昌暲主持、几位日本学者参与，在四川郭沫若研究中心立项的课题。该课题全面汇集了日本郭沫若研究的详细资料及目录索引，是一部很实用的学术资料。

王学东：海外郭沫若研究的重镇是在日本，请您介绍一下他们郭沫若研究的基本情况。

蔡震：确实日本是海外郭沫若研究的重镇。一是他们研究郭沫若的学者比较多，二是研究水平总体上比较高。

关于日本郭沫若研究的基本情况，我前面谈到了一些。日本的郭沫若研究应该说很早就开始了，几乎同步于郭沫若文学创作、学术研究的活动。当然，在开始时主要是对于郭沫若作品、著述的翻译介绍，以及相应的评论。譬如，上个世纪 20 年代《女神》出版不久之后，即有郭沫若的新诗作品翻译、介绍到日本。郭沫若的史学著作《中国古代社会研究》初版于 1930 年 2 月，1931 年它的日文译本就由藤枝丈夫完成并在东京出版，与此同时也有了相关的评论。

事实上，郭沫若作品、著述的翻译、介绍，是构成日本郭沫若研究的重要组成部分，因为这样的译介本身不仅包含了评述、评论，而且为更深入的研究提供了一个很好的文献资料的基础。大概没有哪一位中国现代作家、学者的作品、著作能拥有像郭沫若作品、著述那样多的日文译本。从诗歌、戏剧、小说、自传散文，到历史著作、古文字著作，郭沫若作品、著述的日文译本至少有五六十种之多。他们不止于零散篇目的选择，很多都是大部头著作、作品的全译本，有些还有两种以上的译本。譬如：《殷周青铜器研究》《北伐》《创造十年》《历史小品》《十批判书》《抗战回忆录》（《洪波曲》）《李白与杜甫》等等。1966 年至 1978 年，由须田祯一翻译的 4 卷本《郭沫若史剧全集》，以及由和田武司、须田祯一、中村俊也等翻译的 17 卷本《郭沫若选集》陆续出版。支撑这样一种译介、出版活动的一个重要因素，当然包括日本的郭沫若研究。也正因为有了这样丰富的文献资料，日本的郭沫若研究才能不断深入发展。所以，像竹内好、小峰王亲、竹内实、须田祯一、丸山昇等这些译者，同时也是郭沫若研究者。

在日本的郭沫若研究中，郭沫若生平的方方面面都有学者关注到。这些研究主要是学者们的个体研究，一般没有集体的项目。除日本郭沫若研究学会会刊之外，日本郭沫若研究没有其他专门的学术刊物。日本郭沫若研究学会会刊没有公开出版发行，属于该学会内部交流的一个刊物，至今已经编印了 18 期。日本学者的学术交流和学术成果的展示，主要是以举办学术讨论会议为主，然后编辑出版论文集。所以日本郭沫若研究的相关成果主要是论文、论文集，研究专著很少。

日本的郭沫若研究比较重视与其他国家郭沫若研究的学术交流，当然主要是与中国学者的交流。日本郭沫若研究学会会刊刊发有译成日文本的中国学者的论文。我们学会举办与郭沫若相关的学术讨论会，他们都会有学者来参会，提交中文本论文，并在中国的学术刊物发表。在其他国家举办的相关学术讨论会上，也都可以看到日本学者的身影和他们提交的论文。2009 年，在美国霍普金斯大学召开的一次郭沫若研究学术研讨会上，由日本学者藤田梨那发起成立了国际郭沫若研究会。藤田梨那任会长，由日本郭沫若研究学会会长岩佐昌暲、韩国的中国现代文学研究会会长朴宰雨和担任中国郭沫若研究会会长的我任顾问。

现在围绕日本郭沫若研究学会，有一批日本学者在持续、扎实地进行郭沫若研究，并定期开展学术活动，出版会刊。此外，与郭沫若研究相关，在日本还有田汉研究会，郁达夫研究会等学术团体。他们都有不定期的学术活动，举办学术讨论会。几个学会也会联合起来就共同的议题，包括郭沫若研究，开展学术交流。

王学东：那么日本的郭沫若研究学者主要关注点是什么？他们的研究有什么特点？

蔡震：不能笼统地说日本学者对郭沫若研究的关注点，他们每个人是不一样的，每一个研究者都有一个研究的角度，都有自己学术思考的问题。他们往往不像我们一样扎堆，一个问题引起大家共同的学术兴趣，都去研究。他们都有自己关注的方向，有自己的课题和自己的考虑。

有一点是我在与日本学者的接触、交流中从他们身上学到的，对我们中国学者也是很有启迪的，即，他们普遍的比较重视实证研究，他们很看重这一点。他们要提出一个对郭沫若的看法或评价，一定要有论据，对史实要做认真的考订。不会像我们的一些学者，只有一些看似雄辩，实则空泛的论述，以及主观的推断。材料往往只是为了说明研究者的论点，先有一个论述的框架，有一个观点放在那里，然后找一些可以用来证明论点的材料——这在郭沫若几千万字的文章著述中自然不难找到——然后敷衍成文。这就是所谓的“以论带史”，结果可能变成“以论代（替）史”。事实上，中国现代文学这一学科的建立，在一开始就是立足于新民主主义的理论，因而，无形中就是藉“以论带史”的方式发展起来的。这样的研究路数甚至延续至今，应该是现代文学史研究中一个最大的问题。我想，日本学者的这种研究方法和思路，应该对我们的研究有所启发和帮助。

当然，我觉得日本学者的研究方式也有其不足之处，譬如，有时他们会把一个很小的历史细节考证到极细微处，而不论其是否具有史的价值，这是不是就有点“过度”考证了？此外，有些日本学者虽然做了很好的史料发掘和整理，但是没有能很好利用这些史料的学术价值，做出更有深度的学术思考，不能不说是个遗憾。

总之，中日两国的学者在做学问的路数上有所不同，当然也就各有长短。不过，正是因为有这样的不同，两国的郭沫若研究可以有很好的交流和互补。

王学东：欧美的郭沫若研究的基本情况是怎样呢？他们的郭沫若研究又有怎样的一些特点呢？

蔡震：欧洲的汉学传统与日本汉学有所不同，而且由于语言的关系，能进入对于中国文化思考的学术门槛会更高一些，所以与日本相比，他们关注中国现当代文学的学者要少许多，郭沫若研究当然也就少许多。在英语世界，在德国、法国、意大利等国，主要还是对于郭沫若文学作品的翻译、介绍，以及关于郭沫若生平（传记）的介绍，进入到真正学术性质研究层面的不多。不同于日本学者的注重实证研究，欧美学者的郭沫若研究从选题到论述，具有更强的思辨性的思考，像高利克、冯铁的研究成果。

在欧美一些学者的郭沫若研究中（有的是包含在其关于中国现代文学的研究之中），有表现出意识形态偏见的情况。他们批判郭沫若的文学写作带着意识形态色彩，认为郭沫若的人生是政治化的。但是这样的论断，其实也是通过意识形态化的话语方式和学术思考得出的。

王学东：在海外郭沫若的接受和研究中，如何看待郭沫若的政治地位的呢？

蔡震：无论是作为文学家还是作为学者，郭沫若的文学活动和学术活动都包含有政治的内容或背景，这一点毫无疑问。只是在不同的历史时期表现出来的内容和程度有所不同。其实，对于郭沫若的接受与研究，不论在海外还是在国内都存在一个如何看待郭沫若与政治之间关系的问题。在多数情况下，研究者会将关于郭沫若的学术考察和思考聚焦于新中国成立之前郭沫若的文化活动（文学创作、学术研究），这样一般可以不涉及或避开郭沫若与政治关系的话题。但一俟思考的对象或问题是新中国成立后的郭沫若，政治似乎就成为一个必需的话题。在这样的学术语境中，郭沫若甚至成了一个时期政治文化的符号。我以为，这是把郭沫若与政治的关系意识形态化了。政治成了一个狭义的概念，研究者将其与意识形态等同起来了。

在这个问题上，我更倾向于使用“革命”这个概念。所谓郭沫若与政治的关系，应该是郭沫若与革命的关系。在20世纪中国的历史进程中，有一个突出并且贯穿整个世纪的主题：革命。推翻几千年封建专制皇权的辛亥革命、进行现代思想启蒙的新文化运动、废文言兴白话开创新文学的文学革命等，从国体、政体，到思想、文化、经济、法律、教育，中国社会的各个领域无不在进行着革故鼎新的变动。这一场风起云涌的世纪革命在根本上是中国社会从传统到现代转型的一个过程。置身在这一历史潮流中，中国进步的知识分子不可能游离于“革命”这个主题。郭沫若亦是如此，而且他常常搏击在历史大潮的潮头，所以才能有在新诗创作、在历史学研究、古文字研究方面的成就。新中国成立，世纪革命的历史进程仍在继续，只是革命的对象和内容有所不同，而并非割断历史。所以，我们应该在以“革命”作为主题的20世纪中国的整个社会历史进程中来看郭沫若，来思考郭沫若与革命的关系（即所谓其与政治的关系），才能得到更符合历史真实的认知。如果把郭沫若与革命的关系，简单化为意识形态意义上的思考，势必导致政治偏见。

王学东：由此，更进一层，面对当前势头强劲的海外汉学，中国学界应该如何应对呢?

蔡震：当前的海外汉学，譬如关于中国现代文学的研究，比之于十几二十年前的确是有了很大发展，但与此同时，中国学者在相同领域的研究，也提升到了更高的学术水平。所以用不着妄自菲薄，学彼所长，补己之短，需要的不是应对，而是交流。

写论文用不着言必引某某汉学家所说、所论。上世纪八九十年代曾经出现过的总是拿夏志清的《中国现代小说史》说事儿的情况，不应该再现了。其实往大了说，我们搞学术研究的人，最不应该缺失的就是文化自信。我们的学术应该，也可以走出去。我曾应邀在日本召开的一次郭沫若研究国际学术研讨会上作基调（主题）发言，我发言的题目是《“郭沫若与日本”在郭沫若研究中》，因为对这个论题我们有更为深入的研究。

王学东：在广泛推动中西学术交流的基础上，中国文学又该如何走出去呢?

蔡震：作为文学家，郭沫若是中国现代文学的一个大家，将他的文学作品，尤其是诗歌、历史剧作品翻译、介绍到国外，应该是中国文学走出去的一个部分。在日本，郭沫若的文学作品就有大量的翻译、介绍，乃至将其剧作搬上舞台。当然这主要是日本方面去做的事情。从学术研究和交流的角度而言，我们可以通过这样的交流，使得海外读者、研究者对于郭沫若的文学创作有深入的了解，也会推动郭沫若文学作品在海外的译介。譬如，全本《女神》和《樱花书简》的日文译本，就是两位日本学者在多次参加我们的郭沫若研究学术交流活动后决定翻译出版的。

前不久北京郭沫若纪念馆在埃及成立了郭沫若中国海外研究中心，以这样一种方式推进与埃及的文化交流。研究中心将围绕郭沫若，翻译出版相关的书籍，搞文化展览，进一步提升郭沫若在海外的影响。

王学东：回到了郭沫若本身，如果要推动郭沫若走出去，那么在世界文学的序列里，郭沫若文学有着怎样的地位呢？

蔡震：我觉得这个问题，是中国人的思维方式，太刻意追求什么地位，太看重所谓的世界影响。一个中国作家在世界文学中的地位，不是由自己说了算。郭沫若，还有鲁迅，大概是中国现代作家中其作品翻译、介绍到世界上较多国家的两位作家。这体现的是一这种文化交流，仅此而已。

王学东：最后，当今在国际学术交融的大环境之下，你对以后的郭沫若研究还有怎样的一些个人期待？

蔡震：我希望有更多的人关注郭沫若研究。郭沫若研究的继续发展，还需要青年学者。这并不是说青年学者要把郭沫若研究作为你唯一的选择，非得紧紧把自己绑在郭沫若研究上，而是说把郭沫若研究作为你研究的一项内容。因为，从学术史、文学史，乃至从现代史的角度而言，郭沫若作为一个研究对象，会旁及很多研究领域，会有很大的学术空间。郭沫若研究不是几篇文章，三两本专著可以研究得尽的。郭沫若研究或者可以直接对新诗研究、历史剧研究、文字学研究、史学史研究、翻译研究等等有所助益，而更重要的是，这样的研究可以拓展你的学术思路，开阔你的学术视野。

从国际学术交流的意义上说，郭沫若作为一个研究对象，也需要我们予以更多的学术关注，因为海外学者对于现代中国的文化关注，必然会包括对于郭沫若的研究。

参考文献

[1] 蔡震：《郭沫若与郁达夫比较论》，陕西师范大学出版社 1988 年版。
[2] 蔡震：《文化越境的行旅：郭沫若在日本二十年》，文化艺术出版社 2005 年版。
[3] 蔡震：《郭沫若画传》，江西人民出版社 2011 年版。
[4] 蔡震：《郭沫若生平文献史料考辨》，社会科学文献出版社 2014 年版。
[5] 蔡震：《郭沫若著译作品版本研究》，东方出版社 2015 年版。

[原载《西华大学学报（哲学社会科学版）》2018 年第 6 期]

治学之道与郭研之路

——访谭继和、祁和晖夫妇

谭继和　祁和晖　王　静

2019 年 9 月 4 日，谭继和先生与祁和晖先生在成都的家中接受了郭沫若纪念馆梁雪松、王静的采访，本文根据访谈录音整理而成。

王静：非常感谢谭继和先生与祁和晖先生接受我们的访谈，二位是著名历史学家、文学研究专家和巴蜀文化学家，同时也是郭沫若研究领域的专家，请给我们讲讲您二位是如何开始走向学术之路，以及进行郭沫若研究的?

祁和晖：我们如何走向学术之路，如何进行郭沫若研究，其实是个自然而然的形成过程。我的父亲是个乡村知识分子，母亲是不识字的，所以不可能给我预设一条什么路，我的小学只读了三四年，老师也非常爱我们，给我们排剧演，教我们歌舞，还有小楷写字。我从小喜欢读书，觉得读书很有乐趣很快乐，乃至小时候跟村里面的小伙伴接触不多。农家大院里面有一家私塾，我们家也没钱去读，慢慢听着那个私塾老师教那些弟子读，后来他就教我读《女儿经》，也不收钱，慢慢地我就会背诵。要不是解放，我根本就读不了中学。

解放之后，我进入了当时的开县中学，也是一所省重点中学，读中学的时候就有助学金。当时读完大学的、留洋的人，回县都在这所中学教书。我非常爱我的母校。在母校念书的时候，教学质量确实很高，每一门课的老师都是很专业的。例如语文老师有川大毕业的，还有重大毕业的。我们的语文老师在《诗刊》上发表诗作，好像全国中学老师在《诗刊》发表诗作的就只有我们学校的杨谨伯老师。当时的历史教学，不分古代或近代历史，但是我们老师教授的时候，都区分了古代和近代史。讲近现代历史的李公照先生，后来也是那所学校的校长，他有一堂课一上来就写个“美国万税”。什么叫“万税”呢？一万种税。他的历史课不是一般的“发思古之幽情”，而是让学生形成了对中国历史的一种兴趣。李公照老师是清代大臣、两江总督李宗羲的后裔，是世代的书香门第。李宗羲是开县人，人们就为他建立了一块神道碑，通俗地叫“乌龟碑”。

我的地理老师谢莲芳，是女师大毕业的。她让我对自然地理感兴趣，一直保持到现在。我看地图可以像看小说一样，甚至我一直都幻想我要是有比较宽敞的家，很想买一个大的地球仪置于堂上。而且我到一个地方去都喜欢找地图书，我后来买的那个16开的《中国地图集》（中国地图出版社1994年第3版），不细看还好，一细看就会看出很多粗糙的地方来。我喜欢读地图，甚至喜欢地质学。中学时代，在师长教导下，我开始懂得一个民族、一个国家的时空坐标就是它的历史与地理“经纬”线。

那么我怎么走了文科治学之路呢？其实从初中开始，在老师引导下，我喜欢文学，喜欢历史，但是数理化也非常好。因为高一时写了一部作品在万县地区获了一等奖，那个时候还想当作家，大学的时候也没有放弃这个愿望，但是慢慢就觉得作家并不好当。我的想法是，假若没有条件搞研究，那我就学习艾芜，当作家写我身边的事情。假若有条件搞研究，那我就搞研究。

后来我又在大学执教，但不想当一个平庸的、照本宣科的教书匠。大学没有什么固定的经典教材，每一种教材有它的特点，有它梳理的这门学问的系统。所以一个称职的大学教师，是不应该照本宣科的。照着讲，学生何必来听你的课？他不如拿着教科书去读就行啦！从我出来当青年教师时就有这个意识：我的中学老师都不是照本宣科的，那么我也不能照本宣科。例如我教中国文学史，我起码要比较不下10种文学史，公开出版的如游国恩等5位教授主编的4册本《中国文学史》、何其芳主编的3册本的《中国文学史》、复旦大学刘大杰的《中国文学发展史》等。此外，还有不公开出版的教材，比如全国著名的北京师范大学、南京大学、南开大学和吉林大学的教材。我在读书的时候，往往是老师提一句，我就兴趣使然，而不是作为苦差事去读。看了之后发现，在基调相同的情况下，它们是有差异的，这种差异就引起我的兴趣。课堂讨论的时候我就讲起差异，又引起老师的注意，老师便私下跟我探讨，循循指导。

所以当我来执教的时候，是不甘于照本宣科的，那就需要勤奋地阅读，有意无意地在比较当中发现闪光点、发现问题，进而形成我自己对这个问题的看法。这实际上就进入一种思辨的状态。因此就要深一步、超出它去读文献，这是个自然而然的过程，习惯于具象、抽象交替地进行。所以一些问题用今天眼光来看，古今思辨上的好像是在评价上的冲突，还有中西的冲突。这些问题都想去寻求答案。

我举个例子，我们读中学的时候，教育部只是在我们这一个年级使用了一种语言与文学分开讲授的教材，分为文学和汉语2门课来讲，有专门的汉语教材和专门的文学教材。文学教材从《诗经》《论语》开篇，《诗经》要选读，《论语》就选的是“贤哉！回也”，就是颜回安贫乐道。全本文学教材都是古代文献、古代诗文。1957年高考的时候，我们这个年级是建国以来升学名额最少的，全国102000个名额。然而我们这个年级的同学，无论是考到理科、工科，更不用说文科，语文修养都非常好，就跟这套教材有关。而且汉语基础，无论是语音和修辞都很好。

在那套教材使用当中，教育部制定了“部颁教材参考资料”，选的《论语》选段是颜回的安贫乐道，老师就讲："读书啊，不怕贫，不是要富贵才能读书，贫穷也能读书。"这本来也讲得很好。当时我是学校学生油印报和黑板报的总编，学校出的所有黑板报、墨印的油报，都由我主编。同学谭继和君，他是我聘请的编委，他觉得安贫乐道跟毛主席的《毛选》著作思想有冲突，他说毛泽东讲"穷则思变"，就写了文章来批判"安贫乐道"这个提法，相当于与语文老师论辩。他把文章拿给我，让我批准他发表。学校的党支部书记也是教导主任就告诫我，凡是涉及老师的稿件、涉及与报刊上公开的论点不同的稿件，都要拿给他们去把关，我把稿子拿给廖化坚主任。廖主任就说这个不能发，我就没给发。谭继和君就认为我压制他的稿件，他的稿件是有理的，他自己就拿到初中部自己发表了。立刻引起所有语文老师的反应，第二天就反馈到整个中学的语文教研组去了。语文老师认为一个年轻学生，还未脱离稚气，怎么会想到这里？会不会是背后有人在支使？所以全校语文课拿了一节课停讲正课，专门来批评这篇文章，讲了安贫乐道的道理，并强调这是按教育部"部颁教材"观点讲的，不是他们个人的观点。这又引起了当时的《万县日报》的注意，把开县中学发生的这场风波作了一个介绍。其实，"安贫乐道"是有道理的，"穷则思变"也是有道理的，这两个道理怎么来协调？人到了无路可走的时候，他只能变化，中国的《周易》哲学也是这样。但是安贫乐道在人生发展当中只是一个阶段，"不忘初心，牢记使命"，你要到一个地方去扶贫，你自己都不先安贫立志，然后再谋走出穷困，怎么扶贫？它并不矛盾。但是在当时我们中学生的知识结构当中，就觉得这两个好像是矛盾的。只能在更高一级看，"穷"跟"贫"还是有区别的，"贫"与"困"相连，"穷"是"到底"的意思。虽然这个问题当时讲得不对，但却对后来从事学术研究的独立思想和翻案思维，应该是有较大的有形无形的影响。

还有，中学所在地区举行了一次普通话演讲竞赛，自愿参加，一级一级选拔。中学我们已经在语文老师引导下读了莎翁的戏剧，我就把莎士比亚的《威尼斯商人》改编成一个故事。我觉得不要只是去想普通话讲得标不标准，而是听众要听起来有趣才好。语文老师也支持我，他说改编很好，但是你要线条明确。那次演讲比赛我得了第一名，几十年后当时在下面听的小伙伴还能记得我演讲的情景。对于《威尼斯商人》，马克思、恩格斯都做了极高评价。特别是威尼斯商人说"我不要钱，我就要你挖手掌心的半斤肉"，看来就是到了绝境。女扮男装的法官就说："好，你只说了半斤肉，没有说一滴血。你去挖，假如出了一滴血，就是你违约。"于是那个威尼斯商人就满盘皆输，我就非常惊叹莎翁的智慧。

后来在大学文艺理论课的课堂讨论上，当时我们的外国文学是吴宓先生讲，莎士比亚实际上对16世纪的资本主义财富积累、非人道的积累，都是给予批判的，体现了文艺复兴的精神。我在阅读中发现，当时苏联学界有人提出莎翁这部剧有反犹的倾向，威尼斯商人是个犹太人。我一下子就震惊了，我们只看到他反资本主义的血腥，没看到他是个犹太人。其实这个问题到现在也没结论。莎翁是不是有反犹的思想？当时这个问题就引起我思考。我记得当时我去请教过吴宓先生，但我不记得吴先生是怎么说的，好像意思是要更看到莎翁重视人道、反对血腥剥削。当时在欧洲，犹太人在政治上受到限制，所以在商界很成功，一般写商人都是犹太人，所以莎翁没有反犹太人的倾向。但是我后来又思考，莎翁不止在这部剧中涉及犹太人，别的剧也有所涉及。

对大学文学史，就更不得不做学术比较研究了。我举个例子，我在课堂上给学生指明参考哪几种教材，在游国恩教授主编的 4 册本《中国文学史》、何其芳主编的 3 册本《中国文学史》，还有刘大杰的《中国文学发展史》当中任意着重参考一种进行通读，朱东润先生主编的 6 册本《古典文学作品选》（《中国历代文学作品选》）应该通读。有一次在讲岳飞代表的南宋文学中的壮词词派时（壮词有辛弃疾，柔美有柳永，豪放派有苏轼），讲到《满江红·怒发冲冠》。课后有个蒙古族的同学朱秀英说："祁老，难道我们蒙古人就这么可恨？'壮志饥餐胡虏肉'不就是吃我们的肉吗？"我瞠目结舌，就说这说的不是蒙古族，是一种比喻。但是古代爱国主义问题上，不同民族政权的斗争怎么定性是值得思考的问题。

还有李杨爱情与安史之乱，《长恨歌》中没有解决，对李杨爱情到底该同情还是批判？似乎是荒政带来了"安史之乱"，它是罪魁祸首；但是又同情他们，难道他们不该有真挚的爱情吗？后来元杂剧《梧桐雨》也没有解决。我有个川大的学友，想写李杨爱情的剧本。我问他："你怎么处理李杨爱情？"他们的爱情直接成为"安史之乱"的导火线，不是爱情就不会荒政，怎么能把握好尺度。开始他跃跃欲试，被我问住了就没写，我当了一个"灭火匠"，把人家的积极创作之火灭下去了。

所以在大学执教就必须进行学术研究。只把郭沫若、闻一多放到现代文学课程专业里面，是不能完全读懂他们的，必须要打通中国古代、近代、现代来读他们。打通古今、贯穿中西，才能真正读懂胡适、鲁迅、郭沫若、闻一多这些人物。贯通不是炫耀学问，要认识中国鸦片战争以来的很多文化现象、理解其事其人，非打通不可，郭老、鲁迅、胡适、闻一多都是如此。所以我后来的研究生，研究到《诗经》时，甚至研究到闻一多。该生是先秦两汉方向的古代文学专业硕研，学生选择闻一多写学位论文，闻一多表面是现代文学，跟先秦两汉不沾边。但我说你的题目很好，就写"闻一多古典文学的道路"。闻一多是从现代诗、清诗、宋诗、唐诗、汉乐府，一直追溯到先秦的《诗经》，到《诗经》他才发现一片新大陆。郭沫若就说闻一多的《诗经》研究，每一篇都好像发现了天文学上的一颗星。闻一多以比较文学的眼光来评价："只有郭沫若的白话诗才是中国新诗的开山作"。

鲁迅、胡适、郭沫若、闻一多这些人，只放在现代文学里面，很难讲完备。而且只放在现当代文学里面，只有现当代文学研究生才去研究，而他们由于专业的限制，古代文学的根基不完善，也读不懂他们。我认为要真正读懂中国近现代以来的文化、事项、人物，只有打通中西、打通古今，这正是我们前辈的大师道路。在这条贯通古今中西文化的道路上，我们的第一面旗帜鲁迅、第二面旗帜郭沫若，还有闻一多、胡适、傅斯年，甚至包括新儒学家钱穆、梁漱溟、熊十力、唐君毅，哪一个不是这样？甚至连民初的太虚和尚也是这样，古今贯通，不局限于中国。正因为这样，我们读鲁迅，觉得他是师长，读郭老，更像我们生活当中的一个学长、学友，有一种亲切感。所以，我的治学之路就这样自然而然进入郭研的领域了。

谭继和：我与和晖都是当时四川开县（今为重庆市开州区）人，小学、中学都是同一所学校同一个年级的同学，因此在如何走向学术之路上有共同点，那就是在少年时代由谆谆教诲的语文、历史老师培养起了我们对文史的爱好，奠定了文史基础。大体上有这样几方面：

一是老师鼓励我们努力上进，培养了学习当争第一的环境气氛。我俩都是1951年开县中学建立少年儿童队（后来改称“少先队”）的首批队员，而且和晖君一直是我的领导。我做小队长、中队长、大队副，她就是中队长、全校的大队长。她的成绩始终是全校第一名，我们有几个小同学努力与她竞争，但考不过她。她的演讲在全校也出了名的，得的第一名，这培养了她的口才。她作为大学教师，有整堂课讲下来，不重复一句话的口才，四川电视台曾直播过她一堂中国文学史课，学生都特别喜欢听她的文学史课。中学时，她的成绩是全校第一名，各科成绩包括音乐、体育在内，都是95分以上，全校只有这么唯一的一个平均95分以上的学生，因此获得了一等奖，奖了一支“关勒铭”金笔，因家穷卖掉了，补贴家用。

二是古典文学的课堂训练。当时中学语文教材分为《文学》与《汉语》。《文学》课本是按中国文学史顺序选择的单篇，从《诗经》直到《红楼梦》。杨谨伯先生对我影响最大，我在中学就把《史记》大体读了一遍，就是杨老师指导，从《滑稽列传》《游侠列传》开始的，知道了除正史以外，还有《外家之语》类的野史的常识。杨老师的课堂作文练习和作文范例评点的教学方法，让我们终身受益。他规定我们一节课时内必须写完作文交卷，不准拖延。一节课45分钟，开始能写几百字，到后来我一节课时能写一两千字。他每周拿一节课来评点作文，选出范文。我总希望他选择我的作文作为范文讲解，但还是和晖君的选得最多。不过，我也有点骄傲之处，我的语文考试得过100分（包括作文在内），不用说作为中学生多么高兴，多么希望上进了。

三是指导我们课外阅读。杨老师选择了十个学生，组织了课外阅读组，结果他们都成了全年级语文最好的学生。我在中学时初步掌握了传统诗词的格律技巧，知道新诗有易写但难工的特点，而古诗主要是入门难，掌握了格律，关键就看诗眼和意境好不好。这些知识都是杨老师教的，到现在都还是于我有用的，我会写一点传统诗词，得过“杜甫诗歌杯”一等奖，就是杨老师教的格律基础。杨老师是我们中学唯一在《诗刊》和《星星》上发表作品的作家。

四是锻炼我们独立思考的能力。刚才祁老师讲的我的《评“安贫乐道”》文章发表的故事，我还补充个背景。当时1955年、1956年中央提倡向科学进军，我就思考语文教材选《论语》“贤哉回也”一段，讲“安贫乐道”不符合“穷则思变”的精神。当时我只认为是主编和晖君不让我发表，我给她提意见，说她“压制新生力量”（这是当时的“新名词”，我学会了）。当时，杨谨伯老师问过我对语文课停一节课来专门评点、批评我的文章有什么意见，我说不是你教我们要“惟陈言之务去”么？（我用了他评点我作文的评语。）这段故事已过去几十年了，现在来看我的观点也很幼稚有错，但它对我后来做学问有深刻的影响，学到了要独立思考，要会写“翻案”文章的思维习惯。

还要补充一点，我的历史爱好，是中学时代李公照、李高如两位老师培养出来的。他们的历史课讲得好，课堂上讲了，我下课后就记得了。这个习惯是高如老师刺激出来的。我读初中时，有一次临时历史课考试，我交了个只写过几个字的练习册作答卷，结果得零分，受到了李老师批评。我就发了个奋，在母亲做针线活的昏暗油灯下，拿着历史教科书背，结果考了100分，受到李老师大大的表扬。从此，我就养成了记忆历史、背诵历史的习惯。整个中学阶段，我的历史课都最好，从来是最高分。我这个学“历史”的转折点，对我很重要，是我一生始终从事历史治学事业的“转折点”。

中学时代的文与史爱好的培养，是我走向史学治学道路的基础，就是这样奠定下来的。

还有一点需要提到，那就是治学道路还有个物质基础问题。我们俩都是国家助学金资助读出来的。我从1951年初中开始，直到1965年“副博士”研究生毕业，都是靠助学金解决了伙食费和零用钱，这样就只需要安心读书，专注读书。因此，也养成了个理念：我是党和国家培养出来的，我的学习、治学和研究工作应该返恩报效于国家，凡是党和政府需要我做的，我当无条件奉献，不讲究报酬多少。郭沫若在成都武侯祠写了“公忠体国诚哉武”的对联，赞扬武乡侯诸葛亮。我就常常用“公忠体国”四个字做座右铭。比较起党和国家的培养来，我对这四个字还做得差得远的很。顺便说一下，也有记者问我怎么立下做学问的高大志向的？我说我读书没有高大志向。因为小时候父母去世早，没饭吃，靠西潭邻居帮助。当时我听见大人议论：“这个娃娃鼻浓口带的，没人教，将来怕只有拉板板车。”这对我刺激很大，我觉得我的长处就只有读书，所以小学五年级就考了初中，因见初中招生广告有“助学金”，我很高兴，考取初中能解决吃饭问题。所以，我读书的志向就是为了“避免拉板板车的命运”。这是唯一从小立过的志向，后来在大学“拔白旗”时，我交代过也批判过这种轻视体力劳动的思想。不过，这确是我对自我命运的最初思考，以后再没有过。

我1957年考入川大历史系，也是懵懵懂懂的，最初，我还不安心学历史，希望读中文。后来才知道历史系是川大的两个王牌系之一，系主任徐中舒先生是清华国学研究院王国维的研究生、一级教授。在大学时代，名师直接上课，如中舒先生、蒙文通先生、缪钺先生、冯汉骥、卢剑波、胡鉴民、赵卫邦、顾学稼等先生，这是我一生治学道路的第一次幸运和机遇。大学毕业，紧接着1962年考上了徐中舒先生作导师的先秦史专业“副博士”研究生，在他家中上古文字学课，在课堂则上先秦史课，然后他委托甄尚灵先生（中文系）给我们几个研究生上音韵学课，我又自己旁听中文系张永言先生的语言课（实际是训诂学），现在回忆起来，这是治史基本功的初步训练奠基工作。

这里，总起来说点体会：

一是尊师敬友，转益多师。我的个性比较被动，靠师长带路，老师指什么我就钻研什么。在读研究生时，政治运动多，我们还要被派到乡下搞“四清”。但中舒先生不知道，曾经责问我：“怎么两三个月不见你来，你们是进的‘研究院’呵（中舒先生习惯称研究生为进研究院），学习耽误不得。”面对徐老的批评，我无法解释，很尴尬，不好说这是系上派的政治任务，我又是团支部书记，必须带这个头。我只好说一定用功，只好改变自己的方法，搞政治活动的时候就用心专注工作，搞学习的时候就专注于学术思维，两头都要搞好。在徐老面前只有先多读书才谈得上，对答得上。他的话不多，都是学术，闲话很少，这就刺激我治学一定要有专注精神。至今对我教育至深，时间是有限的，但要善于把时间分开来，专门时间专门做什么事就用什么样的专注思维。缪钺先生教魏晋南北朝史时，我是课代表，他是华西大学的文学教授，徐老把他要到川大历史系来的，他教我们的诗词文学知识很多。所以，我专注他讲什么，我就赶紧涉猎什么。蒙文通先生是通儒，我们学生在课外晚上，爱到他在水井街的家里求教，只要提起一个话头，他会把相关的天南海北知识讲给你听。我对禅宗研究的兴趣，就是他培养的，我今天敢于承担成都市佛教协会的顾问职责，敢于研究禅宗，开讲座，首先是蒙老启发。他带学生到成都市昭觉寺游玩（实则是游学），拜见慈青大和尚（学问僧，蒙老的朋友），我们有幸聆听他们之间的“参话头”，结识了学问僧，学得了佛教初步知识。现在，文殊院住持、中国佛协驻会副会长、中国佛学院常务副院长兼教务长宗性大和尚，也是我求索学问的好朋友。我的学术师友相当多，三教九流都有，我能注意涉猎儒释道的研究，这就是广益多师的好处。

二是不依陈说，有自己的见解时才提笔写文章。徐老，大家都知道是古文字学家、先秦史学家，实际上他是个百科全书式的大学者。他最早研究文学，写的是诗经、古乐府、古诗十九首的论文，都有开创性。后来，他又专门整理内阁档案，对明清史很有研究。我们问过他后来为何专门从事先秦史和古文字研究，他特别告诉我们，他年轻时学术兴趣广泛，但一定要善于控制自己。他决心研究先秦，就有意放弃了文学研究。他还特别告诫我们，读研究生期间不要发表文章。如果把心思用在写文章上，学问基础就奠定不了。研究生不是出成果，是打基础的时期。除了毕业论文外，他只让我们做读书笔记。我在他指导下，专门对照《左传》与《国语》读，比较史料异同。特别是同一个历史事件，二者记载相同是什么道理，不同又是什么道理。整个研究生学习期间，我就认真读了本《左传》，每天写一点《左传》《国语》的比较研究，他对我的笔记看得很仔细，有批点。现在还保留得有一张他的亲笔批点。说起来整个学习期间，我主要是读《左传》《国语》，实际上把相关的先秦典籍、经籍连传、疏都涉猎到了，而且弄清楚了《国语》实际上是《左传》的母本，《国语》多为最初的口述史记录，《左传》才是在它的基础上整理出来的文献史。徐老特别强调为文一定要有新见、有独到见解才写文章。他说他的文章写出后，往往一放几年，其他人没有你这个见解，没有你这个思想，再拿出来发表。这个治学习惯，对我影响很大，如果大家都谈论得多的观点，我不会去照着写，一定要有独到见解和心得时才会提笔。当然，徐老教的实际上是顾炎武《日知录》讲的到市场上买旧铜钱和进山挖矿得真知的两种治学途径。挖矿采铜，要舍得吃苦，才会获得真知。后来，我在范文澜先生的《中国通史》编写组工作时，范老一再讲反对放空炮，"板凳要坐十年冷，文章不写一句空"。接触到的黎澍先生、蔡美彪先生都是这种风格，都是喜欢写独创性观点的"翻案"文章，他们给我的教益和影响确实不小。美彪先生是通史组的组长，他交给我的第一个任务是释读当时考古所发现的一篇铭文，其中有个"要"字，是个新字，我就试着考了好几页。再回到徐老的话题上来。他教我们先秦史，用的是郭沫若主编的《中国史稿》作教材，但用的是评鉴式讲法，几乎每一页都有不同意见，对郭老在书中的每个主要观点都有不同批评或说明，我当时记的这本课堂笔记，至今还保留着。这不只是学派见解不一样，徐老、范老是"西周封建论"，郭老是"战国封建论"，而且更重要的是治史道路不一样，学术范式不一样，这都是后来才体味出来的。徐老教古文字学，他用的是郭老《两周金文辞大系》来讲，也几乎是每个识读的字都有不同的见解，我都作有笔记。

三是"学术乃天下之公器"，做学问一定要大度、大器，这是徐老教我们要记住的章学诚的话。上世纪五六十年代没有讲究过什么"版权"（当然，如果抄袭会被大家耻笑）。徐老教我们的观念，学术是"公器"，要拿出来用，用的人越多，我会越高兴。如果某书要自己做主编，一定真正要起到从文字到灵魂的主编作用，绝不当挂名主编。自己文章中用了别人的观点和文字，一定要加以申明是某某人的，这是学术祖宗传下来的规矩，前辈学者都是这样做的，是最基本的文明礼貌修养，今天变成了个道德问题。这些学术习惯，是徐老教我们学生自然养成的。现在，我的观点、我的文章被用得多，这是好事。当然其中也有整篇照抄原文而署了别人名字的，我也高兴，证明我的文章有用处，值得流传。我的观点逐步变成了大家习用的惯语，又刺激我不再炒陈饭，愿意去探讨更新的提法、更新的观点。我这么多年的学术见解，就是这样进步的。也有人如"文抄公"，我从来不责怪，不打版权官司。因为学术是天下人共有的，我的观点也是继承古人和前辈学者来的，我的聪明之处，不是翻版，不是照搬和袭用，而是经过自己消化了的有点创新性转化。特别是翻案用功之处，被师友们看出来了，还能得到"发前人之所未发"的赞誉，我就更高兴了。

四是对研究的问题，思虑要宽，眼光要阔。但落下文字，则笔端要窄，逻辑要严。徐老教我们思考问题一定要宽，想的一定要比留下的文字深和宽。徐老自己就是榜样。他对人类居住文化一直有看法，认为是从“穴居文化”和“巢居文化”两大类起源的。他早年写了《黄河流域穴居遗俗考》，但一直没写巢居文化专文。我表示很有兴趣，他就要我思考研究。直到上世纪80年代末，成都发现了十二桥巢居——干栏遗址，我才按照他的观点，把“巢居文化”论文写出来了。但这时徐老已经仙逝，遗憾没能审阅到弟子这篇稿子。

徐老还告诉我，他关于民族产生与语言关系的思考，一直没有系统完整写出来。这个问题是因为他给我写了一张纸条，上面说：“爸爸妈妈的称谓，是人类最初的语言，详见《巴蜀文化初论》”。这个纸条是他在审阅我的笔记时留下来的，我就询问和请教他，他讲原始民族划分族群的基础是语言。例如，“爸爸、妈妈”是人类最初的发音，世界上各种语言都是喊爸爸妈妈，重唇音是人类最初的语言。后来出现舌上音，族群就开始划分了。他认为古民族集团有高阳氏和高辛氏两大系。高阳氏最初砍伐森林，露出阳地，耕植农业，所以叫“高阳氏”，它是舌上音的称呼来划分这个族群的，夷、狄、戎这些称呼都是舌上音系统。另一个集团是高辛氏系统，是伐薪狩猎族群，是重唇音称谓形成的族群，蛮、闽等族称就是这个系统。巴和蜀两个族称就是重唇音和舌上音的分别而形成的。徐老这个理论一直没有正式系统提出来过，只有些零星意见发表。我问过他，没写可惜了。他特别告诫了我一段话，主要是讲研究问题视野要宽，要想得深，要有创见，可以想象。但没想好证据就不要写出来。写出来了，就要每句话都有依据，都有实在史料。思考要宽，下笔要窄。

王静：请二位再谈谈如何进行郭沫若研究的。

祁和晖：进入郭沫若研究是有一种必然性，也有偶然机遇。就必然性讲，我从小喜欢郭诗郭文，初中就在背诵郭沫若的《天上的街市》，大学背诵《凤凰涅槃》，不是老师要求背，是自愿的。大学的时候我读完了《沫若文集》，整个青年时代沉醉在郭老的青春勃发的诗歌、他的史剧和自传体小说中。郭老的语言是清通的白话，但绝不粗俗，他写的形象使你觉得非常亲切。他的自传体小说，从《我的童年》开始，我每一部都读，到现在都清晰如见。他很真实地写了当时的中国社会，甚至有时没有看到作者名字，读起来一下子我就知道是郭老的。虽然我大学从事教学，是古代文学、中国文学史，但时时能和郭老碰面。郭老的学养不只是靠五四以后的几滴墨水，他是中国上下五千年的文墨所孕育而成，是中西广阔的文化浸润而成。我从青年时候开始就沉浸在郭老的创作作品和学术研究当中。他的《中国古代社会研究》我读了很多遍。我们是被大师的心血浸润、滋养而成长的，无论我的工作和研究是否直接和郭沫若挂钩，但是郭老都能直接进入我的视野范围，在我的研究中不可或缺。郭老的古代社会研究基本上是以“六经”为基本文献，那我从事古代文学研究和教学，讲

《汉书·艺文志》和“六经”课程能脱离郭老吗？这是进入郭沫若研究的必然性。

不过我进入郭沫若研究又有偶然性的机遇，1984 年乐山开“郭沫若与爱国主义学术讨论会”，这个会是省社科院在组织，主题报告缺乏人做。当时，四川省社科院的王大明同志请教了会长马识途先生，马老就告诉他：“你到谭继和跟祁和晖那儿去，让他们两个无论现在手中的工作是什么，放下来，都要来写郭沫若的文章、参加这个会。主题报告他们两人里出一个人来做。”大明是学会的副秘书长，秘书长是黄高彬。王大明就说：“你们俩都要写文章，一个人出来做主题报告。”谭继和君就讲，现在一说郭沫若就是现代文学，好像郭沫若就只是一个文学家，史学研究又没有文学研究多，参会的大多是做文学研究的，谭继和君就让我来做。

我经过思考和整理，认为当时的当务之急，是要解决对郭沫若的争论比较大的问题。即对郭老的一生怎么评价，我觉得要拨乱反正，应该把郭沫若一生的主流方面肯定下来，支流方面的局限性再说。我认为对郭沫若的一生，应当有理有据、有说服力地提出一个基本见解，我要用充分的文献和事实来证实。我就以“郭沫若爱国主义思想的特点和发展道路”为题，把郭沫若生平和学术创作划分为 6 个发展阶段。当时那个会很盛大，最后一天下午留了 2 个多小时让我做主题发言，讲了郭老生平的 6 个时期：

第一时期是少年时代，他是在广泛吸收中国文化传统的知识，同时也启蒙了西方知识的窗口；第二时期是第一次留学日本时期，就是《女神》时代，感受到狂飙突进的五四精神，《女神》《凤凰涅槃》是代表作；第三时期是北伐从军，直到 1927 年反蒋拥苏入党，写作了《请看今日之蒋介石》，这是重大的政治立场的变化，由一个拥护科学与民主的青年，进一步地在旧民主主义和新民主主义之间选择了后者，选择了社会主义；第四时期是第二次居停日本，代表作是《中国古代社会研究》，包括古文字学、中国古代学术研究。他少年时代奠定的中国文化、文献基础发挥了巨大作用，又利用日本的中国古代文献，进行了划时代的研究。包括有些翻译，学术成就也很大。他也没有脱离政治，一直关注祖国的状况。他在日本所写的《中国古代社会研究》，实际上是很接地气的，跟国内对接很好；第五时期是文艺抗战，以郭氏史剧为代表，形成了又一创作和学术高峰。一个是史剧，一个是学术著作《甲申三百年祭》，可以说是双峰并峙，在当时中国产生了巨大的影响。《甲申三百年祭》是作为延安整风文件的，抗战史剧在重庆掀起了雷霆般的震动；第六时期是新中国的国家政治领导人和文化领导人生涯，同时也是国际交往的保卫和平的优秀战士，其中也继续创作戏剧、诗歌，有意识地探索新诗歌的道路，在传统诗词与民歌的基础上，完成了《百花齐放》，它是探索传统诗词和民歌怎样结合，这样的探索是值得重视的。他对人民共和国的成长，尤其是文化建设倾注了心血，留下了成果，中国科学院和哲学社会科学部以及三个历史研究所，都是他亲手创立的，他继续在写史剧，在政治选择上大是大非很清楚，没有跟着四人帮走，这样一位伟大人物当然应该肯定。他也有缺点、局限和过失，那不过是如日月之蚀，是人人都看得见的。

谭继和：你们问道我如何从事郭沫若研究的，说来话长。我在中学生阶段就喜欢读郭沫若，杨谨伯老师教我们读《天上的街市》，一直会背诵，这是研究郭沫若、热爱郭沫若最初的情感基础。郭沫若研究是我的几大主研方向之一，另外还有巴蜀文化研究、杜甫研究和口述史研究。我与和晖从事沫若研究，首先要感谢马老，是马识途先生推动的。我与马老是1978年开始结识的。当时我在研究四川党史，成都市委为了替地下党甄别平反，派我参加为成都地下党平反的正式会议的筹备工作。我在跑联络工作，请地下党的老同志住在杜甫草堂，我为他们服务，白天晚上都在一起，有机会听他们的故事，马老讲得最多，我记录。晚上则闲谈，由此受到教益。他当时给我讲过一句："征途多故说风尘"，至今都记得。当时，我还请他把这首七律写给了我。他一谈到刚去世的郭沫若，就自然有种敬仰之情，这是无形的感染，也是我走上郭沫若研究之路的动力。1984年四川郭沫若研究学会的主题报告，是马老要我们俩写论文，这在前面和晖君已经讲过了。这是我们正式走上郭沫若研究之路的开端。

四川郭研会组织和沫若研究队伍两方面有许多事值得回顾。这里拣主要的、印象最深的回忆一下：

一是学会的组成，马老一再对我们强调的是学会队伍要有团结和专注精神。当时在川大成立了郭研会，在乐山也由省社科院与乐山市成立了个学会，两个学会积极性都很高，但分立成两个总不好，马老是这两个学会的会长，他力主变成一个学会，为两个学会合并上上下下做了不少工作，最后通过马老等人的努力合起来的学会，性质与其他学会不一样，是由省委宣传部直接挂靠和领导，不再由地方或单位领导。马老还给我讲过一件事，这个学会叫作"四川郭沫若研究学会"，不要"省"字，因为它一开始就是全国性的，是全国最先召开的郭沫若逝世周年纪念学术研讨会，参加的都是郭老生前的朋友、师生和全国学者，是他们支持起来的，所以是全国性的，要加"省"字就狭隘了。学会有团结、协调、组织全国郭研学者的义务，就不能加"省"字，这是马老规定下来的。这是学会最初的情况，当然后来改成现名，这是全国统一规定。

马老很注意郭研队伍的团结，他以身作则，明德正身，学会的学风和会风一直很淳正，无门户之见，亦无派性之争。马老一再说，学者来参会没有名利，是来干工作的。学会的领导层，章玉钧、廖永祥、张浩、陈次昌、王锦厚，罗佳明、李吉荣等老学者老领导也都是以马老这种风格来领导学会的。马老经常要求学会的学者不要闷在书斋里，要学习郭老走入社会，把学问做进日常生活里，做进践行决策里，为社会服务，为实践服务，以人民为本位。学会这么多年的工作就是这样紧密结合现实、结合时代最深刻的需要走过来的。学会与学刊有些年也很困难，甚至被赶出大佛市景区，连立足之地都成了问题，那时也正是全国郭研学界遇到低潮的时候，但四川的学会在省市有胆识的领导的具体筹划和支持下，找妥了立足奠基地，有了新发展机会，最关键的是学会坚持了问题导向、立足学术、文化为根、服务社会的方向，没有被商品物欲功利之风压下去。

二是四川学会的学术活动，在马老的主持之下，形成了每年一次深化和提升的“专题研究制度”，这至今都还算是个能够坚持的好经验。我是1992年作学会的副会长，2001年作执行会长，兼过学刊的主编，记得每年学术研讨会后，马老、玉钧主席、永祥院长与学会的领导层和主要骨干都要在峨眉山疗养院开小会，各抒己见，研究今年的收获，确定第二年可以提升和深化的专题，然后向学界发布，同时还确定主题发言者，提前一年准备，保证了学会主题深化的方向有人带头。这样，坚持了一年一个新专题，专题年年衔接，岁岁递进。每年主题都比上年深化，能够每年推动郭研上个新台阶，或者开个新局面。这种做法同时还保证了“学刊”的稿源，培养了郭研新秀。如：《郭沫若与爱国主义》《郭沫若与乡土文化》《郭沫若与抗战文化》《郭沫若与报告文学》《郭沫若与世界文化》《郭沫若与历史名人文化》《郭沫若与文化中国》等等专题，从而使学会坚持了学术立足的根基。只有这个根基培育深厚，才可能把郭沫若这个名人资源品牌擦亮，地方文化建设、文化创意产业、文艺创作、旅游与宣传教育普及乃至国际影响，才谈得上发展，获得可持续发展的生命力。需要提到的是，当时大小会都有很繁复的组织工作，是黄高彬、唐明中两位秘书长任劳任怨负责的。

三是学会和学刊要坚决维护郭沫若这面旗帜。郭沫若是影响现代文化甚巨的百科全书式的文化巨人。“弄潮儿向涛头立，手把红旗旗不湿”，郭沫若一生的思想行为就是这么做的，这是历史的本来面目，我们就应该学习郭老，坚守郭老这面旗帜。特别是郭老二十年代就倡导把马克思请进文庙，让马克思与孔夫子对话，坚持马克思主义中国化，坚守儒家本土文化自信的学术文化新领域的发展道路，他开拓了，我们就要坚守，要大讲。郭老的人品、文品，蕴涵着挚爱中华的精神，这是客观历史，无法否定的，只能深层次解读。因此，不能让否定郭沫若、丑化郭沫若，甚至诽谤郭沫若的历史虚无主义思潮占领我们的版面，左右我们的话语。有人在文章里辱骂郭沫若是“党的哈巴狗”，马老就非常气愤，对我说不能让这样的言论甚嚣尘上。这么多年，我们四川郭研学界曾商量多次，要对丁东等人的书和言论，开展有理有据的评判和反驳。当然，郭沫若作为巨人，也是有缺点、有过失的，不过巨人心胸磊落，其过失亦如“日月之蚀"，是大家看得见的，也要放在历史语境中认真分析。这么多年来，马老、玉钧主席带领学会，一直坚守了这一条，这是四川郭研能够健康发展，不轻信、不偏移的定心力。

四是从研究队伍和研究成果看，郭沫若史学研究比文学研究，起步要晚得多，人要少得多，成果也少得多，发展也迟缓得多。所以，上世纪80年代，中国郭研会林甘泉、黄烈、周自强等先生跟我说过要把史学界力量动员一下的问题。我记得1985年10月在重庆开“郭沫若在重庆”学术研讨会期间，就由当时参会的七八个历史学者，组织了中国郭研会的“史学组”，在会上我们才互相认识，讨论很热烈，提出了好些如何组织史学研究的建议，这应该算是郭研史学界的第一次商议和集结。重庆会议后，中国郭研会就开始筹备郭沫若史学讨论会。具体如何筹备的，主要是北京的先生们做了很多工作，还有华中师大的先生们，我就不清楚了，可以请刘茂林等先生回忆一下，一定经过了很艰苦的筹备组织工作，同华中师大、中国社科院研究生院及历史所、上海社科院历史所和《历史研究》编辑部联合，于1986年10月在武汉华中师大召开了“郭沫若史学讨论会”，参加的有全国各地史学界的40多人，华中师大历史系做了很细致的筹备。当时搜集到20多篇史学论文，我熟悉的参会学者有林甘泉、黄烈、田居俭、周自强、刘茂林、谢济、彭静中、孙开泰、陈云鸾、翟清福等先生。这应该是郭沫若史学研究的第一次正式会议，是个开端。会后于1990年出版了《郭沫若史学研究》一书30多万字。这本论文集是黄烈等先生主持，由老友、四川老乡周自强先生集稿、审定、编辑。出版方面是我奔走的，是当时我与王锦厚主编《郭沫若研究系列》中的第一本书。你提到的，我与和晖君写的《郭沫若史学成就优于文学成就》这篇翻案文章，当时就引起了学界注意，发表在《郭沫若学刊》创刊号上，其最初的目的就是想为郭沫若的史学研究呐喊一下，希望得到重视。这次会议之后，四川郭研会就把协调、组织和扶持郭研史学队伍作为主要工作，团结了史学界、古文字学界的一些学者。在学会的会长和理事人选中也注意了史学人才要有相当比例，其目的就是想争取在郭研上历史学者能够与文学学者并驾齐驱的那一天。

五是郭研界师友互相推动的真挚情谊。我的郭研论文，除了马老和省政协老领导章玉钧先生的推动外，催我最多的是学会秘书长唐明中先生，好些文章主题也是他应时势需要把我催出来的。他不催，我就写不出来。那个时候印刷技术落后，排版困难，我又是手写，他很有耐心，常常催着我，盯着我在稿子上爬格子了，才放心离开。他对我说一定要把北京、成都几个学者“盯住”。这种“为他人作嫁衣裳”的编辑情怀，始终令我感佩，遗憾的是他已仙逝了。有件趣事，关于郭研，我与和晖最初是合写文章，《郭沫若史学成就优于文学成就》就是和晖手写的文学部分，我手写的历史部分，当时没有打印，只在会上复印。唐明中先生注意到了，就笑着对我说，以后不准你们联合署名，都必须单独署名写，免得你们躲懒，两篇变成了一篇。我的《郭沫若与巴蜀文化》等论文，都是他催出来的，催出了兴致，有时我就会同题连写上下两篇。

说到师友的帮助，我还要特别说一下中国郭研会和郭沫若纪念馆的朋友们对我们四川学会，特别是家乡乐山的往来支持和帮助。北京的朋友们同我们联系很多，特别是锦厚、秦川以及现在年轻的学者们多接受北京郭研直接布置的任务。我这里讲一讲我接触到的一些突出事例。我家中的《郭沫若全集》是当时我们最需要的，就是挚友郭平英馆长知道我们的需求后专门送的。每次到京，都会到故居瞻仰、学习，有时是晚上去的，她们也不下班，专门等候。记得她曾计划在故居开辟一些书室出来，供郭研学者客居。每次在什刹海聚会，能得到不少信息和帮助。四川学会和沙湾敦居有活动，有建设，都要请北京的朋友平英、蔡震、谢保成等劳驾来川给予支持和帮助。

王静：多年以来，您对于治学、对于郭沫若研究有哪些感悟体会？

祁和晖：对于“治学的感悟”，我觉得学习固然是后来自觉学习、有意识学习，其实在我们少年时代，阅读前辈大师的诗文，早已深深地被他们熏染浸润。我个人觉得治学的气象和格局决定治学的成果是否真正于世有用。我们不是实用主义者，但是治学不仅仅满足自我娱乐。应该通过你的治学使社会变得更美好，哪怕是一砖一瓦，星星一点火。我曾经在云南开会，听到有学者提到国家知识分子、地方知识分子的区别，据其说，地方知识分子只看到一地，但你也不能去指责他。而国家知识分子具有通过国家全局看问题的眼光。我们受过高等教育，要有不仅是国家的，还要有人类的气象和格局，所以我对“人类命运共同体”概念特别能接受，因为我从小受的教育在气势上、格局上就是这样。我哪怕为这个大格局增添一砖一瓦也觉得欣慰，有了这种气势和格局，自然而然就会将自己的研究与国家的命运、众生的命运对接。国家的命运与自己的命运是息息相关的，尤其在人文学术当中。“东亚病夫”只能“照着讲”，西方出了新东西就赶紧去拾牙剩余屑，以为自己又站在制高点上，其实是最浅薄的。

冯友兰说，你得“接着讲”，接着讲就需要有自己的东西。假若语言都是自己的语言，那就更好了。不然只是鹦鹉学舌，对人类、对中国，又有何意义？研究和自我的修习，自觉或不自觉地与国家、众生的命运对接，反馈在自己心灵当中，在衣食住行、思维方式上。研究的价值高低，不在于你发现了几个新观点，在于你对国家命运和众生命运的改善，哪怕是一滴水、一束光。现在尽管我接近“80 后”了，我做的学术研究和演讲，他们都不觉得我思维闭塞、老态龙钟。为了保持思维的鲜活，要通过学术活动与不同年龄的人接触，还要广泛地阅读，我与谭君两人每年订报刊会花掉 3000 块钱，比如《南方周末》《新华文摘》《译文》，甚至《奥秘》《咬文嚼字》等。

谈到以郭老为代表的前辈大师的治学方法，我认为他继承了苏轼“八面来风”之法，就是广泛地吸取多方面的知识，将知识分类储存在大脑中，需要时像电脑一样提取出来。郭老就像一千年以后的又一个苏轼，命运是那样的坎坷，学问是那样的宏大，是综合性的、球形的天才。他俩出生地也隔得不远，郭老是在岷江的支流大渡河旁出生的，苏轼也是岷江边上出生的，都是岷江孕育出来的。只有勤苦耕耘 久久为功，“风”才能来。

我注意到老一辈大师，在积累中、在文献比较当中才有新发现，而不是只靠发现新的文本。无论是鲁迅、郭沫若、胡适、陈寅恪、闻一多，或是钱穆、熊十力、徐复观师徒，他们都有新文献的发现，是在传统文献中发现了新的角度、进行了新的解读。例如，同样是桌子，发现分子、原子、中子、电子，同一个东西中发现了新的结构。陈寅恪尤其会使用这个方法，郭老也特别会使用这一点。这对我本人的启发很大，你提到了我的《沫若乡韵基因论》，我就发现郭沫若是道道地地现代的、中国的郭沫若，他新的、合理的解读“六经”，相当于他发现了新文献。

前辈大师，他们将刘知几的“才学识”和章学诚的“才学识德”这样的从唐代到清初总结的治学经验结合。有才无学，就是空疏，大而无当；有学无才，行而不远，没有什么新见。还需要识见，有见解，不然还是发现不了新东西。章学诚认为还需要“德”，人品和学术道德，即学品。前辈大师都有“才学识德”，虽然他们都有某些方面的缺陷和弱点，但总的来讲，他们都是我们做人为学的范例。从这个角度来讲，我自认为我是郭沫若、鲁迅、胡适、闻一多、陈寅恪的私淑弟子。私淑于某先生，去读他的书，认真地感悟他们的作品，遵从他们的行为，虽然我学得不好，也许他们在世也未必认我是他们的弟子，但是我自认为我是他们“私自”崇仰于师的弟子。尤其是郭老，我想假如我有幸在他生前见到他，他不会嫌弃我们。因为我从小受他熏陶，我很理解郭老的思维特点。

前辈大师在学术评价当中，努力避免“过犹不及”，相当有中庸的精神。公平、公正、公开，在学术评价上也应当做到。郭老微微有一点“扬李抑杜”，但是有个前提，他是在李杜并论的前提下，在“双子星座”的基础上，希望给李杜同样的待遇。我认为郭老是一千年以后的苏轼，苏轼也有点“扬李抑杜”的观点。郭老像个顽童，要表达真实的认识，但从来都是推崇杜甫，从来不否认杜甫。他给杜甫草堂写的“诗中圣哲”是我们当代对杜甫的最公正的评价。

从前辈大师、郭老身上学到，要做学问，就要甘于淡泊。急功近利，对富贵看得太重怎么做学问？淡泊宁静是诸葛亮的名言，沉得下心才能做学问。由于社会的冲击，很难淡泊下来。淡泊宁静需要客观的环境，更需要主观的心态。

谭继和：郭沫若是开拓中国马克思主义史学发展道路的一代宗师，是推动马克思主义中国化，推动中华优秀传统文化创造性转化和发展，传祖宗薪火，走今人新路的文化巨人，对中华现代文化发展史做出了百科全书式的茹古涵今、贯通中西的贡献。他应该是巍峨的高山，是浩瀚的大海，是中华民族文化的骄傲。他提供给我们的思想养料和精神财富，是开掘不尽、用之常新的宝藏。这就是我对郭沫若研究的感悟。这里，我想从体味最深的一点，就是要学习郭老与时俱进、与时俱新、与时俱化的创造精神这一点，集中谈下面三个问题：

第一，郭老仙逝，已经42年了，我们亟须要以郭老的与时俱化精神为指导，探讨和编纂“郭沫若研究发展史”。

郭沫若诞生也快130周年了。历史不仅是他个人，也是他代表的为新中国梦想奋斗终生的一代知识精英群体，他们积累、形成了“郭沫若名人文化”“郭沫若文化现象”，郭沫若就代表着一代知识精英的集体文化性格，我对这个问题也作了点粗浅探讨，实际上这已经属于“郭沫若研究史”的范围。对郭老的研究，不是他逝世这四十年才开始的，而应该追溯到他青年时代著新诗引人注意开始评论时就开始了。1921年郑伯奇关于《女神》的评论，是郭沫若研究史开始的标志，至今也快100年了。百年来，沫若以其独特的视角、思想和言论，激起一次又一次研讨的热潮，是耶，非耶，誉耶，毁耶，各说不一，大有人在，有别人评论、研究郭沫若的，也有他自己不断地对自己的学术和思想进行自我批判，这些材料搜集起来就是很丰富的郭沫若批评史料。对郭沫若的评判、研究，可以分时期分阶段，特别是新中国70年、改革开放40年、新时代的未来这几个阶段。也可以是分领域对不同的评论意见及成果进行搜集和研究。也可以是成体系，分门别类，条贯系统，从历史文化实证学到历史文化哲学，对郭老研究情况加以汇总。我最近在写“新中国70年四川社会科学成就展”前言里，特别提到1930年郭沫若《中国古代社会研究》，立志在恩格斯“起源论”的指导下，续写“起源论”没有写到的续篇——填补“中国文化史的空白”作为“起源论”的下半页。我们新中国的历史学和社会科学工作，就是在实现郭老这个遗愿，续写这个“下半页”。从这样的角度来挖掘和研究郭沫若，将大大拓宽“郭沫若研究史”的范围。

第二，把建立“郭沫若学”作为今后郭研的目标。这是四川的学者，马老为首，在上世纪80年代提出来的。时代最深刻的需要，呼唤着学习郭沫若，认识郭沫若，研究郭沫若，建立“郭沫若学”，如同《红楼梦》之有“红学”一样。

当然，我们知道“郭沫若学”提出来容易，要作为一门学科的“学”就难了，它的学科体系、学术体系、话语体系怎么建立？这不是急功近利编“教科书”就能建立起来的，它有个自然积累、积淀的过程，需要很多学者共同努力。不过，把“郭沫若学”作为目标，作为努力方向，还是可以，也应该做到的。没有这个目标，郭沫若研究走不上体系化、条贯化和系统化的道路，就无法看清和理解“郭沫若”这个全人，无法精准知道郭老在传承祖宗学问文化上如何走出新路，如何融会中西文化，如何思考物质文明、精神文明和价值导向三者的关系及其演变，最后选择、认定和坚守马克思主义指导下的中国历史学、中国社会科学的现代新文化的发展道路，那是有途径、有方法、有历史基因脉络，又有现实个人思虑特色的。郭沫若接触马克思主义，是从日本学者河上肇的译介著作知道的。这么粗陋的马克思主义简本，（后来郭老又去探求马克思的德文原典）居然是引导他改变世界观和认识方式、思维方式，走向马克思主义的开始。紧接着，他又居然提出了“把马克思请进文庙”的先进主张，至今这也是中国特色的传统文化走向现代化的必然道路的历史选择。习近平总书记在哲学社会科学工作座谈会上的讲话，提了三大资源：马克思主义资源、中华优秀传统文化资源、国外哲学社会科学资源。把这三大资源融合会通起来，就是在马克思主义作为指导思想下的中国哲学社会科学的历史发展道路。继续走好这条路，这是我们现代学者的工作，也是职责和担当。应该说，这条中国历史文化现代化之路，是郭沫若为代表的诸先行者奠的基，其中有革命历程、有思想历程、有探索历程、有践行历程，不知付出了多少努力、多少智慧、多少心血，战胜了多少非难，才取得了这个真理的认知。对郭老这个认知马克思主义指导思想并用以指导传统文化的传承、转化和发展的心路历程，似乎还没有人认真和精确地分析和研究过。特别是今天学术界受到西方学术话语霸权影响而中国话语多少弱势，甚至得了“失语症”的某些境况下，研究郭沫若个人和他代表的群体如何坚守儒家文化话语权并使它走上马克思主义指导的主流意识形态发展途径的经验和智慧，研究郭老对中国文化的根和魂如何培育和铸塑，从而真正找到历史经验和历史智慧，这是离开“郭沫若学”的统筹全局的科学思维，就无法做到的事情。这就是我们迫切需要建立“郭沫若学”最大的理由。

第三，需要分别深入探讨郭沫若与乡土文化、中华文化、西方文化这三者的关系。我本人的研究，集中在郭沫若与巴蜀文化的关系上。这也是和晖君研究的一个主题，她写过《郭沫若乡韵基因论》等论文。关于郭沫若与巴蜀文化的关系，我写的文章较多。其主要观点，希望参看我的论文，我就不饶舌了。我这里着重讲一讲写作这些文章的初衷和背景。

在上世纪八九十年代，我们感觉到研究郭沫若泛神论及其与西方文化的关系的论述多，特别是分析《女神》，都采用的是郭老接受西方文化的观点。我们觉得还是要回到本土上来，《女神》的根在中华传统文化，不在西方，这样就专门致力于《女神》的本土根文化研究，找出了从语词到神韵，《女神》都有本土传统的根，由和晖君写出了《郭沫若乡韵基因论》等好几篇文章。我则用心在郭沫若与巴蜀文化的关系上，也写了好几篇文章。写这些文章，我这里补充两个背景：一是考虑到郭老，虽然是中华民族现代化方向结晶的产物，是中华民族优秀文化结出的硕果，但首先是故乡巴蜀文化作为肥壤沃土植根、培育、生长起来的产物。我就分析了巴蜀雄险幽秀的自然生态与优越秀冠的农耕文化生态两方面。自然环境孕育出文学精神，教化传统熏陶出文化精髓，这两方面结合，产出了“文宗在蜀”“才女在蜀”的巴蜀人才传统，司马相如和郭沫若是古今两个硕果。以后的论述都是从这些观点发展的。二是对个人来说，郭沫若与巴蜀文化关系的研究，还产生了一个意想不到的结果。那就是这个问题逼迫我去研究“蜀学”的特征。“蜀学”是巴蜀文化的精神内核，此前我的研究集中在巴文化与蜀文化这个共同体的物质文明与精神文明及其历史渊源的研究方面。郭沫若研究使我认识到必须解决郭沫若与历史“蜀学”的关系问题，这就促使我在蒙文通、徐中舒、任乃强等先师的学说中发掘出“蜀学”重文学、重今文经学的特征，研究出“苞括宇宙、控引天地”（司马相如的话）的浪漫精神与理想精神，“磊落奇瑰”（孙中山的话）、“错综古今”“非常之人，非常之事，非常之功”（还是司马相如的话）的创造精神与创新精神，这两大方面是蜀学人才的本质特点。郭沫若是蜀中今文经学家廖平的弟子帅平均的学生，郭老就是这个蜀学今文经学传统与重文史传统薪火相传的一位通儒。我以后的学术观点都是以此为起始点发展起来的。

上世纪 90 年代初，四川省司马相如研究会龙显昭先生根据前贤意见，提出了司马相如是“通儒”的观点。我为相如研究会提供的就是郭沫若这篇论文，以代替我来不及写出的“蜀学特点”的论文，提出了相如、扬雄、陈子昂、李杜、苏轼、杨升庵、张问陶、李调元，直到郭沫若、巴金等巴蜀文宗所具有的今文经学和百科全书式的“通儒”特点，很受蜀中学者青睐，以后我这类文章才多起来，观点也更深化了。对我个人来说，我写郭沫若与蜀学的关系，是我蜀学研究上新台阶的起点。

这里总结一下，郭沫若与巴蜀文化，特别是与蜀学传统的关系，有三个特点：

一是郭沫若师承蜀学的今文经学传统。今文经学和古文经学之争，主要是研究方法和思维方式的不同。蒙文通先生教我们的是，古文经学是春秋以前孔子原典之学，今文经学是战国诸子之学。今文经学重会通，重统体观，重历史大局观，重时势，是宏观思维。蜀学是今古文兼容，但重今文，形成了“巴蜀自古出文宗”的传统，沫若与巴金都是当代天下文宗，他们同历史上的巴蜀文宗一样，都学习和比肩相如。

二是百科全书“通儒”的特点，郭沫若是社会科学界与自然科学界的领军人物，在知识结构上也同历史上的巴蜀文宗一样，有百科六艺融通的特点。

三是心学的传统。陆王心学在蜀中的发展，就是明赵贞吉、清刘沅。刘沅是中国近代开端时期西部启蒙思想家，继承扬雄太玄学，提出了“天理良心”当重社会重人伦的新心学。郭沫若是继承这条线下来的。讲求心灵向善、民心为本，这就是郭沫若“人民本位”说的基因内涵。

作为现代蜀学宗师，郭沫若有两大特点鲜明的风骨神韵：一是“创造”传统。郭沫若提得很早，创造社就是要创造新的人生，就是司马相如在《难蜀父老》里专讲的“非常之人”。今天的“非常之人”就是善于创新和创造，成就出不平凡的大事业的人。司马相如文武双全，郭沫若也是文武双全。现在对郭沫若的创造精神宣传得不够，从理论学问创新，到社会实践创新，蜀学人物都有这个特点。郭沫若是继承老祖宗发展来的。

二是梦想精神和理想精神。这在上面说到了，司马相如讲作赋之心“苞括宇宙”，这种眼光被王勃继承了，他认为巴蜀山川是“宇宙之绝观”。第二句话是“控引天地”，在天地之间自由翱翔，做学问、搞文学一样要有这种大视野。第三句话是“错综古今”，今天的新解读就是传统文化与现代文明交错会通相结合。第四句话是“总览人物”，仰观俯察，万事万物，天地人文，存我胸中。这种梦想精神现在叫中国梦，中国梦起源于伏羲的母亲华胥氏的华胥梦，《东京梦华录》即得名于此。儒家叫作“大道之行，天下为公”的“大同梦”，这就是中国梦的历史发展。这些都被郭沫若继承和发展了。

王静：您如何评价郭沫若的学术贡献，以及他在现代文化史、学术史上的地位？

祁和晖：我认为，郭老对传统文化与新文化的贡献是，他传承了中国文化的主流，从经学、史学到文学，有着存亡继绝的贡献。比如五四以后，他没有因为白话文就抛弃了几千年的诗歌传统，他的新诗是有韵律的、有传统诗歌神韵的。他的戏剧是元杂剧历史题材，将有些表现手法和有些历史题材类型全部继承下来，但又是新的戏剧。他的自传体小说来自《史记》开创的纪传体史书和唐人传奇那种以纪传手法写小说，所以他写得那么好那么自然又现代，在存亡继绝中创新，这是他对中国文化不可替代的贡献。他将传统的正面合理的伦理价值、倾向、史料、历史见解吸收下来。

最宝贵的是，他在存亡继绝中创新，形成了现代的中国作风和中国话语，在郭沫若作品中看不到洋泾浜式的西式白话文，看不到洋装似的倒装句，感受不到那种翻译腔。他是用中国话语、中国素材讲出了优美的中国故事和人物，这个本事很了不起。在他的著作中，诗歌、小说甚至自然之优美，扑面而来。这个对我本人影响很大，我的行文绝不追求假洋鬼子的腔调。当年，有人认为他是西式的郭沫若，我就写文反驳了这个观点。郭沫若的乡韵基因很重，我举了一个例子，他在日本20年欣赏了20度的樱花盛开，但是他文章中出现的是一片桃花，这是他故乡的花。现在一些中国人认为“洋”就是现代，这不是浅薄就是糊涂。郭沫若没有这种浅薄。

所以，他值得我们学的就是中国话语、中国现代见解，真正体现了古为今用、洋为中用。他是一位今日的中国读书人，今日的文化巨人，我认为做到这一点，根基特别重要。我们在老老实实学习前辈大师，重视中国学术根基的深厚，乡土文化的根基要深植在、浸润在中国文化中。我特别担心现在小学就留洋的，中国根基也没有，外国根基也没有，怎么得了？

王静：请谈谈您对郭沫若学界的重要回忆，是否有学术史上特别值得提及的往事？

祁和晖：对郭学值得回忆的我觉得有六点：第一，郭老是新中国的又一面旗帜，鲁迅是第一面旗帜，这两面旗帜后来受到了一股明流的冲击。最初对鲁迅不敢公开骂，后来也公开骂；对郭老是公开骂，而且带有侮辱性。当初我参编四川的《郭沫若学刊》，我们《学刊》最初成立就是要捍卫这两面旗帜。这面旗帜的主流是好的、正能量的，负能量最多1%，不到5%，干吗不捍卫它？我加入自觉捍卫这两面旗帜的队伍，在完成这个使命，这是值得回忆的第一件事；第二，成立四川郭沫若研究会，第一个主题报告是我做的，当时被称为“重磅炸弹”，现在看来我的“六分论”还站得住；第三，大佛寺“沫若堂”的塑像，是请雕塑大师叶毓山先生雕塑的，在这个过程中我们成了好友。创作的过程中，确定塑像应该是新中国建立后郭老的样子，叶毓山就这样设计，就是郭老穿着中山装，手上拿着一本宪法的形象，这个塑像是值得纪念的；第四，有一年我们到呼和浩特开会，有意从北京路过，平英邀请我们夜游什刹海郭沫若故居，打开了所有灯光，我们一览无余。那个时候我才理解到毛主席和郭老互相的知遇情感。毛主席到重庆谈判，郭老把自己的欧米伽金表送给主席了。后来郭老在北京的故居，是毛主席亲自指定的，郭老知道主席对他的关怀。那天我感到了两位伟人之间心灵的感知；第五，我担任了多年的《郭沫若学刊》的编委，认真地做好《学刊》的工作，能够有机会尽了点滴之力也是一种幸运；第六，曾经想在《戎马书生》的基础上做升级版的郭沫若生平文献纪录片，我全程参与了讨论，后来由于资金链断裂，没有做成。对于当时文稿的创写，我本人曾很认真地研究、思考，希望纪录片能继续做下去。以上是我在郭沫若学界做的六件实事，都是需要继续做下去的，相信你们会做得更好，我们会释放余热，支持你们。

否定郭沫若、对他的质疑要分析情况。多数是对郭沫若不理解，另一些是打在郭沫若身上，但矛头指向郭沫若背后的文化方针，是对“左”倾的文化政策的积怨。这些积怨他可以通过正面途径发出来，可以提意见。但有些非常偏激的意见，法律要过问他，他要保护自己，又要发泄对共产党的积怨，郭沫若又去世了，所以就过头地批判郭沫若。有人说为什么郭沫若建国之后作品不如建国以前？那是郭沫若当了国家领导人，是实职的，他得有精力有时间。另外，随着年龄的增长，郭沫若的学术研究能力没有后退，但文学创作与年轻“狂飙突进”不同。还有一种，是通过否定郭沫若来否定社会主义制度，例如台湾一些人，通过否定郭沫若来否定共产党执政。

无论是哪一种，我们都要正面回答。对于不理解的我们可以解释，对于发泄怨气过头的要批评，至于敌对的态度、根本性地否定郭沫若和他支持的制度，我们一定要迎头反击。新中国的道路有过曲折，但是总的来说正在走向强大，执政党修正自己错误的能力也是强大的，郭沫若支持这个制度是对的。

王静：您对郭沫若研究的未来发展有什么样的预期与希望？

谭继和：新时代是郭沫若研究最好的机遇，是郭沫若研究工作者的新起点。中央两办关于传统文化传承创新工程的文件，指明了郭研努力的方向，时机正好。我期望未来的郭研事业，能以文化中国的眼光，以人类命运共同体的视野，研究郭沫若新的历史方位，进一步深化新时代郭沫若文化解读，把沫若这面文化旗帜落实插到民族文化的大地上，时代精神的图谱上。我这个说法不一定准确，但确是我心中所想所期盼。

习近平总书记讲：“不要忘了老祖宗”，“把学问写进群众心坎里”，这两句话就是我们面对“郭研”这个历史性课题的指针。“郭沫若”三个字，经过百年来的风雨历程，已经成为一个“文化符号”，是融入中华民族文化常青树的一片绿叶，一簇鲜花，一个特色支柱。它的根在五千年老祖宗传承的文化土壤里，它的魂在民族文化血脉的基因里，它的价值取向在“马克思与孔夫子对话”的儒家为核心的文化体系里。所以，不要忘了老祖宗，就是不要忘了从炎黄到孔夫子，从孔夫子到郭沫若这条老祖宗延续五千年的文化链，用它来从事郭研，这是第一层意思。

第二层意思是要把郭研学术成果能够化出来，做好把学问化到群众心坎里的工作，学习郭沫若讲清道理，讲好故事。有本事把我们的学术观点，把郭沫若的学术成果转化成群众的价值需求。

对郭研未来课题方向，我提点想法：

一、从郭沫若广阔的研究和创作领域看历史科学的基础性作用。习近平总书记讲："历史研究是一切社会科学的基础。"郭沫若的研究和创作体现这点特别鲜明。郭沫若的历史剧写得很快，几天或半个月就完成了，但为完成该剧的历史研究长达好几年。比如：《蔡文姬》的学术准备，替曹操翻案的探究，其研究工作长达好几年，还展开了两三年的热烈讨论和争鸣。这还是表象层次的，至于深层次的学术内涵的准备，更是值得探究的问题。这项课题研究还有更深层次的意义，是寻找老祖宗，寻找文化灵魂的科学工作。

二、郭沫若关于儒释道文化根源的研究。在这个问题上，郭老有很多独特见解和独特研究途径。他关于汉民族文化，向北取守势，向南取攻势的研究就非常独特。他对中华文化经典源头：易—道—儒的发生次第，都有独特的看法，而这些看法都牵涉如何培铸本土文化自信，如何守护本土文化的根和魂的问题。

三、郭沫若独具特色的话语体系研究。"爰将金玉，自励坚贞"是他的话语特色，同一课题不断深化，不断多变，以致引起对他著作版本多变的感叹，也是他的特色。他的著作每出版一次就会有每一次的修改，使研究者常感把握不住。郭沫若的《中国古代社会研究》就是不断自己做新解读的榜样。随着形势的发展，他这本书在观点和史料上都改了好几次。郭沫若的著作有多改、多变的特点，也因此遭到非议，其实，这是他的独特话语体系的展现。他从来不固守己见，以"多变"适应时代发展、不断做新的文化解读。克罗齐讲过"一切历史都是当代史"，历史事实是客观存在，但不同时代不同的人，都多少带着自己那个时代的解读特点。我们从"沫若话语体系"的新角度恐怕可获得另外的新知，祛除困惑，"回到郭沫若本身"，这项研究很重要。

祁和晖：这个提法有它的积极意义。有一段时间郭沫若研究有些"假大空"，所以提出要有文献根基，"回到郭沫若本身"，但不能碎片化。

谭继和：这里紧接着说最后第四点：郭沫若关于中华文化共同体、中华民族命运共同体和人类命运共同体的研究。尤其是关于中华民族凝聚力的研究，他都有自己独特的话语，需要我们去认真发掘。

【学者小传】

谭继和：重庆市开州区人，中共党员，1940 年出生，1965 年四川大学历史系徐中舒先生为导师的先秦史副博士研究生毕业，后在北京中国科学院近代史研究所范文澜先生《中国通史》编写组工作。现为四川省政府文史研究馆馆员，四川省社科院研究员、博士后导师，中华口述史研究会副会长，中国郭沫若研究会顾问、原副会长，四川省历史学会会长、四川省志审核委员会委员，四川省郭沫若研究会名誉会长、原执行会长，省大禹研究中心首席专家，四川省巴蜀文化研究中心学术委员会主任，四川省司马相如研究会、四川省扬雄研究会、四川省经济文化协会、四川省武术文化研究会名誉会长，四川省大禹研究会、四川省李冰研究中心、四川省武则天研究会、四川省武则天研究中心、四川省杜甫研究中心、四川省杜甫研究学会、四川省杨慎研究中心、川派古琴音乐协会、成都市佛教协会等组织的顾问。《巴蜀全书》学术委员会副主任、《巴蜀文化通史》主编。获省社科院“建院60年来有重要贡献的老专家”荣誉称号，终身享受国务院特殊津贴专家，四川省学术（技术）带头人。

祁和晖：重庆市开州区人，中共党员，1939年出生，1961年西南师范学院中文系毕业。西南民族大学中国文学教授，中国古代文学研究生导师。四川省杜甫研究学会第一副会长，四川省郭沫若研究会名誉会长，四川司马相如研究会学术委员会主任委员，中国唐史学会皇泽寺武则天研究基地、郫都区扬雄研究会首席顾问，《巴蜀全书》学术委员会委员，四川大学中华文化研究院咨询委员，四川省大禹研究中心、四川省杜甫研究中心、四川省武则天研究会、四川省古琴协会、空林琴舍等组织的顾问。终身享受国务院特殊津贴专家，四川省优秀研究生导师，曾获四川省劳动模范、四川省三八红旗手、四川省优秀教师等荣誉称号。

第十篇

学人回忆

我做郭沫若研究(二)

蔡　震

一　心无旁骛

我进入郭沫若研究领域，正逢其蓬勃开展，且方兴未艾之际，由是，我非常明确地认定了自己的学术方向：专作郭沫若研究。那时，从事现代文学史研究者没有不研究鲁迅的，我研究生毕业后很长时间内没有撰写鲁迅研究的论文，因为郭沫若研究可作的研究选题太多了，进入这个学术领域，完全可以心无旁骛。我曾开玩笑地对朋友说过，在研究方向上，我应该会“从一而终”。朋友质疑，研究方向会不会太过狭窄了。我是这样看这个问题的：

郭沫若是一个具有丰富历史文化内涵的研究对象。他漫长的人生行旅走过了近代以来中国社会的各个历史时期，他在很多时候还都是历史发展的重要参与者、见证者。他一生的活动涉及文学创作、文学理论研究、历史学研究、古文字研究、翻译、教育、外事、书法等诸多领域。这不是几本专著就可以研究得尽的。在现代文学史、史学史、文化史上，郭沫若都是一个具有标志性且绕不开的人物。郭沫若研究虽然只是对于一个历史人物的研究，却可以由此旁及、关联到许多研究领域。通过这个“专一”，在学问上可以达到“旁通”，也可以获得博识。

再者，对于一个研究对象研究得越专一，也才能研究得越深入，获得更具有学术价值的认知。那种打一枪换一个地方，没有一个主攻方向的研究，只能浅尝辄止。黄侯兴先生曾要求我通读过《郭沫若全集》，再来研究郭沫若。这当然不可能做到，因为《郭沫若全集》的出版延续了若干年的时间。但黄先生的意思我明白，也非常赞同，那就是首先要对研究对象有全面的了解。我是在《郭沫若全集》“历史编”“文学编”出版的第一时间就通读了这些著作，这为我的研究工作做了很好的学术准备。其实不只要阅读《郭沫若全集》，全集之外还有更多的郭沫若的文章著述需要阅读，而且这是一个不断发掘文献资料，不断延续阅读的过程。所以，若不能“专一”，也就难以博识。

进入郭沫若研究领域，还有一个问题是一些人会在意的，即，是否喜欢郭沫若其人、其作品的问题。不少研究者可能因为不喜欢，或是谈不上喜欢而止步于这个研究领域。

对于一个作家诗人而言，研究的兴趣或喜爱与阅读的兴趣和喜爱应该不是一回事。前者是对于历史的认知，解读，后者则是一个获得审美愉悦的过程。前者当然会包含审美的判断，但仅有审美愉悦的获得，是难以进入学术研究层面的，因为它会使得个人的审美经验代替了对于研究对象理性的、思辨的分析判断。作为研究者，如果只是凭借“喜欢”阅读谁的作品才去研究谁，那样的研究即使有所得，也难有学术上进一步的拓展和深入。

我确定郭沫若研究论文选题的原则是，所思考、论述的问题要有新见，要有自己的创见，不跟风，不炒冷饭，不凑热闹，即使可以锦上添花。努力开拓那些未曾被研究者所触及，或是忽略了的方面。我一般不作反驳他人或商榷性的文章。因为这样的文章做法，是跟着别人的思路走，自己缺乏对所论问题全面、深入的思考。同时，这样做文，必定会专注于对方文章的问题，攻其不足，对于对方是不公平的。完全可以自己就值得或需要讨论的问题，正面阐释、论证，表达对问题的分析、判断。《生命意识：郭沫若五四时期文化心态的一种审视》（载《郭沫若研究》第 8 辑）、《郭沫若：一个传统文化的历史投影》（载《郭沫若学刊》1990 年第 1 期）、《浪漫精神与历史个性》（载《郭沫若学刊》1991 年第 4 期）、《郭沫若的个性本位意识与传统文化情结》（载《文学评论》1992 年第 5 期）、《谈郭沫若的“人民本位”观念》（载《中国现代文学研究丛刊》1992 年第 4 期）、《在历史、现实与理想关系中的文化构想》（收《郭沫若百年诞辰纪念文集》）、《一个关于女性的神话》（载《郭沫若学刊》1997 年第 3 期）等论文，对于郭沫若的思想、文化心态、历史个性，郭沫若的个性本位意识、“人民本位”观念与传统思想文化的关系，《女神》的创作，郭沫若的浪漫精神、理想主义等等问题，表达了我的思考和认识。在这些论文中，我一般都是提出了一些郭沫若研究不曾或鲜有涉及的问题，经过自己的思考论述，以此来拓展对于郭沫若的研究。同时，这也是对于自己学术水平不断提升的一个学习过程。

参加学术讨论会是从事学术研究很重要的活动，这在现在是寻常事了，但在 20 世纪八九十年代并非易事，尤其是对于年轻人。主要是经费所限，每年能够举办的有关学术会议是有限的，年轻学者在各个单位能够获得参会的机会也有限。我负责中国郭沫若研究会的日常工作，学会自 1983 年成立之后，差不多每年都会举办学术研讨会，我当然就近水楼台了。而每次参会，都是一次很好的学习的机会，会上的交流讨论，特别是会议发言之外三五人之间的讨论或争论，总能给我以启发，让我有所得。不像如今，大家参会就那么几分钟发言时间，来也匆匆去也匆匆，仿佛就是亮个相。我有些论文的题目就是在与他人交流讨论中闪现出来的，这也像作家获得创作灵感一样。

1987 年，学会与青岛大学在青岛联合举办了一次以“我的郭沫若观”为主议题的学术讨论会。会议规模不大，但参会学者多为青年教师和科研人员，这是学会有意为之举办的一次以青年学者为主的学术讨论会，就是现在的青年论坛。应该说学会在助力学术人才的发展上是颇有远见的。当时活跃在郭沫若研究领域的学者们多已年过半百，而后起者才三十几岁甚至更小一些，“文革”使得学术领域也有一个断层。弥补这一断层，当然就需要让后起者尽快成长起来，成为学术研究的主力。这次学术讨论会，我第一次受命主持会议。参加了这次讨论会的一些青年学者，如，魏建、税海模、周海波等，在此后很长时间内都是郭沫若研究的骨干力量。

学会举办的每一次学术研讨会都有一个主议题，“郭沫若历史剧”“郭沫若在重庆”“从郭沫若史学研究谈当前史学发展趋势”“郭沫若与东西方文化”“郭沫若在日本”“郭沫若与中国现代文化的发展”“当代视野下的郭沫若研究”“郭沫若与中国知识分子在民族解放战争中的文化选择”“郭沫若与百年中国学术文化”“《女神》与20世纪中国文学”，等等。我几乎参加了所有这些学术研讨会，即使做会务工作，也会认真准备提交参会论文。所以，作为一种学术积累，仅仅因为参加学术研讨会，我所写作的论文就涉及了郭沫若研究的诸多方面，因而对于郭沫若研究有了比较全面和深入的了解、把握。

1992年是郭沫若百年诞辰，有一系列的纪念活动和学术活动，其中由中国社会科学院主办的“郭沫若与中国现代文化的发展”国际学术研讨会，是一次高规格的大型国际学术论坛。来自俄罗斯、美国、意大利、德国、韩国、日本、越南、斯洛伐克、尼泊尔等国的学者，与中国学者，包括台湾学者，共有近百人参加了研讨会。会议筹备组分会务、秘书两组，我在秘书组，首要任务就是为胡绳同志起草主题报告《创造精神·开放意识·求实作风》。（后改题为《踏着一代文化伟人的历史足迹》。起草报告的过程，《我在学会三十年》中已经写到。）这个报告显然不同于一般的研究文章。在这样的时候（纪念百年诞辰），在这样一次学术大会上，由胡绳（政协全国委员会副主席、社科院院长）作主题报告，当然是要全面概括总结郭沫若毕生的成就，阐释其当代意义之所在。文章最初的标题，实际上点出了报告的基调。“创造精神”“开放意识”“求实作风”，可以说就是郭沫若留下的文化遗产，需要我们去传承，光大。起草报告很顺畅，因为其中写到的内容多是我思考过的问题。

我很满意在报告文稿中提出论述了郭沫若的“创造精神”，这与胡绳院长的想法是相同的（他曾为这篇报告的准备与我们有过一次谈话）。此后，“创造精神”成为对于郭沫若整体评价认知的最重要的内容。后来在郭沫若诞辰110周年的纪念大会上，时任社科院院长李铁映的报告中，仍然首先强调的是郭沫若的创造精神。不过这个报告是他人起草的（其参考文献资料中有胡绳的报告），我只参加过一次修改稿讨论。胡绳院长对报告似乎也很满意，后来在编他的文集（《胡绳全书》）时，他的秘书曾联系我索要了原稿，将报告修改后收入该书。他的报告的文稿则辑入《郭沫若百年诞辰纪念文集》中。

在从事研究工作的同时，我也做《郭沫若研究》的编辑工作。《郭沫若研究》算是学会的会刊，不定期出版（大致一年两辑的周期），其中设有“国外研究”一类的栏目。这类栏目的稿源比较少，我就自己去国家图书馆查找资料，从英语翻译了几篇文章，开始接触了海外的郭沫若研究。没想到二十年后以“英语世界的郭沫若研究”为博士论文选题的一位博士生竟是以我的这几篇翻译文章为线索（因为它们都是我节录于国外出版的学术专著之中），开始收集学术资料的。只是我为译文署了一个“晨雨”的笔名，她不知道是我，直到该论文通过博士答辩，出版前她请我作序，才知道“晨雨”为何许人。

翻译国外学者研究郭沫若的文章、论著，为的是了解国外的郭沫若研究，实际上是一种国际学术交流，只是那时还难以采取其他更为直接的方式。80 年代有两次中国学者赴日本的学术访问，对于郭沫若研究的国际学术交流非常有意义，可以说是中国学者在郭沫若研究学术领域进行国际学术交流的开始。第一次是 80 年代中期，由中国社会科学院文学所、历史所、考古所的几位学者以中国郭沫若研究会学者代表团的名义组织了一次赴日本的学术访问，收集复印了东京“沫若文库”所藏的一大批与郭沫若有关的文献资料。之后，1989 年又组织了一次郭沫若研究学者代表团的赴日学术访问。我参加了这一次访日活动。这一次主要是进行学术上的讨论交流，在东京、福冈举行了两次学术研讨会。其间，我与很多日本学者，包括丸山昇、伊藤虎丸、秋吉久纪夫等著名学者都有直接的交流。在这之后，学术访问、学术研讨会，逐渐成为我们了解海外郭沫若研究最好的方式。而我与日本学者，尤其是岩佐昌暲先生（后成为日本郭沫若研究会会长）的相识，对于后来两国学者在郭沫若研究领域持久、深入的联系、交流算是埋下一个伏笔。

在 20 世纪整个 80 年代到 90 年代初，郭沫若研究的局面呈现的是一派繁盛景象。对于这样一个研究对象，研究者有种蜂拥而上的感觉，搞现代文学史研究的人，差不多都会写上一两篇研究郭沫若的论文，即使只是为参加某个学术讨论会。从人大复印报刊资料专设有“郭沫若研究”，即可见一斑。但这种看似热热闹闹的场景，其实不是一个研究领域应有的学术常态，郭沫若研究不该是“显学”。

盛极而衰。果然，时至 90 年代初，郭沫若诞辰百周年的各种纪念活动、学术活动搞完之后不久，学术的生态环境似乎发生了很大变化。郭沫若研究很快被冷落，甚至被边缘化。在郭沫若百年诞辰之际还曾向我约过稿的《文学评论》，据说不再刊用郭沫若研究的论文（在相当一段时间内确实见不到了），有些大学中文系现代文学史课堂上甚至《女神》都不讲了。

下海潮是一个冲击，尽管实际上多只是停留在口头上说说，但它让一些人产生了思想波动。记得 1993 年在曲阜召开会员代表大会暨学术年会，参会理事差点不足规定人数而影响学会换届选举工作。会议期间，在会场外休息、就餐时，交谈的话题已不再是郭沫若，不再是学术问题，而是下海经商。我们的同行中确实也有投笔从商者。当然更主要的原因，还在政治思想方面。由一种意识形态偏见所主导的所谓对一直以来主流文化（包括许多方面）的历史“反思”，搅乱了正常的学术生态和人们的思想观念。这一点，现在回过头去看，应该是很清楚的。当然，现在郭沫若研究已恢复到了学术常态之中。

二　“方向转换”

在郭沫若研究遭遇冷落、被边缘化的那段时间，虽然愤愤不平，我倒也没受到什么影响，坚持做自己的研究，好在还有学会的《郭沫若研究》和四川的《郭沫若学刊》作为学术阵地，文章写出来有发表的地方。学会仍然不断举办学术讨论会。1996 年，我去四川乐山，与四川郭沫若研究会商议了次年在乐山举办一次学术研讨会的事情。转过年来，我却因为工作调动没能参加这次研讨会（唯一一次缺席学会举办的学术会议）。

从 1997 年起有五年时间，我应朋友之邀，出任《传记文学》杂志社主编。这段工作经历让我对于郭沫若研究，对于所做的学术工作本身有了新的思考。这是有点近似“方向转换”感觉的变化。所谓“方向转换”，是借用了郭沫若记述创造社活动所使用过的一个词，以此来说我在郭沫若研究学术经历中的这个变化，一个研究观念上的改变。

《传记文学》杂志虽冠以“文学”之名，却并非文学刊物，而是历史类的大众期刊。《传记文学》强调的是人物传记（包括历史的、主要是现当代的人物）的文学性写作。每月一期，每期十余万字的发稿量。因为编辑人员不甚得力，从翻阅初稿，到审定发稿，最后还要看一遍清样，每期的稿子我几乎都要看上三遍，这是一个很累人，很劳神的工作。特别是，我能用来搞研究的时间、精力被挤压至很小的空间了。这真的成了为他人作嫁衣裳。虽然在这五年间，我仍然撰写、发表郭沫若研究的论文，仍然参加有关郭沫若研究的学术讨论会，也仍然担任中国郭沫若研究会的副秘书长，但是，总感觉不能专注于研究工作，就难以进行一些专题的、系统性的研究。事实上，五年间，我头脑中已经积累了很多想要写出来的想法，可以成书稿的东西。

办刊物的辛苦和成就感与做学术不同，这是自然的，倒不必细说。主编《传记文学》每期都要阅读处理人物传记类的稿子，自己也写了一些稿子，并且动笔在写一部茅盾的传记著作，还编辑出版过传记性的图书，这番工作经历，为我带来做学问观念上的改变，却是始料未及的。如果用最简洁的两个字来表述这一变化，就是在“论”与“史”之间的转换。从热衷于“论”，缜密思辨的论述、论辩，到专注于“史”，史的考证、发现与解读。当然，这是在我又回到专做学术研究时所感觉出来的改变。

2002 年，我调回中国社会科学院郭沫若纪念馆。一方面是我自己想要重新回到专注于学问之事上来，另一方面因为纪念馆申报一个社科院重大课题，需要有合适的研究人员（有正高级职称）作课题主持人。

回来专注学问之事，我首先开始撰写一部关于郭沫若与日本的学术专著。这就是在我头脑中积累了很多想法的那些东西。日本对于郭沫若来说，具有非同寻常的意义，从留学开始，再到后来的流亡生涯，他先后在那里生活了二十年，且称得上是在那里成家立业的。他的文学创作、文学活动，他的历史学研究、古文字研究，以及它们所成就的辉煌，大部分都发生在这二十年间。但是大量研究郭沫若诗歌创作、泛神论思想、文学活动，他的史学论著、学术活动等问题的论著论文，包括评传类的著作，实际上都忽略了一个非常重要的问题：郭沫若留学和流亡时期的日本社会与日本文化的背景对于他意味着什么？具有什么意义？人们似乎只是在谈论一个五四文坛的新诗人，一个在30年代历史学界耕耘的学者。郭沫若所生存、活动其中的日本社会、日本文化的背景，被虚化，甚至不存在，完全看不到了。一个人怎么可能脱离开具体环境而存在呢？所以我以为，需要从相关的社会历史文化背景上去看看郭沫若是个什么样子。那才是更接近历史真实的郭沫若。

就在落笔之时，恰逢郭沫若诞辰110周年之际要召开一次国际学术讨论会，我便为此准备了一篇论文《论郭沫若学术文化活动的开始——一个关于日本文化背景的提示》（载《郭沫若学刊》2003年第1期，收入《郭沫若与百年中国学术文化回望》），从日本文化背景去考察、论述了郭沫若的学术文化活动。这实际上可以看成是我所要撰写的学术专著的“绪言”。章玉钧先生、谭继和先生在拿到会议论文时（那时还不能做到先编印一本会议论文集，都是单篇打印出来）就注意到了我的文章，他们非常同意我提出的看法和研究思路。

我将这部专著定名作《文化越境的行旅——郭沫若在日本二十年》，主题和副题的位置其实是可以互换的。书稿的立意非常明确：郭沫若在日本前后二十年的时间，就如同进行了一次文化越境的人生旅行。他的求学生涯，他接触的西方文化思想，他的新诗写作，他从事的文学活动，他最初的学术思考，他运用马克思主义研究中国古代社会……所有这些旅行途中所经历的事情，都是在日本这一特定的社会文化背景之中发生的。

郭沫若青少年时期系统地接受了中国传统思想文化的教育。他以这样的文化背景东渡日本求学，走进了一个完全不同的社会文化环境。那时的日本在经历了明治维新后基本完成了从封建专制到资本主义的社会转型，进入了大正时代。郭沫若在大正初期来到日本时，正值文化主义思潮盛行，各种西方思想文化纷至沓来，与日本的传统思想文化不断演绎着冲突、融合的过程。郭沫若面对的就是这样一个跨文化的纷繁复杂的社会环境。我在书稿中以大量的篇幅和大量史料来呈现这一社会文化环境的形成及其内涵，然后在这个环境背景中去考察、思考郭沫若的日本生涯。为此，我还特别做了一些文献史料的整理考订工作，以保证我可以充分地拥有和使用真实的、准确的文献史料（书稿出版时附录了三篇）。由是，郭沫若研究之于我，展开了新的视野，有了许多新的思考。

书稿是论著的形式，但内在的结构是以传记作脉络，也就是书名中所用的“行旅”。这样在大量引用史实、史事、史料的时候，可以以历史叙述的方式贯通起来，行文上可以用传记写作的文学笔法，增加可读性。我觉得学术著作应该，也可以写得“好看”。书稿出版后一个接到我赠书，但并不是从事学术研究工作的朋友读后特意告诉我，她读进去了，觉得很“好看”。

在这本书的撰写过程中，我愈发意识到郭沫若研究领域的研究观念和研究方式是存在一些问题的。就文论文，就诗论诗，从文本到文本，相当多的史料无人问津，更无人整理。郭沫若一生的一些时间段和他生平活动的许多方面，我们甚至还无法做出比较清晰的历史描述。很多研究论文的写作，就是先揆度一个观点、一个看法，搭建一个论述的框架，然后用一些资料或史料——在郭沫若浩如文海的文章著述和丰富的人生经历中总不难找到一二与之相关的东西——来进行论证，并且常常是貌似雄辩地论证出一个结论。这样的研究不能说全无学术价值，毕竟它会提出一些问题并进行探讨。但它在根本上有一个缺陷：其提出和研究的问题，更多的是建立在个人主观认知的一个思辨过程之中，真正的史实如何反倒被轻忽了。那么同一个问题，我说我的，你说你的，谁都会有自己的话要说。而现在回过头去看，不少研究文章在学术史意义上实际上成了“多余的话”。或者如同对文学史上某一历史人物的研究那样，大家各领风骚三五年吧。

郭沫若研究的这种状况，应该说是与整个现代文学史研究一直以来的研究方式和研究路径相关。现代文学史从根本上说是一个历史学科，但是现代文学史这一学科最初的建立，是根据新中国高校教学需要，以毛泽东新民主主义理论为依据建立起来的，在很大程度上是论出来的。事实上学校里的现代文学史研习，在根本上就缺乏史的意识，没有考据训诂的训练，没有史料学、文献学的学习。从最初的学科建立者们，到一代一代这一学科的后来者，大家都长于思辨、论证，所谓的“以论带史”，而缺乏“论从史出”的实证观念。久而久之，甚至变成“以论代史”，主观的“论”，代替了对于历史的叙述。

《女神》研究就很能说明问题。《女神》几乎是所有郭沫若研究者都要涉及的研究对象，差不多成了进入郭沫若研究的门槛。但是在相当长一段时间内，在比较早的一批研究者的研究成果之后，《女神》研究实际上进入了一个停滞不前，甚至不断被炒冷饭的状况。尽管每次学术研讨会上总还有讨论《女神》的论文，刊物上也总还有论述《女神》的稿子，但许多研究文章其实只是在置换一个概念，变换一个说法上下功夫。何以如此？

其实《女神》在一开始进入研究者视界的时候，就有一些很重要的史实是被忽略的：《女神》是一个留学日本的中国青年在九州地区读书期间创作出来的诗歌作品。《女神》诞生的社会文化背景，与五四新文坛没有直接的联系。《女神》并不是一部独立创作、独立存在的诗集，她是郭沫若从自己留学经历的一段时间内所写作的全部自由体新诗中选录了56首而成集的。郭沫若在这一段时间内写成的诗歌作品的数量，远多于《女神》辑录的56首。从学术的角度看，《女神》并不是一个完整的文本研究对象，何况还有作者对于文本作删削修改的情况。但《女神》就是这样不断从文本到文本被“论”着。

基于此，我收集整理编辑了一本《〈女神〉及佚诗》。该书将《女神》时期郭沫若的所有诗歌作品汇集起来校勘注释，再辑入初版本《女神》的文本，由人民文学出版社于2008年出版。我在编辑说明中称这是“一个历史的文本”，而“所有对于《女神》的研究，均应开始于初版本。”佚诗部分汇集了郭沫若《女神》时期创作的集外诗歌作品77篇（97首）。它们包含了许多《女神》集中所没有的历史信息，譬如：散文诗、宗教题材的诗、口语体的诗、写实手法的诗、儿歌形式的诗、金字塔形状的诗，等等。从中我们才可以看到郭沫若《女神》时期新诗创作的全貌。李怡读到这些佚诗后感喟，郭沫若当年为新诗的发展提供了更多的可能性和更大的空间。

意识到郭沫若研究存在的问题，我认为需要改变这种状况（至少我自己要改变），那就先从文献史料的整理开始做起。一方面，郭沫若研究在文献史料方面确实有大量工作需要有人去做，这是一个学术资料的基础建设。另一方面，在这样做的过程中可以更切实际地调整研究观念、研究路径。

（待续）

（作者系中国社会科学院郭沫若纪念馆研究员）

第十一篇

学术会议

"中国现代历史进程中的郭沫若"国际学术研讨会综述

何 刚

2018 年 4 月 13—14 日，由乐山师范学院、中国郭沫若研究会、四川省郭沫若研究会、《新文学史料》编辑部共同主办的"中国现代历史进程中的郭沫若"国际学术研讨会在四川乐山成功举行。在会议开幕式上，乐山师范学院党委副书记、校长胡丹致欢迎词，中国郭沫若研究会执行会长蔡震，四川省郭沫若研究会会长彭邦本，《新文学史料》编辑部主编郭娟，日本郭沫若研究会会长岩佐昌暲先后致辞。开幕式由乐山师范学院副校长杜学元主持。

来自中国社会科学院、北京大学、清华大学、四川大学、华东师范大学、西南交通大学、四川省社会科学院、华南师范大学、海南大学、海南师范大学等高校和科研机构的七十余位专家参加了此次会议。其中包括中国社会科学院研究生院张恩和教授、中国科技馆原馆长王渝生教授、四川大学王锦厚教授、四川省社会科学院谭继和研究员、西南民族大学祁和晖教授、华东师范大学陈子善教授、北京大学商金林教授、四川大学曾绍义教授等前辈学者；日本九州大学名誉教授岩佐昌暲先生、日本九州中日和平友好会事务局长伊藤友子女士、美国维拉诺瓦大学教授周海林女士、苏丹大学中文系主任巴达伟先生等海外学者也参加了研讨。

大会共收集论文 40 余篇，涉及郭沫若的生平家族世系研究、思想文化研究、文学研究、历史与考古研究、科技教育研究、翻译研究、书法研究以及研究回顾等多个议题。经过两天的研讨，学者们一致认为：郭沫若是世界文化名人，他的一生与中国现代历史进程紧密相连，他爱国爱民的坚贞情怀、推陈出新的开拓魄力、锲而不舍的钻研勇气，是我们学习的榜样；在伟大的民族文化全面复兴时代，郭沫若留下的精神文化财富仍然具有重要的当代价值和现实意义。

一 史料、佚文及生平世系研究

此次会议披露了一批重要史料、佚文、题词等，引起了学者的关注。日本九州大学名誉教授岩佐昌暲从郭沫若留学期间的福冈县立图书馆藏书中，探寻对郭沫若的文学活动可能产生影响的著作，同时通过对这些著作的调查，解析了促使郭沫若文学活动展开的触媒及影响；清华大学图书馆何玉老师依据清华大学图书馆收藏的保钓资料，对 1972 年郭沫若与美国耶鲁大学保钓会的书信往来进行梳理考察，发现这是保钓运动期间我国领导人给海外保钓运动团体的唯一一封公开信，是中国政府对于保钓运动与保钓团体最直接的书面表态，它对于海外保钓运动的发展产生了重要影响；西南科技大学教授袁洪权围绕郭沫若致“×祖平”信做了文史考释，依据信件的内容和复印件判断出收信人“×祖平”为时在重庆大学中文系任教的邵祖平教授，信件的写作时间为 1952 年 2 月 17 日，信件透露了共和国初期有关鲁迅评价的细节，在生平研究方面，中国科技馆原馆长王渝生教授梳理了郭沫若为中国科技事业和高等科学教育事业做出的卓越贡献。如郭沫若早年留日学医，受到近代科学观察、实验、实事实证的科学方法的训练，为其日后从事自然科学和人文社会科学研究奠定了坚实的科学基础。作为中国科学院奠基人，郭沫若对中国科学院的组织建设、学部建立、网络人才、国际交流、特殊时期勇顶逆风、改革开放恢复业务等方面，都有重要建树。1978 年 3 月，全国科学大会上，郭沫若抱病书写会标横幅，坚持出席开幕式，书面的闭幕词“科学的春天”，更成为郭沫若一生最后的绝唱。四川师范大学教授龚明德对郭沫若和茅盾在广州出席 1937 年 12 月的“文艺座谈会”、郭沫若 1946 年 1 月 15 日的活动、1946 年 3 月 9 日郭沫若题诗的社大“聚餐会”等五个生平史实进行考证；乐山师范学院廖久明教授针对近日出现的《郭沫若归国抗战始末》一文的多处史实错误，就郁达夫 1936 年底到日本去的原因和情况、郁达夫 1937 年为郭沫若归国事所做的努力及所起的作用、王芃生在郭沫若归国问题上所起的作用等问题，谈了自己的看法。乐山师范学院陈俐教授查阅了福建宁化县和上杭县相关族谱和文献资料，同时实地到乐山沙湾区轸溪乡进行田野调查，确定郭沫若家族确实在清朝乾隆时期从宁化迁来乐山沙湾定居，由于福建郭氏基本都是“汾阳天下”，以上杭为中心的闽西郭氏宗族又基本都是郭子仪的第十四代子孙、上杭开基始祖郭福安的后裔，推断出郭沫若家族是“汾阳世第”，且属于郭福安一支的后裔，应该具有一定的历史真实性。乐山市文史专家唐长寿先生对郭沫若乡土著述中关于乐山城地理方位、河流流向、“青衣江”名等的“错讹”进行了解析，认为这源于古代乐山地方文人的认知，是郭沫若就读乐山时乡土教学传授给他的知识。从郭沫若乡土著述中的“错讹”，可知乡土教学对中小学生会起到潜移默化的积极作用。

海南师范大学副教授吴辰对“孤军”到底能不能成“派”这一问题进行了专门研究，认为要还原到历史场景之中，在各方对于这一问题的表述里，寻找其来龙去脉。认为从 1920 年代“孤军”诞生之日起，持不同政治见解的各类人群对“孤军”是不是“派”这一问题的认知就存在着明显差异。而在这种差异背后，实际上反映的是《孤军》成员和马克思主义者这两类人在解读中国社会时的不同思路。四川大学周文博士通过重新审视郭沫若的“转向”问题，意图在民国社会历史情态和“大文学”视野下揭示左翼文人内在心灵转变的精神轨迹，呈现文学在文化核心价值建构中的参与路径和方式，以郭沫若的精神变迁来认识一个团体或者一个时代的集体心灵转变。认为与鲁迅的“回心”不同，郭沫若转向的支配法是“回史”，即“以文入史”。“史”在郭沫若思想与创作中具备高度的意义生成性，是“郭沫若”得以确立的基础。“弃医从文”“以文入史”是郭沫若人生的两次重要选择，其旨归并非是文学或史学，而是改造社会、再造中华文明。

二　文学研究

首先在郭沫若旧体诗词研究方面，中国社会科学院研究员蔡震指出，在郭沫若的文学生涯中，前后延续了七十余年的旧体诗词写作，是哪一种文体形式的写作活动都无法相比的。对于郭沫若的旧体诗词创作活动与作品，要有整体的考察、认知和了解，需要“全览”，全面阅读。随机选取一些作品篇目，或者仅依某一时间段的作品，不好来评说所谓郭沫若的旧体诗词创作。这是一个需要郭沫若研究大力关注的领域。郭沫若旧体诗词的研究，有大片待开垦的处女地。我们在这个研究领域去耕耘了，收获了，我们或者才能说真正认识了诗人郭沫若。四川理工学院教授唐瑛从文化碰撞的视角审视郭沫若旧体诗，认为现在再反过来细观郭沫若全部的旧体诗创作，不难发现蕴藏在这些诗词创作背后的经验、教训乃至于人生得失等。

四川师范大学教授邓利对郭沫若文学活动中的疾病书写进行专门论述，认为郭沫若是一位作家，也曾是九州帝国大学医学部的留学生，同时还是一个疾病缠身的病人。郭沫若的三重身份构成了他创作的三重维度——文学、医学、疾病，郭沫若的疾病书写丰富了疾病在文学创作中的表现内容和表达方式，同时也丰富了文学批评的内容，是近代科学方法的文学实践，在中国现代文学中具有较高价值。中国社会科学院副研究员李斌认为，在郭沫若《反正前后》《黑猫》中，比起“我”的性格心理和成长经历，叙述者的声音在自传中占了更重要的地位，也更值得分析。而叙述者的声音，代表的是 1929 年写作这两部自传时的郭沫若的思想观念。事实上，郭沫若写作这两部自传的主要意图，是为了表达他对中国近代社会性质和中国革命的认识。西南民族大学教授涂鸿提出，“创造”与“毁灭”在郭沫若的早期诗作中极具时代意义与象征色彩的意象，包含了多重的含义，有诗人对旧时代、旧自我的否定，也有诗人不满现实，寻求再生的情绪传递，诗人以此来传达自己的生命体验。郭沫若早期诗作中反复出现的“创造”与“毁灭”的诗歌意象，实际上是诗人早期诗作中存在的一个重要的具有深刻寓意的符号，这是郭沫若的早期诗歌创作一个重要的精神载体与五四革命精神的显现，同时也是诗人独特的人格精神与独特的诗歌艺术得以充分显示的重要原因。华南师范大学教授咸立强认为《女神》文学史经典地位的确立，首先源于诗集文本自身的经典性，其次则与《女神》的相关阐释与评价密不可分。《女神》的原创性及其多次版本修订显示了《女神》自身经典化的发展轨迹，而相关的阐释与评价彰显的则是《女神》的外部经典化情况。

在郭沫若历史剧研究方面，华东师范大学思勉人文高等研究院在读博士唐文娟提出，围绕《孔雀胆》的评价，牵引出了城市商业演剧空间中两种相互角逐的力量，即在量上具有绝对优势的市民观众与少数由剧作家、导演、演员、批评家等组成的戏剧从业人员。《孔雀胆》评价的反差标志着精英文化与大众文化对立问题的存在。而郭沫若站在民众的立场，将看似戏剧审美层面的问题给予了政治性的转换，从而为思考市民观众“趣味”及城市文化形态提供了另一种路径。长江师范学院文学院讲师高明认为，随着《甲申三百年祭》在各根据地的流传，引发了“甲申史剧”上演的热潮。这些剧作虽然基于主题和题材的类似性，但在转变为戏剧艺术的过程中，从编剧、导演、表演和接受等各个环节，都衍生出新的含义。其既是政治的形象化、形式化，同时，在艺术上又获得了升华。

三 翻译研究

郭沫若的翻译研究也是此次会议研讨的内容之一。西南交通大学副教授何俊搜集整理了郭沫若的散佚德语译诗，比如余文炳翻译的歌德小说《迷娘》、郭沫若诗剧《女神之再生》、田汉翻译的日本学者论文《歌德诗中所表现的思想》以及郭沫若、宗白华和田汉三人通信集《三叶集》中的译诗等，以期较为全面地再现郭沫若德语译诗的本来面目。同时在对比分析不同译本的基础上，探究了郭沫若《给迷娘》和《弹琴者之歌》两首诗的翻译得失。同时指出，根据现有资料可以考证出郭沫若译有56首德语诗歌（或片段）。这些都是翻译家郭沫若译诗的重要组成部分，有些篇目还引起了众位翻译名家的重译，甚至持续至今，殊当重视。福建师范大学副教授彭建华对郭沫若对海涅诗歌的翻译与接受进行研究，指出郭沫若翻译了4首海涅诗歌，曾试图翻译《海涅诗集》而未果。郭沫若积极评价了海涅的诗歌，并持久而深远地接受了海涅诗歌的启发。郭沫若对海涅诗歌的阅读和翻译显然受到了日本学界的影响，郭沫若的阅读包括海涅诗歌的英译诗集和德语诗集，个人的选择与时代的风潮决定了郭沫若对海涅诗歌的接受，海涅诗歌持续并深入地影响了郭沫若的白话新诗创作，但更多是启发而不是“误读”。乐山师范学院教授张慧通过对比分析郭沫若翻译的两节惠特曼自由诗 *Song of Open Road*（《大路之歌》）（郭译《坦道行》），揭示郭氏英语诗歌翻译未被人们发现的亮点与不足。郭沫若汉译的惠特曼自由诗《坦道行》体现了译诗的时代特征，从内容到形式都贴近原诗，做到了神形兼备，突出气韵；译文显豁，意象鲜明；用词虽文白杂糅，但并不影响译诗整体风格，且使译诗简洁凝练，更好地传达出原诗气韵。

四　学术研究

在郭沫若的学术研究方面，乐山师范学院教授杨胜宽对郭沫若论“易”的观点变化及其时代关联性进行研究，指出从20世纪20年代初到40年代中叶，二十余年间郭沫若对《易》的研究经历了感性直观认知到科学辩证评价的发展演进过程，其观点随时代形势变化和自身思想转变而发生改变，总体上先高后低、先感性后理性，成为其认识和评价《易》的突出特征。四川省社会科学院副研究员王小平提出：郭沫若在继承郑玄、吴大澂、王国维的观点基础上，尊重原始文化的规律，将对甲骨文字形的考察与“植物崇拜”“生殖崇拜”理论结合起来，以文学家的想象能力，对甲骨文的“帝”字进行了创造性阐释，其“大胆假设，小心求证”的精神，跨学科研究的视野，严谨求实和自我反省的科学态度，以及他践行的“多重证据法”，为20世纪以来当代中国的历史研究和学术发展开了风气之先。成都理工大学副教授郭士礼从“人民本位”的视野考察了郭沫若《李白与杜甫》的写作，认为“人民本位”是郭沫若学术思想的重要组成部分，尤其是其在古典文学研究领域，不论是抗战时期的屈原研究还是新中国成立后的翻案之作，均是立足于此。作者的人民思想、作品的内容与形式的人民性、推动社会进步是“人民本位”的主要内涵。只有将《李白与杜甫》纳入“人民本位”视野下进行考量，方能对其有一个相对客观而又精准的认识。四川大学历史文化学院讲师李晓宇对郭沫若的“显微镜”观察法进行专门考察，认为郭沫若的“显微镜”观察法将自然科学方法带入社会科学研究领域，既是郭沫若学术思想形成、演变的关键环节，又是中国现代唯科学主义的重要构成部分。“显微镜”观察法从郭沫若早年在日本接受系统的医科教育开始萌芽，到20世纪30年代正式提出，并成功运用到甲骨文研究、中国古代社会研究、抗战时期政治经济研究，形成了一套具有郭沫若特色的认识论和方法论。

五　研究评述

此次研讨会上，多位学者对以往多个领域的郭沫若研究成就进行回顾和评述。四川大学教授曾绍义对王锦厚教授的《在郭沫若研究的路途上》及其数十年对郭沫若研究的坚持给予高度评价。认为该书是一部具有特殊意义的学术著作，其理由是它集史料性、论辩性、真理性于一书，既是一位年逾八旬的前辈著名学者数十年研究郭沫若所经所遇、所思所得的回顾和总结，也是郭沫若研究的一份新贡献，对于年轻学人校正学风、探求真理更是具有启示意义和效仿作用的！曾教授最后提出：郭沫若是文化巨人、“球形”天才，郭沫若研究是无止境的，随着时间的推移，对郭沫若的认识会更加深入、更加准确，只要我们像王锦厚教授数十年如一日地坚持正确方向，毫无懈怠地行进在郭沫若研究的路途上，更充分地占有资料、深入地开展论辩、更勇敢地探求真理，我们就一定会为郭沫若研究做出更多贡献！西华大学副教授王学东就海外郭沫若研究的历史与现状，访问了中国社会科学院研究员蔡震。他们指出：在海外汉学的中国现代文学研究中，郭沫若无疑是其中一个最重要的作家。日本是海外郭沫若研究的重镇，不仅研究郭沫若的学者比较多，而且持续、扎实地进行郭沫若研究，并定期开展学术活动，出版会刊，研究水平总体上比较高。中日两国的学者在做学问的路数上有所不同，当然也就各有长短。不过，正是因为有这样的不同，两国的郭沫若研究可以有很好的交流和互补。西南交通大学在读研究生孙泽仙对郭沫若甲骨文字研究进行综述，指出：在郭沫若古文字研究方面，主要是从宏观上阐述郭沫若甲骨文研究的成就、特点和方法，真正将其甲骨文研究成果整合成独立专题来进行研究的情况较少。认为郭沫若古文字研究成果不少，但从语言学、词汇学角度出发的研究较少，这将是郭沫若古文字研究的发力点。乐山师范学院副研究员何刚对开放以来的《甲申三百年祭》研究进行了评述，认为在新的时代和学术环境中，针对该文的研究既有在政治解读方面承续以往的一面，也有在学术研究上由热烈论辩到逐渐回归冷静分析的一面。在今后很长一段时期内，官方政治解读与学术研究的深入拓展仍会是针对《甲申三百年祭》的两种阅读接受方式。其中，相关明末历史研究的深入开展、围绕《甲申三百年祭》相关史料的继续发掘、在思想文化史及郭沫若历史人物研究的大框架下审视《甲申三百年祭》写作等，或仍是今后新的学术生长点。

总之，此次国际学术会议以“中国现代历史进程中的郭沫若”为主题，契合了郭沫若与中国现代历史文化的紧密关系，是一次多学科汇聚的高水平学术盛会，进一步促进了郭沫若研究的深入开展。

（原载《郭沫若学刊》2018 年第 2 期）

“郭沫若与世界文化高端论坛”学术研讨会综述

张　勇

为响应党中央提出的有关“一带一路”建设倡议，以及扩大郭沫若海外研究的影响力，由郭沫若纪念馆、埃及苏伊士运河大学主办，郭沫若中国研究中心、苏伊士运河大学孔子学院承办的“郭沫若与世界文化”高端论坛，于2018年4月23日至25日在埃及苏伊士运河大学举行。来自中国社会科学院、北京语言大学、山东师范大学、华南师范大学、埃及苏伊士运河大学、爱兹哈尔大学、艾因夏姆斯大学、班尼苏韦大学、本哈大学等10余家中国和埃及的科研院所、高等院校的近三十余位郭沫若研究的海内外学者，参加了此届高端学术论坛。

为了能够突出论坛研讨主题，以及中外学者的对话交流，本届“郭沫若与世界文化高端论坛”由主旨报告和大会发言两个部分组成。面对目前郭沫若的研究在以埃及为代表的阿拉伯语言世界中不被熟悉的情况，中国社会科学院文学研究所刘跃进所长《中国文学研究四十年思潮》的报告，从文学理论热点、当代中国文学思潮、文学史及文学史料研究和文学普及等四个方面，回顾了自1978年以来中国现代文学研究的现状及趋势，特别是其中所存在的问题。而这四十年恰恰是郭沫若研究蓬勃发展的阶段，这个时期内郭沫若研究有低谷，也有高峰；有成果，也有问题。其中的原因何在，刘跃进研究员从总体的角度高屋建瓴地阐述了这个问题，并特别提出要坚持文学研究的原创性和时代性、系统性和专业性、继承性和民族性的统一。这些阐述和方法对于埃及学者对郭沫若研究及中国文学研究具有鲜明的指导意义。国内郭沫若研究目前处于一个比较平稳的阶段，但国外的郭沫若研究却呈现出方兴未艾的局面。特别是自2008年以来海外郭沫若研究更是加速发展，无论从郭沫若研究学者国别的增加，还是郭沫若研究成果水平的提升，都较之以往有了突飞猛进的发展。对于郭沫若研究的世界性问题，中国郭沫若研究会副会长、山东师范大学魏建教授以“十年来走向世界的郭沫若研究”为题进行了主旨发言。他的报告分为上下两编，分别阐述了自2008年国外郭沫若研究发展的历程，详细梳理了历次国际郭沫若研究会议及事件，并且还谈到国内郭沫若研究对于郭沫若研究世界化的进展所作出的重要贡献。从而使与会的中外学者认识到：郭沫若研究的国际化程度不断推进和扩展，不仅提升了自身的学术水平，而且带动了相关领域的国际化步伐。如果说中方的两位学者都是从宏观角度阐释了郭沫若研究的相关问题，那么埃及的两位学者则从微观角度阐述了对郭沫若相关作品的研究。《蔡文姬》是郭沫若创作的著名历史剧，也曾被翻译成多种国家语言在世界传播，但是阿拉伯语的《蔡文姬》中国国内却很少有人知晓，爱兹哈尔大学教授阿卜杜·阿齐兹·哈马迪是第一位将《蔡文姬》翻译成阿拉伯语的著名学者，他的《郭沫若与他的历史剧〈蔡文姬〉》主旨发言，从译介学的角度阐释了郭沫若历史剧创作的文化内涵。在郭沫若研究中比较文学研究是个薄弱的环节，在现有的比较文学研究中也多集中于与德国文学、日本文学等方面，与阿拉伯文学的比较至今还未有研究成果，来自本哈大学中文系迪那博士作了《郭沫若与萨拉哈·阿卜杜·萨布尔的诗句比较研究》的主旨报告，作为中国现代白话新诗和埃及新诗运动代表人物萨拉哈·阿卜杜·萨布尔在创作方面有着诸多趋同性，迪那从诗歌创作本体论的角度阐释了这两位现代诗人在诗歌语言、艺术特色等方面的异同。

本次高端论坛共有两场大会发言，分别围绕着郭沫若作品的解读与阐释、郭沫若文化的世界意义及价值等方面的论题展开。赵笑洁（郭沫若纪念馆馆长）在梳理郭沫若与埃及文化渊源的基础上阐述了郭沫若重要的历史价值；哈桑·拉加布（苏伊士运河大学语言学院院长）从诗歌创作意象的角度阐发了郭沫若诗歌创作的独特魅力；程凯（中国社会科学院文学研究所研究员）从翔实的史料入手，论述了郭沫若作为“中国保卫世界和平大会委员会主席”所具有的历史价值；哈桑·优素福（苏伊士运河大学文学院阿拉伯语系主任）则从埃及文化的角度阐发了郭沫若诗歌的文化价值；张勇（中国社会科学院郭沫若纪念馆研究员）从“一带一路”倡议的意义中阐述了郭沫若建国后外交诗歌的学术意义；艾哈迈德·阿布·瓦法（苏伊士运河大学语言学院英语系博士）论述了郭沫若诗歌创作与中华民族复兴运动的关联性；孙少华（中国社会科学院文学研究所副编审）阐述了《十批判书》创作对当代诸子研究的启示作用；拉沙·卡玛尔（艾因夏姆斯大学副教授）从人物形象等多个方面论述了郭沫若小说创作的美学特征；夏依玛·卡玛尔（班尼苏韦夫大学博士）详细论述了阿拉伯语郭沫若作品及研究翻译的现状及问题。

本次高端论坛无论对于郭沫若研究还是“一带一路”倡议都具有重要的意义。首先本次高端论坛具有较强的现实意义。自“一带一路”倡议提出之后，国内外举办了一系列有关“一带一路”的论坛、研讨会、博览会等，这对增进理解、凝聚共识、深化合作发挥了重要作用，但是如何造成持续性的文化影响力，搭建切实可行的文化沟通平台，形成持之有效的文化交流共同机制，应是“一带一路”文化战略发展首要解决的问题。本次高端论坛的成功举办，对于借助于以郭沫若为代表的中国近现代文化名人的价值，多方位、多角度地凸显他们在中国社会变革时期所展现出特有的人格魅力，从而弘扬中华民族独有的精神内涵具有重要的示范作用。

再者本次高端论坛进一步扩大了郭沫若研究世界性的范畴，加深了郭沫若研究国际化的程度，并取得了众多学术发现。至今为止郭沫若的研究已经在亚洲、欧洲、北美洲、澳洲等多地举办过相关的学术研讨活动，并以此带动了当地学术界对于郭沫若研究的兴趣，但是郭沫若研究在阿拉伯语地区情况如何，一直未能被认知。此次高端论坛，虽有规模和人数的限制，但埃方参会的研究单位多达 5 家，参会学者有 15 人之多，还吸引了众多埃及研究中国文化的学者前来听会，由此可见郭沫若研究在阿拉伯语世界中也具有很大的影响。另外，本次高端论坛还收集到第一本郭沫若《蔡文姬》的阿拉伯语翻译版本等一些重要学术研究资料。

通过此次高端学术论坛的举办，我们详尽梳理了郭沫若与埃及之间的关系，从而全面深刻地认识了郭沫若的世界价值和时代内涵，对中国现代文化如何走向海外起到了示范性的作用。

（原载《郭沫若学刊》2018 年第 3 期）

第六届国际郭沫若学会学术研讨会综述

彭冠龙

创造社自成立以后，就译介了大量西方作品，同时注重将吸收来的外国文学营养与中国传统文化结合，呈现出多种元素浑然一体的文学创作与批评风貌。2018年11月8日至10日，第六届国际郭沫若学会学术研讨会在法国巴黎第七大学召开，来自中国、法国、日本、韩国等多个国家的专家学者围绕“郭沫若、创造社与中外古今文化交融”主题展开讨论，取得了很多较为深入的共识。对于这一总的主题，藤田梨那做了题为《郭沫若与中国古典》的发言，她认为“在郭沫若研究中，他对中国古典的接纳、研究、批评是一个重要的课题。郭沫若的新诗创作基于他对旧体诗的反思和对诗歌本质的探讨；他的中国古代史研究及古典研究启迪于幼年时代古典教养及对古典的质疑。他的研究、批评、创作中始终贯穿着一种逆反的同时又是寻源的精神，因此，郭沫若与中国古典的问题就成为揭示他新文学创作的一个关键点”。魏建做了题为《十年来走向世界的郭沫若研究》的发言，系统总结了近十年来郭沫若研究走向世界的过程，对福冈会议、华盛顿会议、圣彼得堡会议、维也纳会议、东京会议、埃及会议等几次重要的国外学术研讨会进行了深入剖析，并对中国社会科学院郭沫若纪念馆、中国郭沫若研究会、四川学者、山东学者如何推动了郭沫若研究展开探索。以上两个发言都突出了“中外古今文化交融”，深化和拓展了会议主题。

整个会议的讨论主要围绕创造社的翻译、文学观念与文学追求、郭沫若与鲁迅、文史互证等四个方面进行。

在创造社的翻译方面，《鲁拜集》的翻译问题是此次交流的焦点。咸立强做了题为《郭沫若〈鲁拜集〉译文中的酒意象》的发言，他认为对酒意象的翻译开启了《鲁拜集》汉译的基本模式，许多译法都被后来的译者直接采用，更重要的是，酒意象翻译契合了郭沫若当时有些颓废消极的思想情绪，但这种情绪被郭沫若转化成了人生中的有益养分，“从酿酒到饮酒，围绕着酒，郭沫若建构起了自己的人生观。这个人生观的底色是积极的”，“郭沫若在革命文学转向后对颓废派的批评，与其说是转向后郭沫若才拥有的新的思想观念，毋宁说早就在他的思想中萌生”，无论什么时候，积极向上的乐观精神一直是郭沫若精神世界的底色，所以，《鲁拜集》所翻译出来的正是郭沫若自我的精神面目。同样从郭沫若精神层面探讨，钱晓宇做了题为《精神的契阔：由郭沫若〈鲁拜集〉译介想到的》发言，她认为郭沫若对《鲁拜集》的翻译，最初是由于英译版《鲁拜集》中传达出来的精神力量的吸引，整个翻译过程不断激活自身中华文化积淀，所以这一翻译是一种精神的契阔，“译介对象对译者的影响也是绵长而波动的”。李金涛则从诗歌外在形式的角度做了题为《〈鲁拜集〉百年汉译诗形流变》的发言，他梳理了一百年来关于《鲁拜集》的各类有代表性的翻译作品，并予以分类考察，在此基础上研究了“解放前 Rubaiyat 汉译诗形流变”和“解放后 Rubaiyat 汉译诗形流变”，发现“解放前，Rubaiyat 的汉译在某种程度上被当成了现代汉语诗歌形式探索的实验田。翻译不仅仅单纯地是翻译，还担负着重塑汉语及现代汉语诗歌的重任”，“解放后，尤其是新时期以来，努力再现原诗全貌，成为 Rubaiyat 汉译最主要的动力”，进而认为每一种译本都是社会历史环境与译者个人追求相互交织、合力推动的结果，每一次翻译，都是一次某种意义上的重写，“‘重写’不同于随心所欲地创造，它有所本，必然受制约于原文本”，同时“社会语境影响制约着译者个体”。除了对《鲁拜集》翻译问题的讨论，张香筠还展开了对成仿吾早期翻译的讨论，通过对《科学之价值》中法文比较，他指出“力图忠实，这不仅是成仿吾翻译的方法，更反映了他对作者思想的某种认同”，由此避免了直译带来的译文艰涩现象，使翻译更加传神和精准。

关于文学观念与文学追求，是这次会议上讨论最多的话题。李怡的论文《文学开始于“内心的要求”：郭沫若与创造社文学选择的特点》围绕五四新文坛上郭沫若与创造社作家与众不同的文学选择展开，通过探讨两个问题，即如何解释他们的躁动不安甚至含混矛盾，如何理解他们与新文坛前一代人的迥然有异的文学姿态，他指出创造社与鲁迅一代之间“为人生”与“为艺术”的区分是一种简单的归类，他们“同样都存在‘为人生’与‘为艺术’的需求”，只是“人生——艺术的‘结构方式’具有很大的差异”，在鲁迅一代心中，“为人生”主要是指重建新的人生，而对于创造社青年来说，他们的“人生”是一个自我实现的场所，“为艺术”也被纳入到自我实现的目标中，这一发现无疑是具有启发意义的。郑怡的《危机与创造：郭沫若的“狂飙”诗意》则从诗歌发展历程的角度，通过分析郭沫若早期诗歌作品《凤凰涅槃》和时代精神的关系，尤其是对“狂飙”式文化的引进向往，发掘了郭沫若对历史危机的诗性夸张，一方面开创了现代中国壮美诗学的先河，另一方面也使现代诗歌的历史美学企图变得更加困难。文贵良做了题为《新名词、科学思维与白话新诗：以〈天狗〉为中心论郭沫若的白话诗学》的发言，从新名词的引入以及科学思维的角度重新考察了《天狗》这首诗，力图展现作品的独特价值，他认为《天狗》通过引入“Energy”“神经”等新名词改造了神话故事中天狗的形象，塑造了一个具有意志的纯粹的能量体，这首诗所构想的世界是一个排除了民族国家意识以及进化论想象的世界，郭沫若以“光焰万丈的科学”所构想的那个“超世界”暗示着人向更为广大的宇宙边际的远视与思考。诗中陌生离奇的句式、激昂热烈的情绪、纯粹完整的形象以及无时空的“超世界”使作品成为一首真正的现代的诗。王冉冉则主要关注郭沫若的旧体诗创作，做了题为《郭沫若对传统文化的“直觉”把握及其旧体诗词创作》的发言，探讨郭沫若以“直觉”方式在传统文化中感悟出的哲理与诗学思想及其在旧体诗词中的具体渗透与实际体现，他认为作为学者的郭沫若对儒道文化的诗性解读，尤其是对古典文学作品发生情感共鸣，以直觉进行评价时颇有个性化特色，其中固然颇多主观臆断，但也不乏真知灼见，其中体现出的思想观念与文艺主张贯穿于其旧体诗词创作中，对于研究郭沫若诗歌创作有重要的启发意义。金尚浩则从文艺理论建构方面对郭沫若诗歌创作展开研究，他做了题为《郭沫若的诗和文艺理论——从泛神论谈起》的发言，围绕作为其文学思想背景的泛神论、作为其早期诗歌理论重要内容的自我表现论、郭沫若从未直接表达但确实能够反映出来的社会主义现实主义论三个方面，充分探讨了郭沫若对文学理论的哲学与文艺两方面的形成和发展。以上主要围绕郭沫若诗歌创作和追求展开，此外，小说创作和审美特色也是讨论的重要领域，赵洪善做了题为《郭沫若的近代性追求小考：以郭沫若的抒情小说为主》的发言，从诗人郭沫若与小说家郭沫若这两种身份带来的艺术风貌的区别与联系入手，剖析了几篇重要的抒情性小说作品，发现其人物形象都是郭沫若的阴影，而这些作品的创作则是慰藉这种阴影的行为。王玉春也对郭沫若早期小说创作展开了讨论，做了题为《“他不是只能吹出一种单调的稻草”：郭沫若早期小说创作的审美之维》的发言，林分份则关注了黄药眠创造社时期的小说创作，并做出发言，认为他在这一时期的作品虽然不多，但是成为其后期小说创作的准备，更为三四十年代黄药眠文艺上“中国化和大众化”的理论与实践奠定了基础。

涉及史学的讨论，一方面是结合社会历史背景事件研究郭沫若其人，另一方面是围绕郭沫若的史学研究进行，而无论是哪一方面，其实都是以“历史”的眼光探索“文人”的思想。沈卫威根据多年搜集整理的历史资料，做了题为《郭沫若当选首届院士的原始文献举证》的发言，围绕 1948 年反对国民党政权的郭沫若当选为国民政府首届院士这一学术界大事，以原始、清晰、准确的官方档案文献为基本事实，结合当事人的日记、书信，二重证据，同时捕捉几个兴奋点，以细节展示“纯粹学术”和“以学术立场为主”的首届院士选举情况，用客观数据和文献资料侧面折射出包括郭沫若在内的那一代知识分子的思想境界。贾振勇围绕郭沫若《中国古代社会研究》，做了题为《意识形态想象与郭沫若史学研究——以〈中国古代社会研究〉为例》的发言，主要探讨郭沫若的学术选择如何内化政党的政治意识形态这样一个命题，核心问题是郭沫若如何将马克思主义内化为自己精神坐标系中的动力源，进而如何梳理出中国古代社会特别是上古三代的历史发展体系，这是对其历史学研究的再研究，但其指向深入到了“真理战士”的知识人角色和“党派圣哲”的社会人角色，并进一步探索了“仅就造成郭沫若作为知识人和社会人、或者说党派圣哲和真理战士内在冲突的精神根源而言，意识形态想象本身的遮蔽性和虚假性，是更为内在的思想精神源头”。熊权同样从知识分子思想发展历程的角度围绕《中国古代社会研究》展开了讨论，做了题为《“变”与“不变”：郭沫若〈中国古代社会研究〉再解读》的发言，沿着郭沫若从翻译河上肇作品到亲历国民革命、再到研究中国古代社会，勾连 1920 年郭沫若的思想逻辑，强调了他倡导辩证唯物论超越了后期创造社同人、中国社会性质问题论战各派，成一家之言，并在更宏观的层面上，发掘现代知识分子针对中国共产革命所做的学术探究和理论建设。此外，彭冠龙的《游民文化意识与创造社批评话语的建构》、汤志波的《学术论争的意识形态化：也谈郭沫若与“屈原否定论”的三次论争》、周文的《革命文学视野下的郭沫若“转向之谜”》等发言也都在文史互证方面做出了较为深入的探讨。

此次研讨会还围绕鲁迅与郭沫若展开了讨论。宇乐文围绕郭沫若和鲁迅的几篇散文诗展开讨论，做了题为《论郭沫若与鲁迅的几篇散文诗中坟墓与墓碑形象：心声与生成及现代表现的问题》的发言，力图揭示在郭沫若与鲁迅之间有一种主体性和互文性的汇合，他们以坟墓与墓碑的书写表示的意义即使有所不同，却以散文诗形式构成一种共同的形象，对此问题的讨论，实际是从深层次研究了这一形象何以更新了中国散文诗语言和文学的问题。李斌则就《郭沫若与鲁迅关于创造社叙述的分歧》作了发言，他从鲁迅所说的“才子加流氓”出发，认为这一评价并不是单单针对郭沫若，如果将这一具体言论抽出历史语境做抽象化理解，会大大遮蔽事件的复杂性，这一言论关涉到鲁迅和郭沫若对创造社历史叙述的分歧，背后是两位左翼文人对“革命文学”的不同理解，体现了中国左翼文化内部的张力。此外，廖久明对《罗曼·罗兰评鲁迅》的相关问题进行了详细考证，将这篇文章中的重要信息以及很多方面的因素的可信度予以证明，具有很高的学术价值。

总体而言，这次学术研讨会围绕“郭沫若、创造社与中外古今文化交融”主题，就很多重要问题展开了详细讨论，对于深化郭沫若研究、创造社重要成员研究起了重要的推动作用，通过这次会议，加强了中国现代文学界、郭沫若研究界与海外汉学界的联系，有利于中国学界往更深的层次发展。

（作者系山东师范大学文学院副教授）

第十二篇

海外研究中心

［编者按］

由郭沫若纪念馆、埃及苏伊士运河大学主办，郭沫若中国研究中心、苏伊士运河大学孔子学院承办的“郭沫若与世界文化”高端论坛，于2018年4月23日至25日在埃及苏伊士运河大学举行。来自中国社会科学院、北京语言大学、山东师范大学、华南师范大学、埃及苏伊士运河大学、爱兹哈尔大学、艾因夏姆斯大学、班尼苏韦大学、本哈大学等10余家中国和埃及的科研院所、高等院校的近三十余位郭沫若研究的海内外学者，参加了此届高端学术论坛。

“郭沫若与世界文化高端论坛”学者与发言主题

中国学者

（以发言顺序排序）

刘跃进，中国社会科学院学部委员、文学研究所所长、研究员、博士生导师。兼任《文学遗产》杂志主编、中华文学史料学学会会长、中国现代文化研究会副会长、中国大百科全书第三版中国文学卷副主编及先秦卷、秦汉卷主编等。出版专著有

《秦汉文学地理与文人分布》《秦汉文学编年史》《门阀士族与文学总集》《中古文学文献学》《赋到沧桑——中国古典诗歌引论》《〈金瓶梅〉中商人形象透视》《雄风振采——汉代文学通览》等。论文集有《古典文学文献学丛稿》《秦汉文学论丛》《走向通融——世纪之交的中国古典文学研究》《回归中的超越——文学史研究的多种可能性》等。与曹道衡先生合著《先秦两汉文学史料学》《南北朝文学编年史》等。古籍整理有《〈文选〉旧注辑存》等。

题目：中国文学研究四十年思潮

魏建，山东师范大学特聘教授、博士生导师，国家重点学科学术带头人，国际郭沫若学会执行会长、中国郭沫若研究会副会长、中国现代文学研究会常务理事、中国老舍研究会常务理事、山东省中国现代文学学会会长等。获得教育部优秀科研成果二等奖和山东省社会科学优秀成果奖一等奖等省部级科研成果奖 17 项。获得国家级教学成果二等奖和省级教学成果奖 6 项。被评为国家“万人计划”领军人才，享受国务院特殊津贴。

题目：近十年来走向世界的郭沫若研究

赵笑洁，中国社会科学院郭沫若纪念馆馆长、副研究馆员、中国社会科学院郭沫若纪念馆创新工程首席管理、郭沫若中国研究中心秘书长、中国郭沫若研究会理事、北京博物馆学会常务理事。主编有《郭沫若研究年鉴》《文化名人与民族精神——2015 年北京八家名人故居纪念馆活动纪实》《时代之音——读名家名言，听文物故事》等出版物。代表作有《中国书法家全集·郭沫若》（合著）等。

题目：郭沫若与埃及

程凯，1974 年生。1993—2004 年就读北京大学中文系，现代文学博士。任职于中国社会科学院文学研究所，研究员。曾出版专著《革命的张力——“大革命”前后新文学知识分子、新青年的历史处境与思想探求（1924—1930）》（北京大学出版社，2014 年）。近年发表论文包括：《重读〈新的信念〉与〈我在霞村的时候〉》《乡村变革的文化权力根基——再读〈小二黑结婚〉与〈李有才板话〉》《“群众创造”的经验与问题——以“〈穷人乐〉方向”为案例》《典型的诞生——从蒲忠智到王家斌》《“理想人物”的历史生成与文学生成——“梁生宝”形象的再审视》等。

题目：1950 年：“和平签名运动”在中国

张勇，1976 年生。博士研究生，曾从事博士后研究工作，现任中国社会科学院郭沫若纪念馆研究员，中国社会科学院研究生院文博中心特聘教授，硕士生导师，《郭沫若研究年鉴》常务副主编，国家社科基金项目主持人。张勇长期从事中国现当代文学的教学和研究工作，尤其是在创造社和郭沫若研究方面取得了丰硕的成果，撰写学术专著 1 部，主编著作 10 余部，主持、参与国家社科基金项目 3 项、省部级课题多项。在《中国现代文学研究丛刊》《鲁迅研究月刊》《新文学史料》

《中国文学研究》《山东社会科学》《中国文化报》等学术报刊发表学术论文70余篇。

题目："一带一路"倡议下的郭沫若文化海外传播

孙少华，1972年生。文学博士，中国社会科学院文学研究所副编审，中华文学史料学学会副会长、中华文学史料学古代文学分会副会长兼秘书长。主要从事先秦两汉魏晋南北朝文学文献学研究，曾主持国家社科基金资助项目两项、主持国家社科基金重大招标项目子课题一项、参与国家重大招标项目一项、中国社会科学院《中华思想通史·中华文艺思想通史》秦汉卷主编。曾在《中国社会科学》、《哲学研究》、《文学评论》等各类杂志发表文章多篇、出版《孔丛子研究》等专著4部（其中一部为合著）。

题目：批判与重建——郭沫若《十批判书》与"新时代"诸子研究的再思考

咸立强，1977 年生。2002 年复旦大学中文系中国现当代文学专业博士毕业，2005 年 7 月到华南师范大学任教，现为华南师范大学文学院教授。研究方向主要是中国现代文学社团史、20 世纪中外文学关系等，近年来主要从事郭沫若研究和翻译研究。出版《寻找归宿的流浪者——创造社研究》等专著，发表学术论文 60 余篇。

题目：新文学的世界性视野：郭沫若文学创作中的埃及元素

朱廷婷，埃及苏伊士运河大学孔子学院中方院长，阿拉伯语讲师，郭沫若中国研究中心成员。译著《世界各国宪法》亚洲卷和非洲卷的阿拉伯国家宪法，中国检察出版社出版。

埃及学者

（以发言顺序排序）

阿卜杜·阿齐兹·哈马迪，爱兹哈尔大学教授，中文系主任，博士生导师

题目：郭沫若与他的历史剧《蔡文姬》

迪娜·图哈米，本哈大学中文系讲师
题目：郭沫若与萨拉哈·阿卜杜·萨布尔的诗句比较研究

哈桑·拉加布，苏伊士运河大学语言学院院长，孔子学院埃方院长、教授
题目：郭沫若诗歌创作的新收获

哈桑·优素福，苏伊士运河大学教授，前文学院院长、现文学院阿拉伯语系主任，博士生导师

题目：埃及人民眼中的郭沫若诗歌价值

艾哈迈德·阿布·瓦法，苏伊士运河大学语言学院英语系讲师

题目：郭沫若诗歌与中华民族的复兴

拉莎·卡玛尔，艾因夏姆斯大学副教授
题目：论郭沫若的短篇小说

夏依玛·卡玛尔，班尼苏维夫大学讲师
题目：浅议郭沫若翻译研究

在苏伊士运河畔讲述“中国的‘尼罗’诗人郭沫若”

梁雪松

2016 年 8 月 9 日，郭沫若纪念馆、北京语言大学中东学院、埃及苏伊士运河大学三方决定并宣布，在苏伊士运河大学建立首个“郭沫若中国研究中心”。这是在“一带一路”沿线国家设立的第一个以中国现当代名人命名的海外研究中心。

苏伊士运河大学郭沫若中国研究中心成立后，先后举行了一系列学术文化活动，大大推进了郭沫若在阿拉伯世界的传播。为进一步推进中心工作，郭沫若纪念馆于 2018 年 9 月 25 至 30 日派出文物与陈列工作室副主任梁雪松、公众教育中心刘秋琬组成学术代表团前往埃及伊斯梅利亚开展“郭沫若中国研究中心”学术交流与教学工作。

9 月 27 日，梁雪松为苏伊士运河大学孔子学院的全体师生做了《郭沫若与现代中国》讲座，孔子学院中方院长朱廷婷女士主持了本次讲座。讲座首先深入浅出地介绍了郭沫若的人生历程：他立志学医救国留学日本、归国参与文学与社会革命、流亡海外治学、投身抗日救亡与民主建国、在新时代成为新国家的缔造者之一，更在世界外交舞台上扮演着和平使者的角色，揭示出他的一生与中国国家的历史进程紧紧交织，与中国复兴息息相关的深层关系。通过讲座同时为埃及同学介绍了中国近现代历史的进程，凸显了郭沫若在其中的重要作用。此外，讲座也从诗歌、小说、戏剧、翻译著作等方面为大家介绍了郭沫若不朽的文化成就，为埃及同学学习中国文化接触中国现代文学、史学提供了可资参考的辅导阅读提示。

最后，为了加深埃及同学对中国的了解与认识，梁雪松通过精美的图片为大家细致地介绍了郭沫若故居与郭沫若纪念馆。中国传统建筑四合院和漂亮的垂花门深深吸引了同学们的目光。通过此次讲座，学生纷纷表示以前只在教材中学习过郭沫若的文学作品，这次对郭沫若有了更全面的认识，对中国的历史和文化也有了新的收获。

讲座后，纪念馆代表与孔子学院老师进行了更深入的交流。交流中双方探讨了如何在孔子学院现有课程体系中，立足中国社会科学院、郭沫若纪念馆研究力量，发挥“郭沫若中国研究中心”的作用，加强学术研究、博物馆展览展示、博物馆社会教育对对外汉语教学的辅助作用，促进中埃文化交流。

本次学术交流取得了很大的收获，未来郭沫若纪念馆将继续与苏伊士运河大学孔子学院进行全方位的合作，充分利用双方在学术、教育、资源等方面的优势，通过开展文化学术活动、组织郭沫若展览及学术讲座、培训学生讲解员等方式为埃及学生提供一个了解中国的平台，在非洲、在苏伊士运河畔宣传中国文化、宣传郭沫若与他的不朽成就。

第十三篇

新书推介

【复调与对位——《郭沫若全集》集外文研究】

著　者：张　勇

出版社：花木兰出版社2018年9月版

学术专著《复调与对位——〈郭沫若全集〉集外文研究》是在对未收入《郭沫若全集》之外的文学作品、书信以及翻译作品进行搜集、整理的基础上，对这些作品进行的专题学术研究。本专著将按照时间顺序对郭沫若早期书信集《樱花书简》《女神》时期郭沫若集外诗歌、20世纪30年代郭沫若集外文、1948年前后郭沫若集外文、建国后郭沫若集外文以及郭沫若翻译作品等多种文体的作品进行全面综合的研究，从而得出了许多学理性的结论，如在对郭沫若所翻译《少年维特之烦恼》版本演变梳理的基础上，指出了这部作品的翻译与《女神》创作的内在关联性以及价值多样性，从而分析了郭沫若翻译活动的本真目的，以及他创作、翻译以及社会活动相统一的独特特征，从而形成现代文学史上特有的“复调与对位”的现象。本专著既能扎实考辩出这些作品的出处和不同的版本演变的情况，还能通过对《郭沫若全集》集外文的研究进一步辨析郭沫若不同历史时期的文艺创作思想，纠正了过去很多既定的观点，从而对于郭沫若研究乃至中国现代文学研究都有启发性的意义和价值。

重觅郭沫若文学世界的丰富性

——评张勇新著《复调与对位——〈郭沫若全集〉集外文研究》

咸立强

全集不全，这几乎是现代作家全集的常态。近年来，随着现代文学研究文献史料工作的不断开拓和深化，作家集外文的发掘和整理工作硕果累累。以作家郭沫若为例，山东师范大学魏建教授带领的团队，搜集到大量的未被收入《郭沫若全集》的文字，张勇在著作中指出：“仅就目前掌握的情况来看，《郭沫若全集》（文学编）遗漏的作品至少有2200多篇（不含郭沫若的文学翻译和纯学术作品）。”这么庞大的未被收集的文字，就篇数而言几乎与已经出版的《郭沫若全集》规模相当。如何看待和研究作家全集之外的这些作品？这些集外文对于作家的研究和评价有着怎样的意义和影响？这些都成为研究者们必须面对和解决的新问题。张勇新著《复调与对位——〈郭沫若全集〉集外文研究》，讨论的对象是未收入《郭沫若全集》的文学作品、书信以及翻译作品。书名中的“复调”与“对位”，这两个词便是张勇切入郭沫若集外文研究的关键词。

一　重觅郭沫若文学世界的复杂性

所谓“复调”与“对位”，在我的理解中，首先强调的就是郭沫若文学世界的完整性，承认并呈现文学郭沫若的复杂性，而不是按照个人的偏爱只呈现某些被选择出来的郭沫若的文学世界。张勇举例说：“有人只用郭沫若揭露蒋介石的檄文《请看今日之蒋介石》证明他的大无畏精神，却回避或根本没有看到他写的赞美蒋介石的文章《蒋委员长会见记》。”同样的，在谈到鲁迅的时候，郭沫若的文字也有批判与赞美两种笔调。奇怪的是，许多研究者总以为那些批判鲁迅、骂鲁迅为二重反革命的文章是真实的，后来怀念鲁迅、推崇鲁迅的作品则是花样文章。不愿意承认郭沫若文学世界的复杂性，于是郭沫若往往就被人阐释为心口不一，一些文字代表了真实的郭沫若，另一些文字则是违心之论。通过否定某些文字，从而实现对郭沫若文学世界简单化定性的目的。

郭沫若是一个复杂的研究对象，从来没有研究者否认这一点。作为一个文学家，郭沫若给现代文坛贡献了真正的新诗集《女神》；作为甲骨文学者，郭沫若是著名的四堂之一；作为历史学家，郭沫若奠定了中国古代历史的分期；作为革命家，在北伐战争与南昌起义中他都扮演了重要的角色；作为公务员，他曾是大国副总理和中科院的奠基人。郭沫若在诸多领域都取得了令人瞩目的成就，许多人在其中一个领域穷其一生往往也难以望其项背。有人以"善变"评价郭沫若。穿梭于不同领域，在诸多方面不仅有所成就，甚或可以说领袖群伦，这样的"善变"恰恰说明了郭沫若是一个球形天才。然而，承认郭沫若的复杂性与承认郭沫若文学世界的复杂性不是一回事。在文学领域，郭沫若常常被贴上的标签是单一/单调/单色。在复杂的郭沫若的世界中，似乎有一个单纯的并不复杂的郭沫若的文学世界。这种认识与郭沫若文学世界的真实状况不相符，张勇认为："《郭沫若全集》和《郭沫若全集》集外文形成了两个并行不悖的复调体系，他们时而并行、时而相交，又时而矛盾，虽然这两个看似独立的创作体系和世界，其实构成了一个完整的郭沫若创作的整体"。[①] 在张勇看来，"复调体系"而非单一/单调/单色，才是描述郭沫若文学世界的恰当表述。因此，张勇想要通过《郭沫若全集》集外文的研究，戳破现有的一些对郭沫若文学世界的虚假的认识，将一个真实的复杂的郭沫若的文学世界呈现在读者们的面前。

张勇用了整整一章50页的篇幅讨论了《女神》时期郭沫若的集外诗，由此发出了这样的追问："《女神》等同于'五四'时期郭沫若吗?"张勇并不是第一个发出这一追问的研究者。2008年6月，人民文学出版社出版了蔡震先生编辑的《〈女神〉及佚诗》。在编辑说明中，蔡震先生使用了"《女神》时期"这样一个概念用以谈论《女神》时期散佚的郭沫若诗歌作品，并认为这些诗作"包含了一些《女神》的文本中所未能传达出来的历史信息，譬如：散文诗、宗教题材的诗、口语体的诗、写实手法的诗等等"[②]。由此进一步提出重新审视郭沫若《女神》时期新诗创作的问题。张勇在其论著中明确点出自己所使用的"《女神》时期"这一概念来自蔡震先生。笔者在这里特意指出这一点，无损于张勇的学术研究的价值，而是意在说明进入21世纪后，郭沫若研究者们较为普遍地意识到了这样的一些问题，即何

---

① 张勇：《复调与对位——〈郭沫若全集〉集外文研究》，花木兰文化事业有限公司2018年版，第5页。

② 蔡震：《一个历史的文本（代编辑说明）》，《〈女神〉及佚诗》，人民文学出版社2008年版，第297页。

为真正的郭沫若的文学世界，以《女神》评价郭沫若“五四”时期的诗歌创作是否恰当？当一批而不是一个研究者聚焦于上述问题时，说明郭沫若文学价值的重估已成了时代的需要。就《女神》而言，价值重估的一个重要的方式和途径，便是集外散佚诗篇的引入。

新诗集《女神》是郭沫若的自选诗集，既然是选，就意味着有相当数量的篇目没有被收入诗集。长期以来，人们谈论“五四”时期郭沫若的新诗创作，径直以《女神》为例，鲜有触及《女神》集外的散佚诗篇者。张勇指出，当我们将《女神》时期的散佚诗篇纳入研究视野后，就会发现：“一个既有引吭高歌极力推崇《天狗》力量的激情四溢的郭沫若，也有抚慰爱子充满父爱真情的郭沫若；一个既有现代自由诗歌创作热情的郭沫若，也有饱含古代文化熏陶的郭沫若，这才是一个立体的多元化郭沫若，也才是一个生存于‘五四’新文化运动变革之时的真实郭沫若。”[①] 借助于“《女神》时期”散佚诗篇的研究，张勇提出了“多元化郭沫若”“真实郭沫若”，对于郭沫若文学研究来说，窃以为这样的提法和呼吁标志着郭沫若研究的某种内在的转向。在我的理解中，张勇提出的“多元化郭沫若”“真实郭沫若”，实际上就是想要恢复郭沫若诗歌创作的多种可能性，并从“多元化”和“真实”中想要重新探索郭沫若新诗的“生成”问题。笔者之所以认为张勇的论著是重觅郭沫若文学世界的复杂性，就是因为这个复杂性（复调/对位）本就存在于郭沫若的文学世界中，不因研究者的忽略就消失，也不因研究者们的重视而增多。“觅”意味着研究者自身对郭沫若文学世界复杂性的偏爱。简单地列举郭沫若文学世界中的多样化的质素不是研究者的目的，颠覆一些僵化的认知也不是论者的最终目的，张勇想要借此抵达的，应该是对20世纪中国文学发生与发展的丰富的可能性的探寻。一旦回到“多元化郭沫若”和“真实郭沫若”那里，我们就会发现郭沫若的诗歌创作之于中国新诗发展的价值和意义，决不仅仅意味着某一种可能，而是蕴涵着多种可能。“多”如何逐渐变而为“一”，丰富性如何被简单化，对于郭沫若新诗创作和研究中这些问题的思考，也就是对整个20世纪中国文学的思考。

对于张勇提出的“多元化”问题，有些分析窃以为并不那么周延，有待商榷。在第二章第二节中，张勇谈到《女神》时期集外诗的形式时说：“仅仅从诗歌的外在形式上来讲，郭沫若在‘五四’时期的诗作呈现出多元化的倾向，而并非我们仅从《女神》中看到的那样整齐划一的结构形式，由郭沫若‘女神时期’集外诗创作的外在结构不难看出，郭沫若的白话新诗创作也经历了一个非常清晰的尝试、试验乃至最后定型的过程，这同时也为郭沫若在20世纪20年代初期文艺创作观念不断更迭和变

① 张勇：《复调与对位——〈郭沫若全集〉集外文研究》，花木兰文化事业有限公司2018年版，第87页。

化的原因找到了很好的注脚。”① 对于这段文字中的大部分论断，我都很同意。但是论者为了突出“郭沫若在‘五四’时期的诗作呈现出多元化的倾向”，而强调“从《女神》中看到的那样整齐划一的结构形式”，却觉得有些不甚妥当。《女神》中没有集外诗《雷雨》那样的图像诗，也没有《昨夜梦见泰戈尔》那样的小说式的新诗，郭沫若没有将这些形式试验色彩浓郁的诗篇收入《女神》，并不能意味着就能说《女神》的结构形式“整齐划一”。对于这一点，长期从事郭沫若研究的张勇自然是知道的，但是为了更能突出《女神》时期集外诗的价值和意义，在相互的区别对比中有时候话语表述也就显得不那么“正确”。然而，不追求四平八稳的无比“正确”的论述，而是勇于推翻陈见，甚或不惜矫枉过正，这也正显示了张勇研究的锐气。

二 重塑郭沫若文学世界的版图

从“复调”与“对位”的角度重新审视郭沫若文学世界的完整性及复杂性，不仅仅意味着整合《女神》与“《女神》时期”的集外诗篇，也不仅仅意味着打破新诗与旧诗的壁垒，同时还应该意味着一种文学观念的变化，即打破较为狭隘的文学观，重新唤回一种大文学的观念。在一种大文学的视野里，郭沫若文学世界的版图就不仅仅是补充散佚诗篇的问题，而是需要重新审视郭沫若的所有“书写”实践（包括创作与翻译），进而重新界定郭沫若文学世界的疆域。

不同的文学观会带来不同的文学研究视角和方法。李怡教授指出：“研究中国现代文学需要有更大的文学的视野，也就是说，能够成为‘文学研究’关注的对象应该更为充分和广泛，甚至是更多的‘文学之外’的色彩斑斓的各种文字现象。”② 简单地说，20 世纪中国文学的发展过程经历了一个文学观念从大到小的纯化历程。1902 年，北京大学在开设“文学”课的时候，曾有如下一份提纲，“研究文学之要义：一、古文、小篆、八分、草书、隶书、北朝书、唐以后正书之变迁，一、古今音韵之变迁……一、古以治化为文，今以词章为文关于世运之升降，一、修辞立诚、辞达而已二语为文章之本……群经文体，一、周秦诸子文体，一、史汉三周四史之文体，一、诸史文体，一、秦以前文皆有用，汉以后文皆有用有不用之变迁……一、辞赋文体、制举文体、公牍文体、语录文体、释道藏文体、小说文体，皆与古文不同之处。”③ 钱基博在《现代中国文学史》中也表示不赞成狭义的文学观，主张广义的文学观，“文学者，述作之总称，用以会通众心，互纳群想，而表诸文章，兼发智情。”④ 张

① 张勇：《复调与对位——〈郭沫若全集〉集外文研究》，花木兰文化事业有限公司 2018 年版，第 94 页。

② 李怡：《在民国史料中重新发现现代文学——〈民国文化与文学研究文丛〉第十辑引言》，《复调与对位——〈郭沫若全集〉集外文研究》，花木兰文化事业有限公司 2018 年版，第 1 页。

③ 转引自孟繁华《激进时代的大学文艺学教育》，《文学前沿》，首都师大出版社 1999 年版，第 107 页。

④ 钱基博：《现代中国文学史》，商务印书馆 2011 年版，第 1—2 页。

勇明显倾向于大文学的观念，目的无非就是想要“会通众心”，更好地探究郭沫若“色彩斑斓的各种文字现象”，或者说是希冀能够通过“色彩斑斓的各种文字现象”“会通众心”，直接抵达文学郭沫若的本质所在。

纯化的文学观与大文学观各有其存在的价值与意义，在20世纪中国文学发展史上也不断地产生矛盾冲突，而这也正是现代文学观念自足性与开放性的体现。当张勇从“复调”与“对位”的角度探讨《郭沫若全集》集外文时，表现出来的与其说是郭沫若文学世界的开放性，毋宁说是研究者自身所持的一种开放性的文学观念。《复调与对位——〈郭沫若全集〉集外文研究》第一章讨论的是《樱花书简》，第二章讨论的是《女神》时期郭沫若的集外诗，第三章讨论的是郭沫若民国时期的翻译作品，第四章讨论的是郭沫若1948年前后的集外文，第五章讨论的是新中国时期郭沫若的集外文。创作、通信、翻译构成了张勇讨论郭沫若集外文的三大支点，这三大支点的设定也就彰显了研究者重构郭沫若文学世界的努力和野心。

谈到郭沫若的翻译时，张勇说：“如果说郭沫若是现代白话新诗的开创者应该没有人会提出反对意见，但如果说郭沫若是现代著名的翻译家，很可能就会引来很多质疑之声。”① 最初读到这句话的时候，我以为是著作者的一个笔误，毕竟，在北京大学孟昭毅教授、上海外国语学院谢天振教授领衔的现代翻译文学史著作中，郭沫若与鲁迅一样都占据一个单章的位置，也有许多专门的翻译论著给了郭沫若的文学翻译很高的评价。但是，后来我想到自己与身边朋友谈起现代文学翻译时，对方常常对郭沫若的文学翻译不以为然，觉得郭沫若的文学翻译实在没有什么，许多译者的翻译都比郭沫若水平高。于是转而觉得张勇“很可能会”“质疑”的说法很委婉却很真切地指出了郭沫若文学翻译研究中存在的一个窘境：除了特别的爱好者和专门研究者，郭沫若文学翻译的真价值往往并不被人所知。

张勇虽然指出了郭沫若翻译文学的真正认识问题，但是其论述的核心却不在此。张勇所关注的是郭沫若早期学医、翻译和创作间的关系，这个关系在大的方面又可以分为两个层面：一个是译作在郭沫若知识体系建构中所占有的无可估量的作用；一个是翻译在整个郭沫若文学世界建构中的重要地位。在讨论翻译的地位与作用时，张勇除了讨论郭沫若的翻译与创作之间的互相建构与生成关系外，还引入了“研究”这个维度。在张勇看来，翻译、研究和创作成了郭沫若在日本流亡十年生活的“三极构成”，“这三极有效的建构了他对世界和文化的最初认知，同时也影响了他今后人生的抉择。忽略了任何一极的存在都很难对他们做出客观公正的历史评价。在这种思维方式的支配下，已经使他从

① 张勇：《复调与对位——〈郭沫若全集〉集外文研究》，花木兰文化事业有限公司2018年版，第141页。

单一创作型的作家，转向了多元丰富的知识构成，成为了一个名副其实的球形天才。”张勇这一论述的诱人之处在于，他的论述已经不仅仅是在讨论郭沫若文学世界的复调问题，集外文与全集的对位已经从文学本身的讨论转向了主体的建构与生成。或者说，在张勇看来，谢天振教授等早已倡导翻译文学是汉语文学的有机组成因子，郭沫若翻译文学自然也应该是郭沫若文学世界的有机组成部分，这一点非常清晰，无须再进行详细的论述。所以张勇径直将翻译文学纳入郭沫若文学世界的考察范围，而没有对其间显而易见的逻辑另行论述。张勇从重塑成型的郭沫若文学版图中努力打捞的，是文学郭沫若之所以成其为文学郭沫若的根本原因。这个原因通过扩大了的文学版图追溯至思维理念，“更为重要的是翻译、创作和研究这三者已经融汇为一种潜在的思维理念”，思维理念的形成，也就意味着主体的生成。张勇又通过对主体生成的考察，反过来观照郭沫若的文学世界。当然，观照的不仅仅是郭沫若的文学世界。郭沫若被张勇视为了一个“标本”，由此“可以进一步印证一个道理，那就是中国现代文学的发生是多元的，我们不能仅仅只是追溯白话文学自身历史的演变，还应该去考虑创作者的学科背景、留学经历、翻译实践等多方面的因素，这样的文学史才是真实、生动、可感的。”①

高屋建瓴的理论让著者拥有了开阔的学术视野，扎实的文献史料工作则赋予了《复调与对位——〈郭沫若全集〉集外文研究》异常厚重的学术品格。除了散佚的集外文的搜集、整理、辨析之外，张勇对《少年维特之烦恼》等著作版本流变的梳理考证，无不让人叹服。搜集全集之外的散佚作品，让作家全集真正“全”起来，不仅仅意味着辑佚补漏，还意味着去伪存真。如坊间流传的郭沫若超肉麻地吹捧斯大林的诗作，实际上是“对郭沫若集外诗《斯大林，我向你高呼万岁》添枝加叶、不断扭曲后以讹传讹的结果”。《郭沫若书信集》收录了陈明远与郭沫若的通信 69 封，但郭沫若的秘书和女儿都曾撰文声明：除了 12 封有原件的信外，其他 57 封都是假的。对于研究者们来说，集外文的研究工作，不是简单地求多，还要求真，要把本应属于郭沫若的还给郭沫若，把那些本就不是郭沫若的踢出去。只有像论者那样不断地小心谨慎地进行探索求证，才能逐渐完成重新勾勒郭沫若文学世界疆域的工程。

张勇在书中提到《郭沫若全集》（文学编）遗漏的作品至少有 2200 多篇（不含郭沫若的文学翻译和纯学术作品），这些被遗漏的作品在张勇这部新著中得到讨论的只是少数，这也就意味着郭沫若集外文的研究还存在着不断衍生的巨大的学术空间，让我们期待著者新的研究成果的涌现，同时期盼国内学界也有新的研究力量参与到相关的研究

① 张勇：《复调与对位——〈郭沫若全集〉集外文研究》，花木兰文化事业有限公司 2018 年版，第 162—163 页。

工作中来。

（作者系华南师范大学文学院教授）

【女神之光：郭沫若传】

著　者：李　斌

出版社：作家出版社 2018 年 10 月版

《女神之光：郭沫若传》的写作与出版

李　斌

我写作的《女神之光：郭沫若传》所属的“中国历史文化名人传”丛书第七辑首发式后，一些公众号希望推介。为了配合，我讲讲它的写作与出版过程。这本著作为了照顾丛书体例，没有前言后记，这篇文章也算是一个交代。

十年前，我写了 3 万字的《〈羽书集〉与郭沫若的民众动员》，作为我在北京大学中文系的博士生资格考试论文，虽然我并没有选择郭沫若作为博士论文题目，但对郭沫若的研究从此就开始了。

2010 年，我以这篇文章去山东师范大学参加魏建教授召集的“郭沫若文献史料国际学术研讨会”，获得了中国郭沫若研究会的优秀青年论文奖，并结识了时任中国社会科学院郭沫若纪念馆副馆长的李晓虹研究员。李晓虹老师诚挚邀请我博士毕业后去郭沫若纪念馆工作，并和其他两位馆领导顺利争取到进人指标。我在通过了中国社会科学院历史所（当时郭沫若纪念馆的上级单位）的面试后，放弃了其他选择，进入郭沫若纪念馆，跟郭沫若研究就绑在一起了。

我到单位后，郭平英馆长推荐我参加了由清华大学薛芳渝教授代表中国老教授协会组织的《大师风范》的写作，我为该书写出了 3 万字的《郭沫若的学问与人格》。在写作过程中，我查阅了大量文献，发现我对郭沫若其实了解不多，于是打算一边系统地去了解他的生平和学问，一边就着手写一部《郭沫若传》。

迄今为止，较有影响的郭沫若传首推 1988 年十月文艺出版社出版的龚济民、方仁念的《郭沫若传》。全书 36 万字，收入著名的“中国现代作家传记丛书”，到 2000 年已经印到 36000 册了，影响相当大。此后，又有好几本郭沫若传记出版，但篇幅都不太大，没有从容展开，影响也都不及龚济民等人的《郭沫若传》大。前年刘禾教授到清华大学举办工作坊，贺桂梅教授和我都参加了，她在闲聊时提及学界需要一本好的郭沫若传。此前也有很多朋友都曾要我推荐郭沫若传，我一般会推荐龚济民等人的《郭沫若传》，但这本传记出版已经 30 年了。这 30 年来，郭沫若研究中的文献史料工作有了长足进展，学界对郭沫若思想和著述的研究也有了很大推进，我们知道了很多过去不曾知道的郭沫若生平细节，对郭沫若也有了新的认识，在学界已有工作的基础上写一本够分量的《郭沫若传》恰逢其时。

写完《郭沫若的学问与人格》后，我参加了中国社会科学院 A 类重大课题《郭沫若年谱长编》的编撰工作。《郭沫若年谱长编》是2002 年启动的，编撰队伍集中了当时郭沫若研究界的十多位知名专家。我到郭沫若纪念馆工作时，《郭沫若年谱长编》的初稿已经有了。40 年代部分由中国社会科学院历史所的翟清福、杨志清两位先生编撰，由于他们年龄都很大了，没有足够的精力修改，课题组让我接手修订。很长一段时间内，我常常去国家图书馆查找这一时期郭沫若所有著作的原刊、初版本以及其他相关资料。我也比外界更早地读到了《郭沫若年谱长编》全稿，它收录了很多此前未曾面世的郭沫若佚诗、佚文、题词、书信、日记、档案资料和未刊稿以及其他相关资料，这让对我郭沫若生平有了更加系统的认识。

负责《郭沫若年谱长编》协调工作的郭平英老师和李晓虹老师曾带我去主编林甘泉先生家里，我们一起坐在沙发上，凭着茶几修改样条。去年得知林先生去世后，我头脑中就不时闪现出这温馨的一幕。我们还拜访了郭沫若的秘书王戎笙先生、《郭沫若书信集》的编者黄淳浩先生、长期研究郭沫若考古和古文字学的王世民先生、长期研究郭沫若史学的谢保成先生。在这期间，《郭沫若学刊》主编王锦厚先生常常托我去国家图书馆帮他找资料，我们像上个世纪的学者一样用笔在纸上写信，通过邮局寄送，也常常通电话谈对新发现材料的解读。黄侯兴先生喜欢把我叫到他家里，打开一罐啤酒，边喝边聊，话题自然也离不开郭沫若。他直率地说他没有弄明白郭沫若对儒家态度为什么会有那么大的转变，而且希望我接续他的《郭沫若研究管窥》写一本《郭沫若研究通史》。这些老先生都坦诚地和我交流他们所知道的情况和思考的问题，并将对郭沫若研究的热情传导给了我。他们都已进入耄耋之年，我觉得我有义务去写他们想写而没有精力写的东西。

2013 年底，郭沫若纪念馆申请到中国社会科学院创新工程项目《郭沫若全集·补编》，计划用 5 年时间编出《郭沫若全集》未收的诗词、文章、翻译、书信、古籍整理等共 27 卷。我负责 4 卷集外文的收集、整理、编纂及整个工程的协调任务。为此，我除了阅读到项目组成员收集到的郭沫若集外作品外，还有幸读到一些郭沫若纪念馆馆藏的郭沫若未刊文稿和往来书信。我们有规定，这些未刊稿在这套书出版前不能以个人名义使用，尽管不能直接引用，但阅读过程增加了我对郭沫若更深一层的了解，对于从整体上把握郭沫若有帮助。几年前，郭平英、邱禾、李晓虹老师发起编辑十卷本的《郭沫若书法全集》，我参与其中。郭平英老师交游广，各地新发现了郭沫若的书信、题词、书法作品等，一般都会告诉她。她好几次出京考察时都让我陪同，我从中受益良多、积累日丰。

在大量阅读郭沫若作品和相关资料的过程中，我不断追问：郭沫若究竟是什么样的人，应该如何评价？很多人包括一些知名学者对此一般都能说上几句，但是否有依据，是否准确可靠，是否公允，大都需要打个问号。我越来越发现，无论是在大众传媒，还是学术圈内，郭沫若都是一个熟悉的陌生人，很多有关他的描述似是而非，或不全面，或不准确。既然比绝大多数人掌握的材料都要多——现在对郭沫若真正了解得比较全面的，恐怕全世界也不到50位——我觉得我有义务把我所知道的郭沫若写出来和学界及大众交流。我一方面努力撰写相关的学术论文，把郭沫若的思想演变、郭沫若的著述动机等课题的研究往前推进了一步，另一方面也想完成我构想中的郭沫若传记，完整而简洁地描述郭沫若的生平、思想及性格，让对郭沫若所知不多的人能够有一个了解他的途径。

我期待的写作机会终于来了。“中国作家协会于2012年初作出决定，用五年左右时间，集中文学界和文化界的精兵强将，创作出版《中国历史文化名人传》大型丛书。这是一项重大的国家文化出版工程，它对形象化的诠释和反映中华民族文化的基本精神，继承发扬传统文化的精髓，对公民的历史文化普及和建设社会主义文化强国都具有重要而深远的意义。”20世纪只有康有为、梁启超、章太炎、王国维、蔡元培、鲁迅、郭沫若、茅盾、朱自清、冰心等十来位入选。“中华民族文化博大精深，这百位文化名人就是杰出代表。他们的灿烂人生就是中华文明历史的缩影；他们的思想智慧、精神气脉深深融入我们民族的血液中，成为代代相袭的中华魂魄。在实现‘中国梦’的历史进程中，必定成为我们再出发的精神动力”（《中国历史文化名人传·出版说明》）。中国作家协会挑选作者十分严格，就我所知，包括周汝昌先生在内的很多作者就都是一时之选。丛书自2012年开始陆续出版，在读书界引起了较大反响。

李晓虹老师得知丛书信息后十分重视。2014年，她带着我认真写了《郭沫若传》的申报书，申报书包括我们的主要思路、章节设计和作者介绍。我们写写改改，花了不少时间，所幸的是顺利通过了中国作家协会的评审。我们最初计划合作完成，我写1949年前的郭沫若，她写晚年郭沫若。但不久项目组告诉我们，为保持写作风格的统一，这本传记只能独著，不能合著。我猜想他们可能是希望李晓虹老师独自完成。李晓虹老师犹豫再三，决定退出，由我单独写。她说自己已经退休了，有没有成果无所谓，而我还年轻，在郭沫若研究上刚刚起步，需要写一本郭沫若传。如此提携后进，在我认识的当代学人中也不多见。我满怀感激，加快了写作进度。

郭沫若争议很大，很多人对他尽管只知道一星半点儿，就已经要去评论几句。这种现象值得深思和研究，对我的传记写作也带来了巨大挑战。如果传主争议不大，那是一种写法；如果传主争议很大，那可能就得采取另一种写法了。这次我给自己提出的要求是“零度写作”，也就是作者不发议论不抒情，只是从大量资料中选择那些最有意味、最生动的细节，从这些细节中凸显郭沫若的个性、追求和思想。至于郭沫若的个性完美还是有缺陷，他的追求合理还是不合理，他的思想偏激、驳杂还是纯粹，他人生道路的选择对还是不对，他对中国文化的影响是正面还是负面，我都不评判。以我目前的知识储备和人生阅历，我也没有资格和能力去评判。我只是呈现相关细节，以及这些细节的前因后果，让读者从我的呈现中去体悟、去衡量。

读书界只有对郭沫若的人生道路和相关著作有了基本共识，然后才能在此基础上就郭沫若进行对话和思考。这本传记的首要任务，就是希望阅读过它的读者，在历史事实的基础上对于郭沫若形成一些基本的共识。

这本传记写作的另一挑战，是郭沫若涉及文学、古文字学、历史学等多个领域，我在很多领域的知识筹备不足。已经出版的郭沫若传记，《郭沫若评传》的作者谢保成是历史学专业出身，这本书的另一名字为《郭沫若学术思想评传》，主要侧重于郭沫若的学术研究。其他几本郭沫若传记的作者都来自中国现代文学学科，这些传记在写到郭沫若的历史和古文字研究以及相关学术活动时，就显得较为薄弱了。所以已有的郭沫若传，在叙述传主的精神活动时，实际上都是有偏颇的。我的专业也是中国现代文学，我对郭沫若的诗歌、戏剧、小说可能有一定的了解，而对郭沫若的其他专业领域，有些我还真没弄懂。但一本优秀的传记必须写出传主的主要精神活动；回避问题会留下遗憾。我仗着自己年轻，将《郭沫若全集》历史编（共8卷）和《郭沫若全集·考古编》（共10卷）一字一字啃下来了，也读了不少他的同时代人的相关研究，以及学界有关他的历史学和古文字学的研究著述，尤其是林甘泉先生主编的《郭沫若与中国史学》，对我帮助很大。在这些工作的基础上，我这本传记有意平衡作为文学家、社会活动家的郭沫若和作为古文字学、历史学专家的郭沫若之间的叙述比例，以弥补以前的郭沫若传记或偏于文学，或偏于史学的不足，比较全面地呈现郭沫若的精神和学术世界。

郭沫若从小熟读传统典籍，精通文字音韵训诂之学，他在日本生活了20年，能熟练使用日语、德语、英语等语言，他阅读面十分广，不仅引领了中国的学术和文化发展，也站在了日本、德国、美国等西方国家的文化和学术前沿，他的思想和学问不仅是跨专业的，也是跨语际、跨文化的。要真正了解郭沫若，懂得郭沫若，需要阅读他读过的书，熟悉他生活的社会文化语境，这对于我来说是比较困难的。我第一外语是英语，看英文著作还不时要查字典，断断续续自学了一点儿日语，尚不能独立阅读文献，至于德语，还没开始学呢；传统典籍，我主要是十多年前着力学习过一段时间，这十年来囿于专业范围，毫无进展。对于郭沫若曾经熟悉过的文化世界和社会历史环境，我更多的只能通过郭沫若的眼睛去看，郭沫若是我的望远镜。而真正要对郭沫若做出更深入地研究和书写，需要把郭沫若放在四面八方打过来的聚光灯下。但四面八方的聚光灯很难在我的知识结构中生产出来，也很难安装。我虽然努力在补课，但要真正有所成就，只能有待来日。

2015年起，我连续四年组织中国郭沫若研究会青年论坛，阅读了上百篇最新的郭沫若研究成果，我也参加了不少学术会议，帮一些知名学术期刊组稿和审稿，并通过这些途径和学界广泛交流，这为我写作传记补充了不少养分。

我一边要努力面对挑战，补齐短板，一边也就写下这本传记。2017年春天，我完成了50多万字的初稿，发给李晓虹老师审读。3月7日，她回复我邮件，说了一些鼓励的话，并建议我送郭平英老师审阅，仔细打磨后“一定要让它成为迄今为止，最好的一本传记”。郭平英老师做事十分认真，我刚到单位时，有一次她拉我设计展览，为了选一块展板的颜色，调整字体字号，我俩从下午忙到晚上9点，最终她还是不满意。我论文写好后习惯请她看看。她身份特殊，对我的观点一般不干涉，倒是会帮我斟酌不少措辞和标点符号的使用。这次我怕耽误她太多时间，一直犹豫着，经李晓虹老师提醒，我送她把关。她很乐意接过我的打印稿。一个多月后，我们三人开了个小会，讨论了书稿存在的问题。我在他们意见的基础上，又修改了半年。10月份，李晓虹老师代我把书稿寄给作家出版社。

作家出版社收到书稿后，送两位文史专家评审。2018年4月23日，作家出版社负责协调这套丛书的原文竹老师发来刘彦君和王必胜两位专家的审读意见。

刘彦君老师认为，书稿“根据真实的历史事实，当时的时代情境，以及著者所掌握的大量第一手资料，给予了客观公正的如实记录，最大程度地还原了一个热爱读书写作、具有高度政治敏感，同时具有百折不挠顽强生命意志的智者形象，给读者以积极乐观、奋发向上的精神濡染，显示了一种学者做传的严谨态度”。“宏富而全面的资料占有，成为这部著作真实性、科学性的基础和保证；不仅如此，著者在材料的处理上也颇为严谨。”“最大程度地避免了当今一些传记作者易犯的‘从想象到想象’的空洞弊病，同时也避免了前人一些传记作品重前半生轻后办生，重文学创作轻学术研究和社会活动的偏颇。”

王必胜老师的意见为：“本书写作特点突出：扎实的考索，畅达的论述，理性的剖析，是一部较有学术性和个性风格的传记。依时间为序，展现一个革命活动家与文化大师不凡的人生，折射出现代文化进取中积极奋斗的精神性格和复杂的人生图景，并勾勒出现代文化史的若干面貌。”“作为一个名重位高，接续现当代的时代人物，一位有贬有褒、在政界和文坛的活跃人物，其传记已多达数本，因此，这给新进的写作者带来一定挑战，史料的挖掘，论述的深入，评价的得当，都有相当难度。这些在我所看到的本丛书的另几本中，不乏其例，至少超越原有的人物传记，鲜有令人满意者。此一作品，我以为做到了超越，有其新面貌。”

当然，两位老师也提出了需要修改的地方，王必胜老师就认为：“太长，太细，太过于使用所有的材料”，“建议大可割爱。叙述的节省有时候会有更好的效果”。

对于这些意见，我认真吸纳，又花了近两个月时间修改，减掉了4万多字。书稿标题名为《文坛赤帜：郭沫若传》，全书分为15章，每章下面不分节，章的标题大都取自郭沫若诗词。《屈原》在重庆上演后，陈铭枢作《观沫若所编〈屈原〉剧感赋》七绝两首，郭沫若于1942年4月18日以“次韵赋答真如”

为题唱和两首。第八章标题“暂把忠贞取次传”，就取自《次韵赋答真如》第二首的第二句。这章主要写郭沫若创作抗战历史剧和研究先秦诸子思想的过程和观点，在我看来，“暂把忠贞取次传”恰好表达了郭沫若这些历史剧和学术研究的写作动机。第十三章“文章翻案有新篇”这一标题取自郭沫若创作于1959年7月的七言律诗《访奉先寺石窟》的最后一句。这一章集中写郭沫若1960年前后创作《蔡文姬》《武则天》、研究和点校《再生缘》、写作《读随园诗话札记》的过程，这几部著作都有翻案的意味，所以用这个标题来提纲挈领。其余各章标题大都类此。但也有个别标题是将郭沫若诗词中的句子进行了糅合，如第五章的标题“爰将金玉励坚贞”就是从郭沫若题写在《金文丛考》标题页背面的最后两句“爰将金玉，自励坚贞”中化来的。

修改稿提交后，编委会建议改题为《女神之光：郭沫若传》，我接受了他们的建议。作家出版社安排江小燕老师担任编辑，她编得很认真。我们多次邮件往来，修改了一些措辞和标点，最终全书定在了49万字。开印之前，我又花了整整三天阅读并修改了样稿。

就在我修改样稿的时候，黄侯兴老师打来电话，问我在忙些什么，我回答说在修改《郭沫若传》的样稿。他略微顿了一下，说既然写了，那就罢了，但他是不建议写的。他于是说，当年他在王瑶先生的建议下步入郭沫若研究，需要选择突破口，他也考虑过传记，但后来写了《郭沫若的文学道路》《郭沫若历史剧研究》等著作，他之所以没有选择写郭沫若传，因为郭沫若一生中有很多说不清的地方，说不清还写他干啥呢？差不多同时，郭沫若纪念馆的老馆长、86岁的雷仲平先生打来电话，声音洪亮地和我谈了一个多小时。他主要告诉我郭沫若流亡期间和中共党组织可能存在的关系。这在以前的研究中都没有提及，雷老所说的是他从亲历者那里听来的，缺乏白纸黑字的确证。而郭沫若长期作为中共秘密党员，很多时候的行动是没有留下文字记录的。这给研究带来了相当大的难度。

两位老人的电话让我心虚。尽管这本传记的写作断断续续花了好几年时间，熔铸了好些师友的心血（我写这篇文章的重要原因之一是对他们的付出表示感谢），但无疑还有很多不完善的地方。有些地方我预先解释一下。我用的郭沫若著作，凡是收入《郭沫若全集》的，如果没有大的修改，我基本使用《郭沫若全集》版。有些郭沫若研究者介于郭沫若的很多著作曾经反复修改，所以提倡使用初版本。但我觉得只要没有大改动，应该尊重《郭沫若全集》。我现在参与编辑《郭沫若全集补编》和《曹禺全集》，体会到了编全集的不容易，我对全集的引用，也算是对前辈劳动成果的尊重。此外，虽然我努力了，但学识毕竟有限，不足之处肯定很多，况且郭沫若还有很多未刊文稿，大量档案尚未解密，等这些新材料出来后，这本传记呈现的“郭沫若形象”可能就需要修正补充了。任何著作都是阶段性的历史产物，所以我诚挚地希望读者指出这本著作的不足，这不仅有助于在交流中加深我们对郭沫若的理解，对今后这本传记的修订也有帮助。

这本传记写完后，我感觉我的郭沫若研究才刚刚站到了门口，尚未升堂入室。由于今年我到好些高校和科研机构讲郭沫若，讲稿在网上刊布和被转载后引起了较大争议。有些师友对我的学术发展抱有较大期待，所以善意告诫我，希望我和郭沫若保持适当的距离，这样格局能更大一点，也能少些非议。他们认为保持距离的方式有两种：一种方式是从作家论和个案研究中跳出来，以问题意识带动某些重要现象的研究，或是考察和郭沫若有关系的其他文化人，以形成整体性的视野；另一种方式是不要以郭沫若的眼光去评判郭沫若及他的时代，而要从不同的角度去看郭沫若。有位老师还告诉我，千万不要被贴上"郭沫若专家"甚至"郭沫若辩护律师"的标签，一旦贴上，学界对你的印象固化了，将很难改变。由于这些意见来自我十分尊重的师友，给我很大触动。尽管我刚进入郭沫若研究的门口，和两家出版社签订的两本有关郭沫若的研究著作还没有出版，一些论文也有待修改结集，但我可能真的需要改变一下自己的研究格局，调整一下自己的研究方法，而具体怎么改变和调整，尚在困惑之中。

最后我还想感谢一下我在郭沫若纪念馆的领导和同事们，尽管我也担任了一些行政工作，但大家尽量替我分担，给我提供了一个静心读书和写作的环境。也要感谢我的妈妈和爱人，他们更多地承担了照顾孩子和处理家务的重任，这样我晚上回家后还能挤出一段时间读书思考。

2018 年 11 月 25—26 日
（原载《郭沫若学刊》
2019 年第 1 期）

如何研究"革命队伍中人"？
——从李斌《女神之光：郭沫若传》谈起

李国华

郭沫若传记不易写，或有材料档案未见之虞，或有根据道德崖岸自高之嫌，或有各守专门强分畛域之忌，甚至眷于切身之历史经验及个人体验，言下或多悔悟之词，或多咏叹之调，又或是生分隔膜，全从字面上做文章，于历史毫无同情。李斌著《女神之光：郭沫若传》（作家出版社 2018 年版）大量使用报纸、杂志、日记、书信和档案上的一手材料，多呈现事实而少论证论断，是一本有质量的学术型传记。这里，笔者想结合自己研究赵树理和茅盾的经历，谈一些有关联性的话题。

《女神之光：郭沫若传》第七章"鸡鸣风雨际天闻"写郭沫若五十大寿，引用了周恩来的文章《我要说的话》，其中"鲁迅自称是'革命军马前卒'，郭沫若就是革命队伍中人"一句，我以为是最值得注意的。大概所有学术的和非学术的是是非非，都与"郭沫若就是革命队伍中人"有关。

我以为需要注意的是，在革命这一语词之下，包括面貌各异的存在，而且每一存在都既有丰富的可能性，又有巨大的创造性，值得深入研究。例如，赵树理作为“革命队伍中人”，他最关心的是农民在革命和革命后如何安身立命的问题，他对一个农民何以走上革命道路，又能为革命提供怎样一些有意义的面向，是有精到和高明的理解的。而且赵树理通过他的小说做了很好的表达。在《小二黑结婚》中，他写最先起来呼应区政府处理金旺兴旺兄弟的是被他们兄弟作践垮了的年轻人，在《李有才板话》中，他写最需要发动起来参加运动的是老实巴交却受尽欺压的老秦，在《李家庄的变迁》中，他写主动寻求革命的是被强权侵吞了家产的铁锁，这都是些切身感受到了农村社会秩序的不公而或自觉或不自觉地产生了革命的要求，进而从不同的路径接近并走上了革命道路的农民。在其他几乎所有小说中，赵树理也往往都是这样写人物的。在赵树理看来，革命不是抽象的，也不是只有一条两条路才能走上革命，革命是与农民的切身感受和要求密切联系在一起的。而且，这种密切联系也不仅仅与利益和权力相关，即不仅仅是要通过革命的方式共享整个社会的利益和权力，而且与农民固有的习惯以及对社会秩序的理解相关。在赵树理笔下，农民是因为天性好“说理”而找到了在思想上与革命一致的入口。无论是在《李家庄的变迁》中，还是在《邪不压正》中，赵树理都特别强调，铁锁听了共产党员小常对未来社会的想象之后，王聚财看到土地改革建立的农村社会秩序之后，他们才觉得这是个“说理”的世界。我认为，赵树理想表达的意思是，革命不仅是为农民的，而且也就是农民的，革命不是外在的，而是农民内心想要的。同时，赵树理还通过他的小说表达，在一个具体的农村社会中，不同的农民有不同的利益和权利诉求，有的是因为土地财产问题，有的是因为爱情婚姻问题，有的是因为生存和尊严问题，各不一样，但都追求一个说理的世界。这也就是说，在赵树理看来，农民天性好“说理”而与现代政党政治引导的革命有着本质上的一致，是渴望从既有的社会组织中解放出来，并在未来的社会组织中真正解放和发展自己的。那些对“农民”和“革命”的关系作出负面理解的人，对赵树理无疑是相当隔膜的。即使是那些称颂赵树理笔下的农民和革命的人，恐怕也有不懂赵树理的，因此也就不可能懂得经由赵树理及相关人等的努力而曾经展现过的革命的可能性和创造性。

而茅盾作为“革命队伍中人”，通过他的文学和其他工作展现的又是革命的别一副面貌。和赵树理不同的是，茅盾与革命发生关联的时间更早，与具体革命运动的中枢机构距离更近，关心的社会也包括农村，但更关心更熟悉的乃是都市，尤其是上海。茅盾对革命的总体性和大方向有专门的叙述，比如他的长篇小说《子夜》，就被吴组缃认为暗示了下层阶级的兴起。所谓暗示了下层阶级的兴起，意思是指工人阶级是当时的历史主体，未来社会是工人阶级主导的社会。《子夜》有一个很有意思的小细节，即五卅运动纪念日的描写，这个细节是以范博文等一干围绕在吴府的小资产阶级知识分子为视点展开的。小说写范博文炫耀自己五年前参加过五卅运动，认为彼时“The world is world, and man is man”，而他们正在观看的游行是五年前五卅运动游行的重复，范博文甚至认为这一历史的重复就是闹剧。在这一细节里，茅盾显然不是在翻译《路易·波拿巴的雾月十八日》关于历史与重复的精彩论述，而是讽刺像范博文那样的小资产阶级知识分子无法理解革命的顿挫，更无法理解庸常的表象之下革命真正的可能性和创造性。这一讽刺甚至可以说是一种指向茅盾自身的深刻的反讽，因为茅盾在写作《子夜》之前曾经有过动摇和幻灭，曾经在《从牯岭到东京》中宣称为小资产阶级写作的正当性；那正是作为革命者的茅盾也曾经无法理解革命的顿挫、无法理解庸常的表象之下革命真正的可能性和创造性的历史表现。革命队伍中人决心自食，从而在更高的意义上理解革命，继续走在革命的道路上，这样的人生选择和人生经历所蕴含的革命问题，无疑有着值得深入阐发的价值和意义。如果说赵树理的农村工作实践是理解其小说的重要参照，那么对于茅盾而言，其一生与革命相关的行迹，无疑也是理解其小说的参照，而且更应当以极为细腻的文学形式理解将之从其作品中读出来。对于革命队伍中人而言，作品固然是介入社会的重要力量，是一种有力的实践，本人的一生行迹，更值得深入解析。如果有人因为茅盾一生行迹的摇曳变化而各有取舍，或者褒扬其《蚀》三部曲和《虹》的创作而视此后为退化史，或者褒扬《子夜》以后的创作和行迹而视此前为幼稚或投机，大概也是将革命与文学的关系想象得过于简单或抽象的一种表现吧。以这样的表现，恐怕是无法理解茅盾何以进入革命队伍，也无法理解茅盾何以属于革命队伍，也就无法理解革命和文学的。

与赵树理和茅盾相比，郭沫若是一个更复杂的存在。如果说贴着农村土地的赵树理很容易发现经由农民而通往革命的路径，茅盾也因为自然主义文学的趣好和对上海金融世界的熟悉而可以发现经由工人通往革命的路径，郭沫若是如何发现通往革命的路径，就不太好理解了。他曾经高蹈在为艺术而艺术的世界里，大而幻想自己就是能够吞噬一切的“天狗”，小而幻想自己在恋人的双乳间就足慰平生，是新文人而有着才子佳人的旧趣味。但他很快就参加了大革命，是北伐部队中的一员，转而又是南昌起义的一员，从此可谓戎马倥偬，凡所言所行，几乎无不与革命的具体任务攸关，解释起来，殊非易易。而且，郭沫若深度参与或涉猎的知识领域极广，在各社会领域和政党政治领域，也是有着相当广泛而深入的介入，同时又每给世人以长袖善舞的印象。如果不抓住“革命队伍中人”这一具有总体性意义的身份，就无法提纲挈领地把握郭沫若一生的行迹和道德文章。而一旦失去提纲挈领的把握，就很容易以局部为整体，涣散在各种细节中，构建起也许不乏精致但其实却是自己一厢情愿的郭沫若形象。在鲁迅研究领域，日本汉学界常有“某某鲁迅”之类的表彰，这当然是有其值得肯定之处的。但我以为，尽最大努力去贴着对象讲，或许比“某某鲁迅”之类的讲法，会更有价值吧。比如有人按照自己对托洛茨基的理解而试图以托洛茨基覆盖鲁迅，就难免给人以考证再严谨细致也缺乏说服力的感觉。对于郭沫若而言，我以为尤其要小心“某某鲁迅”式的研究，将自己的理解、用心和抱负寄托在郭沫若身上，从而将郭沫若拉进自己的学术世界里，用力愈深，郭沫若的本来面目反而愈模糊。以局部为整体，抓住一部分细节讲郭沫若，看上去也是贴着对象在讲，但其实是远远不够的。对于比赵树理和茅盾更为复杂的郭沫若，我以为仅仅贴着某些局部和细节来展开研究，越是专门和学术，就越是不但无益，而且有害。通过某些局部和细节建构起来的判断，非但难以抵达郭沫若作为“革命队伍中人”的身份，往往还会生产出一些障碍，使人更加无法理解郭沫若，并因而形成新的隔膜和误解。比如有人认为郭沫若是个浪漫主义诗人或浪漫文人，有人认为郭沫若是个长袖善舞的文人或政客，有人认为郭沫若是个知识分子因而面对政党政治尤其是1949年后的政党政治必然另有心曲，就都会将郭沫若从革命队伍中拔出来，安插进自己的想象的秩序里。

如何研究郭沫若这样的“革命队伍中人”，首先要有比面对赵树理和茅盾等人更大的耐心。这种耐心包括：不以投合一时社会风尚的二手三手材料为据，去论证或想象郭沫若在革命的铁轭下的痛苦或承担，而一定要耐心使用一手的文献、档案和作品，言必有据，反复求证；当材料和证据不足，结论未可遽下时，一定要耐心地斟酌表达的分寸，不能斩截利落之时，切忌斩截利落；围绕着郭沫若的隔膜和误会就算很多，也要有耐心等待，等待结实有效的反拨，等待历史淘洗出真相。在真相面前，一切疑云和谣言都不能不消散。

其次，要对革命本身有更具总体性的理解。只有大局观不出现大的偏差，对郭沫若一生行迹和各种功业的品评和判断，才不容易出现偏差，对郭沫若本人的理解才不会过分道德化，或者站在后设的历史视点上，过分抽象化。以我研究赵树理和茅盾的经验来看，革命的总体性往往会被琐碎的片断、庸常的表象和顿挫的阵痛所遮掩，革命本身也有其变迁史和话语史。革命总体性通过具体的人与事显现出来时，其表现形式也各不相同，历史的脉络也不一定相同，必须从更长的历史时段以及更广大人群的利益的基础上去考察那些片断、表象和阵痛，寻踪革命的变迁史和话语史，才有可能避免对革命的悔悟式、咏叹式的理解。

再次，一定要贴着郭沫若讲。郭沫若有各种功业，新诗写作、小说创作、历史剧创作、中国古代史研究、古文字学研究、政党政治和革命政治的宣传工作、外交工作以及中国科学和哲学社会科学的建构建设工作，等等，各分畛域，各有专门，但郭沫若的目标并不是成为某一个领域的专家。这样一来，我们就不能从专门之学出发，以专门之学的标准去贴近郭沫若的世界。但郭沫若又并非博学而无所成名，他仍然遵守专门之学的现代知识机制，因此又不能放弃专门之学的标准。贴着讲的困难由此可见一斑。以我来看，郭沫若总该有他最核心的关切，如同赵树理关心农村而茅盾关心上海一样。什么时候找到了郭沫若最核心的关切点，什么时候就能真正贴着郭沫若讲了。

最后，我想申述几句的是，因为面对的是革命队伍中人，就必然会有立场的问题。但要害不在于有没有立场，而在于立场的表达经不经得起批判。立场本身其实没有多少值得讨论的空间，至少当下是这样。我以为更重要的是建立经得起批判的立场的表达，并以此开拓研究的对象和境界，充分打开革命队伍中人留在历史上的可能性和创造性。而要建立经得起批判的立场的表达，除了必须要有丰富的知识和深厚的学养，更重要的是阅读和理解当下这个时代和我们自己的人生，走出前辈经营好的舒适区，从自己的痛苦中获得智慧，获得表达。荀子曰，古之学者为己，今之学者为人。学术研究虽然最能自成门派、条贯和脉络，但仍然以切己为要。只有一己已立，立场才有根基，对于立场的表达，才能转俗成真，既切己而又有所超越。革命队伍中人不就是既切己而又有所超越的吗？

（原载《文艺理论与批评》2019 年第 1 期）

用史料还原一个真实的巨人
——评李斌《女神之光：郭沫若传》

吴　辰

2018 年，中国社会科学院郭沫若纪念馆李斌副研究员出版了《女神之光：郭沫若传》，此书面世后引起了很大的反响。作者不但细致梳理了郭沫若的生平，还系统整合了郭沫若的思想；为读者们呈现出了一个立体、生动的郭沫若的形象，展示了郭沫若对当下的重要意义。

一　如何描述一个“球形天才”

在 20 世纪中国发展的过程中，无论是在文化领域还是在政治领域，郭沫若都是一棵长青树，他在所涉及的每一个领域中都取得了令人瞩目的成绩。郭沫若是一个立体发展的“球形天才”，人们如果仅仅是站在原地，就只能看到郭沫若的某一个侧面，这样难免会抓住一点而不及其余，使郭沫若的不同身份之间互相缺少交集。该如何描述郭沫若、如何处理郭沫若不同身份之间的联系？这成了有志于为郭沫若立传的研究者们首先要面对的一个重要问题。

在此前出现过的郭沫若传记中，由于作者专业出身的限制，其所记载的郭沫若生平主要是围绕着他的文学创作或历史研究展开的，至于郭沫若在其他领域里的活动和成就，则多少显得有些语焉不详。李斌的《女神之光：郭沫若传》在写作时则特别注意了在传主的多重身份之间找寻一种平衡，力求呈现出一个更加立体、更加全面的郭沫若形象。

面对郭沫若这样一位“球形天才”，“立传”一词说起来简单，但在实际操作过程中却是困难重重。

由于郭沫若生活的时代和当下社会之间有着巨大的差异，该如何隔空与传主对话，一直以来都是郭沫若研究中所要面对的重要问题之一。要解决这个问题，必须首先大量查考史料文献，在最大程度上回到历史现场，进而还原传主在每个重要时间点上的所作所为，这样才能够真正理解传主的行动和选择。为此，李斌不但逐字逐句地将《郭沫若全集》的文学编、历史编和考古编一一细读，还大量阅读了郭沫若同时代人的文学创作以及考古、历史研究的成果，不但在纵向上厘清了郭沫若各个时期的文学和学术成就，还在横向上标明了郭沫若在中国文学和中国学术史线索中的位置。在李斌笔下，围绕着郭沫若的精神世界，传主呈现出的不再仅仅是单一的面目，种种身份在传记中达成了一种内在的平衡，而且，随着时间线索上郭沫若精神世界的演变，不同身份之间还不断进行着变化和调整。李斌在写作郭沫若传记的时候以精神统御行动，牵一发而动全身，将曾经看似分裂、令许多研究者无所适从的“球形天才”重新整合了起来。

郭沫若享寿八十七载，几乎亲历了20世纪发生在中国土地上的所有重大历史事件，传记的作者该如何回到那个开天辟地的大时代，如何去感受一次次巨变中传主的所见所闻，如何去见证传主的思想嬗变和成长历程，这些问题都直接决定了传记的质量。为此，作者李斌查阅了大量的文献，无论是传主所处时代里的文献，还是后人对那个时代的研究，甚至是一些风土人情，作者无不一一加以考察。为了弄清楚一些历史细节的真相，作者曾经多次造访事件的发生地，采访事件的相关或知情人士，收集了大量的一手材料。与此同时，作者还吸收了学术界有关郭沫若研究的最新成果，从中去芜存菁：例如在处理郭沫若少年时期在四川省内的阅读史等问题时，作者大量采用了最新的研究成果，力求从细节上还原历史的真实。丰富的史料和严谨的辨析为《女神之光：郭沫若传》带来了一种与众不同的气质，作者笔下，郭沫若的每一个行动都有据可查、有理可循，郭沫若就是那个生活在不同历史语境中的郭沫若；面对着不同的历史语境，他也必然会做出不同的选择。也正是因为这样，在历史变革的夹缝中，郭沫若对人民本位立场和马克思主义理想始终如一的坚持则显得更加难能可贵。

为传主立传对作者的知识储备而言，是一个巨大的考验。尤其是郭沫若，他一生的足迹涉及了文学、古文字学、历史学、医学乃至政治等多个领域，又在母语之外对日语、德语、英语等其他语种颇为熟稔。该如何重走郭沫若曾经走过的道路，这对李斌而言显然是一个无法回避的重要问题。而除此之外，还有更大的问题：郭沫若得风气之先，在一些国外文学作品或其他著作出现中文译本之前，他就早已有所涉猎，有些作品还是经由他的手笔才被译介进国内的。然而，时过境迁，这些著作中的一些观点在今天已经成为通识，传记作者该如何用传主的眼光去重新审视这些著作，该如何重温传主在初识这些著作时的兴奋和喜悦，这恐怕就需要借助作者对传主生活时代的把握和一种由己及人的同理心了。为此，李斌对郭沫若曾经阅读和接触过的作品又重新进行了阅读——这次阅读是在两个层面上展开的：其一，作者回到了传主的年代，摒除自己对这些著作的定见，以传主的眼光阅读这些著作，力求还原传主在与这些著作初次见面时的心态；其二，作者以当下的眼光再次审视这些著作，寻找这些著作的意义和局限，从历史的高度发掘这些著作对传主精神世界构成的重要意义。在《女神之光：郭沫若传》中，李斌带领读者们沿着郭沫若的脚步，在历史语境中重新对影响其精神世界的著作和人物进行品读，随着传主的渐渐成熟，读者们也随之成长，自然地，读者们也会更加理解传主的所作所为。

二　如何评价一个文化巨人

毋庸讳言，从1980年代起，无论是在学术界还是在民间，对郭沫若的评价都有逐渐走低的趋势，李斌对这一现象曾经做过深入的研究，正如他所说："郭沫若研究在近三十年来遭受遇冷的原因，与其说是郭沫若在婚姻生活、道德品质、人生道路以及学术成果等方面不尽如人意，不如说是我们关于郭沫若及其所代表的知识分子的奋斗目标、人生路向及活动方式的认知装置发生了改变。"[①] 曾经有一段时期，"审美""无功利"等口号对解放人们的思想确实有着不可替代的积极作用；但是，如果审视当下的文化界，就会发现，文学的审美功用在得到极大发扬的同时，也渐渐地发生了变异，它似乎占据了道德和商业的双重制高点，甚至带有了话语霸权的意味。面对这种境况，我们应该重新反思这隐藏在"审美"背后的所谓"现代性"的意义及局限。

对一部传记而言，作者对待传主的态度决定了其基本写作手法。尤其是对郭沫若这样一个生前曾被光辉笼罩、身后又备遭冷落的人物而言，在传记中将其过分抬高和过分贬低所要承担的后果显然都是一样的，即严重损害其形象的真实性。而且，面对已经被严重污名化的传主，卫道士式地一味将其所作所为加以合理化解释显然也会适得其反。李斌在写作《女神之光：郭沫若传》时对这个问题的处理十分谨慎，在整体上，他采取了"零度写作"的策略，他要求自己"不发议论不抒情，只是从大量资料中选择那些最有意味、最生动的细节，从这些细节中凸显郭沫若的个性、追求和思想"。[②] 故而，《女神之光：郭沫若传》不仅仅是一本传记，将其看作是一本资料索引也同样是可以的：李斌的笔触沿着郭沫若的生活轨迹延伸，在每一个时间节点上都旁征博引地运用了大量的史料，沿着作者叙述的步伐，一幅幅生动的历史画卷在读者面前铺开，而郭沫若，正是这些画卷中每一个场景的中心。作者这样的设计颇费苦心，在他眼中，"这本传记的首要任务，就是希望阅读过它的读者，在历史真实的基础上对于郭沫若形成一些基本的共识"。[③] 这句话看起来波澜不惊，但其背后却是一名郭沫若研究者所担负着的沉甸甸的使命：在这个日趋碎片化的世界里，想要就一件事情达成"共识"何其难也，又何况在郭沫若的评价问题背后还有着方

① 李斌：《对"非郭沫若"认知装置的反思》，《文艺理论与批评》2017年第5期。

② 李斌：《〈女神之光：郭沫若传〉的写作与出版》，《郭沫若学刊》2019年第1期。

③ 同上。

方面面的较力以及一些别有用心者叵测的目光。在这种情况下，只有史实才能说明一切，只有完整地呈现出传主在历史语境中的活动才能使读者生出同理心，进而理解传主、同情传主、认可传主。就这一点而言，《女神之光：郭沫若传》显然达到了其在写作之初所设计的目标，作者用大量的史实将读者们带回到了郭沫若所处的时代，和郭沫若一起走过那些艰难和危险，这里边当然有头戴桂冠的荣耀，但更多的是九死一生的困境。这是一次精神的冒险，它敲响了读者心中的良知之钟，凡是经过这场冒险旅途的读者，想必都会对郭沫若的所作所为钦佩不已。

传记写作所面对的传主生平往往是纷乱复杂的，作者必须要把握一条能够将这些生活的珍珠串成项链的主线，这条主线的质量直接决定了传记的质量、高度以及立场。在《女神之光：郭沫若传》中，李斌找到了一条足以勾连起郭沫若一生的线索，即"人民本位"，这条线索承载了郭沫若一生的理想抱负。郭沫若虽然出身于一个较为富裕的地主家庭，但是却对世间疾苦并不陌生，郭家长辈的躬亲劳作给郭沫若留下了深刻的印象，说郭沫若是"人民之子"一点也不为过；而"人民"也正是郭沫若为之操劳一生的对象，在郭沫若的整个人生旅程里，"人民"二字贯穿始终。在郭沫若看似"左右开弓"的跨界人生中，"人民"的立场一直是其选择研究对象和进行价值判断的出发点，通过"人民本位"，李斌将郭沫若的文学、学术、政治生涯有机地结合在了一起。无论是文学，还是甲骨文、金文，乃至其每一次从政的经历，无不是为了了解人民、启迪人民、服务人民。虽然李斌有意识地选择了在其传记中抹去自己价值判断的痕迹，但正是由于把握住了"人民本位"的主线，在《女神之光：郭沫若传》一书里，一个文化巨人的郭沫若形象被成功地构建了出来。

三　如何维护一面精神旗帜

随着经济的日益发展，越来越多的事实证明了马克思的判断是极其准确的："一切等级的和固定的东西都烟消云散了，一切神圣的东西都被亵渎了。"① 人们渐渐地习惯于参与到资本的狂欢之中，面对那些曾经存在过的、崇高的精神主体，他们选择了视而不见，甚至对其施以嘲讽或者横加指责。毫不夸张地说，在最近二、三十年里，那些中国近现代文化史和革命史上的最伟大的灵魂都难逃被拆卸、解构、调侃的命运，而作为20世纪中国文化星空中最为闪耀的星辰之一，郭沫若在这些扭曲和诋毁面前更是在劫难逃。

李斌在写作本书的过程中曾对郭沫若的污名化问题予以高度关注，他认为郭沫若的污名化不过是某些别有用心的人"在30多年的时间里，迎合伤痕记忆者反思新中国的需要，层累地造成的

---

① ［德］马克思、恩格斯著：《共产党宣言》，中共中央马克思、恩格斯、列宁、斯大林著作编译局译，人民出版社1997年版，第30—31页。

现代神话”,[①] 这一结论是极有见地的，它一针见血地揭穿了郭沫若被屡次诋毁的真实原因。在整个20世纪的中国，知识分子和政治乃至民族国家之间的复杂关系是一个值得深究的宏大课题，1980年代以来，人们对知识分子及其命运的反思本身并没有什么问题，同时也是非常必要的；但是有意识地去营造一种知识与政治、知识分子与民族国家的对立和分裂却是一种极其不负责任的行为。

以“晚年郭沫若”为例，在写作《女神之光：郭沫若传》的时候，李斌在现有史料的使用上特别注意对其真伪的鉴别，他发现现有的大量关于“晚年郭沫若”的研究，实际上是建立在伪史料基础之上的。大量的伪史料使得读者往往在造假者身后亦步亦趋，落入造假者所准备好了的陷阱中，并形成一些关于郭沫若的不符合历史事实的刻板印象。李斌认为，由于伪史料的渗入，对晚年郭沫若的研究已经成为一团乱麻，“相关研究需要摆脱情绪化的主观偏见”，而其基础就是“鉴别史料和获得更多真实材料”。[②] 因此，李斌在写作《女神之光：郭沫若传》的时候，在涉及有关晚年郭沫若的部分特别加以留心，他在成书过程中收集和整理了大量有关晚年郭沫若的文章和书信，有些内容甚至还参考了手稿和影印件等第一手资料，达到了去伪存真的效果。可以说，李斌的《女神之光：郭沫若传》是郭沫若传记中对史料辨析最为详尽的一部，这些扎实的史料正像一块又一块坚固的基石，郭沫若这面赤色的精神旗帜牢牢地插在这样的基石上，其价值和意义是任何人、任何事件都无法诋毁和磨灭的。

正如这本书的名字一样，郭沫若的思想和精神正如一道从《女神》年代里射出的光，一直照进了当下社会，给我们以无尽的启迪。我们的时代需要郭沫若，如何像郭沫若一样，能够在时代的风云激变中不断适应环境并有所坚守，这也是我们将要长期探索和思考的重要问题。作为一名青年学者，本书的作者李斌能够隔空与郭沫若进行对话并产生共鸣，也正证明了这位文化巨人的伟大和不朽。

（原载《中国现代文学研究丛刊》2019年第5期）

【郭沫若在英语世界的传播与接受研究】

著　者：杨玉英

出版社：学苑出版社 2015 年 11 月版

异域和他者眼中的郭沫若

——《郭沫若在英语世界的传播与接受研究》引起的思考

何　俊

近年来，中国文学作品的翻译与国际传播越来越受到中外学者的关注。名家名作在国外得到译介、研究和传播，鲜明地反映了异国对中国社会和文化的认

① 李斌：《陈明远与层累的“郭沫若现象”》,《首都师范大学学报（社会科学版）》2018年第3期。

② 李斌：《建立在伪史料基础上的“晚年郭沫若”研究》,《当代文坛》2018年第1期。

知情况和接受态度，是构建海外中国学图景的知识谱系的一个重要组成部分。而作为中国现代文学史上的一个重要代表人物，郭沫若因其多学科领域内的卓越建树及其精神人格的复杂变异也引起了海外学界的注意。国外的郭沫若研究一直以来是“郭学”的组成部分，在这一方面日本学人无疑是先行者和领军者，而更大范围内的英语学界对郭沫若的研究则长时间为人忽视。2011年，杨玉英教授出版了这个领域内的一部拓荒之作《英语世界的郭沫若研究》。时隔四年，她在原作的基础上大幅增添了学界的最新研究成果，推出了另一部《郭沫若在英语世界的传播与接受研究》，收入“列国汉学史”书系第二辑。在这部著作中，作者系统地搜罗和整理了有史以来有关郭沫若译介和研究的各类英语文献，并且从比较文学的视阈出发，运用实证研究、译介学、变异学和文学形象学等方法手段，多角度、全方位地分析和阐述了郭沫若其人其作在英语世界的传播情况。

全书篇幅洋洋洒洒共五百多页，分为四章。第一章以改革开放的1978年为分水岭，从译介、专著、博士论文和期刊论文四个方面分门别类地介绍了英语世界的郭沫若传播情况，接着专列一节深入探究这一情况如何受到意识形态的影响和支配，此后又对比日本的郭沫若研究状况来论证英语世界的郭沫若传播在整个海外郭沫若传播中的实际地位。在此可以窥见，日本和韩国等东亚国家的郭沫若研究萌芽甚早，基本上跟郭沫若以新诗创作步入五四新文坛时期平行；而英语世界的相关研究虽然姗姗来迟，其发展势头却不容小觑。

第二章阐述了英语世界的郭沫若译介，侧重于从语言层面考察郭沫若包括自传、戏剧、诗歌和小说在内的多种文体的翻译，涉及作者对译者遣词、造句乃至铸文方面的翻译评点，此处彰显了作者坚实的英文功底在研究中国文学域外传播方面的优势。就译介的四大文类而言，不管是自传、戏剧、诗歌抑或是小说，在介绍时都采用了概貌综述和个案分析相结合的方法，即先梳理该体裁英译的现有成果，然后列举几个较有代表性的译文或译本进行分析评价，在分析其特点的同时评判其翻译得失。比如自传选取了《北伐坎次》，戏剧选取《屈原》等，诗歌选取《凤凰涅槃》和《立在地球边上放号》，而小说则选择了《十字架》《月光下》和《齐勇士比武》（后面还提到了《残春》）。以上译文或译本展示了英语国家译者的翻译偏好或者对郭沫若作品的鉴赏品位和审美取向；另一方面，这些个案选择也显示了本书作者的研究眼光。其中，探究重点放在了对郭沫若诗歌译介上，因为英语世界郭沫若译介的一个显著特点就是对郭沫若诗歌尤其是其早期诗歌的偏爱①，而这一偏爱似乎也切合着郭沫若早期的诗人身份——他初入文坛即是高擎他那些极富浪漫主义色彩和充盈着泛神论思想的“自我表现”的诗歌大旗。在诗歌译介的个案研究上，也选取了三到四篇不同译文展开比评性分析。虽然有关诗歌

① 杨玉英：《郭沫若在英语世界的传播与接受研究》，学苑出版社2015年版，第66页。

翻译可能与不可能的论战早已有之，但面对这样一个两可的命题，翻译诗歌并研究译诗才越发显得富有意义。

第三章占据了专著的最大篇幅，详细阐述了英语世界的郭沫若学术研究。该部分从多维度展开了对英语世界郭沫若研究的介绍和批评，涉及传记与思想、西方文学理论与文学批评、诗歌与戏剧、小说及书评等。这一部分所做的都是个案研究，即在介绍英语世界对郭沫若各种文类体裁的典型研究作品的基础上，臧否评判其研究内容、方法、得失，尤其是展现其核心观点和研究特色。在此亦可瞥见，尽管因为意识形态的影响而导致西方世界郭沫若研究遇冷，但是仍然有少数学者能够摈弃这种偏见，给予郭沫若其人其作“同情之理解”，并采取一种较为客观的研究态度。更有甚者，一位美国学者早在郭沫若去世前后就能看到并指出某位中国学者在郭沫若研究时呈现的偏见和不足，这在作者看来的确是难能可贵的①。作为一个有着复杂且充满变异的思想的个体，郭沫若其人其作与中国社会的复杂多变的历史进程、中国知识分子寻根问路的心路历程之间有着复杂而颇具代表性的内在关联。英语世界的学者对郭沫若的自传作品给予了较多关注，客观评价了这些作品尤其是那两卷包含“创造社”文学社团信息的传记资料的认识、历史和文献价值，即便是对郭沫若及其作品心怀偏见的夏志清也肯定郭沫若的自传反映了同时代知识分子思想发展的心路历程，是中国知识分子史的重要文件②。

第三章的其余部分则偏重介绍英语国家学者对郭沫若文学创作的研究，分别探究了英语世界对郭沫若文论（包括文学批评）、诗歌、戏剧、小说各个领域的研究，包括对前面已经提到的英语世界郭沫若研究相关著作的书评：在文论方面，西方学者从包括印象主义在内的西方文学潮流、民族文学与世界文学的关系等角度考察了郭沫若的文艺思想；在诗歌方面，西方学界的研究侧重点主要在郭沫若的第一部诗集《女神》；在戏剧方面，郭沫若外译最多的作品——历史剧《屈原》也让异国的郭沫若研究者生发了莫大兴趣，女性主义戏剧《卓文君》《蔡文姬》《武则天》等也吸引了一些西方学者的关注目光；而在小说方面，“现代主义”“世界主义”“先锋派”“日本私小说”都出现在西方学者的研究视阈中，“心理分析”甚至“虐恋”也成为关键词，而《残春》《喀尔美萝姑娘》《牧羊哀话》等篇章则成为当今一些国外学者热衷探究的篇什。郭沫若及当时诸多现代作家比如施蛰存、张爱玲等对外国文学中的“精神分析”手法的参照镜鉴和接纳吸收，而若干年以后外国学者复又对这一现象展开探索，这不啻为一个中外文学双向互动关系问题的例证。在书评部分，作者介绍了英语世界学者对同行发表的郭沫若研究成果的评论，这些研究成果作者在开头部

① 杨玉英：《郭沫若在英语世界的传播与接受研究》，学苑出版社 2015 年版，第 188 页。
② ［美］夏志清：《中国现代小说史》，刘绍铭等译，香港中文大学出版社 2001 年版，第 87 页。

分已作介绍，在此有些地方又展开了“元批评”研究。

比之2011年的版本，2015年新版著作在第三章增添了对郭沫若的另外一个重要身份——翻译家的探究成果。郭沫若是“风韵译”翻译美学理论的倡导者，在译诗方面又提出了“两道手”“诗人译诗”的方法策略，同时亦是英、德、日、俄（经由前三种语言转译）等多语种翻译的践行者，其翻译思想和成就越来越成为国内“郭学”研究的一个重要组成部分。考虑到郭沫若与现当代文学（包括翻译文学）之间不可分割的复杂联系、郭沫若对外国文学的接受和译介及这种接受和译介创作生发的影响以及五四时期诸多作家的留学背景外加翻译文学对构建现代文学的重大意义，翻译可以说始终是研究郭沫若以及现当代文学时不可规避的一环。就国内学界而言，对郭沫若翻译研究的日益重视是有目共睹的。除了不在少数的郭沫若翻译研究论文和专著，国内唯一一本郭沫若研究专刊《郭沫若学刊》长期以来就专辟了“翻译研究”专栏，2013年中国社会科学院郭沫若纪念馆更是启动了《郭沫若全集补编》的编写工程，其中就包括《翻译编》14卷。杨玉英教授在新作中加入了高利克对郭沫若的《浮士德》翻译研究，可以说在一定程度弥补了旧作对英语世界郭沫若翻译研究不闻不问的遗珠之憾。当然，同时应该注意到西方世界郭沫若翻译研究的相关成果大多用德语写成，他最负盛名的几部译作如《浮士德》《少年维特之烦恼》《茵梦湖》也皆为德语文学名著，尤其是译著《浮士德》——几乎所有的《浮士德》汉译研究都无法规避郭沫若的译本。相比之下，尽管郭沫若也翻译了大量的英美文学作品，但英语世界在郭沫若翻译研究这一领域着墨不多，这也是英语世界郭沫若研究与德语世界郭沫若研究的一大不同。

专著最后对英语世界的郭沫若研究做出范式上的归纳总结，并提出英语世界的郭沫若研究与中国郭沫若研究的互动与互补及带来的启示和思考。作者指出，英语世界的郭沫若研究呈现出文本研究、比较文学研究、实证研究、价值学研究、意识形态和精神分析等研究范式，这与中国国内的郭沫若研究基本一致，但后者无论是在质还是量的方面都要显著得多①。另外，在作者看来，当今国外和国内的郭沫若研究的一大明显趋势就是用现代、后现代理论及其研究范式和多学科、多维度、多层次的立体化研究范式来取代整体性分析和阐释的研究范式②。而作为中国现当代文学的代表人物，郭沫若研究与现当代文学研究之间存在着窥一斑而知全豹的紧密联系③，对郭沫若的研究宜于放置到中国现当代文学的大语境下来进行，正因如此，英语世界郭沫若研究对中国国内现当代文学研究以及海外的相关研究有着

① 杨玉英：《郭沫若在英语世界的传播与接受研究》，学苑出版社2015年版，第426页。

② 同上书，第427页。

③ 同上书，第433页。

积极的借鉴和启示作用。

附录列出了两届国际郭沫若研究大会提交的英文论文目录，并列出了郭沫若作品的题名英译，还把四篇颇有代表性的郭沫若研究论文从英语翻译成了汉语，颇值一提的是其中一篇从中国人宇宙观的全新视角探究了《屈原》中潜在的易学思维模式，这些对中国的郭沫若研究者来说都是难能可贵的参考资料，尤其可以让国内部分英语不太在行的郭沫若研究者管窥到西方世界的郭沫若研究局面和态势。2015 年版的“后记”说，新书增加了 20 种研究成果，但郭沫若研究新生代代表——美国华裔学者王璞的其他多种研究成果并未收入，尤其是其博士论文《“时代精神”之现象学——郭沫若和中国革命》[①]。另外，在体例上还可以做得更好：该书涉及大量的中外人名、书名，如果能在书末再做一个中英对照的索引，想必能让海内外郭沫若研究者在阅读此书时获得更多便利。

跟 2011 年版本相较，2015 年版一个很大的不同便是悉数删去了原作的绪论。然而在笔者看来，原作绪论部分对专著题名“英语世界”的阐释和界定[②]却最好保留下来，因为首先厘清到底何为“英语世界”似乎不无必要。纵观两部著作，其讨论范围都是所有用英语书写发表的学术界，既包括以英语为母语的各个国家和地区比如英美国家，也包括以其他语言为母语、但为了扩大研究成果影响力而采用外语或第二语言——英语发表的其他国家和地区。后者在书末参考文献里得到了清楚的体现，比如这里就囊括了捷克（普实克，Jaroslav Prusek）、斯洛伐克（高利克，Marián Gálik）、德国（瓦格纳，Rudolf Wagener；艾伯斯坦，Bernd Eberstein）、瑞士法语区（冯铁，Raoul David Findeisen）等多位汉学家用英语发表的研究成果，甚至还有中国国内出版的《中国文学》英文月刊（Chinese Literature）对郭沫若作品的译介。之所以要严格区分“国家语言”和“发表语言”，是因为众所周知语言跟文化存在着一衣带水的紧密关联。正因如此，英美国家学者的郭沫若研究，多多少少地会打上强势英语文化的烙印，这跟作者在第一章第三节探究的“意识形态”影响不无关系。一个明显的例证就是，世界上第二部英译中国现代诗歌集——罗伯特・白英（Robert Payne）1947 年编选出版的《当代中国诗选》里没有收录郭沫若的诗，其原因就在于编者受到闻一多对郭沫若诗作负面评价的影响颇深[③]。闻一多与郭沫若对诗歌的不同见地也体现在新月派与创造社的文学分歧上：新月派成员多半沐浴过欧风美雨，推崇的是主张理智和艺术至上的后期浪漫主义，对各种西方文学理论也了然于心；而创造社作家多数

① Pu，Wang. The Phenomenology of “Zeitgeist” . Guo Moruo and the Chinese Revolution. Ph. D. Thesis，New York University，2012.

② 杨玉英：《英语世界的郭沫若研究》，复旦大学出版社 2011 年版，第 9 页。

③ 北塔：《郭沫若诗歌英译述论》，《现代中文学刊》2012 年第 5 期。

具备留日经历，尚还停留在高扬自我表现、注重激情灵感的早期和盛期浪漫主义阶段，对西方各种理论的了解源于第二手的日本资源。白英对拾人牙慧、转贩西方文学资源的日本文学现状有点不屑，进而对郭沫若等唯日本资源是瞻的文学变革模式颇多微词，而对留学欧美的新月派代表人物闻一多、徐志摩的诗学主张则“心有戚戚”，在一定程度上反映了他作为大英帝国子民的优越心态①。而非英美国家尤其是东欧国家学者则不一样，他们在研究郭沫若时受到这种强势语境的影响就要小得多，只不过他们碍于母语影响范围所限，为了让自己的研究成果获得更大范围的接受，转而用英语发表而已。因此，这里的“英语世界”与其说是一个区域概念，不如说是一个（发表）语言概念。

总的来说，杨教授该著作首次系统化地梳理了英语世界对郭沫若的译介和研究情况，再现了一个异域和异质文明话语体系“他者”眼中的郭沫若形象，为推动“郭学”研究更进一步地走向世界提供了翔实的文献资料，可以说有首开先河之功。另外，该著作还为一些平行研究提供了借鉴：日语世界的郭沫若研究这一课题已有不少研究成果涌现；作为欧洲汉学起源最早的法国以及起步虽晚、但发展亦不逊色的德国（可扩展到奥地利、瑞士德语区等德语母语国家，甚至延伸到中东欧时而用德语发表汉学研究成果的国家，比如捷克和斯洛伐克等），还有汉学研究硕果累累的俄罗斯等等，对包括郭沫若在内的现代文学代表作家肯定也有所涉猎，那么法语、德语以及俄语世界的郭沫若研究历史与现状如何，也是可以并且值得探索的研究课题，而这些无疑都是海外郭沫若研究的重要组成部分。法语汉学界对郭沫若作品的译介不在少数，其中一道引人注目的风景线就是中国近现代留法学人比如敬隐渔、徐仲年都曾将郭沫若的作品译成法语。考虑到郭沫若的留日经历及其对日本资源的借鉴、而当时的日本在明治维新以来又在很大程度上效仿德国，以及郭沫若大量而且不失水准的德语文学翻译及其对德国文化的推崇（《论中德文化书》《三叶集》中就充盈着对德国文化的推崇之辞），探究德语世界的郭沫若及其与德国文化场域的双向互动关系可以说是题中应有之意。此外，该著作对当下的郭沫若研究态势也有一定的启示意义。比之国内国外都相对“火热”的鲁迅研究，郭沫若研究之所以“遇冷”，一个不可忽视的原因就在于第三代实力派学者的缺乏②；如果有越来越多的“新面孔”学者参与到“郭学”的研究队伍中来，那么这一研究打开新局面、走出“以鲁视郭”的褊狭和阴影也就为时不远了。

（原载《现代中文学刊》
2018 年第 2 期）

① 北塔：《郭沫若诗歌英译述论》，《现代中文学刊》2012 年第 5 期。

② 魏建：《郭沫若文学研究十五年》，《中国现代文学研究论丛》1995 年第 2 期。

第十四篇

硕博论文

【硕士论文:《百花齐放》画谱研究】

著者: 董娇

导师: 付爱民

学校: 中央民族大学

专业: 美术学

20世纪50年代末,于非闇、俞致贞、田世光所作的工笔花鸟画册页《百花齐放》画谱与宋代院体工笔花鸟画之间存在着内在承续关系,并有其时代性突破。该文首先厘清了三人生活年代大背景下关于中国画问题争论中的个人选择与成长历史,确定了他们以宋代院体工笔花鸟画技法及审美格趣为学习重心;其次,从构图、色彩、画面意境三方面入手,将《百花齐放》画谱与宋代院体工笔花鸟册页、明清工笔花鸟册页进行图像对比研究与分析,认为该画谱受明清工笔花鸟册页影响较小,其与宋代院体工笔花鸟册页具有明显的承续关系。此画谱之后,俞致贞、田世光开始总结工笔花鸟画技法理论化与高校美术教育教学的体系化,在高校美术教育中占有重要地位。此外,此画谱解决了大部分宋代院体工笔花鸟册页存在画面漫漶不清、技法记载缺位的问题,架起了通往宋代院体工笔花鸟册页的桥梁。近百年中国画艺术发展中最焦点的学术困局即在创作实践中如何处理传统传承与当代创新的关系,创作于20世纪50年代末的《百花齐放》画谱构成了一个实践典范,为当代中国工笔花鸟画家们提供了个人探索的重要参考。

【硕士论文:《创造》季刊的历史书写研究】

著者: 李韫林

导师: 吴迎军

学校: 山东师范大学

专业: 文艺学

《创造》季刊由上海泰东图书局负责刊行,总共二卷六期,其中第一卷为四期,第二卷仅有两期,创刊于1922年3月15日,但于1922年5月1日才正式发行,终刊于1924年2月28日。其中除了第一期目录没有分类之外,随后五期都分为“创作——评论——杂录”三部分。囊括历史剧、童话剧、诗剧、小说、散文、通信、翻译和评论以及编辑等多种内容,这对于研究当时创造社的真实情况来说是一个重要的窗口。在五四运动退潮后,审视20世纪初期的中国思想界的走向,创造社能够异军突起并与文学研究会形成掎角之势,可以透过《创造》季刊中的相关历史文本来览其冰山一角。其中的历史书写,即是对“历史”的文学化书写,突出反映了当时面对“三千年未有之大变革”的中国知识分子,是怎样看待本国传统,怎样对待历史以及怎样对待西方外来冲击,并如何想方设法建立新的价值观、人生观和世界观的问题,而这些则暗藏在创作同人们的文艺观的表述当中。这就从主客观方面都需要创造同人选择通过历史书写这一途径,来重新对待传统,重构历史,并建出一个“世界大同”的“乌托邦理想国度”。而这种历史书写其自身又有着不可避免的遮蔽性和模糊性,这种被悬置的漏洞又是怎么被消融的,这些问题都值得去关注和研究。这时报刊作为记录历史的“见证者”就显示出了它独特的价值，然而遗憾的是，目前国内外对《创造》季刊历史书写方面的关注还有所欠缺。因此，不仅要对《创造》季刊中整个文本都涉及历史书写的文本进行研究，也要对文本中部分涉及历史书写的内容进行分析，以内视和外较的方式，系统的梳理《创造》季刊中的历史书写，并对其所暴露出来的问题和缺陷进行学术反思。提供一种新的思维方式，新的角度去窥探创造同人们前期孜孜追求的理想世界，也对“历史性”和“当代性”的关系进行辩证思考和对人的“存在意义”的终极追问。

第一章对《创造》季刊的相关历史书写进行一个简单的梳理和介绍，分为两类文本：一类是整体进行历史书写的文本，即以历史人物或神话人物为原型，进行书写的文本。第二类是局部涉及历史书写的文本，即虽书写的是当时的事件和故事，但是却出现了或引用了与历史相关的人物或者诗词，这些局部历史符号的出现，在特定文本中具有特殊的作用和内涵。这两类历史书写都是与创造同人的艺术追求遥相呼应的，是对他们文艺观甚至人生观的外在投射。

第二章文本中的历史书写，是通过人物的外貌、动作、语言等来具体呈现的。而无论是在整体性历史文本还是在局部性历史文本中，都能找寻到“历史”和“现代”的一种杂糅和混沌。时间背景与出现事物的不匹配，人物性格和语言的超时空性，其中的“圆形”人物和“扁形”人物的不同表现，这些都是面对当时的时代困惑，创造同人通过历史书写来进行应对、反抗，最终是要启迪大众的。

第三章创造同人的历史书写，虽然以历史为依托，但并非历史研究，而是文学创作，其中有多重意象重复出现，和看似多元的不同宗教信仰的出现，“狂人”“酒”和“梦”的意象的背后，中西方多个“智者”形象的同时出现，其背后都是具有跨域历史和超越时空的倾向的，并且这些意象的最终指向都是对人生究竟问题的终极思考上来。在中西文化的滋养下，有一种悲剧气质伴随，生死观、宿命论和世俗物欲观念的讨论是一种超越历史书写本身的具有人类永恒讨论价值和追寻意义的。

第四章《创造》季刊中涉及一系列的历史故事、人物、对话、诗词、意象等等，它们不仅仅是一种简单的呈现，而是代表着作者的书写态度和倾向。表明了他们对于中国传统文化和历史的认识，对固有的历史观念进行了重构。他们的历史书写有很大的启蒙性，打破“神—化”，追求“超人”意志，对人的存在价值进行了潜在的追问。但是在历史书写过程中也隐蔽了一些内容，具有一定的遮蔽性，这种不一致性有些是他们没有克服的，有些是他们故意忽略掉的，而有些甚至是他们在当时那个阶段还没有意识和反思到的，这些都给当下我们的时代反思提供了独特的视角和经验。

【硕士论文：功能对等理论视角下郭沫若翻译观及其译著《生命之科学》的研究】

著者：王莎

导师：徐彬

学校：山东师范大学

专业：英语语言文学

郭沫若是一位“百科全书”式的文人，他不仅是我国现代杰出的文学家、诗人、戏剧家、历史学家、社会活动家，还是一位杰出的翻译家。郭沫若的翻译与创作是同步的，甚至其思想和创作深受翻译的影响。他的翻译活动开始于20世纪20年代，并且一生都在从事着翻译工作，成就卓越。他的译作不仅数量众多（30多部作品，字数在六百多万左右），而且涉及语种之多，作品体裁之广泛，涉及文学类作品（含诗歌、小说、戏剧），艺术史类著作，科学史著作以及政治类著作。郭沫若不但译著等身，而且在翻译理论上也颇有建树。长期的翻译实践中，他形成了自己独具特色、影响深远的翻译观。他提出的“创作论”“风韵译”等思想对当今翻译工作者仍具有现实的指导意义。翻译理论和实践皆建树颇多，这在同时代的翻译家中极为罕见，对于后世的影响，几乎无人可比。

【硕士论文：基于语料库的郭沫若《生命之科学》译者风格研究】

著者：于秀秀

导师：徐彬

学校：山东师范大学

专业：翻译学

《生命之科学》是一部集大成的自然科学著作，全书共有五十八万四千单词，主要由英国学者H. G. 威尔斯执笔，并得到G. P. 威尔斯和赫胥黎的帮助完成，本书成书于上世纪20年代。作者用深入浅出的文字，从各个方面探讨了当时人类对生命科学的了解，是一部体系相当完备的科普著作。

郭沫若一生翻译成果丰硕，在向中国介绍西方思想和知识方面扮演了重要角色。在长期的翻译实践中，他逐渐形成了自己的翻译观，也曾努力试图构建翻译理论，在他写的有关翻译的文章中可见一斑，对当时的翻译界具有重要的影响。

《生命之科学》是郭沫若少有的科学题材的翻译，从1930—1936年间，他用了六年多的时间完成翻译，历时时间之久，实属少见，总字数为100万左右，占据了他一生翻译总量的六分之一，可谓一部“科学巨译”。当时的中国正经历深刻的变化，急需引进西方科学知识，此书翻译的完成实是应时之需。郭沫若不仅译著丰富，也曾尝试建立自己的翻译理论，在此过程中，逐渐形成了自己的翻译风格，这点自然也体现在《生命之科学》中。目前，虽然国内对郭沫若的翻译研究尚可，但总体来说还是个新领域，而且多数集中于诗歌和文学，对于本书的研究更是少之又少。

基于语料库的翻译研究肇始于蒙娜·贝克教授的论文，迄今已经发展了20多年。随着技术的优化，基于语料库的翻译研究也越来越成熟，应用也越来越广泛。近几年，我国翻译研究领域，语料库翻译学也蓬勃兴起。它的优势在于能够提供一系列统计数据，因此，其研究结果自然更客观，更有说服力。译者风格研究，历来是翻译研究的内容之一，但在传统理论框架下，译者风格往往呈现隐性。而在语料库翻译学中，研究实现了从源语为中心向目的语为中心的转变，而译者也终于走到了翻译活动的前台，成为翻译活动的主角。借助语料库的研究方法，通过大量的语料分析和数据统计，能够考察译者在传承原作风格之外的自我特点。

本文以创建的《生命之科学》双语语料库为基础，从语料库翻译研究角度出发，探讨郭沫若在《生命之科学》中的译者风格，以及导致这些风格的可能的影响因素，以此了解此书翻译的优点和值得改进的地方，反过来对我们的翻译也有启发作用。

【硕士论文：多元理论视角下郭沫若诗歌翻译对其诗歌创作的影响研究】

著者：汪军

导师：林元富

学校：福建师范大学

专业：英美文学

郭沫若是我国20世纪一位著名的诗人和剧作家，同时也是一位重要的翻译家。他在诗歌、戏剧、小说以及翻译理论和创作理论等领域都取得了令人瞩目的成就。尤其是在诗歌领域，他的第一部新诗集《女神》对中国现代文学产生了巨大影响，成为中国新诗的奠基之作。综观郭沫若的诗歌翻译和诗歌创作成就，尤其是在五四运动这段时期内所进行的诗歌翻译和诗歌创作活动，不难发现，郭沫若的诗歌创作大大地受惠于他的诗歌翻译。本论文试图从多元系统理论角度，结合当时五四运动的时代背景，以《女神》为例，来阐述和论证郭沫若诗歌翻译对其诗歌创作的影响。

本论文一共分为六章。

第一章是介绍。介绍论文研究的背景、意义和结构。论文指出前人鲜有从多元系统理论的角度谈郭沫若诗歌翻译对其诗歌创作的影响，即便偶见，也不够细致深入。本论文旨在这方面通过例证，尝试做一个系统性的研究。

第二章是文献综述。首先是对郭沫若诗歌翻译的国内外研究综述。在国外，对郭沫若的研究大致有以下几类：一是对郭沫若的文学作品的翻译和介绍；第二类是关于郭沫若的文学创作、文学作品的鉴赏评析、文艺理论和文艺思想的研究专著；第三类是关于郭沫若研究的学术论文。总体而言，国外关于郭沫若的诗歌翻译研究极为稀少。而在国内，也很少有对郭沫若诗歌翻译对其诗歌创作影响进行比较系统深入的分析研究，更鲜有从多元系统理论的角度进行切入的。其次是关于多元系统理论研究的文献综述。本论文也把它分为国外和国内两个方面。尤其是包括港台学者在内的大批中国翻译学者重视多元系统理论的译介、应用和批评，并用丰富的例证证明了多元系统理论在翻译研究中的有效性，指出多元系统理论把翻译研究引上了文化研究的道路，为翻译研究开拓了一个相当广阔的研究领域。

第三章是理论基础。介绍了多元系统理论的定义。其核心内容是把各种社会符号现象（如语言、文学、政治、经济、意识形态）视为由不同成分组成的开放的多元系统，这些系统各有不同的行为，又相互依存，并作为一个有组织的整体而运作。这些系统的地位并不平等，有的处于中心，有的处于边缘，它们在不断地争夺中心位置。根据该理论，翻译文学系统是文学多元系统的一个子系统，而后者又是一个民族文化多元系统的一个组成部分。翻译文学在正常情况下处于文学多元系统的边缘位置，而只有在三种情况下占据中心：第一，多元系统尚未形成，文学系统依然年轻，仍在建立过程中。第二，文学系统处于大系统中的边缘位置，处于虚弱状态。第三，文学系统出现了转折点、危机、真空。当翻译文学处于文学多元系统边缘时，译者多采用可接受性策略。反之，翻译文学在多元文化系统中占据中心位置时，翻译策略倾向于充分性。

第四章是郭沫若诗歌翻译和诗歌创作。首先是翻译文学在文学系统中的地位。五四运动前，翻译文学处于边缘地位；五四运动时期，翻译文学处于中心地位。根据多元系统理论，在文化转型期内，当已有的文学模式不再能满足新发展的需要，旧的文学形式难为人们所接受，外来的模式就很容易渗入本国的文学系统，翻译文学最终会占据中心位置。五四时期是中国文化的一个重要转型期，在文学思想、语言文字和文学形式等方面都缺乏已有的较为成熟的模式，需要从外国文学中引进新鲜的空气。大量杰出的翻译家和译作在这种潮流中不断涌现，为中国文学填补了相关空白，翻译文学由五四运动前在文化多元系统中的边缘位置走到了中心位置。这些因素共同造就了翻译文学的中心地位。其次，在郭沫若诗歌翻译方面，主要选取泰戈尔、雪莱、惠特曼这几位与郭沫若诗歌翻译相关的、具有代表性的诗人，因为郭沫若对他们诗歌的翻译对其诗歌创作产生了较大的影响。本章接着结合多元系统理论，揭示郭沫若诗歌翻译背后的历史文化背景。最后是郭沫若的诗歌创作，包括《女神》概述，郭对诗歌本质的观点和诗歌创作的思想。郭沫若主张诗歌是情绪的言语，诗歌是纯粹的内在律。诗歌是“写”出来的，不是“做”出来的等等。最后简要地介绍了《女神》的创作及其内容。

第五章论述郭沫若诗歌翻译对其诗歌创作的影响。从对比的角度，主要从《女神》这部诗集中，举出具体的诗歌实例，从表层到深层，具体分析了郭沫若诗歌翻译对其诗歌创作的影响。首先在形式上，郭沫若借鉴了翻译诗歌，尤其是自由诗的自由形式，大量而连续地重复，向右缩进排版等，摆脱了中国古典诗歌律诗绝句的严格形式，创作了大量的新诗；在语言上，郭沫若创作的新诗吸收了很多翻译诗歌的口语化的语言，夹杂诸多外语词汇，在语气词使用方面也较为频繁；在诗歌风格上，郭沫若的诗歌创作大致有清新秀丽和豪放粗犷两种风格，分别受到了泰戈尔和惠特曼等诗人诗歌风格的影响。在诗歌意象上，翻译诗歌中以神话形象、历史人物和自然景物作为意象的创作手法，在郭沫若自己的诗歌创作中也均有体现；在诗歌主题上，翻译诗歌中有关革命、爱国、爱情以及歌颂劳动人民和劳动创造的诗歌主题对郭沫若诗歌创作的主题影响也表现得非常明显。

最后一章是总结。本论文以多元系统理论为视角，阐述了郭沫若对泰戈尔、雪莱、惠特曼等人的诗歌翻译及其产生的影响，并结合郭沫若第一本新诗集《女神》产生的时代背景，从诗歌的形式、语言、风格、意象、主题诸方面探讨和论证了郭沫若诗歌翻译对其诗歌创作产生的重大影响。郭沫若诗歌翻译和他的诗歌创作的发展是交叉互动的，同时是相互影响的。诗歌翻译和诗歌创作都受到了社会和历史文化的影响。

【硕士论文：郭沫若的苏联观研究】

著者：史旭超

导师：李随安

学校：黑龙江社科院

专业：专门史

在20世纪的中苏关系中，郭沫若是一个重要的角色。他先是以中国现代文学的重要作家引人注目，后来以文化旗手积极参政，成为新中国文化界的重要领导人之一。他的苏联观不仅体现了新中国的对苏方针，而且也反映了当时中国文化界人士对苏联的认知和情感。因此，郭沫若的苏联观是一个非常有价值的学术课题。

影响郭沫若苏联观的因素是多重的。第一，意识形态是影响郭沫若苏联观的重要因素。20年代，在苏联十月革命强势影响下，郭沫若逐步接受了马克思主义并加入中国共产党，开始了其一生所追求的文化事业。因此，社会主义苏联在他的心中享有崇高的地位。第二，他与苏联人士的交往、1945年对苏联的访问使他认识到这个国家的先进和强大。第三，建国之后，他作为中国文化界的领导人参与中苏两国文化领域的合作，感受到了这个邻国在新中国的建设过程中所起的巨大作用。第四，作为中国共产党党员、中国政府高级官员，中共的尊严和中国政府的立场也影响了他对苏联的态度——中苏关系破裂后他参与批判苏联修正主义，可以证明这一点。郭沫若的苏联观呈现出明显的阶段性特点：20世纪20年代，郭沫若一踏进文坛，就表露出他对社会主义苏联的极大热忱；30—40年代发表的关于苏联的文章、所作的演讲表明，他逐渐形成了全面向苏联学习的思想倾向；50年代，在中国政府对苏联实行“一边倒”政策的形势下，郭沫若对苏联的追捧达到了新的高度；60—70年代，随着中苏关系的破裂，郭沫若的苏联观发生了巨大变化，由原先的正面形象转变为负面形象。这个时期，他对苏联的大国沙文主义加以抨击，营造批判“苏联修正主义”的社会氛围。

郭沫若的苏联观包含丰富的内容，有必要完整地、辩证地加以分析。

【硕士论文：郭沫若对马克思主义哲学思想的运用研究】

著者：戴波

导师：申淑华

学校：渤海大学

专业：专门史

习近平总书记《在哲学社会科学工作座谈会上的讲话》中指出，许多进步学者运用马克思主义进行哲学社会科学研究，产生了一大批名家，为我国当代哲学社会科学发展进行了开拓性努力。在习总书记所列的九位名家名单里面，放在第一位的就是郭沫若。

郭沫若是我国著名的文学家、马克思主义史学家、古文字学家和社会活动家。郭沫若学识渊博，研究领域广泛，特别是在史学研究方面极具开创性，这主要体现在他在接受马克思主义以后，将马克思主义理论，尤其是把辩证唯物主义和历史唯物主义运用到对古代社会和文字学研究中，进而开创了中国史学研究的新角度——马克思主义的史学观。并且一直以来，国内外学者对郭沫若的研究较为关注，而就目前来看，对郭沫若如何运用马克思主义进行学术研究而进行系统研究，是研究郭沫若的一个较为新颖的角度，极具学术价值。在基于对郭沫若著作系统研读基础上，以马克思主义理论为背景，借助文献研究法和历史分析法，对郭沫若如何将马克思主义理论系统与中国历史研究相结合，尤其是将马克思主义理论作为研究中国历史的方法这一情况进行系统研究。

首先，概述郭沫若转向马克思主义的背景和发展历程。其次，阐述郭沫若对马克思主义哲学思想的运用。最后，简述研究郭沫若对马克思主义哲学思想运用的意义。

通过对郭沫若对马克思主义哲学的运用展开的研究，能够更深入地研究郭沫若与马克思主义之间的关系，进而揭示郭沫若对马克思主义中国化的贡献，从而有利于马克思主义中国化的过程研究和当代中国哲学社会科学的发展。

【硕士论文：民国时期《屈原》热研究】

著者：赖丽丽

导师：廖久明

学校：西南大学

专业：中国现当代文学

上世纪四十年代，可谓是郭沫若创作生涯的第二个爆发期。郭沫若从诗坛转到戏剧界，创作了许多优秀的历史剧。其中，《屈原》是最具代表性的一部作品。从接受美学的角度来说，文学作品的生命在于接受。上个世纪四十年代，历史剧《屈原》正处于生命的旺盛期，无论是剧本还是演出都吸引着许多人。本文从接受美学角度分析了政治与审美两个因素对《屈原》接受的影响，探讨民国时期《屈原》热现象出现的原因。同时，也进一步思考了抗战时期政党之争对文学接受的影响以及人们在战争时期的审美需求。

除了绪论和结语之外，本文共分为三章。绪论部分对《屈原》创作的时代背景、创作经过及《屈原》接受的情况进行了概述，引出本文要讨论的对象——民国时期《屈原》热现象；对相关的研究成果进行了述评，指出了这一研究对象还存在的研究空间与价值并提出本文研究思路。论文第一章主要是通过史料重返历史现场，从媒体的报道、观众的观演、文坛的评论、《屈原》唱和四个方面呈现上个世纪四十年代《屈原》热现象。论文第二章主要是分析政治因素对《屈原》接受的影响。这章分别论述了国共两种意识形态在《屈原》接受中的渗透。

不同的意识形态犹如不同的化学剂，

注入《屈原》这一对象后产生的化学反应自然不一样。借助接受美学原理，这章分别论述了《屈原》在国共两党的阐释中呈现出的不同的接受形态，并且探讨了不同的接受形态背后的接受动机。国民党在《屈原》的接受中，重点阐释了屈原的爱国主义与民族主义，因为这与国民党的民族主义文艺思想相契合。共产党在《屈原》的接受中，重点阐释了屈原的民本思想、对统治者的愤懑不平，因为这与共产党的文艺思想相契合，体现了共产党在《屈原》阐释中的政治想象。论文第三章主要从审美的角度分析了《屈原》热的原因。论文首先分析了人们的审美眼光在抗战时期发生的变化，爱国主题的作品容易获得人们的认同。以屈原为题材的诗歌与戏剧在抗战时期的复活就展现出了审美的时代性规律，《屈原》热现象与屈原题材适应抗战背景有着重要的关系。其次，分析了《屈原》剧本的艺术魅力：矛盾冲突激烈、人物形象丰满、人物语言个性化等。最后，分析了中华剧艺社成功的二度创作：演员的精湛表演、考究的服饰、精美的舞台装置等。

【硕士论文：论郭沫若文学创作中的疾病书写】

著者：乔敏

导师：邓利

学校：四川师范大学

专业：中国现当代文学

郭沫若是九州帝国大学医学部的留学生，又是一个疾病缠身的病人，同时也是一位作家。这三种身份共同构成了郭沫若疾病书写的三个维度——“医学、疾病、文学”。

本文立足于郭沫若的文学作品，并联系郭沫若的医学经历和疾病体验，发现郭沫若的疾病书写存在着医学性、性别对立、隐喻、亲历性的特征。具体来说，首先，学医的经历促使郭沫若运用医学的冷静客观的眼光来看待疾病，这主要体现在以下三个方面。第一，郭沫若对于疾病的描写以医学上病历的形式呈现；第二，在描述疾病时，郭沫若常使用西方拉丁字母的医学术语；第三，疾病的医学知识被作为一种批评方式运用到文学批评中。这些都使得郭沫若的疾病书写具有医学的质素。其次，郭沫若对两性的描写呈现出两极化的倾向，疾病增添了女性的美丽，而对于男性来说，疾病总是苦痛、绝望的象征。再者，郭沫若文学作品中存在着浪漫性隐喻和社会性隐喻意义。疾病的浪漫性隐喻主要由肺结核和晕病这两种疾病作为载体，而疾病的社会型隐喻则是通过疾病来影射社会现实。最后，疾病书写的亲历性特征指的是郭沫若的疾病书写通常是其当时的疾病状况的反映。

郭沫若的疾病书写丰富了疾病在文学中的表现内容和表达方式，是近代科学方法的文学实践，在中国现代文学中具有较高的价值。但郭沫若在有一些作品中掺入过多的疾病的医学性常识，医学气息过重。在一定程度上，削弱了作品的文学性，不免显得烦琐凝重，造成文章“夹生”的状态。同时，因郭沫若的疾病意识并不十分的强烈，疾病书写并未形成一定的体系。

第十五篇

展览活动

为了民族文化的繁荣——文化名人与文化自信

——“8 +”名人故居纪念馆2018年主题巡展

一 展览内容

文化是一个民族的灵魂，也是民族发展兴盛的根基和力量。中华民族是有着五千多年文明史的民族，在民族发展的历史长河中，许许多多为民族文化发展和繁荣做出了巨大贡献的优秀人物载入了史册，他们是中华民族的骄傲。本展览所展示的近代文化名人康有为、詹天佑，现当代文化名人李大钊、宋庆龄、鲁迅、郭沫若、茅盾、老舍、李叔同、李四光、徐悲鸿、梅兰芳、红线女等。他们正是植根于中国的文化土壤，为实现中华民族文化的发展和繁荣做出了不懈努力的伟大的实践者和践行者。展览通过珍贵的历史资料，呈现了近现代文化名人在民族发展转折时期和关键节点所体现出的坚定文化自信和所进行的伟大实践、伟大创造。

二 主办、承办单位

主办单位：北京市文物局、北京博物馆学会、中共北京市西城区委宣传部
承办单位：“8 +”名人故居纪念馆

三 巡展及文化活动

2018年5月15日，在中国传媒大学举办的京津冀博物馆协同创新发展合作协议签约仪式暨5·18国际博物馆日系列活动上，8 +名人故居纪念馆联盟、京津冀名人故居纪念馆联盟和京津冀高校博物馆联盟三大联盟联合发出战略合作倡议，同时“8 +”2018年主题巡展“为了民族文化的繁荣——文化名人与文化自信”正式启动。

2018 年 8 月 3 日，“8 +”走进北京最远区县的最远乡镇——延庆区千家店镇，走进“第三届千家店山水戏剧周”，在千家店新落成的文化中心举办“为了民族的文化繁荣——文化名人与文化自信”主题巡展开幕式。

2018 年 10 月 17 日，“为了民族文化的繁荣——文化名人与文化自信”展览在北京语言大学教一楼 4 层大厅举办展览开幕式。“8 +”与北京语言大学东方语言文化学院、中东学院共同承办。

2018 年 10 月 16 日，“8 +”代表应邀来到贵州六盘水市第十九中学，共同举办“为了民族文化的繁荣——文化名人与文化自信”展览巡展，并签署了相关展览及研学活动协议。

2018 年 11 月 28 日，“8 +” 代表应邀来到北京财贸职业学院，与北京财贸职业学院的师生们共同启动“财贸素养教育——文化名人与文化自信”主题展览。

2018 年 12 月 14 日，“8 +” 走进北京朝阳区来广营文化中心举办巡展开幕式。

“8 +”名人故居纪念馆 2018 年文化活动

“8 +”与北京财贸职业学院旅游与艺术学院战略合作启动仪式举行

2018 年 4 月 13 日，“8 +”与北京财贸职业学院旅游与艺术学院在京举行战略合作启动仪式，签订战略合作协议，共同设立“首都名人故居文创研发教学实践基地”。

“四地九馆超级链接：名居 · 名人 · 名剧”展览活动在广州举行

2018 年 6 月 20 日，“名居 · 名人 · 名剧——四地九馆的超级链接”展览开幕式在广州鲁迅纪念馆举行。本次展览由广州鲁迅纪念馆、郭沫若纪念馆、茅盾故居、巴金故居、老舍纪念馆、曹禺故居纪念馆、李叔同故居纪念馆、梅兰芳纪念馆、红线女艺术中心等北京、天津、上海、广州九家名人故居纪念馆联合主办。

京镇两个名人故居联盟聚首北京

2018 年 7 月 12 日，“听风听雨　吾爱吾庐——镇江名人故居图文展”在北京鲁迅博物馆开幕。本次展览由镇江市文化广电新闻出版局主办、镇江博物馆承办，是镇江名人故居联盟成立后首个联展，北京 8 + 名人故居纪念馆联盟承接展览巡展。

“8 +”走进中国—东盟戏剧周

中国—东盟（南宁）戏剧周由南宁市人民政府、广西壮族自治区文化厅联合主办，文化和旅游部对外文化联络局、中国—东盟中心指导，南宁市文化新闻出版广电局、南宁市外事侨务办公室承办，广西戏剧家协会、南宁市文学艺术界联合会、红线女艺术中心协办，南宁市民族文化艺术研究院执行，已经连续举办了 6 年。2018 年 9 月 9—15 日，“8 +” 联盟首次集体走进中国—东盟（南宁）戏剧周，向各国宾朋展示了 14 位文化名人植根于中国文化土壤，为实现中华民族文化的发展和世界文化的繁荣所做出的不懈努力。

“8+”走进北京第156中学

2018年10月8日，“8+”应邀来到北京第156中学，共同举办“走进文化名人世界暨‘8+’走进北京第156中学系列活动”，并共同发出倡议，在教育教学、社会实践等诸多方面开展深度合作。

第十六篇

郭沫若纪念馆馆藏资料

1937 年《中华公论》社致郭沫若函

沫若先生：

我们拟创办的月刊——《中华公论》——是一个学术化的综合杂志。发行这个月刊的旨趣，在《我们的认识与态度》中已有简要的说明。兹当筹备伊始，敬向全国文化界申述嘤鸣求助之意。久仰先生学识渊博，望重士林，谨备专函聘请先生担任特约撰述。务恳俞允，指示南针，并于研究之余，源源赐稿，以光篇幅！这不仅是我们之幸，即全国读者亦拜受先生的厚赐了。附表一张，请于一周内填就掷下！

中华公论社启　七月十日

编辑人

王志莘　杜佐周

张志让　张仲实

郑振铎　钱亦石

上海福州路复兴里四号

【编者注】

《中华公论》月刊于 1937 年 7 月 20 日创刊，同年 8 月 20 日终刊，共出两期。据此，本函应作于 1937 年。郭沫若的《借问胡适——由当前的文化动态说到儒家》即发表于《中华公论》创刊号上。

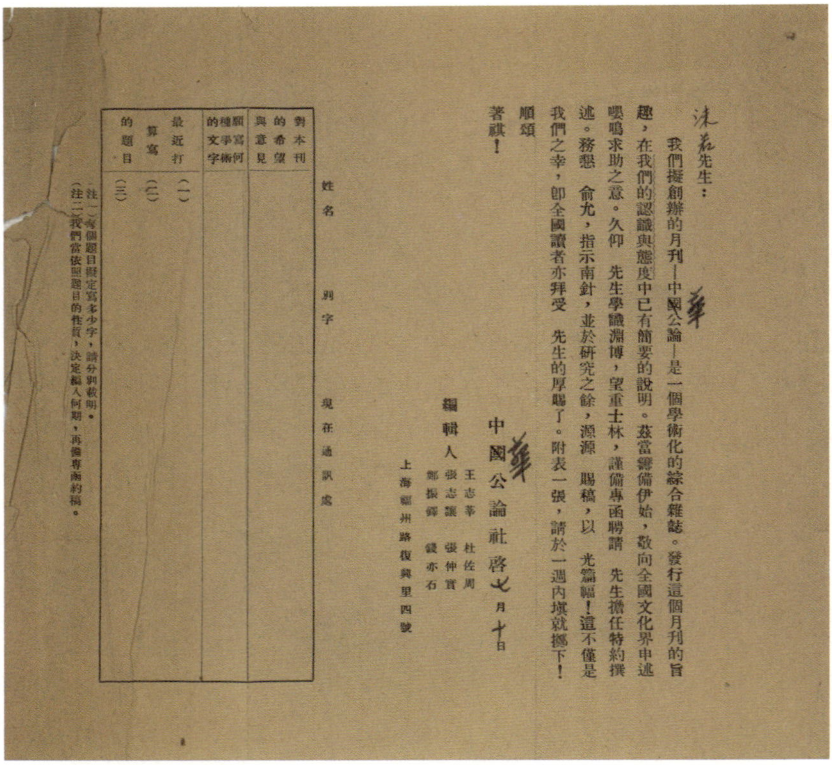

沫若先生：

我們擬創辦的月刊——中國公論——是一個學術化的綜合雜誌。發行這個月刊的旨趣，在我們的認識與態度中已有簡要的說明。茲當籌備伊始，敬向全國文化界申述嚶鳴求助之意。久仰　先生學識淵博，望重士林，謹備專函聘請　先生擔任特約撰述。務懇　俞允，指示南針，並於研究之餘，源源　賜稿，以　光篇幅！這不僅是我們之幸，卽全國讀者亦拜受　先生的厚賜了。附表一張，請於一週內填就擲下！

順頌

著祺！

中國公論社啓七月十日

編輯人　王志莘　杜佐周　張志讓　張仲實　鄭振鐸　錢亦石

上海福州路復興里四號

姓名　　別字　　現在通訊處

對本刊的希望與意見	願寫何種學術的文字	最近打算寫的題目
		(一) (二) (三)

注(一)每個題目擬定寫多少字，請分別載明。

(注二)我們當依照題目的性質，決定編入何期，再備專函約稿。

1945 年《中国学生导报》社致郭沫若函

沫若先生：

这封信，是我们对于您的慰问，也是我们对于法西斯暴政虐杀文化的抗议！我们相信：以您的坚贞，是决不会被这支冷箭射伤的；以您的勇毅，是决不会在无耻的叱咤下停止前进的；以您底在中国文化领域里从拓荒、播种，到开花结实的辛劳，是决不会在企图掩遮一切真实的毒雾中失去光辉的！然而，在今天，我们的喉咙被扼住了，说不出我们要说的话。可是我们并不麻木；我们底瞳孔在黑暗里放得更大，能够看清一切作祟的幢幢鬼影；我们底感觉在时冷时热的气候里变得更敏锐了，能够从任何预示中感到它最后的阴谋。这次文委会被解散，显然是法西斯暴政想毁灭文化的第一步。他们要的不是文化，而是官样文章，他们要的不是人才，而是唯命是从的奴才。但是未来的新中国要文化，要领导者。因此，我们更加尊重您底声音，因为只有通过您底声音，才能说出我们底要求和控诉；也是因此，我们更加尊重您底工作，因为只有通过您底工作，才能把更多更大的力量，扩散到、渗透到更广阔更深远的地方去。我们相信您，定能有一分热发一分光。在这里，我们以幼小者对于先辈的景仰，以走在进军的分列里的一群小卒对于最前面的大旗的崇敬，诚恳地表示我们底慰问，并为您，为中国新文化祝福！

最后，我们衷心地感激您为我们写文章，以后更希望你多多赐稿，多多指教！

此致

敬礼！

中国学生导报社

中华民国卅四年四月二十五日

【注】

《中国学生导报》1944 年 12 月创刊于重庆，是由中共中央南方局领导的在国民党统治区出版时间最长、在学生中影响最大的周报。1947 年 6 月被迫停刊。

1940 年，国民党当局胁迫国民政府军事委员会政治部三厅成员集体加入国民党。时任三厅厅长的郭沫若与绝大多数三厅成员宣布集体辞职，以抵制这一无理要求。迫于舆论压力，国民政府同意另设一个学术研究团体，1940 年 11 月，文化工作委员会成立，郭沫若任主任。文委会在中共中央南方局的领导下，坚持开展了大量抗日宣传活动。1945 年 3 月 30 日，文化工作委员会被国民政府军事委员会下令解散。

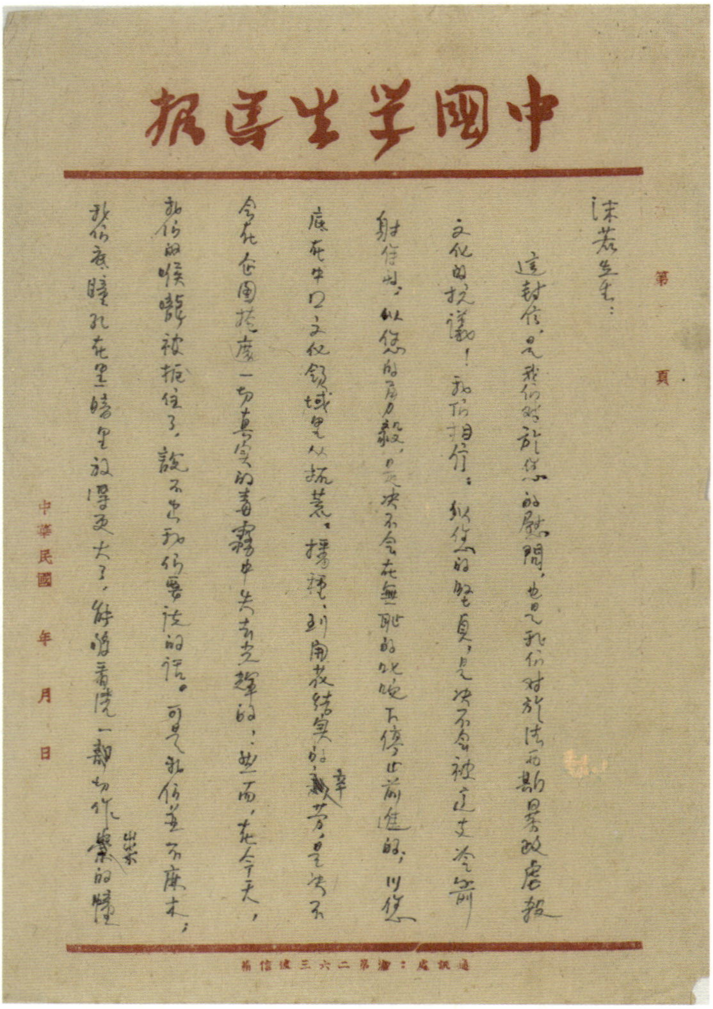

中國學生導報

第 頁

沫若先生：

這封信，是我們對於您的慰問，也是我們對於法西斯暴政虐殺文化的抗議！我們相信：縱使您的[illegible]，是決不會被這支[illegible]射倒的；縱使您的[illegible]，是決不會在無恥的叱喝下停止前進的；以您底在中國文化領域裡從拓荒、播種，到開花結果的辛勞，是決不會在這個荒廢一切真實的毒霧中失去光輝的；然而，在今天，我們的喉嚨被扼住了，說不出我們要說的話。可是我們並不麻木；我們底瞳孔在黑暗裡放得更大了，緊緊看清一幕切作祟的[illegible]

中華民國 年 月 日

通訊處：渝第二六三號信箱

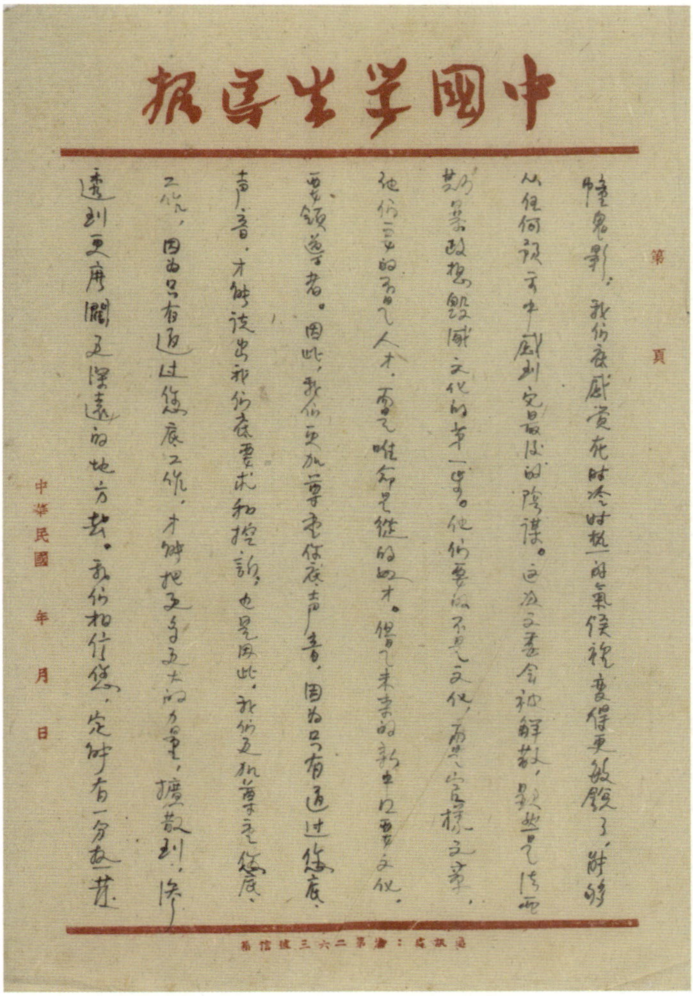

中國學生導報

第　頁

幢鬼影；我们在感受夜时冷时热一的气候里变得更敏锐了，能够从任何领域中感到究竟最后的阴谋。这次文艺会被解散，显然是法西斯蒂政权毁灭文化的第一步。他们要的不是文化，而是官样文章，他们要的不是人才，而是唯命是从的奴才。但是未来的新中国要文化，要领导者。因此，我们更加尊重您底声音，因为只有通过您底声音，才能说出我们底要求和控诉，也是因此，我们更加尊重您底工作，因为只有通过您底工作，才能把更多更大的力量，扩散到，深透到更广阔更深远的地方去。我们相信您，定能有一分[illegible]

中華民國　年　月　日

通訊處：渝第二六三號信箱

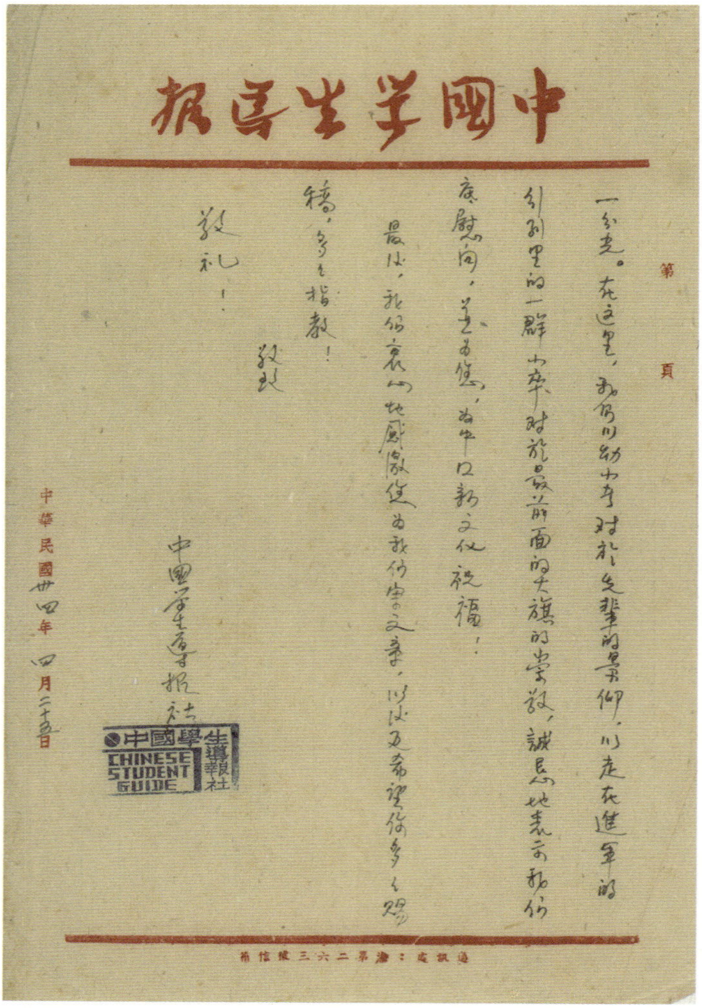

中国学生导报

第 页

一分光。在这里，我们以幼小年对于先辈的景仰，以走在进军的行列里的一群小卒对于最前面的大旗的崇敬，诚恳地表示我们底慰问，並且盼您，为中国新文化祝福！

最后，我们衷心地感激您为我们写些文章，以及更希望您多多赐稿，多多指教！

此致

敬礼！

中国学生导报社

中国学生导报社 CHINESE STUDENT GUIDE

中华民国卅四年四月二十五日

通讯处：渝第二六三号信箱

2018 年郭沫若研究大事记

二月

※《郭沫若研究年鉴 2017 卷》由中国社会科学出版社出版发行，该卷主编赵笑洁，常务副主编张勇，编辑部主任王静。

四月

※23 日，“郭沫若与世界文化”高端学术论坛在埃及伊斯梅利亚开幕，本次高端论坛由埃及苏伊士运河大学、中国社会科学院郭沫若纪念馆主办，由苏伊士运河大学孔子学院、郭沫若中国研究中心承办。中国社会科学院文学研究所所长、学部委员刘跃进研究员，中国郭沫若研究会副会长、山东师范大学魏建教授应邀作了主旨演讲。

※由北京“8 +”名人故居纪念馆编著的《名人　名作　名物——2017 年“8 +”名人故居纪念馆活动纪实》，由中国社会科学出版社出版发行，该著作主编赵笑洁，执行主编张勇。

六月

※四川郭沫若研究中心，何刚副教授申报的“当代学术视野下的郭沫若与马克思主义史学研究”获得国家社科基金立项。

七月

※13 日上午，第五届“郭沫若中国历史学奖”召开新闻发布会。会上宣布：第五届“郭沫若中国历史学奖”将于今年 11 月在北京举行颁奖仪式。设立于 1998 年的“郭沫若历史学奖”是目前中国历史学界的权威荣誉奖项。

※四川郭沫若研究中心廖久明教授主持的国家社科基金重点项目“回忆郭沫若作品收集整理与研究”通过结项，等级为优秀（证书号：20182823）。

八月

※由北京“8＋”名人故居纪念馆编著的文化读本之三：《走过四季的院子—“8＋”名人故居纪念馆巡礼》，由中国社会科学出版社出版发行，该著作主编赵笑洁，执行主编张勇。

九月

※14—16日，中国郭沫若研究会第四届青年论坛在陕西师范大学召开，本届论坛的主题是“郭沫若海外十年（1928—1937）”。

※17—19日，“鲁郭茅研究”高端论坛在陕西师范大学召开，本次学术会议由中国鲁迅研究会、中国郭沫若研究会和中国茅盾研究会联合发起，陕西师范大学人文社科高等研究院和陕西师范大学文学院承办。

※郭沫若纪念馆研究员张勇所著《复调与对位：〈郭沫若全集〉集外文研究》一书，由花木兰文化事业有限公司出版发行。

十月

※13—14日，中国社会科学院创新工程项目《郭沫若全集·补编》阶段性工作会议在郭沫若纪念馆召开，本次会议主要针对文稿的编辑注释工作以及统稿情况进行研讨总结。

※29日，四川郭沫若研究中心马文美申报的“郭沫若小说研究”获得四川省社科规划项目立项。

※郭沫若纪念馆副研究员李斌所著《女神之光：郭沫若传》一书，由作家出版社出版发行。

十一月

※1日，中国郭沫若研究会副会长、山东师范大学魏建教授当选教育部教学指导委员会委员。

※8—12日，第六届国际郭沫若学会国际研讨会在法国巴黎召开，会议由巴黎第七大学东亚语文学院汉学系、东方文明研究所（巴黎）、国际郭沫若学会共同主办，来自中国、法国、日本、韩国、澳大利亚等国的二十余位学者参加了此次会议。会议主题为：“郭沫若、创造社与中外古今文化交融”，分议题为：1. 郭沫若与古典，2.

郭沫若、创造社与日本，3. 历史中的郭沫若，4. 创造社与郭沫若及翻译，5. 郭沫若诗歌理论。

※《郭沫若研究》2018 年第 1 辑（总第 14 辑）由社会科学文献出版社出版，主编赵笑洁、蔡震，副主编李斌。

十二月

※19 日，中国社会科学院创新工程项目《郭沫若全集 · 翻译编》专家鉴定会召开，来自清华大学、北京大学、中国社会科学院、中国人民大学、北京鲁迅博物馆、中国社会科学出版社和河北大学等 7 位专家对该项目进行了评审，评审专家一致认为《郭沫若全集 · 翻译编》项目选题合理、编撰全面准确，达到了优秀等级。

※《“郭沫若与世界文化”高端学术论坛论文集》由当代中国出版社出版，主编赵笑洁，执行主编王静、张勇、朱廷婷。

2017—2018 年郭沫若研究资料索引

宋伟伟　郑　颖　王雨彤　周　怡　姚泽惠

（一）论著（含其他论著中的郭沫若研究章节）

郭沫若全集·考古编（第1卷）甲骨文字研究·殷契余论·安阳新出土的牛胛骨及其刻辞［M］/郭沫若著//北京：科学出版社，2017.01

郭沫若全集·考古编（第2卷）卜辞通纂［M］/郭沫若著//北京：科学出版社，2017.01

郭沫若全集·考古编（第3卷）殷契粹编［M］/郭沫若著//北京：科学出版社，2017.01

郭沫若全集·考古编（第4卷）殷周青铜器铭文研究·商周古文字类纂［M］/郭沫若著//北京：科学出版社，2017.01

郭沫若全集·考古编（第5卷）金文丛考［M］/郭沫若著//北京：科学出版社，2017.01

郭沫若全集·考古编（第6卷）金文丛考补录［M］/郭沫若著//北京：科学出版社，2017.01

郭沫若全集·考古编（第7卷）两周金文辞大系图录考释1［M］/郭沫若著//北京：科学出版社，2017.01

郭沫若全集·考古编（第8卷）两周金文辞大系图录考释2［M］/郭沫若著//北京：科学出版社，2017.01

郭沫若全集·考古编（第9卷）石鼓文研究·诅楚文考释［M］/郭沫若著//北京：科学出版社，2017.01

郭沫若全集·考古编（第10卷）考古论集［M］/郭沫若著//北京：科学出版社，2017.01

学生新课标必读 世界经典文学名著 女神 名师精读版 双色版［M］/郭沫若著//北京：北京燕山出版社，2017.01

郭沫若研究年鉴2015［M］/赵笑洁主编//北京：中国社会科学出版社，2017.02

郭沫若研究2017年第1辑 总第13辑［M］/赵笑洁，蔡震主编//北京：社会科学文献出版社，2017.03

女神［M］/郭沫若著//南京：江苏凤凰文艺出版社，2017.03

行走在革命、科学与哲学的边缘［M］/范岱年口述；熊卫民访问整理//长沙：湖南教育出版社，2017.03

春雨经典·中外文学精品廊 郭沫若名篇精选 青少年彩绘版［M］/郭沫若编//南京：江苏人民出版社，2017.04

与朝阳同诵［M］/宋德生主编//郑州：中原农民出版社，2017.04

戏里戏外 郭沫若与老舍戏剧艺术创作交往学术论文集暨展览纪实［M］/赵笑洁编//北京：当代中国出版社，2017.05

女神 郭沫若佳作精选 新课标经典文学名著金库 名师精评版［M］/闫仲渝著//成都：天地出版社，2017.05

芭蕉花［M］/郭沫若著//南京：江苏凤凰文艺出版社，2017.08

沫若少年［M］/薛梅著//北京：北京交通大学出版社，2017.08

郭沫若年谱长编1892—1978年 第1卷［M］/林甘泉，蔡震主编//北京：中国社会科学出版社，2017.10

郭沫若年谱长编1892—1978年 第2卷［M］/林甘泉，蔡震主编//北京：中国社会科学出版社，2017.10

郭沫若年谱长编1892—1978年 第3卷［M］/林甘泉，蔡震主编//北京：中国社会科学出版社，2017.10

郭沫若年谱长编1892—1978年 第4卷［M］/林甘泉，蔡震主编//北京：中国社会科学出版社，2017.10

郭沫若年谱长编1892—1978年 第5卷［M］/林甘泉，蔡震主编//北京：中国社会科学出版社，2017.10

在郭沫若研究的路途上［M］/王锦厚著//成都：四川文艺出版社，2017.11

“大现代”文化视域中的郭沫若［M］/李继凯，冯超著//成都：四川文艺出版社，2017.11

“中国最具代表性碑帖临摹范本丛书”郭沫若卷［M］/郭沫若著//北京：人民美术出版社，2017.11

郭沫若精品诗文集［M］/郭沫若著//南昌：二十一世纪出版社，2017.12

才子的书缘 郭沫若的读书生活［M］/李继凯著//沈阳：万卷出版公司，2018.10

郭沫若与世界文化 高端学术论坛论文集［M］/赵笑洁编//北京：当代中国出版社，2018.11

郭沫若散文［M］/郭沫若著//北京：人民文学出版社，2018.10

郭沫若散文 秦淮河畔［M］/郭沫若著//海拉尔：内蒙古文化出版社，2018.01

郭沫若书法全集［M］/郭沫若著//北京：人民美术出版社，2018.11

郭沫若研究年鉴2016［M］/赵笑洁主编//北京：中国社会科学出版社，2018.02

女神之光 郭沫若传［M］/李斌著//北京：作家出版社，2018.11

女神·星空·瓶 郭沫若新诗精选［M］/郭沫若著//成都：四川文艺出版社，2018.05

屈原 教育部新编初中语文教材拓展阅读书系［M］/郭沫若著//武汉：长江文艺出版社，2018.11

芭蕉花［M］/郭沫若著//南京：江苏凤凰文艺出版社，2018.04

教育部统编《语文》推荐阅读丛书 屈原［M］/郭沫若著//北京：人民文学出版社，2018.07

郭沫若为东风剧团题词记［M］/王振国著//北京：文物出版社，2018.02

郭沫若研究 2018 年第 1 辑 总第 14 辑［M］/赵笑洁编//北京：社会科学文献出版社，2018.11

（二）论著析出文献

郭沫若——风流才子难自已，别妇抛雏断藕丝［M］//《最是美好初遇时》/张明著，北京：中国文史出版社，2017P.84

郭沫若小品文三章［M］//《观察 阅读 写作》/闫学军编著，银川：宁夏人民出版社，2017P.111

“让诗人的声音像高射炮一样”——郭沫若、田汉参与国民政府军事委员会政治部第三厅工作［M］//《民国清流 4 大师们的抗战时代》/闫学军编著，北京：现代出版社，2017P.32

第三论 周恩来鲁迅与郭沫若［M］//《学术之星文库 中外名家论名家》/中联华文，程凯华著，北京：中国书籍出版社，2017P.36

第五论 郭沫若论鲁迅［M］//《学术之星文库 中外名家论名家》/中联华文，程凯华著，北京：中国书籍出版社，2017P.76

第十八论 郭沫若论李白与杜甫［M］//《学术之星文库 中外名家论名家》/中联华文，程凯华著，北京：中国书籍出版社，2017P.233

第二章 郭沫若接受史与白话自由体新诗合法性［M］//《中国新诗（1917—1949）接受史研究》/方长安著，北京：中国社会科学出版社，2017P.125

第六章 成熟之作：郭沫若《沫若自传》［M］//《中国现代作家自传研究》/谢子元著，北京：线装书局，2017P.233

郭沫若：卖书［M］//《国酒文萃 2017 春》/蒋子龙主编，北京：光明日报出版社，2017P.14

回眸民国学术界对郭沫若史学的评价［M］//《近现代中国史学史论略》/张越著，北京：商务印书馆，2017P.205

看罢牡丹看秋菊 四时佳气永如春——郭沫若与北京［M］//《历史足迹 文化名人与

北京》/赵笑洁主编，北京：中国社会科学出版社，2017P. 125

郭沫若的文品和人品［M］//《五四文化名人心灵史》/文远竹著，贵阳：贵州人民出版社，2017P. 26

郭沫若［M］//《榆下怀人》/黄裳著，北京：北京出版社，2017P. 75

第二章第一节 郭沫若现代主义的“共感”及转向［M］//《生命意识与文化启蒙 中国现代文学专题研究》/李洪华著，北京：商务印书馆，2017P. 58

第一章《天狗》：狂躁又科学的“身体”想象［M］//《新诗文本细读十三章》/段从学著，北京：清华大学出版社，2017P. 1

郭沫若史剧漫论［M］//《中国文学与现代性》/阙国虬著，北京：人民出版社，2017P. 110

郭沫若诗选（十首）［M］//《乐山百年新诗选》/罗国雄，龚静染著，成都：四川文艺出版社，2017P. 1

郭沫若发表《抗战回忆录》，引来两位妻子凄楚晤面［M］//《告别与新生 大师们的非常抉择》/汪兆骞著，北京：现代出版社，2017P. 199

郭沫若与瞿秋白［M］//《中国人的情谊》/王春瑜著，北京：生活·读书·新知三联书店，2017P. 55

郭沫若［M］//《中国人的情谊》/王春瑜著，北京：生活·读书·新知三联书店，2017P. 184

郭沫若虚心求教［M］//《读者文摘精华 榜样的无穷力量 学生版》/紫毫主编，北京：北京工业大学出版社，2017P. 142

诗涌着的日子——郭沫若的几句语［M］//《回眸一笑你倾城》/贺静著，北京：团结出版社，2017P. 130

郭沫若故居［M］//《四川旅行 LET’S GO 全新第2版》/《亲历者》编辑部编著，北京：中国铁道出版社，2017P. 187

郭沫若诗词二首［M］//《诗国·华语诗词丛刊〈诗国〉特辑 卷2》/易行主编，北京：中国书籍出版社，2017P. 24

郭沫若研究［M］//《现代中国文化与文学 24》/李怡，毛迅主编，成都：巴蜀书社，2018. 05 P. 156

鲁迅研究、郭沫若研究的新视野与新突破［M］//《现代中国文化与文学 24》/李怡，毛迅主编，成都：巴蜀书社，2018. 05 P. 335

现代新诗奠基人——郭沫若［M］//《中国现代文学史稿》/魏洪丘著，重庆：西南师范大学出版社，2018. 09 P. 77

引吭高歌人的力量——郭沫若的《女神》［M］//《黄修己集》/黄修己著，广州：广东人民出版社，2018. 05 P. 31

略说郭沫若与二十世纪中国文化——郭沫若的《女神》［M］//《黄修己集》/黄修

己著，广州：广东人民出版社，2018.05 P.250

郭沫若 女神之再生（节选）［M］//《不要温和地走进那个良夜》/悦读纪编，江苏凤凰文艺出版社，2018.07 P.254

《沫若诗集》［M］//《谈新诗》/废名著，北京：商务印书馆，2018.06 P.175

作家与画家的翰墨缘——郭沫若《女神》［M］//《书人书事 我收藏的签名本》/雪野著，杭州：浙江文艺出版社，2018.05 P.2

郭沫若：怎能禁制得不爱你［M］//《中国现代作家的爱欲抒写》/叶永胜著，芜湖：安徽师范大学出版社，2018.08 P.52

郭沫若［M］//《20世纪30年代中国文人论美国文学》/张宝林，尹雯主编，北京：中国社会科学出版社，2018.07 P.233

纪念邓泽生先生 郭沫若［M］//《回忆邓演达》/中国农工民主党中央委员会编，北京：中国文史出版社，2018.01 P.10

鲁迅、郭沫若的良好开端［M］//《中国现代传记文学史论》/辜也平著，北京：人民文学出版社，2018.09　P.62

（三）学位论文

日本的郭沫若《女神》研究［D］/吴光宇著；指导导师：徐行言//西南交通大学硕士论文，2017

郭沫若甲骨文字考释研究［D］/刘琳珊著；指导导师：张金霞//山东师范大学硕士论文，2017

马克思主义家庭观视域下的郭沫若历史剧研究［D］/肖静著；指导导师：范国英//西华大学硕士论文，2017

郭沫若英诗汉译原则探析［D］/杨君君著；指导导师：李正栓//河北师范大学硕士论文，2017

郭沫若与中国科学院（1949—1978）［D］/向明著；指导导师：王扬宗//中国科学院大学博士论文，2017

《新闻特集8·12日航坠机事件》的翻译实践报告——以郭沫若翻译理论为指导［D］/王思远著；指导导师：蒋莉//广西师范大学硕士论文，2017

新时代的“知”与“行”——以郭沫若、钱钟书、傅雷为中心［D］/王童谣著；指导导师：郑春//山东大学博士论文，2017

《虎符》接受史研究［D］/李向利著；指导导师：廖久明//西南大学硕士论文，2017

操纵论视角下《屠场》三个中译本的比较研究［D］/胡湘雨著；指导导师：袁斌业//广西师范大学硕士论文，2017

郭沫若的苏联观研究［D］/史旭超著；指导导师：李随安//黑龙江省社会科学院硕士论文，2018

论郭沫若文学创作中的疾病书写［D］/乔敏著；指导导师：邓利//四川师范大学硕士论文，2018

基于语料库的郭沫若《生命之科学》译者风格研究［D］/于秀秀著；指导导师：徐彬//山东师范大学硕士论文，2018

功能对等理论视角下郭沫若翻译观及其译著《生命之科学》的研究［D］/王莎著；指导导师：徐彬//山东师范大学硕士论文，2018

从文学革命到理论突破——创造社对马克思主义理论的接受与传播研究［D］/王春悦著；指导导师：张克非//兰州大学硕士论文，2018

民国时期《屈原》热研究［D］/赖丽丽著；指导导师：廖久明//西南大学硕士论文，2018

多元理论视角下郭沫若诗歌翻译对其诗歌创作的影响研究——以《女神》为例［D］/汪军著；指导导师：林元富//福建师范大学硕士论文，2018

郭沫若对马克思主义哲学思想的运用研究［D］/戴波著；指导导师：申淑华//渤海大学硕士论文，2018

（四）期刊论文、资料

“法家学”的新篇章：近代中国马克思主义史学家的法家研究［J］/程燎原//社会科学战线. 2017（1）

希望与恐怖——左翼文化在广州的短暂时光［J］/石天强//书城. 2017（1）

关于《文工会签名轴》二三事［J］/王锦厚//新文学史料. 2017（1）

奴隶社会之辩——重审中国奴隶社会阶段论争［J］/陈民镇//历史研究. 2017（1）

一波三折的《洪波曲》［J］/韩诚//新文学史料. 2017（1）

郭沫若《煤油》汉译的归化策略研究［J］/张慧//枣庄学院学报. 2017（1）

鲁迅为何骂郭沫若？［J］/许纪霖//江淮文史. 2017（1）

司马迁生年十年之差百年论争述评［J］/张大可//渭南师范学院学报. 2017（1）

郭沫若对河上肇的接受和修改［J］/熊权//中国现代文学研究丛刊. 2017（1）

新中国成立后党加强对科学事业领导的实现过程——以中国科学院为中心的考察［J］/向明//浙江学刊. 2017（1）

中国鞋史系列篇之——郭沫若吟诗赞布鞋［J］/全岳//西部皮革. 2017（1）

郭沫若早期历史剧创作与诗句翻译钩沉［J］/张勇//北方论丛. 2017（1）

郭沫若《英诗译稿》的艺术特色和多重内涵［J］/张勇//齐鲁学刊. 2017（1）

鲁迅与郭沫若的童话实践与文学选择［J］/乔世华//党政干部学刊. 2017（1）

现代诗人节的确立与新诗人的诞生［J］/刘奎//江汉学术. 2017（1）

语言变革与中国现代话剧的“诗化”［J］/王佳琴//中国文艺评论. 2017（1）

改革开放初期学术界对郭沫若古史分期理论的论辩［J］/周书灿//史学理论研究.

2017（1）
郭沫若人生中的“三座高峰”及其历史评价［J］/刘海洲//许昌学院学报.2017（1）
五四白话文的诗意何为——以胡适、郭沫若新诗为中心［J］/邓伟//青海社会科学.2017（1）
《甲申三百年祭》相关问题新探讨［J］/王建国//中共中央党校学报.2017（1）
博物馆文化景观视域下的文学经典阅读方式的变革［J］/张勇//中国博物馆.2017（1）
短暂的奇葩——论创造社前期的浪漫主义创作［J］/王刚//延边教育学院学报.2017（1）
杜国庠和郭沫若在孔墨研究上的学术分歧［J］/李勇//淮北师范大学学报（哲学社会科学版）.2017（1）
郭沫若与中国马克思主义史学学术研讨会综述［J］/贾怡萍//高校社科动态.2017（1）
郭沫若译介辛克莱小说的异化策略研究［J］/张慧//郭沫若学刊.2017（1）
《蔡文姬》浪漫主义艺术成就和特色论略［J］/石兴泽//郭沫若学刊.2017（1）
论郭沫若小说中疾病的隐喻［J］/赖丽丽//郭沫若学刊.2017（1）
关于收集、整理回忆郭沫若作品的几点想法［J］/陈永志//郭沫若学刊.2017（1）
郭沫若研究中的非议及批评话语的演变［J］/刘海洲//郭沫若学刊.2017（1）
由衷地哀悼我们这位多才的青年作家敬隐渔［J］/郭沫若//郭沫若学刊.2017（1）
敬隐渔和郭沫若［J］/庆云//郭沫若学刊.2017（1）
关于敬隐渔研究的一点情况和想法——在敬隐渔学术研讨会上的发言［J］/王锦厚//郭沫若学刊.2017（1）
《易传》的制作时代及作者再探——兼评郭沫若易学史研究的相关问题［J］/王宁//郭沫若学刊.2017（1）
郭沫若的韩非子批判评析［J］/杨胜宽//郭沫若学刊.2017（1）
郭沫若话剧创作分野探因［J］/梅琳//连云港师范高等专科学校学报.2017（1）
郭沫若与鲁迅［J］//百年潮.2017（2）
抗战时期郭沫若与沈钧儒的诗词酬唱［J］/李斌//群言.2017（2）
浅论郭沫若通俗文学观的嬗变［J］/刘竺岩//兰州教育学院学报.2017（2）
叛逆与创造：教育经历与郭沫若的诗歌［J］/马明瑞//宜宾学院学报.2017（2）
郭沫若初赴日本动机的心路历程——基于清末教育变革分析［J］/屈军//成都师范学院学报.2017（2）
从《文艺论集》到《文艺论集续集》看郭沫若文艺思想的流变［J］/赵敏，廖鹏飞//成都理工大学学报.2017（2）
情感教育剧：《屈原》的形势与政治［J］/刘奎//文学评论.2017（2）

历史的真实与人性的真实——从《蔡文姬》到《曹操与杨修》［J］/王彬彬//文学评论. 2017（2）

中国新文学作家与侠文化研究述评与反思［J］/陈夫龙//山东师范大学学报（人文社会科学版）. 2017（2）

论20世纪中国文学启蒙精神与个性主义的流变［J］/原小平//青海社会科学. 2017（2）

郭沫若与九州博多的文化情缘［J］/闫朝华//宝鸡文理学院学报（社会科学版）. 2017（2）

现代史学批评的另一面相——民国学人日记中的唯物史观史学［J］/何刚//史学史研究. 2017（2）

"风韵译"视野里的《屠场》译文研究［J］/咸立强//郭沫若学刊. 2017（2）

我们决不就此收场——朱维基《寄郭沫若先生》释读［J］/巩佳星//郭沫若学刊. 2017（2）

愁城中的一篇访问记——郭沫若先生近况［J］/仁子//郭沫若学刊. 2017（2）

郭沫若与乐嘉煊［J］/李树德//郭沫若学刊. 2017（2）

"照着我写"与"替曹操翻案"的纠结——看程派名剧《文姬归汉》想到郭沫若写《蔡文姬》［J］/谢保成//郭沫若学刊. 2017（2）

话剧《蔡文姬》的剧本创作及修改始末［J］/熊国平//郭沫若学刊. 2017（2）

郭沫若近体诗韵谱［J］/黄毓芸//郭沫若学刊. 2017（2）

《秦川文集》出版［J］/魏红珊//郭沫若学刊. 2017（2）

迎接郭沫若研究新的春天：中国郭沫若研究会第三届青年论坛综述［J］/吴辰//郭沫若学刊. 2017（2）

四川省郭沫若研究会2017年会长扩大会议在成都召开［J］/何刚//郭沫若学刊. 2017（2）

郭沫若诗歌翻译中的"移情"——以翻译雪莱诗歌为例［J］/高洁//三峡大学学报（人文社会科学版）. 2017（2）

郭沫若文学作品量词"匹"研究［J］/邓帮云//郭沫若学刊. 2017（2）

北伐，开启郭沫若亦文亦政的人生模式［J］/蔡震//郭沫若学刊. 2017（2）

纪念邓择先先生［J］/郭沫若//郭沫若学刊. 2017（2）

论郭沫若对荀子的批判［J］/娄梦然//华中师范大学研究生学报. 2017（2）

王亚平年谱画传［J］/王渭//新文学史料. 2017（2）

割裂还是继承——浅谈中国现代新诗与传统诗歌的关系［J］/杜楠玥//北方文学（下旬）. 2017（3）

论郭沫若与惠特曼诗歌的精神关系——兼与史记先生商榷［J］/杜璇，周中明//学术界. 2017（3）

郭沫若诗歌翻译中意向重构的三化手法［J］/宋雨涵，周阳//文学教育（下）. 2017（3）

五象美视角下的郭沫若诗歌翻译研究［J］/何明烈//文学教育（下）. 2017（3）

正统与划时代：革命文学运动背景下的文学革命历史叙事［J］/葛飞//文艺争鸣. 2017（3）

风雨路上的温情——与傅二石谈傅抱石之四［J］/张荣东，王凤娟，景敏//爱尚美术. 2017（3）

谷崎润一郎与湘籍现代戏剧家交往史考证［J］/张能泉//湘潭大学学报（哲学社会科学版）. 2017（3）

庄子与中国现代文学［J］/陶德·威廉·弗利，徐冰//南方文坛. 2017（3）

论郭沫若的《赫曼与窦绿苔》汉译［J］/彭建华//盐城师范学院学报（人文社会科学版）. 2017（3）

一个“自由主义者”的碰壁——关于萧乾与郭沫若恩怨的考辨［J］/赵洪星，孙基林//鲁东大学学报（哲学社会科学版）. 2017（3）

论时代思潮与王昭君文学形象的嬗变——以《琴操》、《汉宫秋》、郭沫若《王昭君》、曹禺《王昭君》为例［J］/宋敏//三峡论坛（三峡文学理论版）. 2017（3）

《茶馆》与《屈原》之戏剧美学比较论析［J］/谢昭新//安徽师范大学学报（人文社会科学版）. 2017（3）

哲学社会科学学部与中国科学院的关系变迁——兼谈郭沫若的角色［J］/向明//江苏大学学报（社会科学版）. 2017（3）

延安文艺运动中的马克思主义文学批评中国化探索［J］/石在中，黄念然//社会主义研究. 2017（3）

经典气度，诗性忧思——评张炜的《也说李白与杜甫》［J］/王晓梦//百家评论. 2017（3）

郭沫若与中国马克思主义史学学术研讨会综述［J］/贾怡萍//中国史研究动态. 2017（3）

中国古史分期流派新探［J］/王海明//华侨大学学报（哲学社会科学版）. 2017（3）

郭沫若与唱和传统的现代嬗变［J］/刘奎//长江学术. 2017（3）

郭沫若与中国马克思主义史学的诞生与发展［J］/邹兆辰//史学理论研究. 2017（3）

郭沫若和中国马克思主义史学的成就与不足［J］/何晓明//史学理论研究. 2017（3）

郭沫若唯物史观接受史［J］/李勇//史学理论研究. 2017（3）

时代、人与文化的全面把握——评秦川先生的“郭沫若研究”［J］/高菱舟//郭沫若学刊. 2017（3）

郭沫若初读《贞松堂集古遗文》时间考［J］/李红薇//郭沫若学刊. 2017（3）

历史的真实与艺术的虚构——兼及郭沫若历史剧《王昭君》的“和亲”问题［J］/

杨胜宽//郭沫若学刊. 2017（3）

郭老为我画上题诗的回忆［J］/金德娟//郭沫若学刊. 2017（3）

思想史与学术史交错下的“说儒”之争——以胡适、郭沫若、钱穆为例［J］/崔庆贺//郭沫若学刊. 2017（3）

郭沫若何以跻身“甲骨四堂”［J］/冯雷//郭沫若学刊. 2017（3）

“八·一三”前夕郭沫若先生归国经过［J］/崔万秋//郭沫若学刊. 2017（3）

郭沫若归国初期抗战工作剪影［J］/王兴//郭沫若学刊. 2017（3）

安娜夫人［J］/余时//郭沫若学刊. 2017（3）

郭沫若归国与庐山会议筹备工作关系考［J］/廖久明//郭沫若学刊. 2017（3）

郭沫若海外十年金文文献整理研究述要［J］/罗业恺//郭沫若学刊. 2017（3）

“回现场”的中国现当代文学教学策略——以冰心巴金挽悼郭沫若散文教学为例［J］/乔世华//黎明职业大学. 2017（3）

热度·限度·难度：建国后《女神》研究之研究［J］/张勇//鲁迅研究月刊. 2017（4）

刘体智小校经阁：藏书宏富，青铜甲骨［J］/韦力//收藏. 2017（4）

重庆较场口血案始末［J］/胡平原//炎黄春秋. 2017（4）

翦伯赞与郭沫若的深厚情谊［J］/罗永常//党史纵览. 2017（4）

《北伐途次》与“幽灵出版社”——盗版对民国作家生存与创作影响之管窥［J］/周文//党史纵览. 2017（4）

反镜像的自恋诗学——戴望舒诗歌中的记忆修辞与自我的精神分析［J］/米家路，赵凡//江汉学术. 2017（4）

经典化视野下郭译《德国诗选》分析［J］/彭建华//长沙理工大学学报（社会科学版）. 2017（4）

中国理论界对“马克思恩格斯论中国”的传播［J］/王东红//赣南师范大学学报. 2017（4）

历史剧的问题与反思［J］/刘红娟//当代戏剧. 2017（4）

郭沫若早期文史研究中的唯物史观新探［J］/孙寿涛，周德丰//理论与现代化. 2017（4）

弘扬沫若文化建设工旅融合发展示范区［J］/左小林//中共乐山市委党校学报. 2017（4）

历史剧大讨论述略及其对中国历史电影发展的影响［J］/储双月//贵州大学学报（艺术版）. 2017（4）

郭沫若《李白与杜甫》著述动机发微［J］/李斌//首都师范大学学报（社会科学版）. 2017（4）

以动物的名义——郭沫若文艺性散文中的动物意象［J］/陈艳玲//郭沫若学刊.

2017（4）

“盘肠大战”论争中的茅盾与郭沫若［J］/廖久明//新文学史料. 2017（4）

再谈郭沫若致张煌的两封佚信［J］/熊飞宇//郭沫若学刊. 2017（4）

一场未能展开的争论——关于《尾巴主义的讨论》的讨论［J］/庆云//郭沫若学刊. 2017（4）

从“文学革命”到“革命文学”［J］/刘峰//郭沫若学刊. 2017（4）

论“孤岛”时期女作家恽涵对郭沫若剧作《卓文君》的改编［J］/黄莹//郭沫若学刊. 2017（4）

残春梦与肥皂泡——《残春》《肥皂》殊途同归论［J］/马文美//郭沫若学刊. 2017（4）

三十年的坚守——纪念《郭沫若学刊》“而立”之年［J］/杨胜宽//郭沫若学刊. 2017（4）

我们为什么要坚持郭沫若研究［J］/王锦厚//郭沫若学刊. 2017（4）

奋力拨迷雾锐意求真说——纪念《郭沫若学刊》创刊 30 周年［J］/郑一//郭沫若学刊. 2017（4）

郭沫若早年若干史料的考订、考辨［J］/蔡震//郭沫若学刊. 2017（4）

“我们年青的科学家应该懂点文学”——郭老与中科大学生互动散记［J］/方黑虎//郭沫若学刊. 2017（4）

民国十年郭沫若改写本《西厢》价值重估［J］/胡非玄//郭沫若学刊. 2017（4）

郭沫若为《文艺青年》题词［J］/郭沫若//郭沫若学刊. 2017（4）

郭沫若给旭东的题词［J］/郭沫若//郭沫若学刊. 2017（4）

《沫若自传》中“自我”形象的塑造［J］/陈宇//郭沫若学刊. 2017（4）

郭沫若“人民本位”说新探［J］/宁腾飞//郭沫若学刊. 2017（4）

尊孔与重经：郭沫若对刘沅经学的发挥与超越［J］/刘平中//郭沫若学刊. 2017（4）

抗战后期郭沫若墨学批判的缘起及学术意义［J］/张晓鹏//郭沫若学刊. 2017（4）

人生历沧桑　读史情深长——谢保成教授访谈录［J］/周文玖，王舒琳//史学史研究. 2017（4）

一点都不“随便”［J］/郑建周//语文学习. 2017（5）

重评徐志摩：民主诗学的可能与限度［J］/王冬冬//中国现代文学研究丛刊. 2017（5）

对“非郭沫若”认识装置的反思［J］/李斌//文艺理论与批评. 2017（5）

郭沫若英诗汉译体裁特征及其成因分析［J］/薛菲//佳木斯职业学院学报. 2017（5）

“赶考”永远在路上［J］/董兆伟//党政论坛. 2017（5）

“例示研究古史的一条大道”——再论郭沫若《中国古代社会研究》［J］/张越//中共党史研究. 2017（5）

郭沫若的诗歌翻译探析——以雪莱的《西风颂》为例［J］/朱玉梅//安徽文学（下半月）.2017（5）

出土文献所见“众”、“民”的性质——重审中国奴隶社会阶段论争［J］/陈民镇//社会科学文摘.2017（5）

同道异趣：郭沫若和范文澜的先秦诸子研究［J］/李勇//河南师范大学学报（哲学社会科学版）.2017（5）

《殷契粹编》版本简论［J］/黄益飞//文献.2017（5）

中国社会史论战中的马克思主义史学——基于学术共同体的考察［J］/朱慈恩//厦门大学学报（哲学社会科学版）.2017（5）

名胜古迹中的“故错字”知多少［J］/王刚//钟山风雨.2017（5）

《班簋铭》之“戕人”与“东或”新考［J］/任乃宏//中原文物.2017（5）

泰戈尔与郭沫若的诗歌精神［J］/孙宜学，周青//同济大学学报（社会科学版）.2017（5）

对于父亲，郭沫若的表达似有“不恭”［J］/周文//博览群书.2017（6）

1937年郭沫若和张发奎在浦东的交往［J］/金全国//炎黄春秋.2017（6）

英诗汉译策略中“直译”与“风韵译”对比研究——以“A Red，Red Rose”译文为例［J］/李立云//龙岩学院学报.2017（6）

近百年来私人书信祝颂语研究［J］/李滢洁//现代语文（语言研究版）.2017（6）

郭沫若对马克思主义中国化的贡献［J］/戴波//赤峰学院学报（汉文哲学社会科学版）.2017（6）

鲁迅小说文体问题论争史的考察与思考［J］/刘红娟//鲁迅研究月刊.2017（6）

高山流水　良师益友——记周恩来对阳翰笙的深刻影响［J］/徐志福//文史杂志.2017（6）

关东有弟子　只有白石知——读已故画家周铁衡先生的画［J］/张桐瑀//国画家.2017（6）

从编辑学视角考察一段草书史资料以讹传讹的引用［J］/李应青//出版科学.2017（6）

“中国题材”的政治——中日左翼文学交流中的《我的母国·作为日本文学课题》［J］/熊鹰//文学评论.2017（6）

河上肇早期学说、苏俄道路与郭沫若的思想转变［J］/李斌//文学评论.2017（6）

由《博物志》中引文看司马迁生年的纷争［J］/李小成，冯晓宇//唐都学刊.2017（6）

一次失败的诗学探索——现代中国诗歌从意象主义到惠特曼主义的转化［J］/方志彤，何吉贤//现代中文学刊.2017（6）

译者意图与读者期待——论《一朵红红的玫瑰》两个中译本的翻译策略选择［J］/

胡安江，彭红艳//外国语文.2017（6）
长沙大火：究竟谁是纵火者？［J］/王自军//同舟共进.2017（8）
泰戈尔戏剧和郭沫若早期戏剧之比较［J］/徐瑶//社会科学战线.2017（8）
1927 年的叶挺与张发奎［J］/金全国//炎黄春秋.2017（8）
劈开黑暗的长歌——从戏剧文本样式角度解读《雷电颂》［J］/马志英//中学语文教学.2017（8）
论郭沫若之屈原研究［J］/舒梓剑，宋雪松//佳木斯职业学院学报.2017（8）
摭谈《兰亭集序》的情感突变［J］/万志祎，郑晓峰//黑龙江教育学院学报.2017（8）
《女神》文学史意义新识——从中国现当代文学的一种发展走向考察郭沫若的文学史行为［J］/刘江//甘肃高师学报.2017（8）
鲁迅为何骂郭沫若［J］/许纪霖//文学教育（下）.2017（9）
赵清阁与郭沫若的渝州情谊［J］/颜坤琰//红岩春秋.2017（9）
郭沫若与淞沪会战中的战地服务队［J］/叶小明，许志刚//档案记忆.2017（9）
郭沫若的古文字研究思想与方法［J］/黄思贤//理论月刊.2017（9）
郭沫若“整理国故”的理论与经验［J］/周晓平//中国现代文学研究丛刊.2017（9）
郭沫若论道家学术［J］/李哲//西部学刊.2017（9）
“读经”与中国传统文化的分层化、多元化教育——以《诗经》教育活动为例［J］/曾平//教育与教学研究.2017（9）
档案里的大爱［J］/方黑虎//北京档案.2017（9）
郭沫若的马克思主义哲学思想研究综述［J］/戴波//赤峰学院学报（汉文哲学社会科学版）.2017（9）
郭沫若：从神话少年到史话英雄［J］/吴戈//四川戏剧.2017（9）
“采桑女”未必认同郭沫若的说法［J］/刘怀荣//博览群书.2017（10）
郭沫若南昌起义历险记［J］/杨琳，叶福林//百年潮.2017（10）
郭沫若题词：经师易遇人师难［J］/谢婷婷//文史博览.2017（10）
意义对称与现代自由体诗歌“内在旋律”的生成——以郭沫若、艾青的新诗创作为例［J］/高健//学习与探索.2017（10）
顾彬《20 世纪中国文学史》中的“史”与“论”——以对郁达夫的文学史书写为中心［J］/段煜//文艺评论.2017（10）
论《在延安文艺座谈会上的讲话》后艺术人民性理论的建构与发展［J］/刘永明//美与时代（下）.2017（10）
纪念南昌起义的珍贵题词［J］/刘小花//党史文苑.2017（11）
郭沫若教育思想对当代大学生思想政治教育的启示［J］/蒲彦羽//西部素质教育.2017（11）

纪念张天虚诞辰106周年——郭沫若铭赞“铁轮有书”的张天虚［J］/董杨//黑龙江史志. 2017（11）

蒋光慈：最先倡导革命文学的作家［J］/叶介甫//档案记忆. 2017（11）

唯物史观走向民众的重要途径——论民国时期郭沫若历史剧的贡献及其启示［J］/张克非//湖北社会科学. 2017（11）

唯物史观与郭沫若的古典文学研究——以《诗经》研究、屈原研究为例［J］/郭士礼//湖北社会科学. 2017（11）

诸子研究须先理清诸子所处社会的政治经济特征［J］/沈长云//史学月刊. 2017（11）

对2005新版《鲁迅全集》一处注释的商榷［J］/孟文博//鲁迅研究月刊. 2017（11）

屈原像：新中国成立初期的“和平使者”［J］/仇盛，吴晓欧//中国书画. 2017（11）

邓拓与郭沫若的三次唱和［J］/冯锡刚//同舟共进. 2017（12）

“一带一路”与郭沫若［J］/张勇//博览群书. 2017（12）

微博历史［J］//文史博览. 2017（12）

《兰亭序》与庄子生命观［J］/肖鹰//学术界. 2017（12）

翻译美学视角下的郭沫若“风韵译”翻译思想［J］/薛菲//科教导刊（下旬）. 2017（12）

浅议清末四川文化对郭沫若的影响［J］/周倩//戏剧之家. 2017（14）

傅抱石《丽人行》的流转：起初送给郭沫若［J］/许礼平//公关世界. 2017（16）

《天上的街市》教学设计［J］/王丽敏//中国农村教育. 2017（16）

假如没有徐悲鸿和郭沫若　傅抱石还会不会成拍场传奇？［J］/南棠//公关世界. 2017（18）

毛泽东诗词艺术歌曲美学特征刍议——以《满江红·和郭沫若同志》为例［J］/罗群//当代音乐. 2017（19）

“三美”并重译诗歌，“三化”齐备构意象——郭沫若汉译《黄水仙花》赏评［J］/宋雨涵//语文建设. 2017（21）

郭沫若《女神之再生》的艺术特色分析［J］/刘语嫣//现代交际. 2017（22）

1949年前郭沫若集外现代诗刍议［J］/周倩，刘竺岩//文教资料. 2017（25）

教育要有底线思维［J］/陕声祥//教学与管理. 2017（26）

基于三美论的《孤鸟》汉译比较研究——以郭沫若与苏曼殊的翻译为例［J］/何明烈//语文建设. 2017（27）

“真诗”与“真诗人”——从《三叶集》看田汉、宗白华、郭沫若早期思想的“真”［J］/李彦//名作欣赏. 2017（35）

背景与出发点——从关山月西南、西北写生引发的思考［J］/吴洪亮//中国书画. 2018（1）

建立在伪史料基础上的“晚年郭沫若”研究［J］/李斌//当代文坛. 2018（1）
回忆郭沫若史料的真实性辨析［J］/蔡震//当代文坛. 2018（1）
辗转西迁：周恩来在 1938［J］/丁英顺//红岩春秋. 2018（1）
“空间信赖”与“空间恐惧”在中西诗歌中的体现——以郭沫若与昂特迈耶的星空诗歌为例［J］/陈伟莲//海外英语. 2018（1）
雪莱 Invocation to Misery 汉译对比［J］/唐春梅//郭沫若学刊. 2018（1）
郭沫若的集外书信六封［J］/冯锡刚//郭沫若学刊. 2018（1）
“建设的批评”：构想・实现・意义［J］/陈永志//郭沫若学刊. 2018（1）
《创造季刊》与前期创造社的纯文艺取向［J］/马凯凤，陈红旗//郭沫若学刊. 2018（1）
郭沫若集外演讲记录稿《写作经验谈》叙论［J］/凌孟华//郭沫若学刊. 2018（1）
郭沫若《女神》的版本学研究［J］/郑艳明//郭沫若学刊. 2018（1）
没有“形势”的诗——新诗建构中的郭沫若诗论［J］/梁波//郭沫若学刊. 2018（1）
《郭沫若研究文库》第一辑两种书影［J］//郭沫若学刊. 2018（1）
郭沫若研究的春天已经到来——在第三届郭沫若青年论坛开幕式上的致辞［J］/魏建//郭沫若学刊. 2018（1）
甲骨文“𢓊”字考论——两版《甲骨文字研究》的研究系列之一［J］/李凤英//郭沫若学刊. 2018（1）
郭沫若早期研究中的巴比伦情结［J］/董晓博，晁雪婷//郭沫若学刊. 2018（1）
从文献整理的角度谈郭沫若的石鼓文研究［J］/罗业恺//郭沫若学刊. 2018（1）
试论郭沫若海外十年甲骨文献整理研究的特点［J］/罗业恺//成都工业学院学报. 2018（1）
《郭沫若题赠档案馆》［J］/胡湘粤//档案时空. 2018（1）
中国现代文学批评标准的演变轨迹与类型分析［J］/李伟长//文学与文化. 2018（1）
从名人・名作・名物中走进文化名人纪念馆——从郭沫若纪念馆说起［J］/张勇//博物院. 2018（1）
有经有权：郭沫若与毛泽东文艺体系的传播与建立［J］/刘奎//东岳论丛. 2018（1）
郭沫若归国抗战始末［J］/吴基民//同舟共进. 2018（1）
论“剧曲”之于《女神》的意义［J］/周维东//中山大学学报（社会科学版）. 2018（1）
出版名家——楼适夷［J］//现代出版. 2018（1）
实事求是：20 世纪中国史学的珍贵遗产［J］/陈其泰//淮阴师范学院学报（哲学社会科学版）. 2018（1）
让主体与历史彼此敞开［J］/吴晓东//读书. 2018（1）
郭沫若《女神》中的反复辞格例析——兼论《女神》反复辞格对郭沫若诗歌创作的

影响［J］/刘竺岩//兰州教育学院学报. 2018（1）
郭沫若对当代新台阁体诗词创作的影响［J］/周于飞//牡丹江大学学报. 2018（1）
胡适与郭沫若——从郭沫若的一封信谈起［J］/曾祥金//粤海风. 2018（1）
中国新诗早期的开创者［J］/洪迪//台州学院学报. 2018（1）
个体诉求与女性意识——台湾新编昆剧《蔡文姬》的“另类”表达［J］/陈琛//戏友. 2018（1）
郭沫若泛表现主义文艺观对其文学翻译思想的影响［J］/丁振琴//海外英语. 2018（2）
“马克思能否进孔庙?”——1925 年一场争论引发的思考兼及马克思主义与儒家思想的融通问题［J］/殷国明//吉首大学学报（社会科学版）. 2018（2）
郭沫若《女神》及其校勘著作版本举隅［J］//现代中文学刊. 2018（2）
郭沫若故居［J］/吕争//现代中文学刊. 2018（2）
《郭沫若年谱长编》出版［J］//现代中文学刊. 2018（2）
生态翻译学视角下 Like Barley Bending 的翻译研究［J］/陈薇//赤峰学院学报（汉文哲学社会科学版）. 2018（2）
现代汉语虚词与郭沫若《女神》的审美效应［J］/钱韧韧//华中师范大学学报（人文社会科学版）. 2018（2）
唯物史观对中国历史研究的价值和意义［J］/张艳国//中国史研究. 2018（2）
第五届郭沫若中国历史学奖公告［J］//中国史研究. 2018（2）
“中国现代历史进程中的郭沫若”国际学术研讨会在乐山召开［J］//新文学史料. 2018（2）
王锦厚著《在郭沫若研究的路途上》［J］//新文学史料. 2018（2）
左翼文学视野里的创造社同人之厄普顿·辛克莱汉译［J］/咸立强//山东社会科学. 2018（2）
长与英雄共魂魄（下）——阳翰笙与田汉的革命情谊［J］/徐志福//文史杂志. 2018（2）
论《三叶集》《女神》对早期新诗观念的建构［J］/邓招华//北方论丛. 2018（2）
跟周恩来学智解“难题”［J］/孟红//党史文汇. 2018（2）
异域和他者眼中的郭沫若：《郭沫若在英语世界的传播与接受研究》引起的思考［J］/何俊//现代中文学刊. 2018（2）
译与介：米歇尔·鲁阿《郭沫若诗选》法译本分析［J］/胡娴//现代中文学刊. 2018（2）
苏雪林的两篇郭沫若评论［J］/刘卫国//现代中文学刊. 2018（2）
并非耽美：郭沫若在新文学视域下的性/别意识［J］/郑绩//现代中文学刊. 2018（2）

谈郭沫若首部长篇小说的“序幕”:《未央》佚文部分［J］/孟文博//现代中文学刊. 2018（2）

1921年郭沫若改写本《西厢》四论［J］/胡非玄//现代中文学刊. 2018（2）

国民政府军事委员会政治部文化工作委员会委员名单考［J］/廖久明//现代中文学刊. 2018（2）

日常生活策略与范式：中国现代历史小说的诗学选择［J］/关峰//兰州大学学报（社会科学版）. 2018（2）

郭沫若民族复兴思想形成的文化背景［J］/蔡震//贵州师范大学学报（社会科学版）. 2018（2）

家庭叙事与郭沫若早期小说研究［J］/颜同林//贵州师范大学学报（社会科学版）. 2018（2）

复调与对位——郭沫若早期十四行诗创作掠影［J］/张勇//贵州师范大学学报（社会科学版）. 2018（2）

文学革命到革命文学的另一种叙述——中国青年党视野下的革命与文学［J］/张武军//文学评论. 2018（2）

以“苏联”“延安”“重庆”为地标的文学构建——以《苏联纪行》《回忆延安》《离渝前×日记》为例［J］/唐蕾//学术界. 2018（2）

《瓶》——一曲动人的爱情挽歌［J］/潘龚凌子//汉江师范学院学报. 2018（2）

李济的奋斗——《从清华园到史语所——李济治学生涯琐记》读后［J］/吴强//中学历史教学参考. 2018（2）

重探郭沫若诗集《女神》的人类性审美特征［J］/朱德发//山东师范大学学报（人文社会科学版）. 2018（2）

郁达夫和佐藤春夫［J］/吕传彬//粤海风. 2018（2）

郭沫若的“创作论”与20世纪20至30年代英译汉小说的结缘［J］/叶春凤，唐渠//重庆电子工程职业学院学报. 2018（2）

郭沫若文化抗战思想述论［J］/张勇//郭沫若学刊. 2018（2）

“中国现代历史进程中的郭沫若”国际学术研讨会综述［J］/何刚//郭沫若学刊. 2018（2）

四川省郭沫若研究会第六届会员代表大会在乐山师范学院召开［J］/何刚//郭沫若学刊. 2018（2）

毛泽东读书笔记精讲［J］/陈晋//郭沫若学刊. 2018（2）

郭沫若新见文献四题［J］/贺宏亮//郭沫若学刊. 2018（2）

关于沈从文研究的几个问题——在“中国现代历史进程中的郭沫若”国际学术研讨会上的发言［J］/王锦厚//郭沫若学刊. 2018（2）

郭沫若与孩子剧团［J］/付冬生//郭沫若学刊. 2018（2）

论郭沫若历史剧的“空间”构建［J］/周英子//郭沫若学刊. 2018（2）
忆郭老鼓励中国科大学子攀登科学高峰［J］/方黑虎//郭沫若学刊. 2018（2）
论郭沫若小说中“复义”手法的运用［J］/刘盈盈//郭沫若学刊. 2018（2）
“中国现代历史进程中的郭沫若”国际学术研讨会在乐山师范学院召开［J］/何刚//郭沫若学刊. 2018（2）
国民政府军委会政治部第三厅与抗战广播［J］/廖利明，仇玉勇//郭沫若学刊. 2018（2）
《郭沫若年谱长编》的编撰与出版［J］/蔡震//郭沫若学刊. 2018（2）
郭沫若论“易”的观点变化及其时代关联性［J］/杨胜宽//郭沫若学刊. 2018（2）
郭沫若当代诗歌创作与传播［J］/魏汉武//杨凌职业技术学院学报. 2018（2）
“妖魔化”郭沫若是拒绝与中国的“短二十世纪”对话［J］/李斌//东方学刊. 2018（2）
论“恢复党权运动”与《请看今日之蒋介石》的写作［J］/邹家良//中国现代文学研究丛刊. 2018（3）
身份焦虑、民族认同与洋装政治——以创造社作家为例［J］/李永东//文艺研究. 2018（3）
周恩来在重庆的祝寿［J］/张秋兵//党史文汇. 2018（3）
论胡适、郭沫若十二三周岁前所学课程及启示［J］/廖其发//教育与教学研究. 2018（3）
王国维和米海里司共同影响郭沫若的中国古史研究［J］/李勇//云南大学学报（社会科学版）. 2018（3）
父亲丁景唐结识郭沫若茅盾经过［J］/丁言昭//世纪. 2018（3）
于佛堂中言庙堂事——郭沫若佚文续考兼及民国报刊文献的数据化问题［J］/金星//阜阳师范学院学报（社会科学版）. 2018（3）
民国时期的“自传热”［J］/尧育飞//粤海风. 2018（3）
第五届郭沫若中国历史学奖公告［J］//中国史研究动态. 2018（3）
陈明远与层累的“郭沫若现象”［J］/李斌//首都师范大学学报（社会科学版）. 2018（3）
北伐时期郭沫若给孙伏园的一封信［J］/邹家良//新文学史料. 2018（3）
郭沫若集外旧体诗词的整理［J］/蔡震//新文学史料. 2018（3）
制度的风景：旅苏游记与四十年代文化人的政治选择［J］/刘奎//新文学史料. 2018（3）
留学日本期间郭沫若的国家意识及其转变——以《牧羊哀话》为中心［J］/吴辰//新文学史料. 2018（3）
“提供更多真实的中国现代文学图景”——北京大学商金林教授访谈［J］/李斌//新

文学史料. 2018（3）

日本新发现郭沫若与创造社同仁等书信一组［J］/彭程//新文学史料. 2018（3）

郭沫若佚文辑述［J］/金传胜，卢婷婷//新文学史料. 2018（3）

1970 年代美国耶鲁大学保钓会与郭沫若的书信往来［J］/何玉//新文学史料. 2018（3）

寻找原乡：郭沫若祖籍地、家族世系探疑［J］/陈俐//新文学史料. 2018（3）

金帆：从抗战走来的诗人、词作家［J］/郑少斌//客家文博. 2018（3）

郭沫若研究及研究方法之我见——兼谈成为良史的五种素质及治史的底线［J］/廖久明//郭沫若学刊. 2018（3）

青年郭沫若的女性想象与女性书写［J］/侯桂新//郭沫若学刊. 2018（3）

郭沫若民国时期文艺性散文的意象营构［J］/陈艳玲//郭沫若学刊. 2018（3）

试论郭沫若的爱国主义思想［J］/杨子均//郭沫若学刊. 2018（3）

郭沫若史实考五题［J］/龚明德//郭沫若学刊. 2018（3）

作为“东方”的中国：1920 年代创造社的还乡叙事［J］/刘婉明//郭沫若学刊. 2018（3）

郭沫若为《“抗敌”三日刊》题词［J］/郭沫若//郭沫若学刊. 2018（3）

我所知农场劳动中郭世英的爱情往事［J］/万伯翱//郭沫若学刊. 2018（3）

忆文革末期拜访郭沫若原配夫人［J］/陈建明//郭沫若学刊. 2018（3）

郭沫若演讲史料考辨［J］/金传胜，薛婧妍//郭沫若学刊. 2018（3）

“郭沫若与世界文化高端论坛”学术研讨会综述［J］/张勇//郭沫若学刊. 2018（3）

郭沫若 陈铭枢 挽刘湘将军［J］//郭沫若学刊. 2018（3）

郭沫若的马克思主义哲学思想研究——基于“人民本位”思想［J］/戴波//湖北函授大学学报. 2018（4）

戴着镣铐的舞蹈——郭沫若十四行诗掠影［J］/张勇//博览群书. 2018（4）

论郭沫若《女神》内容及表达形式对现代诗词的影响［J］/傅晓翎//佳木斯职业学院学报. 2018（4）

中国文化在英语世界传播与接受研究的成果［J］/郝雨//社会科学论坛. 2018（4）

域外文化传播与中国作家研究空间的拓展——从“郭沫若与荷兰”相关文献说起［J］/易彬//求索. 2018（4）

“孺子牛的变质”：从“自嘲”到“自画像”［J］/程振兴//新文学史料. 2018（4）

来函摘登［J］//新文学史料. 2018（4）

历史剧论争及其问题域：去蔽与反思［J］/杨果，张露//重庆邮电大学学报（社会科学版）. 2018（4）

《郭沫若全集》收录若干问题浅论［J］/刘竺岩//黑河学刊. 2018（4）

《再生缘》与范秋塘［J］/史国强//文献. 2018（4）

新诗的理想［J］/周晓风//社会科学辑刊. 2018（4）
重审中国现代诗创作中的“双语现象”［J］/贾鑫鑫//江汉学术. 2018（4）
从一首无题诗谈鲁迅和郭沫若之关系［J］/陈南先//关东学刊. 2018（4）
郭沫若 1945 年对苏联的观察与思考［J］/李斌//文艺理论与批评. 2018（4）
近十年来走向世界的郭沫若研究［J］/魏建//山东师范大学学报（人文社会科学版）. 2018（4）
空间、媒介与自我:《在世界和平大会听到南京解放的消息》［J］/吴雪杉//美术研究. 2018（4）
“古诸侯称王说”公案考论［J］/代红//华北水利水电大学学报（社会科学版）. 2018（4）
郭沫若《残春》的精神分析学细读——兼谈对精神分析批评方法的理解［J］/管冠生//太原学院学报（社会科学版）. 2018（4）
浅析 1949 年后郭沫若的爱国主义思想［J］/杨子均//成都行政学院学报. 2018（4）
新见日藏郭沫若手批《两周金文辞大系考释》辑录［J］/李红薇，崎川隆//文史. 2018（4）
郭沫若与茅盾翻译思想之比较［J］/储银娟//郭沫若学刊. 2018（4）
郭沫若的五篇集外序跋［J］/冯锡刚//郭沫若学刊. 2018（4）
文化碰撞中的郭沫若旧体诗［J］/唐瑛//郭沫若学刊. 2018（4）
诗意葱茏的故事　引人入魔的“物哀”——论郭沫若的情感小说与“物哀”［J］/马文美//郭沫若学刊. 2018（4）
时代精神下的《黎明》——郭沫若儿童剧研究［J］/韩蕾蕾//郭沫若学刊. 2018（4）
郭沫若与现代中国大海精神的创造［J］/彭松//郭沫若学刊. 2018（4）
郭沫若佚诗一首［J］/孙利政//郭沫若学刊. 2018（4）
第六届国际郭沫若学会学术研讨会暨史料展在巴黎举行［J］/李斌//郭沫若学刊. 2018（4）
复数的女神：郭沫若的“人民”观探源［J］/李斌//郭沫若学刊. 2018（4）
郭沫若古文字学贡献及影响研究［J］/邓帮云//郭沫若学刊. 2018（4）
1940 年 4 月郭沫若在重庆嘉陵江北岸发掘汉墓［J］//郭沫若学刊. 2018（4）
郭沫若稷下黄老学派研究述论［J］/杨胜宽//郭沫若学刊. 2018（4）
瑞典物理学家汉尼斯·阿尔文 1972 年访华考论［J］/张烁，尹晓东//自然科学史研究. 2018（4）
杨树达《积微居金文说》的出版三题［J］/曾庆炳//中国出版史研究. 2018（4）
“以逗代步”重译 I Wandered Lonely as a Cloud——以郭沫若和顾子欣两个译本为基础［J］/马妮//民族翻译. 2018（4）
郭沫若与《请看今日之蒋介石》［J］/韩诚，赵洁//中国现代文学研究丛刊. 2018

（5）
郭沫若何以跻身“甲骨四堂”［J］/冯雷，余和祥//乐山师范学院学报. 2018（5）
“潘多拉魔盒”的开启——论《喀尔美萝姑娘》及其余波［J］/石键//内江师范学院学报. 2018（5）
《创造十年》的写作与新文学的场域竞争［J］/张霞//西华师范大学学报（哲学社会科学版）. 2018（5）
画情——傅抱石与郭沫若的交往［J］/万新华//收藏家. 2018（5）
中国新诗起点的历史建构与文学史的接受和认定［J］/余蔷薇//河北学刊. 2018（5）
郭沫若的“人民本位”史观及儒家民本思想意蕴［J］/徐国利//河北学刊. 2018（5）
圣地韶光——傅抱石《延安图》卷读记［J］/万新华//中国美术. 2018（5）
翻译场域中的资本较量对郭沫若翻译活动的影响［J］/黄勤，谢攀//外语教学. 2018（5）
《围城》与中国现代文学学科——此案涉及钱钟书、郭沫若、王瑶与唐弢［J］/夏伟//南方文坛. 2018（5）
郭沫若在思想史研究上的成就和贡献［J］/王启发//晋阳学刊. 2018（5）
论郭沫若在史学界“文化尖兵”角色的演变（1949—1959）［J］/朱春龙//晋阳学刊. 2018（5）
郭沫若与日本汉学界之学术关联考述——以《中国古代社会研究》为中心［J］/王舒琳//中南大学学报（社会科学版）. 2018（5）
郭沫若《蔡文姬》的版本变迁［J］/王阳//扬子江评论. 2018（5）
中国现代文学文献整理谈［J］/廖久明//现代中文学刊. 2018（5）
抗战时期“孩子剧团”大事记［J］/付冬生//重庆广播电视大学学报. 2018（5）
《棠棣之花》（第一幕）艺术特色浅析［J］/孙聪文//现代交际. 2018（6）
郭沫若与前海西街十八号里的二十平方米［J］/张勇//博览群书. 2018（6）
《三个叛逆的女性》对《玩偶之家》的借鉴与超越［J］/牟艳//绥化学院学报. 2018（6）
航道人巧破“八阵图”［J］/陶灵//红岩春秋. 2018（6）
论王富仁现代“作家论”的学术价值［J］/刘勇，张悦//汕头大学学报（人文社会科学版）. 2018（6）
郭沫若文艺思想的发展——基于佚文《诗歌的创作》［J］/周倩//文化学刊. 2018（6）
海外郭沫若研究的历史与现状——访中国郭沫若研究会执行会长蔡震［J］/蔡震，王学东//西华大学学报（哲学社会科学版）. 2018（6）
郭沫若对海涅的翻译与接受［J］/彭建华//盐城师范学院学报（人文社会科学版）. 2018（6）

金毓黻对唯物史观的体认——以《静晤室日记》为中心［J］/刘芹//齐鲁学刊.2018（6）
蒂斯黛尔与中国新诗的节奏建构［J］/王雪松//湖北大学学报（哲学社会科学版）.2018（6）
“自由中国”的来龙去脉［J］/桑兵//近代史研究.2018（6）
旧体诗对早期新诗变革的影响［J］/周军//北方论丛.2018（6）
郭沫若对辛格戏剧翻译的始源考据研究［J］/李成坚，黄伊柔//外国语文.2018（6）
丁帆：在现代与传统之间［J］/孟繁华//当代作家评论.2018（6）
建国后《女神》的文学史阐释与现代新诗发展脉络的重构［J］/咸立强//海南师范大学学报（社会科学版）.2018（6）
《商雒鼎铭》探究［J］/薛璞喆，贺淑红//商洛学院学报.2018（6）
《女神》的主题思想与艺术特色［J］/何莉丽//鄂州大学学报.2018（6）
“决不当李自成”：毛泽东不忘初心之缩影［J］/毛胜//湘潮.2018（7）
《郭沫若年谱长编》（五卷）［J］//中国现代文学研究丛刊.2018（7）
“周恩来与文化名人”图片展开幕［J］//红岩春秋.2018（8）
庆云堂［J］//收藏家.2018（8）
《反正前后》：作为“论说体”的自传［J］/李斌//中国现代文学研究丛刊.2018（8）
诗学观规约下的郭沫若诗歌翻译研究［J］/宋自容，王昌杰//安徽文学（下半月）.2018（8）
凤凰涅槃　浴火重生——重读《女神》［J］/王强伟//人文天下.2018（9）
郭沫若当选院士始末［J］/沈卫威//同舟共进.2018（9）
媒介仪式与政治斗争——重庆《新华日报》的祝寿活动及意义探析［J］/伍静//新闻记者.2018（9）
域外行旅与中国新诗的发生［J］/卢桢//文艺研究.2018（9）
倪贻德与创造社［J］/周延木//安徽文学（下半月）.2018（9）
辑佚当严谨——为《〈郭沫若全集〉集外散佚诗词考释》正误［J］/段煜//中国图书评论.2018（9）
郭沫若旅游情怀散记［J］/张勇//博览群书.2018（10）
郭沫若《重到晋祠》考辨［J］/杨玉霞，魏建//东岳论丛.2018（10）
《甲申三百年祭》：20世纪留给后人的“醒世恒言”［J］/王建国，王建强//炎黄春秋.2018（10）
中国现代文学教学的基本内涵及实践路径［J］/耿庆伟//齐齐哈尔大学学报（哲学社会科学版）.2018（10）
汉字简化宜谨慎——以改县名为例［J］/赵倚平//语文教学通讯·D刊（学术刊）.

2018（10）
名人家风家训新媒体传播策略探析——以郭沫若家风家训为例［J］/韩丹丹//传媒论坛.2018（11）
人物权威与中国现代文学社群的构建［J］/顾金春//福建论坛（人文社会科学版）.2018（11）
毛泽东的朋友圈［J］/梁贤之//党史博采（上）.2018（11）
青年郭沫若的烦闷［J］/陈闯//读书.2018（11）
在被遮蔽的历史地表之下——郭沫若“民间文艺”观历史演变考论［J］/孟文博//中国现代文学研究丛刊.2018（11）
胡适、郭沫若、周作人的新文学史叙事策略及话语权之争［J］/张军//中国现代文学研究丛刊.2018（11）
认知诗学视角下文学性的翻译思考［J］/张艳琼//吉林省教育学院学报.2018（11）
报业文化中的一道独特风景——河南19家党报报头来历及变迁［J］/朱建华//新闻爱好者.2018（11）
政治寿？文化寿？——郭沫若五十寿辰暨创作生活二十五周年纪念活动本末［J］/谭徐锋//人文杂志.2018（11）
郭沫若收藏物品四五件［J］/张勇//博览群书.2018（12）
如何深入郭沫若研究［J］/蔡震//东岳论丛.2018（12）
郭沫若研究的多重困境以及突破的必要［J］/王璞//东岳论丛.2018（12）
郭沫若的简单与复杂［J］/刘奎//东岳论丛.2018（12）
作为镜像和资源的郭沫若［J］/李斌//东岳论丛.2018（12）
郭沫若孟子学研究初探［J］/张少恩//中华文化论坛.2018（12）
沈尹默与郭沫若书学之异同［J］/石英//中国书法.2018（13）
对郭沫若早期新诗创作文学史评价的再阐释——以《女神》为例［J］/杨玉霞，聊城大学//出版广角.2018（13）
遮掩与暴露:《天狗》中的私人性经验［J］/张传敏//名作欣赏.2018（14）
论养成——选茶桌首发养成话题［J］/刘菁//经济.2018（14）
《鲁拜集》的译介传播，以及郭、黄译本对比［J］/许昆//传媒论坛.2018（15）
改写理论视阈下译者主体性研究——以郭译《鲁拜集》为例［J］/宋自容，程敏，王昌杰//湖北函授大学学报.2018（15）
《鲁拜集》经典中文译本辨析举隅［J］/李婷婷//文教资料.2018（18）
以风韵译赏析《你是人间的四月天》英译本的意象美——以赵彦春英译本为例［J］/万垚//海外英语.2018（19）
《总是不能忘记》与郭沫若文学思想发展［J］/付湛元//戏剧之家.2018（21）
张建利收集毛主席像章珍藏“红色印记”［J］/温来生//绿色中国.2018（22）

郭沫若与屈原［J］/洪烛//绿色中国.2018（22）
党史上事关生死的三次“重要对谈”［J］/石仲泉//四川党的建设.2018（22）
党史上的三次重要对谈［J］/石仲泉//新湘评论.2018（24）

（五）报纸论文、资料

郭沫若就阜南出土战国时期楚国金币“郢爰”曾给韩自强回信［N］/曹炯//阜阳日报，2017.01.19
郭沫若与枸杞芽［N］//中国中医药报，2017.02.13
郭沫若的“若”是指青衣江吗？［N］/罗家祥//三江都市报，2017.02.23
郭沫若与枸杞芽［N］//今日翼城，2017.02.24
郭沫若旧居修缮工程完成竣工验收［N］/代婧靓//渝中报，2017.02.27
昔日 郭沫若题词羊晚“花地”今日 广州书家临写别有韵味［N］/黄宙辉，黄琼//羊城晚报，2017.02.28
郭沫若的“若”是指青衣江吗？［N］/罗家祥//三江都市报，2017.03.02
郭沫若诗赞铁道兵［N］/梅梓祥//中国铁道建筑报，2017.03.02
郭沫若纪念馆展出“布幅上的国粹”［N］//劳动午报，2017.03.03
抗战时期的郭沫若和天官府8号［N］/代婧靓//渝中报，2017.03.06
寻找郭沫若的“诗八章”［N］/王治国//三门峡日报，2017.03.07
郭沫若纪念馆“三八”活动出新意［N］//中国文物报，2017.03.17
郭沫若和他的静坐健身法［N］//生活报，2017.03.19
郭沫若纪念馆展出外销青花［N］//北京日报，2017.03.24
北京奇遇：得馆藏郭沫若剧本《武则天》［N］/彭锦//广元晚报，2017.03.31
郭沫若巧对廉政联［N］//江淮时报，2017.03.31
广元藏家分享郭沫若《武则天》初稿、定稿珍本［N］//广元晚报，2017.04.05
郭沫若辣讽苛捐杂税［N］/钟芳//新民晚报，2017.04.09
郭沫若文隐去“卢冀野”［N］/龚明德//今晚报，2017.04.18
傅抱石为郭沫若剧本绘插图［N］/杨远威//美术报，2017.04.22
中国郭沫若研究会第三届青年论坛海口召开［N］//国际旅游岛商报，2017.04.24
重庆理工大学校训源自郭沫若作词的校歌［N］/卢波//重庆日报，2017.05.05
郭沫若故居被命名为四川统一战线中国特色社会主义教育基地［N］/尹瑶//乐山日报，2017.05.19
苏伊士运河大学郭沫若展厅揭牌［N］//珠江晚报，2017.05.23
埃及苏伊士运河大学郭沫若展厅揭牌［N］//三江都市报，2017.05.23
阜阳一中毕业生获中科大第36届郭沫若奖学金［N］//颍州晚报，2017.05.23
张化雨获“郭沫若奖学金”郑外学子连续两年获此奖项［N］//东方今报，

2017.05.23
郑州学生获郭沫若奖学金［N］/谭萍，赵军浩//大河报，2017.05.23
陈寅恪的抱怨郭沫若的批评，都文绉绉的［N］/林梢青，郑施诗//钱江晚报，2017.05.24
静坐健身法让郭沫若受益匪浅［N］//生活晨报，2017.05.24
郭沫若巧对廉政联［N］/钟芳//宿迁日报，2017.05.24
郑外学子连续两年获"郭沫若奖学金"［N］//河南日报，2017.05.24
第36届郭沫若奖学金颁奖典礼举行［N］//中国科大报，2017.05.25
汉中中学毕业生孟雨泉获郭沫若奖学金［N］//汉中日报，2017.05.25
孝高毕业生张恒权获中科大"郭沫若奖学金"［N］/沈红明//孝感晚报，2017.05.26
郭沫若巧对廉政联［N］/钟芳//中国纪检监察报，2017.05.29
郭沫若巧对廉政联［N］/钟芳//中国组织人事报，2017.06.02
加强对北伐前后郭沫若的研究［N］/李斌//中国社会科学报，2017.06.05
郭沫若、董必武来过旅博［N］//大连日报，2017.06.08
郭沫若巧对廉政联［N］/钟芳//黄石日报，2017.06.08
傅抱石为郭沫若剧本绘插图［N］/杨远威//西安晚报，2017.06.11
傅抱石《丽人行》的流转：起初送给郭沫若［N］//收藏快报，2017.06.14
岷县学子荣获第三十六届"郭沫若奖学金"［N］/马骥//定西日报，2017.06.20
郭沫若的《女神》［N］/张建智//今晚报，2017.06.29
郭沫若七言诗入藏抗战馆［N］//北京日报，2017.07.07
郭沫若七言诗等文物入藏抗战馆［N］/李天际//北京青年报，2017.07.08
郭沫若曾题词大赞漳州木偶［N］//闽南日报，2017.07.11
郭沫若挥笔写诗赞南泉［N］//巴南日报，2017.07.12
郭沫若曾任潮海关监督［N］/郭宏盛，陈珊娜//汕头都市报，2017.07.12
郭沫若小女儿来济寻父亲笔迹［N］//济南时报，2017.07.15
郭沫若小女儿见到从未见过的"郭沫若"［N］//济南日报，2017.07.15
郭沫若之女来连寻墨宝 见父亲真迹连呼"想不到"［N］//大连日报，2017.07.21
郭沫若巧对廉政联［N］//山西商报，2017.07.21
追忆父亲郭沫若［N］/黄靖斐//半岛都市报，2017.07.23
郭沫若一封佚信及其他［N］//中国社会科学报，2017.07.24
淞沪抗战中郭沫若的两次南桥之行［N］/王昌年//联合时报，2017.08.04
在成都，想起诗人郭沫若［N］/王张应//江淮晨报，2017.08.06
郭沫若游曲阜留诗纪念［N］/高克明，孔繁银//联合日报，2017.08.15
郭沫若在清晖园［N］//珠江商报，2017.08.15
郭沫若"别妇抛雏"归国抗战［N］/李斌//人民政协报，2017.08.31

郭沫若［N］//太原晚报，2017.08.31

赖家桥 郭沫若在此写出《屈原》［N］//都市热报，2017.09.07

郭沫若“别妇抛雏”归国抗战［N］//新疆法制报，2017.09.20

郭沫若的军人生活［N］//亭湖报，2017.09.22

郭沫若 to 佐藤富子［N］//盐城晚报，2017.09.23

七十年前郭沫若的一张名片［N］/郭平英//新民晚报，2017.09.24

郭沫若的翻译世界［N］/张勇//人民政协报，2017.09.25

七十年前，郭沫若在上海用过的一张名片［N］//虹口报，2017.09.28

走进比利时 邂逅郭沫若［N］/张文艳//半岛都市报，2017.10.24

周恩来请郭沫若出山［N］/刘明钢//人民政协报，2017.11.02

赵超构与郭沫若的忘年交［N］/富晓春//南方都市报，2017.11.03

我市将举办纪念郭沫若诞辰125周年系列活动［N］/杨长喜//乐山日报，2017.11.05

怀念郭沫若［N］/周希孔//三江都市报，2017.11.06

他曾是郭沫若随行俄语翻译［N］//遵义晚报，2017.11.08

文史精粹周恩来请郭沫若出山［N］/刘明钢//湖南工人报，2017.11.08

乐山举行纪念郭沫若诞辰125周年活动［N］/杨长喜，郑晓仿，吴斌//乐山日报，2017.11.08

220幅作品喜庆党的十九大 纪念郭沫若诞辰125周年［N］/曾文//乐山日报，2017.11.08

郭沫若生平事迹［N］//乐山日报，2017.11.08

周恩来请郭沫若出山［N］//福州晚报，2017.11.09

周恩来请郭沫若出山［N］//神华能源报，2017.11.10

周恩来请郭沫若出山［N］//中国组织人事报，2017.11.13

坚持年鉴编纂正确方向 推动郭沫若研究蓬勃发展［N］/张勇，王静//中国社会科学报，2017.11.14

第七届乐山市郭沫若文艺奖建议获奖名单公示［N］//乐山日报，2017.11.15

“沫若讲堂”聚焦走进史学的郭沫若［N］/曾文//三江都市报，2017.11.17

纪念郭沫若诞辰125周年［N］/曾文//三江都市报，2017.11.17

郭沫若《游闵行》诗［N］/骆贡祺//闵行报，2017.12.01

向郭沫若致敬［N］/江弱水//安徽商报，2017.12.10

郭沫若诗贺徐悲鸿婚礼［N］/龚明德//今晚报，2017.12.12

郭沫若：为新文学抒情传统奠基［N］//大众日报，2017.12.15

瞻仰郭沫若故居［N］/李瀛//乌兰察布日报，2017.12.15

郭沫若家人与黄平［N］//贵州政协报，2018.01.04

郭沫若最爱吃野菜［N］/冯忠方//人民政协报，2018.01.11

郭沫若最爱吃野菜［N］//黄河晨报，2018.01.15

郭沫若最爱吃野菜［N］//福州晚报，2018.01.24
郭沫若［N］//宁晋日报，2018.01.26
郭沫若巧对廉政联［N］/钟芳//厦门日报，2018.01.28
北京郭沫若故居［N］//燕赵老年报，2018.02.05
恢复原貌 郭沫若故居开门迎客［N］/谭晓勇//乐山日报，2018.02.22
开州现郭沫若书信手迹 原来背后有这样的故事［N］//开州日报，2018.02.28
郭沫若题诗的一次聚餐会［N］/龚明德//今晚报，2018.03.06
郭沫若静坐健身法［N］//今日嵊州报，2018.03.07
郭沫若在肇庆留下诗篇［N］/郭剑泉//西江日报，2018.03.13
郭沫若最爱吃野菜［N］//新疆法制报，2018.03.14
郭沫若释韩愈［N］/贾文峰//今日修武，2018.03.16
郑贞文与郭沫若的患难之交［N］/赖晨//福州晚报，2018.03.19
宗白华与郭沫若［N］/林建刚//今晚报，2018.03.22
郭沫若令人赞叹的宝鸡神物［N］/张琼//宝鸡日报，2018.03.23
郑贞文与郭沫若的患难之交［N］/赖晨//福州晚报海外版，2018.03.26
攸县女孩刘素婷 荣获中科大“郭沫若奖学金”［N］//株洲晚报，2018.03.28
郭沫若曾称梅县“文物由来第一流”［N］/蓝单，朱日晖//南方日报，2018.04.02
第37届郭沫若奖学金暨2017年度国家奖学金颁奖典礼举行［N］//中国科大报，2018.04.05
浚县一中往届毕业生周凯获“郭沫若奖学金”［N］//淇河晨报，2018.04.13
郭沫若的长寿秘诀［N］//燕赵老年报，2018.04.18
郭沫若国际学术研讨会在乐山师院举行［N］//教育导报，2018.04.21
钟踏梅与郭沫若的翰墨诗缘［N］//创业导报，2018.04.25
“郭沫若与世界文化”学术论坛在埃及举行［N］//阜新晚报，2018.04.26
“郭沫若与世界文化”学术论坛在埃及举行［N］//拉萨日报，2018.04.26
我与侯外庐、郭沫若等人的学术交往［N］/仲伟民//中华读书报，2018.05.09
郭沫若曾为巢湖题诗四首［N］/陈伏希，程堂义//合肥晚报，2018.05.10
节选自郭沫若《凤凰涅槃》［N］//广元晚报，2018.05.11
郭沫若为孩子们写的诗歌［N］/杨建民//团结报，2018.05.31
郭沫若在我区的两件题词［N］/东方限//九龙报，2018.06.01
沙湾郭沫若故居［N］/陈知义//常州日报，2018.06.09
郭沫若：从甲骨文研究到新文化写作［N］//文摘报，2018.06.14
读郭沫若《和老舍原韵并赠三首》之三［N］//启东日报，2018.06.15
郭沫若靠什么位列“甲骨四堂”［N］/李斌//解放日报，2018.06.19
罗振玉、王国维、董作宾、郭沫若被称为甲骨文研究四大权威 郭沫若靠什么位列

"甲骨四堂"［N］//淇河晨报，2018.06.20
郭沫若与"东风剧团"［N］/申尚贤//团结报（北京），2018.06.28
郭沫若旧居突发"火灾"应急队员及时扑灭［N］//沙坪坝报，2018.07.06
第五届郭沫若中国历史学奖申报工作启动［N］//中国文物报，2018.07.17
第五届"郭沫若中国历史学奖"举办［N］/张贺//人民日报，2018.07.19
第五届"郭沫若中国历史学奖"新闻发布会在京召开［N］/户华为//光明日报，2018.07.23
郭沫若曾在南京经历空袭［N］//南京晨报，2018.07.26
第五届"郭沫若中国历史学奖"截稿日期推迟至8月30日［N］/刘凯//中国青年报，2018.07.30
郭沫若与中国人民保卫世界和平大会［N］/李斌//人民政协报，2018.08.02
郭沫若："一通二否"读书法［N］/董志国//南阳日报，2018.08.03
历史与空间：再访郭沫若旧居［N］//香港文汇报，2018.08.04
半月沉江底郭沫若偏爱［N］//海西晨报，2018.08.28
郭沫若诗游鹭岛［N］/杨军//团结报，2018.08.30
周恩来侄孙当前锋 郭沫若外孙守门［N］//成都商报，2018.09.09
陪都时期郭沫若的才情与风骨［N］/熊少华//人民政协报，2018.09.27
"郭沫若说话向来是算数的!"［N］/吴玉墀//人民政协报，2018.09.27
"鲁迅、郭沫若、茅盾研究"高端论坛在我校举行［N］//陕西师大报，2018.09.30
郭沫若的想像和象征［N］/潘金英//大公报，2018.10.09
七十余位专家出席"鲁迅、郭沫若、茅盾研究"论坛［N］//中华读书报，2018.10.10
郭沫若的对联佳话［N］//鹤岗日报，2018.10.12
我校国家社科重点项目"回忆郭沫若作品收集整理与研究"以优秀等级结项［N］//乐山师院报，2018.10.15
李白瑜与郭沫若的一段诗缘［N］//汉中日报，2018.10.17
鲁迅回骂道尽了郭沫若的一生［N］//北方时报，2018.10.20
郭沫若：斯人四十年［N］//安徽商报，2018.10.21
走向有锐气的郭沫若研究［N］/吴辰//中国社会科学报，2018.10.22
沈尹默与郭沫若［N］//湖州日报，2018.10.28
郭沫若开州逸事（两则）［N］/曾信祥//重庆政协报，2018.11.27
网上惊现郭沫若《钓鱼城怀古》草书真迹?［N］/周云//合川日报，2018.12.12

（整理者所在单位：山东师范大学文学院）

后　记

时间的流逝总是让人唏嘘不已，众多名家以时间为题生发出流传千古的名篇。转眼间《郭沫若研究年鉴》自筹划创办到如今也已经有了十年的时间。2019 年岁末，《郭沫若研究年鉴 2018 卷》编辑完成了，以此作为对《郭沫若研究年鉴》诞生近十年的回顾与总结，也是对新时间起点的献礼。

本卷“特别推介”栏目，选登了朱德发先生有关《女神》研究的学术论文，这是先生生前所刊发的最后一篇学术成果，先生在 80 多岁的高龄还以敏锐的学思来探究《女神》的历史价值，他崇高的学术人格和深邃的学术思想令人敬仰。近年来，王富仁先生、林甘泉先生、张恩和先生等郭沫若研究的前辈们纷纷驾鹤西去，至今令人扼腕叹息。老一辈学者们不仅仅在拨乱反正的历史时期开创了郭沫若研究新的局面，而且也构建了郭沫若研究的话语体系、学术体系，为郭沫若研究全面展开与深入作出了历史性的贡献。作为后来者，我们只有秉承先生们优良的学风、扎实的学养和广博的学识，以更好的学术成果来告慰诸位已逝者的学术之灵。

“郭沫若与马克思主义史学”是近几年郭沫若研究领域中最为重要的选题，本卷特别梳理了 2013—2018 年相关的研究成果，并选登了有代表性的文章，以此来促进这个论题继续深入的研究。

“千里之行，始于足下”，要达到郭沫若研究的学术远方和精深之处，便需要我们日复一日的积累，《郭沫若研究年鉴》会更好地做好学术存史的工作，为郭沫若研究的发展贡献一份绵薄之力。

衷心感谢为《郭沫若研究年鉴》做出辛勤工作的各位同仁！

《郭沫若研究年鉴》编辑部

2019 年岁末于北京